Emil E. Kobi

Personale Heilpädagogik

Kulturanthropologische Perspektiven

BHP Verlag

Personale Heilpädagogik
Kulturanthropologische Perspektiven
Emil E. Kobi
ISBN 978-3-942484-01-5

BHP Verlag | Berufs- und Fachverbands GmbH
Bundesgeschäftsstelle
Michaelkirchstraße 17/18
10179 Berlin

info@bhponline.de
www.bhponline.de

Satz:
ALBERS Druckerei, Kollunder Straße 22-24, 24768 Rendsburg

Inhaltsverzeichnis

Vorwort

Auch Autoren haben sich heutzutage nicht nur zu bedanken, sondern sich überdies dem züchtigen Zeitgeist gemäß zu entschuldigen und gegebenenfalls zu schämen.

Eine Anthologie (,Sammlung von Blumen, Blütenlese'), die Arbeiten aus einem Vierteljahrhundert arrangiert, enthält, dem ursprünglichen Wortsinn gemäß, zugegebenermaßen auch bloßes Laubwerk, bereits Angewelktes und erst knospenhaft Angedeutetes. Dies in Form von Wiederholungen einzelner Gedanken und Passagen, desgleichen von Widersprüchen, vagen Hinweisen und Unklarheiten. Solche nachträglich auszumerzen, ein Facelifting und Updating vorzunehmen und das Ganze dann noch durch den Wolf einer Peer-Revue zu drehen, hätte zwar dem egalitären Mainstream entsprochen, wäre hingegen sowohl der Leserschaft wie auch dem Autor gegenüber unredlich gewesen.

Wiederholungen haben zudem ihre eigene Qualität, und ihre Bedeutung ist stets auch kontextabhängig. Man steigt nicht zwei Mal in denselben Fluss; Gleiches ist nicht Dasselbe. Und endlich gehört es zu den banalen Obliegenheiten von Pädagogen, zu wiederholten Malen das Gleiche zu sagen.

Widersprüche wiederum gemahnen an Rohkost, die ja gesund sein soll. Sie zeigen an, dass Gedanken noch nicht ideologisch ausgegart und zu einem Einheitsbrei zerkocht sind. So sind zwar ,Integration' und ,Inklusion' schon seit Jahren in aller Munde, doch wenn's ans Kauen und Schlucken geht, setzt oft noch ein Würgen ein.

Ich mag die deutsche Sprache und deren Deutlichkeit, die manchmal grob erscheinen mag. Auch sind mir manche Sätze etwas lang geraten, insbesondere bei gedanklichen Kurzfassungen. Gelegentlich entglitt mir die gender-grammatikalisch geforderte Korrektheit oder ich verstieß gegen den polit-heilpädagogisch geschönten Sprachgebrauch. Doch liegt mir die Sprache (samt Genitiv) näher als feministische Makellosigkeit oder ein Deutsch für Dummies. Vielleicht verfehlte ich en passant sogar die geforderte „angemessene Tonalität." Diesfalls wäre ich dann auf ein Fremdschämen angewiesen.

Das Danken hingegen besorge ich gerne selbst, da es ist mir ein Bedürfnis ist:

*   Dem „Berufs- u. Fachverband Heilpädagogik" (BHP) e.V., Berlin für das nachhaltig lebhafte Interesse an meinen Arbeiten
*   Frau Doris Albert und ihrem Team für die aufwändige Auswahl-, Korrektur- und Lektoratsarbeit. Ohne ihre Anregung und Aufmunterung wäre das Stück nicht zur Ausführung gelangt
*   Dem Paul Haupt-Verlag (Bern, Stuttgart, Wien) für die auf die Bitte des BHP-Verlages großzügig gewährte Erlaubnis, vier Artikel aus meinem dort jüngst erschienenen Bändchen „Grenzgänge. Heilpädagogik als Politik, Wissenschaft und Kunst" (Bern 2010) aus der Reihe „Lernen ermöglichen – Entwicklung fördern. Basler Beiträge zur Speziellen Pädagogik und Psychologie" ebenfalls in die vorliegende Schrift zu übernehmen
*   Gerne benutze ich an dieser Stelle die Gelegenheit, auch einmal meiner ausländischen Kollegenschaft zu gedenken. Im Rückblick auf meinen beruflichen

Werdegang verdanke ich dieser sehr viel. Angefangen mit meinem Studienaufenthalt in Wien in den frühen sechziger Jahren, wo ich an verschiedenen Dienststellen regelmäßiger Gast sein durfte. Später waren es die zahlreichen Kontakte mit Kolleginnen und Kollegen in Südafrika und Zimbabwe, in Griechenland, in Delhi, der ehemaligen DDR und Israel. Vor allem dann aber in Österreich und der Bundesrepublik Deutschland, wo ich durch all die Jahre wiederholt als Gastdozent eingeladen war und dabei die Dynamik, auch die zeitweilige Heftigkeit der Diskussionen, als sehr erfrischend erlebte. Zumal diese sich abhoben von der heimatlichen Zögerlichkeit, einer gelegentlich konkordanzsüchtig gutmenschelnden Lauheit des Gedankens und hohen Empfindlichkeit gegenüber Kritik, Skepsis und Dissens, welch letztere meines Erachtens jedoch mit zur Essenz des wissenschaftlichen Diskurses gehören.

Luzern im Herbst 2010

E. E. Kobi

I   Personale Existenz

1   Mensch – Individuum – Person

Wegen der im Alltag oft synonymen Verwendung der Begriffe *Mensch*, *Individuum*, *Person* ist einleitend kurz an die anthropologischen Unterschiede zu erinnern: ‚Mensch' ist ein Gattungsbegriff und bezieht sich auf die Zugehörigkeit der Gattung Homo zum natürlichen System, worin alle bekannten Lebensformen registriert und eingeordnet zu werden pflegen. Zwar gibt es Auffassungen, wonach der Mensch als unvergleichliche Sonderform außerhalb jeglicher Evolution und natürlichen Systematik und Verwandtschaft steht. Desgleichen bestehen unter Paläo-Anthropologen gewisse Meinungsdifferenzen bzgl. der entscheidenden Charakteristika und mithin der erdgeschichtlichen Epoche, in welcher tatsächlich (stammesgeschichtlich) als ‚Menschen' zu bezeichnende Lebewesen in Erscheinung traten. Solche Fragen tangieren die Heilpädagogik jedoch insofern nicht, als das moderne abendländische Weltbild keinen Anlass bietet, Behinderten realiter diese Gattungszugehörigkeit abzusprechen, wie dies in mittelalterlicher Zeit im Zusammenhang mit Teufelsglauben und Wechselbalg-Vorstellungen teils noch der Fall war.

Der Begriff ‚Menschheit' kam kulturgeschichtlich allerdings erst relativ spät auf und ist auch in der Neuzeit nicht allgemein verbreitet. (Es macht also den Anschein, dass unter Zoologen hinsichtlich des homo sapiens doch noch mehr Übereinstimmung herrscht als unter „Humanisten").

Ethnologisch ist bekannt, dass die Bedeutung des Begriffs ‚Mensch' von Naturvölkern oft von vorneherein ausschließlich /ausschließend auf den Stamm, die Sprachgruppe, die Dorfgemeinschaft bezogen wird und somit die (eigene) Lebensart das Definitionskriterium abgibt. Dies oft auch innerhalb eines spirituellen Bezugsrahmens, der z.B. in Form eines Schöpfungsmythos' besagt, dass WIR Menschen desselben göttlichen Ursprungs sind.

Wie brüchig die Verhältnisse aber auch in sog. Hochkulturen sind, zeigt die situativ hohe (affektive) Bereitschaft, Fremden, Feinden, Exoten, Gewalttätern ... Behinderten ... Menschhaftigkeit abzusprechen, sie als Untermenschen, Tiere und im Jargon der Boulevardpresse als Monstren, Bestien ... gattungsmäßig auszuschließen. Auch in vergleichsweise milden Verbalinjurien (blöde Kuh und dumme Sau) bleibt der herabsetzende Dehumanisierungsmechanismus transparent.

9

Individuum (lat. ‚das Unteilbare') bezeichnet den Menschen als Einzelnen (in seiner Vereinzeltheit und Zählbarkeit). Von Individuen ist freilich desgleichen die Rede in Bezug auf einzelne Tiere, Pflanzen, Organismen überhaupt. Es steht somit auch nicht zur Debatte, dass Behinderte Individuen mit nicht nur arteigenen, sondern auch einzigartigen Eigenheiten sind.

Person hingegen ist – wie noch weiter auszuführen sein wird – je nach dem eine apriorische Aus-Zeichnung, die jedem Menschenwesen (per se, gattungsmäßig) zukommt oder eine Zuschreibung, die, bis hin zum konkreten Individuum, von der Erfüllung bestimmter Kriterien (s. unten) abhängig gemacht wird.

Die unter der Wirkung der *Singer*-Debatte aufgekommene gutmenschelnde „Menschen mit ... „– Floskel trifft somit präzis daneben, da weder *Peter Singer* (1984f.) noch irgendwelche Eugenethik-Theorien und Euthanasie-Praktiken Behinderten je die Menschhaftigkeit, sondern im Individualfall den Person-Status vorenthielten und ihnen damit nicht die Zugehörigkeit zur Gattung Homo, sondern Rechtsschutz und humanen Lebenswert absprachen. Somit wäre das Etikett „Personen mit ...", angemessener, wobei derartige Super-Nominationen freilich ohnehin rasch die paradoxe Wirkung von Camouflagen nach sich ziehen, letztlich auffälliger und diskriminierender zu sein als das, was sie tarnen sollen.

(Die Alltagssprache ist diesbezüglich pragmatischer und konziser: Ein Personenwagen steht im Unterschied zu einem Lastwagen. Ein Menschenwagen hingegen müsste den Kontrast zu einem Viehwagen bilden).

2   Genese und Inhalte des Person-Begriffs

Der Person-Begriff hat eine sehr wechselvolle Geschichte und stellt sich daher auch in der Gegenwart unter zahlreichen Facetten dar. Man kann insgesamt vier Herkunfts-bzw. Wandlungsbereiche für heutzutage geläufige Bedeutungen ausmachen:
· das antike Theater
· die christliche Trinitäts- und imago-dei-Lehre
· die englische Staats- und Rechtslehre des 17. Jahrhunderts
· Rationalismus (18. Jh.), Neuhumanismus (18./19. Jh.), Interaktionismus (20. Jh.)
In Entsprechung dazu kann von einer *(primär) (1) instrumentellen, (2) axiomatischen, (3) formale* und *(4) attributiven* Genese und Bedeutung des Person-Begriffs gesprochen werden.

2.1 Der instrumentelle Person-Begriff: Die ursprüngliche Wortbedeutung von ‚Person' wird, unter Bezugnahme auf den Masken tragenden etruskischen Gott *Phersu* und das antike Maskentheater (‚personare' = hindurch tönen), in ‚Maske' vermutet, in erweitertem Sinne auch bereits in ‚Rolle', ‚Eigenart'. Auch im Neugriechischen ist neben dem hellenisierten ‚maska' noch das Wort ‚prosωpeion' für ‚Maske' geläufig, das seinerseits dem ‚prosωπον' (svw. Gesicht, Rolle, Person, Fassade) nahe steht. ‚Person' ist nach diesem Begriffsverständnis also etwas Äußerliches, das es einem ermöglicht, verschiedene Rollen einzunehmen bzw. Perspektiven zu berücksichtigen: So, wie in der Grammatik verschiedene „Personen" (1., 2. Person Singular/Plural etc.) unterschieden werden.

Die spätere Begriffsgeschichte entfernt sich dann über theologische, anthropologische, rechtliche und psychologische Wortnutzung von diesem instrumentellen Verständnis und führt zu einer Verinnerlichung: die wechselhafte Äußerlichkeit der Maske als eines Vehikels wandelt sich zum innersten, unverlierbaren, Würde verleihenden (göttlichen/existenziellen) Kern des unverwechselbaren Einzelmenschen.

2.2 Der axiomatische Person-Begriff: Der für die abendländische Pädagogik bestimmende Person-Begriff gründet in der christlichen Lehre von der Gottebenbildlichkeit (imago dei) des Menschen (*Gen.* 1, 26), sowie in jener der Dreifaltigkeit (Trinität) der göttlichen Person (Vater, Sohn und Heiliger Geist): „Nur wo Gott als Person erkannt und erfahren ist, kann der Mensch als Person erfahren werden. ... Die Unverfügbarkeit Gottes als Person begründet die Unverfügbarkeit des Menschen als Person" (*Küenzelen, G.,* 1994). Gotteskindschaft und Gottebenbildlichkeit sind in dieser Perspektive Gabe und Aufgabe zugleich. Karitative (liebesdienstliche) Zuwendung zu meinesgleichen und Menschenbildung auf Christuspfaden (*Bopp, L.* 1930; 1958) entsprechen der Erfüllung eines göttlichen Auftrages, sind Gottesdienst (TatChristentum) in geschwisterlicher Verpflichtung. „Person" wird hier durch den Glauben (voraus-) gesetzt. Dem Menschen – jedem Menschen! – kommt schlechthin Personhaftigkeit und personale Würde zu. Personsein ist keine Eigenschaft; Person ist ein apriorisches „nomen dignitatis". Person zu sein ist ein Anspruch, nicht *zu*-, sondern *an*zuerkennen. Person zu sein bedeutet nicht nur als Individuum einzigartig, sondern einzig, einmalig zu sein. Von daher regt sich denn auch nicht allein moralischer, sondern existenzieller Widerstand gegen die Anmaßung, Menschen klonen zu wollen. Zu Diskussionen Anlass gibt ferner die Frage, von welchem ontogenetischen Zeitpunkt weg der Embryo als Person zu gelten hat, entsprechend zu schützen und zu würdigen ist.

2.3 Der formale Person-Begriff: „Wer für sich oder im Namen eines andern etwas betreibt, ist eine Person", so stellt *Thomas Hobbes* (1588-1679) in seiner Staatslehre „Leviathan" (1651) fest. Personen sind gekennzeichnet durch ihre Autorität, verstanden als Handlungsvollmacht („Das Recht des Besitzers heißt Herrschaft, und das Recht zu Handlungen Vollmacht" (a..a.O.). Person können handlungsfähige Einzelne oder (sich selbst, andere Menschen, aber auch Dinge vertretende) Institutionen, insonderheit der Staat, sein. Letzterer ist die höchste Rechtsperson. *Hobbes* unterschied demgemäß „natürliche" (sich selbst vertretende) und „künstliche" (jemand anderen / etwas Anderes vertretende) Personen. Das Übertragungsrecht der Personhaftigkeit steht der bürgerlichen Gesellschaft zu; sie ist somit eine Voraussetzung des Person-Sein-Könnens.

Hochgehalten wird der Status ‚natürlicher' und ‚juristischer' Personen auch in der modernen Rechtsprechung: Mit der Geburt erhält ein Mensch, unabhängig von sozialer Herkunft und individuellen Mängeln, den Person-Status und damit auch die volle Rechtsfähigkeit als Eigentümer, Erbe etc. Diese personale Rechtsfähigkeit erlischt erst mit dem Tod.

Alltags- und Amtssprache schränken ‚Person' allerdings ein auf Erwachsene; Kinder gelten/zählen meist (noch) nicht als Personen, was in aller Regel jedoch widerspruchslos hingenommen wird, zumal dann, wenn mit diesem Vorbehalt z.B. Transport- und Eintrittsvergünstigungen verbunden sind. Heikel wird die Situation hingegen da, wo der Person-Titel einen (Rechts-) Status, ein (Schutz-) Label, eine (würdigende) Auszeichnung zum Ausdruck bringt und bedeutet, die dem betreffenden Menschen Gewähr bieten sollen für einen respektvollen Umgang unter seinesgleichen. Aber auch da, wo der Personhaftigkeit zugestanden wird, können die damit üblicherweise verbundenen Rechte und Pflichten temporär/teilbereichlich beschränkt werden (Straf- und Geschäftsfähigkeit, Heiratsfähigkeit, Berechtigung, ein Fahrzeug zu führen, Wehrpflicht). Derartige persönliche Einschränkungen werden von davon betroffenen Behinderten oft nicht nur als „ungerecht", sondern – und damit wirkt die Rechtsprechung wieder auf die existenzielle Ebene zurück – als diskriminierend, invalidierend, exkommunizierend, erlebt. Eingeschränkte *Rechte* werden als Destruktion der *Person* empfunden, womit erneut deutlich wird, wie eng (zugestandene) Entscheidungs- und Handlungsmöglichkeiten (Auctoritas) und Personerleben („Ich bin wer!" oder „Ich bin ein Nobody!") verknüpft sind miteinander. In unserer Gegenwart hat denn auch – trotz und wegen einer gigantischen Verrechtlichung nicht zuletzt im Sozialwesen – die geläufige „Recht auf ..."-Formel oft kaum mehr einen Bezug zu (gesetzlich) verfassten, verfassbaren, einklagbaren und vor allem durchsetzbaren Rechten: Recht auf Leben / Tod, auf Arbeit / Arbeitsbefreiung, auf ein Kind / kein Kind, auf Gesundheit / Behinderung, auf Partnerschaft / Singularität ... Recht darauf, Recht zu haben und zu bekommen ..., was insgesamt zwar eine personale Inflation, zugleich aber auch eine schmerzhafte und lähmende Diskrepanz zwischen lautstarker Rechtsproklamation und vergleichsweise bescheidenem Rechtsvollzug zur Folge hat.

2.4 Der attributive Person-Begriff: In attributiver Ausrichtung zeichnet sich eine Person generell und im Einzelnen durch gattungsmäßige und in dieser Konsequenz oft auch individuell determinierende Eigenschaften aus. Folgende Definitionskriterien spielen dabei in der abendländischen Kulturgeschichte eine herausragende Rolle: 2.4.1 Der Auffassung, wonach sich eine Person durch *Vernunft* (Rationalität) auszeichne, begegnet man bereits in der Antike, und sie ist von zentralem Gewicht im Rationalismus des Aufklärungszeitalters. Das Vernunft-Attribut ist in der Neuzeit allerdings vieldeutig geworden. Die Bezeichnungen Vernunft / Vernünftigkeit finden eine breite Verwendung für Bewusstheit, Erkenntnisfähigkeit (im weitesten, auch affektive, intuitive, spirituelle Momente umfassenden Sinne), für die Fähigkeit dialogischer Erschließung und Einvernehmlichkeit (und damit im ursprünglichen Wortsinn von ‚vernehmen'), ferner im Sinne der Contenance (‚Vernunft annehmen', die Haltung bewahren), des Verstandes / des Verstehens (auch hier sowohl des logisch-rationalen Nachvollzugs als auch der mitleidend-wohlwollenden Emphase) bis hin zum beschränkten Begriff der Intelligenz, der seinerseits freilich breites Bedeutungsspektrum aufweist.

2.4.2 Eine Person zeichnet sich durch bestimmte *Bewusstseinszustände* aus, denen mentale oder intentionale Prädikate zukommen. Insbesondere eine Sicht-Selbst-Bewusstheit, die Fähigkeit, sich als ein Ich-Selbst von nicht Ich-Zugehörigem abzugrenzen, eine Subjekt-/Objekt-Trennung vorzunehmen, sich als ,Figur' abzuheben vom Kontext der Sach- und Personwelten, die Fähigkeit, sich selbst zu widerspiegeln (reflektieren) und in wechselnden Verhältnissen und Rollen seine Identität zu wahren sind diesbezüglich von herausragender Bedeutung.

2.4.3 *Haltungen, Attitüden* und entsprechende Verhaltensweisen, die von einem Norm bestimmenden Kollektiv einem als ihresgleichen empfundenen / erlebten Wesen gegenüber eingenommen und zum Ausdruck gebracht werden, sind von personifizierender Wirkung. Die ,Person' ist hier gewissermaßen ein Produkt des sozialen Umgangs und nähert sich dadurch dem Begriff der ,Persönlichkeit' (s. unten) an. Personifikationen können dabei auch gattungübergreifend sein und sich auf spirituelle Wesenheiten (personifizierte Gottheiten), auf Tiere, Pflanzen, Objekte richten und in einem (aus „aufgeklärt" abendländischer Sicht quasi-persönlichen) respekt- und würdevollen Umgang, sowie in Speisungs- und Opferkulten etc. ihren Ausdruck finden.

2.4.4 *Reziproke Verhaltensweisen*, mittels derer das appellierende, personbestätigende Verhalten erwidert, der Ansprechpartner also seinerseits zum Adressaten wird und wodurch sich über Kreisprozesse eine kommunikative Symmetrie, ein wechselseitig ,vernünftig-vernehmlicher' Handlungsdialog aufbaut. Auch hier können innerhalb „intimer" Konstellationen Personifikationen transspeziesistischer Art stattfinden, indem sich Menschen einem tierischen Individuum gegenüber anthropomorphistisch verhalten, wodurch dieses seinerseits lernt, (aus speziesistischer Sicht: quasi- und pseudo-) personal zu reagieren: vom „sprechenden" Papagei über den „bettelnden" Bären und bis hin zum mir „verständnisvoll" entgegen wedelnden Fifi.

2.4.5 Neben der Vernunft ist immer wieder die *Sprache* als Kennzeichen des wahren Mensch- und Personseins herausgehoben worden, wodurch zu Zeiten humanistischer Hochblüten insbesondere mit Sprach- und Sprechmängeln behaftete, desgleichen auch bildungsarme Menschen herabgesetzt und verunglimpft wurden: Illiteraten und Analphabeten, Hör-Sprachbehinderte, Redefluss- und Artikulationsgestörte, Dysphatiker und Mutisten.

Während der apriorische und der formale Person-Begriffe axiomatisch bzw. per Gesetz fixiert sind, erweisen sich attributive Bestimmungen als kontextabhängig und mithin situativ und temporal flexibel handhabbar. *Mürner, Ch.* (1996) weist daher zu Recht auf „philosophische Bedrohungen" für Behinderte oder irgendwelche missfits hin, die auf Grund mangelhafter Kriterienerfüllung keine Chance haben, den Personstatus zu erreichen und eine Carte d'identité zu erhalten, um damit an der table d'hôte ihrer Gesellschaft einen Platz zugewiesen zu bekommen.

Aber auch für die apriorische Person ist – gerade für heilpädagogische Belange – entscheidend, ob die Bestimmung ohne irgendwelche individuale Abstriche und Vorbehalte auf die *Gattung* (Homo) bezogen wird oder aber im konkreten Einzelfall doch (auch) auf attributive Bestimmungen rekurriert wird. Die Praxis zeigt diesbezüglich in Geschichte und Gegenwart – Nach der Formel: Im Prinzip schon, aber ... – schwankende Verhältnisse. Es wurde bereits auf die sowohl rechtliche als auch alltäglich-konventionelle Einschränkung des Person-Begriffs auf Erwachsene hingewiesen. Wenn *Singer, P.* und andere, z. B. im Umfeld des Präferenz-Utilitarismus argumentierende, Autoren (*Kuhse, Helga*, 1993) bestimmten Individuen den Person-status absprechen, so geht dies allerdings weit über die genannte – im Grunde ja auch Unmündigkeit, Naivität und Ahnungslosigkeit schützende – Reservation des Personbegriffs für Erwachsene hinaus. Die Objektivierung im Sinne einer Versachlichung und Versächlichung hat auch den Verlust des Meinesgleichen zur Konsequenz: *Busemann, A.* (1959) bringt diesen Wechsel vom Sach-Verhalt zum Person-Verhalt et vice versa auf den Punkt wenn er feststellt:

„Das ‚Meinesgleichen‘ ist kein Ding ..., es wird nicht ergriffen, festgehalten ..., seine Bewältigung muss einen andern Weg gehen als den des Begreifens. Von ihrem Ursprung her ist die Leistung, die wir in der menschlichen intellektuellen Höhenlage ‚mitmenschliches Verstehen‘ nennen, anderer Art, als die Auseinandersetzung mit den erfassbaren Dingen ... Das ‚Meinesgleichen‘ wird angesprochen ... Dem ‚Meinesgleichen‘ begegnet man im engern Sinne des Wortes."

3 Depersonalisation

In der Heilpädagogik ist das damit angesprochene Phänomen und Problem der *Depersonalisation* von zentraler, da existenzieller Bedeutung: insonderheit dem schwerst und mehrfach behinderten Kind gegenüber, welches gleich mehrere vorgenannter Person-Attribute vermissen lässt.

Dabei ist von einer umfassenderen Bedeutung von Depersonalisation auszugehen, als sie im psychiatrischen Umfeld geläufig ist, wo Depersonalisation einen Zerfall (Demenz) bzw. eine Aufsplitterung der personalen Einheit im Sinne einer sog. „multiplen Persönlichkeit" bezeichnet.

Unter Depersonalisation verstehe ich demgegenüber auch ein transitives Geschehen, eine umfassende und tief greifende „Reservatio mentalis", welche vom leisen Vorbehalt über zahlreiche Stufen, Absatzbewegungen und Varianten innerer und äußerer Distanzierung und Vermeidung bis zur Aberkennung des konkreten Lebenswertes und zur individuellen Vernichtung führen kann. Nicht nur die Natur, auch die (Un-)kultur macht diesbezüglich keine Sprünge! In dieser Affektlogik nimmt daher Depersonalisation / Versächlichung beispielsweise bereits in der Distanzierung vom sog. YARVIS-Patienten (young – attractive – rich – verbal – intelligent – social) ihren Anfang. Behinderungen / Behinderte werden von / in menschlichen Gemeinschaften in zahlreichen Varianten und Verbindungen hiervon als Belastung / Belästigung empfunden und letztere in der Folge sodann als personae ingratae bedient. auch da, wo sie in modischer Ausrichtung auf verbale Political Correctness kaum mehr als solche bezeichnet werden (Kapitel IV/4 Kulturhindernde Existenzen).

Eine Depersonalisation kann auch in Form eines exklusiven Materialismus vorliegen, der psychisch-geistige Entitäten und so auch eine personale Instanz in Abrede stellt und das Gehirn als letzthiniges Steuerungsinstrument betrachtet. Diesem werden dann aber alsbald doch wieder Prädikate eines quasi-personalen Agens zuge-schrieben, das tut und macht, denkt und fühlt und als neuraler Homunkulus sich selber weiß, normiert und verantwortet.

Depersonalisation kann schliesslich auch Programmpunkt bestimmter Weltan-schauungslehren und Ziel spiritualistischer Praktiken sein. Dies in Ausrichtung auf die „Überwindung" und „Auslöschung" eines personalen, ichhaften Wesenskerns und des Eingehens in ein kosmisches Ur-Wir: sei dies mittels psychotroper Substanzen oder kollektiver Ekstatik. Damit wird ein weiteres Mal deutlich, dass Personsein nicht einfach neutrale, gegebene Faktizität ist, sondern auf wertorientierter Würdigung basiert.

4   Persönlichkeit

Im Unterschied bzw. in Erweiterung des existenziellen Personbegriffs bezeichnet der essenzielle Begriff der Persönlichkeit die entwickelte, empirisch fassbare, sowie nach allgemeinen (nomothetisch) oder speziellen, differenzierenden Merkmalen (idio-grafisch) beschreibbare Erscheinungsform eines Menschen (*Fisseni, H.-J.*, 1998). Sie „charakterisiert" ihn kontinuierlich als einzigartiges, unverwechselbares Individuum. Persönlichkeit ist essenziell entwicklungsabhängig und auszeugungsbedürftig. Sie präsentiert sich in ihrer Entfaltung als integrales Gefüge von Erlebens-, Denk-, Hand-lungs- und Präsentationsweisen. Als lebensgeschichtliches Gebilde unterliegt sie zwar Veränderungsprozessen, deren identitätsbestätigende Selbsterneuerung jedoch Gewähr bietet für die Kontinuität im Wandel. Wo dieses autopoietische Integral sich selbst nicht mehr erreicht, findet Persönlichkeitsveränderung im psychopathologischen Sinne der Depersonalisation (der Desintegration, des Persönlichkeitszerfalls) statt. Sozialpsychologisch bezeichnet Persönlichkeit des weitern einen Menschen mit aus-geprägten Charaktermerkmalen, Überzeugungskraft und Durchsetzungsvermögen und (in tradierter Tendenz meist männliche), in Rang und Würden stehende Personen mit hohem Sozialprestige. Der Diminutiv „Persönchen" kann freilich auch, allein auf Grund des Ausprägungsgrades der Individualität, für ein kleines Kind Verwendung finden. ‚Persönlichkeit' ist insofern ein Prädikat, das besondernde, hierarchisiernde, offizielle Wertschätzung zum Ausdruck bringt. Hier sind denn auch die unter *2.4* aufgeführten Attribuierungen durchaus am Platze. Persönlichkeit ist Erzeugnis sozialer Figur-Grund-Effekte, ein relatives und relationales Bedingungsgefüge, das in seinem Werden und Vergehen in schwankender Werthaltigkeit stark kontextabhängig ist.

1 Personorientierte Modelle der Heilpädagogik

aus: Handbuch der Sonderpädagogik Bd. 1 Bleidick, U. [Hrsg.] (1985),
Theorie der Behindertenpädagogik (Berlin Marhold) S. 274-294

1 Personalismus

Personalismus ist kein in sich geschlossenes weltanschauliches System oder gar eine „Schule". Es handelt sich vielmehr um eine Tendenz, ein Akzentuierung vor allem, die in verschiedenen Bereichen des Geisteslebens und praktisch in allen Epochen nachgewiesen werden kann. Personalismus bezeichnet eine Geisteshaltung, die dem Individuum qua Mensch a priori Personalität zuspricht und den Menschen idealiter als ein zum verantworteten Handeln aufgerufenes Wesen auszeichnet. Personalität – verstanden als spezifisch menschliche Möglichkeit, sich zu sich selbst und zu seinesgleichen in ein Verhältnis zu setzen und dieses Verhältnis seinerseits zu transzendieren – ist zentrales Thema, Ausgangs- und Zielpunkt personalistisch akzentuierter Theologie, Philosophie, Psychologie und Pädagogik. Personalismus bezeichnet nach W. Stern (1906, 20) den Personalstandpunkt, von dem aus die Person „als Grundprinzip der Weltanschauung angenommen wird". Person gilt darin als „Urgewißheit" (Stern 1919, 3), „eigenwertige Einheit" (1906, 16), die sich in ihrem „Selbstwert" vom „Dienstwert" der Sache(n) durch Qualität und finale Entelechie abhebt (1906, 17 f.). In der Pädagogik trat und tritt die Personalistische Frage vor allem in den Auseinandersetzungen zwischen „essentieller" und „existentieller" Erziehungsauffassung. (Suchodolsky 1961) zutage: Aus der Beantwortung der Frage, ob und wie weit der „Zögling" dem „Erzieher" als ein formbares Material zur Verfügung steht, welches einen der Art nach handwerklichen Umgangsstil der Planbarkeit und Kontinuität gestattet oder ob die Person, als „Überraschungszentrum der Welt" (Buber 1962, 260) in ihrem unveränderlichen „existentiellen Kern" (Bollnow 1959, 15) letztlich nur appellativ, nicht aber manipulativ erreicht werden kann, ergeben sich weitreichende Konsequenzen für die Gestaltung des Erziehungsalltags.

2 Problemgeschichtliche Hinweise

Zwischen der ursprünglichen Bedeutung des Wortes „Person" und dessen heutigem Gebrauch klafft offensichtlich eine Lücke, die auf starke Bedeutungswandlungen hinweist. Ferner zeigt sich, dass die in Psychologie und Soziologie geläufigen Begriffsfassungen nicht an die pädagogisch-heilpädagogische Thematik heranzuführen vermögen. Aus beiden Gründen drängen sich daher einige problemgeschichtliche Hinweise auf.

2.1 Die Imago-Dei-Lehre

Der für die Pädagogik bestimmende Person-Begriff gründet in der christlichen Lehre der Gottebenbildlichkeit des Menschen (Genesis 1/26). Die Seele des Menschen ist, vermöge ihres geistigen Wesens, Ebenbild Gottes. Die Weiterführung der Imago-Die-Lehre ist für die spätere Personalitätstheorie von fundamentaler Bedeutung (Ballauff/Schaller 1969/1973,1237 ff.; Bucher 1983, 65 ff., 137): Das Wort „persona" wurde vor allem durch Tertullian (160-220) in die Dogmatik eingeführt und zwar zur Klärung der Trinität. Tertullian benutzte den Termiuns „substantia" zur Bezeichnung des einen, unteilbaren Wesens in Gott, das Wort „persona" hingegen zur Bezeichnung der drei Personen Gott Vater, Sohn und Heiliger Geist. Trotz der Dreiheit der Personen herrscht Ein-heit in der Substanz. In Augustinus' (354-430) Personenlehre wird das Abbildsein des Menschen näher bestimmt und in einen unmittelbaren Zusammenhang gebracht mit der göttlichen Trinität: „Der Mensch trägt in seinem Geist das vestigium trinitatis (die Spuren der Dreieinigkeit, EEK). Der Geist entfaltet sich in den drei Relationen des Seins, Wollens und Denkens, in denen er ein und derselbe bleibt.... die Person lässt sich daher nicht teilen in einzelne partes animae (Seelenanteile, EEK), sondern ist überall dort, wo sie ist und wirkt, ganz. Die verschiedenen Aktionsformen sind nur Entfaltungsformen des einen dreifaltigen Wesens der Person.... In der trinitarischen Entfaltung des Geistes als Intellekt, Wille und Bewusstsein bleibt er auf sich selbst als Person bezogen. Im menschlichen Person-Sein ist die Rückbeziehung auf Gott schon mitgesetzt aufgrund der schöpfungsmäßigen Abbildlichkeit (Ballauf/Schaller a. a. 0., 238).

„Persona est naturae rationalis individua substantia" (die Person ist die unteilbare Substanz eines vernünftigen Wesens), so lautet eine vielzitierte Formel von Boethius (480-525), worin die Bestimmung der Person als ganzmachende, unteilbare Einheit von Körper und Seele jenen Ausdruck fand, der sich durch die ganze Scholastik hindurch erhielt und in den Grundzügen auch noch in – zumindest christlich orientierten – Entwürfen zur Pädagogischen Anthropologie nachweisbar ist. Namentlich der Gedanke der Ganzheitlichkeit ist ein zentrales Thema und Anliegen der Personalen Pädagogik geblieben in ihren Auseinandersetzungen mit dem egozentrisch-idiolatrischen Bildungswesen des Klassizismus und des Neuhumanismus sowie mit den zersetzend-analysierenden und reifizierend-spezialisierenden Bestrebungen im materialistischen und positivistischen Wissenschaftsbetrieb der Gegenwart (Kolakowski 1971; Feyerabend 1981). Aus der Gottebenbildlichkeit des Menschen ergeben sich Ziel und Auftrag der Erziehung. Von den Kirchenlehrern der christlichen Frühzeit wurde, in Verbindung mit der griechischen Bildungstradition, die pädagogische Aufgabe darin gesehen, aus dem Bild (eikón) ein Gott ähnliches Bild (homoisis) zu formen. Die Gottebenbildlichkeit ist Gnade und Aufgabe zugleich; Menschenbildung ist ursprünglich die Erfüllung eines göttlichen Auftrages, ist Gottesdienst in brüderlich/schwesterlicher Verpflichtung.

2.2 Vom Substanz- zum Potenz- und Beziehungsbegriff der Person

Fasste der Personbegriff ursprünglich Gottebenbildlichkeit als apriorische Qualität menschlichen Seins, so wird damit bereits bei Cusanus *(1401-1464)*, später bei Bruno *(1548-1600)* und deutlich dann bei Descartes *(1596-1650)*, Kant *(1724-1804)* und Fichte *(1762-1814)* eine Beziehung des Menschen (zu Gott, zu einer Idee, zu sich selbst) angesprochen. „Person" wandelte sich von einem (substantiellen) Seinsbegriff zu einem (relationalen) Beziehungsbegriff. Aus der Person, in welcher sich Gottes Ebenbild spiegelt, durch das sie in jedem Fall und auf alle Fälle eine Dignität enthält, wird auf dieser Entwicklungslinie in zunehmendem Maße eine ethische Instanz, wie dies prägnant bei Scheler *(1874-1928)* und Hartmann *(1882-1950)* zum Ausdruck kommt. Desgleichen findet die später so genannte „Persönlichkeitspädagogik" bei Kant und Fichte ihre maßgebenden Perspektiven: Ausgegangen wird zwar auch hier von der personalen Gleichheit aller Menschen; entscheidend ist jedoch, was der einzelne mit erzieherischer Hilfe aus sich macht. Die Notwendigkeit von Erziehung und Bildung leitet sich daraus ab, dass der Mensch nur durch Erziehung sein Menschsein erfüllen kann: Der Mensch ist im Wesentlichen das Werk seiner selbst. Was Kant zunächst in sehr allgemein gehaltenen, grundsätzlichen und vor allem auf das Gattungswesen „Mensch" bezogenen Gedanken zum Ausdruck brachte, wurde später im Leitbild der „allseitig gebildeten Persönlichkeit" konkretisiert. Die Person trat in ihrer Bedeutung als das vorgegebene Seinsgut immer mehr zurück, oder sie löste sich auf in einem allumfassenden Persönlichkeitsbegriff. Mehr als das Sein interessierte nun die Frage, was durch Wahl und Machenschaft aus Menschen gemacht werden konnte. So enthält die Person-Definition von Lersch *(1898-1972)* geradezu einen pädagogischen Appell zur Selbsterschaffung des Menschen durch den Menschen: „Individuelle Einmaligkeit, Freiheit des Sich-selbst-wählens und Verantwortlichkeit für das eigene Dasein machen als integrativ verflochtene Einheit den Gehalt dessen aus, was mit der Rede vom individuellen Selbstsein als Person gemeint ist" (a.a. 0. 1970, 173).

Durch derartige idealistische Bestimmungen geraten nun allerdings – was heilpädagogisch sehr schwer wiegt – Individuen, die zeitlebens nicht jene ethischen Höhen zu erreichen imstande sind, in denen die Hartmann und Scheler, die Natorp und Lersch und viele andere schweben, ins personale Abseits der Dinglichkeit. Der Idiot wird vis-á-vis der ethischen Hochgemutheit zur Unperson, von der aus es nur noch eines psycho-logischen Schritts bedarf zur „Ballastexistenz".

Was die deutschsprachige Persönlichkeitspsychologie der ersten Hälfte dieses Jahrhunderts zunächst freilich noch durchaus fruchtbar werden ließ für die Pädagogik, war ihre un-bedingte Orientierung an der conditio humana, d. h: an der schlechthin Personalität, die „vor und hinter" dem empirisch Zugänglichen liegt. Wenngleich der Gedanke der Gottebenbildlichkeit nicht (mehr) aufscheint, legte man sich nicht nur betonte Zurückhaltung auf bezüglich einer dreist objektivierenden Erforschung der menschlichen Person nach naturwissenschaftlicher Manier, sondern brachte auch immer wieder zum Ausdruck, dass die Person in unergründliche Tiefen reiche, so dass es der Psychologie – menschlichem Erkenntnisstreben überhaupt – nie gelingende könne, das menschliche Wesen gänzlich zu erkunden. Dieses phänomenologische und ethische Unterscheidungsvermögen für sächliche (und daher objektivierbare) und für personale (und daher subjektivierungsbedürftige) Situationen, eine gewisse Scham und Scheu auch, hielt sich zunächst auch noch in durchaus empirischen Bereichen der Psychologie. W. Stern *(1871-1938)* hat, als einer ihrer führenden und pädagogisch einflussreichsten Vertreter, die Unterscheidung von „Person und Sache" zur Grundlage seiner gesamten psychologischen Forschung erklärt. In dieser Tradition finden wir auch noch Busemann *(18871967)*, der mit seinem Werk *(1959 ff.)* eine bedeutende Brücke schlug zwischen Kinderpsycho(patho-logie)und Heilpädagogik: „Das ‚Meinesgleichen' ist kein Ding..., und es wird nicht ergriffen, festhalten ..., seine Bewältigung muss einen anderen Weg gehen als den des Begreifens. Von ihrem Ursprung her ist die Leistung, die wir in der menschlichen intellektuellen Höhenlage ‚mitmenschliches Verstehen' nennen, anderer Art, als die Auseinandersetzung mit den erfassbaren Dingen ... das ‚Meinesgleichen' wird angesprochen ... den ‚Meinesgleichen' begegnet man im engeren Sinne des Wortes" (a.a.0. 38)
Die in der Nachkriegszeit über die traditionell subjektorientierte deutsche Persönlichkeitslehre von den Sterns über die Bühlers, Lersch, Klages, Wellek, Arnold u. v.a., hereinbrechende „Psychologie ohne Seele" amerikanisch-pragmatischen und sowjetischmaterialistischen Zuschnitts, ließ die menschliche Person/Persönlichkeit vollends als „une Machine qui monte elle-meme ses ressorts" (wie bereits La Mettrie 1747 verkündet hatte) erscheinen, die Sinn und Wert durch Produktivität unter Beweis zu stellen hatte. Die allseitig gebildete Persönlichkeit als Leitbild der klassizistischen Pädagogik reduzierte sich insbesondere im amerikanischen Pragmatismus zum selfmade-man, der sich im zum Millionär gewordenen Tellerwäscher verkörpert („materialisiert"). Erikson (1957, 269/282) spricht in diesem Sinne vom amerikanischen Typ der „selbstgeschaffenen Persönlichkeit" und von einem „Ich, das sein eigener Vater und Meister ist". Nicht nur eine apriorische Person, sondern auch eine normative Ausrichtung sowie Gestaltungsfaktoren aus dem sozialen Umfeld verschwinden hier oder verblassen zumindest vor der „versächlichenden" (Hengstenberg, Abschnitt IV/3) Devise: Make the best of it! und dem Prozess der Persönlichkeitswerdung: Weder der Tellerwäscher noch der Millionär sind etwas Besonderes; aus einem Tellerwäscher einen Millionär zu machen: that's the point!
Dieser individualistische Pragmatismus fand sein - aus personaler Sicht nicht minder bedenkliches - Gegenstück im kollektivistischen Sozialismus, welcher die Person auf

eine Funktion der gesellschaftlichen Verhältnisse reduziert. Pädagogik wird in naiver Technologie-Gläubigkeit in Analogie gesetzt zur Ingenieurwissenschaft gemäß den Worten aus einer Propagandarede Kalinins: „Was heißt erziehen? Das heißt das geistige und moralische Antlitz des Schülers kneten.... Ein Pädagoge ist ein Ingenieur von Menschenseelen" (1939). Das menschliche Individuum ist das Ensemble der gesellschaftlichen Verhältnisse, und damit nicht mehr eines personalen Gottes, sondern der anonymen Masse Ebenbild.

Pädagogik ist hier wie dort die Lehre von der Selbsterschaffung und Herstellbarkeit des Menschen; Erziehung ist angewandte Psychologie als manipulativer Umgang mit der „Essenz" menschlichen Seins. Der Mensch ist selbst zum Schöpfer geworden, der sich die Götter nach seinem Bilde imaginiert.

3 Persönlichkeitspädagogik versus Personale Pädagogik

3.1. Die Krise der existenzorientierten Personalen Pädagogik in der Neuzeit

In der Kant- Nachfolge setzt sich die Entwicklung einer essentiellen und einer existentiellen Pädagogik fort, die mit den Begriffen Persönlichkeitspädagogik und Personale Pädagogik belegt zu werden.

Persönlichkeitspädagogik strebt nach Entfaltung (Ausdifferenzierung, Anreicherung, „Bildung") der Persönlichkeit, wie sie sich im allseitig gebildeten, weltzugewandten, dynamischen Erwachsenen repräsentiert. Person bezeichnet hier entweder nur das neutrale, abzählbare Einzelwesen (Individuum) oder die im Kind schlummernde Potenz und Möglichkeit zur Persönlichkeitsentwicklung. Persönlichkeitspädagogik ist in diesem Sinne – vom 20. Jahrhundert weg in zunehmendem Maße in Verbindung mit der Persönlichkeitspsychologie – an der essentiellen Frage interessiert, was (das Materialobjekt Mensch) werden kann: Die Persönlichkeitspädagogik, welche sich im Zeitalter Goethes und im Neuhumanismus Humboldts entfaltet hatte, konservierte sich im ausgehenden 19. und beginnenden 20. Jahrhundert im Bildungsbürgertum und wurde hauptsächlich in der Gymnasialkultur gehegt, wo sie trotz interner Kritik die diversen Reformbewegungen der vor-, zwischen-, und teils sogar noch der Nachkriegszeit ziemlich unbeschadet überlebte. Entstanden aus reaktionärem Geist gegen die Pädagogik der Aufklärung und speziell gegen den Philanthropismus – d. h. für die Entstehung der Heilpädagogik ganz entscheidender Geistesströmungen – drohten seine eigenen schulischen Bemühungen sich immer mehr dem Nutzen und Frommen einer Volksbildung zu entfremden und lediglich noch einer bourgeoisen Bildungsaristokratie zu dienen. Die neuhumanistische Pädagogik mit ihrem Hang zum Bildungsdünkel stellt idealiter und realiter eine extreme Gegenposition dar zu einer personorientierten Pädagogik (Schorb 1958; früher schon Grisebach 1924; zur retardierenden Auswirkung der neuhumanistischen Philologie auf die Pädagogik im allgemeinen und auf eine Personale Pädagogik im speziellen: Flitner, W. 1963, 3 ff.). Die mangelhafte personale Verankerung und Ausrichtung der Pädagogik und der Erziehungspraxis war zweifellos mit ein Grund für den schmählichen Untergang einer zwar gelehrten, oftmals aber politisch naiven, realitätsfremden deutschen Pädagogik, erst im Nationalismus und später im völkischen, rassenhygienischen und militaristischen Marschtritt, der insbesondere für behinderte Menschen und für die Heilpädagogik vernichtende Folgen haben sollte.

In Frankreich schien zunächst die personalistische Position stärker zu sein als in Deutschland, wo der heraufziehende Faschismus von den dreißiger Jahren weg eine personorientierte Pädagogik (wie sie z. B. von Grisebach, Flitner, Nohl, Litt, u. a. vertreten wurde), erstickte oder seinen völkischen Interessen unterordnete. Der französische Personalismus war zur selben Zeit wie die deutsche Reformbewegung entstanden und erfuhr in der Zwischenkriegszeit eine kraftvolle Wiederbelebung. Weltzugewandt-gegenwärtig, politisch hellsichtig und aktiv rief er die Person, den Einzelnen zum heroischen Widerstand gegen Kollektivierung und Verdinglichung des Menschen auf. Romain Rollands ‚Jean Christophe' (1912), Emmanuel Monniers ‚Manifeste au service du personalisme' (1936), Albert Camus' ‚Mensch in der Revolte' markieren eine personorientierte Bewegung, deren Vertreter sich, wie Monnier zeigt, gegen drei Seiten zu verteidigen hatten: gegen die individualistisch-egoistische Kultur der Bourgeoisie, gegen die nationalistische Zivilisation des Faschismus und gegen den kollektivistischmaterialistischen Geist des Kommunismus. Sie geriet denn auch, wie das Schicksal Romain Rollands exemplarisch zeigt, zwischen die Fronten und wurde praktisch völlig aufgerieben oder fand erst im Existentialismus der Nachkriegszeit eine gewisse Reanimation.

Vor allem in der Tradition christlicher Pädagogik blieben jedoch die Grundelemente der scholastischen Person-Lehre bis in die Gegenwart hinein erhalten. Der katholischen Erziehungslehre kommt das Hauptverdienst zu, Ansprüche und Perspektiven einer Personalen Pädagogik durch intelligente Analysen in verschiedene Praxisfelder (so auch der Heilerziehung) getragen zu haben (vgl. z. B. Guardini 1955; Stippel 1957; Prohaska 1959; Hengstenberg 1960; Rest o. J.; März 1965).

Die protestantischen Erziehungslehren der Neuzeit wirken daneben eher zweitrangig und blass, und sie zerkrümeln sich oft auch in bloßer Traktätchenliteratur. Bedeutende Theologen wie Barth, Brunner, Bultmann u. a. fanden oft nicht in die Zentren erzieherischer Problematik und in die Niederungen des (heil-)erzieherischen Alltags.

3.2. Die Suche nach der Person in den Trümmern nach 1945

Während die christlich engagierte Pädagogik den personalen Faden über alle Wogen des Psychologismus, Soziologismus, Nativismus, Historizismus, aber auch der Kriegswirren hinweg nie völlig verloren hatte, hatte es die „weltliche" Pädagogik ungleich schwerer mit einem Neuanfang. Wem bis dahin Personale Pädagogik ein Anliegen gewesen war, dem verbot sich der bequeme Ausweg in die wertneutrale Empirie („Pädistik"), welche von der eigenen Vergangenheit oder jener der geistigen Ziehväter wegzuführen versprach. Die Wurzeln Personaler Pädagogik liegen einerseits, wie wir gesehen haben, in der christlichen Imago Dei-Lehre, die in dieser Tradition bis in die Gegenwart hinein bestimmend blieb. Ein gewissermaßen „säkularisierter" pädagogischer Personalismus wurzelt andererseits, wie Schorb (1958) zeigt, in der deutschen

Romantik und in dem darin vorgetragenen Protest gegen die ichhaften Züge des Idealismus. Er verbindet sich mit Namen wie Novalis, J. P. Richter, F. H. Jacobi, F. W. Fröbel. Wesentliche Elemente ihres die Erzieher-Kind-Dyade und die Ich-Du-Verwiesenheit betonenden Denkens fanden ihre Grundlegung freilich bereits durch Rousseau und vor allem durch Pestalozzi.

Entscheidende, zumindest indirekte Anstöße und Anregungen erhielt die „säkularisierte" (d. h. nicht explizit als christlich-konfessionell sich ausweisende) Personale Pädagogik in der Neuzeit von Seiten der Existenzphilosophie. Diese konnte und wollte zwar – in ihren sehr unterschiedlichen Ausprägungsformen – keine Pädagogik aus sich heraus entwickeln. Erziehung im landläufigen Sinne der Menschenbeeinflussung, einer materialen Formung und „Bildung", ist der Existenzphilosophie von Kierkegaard bis Sartre wesensfremd. Dennoch kann die Existenzphilosophie keineswegs als antipädagogisch oder pädagogisch desinteressiert bezeichnet werden. Zwar kann die Person nicht nach einem vorgefassten Plan „gebildet" werden, dem Tonklümpchen gleich in des Töpfers Hand. An den personalen Einzelnen (sensu Kierkegaard) kann und muss jedoch appeliert werden. Der Erzieher ist kein Macher und Führer, sondern ein Erwecker und Begleiter, einer der aufmerken lässt auf die Kategorie des Einzelnen.

Die Existenzphilosophie war somit eine Herausforderung für eine Personale Pädagogik. Sie nötigte diese geradezu einer Verbindung von Existenz und Person. Ein Rückzug auf das tradierte dialogisch-personale Verhältnis von Gott und Mensch war für denjenigen, der die Existenzphilosophie nicht rundweg ablehnte, allerdings nicht mehr möglich. Der Mensch ist nicht mehr Sinnträger einer göttlichen Idee; er ist und hat nur noch sich selbst und seinesgleichen im Hier und Jetzt des Augenblicks. Das Vis-a-vis des ins Dasein geworfenen und zur Freiheit verdammten Wesens 'Mensch' ist das Nichts. Die geläufige Frage: Was kann der Erzieher machen? stößt ins Leere. Wir müssen erkennen, dass dies eine unpädagogische Frage ist und schrittweise den Weg zurück suchen bis hin zur existentiellen Frage: Wie müsste ich sein? (Buber 1969; Moor 1965). Personale Pädagogik, „die auf ein Verständnis des Menschen als Person gegründet ist, d. h. als eines zum Mitmenschen in Urbeziehung stehenden, ihm antwortenden und sich verantwortenden Wesens" (Schorb, o. J. 168) zielt auf dialogische Verständigung und „Verträglichkeit" in der gemeinsamen Daseinsgestaltung. Person bezeichnet den menschlichen Seins- und Beziehungsstatus und nicht einen Gegenstand. Person ist ein existentieller, nicht ein essentieller Begriff; er bezeichnet und betrifft den Einzelnen in seiner Existenz (seinem Dasein), nicht in seiner Essenz (seinem Sosein).

Derartige Erkenntnisse waren nun, zumal im alten Europa, durchaus nicht neu. Aber sie mussten von einer allmählich zu einem personalen Bewusstsein zurückkehrenden Zeit neu erkannt werden. In der Bundesrepublik Deutschland machte sich in der Nachkriegszeit vor allem Bollnow (*1903) verdient um eine pädagogische Aufarbeitung des Existentialismus. Dass er sein zweites großes Arbeitsgebiet in der Pädagogik der deutschen Romantik fand, ist, wie obige Ausführungen zeigen, kein Zufall. Aus dieser thematischen Verbindung ergaben sich neue Gesichtspunkte für eine ins Maß gesetzte Pädagogik der Begegnung zwischen Personen (Bollnow 1959; 1962; 1983). Von großer

Bedeutung wurden ferner die (z. T. freilich schon aus der Vorkriegszeit stammenden) Schriften von Buber (1878-1965), dessen Dialogik (1960; 1962) zwar aus ganz andern kulturellen Quellen stammt, gerade dadurch aber ungemein belebend und „authentisch" wirkte in einer geistig desorientierten Welt. Bollnow, der durch eine Überwindung des Existentialismus zu einer auf ihre Grenzen und ihre Angemessenheit zurückgenommenen Personalen Pädagogik fand, wie auch Buber, der die Konstituenten des Ich neu im Du entdeckte, fanden in der personorientierten Heilpädagogik – in der Schweiz vor allem im Kreis um Moor – eine sehr positive Aufnahme. – In Deutschland verhärteten sich später die Fronten zwischen einem pragmatisch-positivistischen Empirismus angloamerikanischen Zuschnitts und einer materialistisch-kollektivistischen Gesellschaftsdoktrin marxistischer Machart. Genuin pädagogisch orientierte, d. h. nicht als Funktionäre einer Weltanschauungspartei verpflichtete Autoren fanden oft nicht mehr ein ihrer Bedeutung angemessenes Gehör. Ich denke hier z. B. an das fundamentale Werk von Glaeser (1963), welches eine Basislektüre hätte abgeben können für einen erneuerten pädagogischen Personalismus. Autoren der älteren Generation andererseits, die Anknüpfungspunkte hätten vermitteln können, wie Grisebach, der Vorausdenker einer Existentiellen Erziehung, wie Nohl, Flitner, Litt wurden in den sechziger Jahren von der Herstellungseuphorie im Bildungswesen an den Rand des Vergessens gedrängt. Dass die heutige Phase der Ernüchterung auch als eine solche der Besinnung genutzt wird, kann derzeit nur erhofft werden.

4 Personalistische Positionen in der Heilpädagogik

Wenn ich den Begriffserläuterungen und der problemgeschichtlichen Entwicklung im Vergleich zu dem im Titel angekündigten speziellen Thema „Personalismus in der Heilpädagogik" unverhältnismäßig viel Platz eingeräumt habe, so hat dies zwei Gründe:

- Die personalistischen Positionen, auf die wir in der Heilpädagogik stoßen, lassen sich ohne Kenntnis des historischen und ideellen Umfeldes bedeutungsmäßig nicht erschließen; sie sind nicht aus sich selbst heraus verständlich. Äußerungen, welche in Darstellungen zur Heilpädagogik die personale Orientierung sicherstellen sollen, drohen durch ihre Rahmenhaftigkeit als karitative Präambeln und humanitäre Leerformeln überlesen und die notwendigerweise hinter 'die empirische Fassade greifenden Allgemeinbegriffe als poetisch und unwissenschaftlich' verkannt zu werden (Marcuse 1967, 138; Feyerabend 1980, 272)
- In der Heilpädagogik ist kein spezieller „Personalismus" entwickelt worden. Was wir daselbst vorfinden, sind durchwegs Rückgriffe auf vorliegende Denkmodelle, die erst sekundär eine problemspezifische Deutung, Sinngebung und Zielorientierung erfuhren. Heilpädagogik ist primär ein Tun, nicht ein Philosophieren. Durch personales Leiden gesetzte personale Betroffenheit rührt zu personaler Hilfe. ,Theoria' als Erschauung des Ganzen tritt meist erst im nachhinein, als Rechtfertigung gegenüber Dritten, dazu.

4.1. Zur Bedeutung des Personalismus für die Heilpädagogik

Heilpädagogische Theorie erweist sich daher in einem kaum vergleichbaren Maße als Sinngebung nach innen und als Apologie nach außen. Kein Wissenschafter muss vermutlich Sinn und Bedeutung seines „Gegenstandes" und seiner Beschäftigung damit noch derart umfassend begründen und absichern, wie der Heilpädagoge. So wird verständlich, dass Heilpädagogen gierig nach philosophisch aufbereitetem Material zu greifen pflegen, welches ihnen hilfreich erscheint, die personale Würde ihrer missachteten Klientel zu verteidigen und den Sinn ihrer Arbeit nach außen zu vermitteln. Hieraus erhellt aber auch, dass es keine als heilerzieherisch auszuweisende Beschäftigung mit Behinderten gibt, welcher nicht eine personale Anerkennung vorausgeht. Es wäre daher ungerechtfertigt, Heilpädagogen, die nicht expressis verbis die Personalität des Behinderten thematisieren, der Missachtung der Person zu bezichtigen. Offen bleibt dabei jeweils freilich die Frage, auf welchen Person-Begriff implizit Bezug genommen wird.

Die nachfolgend zitierten vier Autoren sollen in dem Sinne als Exempel dienen. Sie liegen zeitlich oder ideell so weit auseinander, dass direkte Beziehungen unwahrscheinlich sind. Mit der getroffenen Auswahl soll erneut deutlich gemacht werden, dass die Verwandschaft personalistischer Positionen existentieller und nicht essentieller Art ist.

4.2. Rudolf Allers (1883–1963)

Rudolf Allers studierte Medizin und Philosophie. Es war Assistent von Kraepelin und lehrte in München und Wien. 1938 Emigration nach Amerika. Professor für Philosophie und Psychologie in Washington. Allers hielt auf kritische Distanz gegenüber dem naturalistischen Freudianismus. Er bemühte sich erfolgreich um einen Brückenschlag zwischen Psychiatrie und Philosophie, wobei seine Person-Lehre (Das Werden der sittlichen Person, 1935) von zentraler Bedeutung war. Die nachfolgenden Zitate stammen aus dem Werk „Heilerziehung bei Abwegigkeit des Charakters" (Einsiedeln 1937, 8 ff.).

Allers gründete seine Heilpädagogik in einer herkunftsmäßig christlich-katholischen Personalen Anthropologie: Die Person ist als metaphysisches Wesen a priori vom Moment der Befruchtung weg bei jedem Menschen – und so auch beim schwerstbehinderten – gegeben. Die Person ist unverlierbar, unzerstörbar. Sie ist die Trägerin, Urheberin der menschlichen Natur und der sich in der Auseinandersetzung mit Anlage und Umwelt entwickelnden Persönlichkeit und des sich auszeugenden Charakters.

„Wenn der systematische Aufbau des Gebietes: ,Sondererziehung' je soll gelingen können, so kann er nur auf dem Boden einer ,Anthropologie', einer Lehre vom Wesen des Menschen überhaupt errichtet werden. Versuche systematischer Absicht, welche sich nur psychologischer Momente zur Einteilung bedienen, stoßen nicht in jene Tiefe vor, in der sich die möglichen Abwandlungen in den Erscheinungen des Menschwesens so weit enthüllen, dass sie in systematischer Ordnung geschaut werden könnten. Noch weniger führt ein Weg vom Standpunkte einer nur ärztlichen Betrachtungsweise an solches Ziel. Nur der Rückgriff auf Probleme und Begriffe einer wahren philosophischen Anthropologie bietet das zu diesem Unterfangen erforderliche Rüstzeug.

Um unsere Stellung zu diesen Fragen kurz zu bezeichnen, gehen wir von einigen Definitionen aus: Es heißt uns Person das metaphysische Wesen und Sein des Menschen. Es ist ein solches Seiendes, dem es wesenhaft eigentümlich ist, eben Person zu sein ... Die Person ist Träger aller Möglichkeiten und Wirklichkeiten an einem Menschen. Sie ist das Wirkende, und sie wirkt vermöge der ihr und ihresgleichen zuteil gewordenen menschlichen Natur. Diese ist, wenn auch in je verschiedener Ausprägung und Vollendung, bei allen menschlichen Personen die gleiche ... Die Person ist von dem Augenblick an, da sie in das Dasein tritt, also von dem der Befruchtung, ganz da. Ihr wird nichts genommen und nichts hinzugegeben. (Das Übernatürliche liegt nicht im Bereiche der Möglichkeiten der menschlichen Natur als solcher: es ist von ihr aus wesenhaft unerreichbar.) Aber vieles verharrt durch die ganze Zeit des Werdens und Wachsens – und das heißt in gewissem Sinne das ganze Leben hindurch – an der Person im Stande bloßer Möglichkeit. Allmählich nur, teils einem inneren Gesetze folgend, teils durch Außeneinflüsse bestimmt, gehen die immer schon vorhandenen Möglichkeiten in Wirklichkeiten über, werden die Potenzen in Akte übergeführt ... Das Gesamt jener Wirklichkeiten, die an einem Menschen bereits vorhanden sind, jener Momente, welche schon von der Potenz in den Akt übergegangen sind, nennen wir die Persönlichkeit ... Wir nennen drittens Charakter die Art und Weise des Sich-verhaltens eines Menschen zur Welt. Da aber alles Verhalten bestimmt ist von einer Wertschau her, wird Charakter gleichbedeutend mit individuelles Wertvorzugsgesetz. Im Charakter spricht sich die Art und Weise aus, nach der einer Werte vorzieht oder nachsetzt. Charakter ist daher nicht die Persönlichkeit, schon gar nicht die Person und auch nichts an ihr. Er ist viel mehr so etwas wie eine Formel, eine Regel, eine Maxime, nach der sich der Mensch zur Welt und, da er diese nur mit sich selbst darin zu sehen vermag, auch zu sich selbst verhält.

Die Person bleibt immer dieselbe: die Persönlichkeit entfaltet sich (oder steht stille oder zeigt sogar Rückschritte): der Charakter wandelt sich gemäß der sich auftuenden Wertschau. Die Person (und die von ihr getragene menschliche Natur) ist auch wesenhaft vorhanden im Idioten, der nie dazu gelangt, ein 'menschenwürdiges' Dasein zu führen oder ein ,menschenähnliches' Wesen an den Tag zu legen. Sie ist voll und ganz vorhanden auch im Dementen, der als Persönlichkeit zugrunde gegangen oder zerfallen sein kann. Sie ist immer und ausnahmslos vorhanden. Gebricht es ihr aber an Möglichkeiten, die in ihr vorhandenen Potenzen (was zunächst noch lange nicht dasselbe ist wie ,Anlage' im biologischen Sinne) in Aktualität übertreten zu lassen, so kommt es zu einer ungenügenden Entfaltung der Persönlichkeit. Der Schwachsinn in allen seinen Graden bestimmt sich als Folge einer grundsätzlichen, diesem einen Menschen anhaftenden Unmöglichkeit zu voller Aktualisierung.

Ist dem Mensch ein Teil der Welt verschlossen, so dass von dort her aktualisierende Momente nicht wirksam werden können, so ist der Mensch solange in der Entfaltung der oder zur Persönlichkeit gehemmt, als ihm nicht jene Weltaspekte surrogativ freigegeben werden. Diese Situation ist verwirklicht in den Fällen von Mindersinnigkeit.

Die Entfaltung der Persönlichkeit ist auch dann beeinträchtigt, wenn dem Menschen es nicht möglich ist, sich in die Welt hinein auszudrücken, wiewohl ihm von dort her Eindrücke zukommen. Die oben gestreifte Wechselbezogenheit von Innen und Außen macht, dass zur Aktualisierung der Potenzen ebenso das rezeptive, hinnehmende Offensein der Welt gegenüber gehört wie das produktive, gestaltende Eingreifen in sie. Solche Beeinträchtigung in der Entfaltung der Persönlichkeit liegt vor bei Krüppelhaftigkeit, ferner bei Sprachstörungen und vielleicht bei manchen organischen Erkrankungen des Nervensystems.

Ist die Wertschau eines Menschen eine irrige, so haben wir es mit Störungen im Bereiche des Charakters zu tun, vorausgesetzt, dass grundsätzlich die Entfaltungsmöglichkeiten der Persönlichkeit unversehrt sind. Da wir die Überzeugung hegen, dass dies für die sogenannten ‚Psychopathen' zutreffe, nennen wir diese Gruppe die der ‚Charakterabwegigen'. Hierher gehören die Verwahrlosten, die jugendlichen Rechtsbrecher, die Sexualabwegigen, die Schwererziehbaren, die Nervösen.

So scheint sich uns der Gedanke eines systematischen Aufbaues des Gesamtgebietes der Heilpädagogik von einer wahren Anthropologie her darzustellen.

4.3. Hans Eduard Hengstenberg (1904–1998)

Hengstenberg studierte Psychologie, Philosophie und Geographie und promovierte 1928 in diesen Fächern. Er war dann zunächst als freier wissenschaftlicher Schriftsteller tätig. Später war er Dozent für Pädagogik in Oberhausen (Rheinland), dann Bonn, zuletzt Ordinarius an der Universität Würzburg. Seit 1969 emeritiert. In seinem Arbeiten beschäftigt sich Hengstenberg mit Fragen der christlichen Ontologie und der Ontologie der Person. In seiner Philosophischen Anthropologie nimmt er eine vermittelnde Stellung ein zwischen der scholastisch-substantiellen und der dynamisch-anthropologischen Sichtweise der Person. Hengstenberg gehört zu den wenigen Philosophen, die in ihrem pädagogischen Denken auch das behinderte Kind berücksichtigen. Die nachfolgenden Zitate stammen aus dem Vortrag „Zur Anthropologie des geistig und körperlich behinderten Kindes und Jugendlichen" (1966).

Die Heilpädagogik beschäftigt sich mit Kindern, die aufgrund einer „sozialen Insuffizienz", eines „sozialen Defekts" (12) einer speziellen erzieherischen und unterrichtlichen Zuwendung bedürfen. Nicht die Behinderung als solche macht das Kind zum Adressaten der Heilpädagogik; „entscheidend ist… der seelisch-geistige Zustand eines jeden Kindes das durch ererbte, angeborene und erworbene Mängel körperlicher, seelischer oder geistiger Art daran gehindert ist, sich auf normalem Wege eine Stellung in der Gesellschaft zu erwerben und sich darin zu behaupten" (12). „Das geschädigte Kind in diesem spezifischen, heilpädagogischen Sinne ist also gekennzeichnet durch die typische soziale Insuffizienz, die Ort- und Heimatlosigkeit" (13).

Hengstenberg fragt nun in einem weiteren Schritt nach den Beweggründen, welche die Gesellschaft dazu veranlassen, sich heilerzieherisch dem behinderten Kind zuzuwenden. Er stellt drei derartige Motive heraus:

- Das sozial-utilitäre: Die Gesellschaft will sich in dieser Konsequenz von unbequemen, störenden Individuen entlasten. Kompensatorische Bemühungen dienen dazu, aus Behinderten nützliche Glieder der Gesellschaft zu machen. Dieses Motiv ist zwar durchaus legitim, bleibt es jedoch das einzige und ausschlaggebende, so droht dem Behinderten die „Versächlichung" (16): „Der Mensch wird rein utilitär angegangen, lediglich in seiner Nutzfunktion für die Gesellschaft, mithin als Sache behandelt" (14)

- Das altruistische: Heilpädagogik setzt sich hier zum Ziel, „dem heimatlosen Menschen wieder die Fähigkeit zu geben, seinen Unterhalt selbst zu verdienen...." (15). Auch dieses Motiv ist noch utilitär, mit dem Unterschied freilich, dass der Akzent nicht auf der Gesellschaft, sondern auf dem Betroffenen liegt. Ein Altruismus nach der aufklärerischen Devise 'Das größtmögliche Glück für eine größtmögliche Zahl!' sieht im (behinderten) Menschen allerdings noch immer ein Zweckobjekt. „Im Altruismus tritt der andere nicht primär als er selbst in den Blick, sondern wird vom eigenen Ich her gesehen und definiert, nämlich als ‚Anderer', der nicht ich selbst bin" (15)

- Entscheidend ist daher das personale Motiv: „Wir wenden uns dem Geschädigten um der Einmaligkeit und Würde seiner Person willen zu und sehen ihn als einen, der wie wir und mit uns zur sachlichen Liebe und liebenden Sachlichkeit berufen ist, als einen, der nicht nur zum Nehmen, sondern auch zum Geben berufen ist, nämlich zum Wachsen in der Begegnung über sich selbst hinaus.... Die Liebe sieht, wie Max Scheler sagt, das Du schöpferisch entwerfend. Das heißt, sie sieht in ihm nicht nur jene Werte, die von ihm und bei ihm bis zur Stunde verwirklicht sind, sondern auch jene mit, die von ihm künftig realisiert werden sollen und zwar nach seinem einmaligen ganzheitlichen und personalen Wertentwurf. Und das ist ganz unabhängig davon, ob diese noch ausstehenden Werte im Bereich unserer Erfahrung tatsächlich realisiert werden oder nicht. Durch den einmaligen Wertentwurf, mag er mehr oder weniger zur praktischen Ausformung gekommen sein, ist die Du-Person seinsmäßig gekennzeichnet. Auch durch niedere, höhere oder höchste Grade von Schädigung im oben bestimmten Sinne wird an diesem Sachverhalt nichts geändert.... Liebe wendet sich dem Du um seiner selbst willen zu, eben weil diese Du, einmalige, unauslöschliche und in ihrer Würde unantastbare Person ist. Sie tut es unabhängig davon, ob der andere gut oder schlecht, ein Genie oder ein Idiot, ein Christ oder ein Heide ist. Sie tut es auch unabhängig davon, ob der Anbefohlene in der Lage ist, die ihm zugetragenen Rehabilitierungschancen zu nutzen oder nicht, ob die Betreuung einen im pragmatischen Sinne messbaren Erfolg' verspricht oder nicht – weil sie sich einfach vom Transzendenten, Unsichtbaren, Ungreifbaren, aber deshalb auch Unangreifbaren der anbefohlenen Person bestimmen lässt. Ohne Vorwiegen dieses dritten und höchsten Motivs müssen die beiden vorher genannten utilitären Motive in die Versachlichung' des Anbefohlenen führen" (16).

„Die Liebe des Heilpädagogen muss daher eine heroische Liebe sein. Erstens weil das geschädigte Kind der natürlichen Anmut und Grazie entbehrt, mit denen das gesunde ausgestattet ist.... Zweitens muss die Liebe des Heilpädagogen eine heroische sein, weil sie sich noch mehr als die des gewöhnlichen Erziehers unabhängig machen muss vom Erfolg der erzieherischen und bildnerischen Einwirkung" (16/17).

Die „unverlierbare Würde der Person" (17) bildet für Hengstenberg den Angelpunkt einer Heilpädagogischen Anthropologie: „Der Mensch ist Person ... auf Antwort angelegtes dialogisches Wesen" (17), das in der Entscheidung steht und auf „Selbstverfügung angelegt ist" (17). „Person ist das letzte, selbst nicht mehr gegenständlich fassbare Subjekt aller seiner bewussten Vollzüge im physischen und geistigen Raum. Person ist ein Ganzheitsbegriff. Person ist der ganze Mensch mit allem, was er ist und hat ... Die menschliche Person ist ganzheitlich gegenwärtig sowohl im Leib als auch im Geist und im Psychischen. Person ist in jeder Schicht menschlichen Seins ungeteilt und ganz gegenwärtig. (17) .... Person ist der Urheber aller bewussten Tätigkeiten. Nicht unser Geist schaut, denkt, will und fühlt, sondern wir als Person tun es durch den uns verfügbaren Geist. Nicht mein Auge sieht, sondern ich als Person sehe durch, d. h. mit Hilfe meines Auges, das ich auf den Gegenstand richte. Nicht mein Leib geht spazieren, sondern ich tu es durch ihn" (18).

Person ist der Mensch a priori. Die Person ist überzeitlich und somit nicht dem Entwicklungsprozess unterworfen. Sie bildet die identitätssichernde Konstante im Prozess der Persönlichkeitsentwicklung. „Person ist der Mensch von seiner Konzeption an. Person kann nicht aus etwas werden ... Alles Werden im Sinne der Persönlichkeit setzt das Werdelose der Person voraus" (19). Die Person ist „eine konstante, nicht dem Werden unterworfene seinshafte (metaphysische) Größe. Person kann nicht aus den naturalen Beständen nach Geist, Physis und Psychischem ‚werden'. Denn das Verfügende kann nicht aus dem werden und geworden sein, über das es verfügt" (18).

Hengstenberg trennt sodann den Begriff „Persönlichkeit" scharf von dem der Person ab. Person ist das un-bedingte apriorische, konstante Sein; Persönlichkeit ist das faktoriell bedingte aposteriorische geschichtlich Gewordene: „Person ist der Mensch von Anfang an, Persönlichkeit muss erst allmählich werden, und zwar durch selbstverantwortete Wertverwirklichungen, die aus der Souveränität seiner Person unter Einsatz seines konstanten Geistes getätigt werden. Person ist der seinshafte Grund, auf dem Persönlichkeit wächst. Der Mensch entfaltet sich auf Grund seiner Person zur Persönlichkeit. Also nicht die Person entfaltet sich zur Persönlichkeit. Dann wäre am Ende des Reifungsprozesses keine Person, sondern nur noch Persönlichkeit vorhanden, eine Fehlauffassung" (19)... Nein, Person beebbt eine invariante sein mäßige Größe durch das ganze Leben des Menschen...; der seinshafte Grundbestand seiner Person bleibt; und dies ist das letzte Motiv, warum wir dem Menschen Achtung und Ehrfurcht entgegenzubringen haben (19). „Die Würde der Person (ist) durch keine Schädigung zu treffen" (24). „Eine Fehlentwicklung der Persönlichkeit, sei sie verschuldet oder unverschuldet, kann nicht den Anspruch auf Achtung und Ehrfurcht vor der Person schmälern ... Das geschädigte Kind, der geschädigte Jugendliche, der geschädigte Mensch überhaupt, sie alle sind ... sicher weniger Persönlichkeit als das normale Kind, der normale Jugendliche, der normale Erwachsene. Aber für Sein und Würde ihrer Person hat das nicht zu bedeuten, diese ist dadurch nicht eingeschränkt. Darauf eben gründet jene Liebe, die wir soeben als für die Heilpädagogik bindend betrachtet haben. Wenn dieses auf der unveräußerlichenden Personhaftigkeit gründende Motiv der heroischen Liebe ausfällt, gibt es überhaupt kein Fundament für die Heilpädagogik mehr" (20).

4.4. Karl König (1902–1966)

Karl König wurde 1902 in Wien als Kind einer in ärmlichen Verhältnissen lebenden jüdischen Familie geboren. Als junger Mann trat er zum Christentum über und pflegte Kontakte zur Anthroposophie Rudolf Steiners. König studierte Medizin in Wien. 1927/28 war er in einer anthroposophischen Klinik und in einem Heilpädagogischen Heim in Arlesheim (Schweiz) tätig, später als Arzt und Betreuer eines Heims für Geistigbehinderte in Schlesien. 1936 emigrierte er nach Wien, 1938 nach London. 1939 ergriff er die Initiative zur sogenannten „Camphill-Bewegung" in Aberdeen (Heime für psychotische und geistig behinderte Kinder). Es folgten zahlreiche Heimgründungen in verschiedenen Staaten der Welt. 1948 erwarb König die englische Staatsbürgerschaft. Die nachfolgenden Zitate stammen aus der Schrift „Mignon-Versuch einer Geschichte der Heilpädagogik" (1969, 303 ff).

König stand in einem engen, wenngleich durchaus eigenwilligen Verhältnis zur Lehre Rudolf Steiners. So teilte er den anthroposophischen Glauben an ein persönliches Karma und an ein wiederholtes Erdenleben der menschlichen Person. Behinderungen, Krankheiten und so auch „Geistes"-Schwäche sind in der Materialisation missglückte Seinsformen. „Seelenpflege" ist somit nicht nur Dienst und Hilfe gegenüber dem hier und jetzt existierenden Mitmenschen; sie soll das Karma positiv beeinflussen und ist auch für spätere Inkarnationen von belang. Die konkrete, immanente anthroposophische seelenpflegerische Arbeit steht somit stets unter einer transzendenten und überindividuellen Perspektive. Es geht, wie König in betont christlicher Ausrichtung darlegt, um eine restitutio der imago die aus ihrer mangelhaften menschlichen Gestaltwerdung.

Heilpädagogik hat ihren Ursprungsort in der unmittelbaren personalen Begegnung von Mensch zu Mensch und nicht in einer bestimmten Theorie, Ideologie oder irgend einer Institution. Im Anfang steht „ein Entschluss zu helfen, und zwar: durch die unmittelbare Tat zu helfen. Das heißt nicht nur zu studieren und zu registrieren, nicht nur zu untersuchen und zu erkennen, „sondern das Gute zu wollen"' (303). Nicht der Kinderpsychopathologie ist nach König der heilpädagogische Impetus zu verdanken, sondern „dem persönlichen Erlebnis" einzelner mit einem „verunstalteten Menschengebilde" (303). 1. M. Itard (1775-1838) und E. Seguin (1812-1886) in ihrer Begegnung mit dem Sauvage de lÁveyron, H.J. Guggenbühl (1816-1863) in seiner Begegnung mit einem betenden Kretin und F. Pestalozzi (1746-1827) in seiner Begegnung mit den Waisen von Stans sind für König exemplarische Ursprungsorte der Heilpädagogik.

Auch bei König nimmt die Gottebenbildlichkeit einen zentralen Platz ein. Heilpädagogik ist „der Wille, das verkommene, das verunstaltete Menschenbild seiner ewigen Bestimmung wieder entgegenzuführen. Es ist nicht der Impuls allein, einen Kranken zu heilen, es ist der Wille, etwas, das abgefallen ist, wieder dem Ursprung zurückzugeben. In diesen beiden Entschlüssen zum Handeln sehe ich das Urphänomen einer erwachenden Heilpädagogik. Denn mir scheint Heilpädagogik nicht aus einer Kombination von Heilen und Erziehen zu bestehen, sondern sie ist etwas Neues, Drittes. Wenn Natrium und Chlor sich zu Kochsalz verbinden, dann ist dieser Stoff mehr als nur die Summe der beiden anderen; so ist Heilpädagogik ein an sich gänzlich Neues, ein Impuls, der vorher nicht oder nicht so offenbar in der Menschheit gelebt hat. Heilpädagogik ist der Impuls, im anderen Menschen, der durch Umstände oder innere Not und Verirrung nicht mehr ein würdiges Abbild des Ebenbildes Gottes ist, dieses Ebenbild wiederherzustellen; das heißt, in jedem Menschen die Fähigkeit des Gehens, Sprechens und Denkens, denn diese drei sind der Ausdruck wahren Menschentums, durch Führung und Schulung zum Durchbruch zu bringen" (303). Heilpädagogik heißt: einen Menschen würdigen, ihm zu seiner Würde verhelfen. Heilpädagogik ging und geht andererseits dort immer wieder zugrunde, wo sie nicht mehr in personaler Unmittelbarkeit gründet und hieraus lebt und wirkt, weil sie der Freiheit zur Unmittelbarkeit beraubt wird: durch die Kirche (wo Heilpädagogik im konfessionellen Gezänk und in Caritas untergeht), durch die Wissenschaft (wo Heilpädagogik zur bloßen Forschungsdomäne der Psychiatrie verkommt), durch den Staat (wo Heilpädagogik zum Opfer eines zentralistischen Dirigismus zu werden droht). Überall da, wo diese „drei große(n) Gegenmächte gegen das kleine Häuflein von Heilpädagogen auftreten: die Kirche, der Staat und die Wissenschaft", wird „der eigentliche und wahre heilpädagogische Impetus totgetreten" (311), und „der blaue Mantel der Caritas, das graue Tuch des Staates, der schwarze Schleier der Wissenschaft (breitet sich über sie)" (312). König weist sich damit nicht nur als Gegner jeder Art von Sozialisierung und Kollektivierung und als Anhänger eines entschiedenen Privatismus (in) der Heilpädagogik aus, sondern zeigt darüber hinaus - mit seherischem Weitblick - die destruktiven Wirkungen auf, welche eine sogenannte „Verwissenschaftlichung " für interpersonale Verhältnisse auf der Subjektebene nach sich zieht (Feyerabend 1980; Kobi 1983).

4.5. Paul Moor (1899-1977)

Moor stammt aus einer protestantischen Basler Arbeiterfamilie. Er kam relativ spät zur Heilpädagogik. Er studierte zunächst Mathematik, Theoretische Physik und Astronomie und promovierte 1924 in diesen Fächern. Hierauf war er als Gymnasiallehrer in Basel tätig. 1929-35 Studium der Heilpädagogik und heilerzieherische Tätigkeit, 1935 zweite Promotion. Assistent von H. Hanselmann und später dessen Nachfolger am Heilpädagogischen Seminar und auf dem Lehrstuhl für Heilpädagogik der Universität Zürich. Die Zitate stammen aus einem Vortrag, den Moor am 23.11.1964 anlässlich einer Eröffnungsfeier im Heilpädagogischen Seminar Bethel hielt (1977).

Von Paul Moor stammt der hinsichtlich Differenziertheit und Konsistenz bedeutendste Beitrag zu einer Personalen Heilpädagogik. Es wäre daher ein fragwürdiges Unterfangen, in gedrängter Kürze das umfangreiche Werk Moors auf dem Niveau eines „abstract" darstellen zu wollen. Missverständnisse, denen Moor bei flüchtiger Lektüre oder in Unkenntnis des geistesgeschichtlichen Umfeldes ohnehin ausgesetzt ist, wären dabei unvermeidlich. Ich möchte statt dessen versuchen, den thematischen Rahmen Personaler Pädagogik nutzend, einige Wege aufzuzeigen, welche an das bis in die Terminologie hinein recht eigenwillige und kognitiv anspruchsvolle Werk heranzuführen vermögen.

Ein Zugang ergibt sich aus dem von Moor wiederholt betonten Umstand, dass er ein Schüler von Hanselmann (1885-1960) sei. Dies zeigt sich darin, dass er dessen pädagogischer Grundausrichtung folgt: Ziel und Auftrag der heilerzieherischen Arbeit werden von Hanselmann aus der christlichen Tatsache der Gotteskindschaft abgeleitet: „Für uns gibt es nur eine einzige absolute Klassifikation von Menschen, nämlich die der Gotteskindschaft, die also alle Menschen gleichstellt - vor Gott" (Hanselmann 1941, 166). Alles Forschen und Helfen erfolgt letztlich im Auftrag Gottes (a. a. O. 243); dessen Ziel liegt im „Reifmachen zum nimmermüden Streben in der Selbsterziehung zu Gott hin" (a. a. O. 30). Damit findet die „Nachfolge" im Grundsätzlichen aber ihr Ende. Was bei Hanselmann als unverbundenes (freilich nicht unverbindliches) Credo über einem empiristischen Sammelsurium psychiatrischer Konvenienz schwebt (Hanselmann 1930 f.) und trotz eines Versuches in dieser Richtung (Hanselmann 1941) zu keiner pädagogisch fundierten Theorie fand, wurde von Moor unter einer konsequent durchgehaltenen christlich-protestantischen Perspektive zu einer personalen pädagogischen Konzeption ausgestaltet. Die anthropologische Bedeutung einer Behinderung sieht Hanselmann gemäß seiner para-medizinischen Attitüde in der Gefährdung der Entwicklung: Der behinderte Mensch ist „entwicklungsgehemmt". Moor hingegen erkennt sie aufgrund seiner personalen Ausrichtung in der Gefährdung des Haltes: Der behinderte Mensch ist „haltschwach". Hanselmanns biologistisches Verständnis von Behinderung als Funktionsbeeinträchtigung lässt die immanente Spezifik der conditio humana außer Betracht, so dass es sich auf sich entwickelndes Leben schlechthin beziehen lässt: Entwicklungsgehemmt ist irgend ein Individuum, das seine artgemäße Vollform nicht erreicht. Haltung, Halt, Haltschwäche sind sinngemäß jedoch ausschließlich auf personale Wesen zu beziehen, die sich zu sich selbst zu verhalten vermögen. Haltschwach ist eine Person, die sich selbst nicht hat und ihre Daseinsmöglichkeiten verfehlt.

Die nachfolgend zitierten Vortragsstellen vermitteln einen Eindruck von Moors in pietistischer Tradition wurzelnden, jedoch durch Kierkegaards Existentialismus geläuterten Denken. Eine herausragende Stellung nimmt bei Moor denn auch die Kierkegaardsche Kategorie des „Aufmerksam-machens" ein: auf „Momente" dessen, was für die menschliche Daseinsgestaltung – zumal unter den durch eine Behinderung erschwerten Bedingungen – Bedeutung, Sinn und Gehalt erlangen könnte: „Ich habe das, worum es mir geht, als den 'inneren Halt' bezeichnet. Dabei müssen Sie die beiden Fragen auseinanderhalten: Woran finden wir Halt? Und: Wie müssen wir leben, damit wir an dem, was uns Halt geben kann, nicht vorübergehen? Diese letztere Frage ist die pädagogische Frage. Sie allein möchte ich beantworten mit dem, was ich Ihnen nun wenigstens andeutungsweise noch sagen möchte. Um zwei Dinge geht es in der Erziehung. Man kann sie kurz bezeichnen als die Pflege des Gemüts als des Empfängers eines tragenden Lebensinhaltes und um die Erziehung des Willens als des Trägers der Lebensführung. Gemüt haben heißt, den Anruf vernehmen können, oder einfacher gesagt, sich für etwas erwärmen können. Wer Gemüt hat, das heißt, wer sich freuen kann, wer zu staunen vermag, wer lieben und gläubig vertrauen kann, der kann innerlich reich werden, so reich, dass er die Mühen des Lebens auszuhalten vermag, dass er über Enttäuschungen und eigenem Versagen den Lebensmut nicht verliert. Es ist die Tiefe des Gemüts, welche den Mut zur Lebensaufgabe möglich macht. Träger der Lebensaufgabe ist unser Wille. Einen Willen haben heißt, den Aufbruch wagen, sich für etwas überwinden können, sich in den Dienst einer Aufgabe stellen, Verantwortung übernehmen, Pflichtgefühl, Pflichtbewusstsein haben. Soweit wir einen Willen haben, können wir unser Leben selbständig führen. Und soweit wir ein reifes Gemüt haben, werden wir getragen von dem uns erfüllenden Lebensinhalt" (18-19).

Das Kind „vermag sein Leben noch nicht zu führen und muss darum geführt werden … An die Stelle seines eigenen Wollens tritt vorerst der Wille des Erziehers, an die Stelle des inneren Gehorsams der äußere Gehorsam. Und dieser den inneren Gehorsam vorbereitende äußere Gehorsam wird möglich gemacht durch die Gewöhnung des Wünschens und Begehrens, auf seine Befriedigung zu warten, wenn die Aufgabe es verlangt. Solche Unselbständigkeit in der Lebensführung, Gewöhnung und äußerer Gehorsam, ist notwendige Vorbereitung der Selbständigkeit, ist es aber nur dann, wenn sie vom Vertrauen des Kindes zum Erzieher getragen wird" (20)… „Wie aber der innere Gehorsam durch den äußeren vorbereitet wird, so die innere Bindung durch die äußere Bindung. Und wie nur derjenige Gehorsam von der rechten Art ist, welcher inneren Gehorsam vorbereitet, so ist auch nur diejenige äußere Bindung von der rechten Art, welche innere Bindung vorbereitet. Äußere Bindung des Kindes bedeutet, dass es mit seinem Gefühl so sehr an dem teilnimmt, was den Erzieher bewegt, dass es sich dadurch gebunden weiß, und zwar auf eine Weise, welche solche Bindung nicht als Fessel und Beschränkung erleben lässt, sondern als beglückende Bereicherung. Das setzt voraus, dass der Erzieher ein innerlich reiches Leben führt, dass er sich freuen und staunen kann, dass er liebt und gläubig vertraut, und sie wird nicht dadurch möglich, dass der Erzieher das, was ihn erfüllt, dem Kind aufzudrängen versucht. Denn alle Gemütspflege geht dadurch vor sich, dass man geschehen lässt, nicht dadurch, dass man etwas tut. Und noch vorher, dass man es bemerkt, wenn etwas geschehen will. Bindung des Kindes an den Erzieher wird möglich dadurch, dass der Erzieher sich beschenken lässt vom Kind, beschenken mit dem, was es freut, worüber es staunt, wovor es in liebender und gläubiger Ergriffenheit steht, aber auch von dem, woran es leidet, was es bekümmert, sein Heimweh z. B., sich schenken lässt und daran teilnimmt auf seine reife Weise. Dadurch berühren sich das wachsende, reifende Gemüt des Kindes mit dem reiferen des Erziehers, das ihm auf dem Wege der Reifung um einige Schritte voraus ist. Der Pädagoge versteht Entwicklung als Reifungsprozess. Die Erfahrung lehrt, dass man nicht dort reifen kann, wo man sich zu bewahren versucht, sondern dort, wo man sich bewährt. Bewähren muss man sich in der Gefahr. Um reifen zu können, braucht man aber die Gefahren nicht erst aufzusuchen. Das Leben ist überall gefährlich. Nur ausweichen darf man seinen

Gefahren nicht. Und erschütterungsfähig und erschütterungsbereit muss man sein. Dass man dabei scheitern kann, ist nur die Kehrseite unserer Freiheit. Immer aber müssen wir damit rechnen, dass der Einzelne die Möglichkeit der Bewährung für die Situation, in der er sich befindet, nicht besitzt und nicht wahrzunehmen vermag, dass er also nur zermürbt würde durch die Belastung, aber nicht an ihr zu wachsen vermöchte. Man könnte Heilpädagogik gerade dadurch umschreiben, dass man sagt, wir haben es mit lauter Menschen zu tun, die von sich aus und allein gelassen an ihren Leiden nicht zu wachsen vermögen, sondern die darin gerade unsere Hilfe brauchen".

Moor „untergräbt, hintergeht, überzieht" die Hanselmannsche Position insofern, als er hinter das Entwicklungsprodukt der Persönlichkeit und das empirisch Fassbare zurückgeht und nach der apriorischen Person und deren Konstituenten fragt, nach dem, was für eine Person überhaupt zur unmittelbaren Erfahrung (Laing 1983) werden kann. Er ist in der Folge denn auch genötigt, Allgemeinbegriffe (Universalien) zu benutzen, die das einklammern, was einem in sich selbst vernarrten 'Operationalismus' als fixer Terminus gilt. Gemüt, Vertrauen, Gehorsam, Wille etc. sind keine „wissenschaftlichen" Begriffe, die nach szientistischer Vorschrift lediglich noch Signaturen sein dürften.

Mit dieser „Sprache des Herzens", die nicht Sachverhalte beschreibt, sondern Personhaltungen bedeutet, liegt Moor freilich durchaus in der personalistischen Tradition. Wo immer der unmittelbaren, subjekthaften, existentiellen Erfahrung Ausdruck gegeben wird (von Kierkegaard über Buber bis Laing) erweist sich ein Rückgriff auf authentische Bezeichnungen als unabdingbar. Die ihrer Subjekthaftigkeit entkleideten, der physikalischen Welt entlehnten Begriffe (Kontakt, Energie, Reaktion u. v. a.) dessen, was sich als Wissenschaft zusammengetan hat, vermitteln dagegen eine eindimensionale, objektive Dingwelt, in welcher die Person ausgeklammert oder negiert ist.

„Innere Halt", Zentralbegriff von Moors Heilpädagogik, bezeichnet in dieser Konsequenz weder ein Persönlichkeitsmodell noch eine Ziellehre. Apriorischer Art ist für Moor nicht die Antwort, sondern die Frage nach „einem Bild vom gesunden und sinnerfüllten Leben, in welches man das Kind hineinführen will. Dies aber nicht in der Art einer Ideologie, eines feststehenden, fertigen Bildes vom vollkommenen Menschsein, sondern im Aufzeigen eines Weges..." (Moor 1971, 9). Moor betont denn auch immer wieder, dass „Halt" einen Weg, ein Werden, einen Prozess, das „Wagnis zum Aufbruch" bezeichne und nicht einen bestimmten Inhalt. Es handelt sich also nicht um einen essentiellen, sondern um einen ausgesprochen existentiellen Begriff. „Innerer Halt" bezeichnet, salopp ausgedrückt, eine Art Zusammenstellung von Merkzeichen, einen „Denkzettel", der einen immer wieder daran erinnert, woran (nicht wie und was) man zu denken habe: insonderheit bei einem Menschen, der durch eine Behinderung in seinen persönlichkeitsmäßigen Präsentationsmöglichkeiten eingeschränkt ist und daher stets der Gefahr ausgesetzt ist, unter einer reduktionistischen Betrachtungsweise zur Kümmerexistenz zu werden.

Moor hat Zeit seines Lebens mit der letztlich wahrscheinlich unlösbaren, jedenfalls nicht abzuschließenden Aufgabe gerungen, existentielle und damit zwangsläufig ver-

„einzelte" Erfahrungen in essentielle, d. h. vergesellschaftungsfähige, mit-„teilbare" Aussagen umzusetzen und damit das Paradoxon zu überspringen, personale Existenz zu lehren. „Dabei ergab sich von selbst, dass ich auswählte, was mir pädagogisch wichtig und bedeutsam erschien. Das Übrige ließ ich ohne Bedenken einfach weg und verfuhr mit den Gedankengebäuden der einzelnen Schulen und Autoren etwa so, wie die Türken mit der Akropolis: Ich benützte sie nicht nur als Steinbruch, sondern ich schlug mir auch das Herausgebrochene noch so zurecht, dass es meinen pädagogischen Absichten sich einfügte ... Ich hielt mich davon zurück, mir eine Vorstellung von der menschlichen Seele als solcher zu bilden und begnügte mich damit, brauchbare Vorstellungen zu gewinnen, mit deren Hilfe es möglich wäre, Überlegungen zu machen ohne Gefahr zu laufen, sich von der Wirklichkeit allzu weit zu entfernen, und, ich wiederhole es, von welchen ich die Grenzen ihres Anwendungsbereiches kannte ... Wegleitend war mir immer die pädagogische Fragestellung, nicht die psychologische" (16). Es ist für den Personalismus ein bezeichnendes Bild, das Moor hier für sein methodisches Vorgehen gebraucht: Die „an sich" wertvolle Akropolis wird der „für uns" notwendigen Behausung geopfert, das Sein dem Haben letztlich übergeordnet. Haus oder Tempel: das ist hier die Frage.

5   Zusammenfassung und Ausblick

5.1 Generelle Würdigung

Die Bedeutung des Personalismus in der Heilpädagogik liegt in erster Linie in seiner sinngebenden und damit prinzipiell lebensbejahenden und lebenserhaltenden Kraft. In seiner existentiellen Ausrichtung ist er appellativ ermahnend, aufmerksam machend, erweckend; zurückhaltend jedoch bezüglich essentieller Aussagen und Machenschaften. Personalismus ist in dieser Konsequenz der personalen Freiheit verpflichtet, die er in „reiner", d. h. ideologie- und machtfreier Form zu bewahren trachtet. Er vertritt die Partei der parteilos Vereinzelten. Es liegt ebenso in der Konsequenz der personalen Entschiedenheit, dass die „Konfession" des Andern, auch in der Ablehnung ihrer Essenz, existentiell respektiert wird. Dem Personalismus eignet daher stets ein „kosmopolitischer" und „polytheistischer" Zug. Dies erweist sich nicht zuletzt gegenüber den mannigfaltigen Verfremdungs- und Distanzphänomen, wie sie durch Behinderungen ausgelöst werden können, als wesentliche integrative Voraussetzung. Anzunehmen, was meiner Wesensart ohnehin schon entspricht, ist ein Gebot, das auch der kleine Bourgeois und Spießer zu erfüllen vermögen. Auch das Absurde leben zu lassen, wie Camus (1942) in seinem „Sisyphos" sagt, hat das Eingeständnis der Begrenztheit der eigenen Sinnvermittlung zur Voraussetzung. Was Personale Pädagogik immer wieder herausstellt, ist das Exemplarische, das vielfältig Einmalige, das durch die Erfüllung seines Auftrages zum Vorbild der Andern wird, je den ihren zu erfüllen. Maß- und Massenkonfektion bezüglich der menschlichen Daseinsgestaltung ist wider die personale Würde. Sowohl Durchschnitts- als auch Idealnormen treten damit in ihrem mitunter kollektivistischen bzw. ideologischen Zwangscharakter gegenüber individualen und funktionalen Normen (Kobi 1983) in den Hintergrund. Damit wird auch dem aus absolutistischer Sicht „Abnormen" eine prinzipielle Existenzmöglichkeit eingeräumt.

5.2 Grenzen und mögliche Zerfallsformen

Die immanenten Gefahren und Grenzen einer exklusiv Personalen Pädagogik sehe ich in zwei Richtungen: Zum einen in einem Essenzverlust, sei dies im Sinne einer mangelhaft fundierten Empirie (als allgemein zugängliche, „ordinäre" Welterfahrung), sei dies im Sinne einer sich in Selbstversicherung erschöpfenden Aktivität. Ein Personalismus, der nur ein an sich selbst fixierter, „unbewegter" Wegweiser ist, bleibt Rufer in selbsterschaffener Wüste und verkommt zu papierenen Deklarationen. Zum andern in einem Privatismus, der zwar, unter Umständen sehr gehaltvolle, Ich-Du-Beziehungen pflegt und sich traulich einzurichten versteht bei sich selbst, der jedoch auch über zahlreiche Ich-Du-Verhältnisse hinweg nicht den Sprung in die Qualität des Wir, Ihr, Sie schafft.

Oder ein Privatismus, der unfähig ist, Farbe zu bekennen und sich in ästhetischer Unparteilichkeit und politischer Abstinenz auf den kleinen Kreis von Gesinnungsfreuden und Stimmungsgenossen zurückzieht.

Personale (Heil-)pädagogik findet ihren Sinnhorizont und ihre Existenzbedingungen somit immer wieder erst dann, wenn sie den personalen Kreis öffnet und über sich hinaus schreitet: von der Aktion zur Interaktion, vom Einzelnen zur Gesellschaft, vom existentiellen Augenblick zum essentiellen Verweilen und von der Freiheit zur Bindung.

Literatur

Allers, R.: Das Werden der sittlichen Person. Freiburg [4]1935

Allers, R.: Heilerziehung bei Abwegigkeit des Charakters. Einführung, Grundlagen, Probleme und Methoden. Einsiedeln/Köln o.J. (1937)

Arnold, W.: Person, Charakter, Persönlichkeit. Göttingen [3]1969

Ballauf, Th./Schaller,K.: Pädagogik. Eine Geschichte der Bildung und Erziehung. 3 Bände. Freiburg/München 1969-1973

Bollnow, O. F.: Existenzphilosophie und Pädagogik. Stuttgart 1959

Bollnow, O. F.: Anthropologische Pädagogik [3]1983

Buber, M.: Reden über Erziehung. Heidelberg 1960

Buber, M.: Das dialogische Prinzip. Heidelberg 1962

Bucher, Th.: Dialogische Erziehung. Bern 1983

Busemann, A.: Psychologie der Intelligenzdefekte. München 1959 f.

Cooper, D.: Psychiatrie und Anti-Psychiatrie. Frankfurt 1971

Erikson, E.: Kindheit und Gesellschaft. Zürich 1957

Feyerabend, P.: Erkenntnis für freie Menschen. Frankfurt 1980

Flitner, W.: Das Selbstverständnis der Erziehungswissenschaft in der Gegenwart. Heidelberg 1963

Glaeser, F.: Existentielle Erziehung. München 1963

Grisebach, E.: Die Grenzen des Erziehers und seine Verantwortung. Halle 1924

Guardini, R.: Welt und Person. Versuche zur christlichen Lehre von Menschen. Würzburg [4]1955

Hanselmann, H.: Grundlinien zu einer Theorie der Sondererziehung (Heilpädagogik). Zürich 1941

Heintz, P.: Person. In: König, R. (Hrsg.) Soziologie. Frankfurt 1965

Hengstenberg, H. E.: Zur Anthropologie des körperlich und geistig behinderten Kindes und Jugendlichen. In: Hilfe für das behinderte Kind. Kongressbericht, hrsg. Vom Bundesausschuss für gesundheitliche Volksbelehrung. Stuttgart 1966, 139-149

Kobi, E. E.: Heilpädagogik als Herausforderung. Luzern 1979

Kobi, E. E.: Grundfragen der Heilpädagogik. Bern [4]1983

König, K.: Mignon. Versuch einer Geschichte der Heilpädagogik. In: Pietzner, C. (Hrsg.): Aspekte der Heilpädagogik. Beiträge aus der Arbeit der Camphill-Bewegung. Stuttgart 1969, 299-319

Laing, R.: Phänomenologie der Erfahrung. Frankfurt [9]1977

Laing, R.: Die Stimme der Erfahrung. Köln 1983

Lersch, Ph.: Aufbau der Person. München [11]1970

Monnier, E.: manifeste au service du personalisme. Paris 1936

Moor, P.: Heilpädagogik. Ein pädagogisches Lehrbuch. Bern 1965

Moor, P.: Selbsterziehung. Bern 1971

Moor, P.: Heilpädagogik und heilpädagogische Ausbildung. In: BHD-Informationen 10 (1977), 12-26

Rest, W.: Das Menschenkind. Bochum [3]o.J.

Rheinfelder, H.: Das Wort „Person". Geschichteseiner Bedeutung mit besonderer Berücksichtigung des französischen und italienischen Mittelalters. Halle 1928

Schorb, A. O.: Erzogenes Ich & Du - Dialog als Grundlage ...... ISBN 3-936649-06-5 – Erziehendes Du. Stuttgart 1958

Schorb, A. O.: Pädagogisches Lexikon. Bochum [2]o.J.

Stern, W.: Person und Sache. 3 Bände. Leipzig 1906-1924

2 Das schwerstbehinderte Kind

Grenzmarke zwischen einer persönlichkeitsorientierten „Pädagogik des Bewerkstelligens" und einer personorientierten „Pädagogik gemeinsamer Daseinsgestaltung"

aus: Thalhammer, M. [Hrsg.], (1986), Gefährdungen des behinderten Menschen im Zugriff von Wissenschaft und Praxis (München/Basel Reinhard) S. 81–93

In den traditionellen Bereichen der Geistigbehinderten- und der Körperbehinderten-pädagogik zeichnet sich in jüngerer Zeit eine Tendenz ab, einen speziellen Bereich einer sogenannten „Schwerstbehindertenpädagogik" auszugliedern. Dabei scheinen hauptsächlich drei Gründe bzw. Motive wirksam zu sein:

· Intensivierte medizinische Bemühungen hatten, zur Folge, dass vermehrt auch Schwerstbehinderten Kindern zum Leben verholfen werden kann, dass sie länger am Leben bleiben und damit vermehrt auch ins pädagogische Gesichtsfeld kommen
· Heilpädagogische Bemühungen, den unglücklichen Begriff der „Bildungsunfä-higkeit" aus der pädagogischen Diskussion und der Sozialgesetzgebung auszu-schließen und dem gens humanum apriorische Erziehbarkeit und Erziehungs-bedürftigkeit zuzusprechen, haben dazu geführt, dass die Problematik pädagogi-scher Grenzsituationen überhaupt zu einem Gesprächsgegenstand werden konnte
· Ferner haben zahlreiche Einzelerfahrungen zumindest Ansatzpunkte für eine positive Daseinsgestaltung für und mit Schwerstbehinderten aufzeigen können: für eine zahlenmäßig zwar kleine, ontologisch und anthropologisch jedoch sehr bedeutsame Menschengruppe, für welche die offizielle Gesellschaftsdoktrin bislang lediglich aktive oder passive Euthanasie in Entsorgungs- und Endlagerungsstätten in Aussicht zu stellen vermochte.

Der Begriff „schwerstbehindert" (synonym auch: intensiv behindert) entzieht sich einer exakten Definition. Die Kriterien zur Bestimmung dieser Gruppe sind denn auch unterschiedlich. Wenn wir von „Schwerstbehinderten" sprechen, so betrifft dies eine ätiologisch und symptomatologisch heterogene Gruppe von Menschen, die jedoch unter folgenden Koordinaten aufzufinden sind. Es handelt sich um Personen, die

In ihrer äußeren Erscheinungsform unauffällig sein können	meist jedoch durch verschiedene „Degenerationszeichen" auch äußerlich deutlich stigmatisiert sind
In ihrer Leibesorganisation gesund und unauffällig sein können	häufig jedoch auch körperlich schwächlich und auffällig sind und insgesamt eine verringerte Lebenserwartung haben. – Desgleichen geling die bio-soziale Adaptation verschiedener Körperfunktionen (Darm-/Blasenentleerung; Kauen/Schlucken; etc.) meist nur mangelhaft
Keine gröberen Bewegungsstörungen und -einschränkungen aufweisen	aber auch dann, wenn sie frei sind von einer zusätzlichen Körperbehinderung z.t. massive und bleibende Verzögerungen in ihrer psychomotorischen Entwicklung aufweisen und oft zu Bewegungsanomalien (z.B. in Form von Stereotypen) neigen
Gelegentlich zwar über partikuläre Speicherungsmöglichkeiten und eine diffuse affektive Situationserfassung verfügen zwar über einfache Reiz-Reaktions-Schemata zu gewissen Lernerfolge zu führen sind	aber nicht in der Lage sind, sich in einer für sie neuen Alltagssituation ohne Hilfe und Führung zurechtzufinden jedoch kaum oder nur ansatzweise zu einem verinnerlichten oder symbolistischen (sprachgebundenen) Lernen und Handeln in der Lage sind
Unter Umständen zwar vereinzelte (Sprach-) Zeichen deuten und selber verwenden können	deren sprachlicher Entwicklungsstand jedoch nicht über den Gebrauch einzelner bedürfnisorientierter Signale hinausreicht
Stimmungsmäßig allenfalls mitschwingen Können und sich affektiv ansprechen lassen	jedoch stark stimmungsabhängig und ihren Affekten ziemlich hilflos ausgeliefert sind
Denen zwar einzelne festgefügte Verhaltens-Formen (in präsenten, häufig wiederkehrenden Situationen) vermittelt werden können	jedoch einer permanenten vor-/nachgehenden Führung bedürfen und auf gerahmte Situationen angewiesen sind
Insgesamt existenzfähig sind	jedoch einer permanenten Lebenshilfe bedürfen

Eine Gesellschaft, welche die existentielle Bedeutung und den Sinn menschlichen Daseins ganz entscheidend von Leistung, Initiative, Kreativität und sonstigem Out-Put abhängig macht, sieht sich nun in großer Verlegenheit, wenn sie sich über den Daseinswert dergestalt unproduktiver Individuen äußern sollte. Schwerstbehinderte sind Menschen, über die primär ein umfänglicher Katalog erstellt zu werden pflegt über ihr Nicht-Sein und Nicht-Können. Ihre Existenz wird - zumal in einer sogenannten Leistungsgesellschaft - reduziert über eine Auflistung der Leistungsausfälle und Unproduktivitäten. Es ist bemerkenswert, wie unreflektiert dabei die eigene (inklusive wissenschaftliche) Position durch Nichtbeachtung der Relativität verabsolutiert wird und wie hierdurch Phänomene wie Produktivität (irgend etwas

Verwertbares hervorbringen können), Fortschritt (sich irgendwie in Richtung einer größeren Wirksamkeit ändern), Einheitlichkeit (sich irgend einem Durchschnitt annähern) zu nicht mehr hinterfragten, um so mehr jedoch gelebten und planungswirksamen ethischen Kategorien werden. Sinnvoll ist dem geläufigen Denkschema eine sich produktiv verändernde Existenz; sinnvoll (und damit existenzberechtigt) ist dementsprechend eine den produktiven Fortschritt befördernde Pädagogik. Lediglich sich selbst erfüllendes und konservierendes Dasein und Wesen ist sinnlos. Wo es nichts mehr zu forschen und zu machen gibt, werden die Forscher und Macher mit der Möglichkeit der Sinnlosigkeit ihrer eigenen Machenschaften konfrontiert. Und das darf nicht sein! Der Sinn liegt nicht im Sein, sondern im Erfolgen (als Prozess) und im Erfolg (als Produkt). Was nicht wird, ist nichts.

Der Zerfall bzw., die Koartation der Kommunikationsformen vis-a-vis schwerstbehinderten Menschen zeigt sich somit primär unter einem existentiellen Aspekt. Der schwerstbehinderte Mensch ist ein Individuum,

- das mir, spätestens vom Moment weg, wo sich meine Möglichkeiten des Machens (Therapie und Modifikation) erschöpft haben, bald einmal nichts mehr (oder was vielleicht noch schlimmer ist: immer nur dasselbe) zu sagen hat.
- welches in seiner Unwandelbarkeit irgendwie geschichtslos wird; seine Geschichte erschöpft sich weitgehend in seiner Anamnese.

Was aber für mich keine Perspektiven enthält, droht entweder in Vergessenheit zu geraten oder zum Bestandteil eines Leerlaufrituals zu werden (vgl. dazu die Medikations-Rituale, die auch dann noch, zum Sinn-Schutz des Arztes, als „Therapie" bezeichnet werden, wenn eine solche längst nicht mehr indiziert ist).

Die Uneigentlichkeit und Selbstverleugnung in der Begegnung mit der Person des geistig behinderten Menschen rührt letztlich wahrscheinlich daher, dass in ihr die für mich existenzbedrohliche Frage aufbricht: Was wäre ich, wenn ich kein Ich wäre? Es ist die Frage nach der möglichen Nicht-Existenz meiner Person. Ein „Zustand", der so wenig vorstellbar ist wie jener des Todes, mit diesem jedoch nicht identisch ist. Ein Sein ohne Bewusst-Sein; ein Sein in Abhängigkeit vom Bewusstsein anderer.

Der Verlust an Geschichte und Perspektive (den Konstituenten menschlichen Selbstbewusstseins), lassen den Geistig Behinderten daher relativ rasch als Patienten, als Fall, aber auch als Zögling und Schüler, uninteressant werden: das heißt, aus der gemeinsamen Seinssituation und Welt herausfallen. So rätselhaft und unerklärlich das Wesen der Geistigen Behinderung sein mag, so reizlos-langweilig erscheint der unendliche Status quo des Schwerstbehinderten seiner Mitwelt.

Damit nun ein all jener als „typisch menschlich" geltender Attribute (der Sprache, der Ich-Identität etc.) weitgehend beraubtes, auf seine nackte Existenz reduziertes Leben überhaupt ins Interessen- und Aufmerksamkeitsfeld rücken kann, bedurfte und bedarf es einer existentiellen Sichtweise, aus der heraus die Existenz (als schlichtes Dasein) und nicht die Essenz (als bestimmtes Sosein) zum Augenpunkt auch des Erziehungsverhältnisses wird. Sowohl in der historischen wie auch in einer gegenwärtigen und futuristischen Perspektive scheint mir diesbezüglich eine personorientierte (Heil-)Pädagogik (Kobi 1985) von entscheidender Bedeutung zu sein.

Personalismus, wie er sich in Personaler Pädagogik präsentiert, ist keine Schule oder inhaltlich festgelegte Ideologie, die sich als solche essentiell abgrenzen ließe von andern Philosophischen Systemen und Weltanschauungen. Zur Entwicklung und Ausgestaltung Personaler Pädagogik trug zweifellos die christliche, vom imago-dei-Gedanken durchdrungene Personlehre entscheidend bei; sowohl in der Ich-Du-Philosophie als auch in christlichen Ausprägungen der Existenzphilosophie finden sich noch direkte Zusammenhänge mit dem ursprünglich theistischen Personbegriff. Fassen wir hingegen Personalismus als Haltung auf und heben wir damit dessen existentiellen Charakter hervor, so lassen sich entscheidende Elemente einer Personalen Pädagogik – in deren Zentrum die sich in Beziehungsakten immer wieder neu konstituierenden Person als omnium est unum steht – bereits in vorchristlicher Zeit, ebenso in außerchristlichen Kulturen und in antichristlichen Bewegungen nachweisen.

Das um die empirisch nicht fassbare, sondern nur in der subjektiven Begegnung unmittelbar erfahrbare Person kreisende pädagogische Denken schafft eine existentielle Verwandtschaft auch zwischen epochal und essentiell weit voneinander abliegenden Denkern: von Sokrates bis Christus, von Montaigne bis Rousseau, von Kierkegaard über Stirner bis Nietzsche, von Buber bis Sartre und Camus. Verbindend und verbindlich ist darin die Erfahrung, dass der Mensch als Gattungswesen in einer unbedingten, ihn zum Menschen besondernden Verpflichtung steht gegenüber einer Instanz, die nicht er selbst und die nicht sein Werk ist. Von dieser Instanz aus erhält jeder Mensch, als Individualwesen, seinen Sinn und seine unantastbare Würde, die man zwar verletzen, mit Füßen treten und negieren kann, die aber immer wieder aufersteht in der Gewissheit meiner Negation, d. h. dessen, was ich nicht bin. Was dem Personalismus daher unversöhnlich entgegensteht, ist die Hybris des Allseins, der Allmacht, die sich in verschiedensten, essentiell unspezifischen, d. h. nicht einer speziellen Weltanschauung anzulastenden Formen ideologischer, politischer, militaristischer, wissenschaftlicher, institutioneller … Gewalttätigkeit manifestiert.

Die Bedeutung des Personalismus für die Heilpädagogik liegt in erster Linie in seiner sinngebenden und damit prinzipiell lebensbejahenden und lebenserhaltenden Kraft. Personales Denken ist in dieser Konsequenz der personalen Freiheit verpflichtet, die in „reiner", d. h. ideologie- und machtfreier Form zu bewahren ist. Es vertritt die Partei der parteilos Vereinzelten. Die zum Schutze der Person - ohne Ansehen der Persönlichkeit! - aufgestellten Menschenrechtskonventionen sind ganz wesentlich aus einer solchen personalen Position heraus entwickelt worden. Es liegt ebenso in der Konsequenz der personalen Entschiedenheit, daß die „Konfession" des Andern, auch in der Ablehnung ihrer Essenz, existentiell respektiert wird. Dem Personalismus eignet daher stets ein „kosmopolitischer" und „polytheistischer" Zug. Offenheit und Beziehungswilligkeit gelten auch dem Anders- und Fremdartigen gegenüber. Dies erweist sich nicht zuletzt gegenüber den mannigfaltigen Verfremdungs- und Distanzphänomenen, wie sie durch Behinderungen ausgelöst werden können, als wesentliche integrative Voraussetzung.

Was Personale Pädagogik immer wieder herausstellt, ist das Exemplarische, das vielfältig Einmalige, das durch die Erfüllung *seines* Auftrags zum Vorbild der Andern wird, je den *ihren* zu erfüllen. Maß- und Massenkonfektion bezüglich der menschlichen Daseinsgestaltung ist wider die personale Würde. Sowohl Durchschnitts- als auch Idealnormen treten damit in ihrem mitunter kollektivistischen bzw. ideologischen Zwangscharakter gegenüber individualen und funktionalen Normen (Kobi 1983) in den Hintergrund. Damit wird auch dem aus absolutistischer Sicht „Abnormen" eine prinzipielle Existenzmöglichkeit eingeräumt. Offen bleibt dabei freilich zunächst die Frage, auf welchen Person-Begriff explizit oder implizit Bezug genommen wird:

- Person ist der Mensch schlechthin vermöge seiner Gottebenbildlichkeit. Diese verleiht ihm seine un-bedingte, unantastbare Würde. Dieser Personbegriff blieb bestimmend für die dezidiert christlich orientierte (speziell die katholische) Pädagogik. Dazu tritt der Gedanke der Gotteskindschaft, aufgrund derer alle Menschen als Brüder und Schwestern in einem Verhältnis gegenseitiger Verantwortung stehen. In diesem Gedanken begründet beispielsweise Hanselmann (1941) seine Heilpädagogik.

- Person ist der Mensch schlechthin vermöge seiner Geistnatur. Person ist der Mensch in seiner und als Verbindung von Geist und Materie. Dieser Personbegriff ist z. B. bestimmend in der anthroposophischen Inkarnationslehre und der danach ausgerichteten (Heil-)pädagogik und Seelenpflege. Letztere ist nicht nur Dienst an der empirischen Persönlichkeit hic et nunc, sondern auch an künftigem Karma.

- Person ist der Mensch als Potenz seiner Verwirklichung. Bedeutung, Würde und Wert der Person erweisen sich in der harmonisch und reich entfalteten Form der Persönlichkeit. Diesem potentiellen Personbegriff begegnen wir bei Kant und seiner idealistischen Nachfolge, in der klassizistischen und neuhumanistischen Persönlichkeitspädagogik und vor allem dann in der empirisch orientierten Persönlichkeitspsychologie. Heilpädagogik wird aus dieser Sicht als angewandte oder im nachhinein pädagogisierte Psychopathologie aufgefaßt (Asperger [5]1968, Meinertz [6]1981, Holzinger 1984, u. a.).

- Person ist der Mensch soweit er sich als bewusst. wertorientiert und selbstverantwortlich handelndes Individuum präsentiert. Diese bedingte Personalität steht im Zentrum der Wertethik, wie sie von Hartmann, Scheler u. a. vertreten wird. Heilpädagogische Probleme erscheinen aus dieser Sicht als solche der Wertsinn-Verminderung (vgl. Bopp 1930; in Anschluss daran auch Montalta 1967).

- Person ist der Mensch, soweit er als Individuum an gesellschaftshistorischen Interaktionsprozessen beteiligt ist. Die Person findet ihren Sinngehalt in und durch die Gesellschaft in Akten der Solidarität. – Diesen Personbegriff, in welchem sich auch eine säkularisierte Form des oben erwähnten christlichen Brüderlichkeitsgedankens ausdrückt, begegnen wir hauptsächlich in der sozialistischen (Rehabilitations-)Pädagogik.

- „Person" ist der Mensch - soweit er dies überhaupt noch sein kann - in der Erfahrung seiner Alleinheit und All-Einheit, seiner nackten Existenz, aber auch vis-a-vis de rien, als einer, der „Seine Sach' auf nichts gestellt" (Stirner) hat. Person fällt damit auch als Beziehungsbegriff. Der Tendenz, die Person bzw. Persönlichkeit auf das Ich zu reduzieren, begegnet man, freilich in unterschiedlichen

Zusammenhängen, bei Stirner, Nietzsche, später auch in Bereichen der Existenz-philosophie.

- Person ist der Mensch in der Begegnung mit einem Du; Ich und Du konstituieren ihre Personhaftigkeit in ihrer gegenseitigen Ansprache und unmittelbaren Erfahrung der Gegenseite. Die Ich-Du-Lehre ist, von Vorläufern in der deutschen Romantik abgesehen, vor allen neben, in bezug auf und vis-á-vis der Existenz-philosophie entstanden. In der Pädagogik wird in dieser Konsequenz vor allem die dialogische Zweieinheit (Dyade) des Erzieher-Zögling Verhältnisses thematisiert (vgl. z. B. Moor 1965f. und verschiedene seiner Schüler).

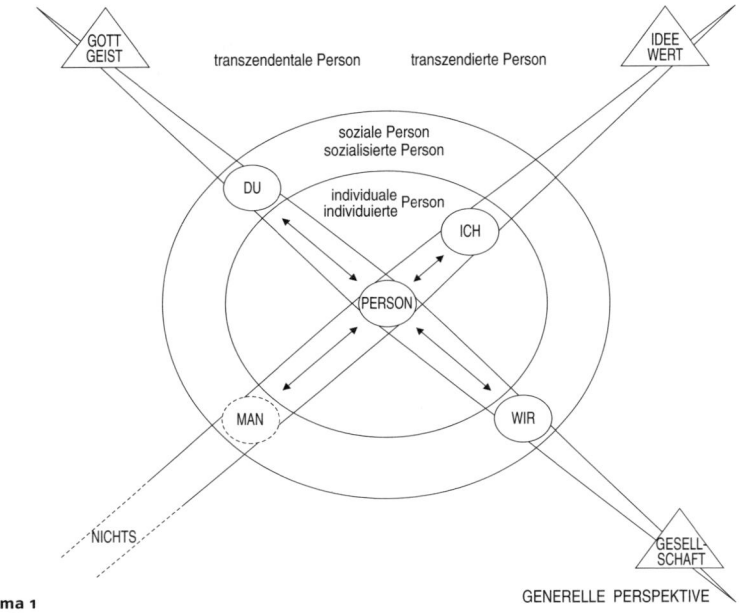

Schema 1

Die in dieser Übersicht zum Ausdruck kommenden generellen Perspektiven werden in Schema 1, die mehrschichtigen, situativunterschiedlich im Vordergrund stehenden personalen Beweggründe in Schema 2 herausgehoben. Hieraus wird deutlich, daß die heilpädagogischen Theorieentwicklungen insgesamt über drei Hauptstränge erfolgten:

- über einen religiös-caritativen, der sich weiter aufgliedern lässt in einen außer-christlichen und einen christlichen, letzterer mit einem in der katholischen und einem in der protestantischen Tradition liegenden Zweig
- über einen humanitär-sozialen, der sich aufgliedern lässt in einen personalis-tischen und einen kollektivistischen Zweig
- über einen ad hoc-pragmatischen, wo die jeweilige Begründung kasuistischer, allenfalls „situationsethischer", nicht aber grundsätzlicher Art ist.

Ich wende mich Behinderten zu

ICH	...um meinetwillen, im Interesse meiner Selbsterhöhung, meines Selbstwertstrebens und der persönlichen Befriedigung von ÜberIch-Bedürfnissen
DU/IHR	...um seinet-/ihretwillen, weil und soweit er/sie mich und meine spezielle Hilfe und Zuwendung benötigen
ER/SIE	...um die Wünsche und Gebote von Dritt-Instanzen zu erfüllen. Aus religiöser, ethischer, politischer, sozialer Verpflichtung
WIR	...aus Solidarität und als Glied einer übergeordneten Vergesellschaftungsform (Familie, Nation, religiöse Gemeinschaft) und letztlich als Mit-Mensch
MAN	...aus Gewohnheit, Gleichgültigkeit, Zufall ... jedoch ohne personale Motivation, Beteiligung, Reflexion und Sinnvergewisserung
ES	...aus Sachinteresse am „Fall" (z. B. wissenschaftlicher oder technischer Art), aus Neugier und Faszination durch den Defekt und die damit verbundene Herausforderung

Schema 2

Man könnte versucht sein, noch einen empirischen Strang (mit biologischem, psychologischem und soziologischem Zweig) zu unterscheiden. So unbestreitbar wichtig empirisches Material ist, führt dessen Anhäufung allein jedoch nicht zu einer Existenzbegründung der Heilpädagogik. Es bleibt vielmehr der Medizin, Psychopathologie, Soziologie verhaftet und führt nicht an die für die Pädagogik entscheidende Sinnfrage heran.

Die Geschichte der Schwerstbehindertenpädagogik – verstanden als Ensemble theoretischer und praktischer, systematischer und programmatischer, gesamtgesellschaftlich (staatlich) beförderter und getragener Bemühungen um eine epochale („zeitgemäße") Daseinsgestaltung für und mit schwerstbehinderten Menschen – ist kurz. Ihre Wurzeln reichen, wenn wir von vereinzelten privatistischen Initiativen absehen, wenig mehr als hundert Jahre zurück. Schwierigkeiten und Rückschläge, die wir in unserer Gegenwart erlebten und erleben, hängen somit auch mit der noch mangelhaft gesicherten Tradition der Erziehung und Bildung Intensivbehinderter zusammen.

Sozialpolitisch befindet sich die Schwerstbehindertenpädagogik in einer Übergangsphase: Caritativ fundierte pflegliche Observation und Betreuung wurden zwar ergänzt durch Bemühungen um eine lebenspraktische Erziehung und Bildung. Schwerstbehindertenbildung bewegt sich gegenwärtig aber noch in einem schwer überblickbaren Feld zwischen:

· einer Schul-Konzeption, die sich in Anlehnung an ein im Grunde genommen akademisches Selbstverständnis über bestimmte Unterrichts-Inhalte definiert und

- einer Anstalts-Konzeption, die sich in Anlehnung an ein im Grunde genommen medizinisch/caritatives Selbstverständnis über die Betreuungs-/Pflege und Bewahrungsfunktion definiert.

Ein schwer behindertes Kind, das im Bereich stoffbezogenen Lehrens und Lernens nicht reüssiert, wird von der Schulkonzeption ausgeschlossen und zugleich in die Betreuungskonzeption eingeschlossen. Die beiden Konzeptionen ergänzen sich damit unter Umständen in einer für das betreffende Kind problematischen Art und Weise:
- Orientiert sich eine Institution nach dem Prinzip „Schule", so gerät ihr die Klientel zu „Bildungsunfähigen"
- Orientiert sich andererseits nach dem Prinzip „Spital", so gerät ihr die Klientel zu „Unheilbaren"

In beiden Fällen stehen Schwerstbehinderte ideell außerhalb der Institution, in welcher sie de facto leben, und in beiden Fällen fühlt sich auch das Personal außerhalb seiner professionellen Identität.

Geht man demgegenüber nicht von normativen Setzungen, sondern von existentiellen Bedürfnissen aus, so benötigen schwerst Geistigbehinderte vor allem Existenz- und Lebenshilfe und mithin einen lebensdienlichen Komfort und eine ebensolche Bedienung. Die Institutionsform, welche sich damit aufdrängt, ist strukturell am ehesten vergleichbar mit einem Hotel oder einer Pension. Den Schwerstbehinderten als einen uns artverwandten Fremden zu betrachten, ihn als Gast zu beherbergen und auf seine Sonderlichkeiten diskret Rücksicht zu nehmen, wäre vielleicht in der Tat eine brauchbare und auch nachvollziehbare Perspektive für das Personal: Es geht nicht darum, einen Gast zu heilen oder zu belehren, sondern ihn zuvorkommend zu bedienen und ihm einen angenehmen Aufenthalt zu bereiten. „Schule" könnte demgemäß im altgriechischen Sinne von schole wieder soviel wie erfüllte „Muße" bedeuten.

Im institutionell-organisatorischen Rahmen schlägt sich das Spannungsverhältnis zwischen einer im Angesicht eines schwerstbehinderten Menschen resignativ-des-interessierten „Pädagogik des Bewerkstelligens" und einer das Machen ins Sein zurücknehmenden "Pädagogik gemeinsamer Daseinsgestaltung" im Versorgungs- bzw. Wartungsprinzip einerseits und im Besorgungs- bzw. Normalisierungsprinzip andererseits nieder:

Die Gegenüberstellung (Schema 3) einiger Kriterien zeigt, dass die Akzentverschiebung vom Wartungsprinzip zum Normalisierungsprinzip primär einen Einstellungswandel dem schwerstbehinderten Menschen gegenüber voraussetzt, der in der Folge dann freilich auch eine Reihe einschneidender Änderungen struktureller, personeller, baulicher, finanzieller etc. Art nach sich zieht.

Unter der Voraussetzung, dass sich eine „Pädagogik gemeinsamer Daseinsgestaltung" dem Normalisierungsprinzip verpflichtet, ergeben sich eine Reihe von Forderungen bezüglich des „Rahmens" innerhalb dessen die Daseinsgestaltung mit Schwerstbehinderten zu erfolgen hätte:

1. Schwerstbehinderte *lebenslänglich* ein *Soziales Netz*, innerhalb dessen ihre personalen Bedürfnisse registriert, legitimiert und angemessen befriedigt werden und das ihnen ein Optimum an personaler Eigengestaltung bietet.
2. In einem lockeren sozialen Strukturgitter sind drei Dimensionen zu berücksichtigen unter denen die notwendigen Institutionen anzusiedeln sind: *Altersstufe* (Kleinkind, Kind, Jugendlicher, Erwachsener) – *Handlungsstufe* (gewöhnungsfähig, geführt handlungsfähig, beschränkt symbolisierungsfähig) – *Vermittlungsstufe* (familienintern, ambulant, familienextern).
3. Die *Organisationsformen* haben so ineinanderzugreifen und einander zu *überlappen*, daß abrupte Übergänge – die bei Schwerstbehinderten schwere Krisen auslösen – vermieden werden können.
4. Diese *„Netze"* und *„Gitter"* sind *innerhalb der Gesellschaft* aufzubauen und daselbst ein- und durchsichtig zu halten. Anteilnahme der Öffentlichkeit am Dasein Behinderter und das Anteil nehmen lassen Behinderter am öffentlichen Leben sollen dadurch gewährleistet sein.
5. Sinn und Zweck derartiger Strukturen liegen primär in der Hilfe (Ermöglichung) zur gemeinsamen Daseinsgestaltung in erfüllter Gegenwart und nur sekundär in irgendwelchen abgesetzt verwertbaren Produkten (= Immanenter, seinorientierter, nicht emanenter, habenorientierter Wert der Daseinsgestaltung und Existenzsicherung). Speck/Thalhammer (21977) sprechen in diesem Sinne von einer „ökologischen Nische", verstanden als Ort ohne Bedrängnis und unfaire Konkurrenz.
6. Die genannten Strukturen sollen ferner sicherstellen, dass Behinderte stets und immer wieder ganzheitlich angesprochen werden, das heißt auch in und aus solchen Bereichen, in denen ihre Leistungs- und Präsentationsmöglichkeiten gering oder nur andeutungsweise vorhanden sind.

Kriterium	Wartungsprinzip	Normalisierungsprinzip
Perspektive	Krankheitsbezogen; "pathologisierend"	Personbezogen; "sanierend"
Äußeres Erscheinungsbild	Als Patient: Pflege leichte, „entmündigende" Aufmachung, Kleidung etc. Stigmatisierend	Als Person: Alters-, geschlechts-, typgemäße „individualisierende" Aufmachung, Kleidung etc..
Fremd-/Selbstkonzept	Exklusive Außenversorgung gemäß Außenbedürfnissen (Ruhe, Sauberkeit, Aufwandminimierung)	Inklusive Selbstbesorgung gemäß Eigenbedürfnissen (Kontakt, Beschäftigung, Abwechslung.... Eigenheiten)

	Geistig Behinderter als Exekutor von Fremdbefehlen	Geistig Behinderter auch als Initiator für außengestützte Handlungen
	Exklusive Gebote und Verbote	Inklusiv Angebote
	„Therapie" im exklusiv objektivierenden Wortsinn von „Behandeln"	„Therapie" inklusiv im subjektivierenden Wort sinn von „Dienen"
Unterbringung	Krankheitsorientiert typisierende Kollektiv Versorgung [„Anstalt"]	Personorientiert individualisierende Einzel-Besorgung [„Wohnung"]
Lebensge-staltung	Pflege und Hege in gleichbleibendem Funktionsraum (Extrem: Käfigbett) Strukturloses, adynamisches „Warten"	Subsidiaritätsprinzip in diversen Funktions und Lebensräumen in Anlehnung an gesellschafts-übliche Abläufe (Tag, Jahr)

Schema 3

7. Aus dieser personalen (das heißt von der Existenz einer metaphysisch vorausge-setzten Personalität ausgehend) Sicht lässt sich auch eine gewisse strukturelle Hierarchie der Existenzwahrnehmung ableiten, welche für die inhaltliche Seite der Bildungsbemühungen richtungweisend sein könnte. (Schema 4)
8. Eine in ihrer Persönlichkeitsentwicklung zentral beeinträchtigte Person ist vor allen „Dingen" auf personale Interessenvertretung, Vermittlung, Assistenz und Präsenz angewiesen. Schwerst-Behinderung erweist sich auf der partnerschaft-lichen Seite vor allem als ein personales und in der Organisationsstruktur als ein Personal-Problem, welches nicht über technische Surrogate lösbar ist.
9. Die Strukturmerkmale der optimalen Daseinsgestaltung sind daher letztlich ent-scheidend von den Strukturmerkmalen der Personen abhängig, welche für die Realisation und Wahrung der erstgenannten verantwortlich sind.

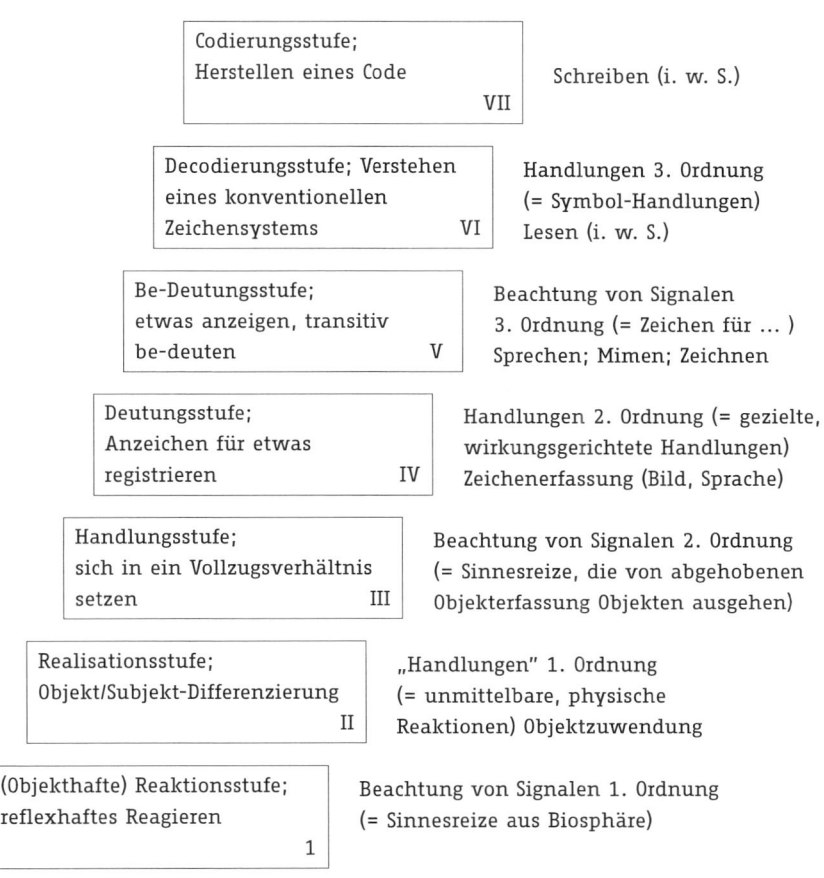

Codierungsstufe; Herstellen eines Code VII	Schreiben (i. w. S.)
Decodierungsstufe; Verstehen eines konventionellen Zeichensystems VI	Handlungen 3. Ordnung (= Symbol-Handlungen) Lesen (i. w. S.)
Be-Deutungsstufe; etwas anzeigen, transitiv be-deuten V	Beachtung von Signalen 3. Ordnung (= Zeichen für ...) Sprechen; Mimen; Zeichnen
Deutungsstufe; Anzeichen für etwas registrieren IV	Handlungen 2. Ordnung (= gezielte, wirkungsgerichtete Handlungen) Zeichenerfassung (Bild, Sprache)
Handlungsstufe; sich in ein Vollzugsverhältnis setzen III	Beachtung von Signalen 2. Ordnung (= Sinnesreize, die von abgehobenen Objekterfassung Objekten ausgehen)
Realisationsstufe; Objekt/Subjekt-Differenzierung II	„Handlungen" 1. Ordnung (= unmittelbare, physische Reaktionen) Objektzuwendung
(Objekthafte) Reaktionsstufe; reflexhaftes Reagieren 1	Beachtung von Signalen 1. Ordnung (= Sinnesreize aus Biosphäre)

Schema 4. stufen der lern- und Lehrvollzüge im Zusammenhang mit geistiger Behinderung

Die existenzielle personale Frage für die Schwerstbehindertenpädagogik lautet daher: Was führt in einer Welt, die rings auf Dynamik, Veränderung, Verbesserung, Fortschritt, Wachstum etc. angelegt ist, eine Person dazu, sich mit (zumal schwerst) Behinderten zu befassen, denen auch bei angestrengtem Willen in dieser Richtung kaum je nennenswerte Leistungen abzuringen sind? Unter welcher „Verheißung" (Moor 1965) steht eine (heilpädagogische) Arbeit, die kaum die Gegenwart überdauernde, empirisch nachweisbare Spuren zu hinterlassen vermag und die daher von output-orientierter Seite als unnütz und sinnlos, ja als nichtig eingeschätzt wird? Von der Beantwortung dieser Frage hängt die dem Behinderten vermittelte Lebensqualität unabtrennbar ab. Begründungsvarianten können sein:

- pragmatisch/extrinsisch: ein Job wie jeder andere; Lebensschwerpunkt außerhalb
- emotional/persönliches Betroffensein; Mitleid; affektive Bedürfnisspannung
- ethisch/erfüllend: Solidarität; sittliches Gebot; Schuldigkeit

- religiös/caritativ: Gottesdienst; gute Werke; transzendente Verdienste
- ontologisch/theologisch: Seinsqualitäten in späteren Inkarnationen verbessern
- egotisch/selbstbestätigend: Entsagung und Rückzug aus der Leistungsgesellschaft Erhöhung in der Hilfe gegenüber Schwachen
- etc.

Aus dieser personalen Personal-Perspektive betrachtet, gewinnt die These von Bopp (1930), wonach Heilpädagogik letztlich Heilspädagogik sei, plötzlich eine neue, freilich säkularisiert-immanente Bedeutung und Aktualität: Heilpädagogik als grenzüberschreitender Austauschprozess von Heilsgütern? Als wohlfahrtsstaatlicher Devotionalienhandel? Cui bono?

Literatur

Asperger, H.: Heilpädagogik. Wien ⁵1968

Bopp, L.: Allgemeine Heilpädagogik. Freiburg 1930

Hanselmann, H.: Grundlinien zu einer Theorie der Sondererziehung. Zürich 1941

Holzinger, F.: Sonderpädagogik. Wien ²1984

Kobi, E.E.: Heilpädagogik im Abriss. Pohnke. D-7835 Tenniken ⁴1982

Kobi, E.E.: Grundfragen der Heilpädagogik. Bern ⁴1983

Kobi, E.E.: Personorientierte Modelle der Heilpädagogik. In Handbuch der Sonderpädagogik, Bd. 1. Berlin 1985

Meinertz, F, Kausen, R.: Heilpädagogik. Bad Heilbrunn ⁶1981

Montalta, E.: Grundlagen und systematische Ansätze zu einer Theorie der Heilerziehung (Heilpädagogik). In Jussen, H. (Hrsg.): Handbuch der Heilpädagogik in Schule und Jugendhilfe. München 1967

Moor, P.: Heilpädagogik. Bern 1965f

Speck, O., Thalhammer, M.: Die Rehabilitation der Geistigbehinderten. München/Basel ²1977

Aus: Thalhammer, Manfred (Hrsg.)
Gefährdung des behinderten Menschen im Zugriff von Wissenschaft und Praxis (München, 1986)

3 Bildung im Kontext chronischen Krankseins und verkürzter Lebenserwartung

Referat anlässlich der Fachtagung in Bad Arolsen vom 8. / 9. 9. 2006

Fragen um Bildungsmöglichkeiten und -formen im Umfeld chronischer Krankheit sind vor dem Hintergrund der jeweiligen soziokulturellen Bedeutungen von Krankheit und Bildung zu diskutieren. Dieser beeinflusst via Gesundheits- und Bildungspolitik in erheblichem Masse das individuelle Schicksal betroffener Menschen und die Angebotspaletten des involvierten Fachpersonals.

1 Soziokulturelle Bedeutungen und Qualifikationen des Krankseins

Der epochal geläufige Krankheitsbegriff ist kontingent, d.h. mehrere Möglichkeiten bzw. Auslegungs- und Zugangsweisen enthaltend:

- *Naturwissenschaftlich* bedeutet Krankheit eine signifikante Abweichung von einem als normal und wünschenswert geltenden Durchschnitt, die sich objektiv nachweisbar kausal funktionsbeeinträchtigend auswirkt
- *Psychologisch* bedeutet Kranksein nachhaltiges Missempfinden, persönliches Leiden, allenfalls auch ohne somatischen Befund
- *Soziologisch* bezeichnet Kranksein einen Status, der Betroffene sozial figuriert und ihnen in der Folge Sanktionen (z. B. Isolation) aber auch Privilegien einbringt. Als krank anerkannte Personen haben Anrecht auf Behandlung, Schonung, Zuwendung, Leistungsminderung, Schuldbefreiung, Dispensationen, u. U. auch auf gewisse Verhaltensaberrationen
- *Spirituell* ist Krankheit Schicksal, Ausdruck göttlichen Willens und, je nach Interpretation, (göttliche) Strafe, Prüfung, Aufgabe. An die Stelle derartiger transzendentaler Sinndeutungen traten neuzeitlich allerdings vermehrt symbolistische Interpretationen, in denen das Krankheitsgeschehen eine Art 'Körpersprache' darstellt, womit sich der Leib Gehör verschafft und sich die Person in selbstreferenzieller Weise existenziell bedeutsame Botschaften übermittelt.

Damit bewegen sich die lebenspraktischen Verhältnisse insgesamt im weiten Rahmen, den die WHO bereits in den vierziger Jahren mit ihrer Definition eines geradezu paradiesisch anmutenden Gesundheitsbegriffs vorgab:

„Health is a state of complete physical, mental and social well-being and not merely the absence of disease or infirmity

In dieser Perspektive dürften sich wohl kaum mehr Menschen finden, die als „WHO-gesund" zu bezeichnen sind; Kranksein und in der Folge auch Therapiebedürftigkeit sind statistisch normal.

Auch pädagogisch ist also davon auszugehen, dass ‚Krankheit' in unserer Gesellschaft ambivalent und kontingent wahrgenommen wird. Sie ist als ‚Störfall' zwar etwas per se Negatives, das Lebenspläne stört, mitunter sogar zerstört. Krankheit ist Un-Sinn, der auf allen Ebenen zu vermeiden und zu bekämpfen ist.

Andererseits ist Krankheit in unserer Leistungs- und Produktionsgesellschaft praktisch noch eine der letzten sozietär anerkannten Möglichkeiten, aus der vie active „auszusteigen", sich zu „entnormen", sich gelegentlich auch passager zu verweigern („krank zu feiern"). Krankheit als Inbegriff des Unsinnigen und Überflüssigen hat somit dann doch wieder so etwas wie einen "unsinnigen Sinn". Dies freilich unter der Bedingung, dass man sich Mühe gibt, bald wieder gesund zu werden und so die an den Kranken ergehende Leistungserwartung der Gesundung zu erfüllen.

2 Soziokulturelle Bedeutungen und Qualifikationen von Bildung und Ausbildung

Das Wort „Schule", abgeleitet vom griech. „Σχολέ", was ursprünglich svw. „Muße" bedeutet, nimmt sich im Vis-à-vis zur heutigen Leistungsschule grotesk aus: ‚Bildung', im Mittelalter noch als Annäherung an Gott, später säkularisiert zur geistig-seelische Formung und Selbstentfaltung und bis hin zu edler Selbstergötzung im Geistesadel verstanden, ist neuzeitlich weitestgehend im Begriff der (professionellen) Ausbildung aufgegangen. Zeitgeistiger Ökonomismus und Utilitarismus betrachten Bildung im Wesentlichen als Gewinn versprechende Investition in Humanressourcen.

So sind denn die gegenwärtigen, durch Aktivismus, Fortschritt und forciertes Leistungsstreben gekennzeichneten Excellenz-Bildungsauffassungen für heilpädagogische Anliegen nicht eben hilfreich. Auch der aus dem Bergbau stammende Begriff des „Förderns" bezeichnet in der Referenz zu und der Reverenz vor einer ausbeutungsorientierten Gesellschaftsdoktrin mittlerweile die ultimativen Form des Umgangs mit Kindern überhaupt. Ressourcenausschöpfung ist pädagogisches Dogma. Und so muss denn auch Unheilbares wenigstens ad ultimo gefördert werden. Bedenklich ist bei alledem ja nicht das Fördern und schon gar nicht das Lernen: doch immer wieder die exzessive und totalitäre Nutzungsbezogenheit.

Nicht allein das Medizinalsystem, sondern auch die Administration des bildungspolitische Mainstreams begegnen der Selbstverständlichkeit systematischer und programmatischer Bildungsangebote im Kontext krankheitsbedingt eingeengter und teils verkürzter Lebensperspektiven oft desinteressiert und motivationsschwach.

Rehabilitation im Sinne mittelfristig profitabler (Wieder-)Eingliederung in wirtschaftliche Funktionsabläufe findet durchaus Zuspruch, deutlich weniger jedoch der Unterhalt permanenter Abhängigkeit. Handelt es sich hierbei doch nicht mehr um zukunftsträchtige Investitionen, sondern um bleibende Kostenfaktoren, die nach ökonomischer Logik weitestmöglich zu minimieren sind.

Das gegenwärtige Zeitalter der unbeschränkt sein sollenden Machbarkeiten und Gewinnmaximierungen disqualifiziert Behinderte und Kranke also nicht mehr als Gottgestrafte, mit einem Fluch Behaftete oder als Wechselbälge und Monstren nach deren diabolischen *Herkunft*, sondern, mit Blick auf ihre Therapierbarkeit und Verbesserungswürdigkeit, nach deren *Hinkunft*. Nicht mehr die Antwort auf die Frage: Wer / was hat Dich so *gemacht*? sondern auf die Frage: Was lässt sich mit / aus Dir noch *machen*? ist interventionistisches Entscheidungskriterium.

Es sind heutzutage vor allem vier sehr unterschiedliche und auch in sich heterogene Gruppen, die im Schattenwurf des Common sense, des bürgerlichen Lebensgefühls, Lebenssinns und dessen Verbindlichkeiten, stehen:

· *Gemeinschaftsbedrängend antisoziale Personen*, von denen für die Sozietät eine akute Gefahr ausgeht und denen gegenüber Formen humaner Verwahrung zu realisieren sind (z. B. veränderungsunwillige, therapieresistente, hochgradig rückfallgefährdete Sexualdelinquenten)

· *Eigenwillig-asoziale Personen* mit extremen Ungebundenheitsbedürfnissen (z. B. Trebegänger)

· *Clans mit dezidiertem Selbstbestimmungs- und Eigenidentitätswillen*, denen gegenüber sich innerhalb der jeweiligen Residenz- und Referenzgesellschaft ein permanentes Aushandeln von Reservaten und Reservationen aufdrängt (z. B. Fahrende)

· Bleibend bzw. zunehmend *ökonomisch unproduktive Personen*, die im Extremfall lebenslänglich auf eine umfängliche existenzielle Unterstützung und Lebenshilfe angewiesen sind.

Dieser Gruppe werden gelegentlich kurzschlüssig auch Chronischkranke zugezählt, obwohl die (Kausal-) Beziehungen zwischen chronischem Kranksein und Leistungsminderung sehr komplex sind und kaum verallgemeinernde Aussagen gestatten.

3   Heilpädagogische Kompensatorik

Der Giessener Philosoph *Odo Marquard* entwickelte im Rahmen seiner Anthropologie eine auch für die Heilpädagogik bedenkenswerte, vielleicht sogar grundlegende „Kompensationstheorie" (2000, 30 ff): Der Homo faber ist qua "Mängelwesen", zugleich ein auf Ergänzung und Ausgleich bedachter Homo compensator. *Marquard* formuliert in diesem Zusammenhang einen „kulturdynamischen Erhaltungssatz des Negativitätsbedarfs" (37) nach dem „Gesetz der zunehmenden Penetranz der Reste": „Je mehr Negatives aus der Wirklichkeit verschwindet, desto ärgerlicher wird – gerade weil es sich vermindert – das Negative, das übrig bleibt"" ... „Knapper werdende Übel werden negativ kostbarer, sie werden immer plagender, und Restübel werden schier unerträglich" (37). Je besser es also dem Menschen in der Rückschau geht, umso unerträglicher empfindet er die restlichen Imperfektheiten.

Behinderte sind aus dieser Sicht Sonderfälle verschärfter Kompensationsbedürftigkeit, und Heilpädagogik jene Sparte der Pädagogik, die, zusammen mit ihrer Klientel, quantitativ und qualitativ kompensatorische Extra-Efforts zu erbringen hat. Kompensatorische Bemühungen haben im Behindertenwesen eine weit zurückreichende Tradition und treten daselbst in verschiedenen Varianten in Erscheinung:

- Die *funktionale* Variante verweist beispielsweise auf die Chancen eines sog. Sinnesvikariats, wodurch sich Blinden und Gehörlosen Möglichkeiten eröffnen, sich in einer durch Vollsinnige eingerichteten Welt zu bewegen *als ob* sie sähen und hörten. In der Neuzeit wurden verschiedene, hauptsächlich periphere (d.h. die Integrität der Person nicht unmittelbar beschädigende) Behinderungen auch vermehrt zu kompensatorischen Herausforderungen technischer Art. Der Fülle und Raffinesse optischer, akustischer und mobilitätsfördernder Hilfsmittel und Instrumente verdanken Behinderte zweifellos namhafte Emanzipationseffekte. Dazu lassen sich, was Chronischkranke anbetrifft, in einem erweiterten Sinne auch medikamentöse Ausgleichs-, Entlastungs- und anderweitige Palliativmaßnahmen zählen
- Die *voluntative* Variante betrachtet Behinderung und Zurücksetzung als Anreiz, durch einen, gelegentlich bis zum Lebenstrotz gesteigerten "eisernen Willen", Normalität durch Normalisierung zu erreichen.
- Die *sozialpolitische* Variante, die als Auch-Formel (*auch* Behinderte sind, haben, sollen, müssen, dürfen ...) und periodisch unter Parolen wie "Chancengleichheit" oder akkurat als "Kompensatorische Erziehung" in Erscheinung tritt. Sie vollzieht, auch in politischer Programmatik, eine Translokation naturhafter oder schicksalsmäßiger, als ungerecht empfundene Ungleichheit auf die gesellschaftliche Ebene, wo sodann per Gesetz soziale Gleichheit und Gerechtigkeit angestrebt werden. Demzufolge ist denn auch "Gerechtigkeit auf Erden" nicht mehr aus Gottes gnädiger Hand zu erbitten, sondern von der Öffentlichen Hand zu fordern.

Die Kreativität dieser Kompensatorik liegt, für Behinderte sowohl wie für deren Therapeuten, Lehrer und Erzieher, Techniker etc. insgesamt weniger in einer alternativen Zielfindung, sondern in Methoden und Instrumenten, die es gestatten sollen, Normalität via Normalisierung zu erreichen. Personale Grenzen derartiger Kompensation liegen dementsprechend

- in forcierter Überkompensation (einer sich psycho-physisch und sozial kontraproduktiv auswirkenden, da z.B. karikierenden, Übertreibung von Normalität in Richtung "Normopathie"),
- in (depressiver) Dekompensation (einem resignations- oder überanstrengungsbedingten Zusammenbruch der Ausgleichsbemühungen) sowie
- in einer Kompensationskompensation (der Tendenz von Kompensationen, sich auch ihrerseits wieder auszugleichen und dadurch in Ungleichgewichte, wie z.B. unverbundene Splitterfertigkeiten, zu zerfallen).

Chronischkranke bilden nun allerdings weder medizinisch noch pädagogisch eine homogene Gruppe. Auch innerhalb der zahlreichen Untergruppen, wie sie sich zumeist um medizinische Krankheitsbilder herum bilden, führen Unterschiede des Alters, des Geschlechts, von Krankheitsform und Krankheitsstadium und der damit verbundenen Einschränkungen, des soziokulturellen und ideellen Hintergrundes u.s.w. oft zu einem je recht unterschiedlichen Selbstverständnis, was mitunter zu heftigen internen Auseinandersetzungen Anlass gibt.

Wenn, gemäß einer statistischen Übersicht bei *Christel Salewki* (2004), in hiesigen Verhältnissen gegenwärtig mit rund 10 % Chronischkranken im Jugendalter ausgegangen wird, so ist ferner relativierend und differenzierend in Betracht zu ziehen, dass sich ein Grossteil auf verschiedenartige Krankheitsformen und -grade bezieht, die zwar allesamt Verminderungen der Lebensqualität, jedoch per se kaum leistungsmäßige Totalausfälle zur Folge haben.

Andrerseits kommt allerdings nur ein Teil der sich um chronische Krankheiten einstellenden Sekundär- und Tertiärproblematik ins Blickfeld des Bildungswesens, wiewohl sich vieles davon indirekt auch im schulischen Umfeld niederschlägt.

Die für Kinder und Jugendliche erlebnismässig dominierenden, sich von Erwachsenen und Alterspatienten *emotional* abhebenden Momente liegen v.a. in folgenden Punkten:

- Nötigungen zur Abstinenz und Temperenz (z.B. bzgl. Essen, körperliche Betätigung und Anstrengung), was eine sehr unkindsgemäß distanziert-asketische Haltung abverlangt
- Abhängigkeiten vom strukturell-organisatorisch wenig kindgemäßen Medizinalsystem (durch Medikation, Therapien, teils auch durch wiederholte Klinikaufenthalte)
- Zwang zu vermehrter Vergegenwärtigung (Was habe ich gemacht, was darf / muss ich tun?) in Form einer verstärkten Leibkonzentration, Selbstbeobachtung und -kontrolle. Chronisch kranke Kinder werden so früh schon zu gelernten Patienten
- Nicht selten sind prophylaktische und therapeutische Begleitumstände für Kinder subjektiv belastender, einengender, befremdlicher und beängstigender als die Krankheit selbst. Dies auf Grund einer ganzheitlicheren Erlebnisweise, die sich affektiv weniger von der psychosozialen Hintergrundkulisse abzuheben vermag
- (Zu) viele Therapeuten- bzw. Erwachsenenkontakte, oft bei gleichzeitiger Ermangelung ausreichender Peer-Kontakte, können eine befremdliche „Altklugheit" und „Frühreife", Introvertiertheit und Sensibilität, ein Schwanken auch zwischen Regression und Progression, zur Folge haben
- Verlust an sozialer Attraktivität für die und in der Peer-Group (kann nicht so richtig und spontan mithalten)
- Evtl. Ausschluss von prestigemässig ranghohen Betätigungen (Sportliche Aktivitäten, Motorfahrzeugbenutzung)
- Verstärkte, als lästig empfundene Fremdkontrollen und Sekuritätsmassnahmen im (besorgten >> ängstlichen) sozialen Umfeld (Überbehütung, overprotection, Verwöhnung, Infantilisierung, verzögerte Ablösung)

- Verkürzte und brüchige Perspektiven; Planungsunsicherheit; zahlreiche künftige Unwägbarkeiten.

Insgesamt handelt es sich um Verluste bzgl. Selbstverständlichkeit und Unbeschwertheit, wie sie von alten Menschen als normal und üblich eher hingenommen werden mögen, für die Jugend hingegen unzeitgemäß, unpassend und daher speziell frustrierend ist. Negative Patientenreaktionen (Non-Compliance, Hypochondrie, Instrumentalisierung der Krankheit → Krankheitsgewinn) auf einen Krankheitszustand sind zwar meist Widerspiegelungen des Kontextes, werden aber dennoch oft kurzschlüssig der personalen Gesamtsymptomatik zugeschlagen und erneut (psycho-) pathologisiert.

Sich (un-) mittelbar schulisch auswirkende Ausfälle betreffen vor allem und einander überschneidend und bedingend folgende Punkte:
- Gehäufte, krankheits-/schonungs-, therapiebedingte Fehlzeiten,
- Öfter notwendig werdende Ruhe-/Erholungspausen,
- Verlangsamungen, Komplizierungen von Planungen/Handlungsabläufen
- Restriktionen bzgl. körperlicher Anstrengung,
- Spezielle Gefährdungen mit entsprechenden Absicherungen
- regelmäßige medikamentöse bzw. therapeutische Versorgung,
- örtlich/räumliche Einschränkungen bzw. Transportbedürfnisse
- spezielle instrumentelle/apparatliche Versorgung

5 Bildungspolitische und pädagogische Konsequenzen

Bildungspolitisch macht dies variable *strukturelle* Anpassungen und Abgleichungen erforderlich, zwischen dem durch die Krankheit mitbestimmten personalen System eines chronisch kranken Jugendlichen auf der einen und dem aktuellen Schul- bzw. Berufsbildungssystem auf der andern Seite. Gefragt ist eine *gegenseitige skeptische* (= „umsichtige") *Annäherung* aller am Behinderungszustand beteiligten Akteure.
- So sind weite Rahmengesetze zur Vermeidung allzu engmaschiger Verrechtlichungen nötig. Da wir es pädagogisch meist mit vergleichsweise „kleinen Fischen" zu tun haben, erweisen sich für unsere Anliegen die Löcher in den Gesetzeswerken oft als ebenso bedeutsam wie die Maschen
- Die Akzentuierung des geometrischen Gerechtigkeitsbegriffs (jedem das Seine) gegenüber dem arithmetischen (allen das Gleiche)
- Dazu gehört auch das, was *Odo Marquard* (1991) als „Abschied vom Prinzipiellen" tituliert: als Voraussetzung einer dezidierten Ungleichbehandlung des Ungleichen
- Desgleichen der Abschied vom T.U.E-Komplex: *T*otalität – *U*biquität - *E*ternität (Alles – Überall – in Ewigkeit) (*Kobi, E. E.*, 2004) und die Aufwertung von Kompromissen und Konkordanzen, die mithelfen können, Lebensqualität auf einem gemäßigten Zufriedenheits-Level zu installieren und zu sichern
- Des weitern ein Abrücken von zwar präzis berechneten, jedoch „ballistischen" (*Dörner*, 1989; *Kobi*, 1994) Entscheidungen, wie sie (ideell) oft weitab vom Ort des

Geschehens und ihres Einschlagens (samt allfälliger Kollateralschäden) getroffen („abgeschossen") werden, durch begleitende Maßnahmen, die in situ ein nach-gehendes Tuning, eine individuelle Feinabstimmung durch sach-, person- und kontextkundige, aber auch entsprechend handlungsbevollmächtigte Mediatoren ermöglichen

· Individualisierungen drängen sich v.a. in Richtung zeitlicher Flexibilisierung und Portionierung nach Maßgabe der jeweiligen, oft akut wechselnden Befindlichkeit des Schülers auf. Es geht darum, Schüler und nicht bloß Fächer zu unterrichten

· ‚Schule' ist auch nicht zwingend als Lerngehäuse (‚Schulhaus'), sondern als attraktiver Marktplatz für Bildungsgüter zu denken und zu konzipieren. Das E-learnming hat in jüngerer Zeit beispielsweise neue Möglichkeiten erschlossen, die diesbezüglich nicht zuletzt auch mobilitätseingeschränkten Behinderten und Chronischkranken zugute kommen können

· (Jugendliche) Chronischkranke können psycho-sozial zu recht schwierigen Patienten und Schülern werden, wenn sie ausschließlich als solche betrachtet und angegangen werden und man ihnen neben ihren Symptomen kaum mehr Eigenschaften zubilligt

Hemmend wirken sich auf derartige Vorkehrungen leider nicht selten verwaltungs-technische Blocker aus, die sich einem hauptsächlich unter drei Devisen entgegen stellen:

· Das geht nicht; das würde unsere schlechthinige Ordnung stören und das Chaos hereinbrechen lassen

· das haben wir immer so gemacht; und was sich für uns bewährte, soll sich auch weiterhin bewähren

· da könnte ja jeder kommen; Präzedenzfälle sind zu vermeiden, da sie sich als Sprengsätze für unser Regelungswerk erweisen könnten

Bürokratische Hemmnisse bereiten dem involvierten heil- und sozialpädagogischen Fachpersonal oft mehr Aufwand und Ärger als die Klientel.

All das erfordert denn auch über behinderungsspezifische und kontextuelle Detail-kenntnisse hinaus vor allem soziale Phantasie und gelegentlich auch den lustvollem Mut, an den Grenzen der genannten Rahmengesetzlichkeiten wider den Stachel zu löcken. Es geht hierbei um die kreative Nutzung dessen, was der Betriebswirt *Günther Ortmann* (2003, 21ff), Professor an der Hamburger Bundeswehr-Universität, als „Paradoxien sozialer Ordnung" zur Darstellung bringt. Das heißt um

· einen „'Sinn für Angemessenheit' (‚Constructive interpretation')", d. h., „die Umgehung und Verfälschung des Sinns von Regeln durch ihre womöglich (allzu) buchstabengetreue Befolgung"

· „Abweichungen vom Regelwerk ‚im Dienste der Sache'" ... „die Notwendigkeit und Funktionalität von Regelverletzungen für den Zusammenhalt von Organisa-tionen und ganzen Gesellschaften" und die Einsicht, „dass Regelverletzungen zur Textur des Sozialen gehören wie Löcher zum Gewirk von Textilien"

· „die Ablösung trennscharfer Linien durch Bandbreiten", die „Achtsamkeit für die Besonderheit des anderen und die Singularität der Situation".

Gesetze und Regeln sind sinnvoll und unverzichtbar; sie benötigen jedoch axiales „Spiel" und „Beziehungsöl", die das Rundlaufen der Geschäfte sicherstellen. Darum sieht jede Regel Ausnahmen und Interpretationsspielräume vor und ist abhängig von diesen. Ein „Dienst nach Vorschrift" hingegen bringt das Getriebe bekanntlich ins Stocken.

6 Wo nichts mehr zu machen ist, gibt's umso mehr zu tun!

Für den Grossteil der *medizinisch* als chronischkrank diagnostizierten Gruppe ergibt sich nicht zwingend (d.h. sachnotwendig krankheitsbedingt) eine vollumfängliche und dauernde *soziale* Invalidierung. Und so ist es denn selbstverständlich erfreulich, wenn in vorgenannter Flexibilität und Offenheit Bildungsarbeit einen Genesungsprozess günstig beeinflusst, einem Patienten psychisch auf- und durchhilft und ein chronischkranker Mensch in Eigenproduktivität, – allenfalls bis zu einem Berufsbildungsabschluss ! –, geführt und zu guter Letzt gar in die offene Wirtschaft eingeschleust werden kann. So was rechnet sich ja auch und ist ökonomieverträglich. Von derartigen, rings als „wahrhaft integrativ" applaudierten, da dem Sozialprodukt zugute kommenden heilpädagogischen Spitzenleistungen sollten wir uns nun jedoch weder betören noch betörnen lassen. Ich finde es immer wieder penibel, wenn Heilpädagogen gelegentlich auch ihrerseits das im Bildungswesen praktizierte Kaskadenmodell übernehmen und, „Zugrösslein" hätschelnd / Untaugliche weiter reichend befördern. Wir sollten uns im Gegenteil davor hüten, uns auch von heilpädagogischer Seite in derartige Erfolgs-Doktrinen einzuklinken und unsere Arbeit von den dortselbst geltenden Kriterien abhängig zu machen.

Heilpädagogik hat es nach meinem Verständnis *prioritär* mit jenen Menschen zu tun, die in PISA's Römischem Brunnen in die unterste Schale geschwemmt wurden und dort – gemäß dieser Klempner-Metaphorik – nur noch den Ausguss im Blickfeld haben.

Deren Situation hat sich zeitgeistig noch dadurch verschärft, dass die technisierte Menschheit in den vergangenen Dezennien verschiedene Übel tatsächlich zu mildern vermochte und von vielen bislang nicht ausmerzbaren zumindest die Ursachen zu kennen glaubt. Diese werden daher immer weniger in einem nicht weiter hinterfragbaren, demütig zu ertragenden Schicksal oder im „unerforschlichen Ratschluss Gottes" gesehen, sondern in wissenschaftlich durchaus erforschbaren, menschlich zugänglichen und längerfristig ‚im Prinzip' optimierbaren naturhaften Umständen. Der moderne Mensch glaubt und verzweifelt zunehmend nur noch an sich selbst. Und so drängt er denn auch mit Macht „zum finalen Triumph des Menschen durch Vollendung der heilen Welt" (*Marquard*, 2000, 24) (zurück) in einem Paradies auf Erden.

Bis es jedoch so weit ist, dass Heilpädagogik und Heilpädagogen sich in einer Welt des Heils auflösen können, bleiben Fragen zurück:

- Wer kümmert sich um das, was die Medizin und deren Anverwandte *nicht* zu heilen oder auszukorrigieren, die Bildungswissenschaften trotz ihres Belehrungseifers *nicht* zu perfektionieren und wo die Politik ihre Menschheitsbeglückungs-versprechungen *nicht* einzuhalten vermag?

- Wer verwaltet und gestaltet den Stillstand und den Rückschritt, vor denen sich der Fortschritt so vorteilhaft abhebt? Das *bleibend* Imperfekte, Torsohafte, das Chaotische und Widersprüchliche, das Planungen oft nur planierend zur Seite quetschen?
- Wer bleibt auch der naiven Lebenswelt mit ihren unwissenschaftlichen Alltags-theorien, Vorurteilen, Irrationalismen und Unvernünftigkeiten verbunden?

Sicherlich nicht nur, doch sicherlich auch, so ist zu hoffen, die Heilpädagogik!

Was uns letztlich bedrängt, ist eine Kerngruppe psycho-physisch so sehr einge-schränkter Menschen, die weder über funktionale, noch durch extra-efforts sozialer / instrumenteller Art in die strukturellen gesellschaftlichen Gegebenheiten eingefügt werden können. Für sie sind auch weiterhin spezielle Angebote offen zu halten und zu schaffen, die allerdings nicht mehr als ökonomisch lohnende Investitionen zu verbuchen sind, so dass man sich definitiv von den Markgesetzlichkeiten zu verab-schieden hat.

Heilpädagogik hat sich hier mit Personen zu befassen, die in Verhalten und Präsen-tation zunächst einmal als penetrant störend und belastend von Gepflogenheiten und Erwartungen im personalen und sozialen Kontext abweichen und darum aus den Gefilden der Akzeptabilität und des Common sense an sie, als einer Teratologie (d.h. einer Lehre vom Ungestalten), verwiesen werden.

Den existenziellen Auftrag der Heilpädagogik, ihr „Kerngeschäft", erkenne ich so-dann aber darin, sich in *positiv* zuwendendem Gestus dessen anzunehmen, was eine bestimmte Gesellschaft oder Epoche gemäß *deren* Sinnstiftungen, Wert-massstäben und Zweckausrichtungen als sinnlos, wertlos, zwecklos negativiert, aus-sondert oder auch arglos einfach vergisst. Nagelprobe für heilpädagogische Daseinsgestaltung ist daher gerade das pädagogisch-therapeutische Ärgernis der Unverbesserlichkeit, das in der Umkehrung der Frage: Was machen wir *dagegen?* zur Frage: Was machen wir *daraus?* zur Herausforderung wird für einen positiven, seinsbestätigenden Umgang auch mit dem gesellschaftlich *bleibend* Disqualifizierten. Sich zu diesem Negativierten in ein *positives* Verhältnis zu setzen meint also *nicht* gutmenschelnde „Malitätsbonisierung" und „Entübelung der Übel" (*Marquard*, 0., 2001, 21). Gesellschaftlich definierter Sinnverlust, Wertwidrigkeit, Zweckentfremdung werden nicht eskamotiert. Die Frage lautet vielmehr: Wie kultivieren wir unser gesellschaftliches Manko, unsere Misslichkeiten und Imperfektheiten, das aus unserer Sicht Nicht-Sein-Sollende?, das wir als Schattenwurf unserer Sinnstiftungen, Wertsetzungen, Zweckausrichtungen permanent erzeugen ... und auch benötigen, um uns und unsere Welt positiv hiervon abheben zu können? – Missliebiges zu kultivieren bedeutet *nicht*, es zu fördern oder auch nur zu verharmlosen, sondern es – auch hier kompensierend – zur Kenntnis zu nehmen, zu diagnostizieren, zu benennen, bekannt zu machen, ins gesellschaftlichen Bewusstsein zu heben und einen Umgang zu pflegen damit. Natur lässt Unpassendes und Fehlplatziertes krepieren und kompensiert die Ausfälle allenfalls durch Masse, eine kultivierte

Menschheit hingegen regelt Systemwidrigkeiten kybernetisch (grch. „steuermännisch") im kompensatorischen Ausgleich der Kräfte. Eine ökonomische Sichtweise ist dabei ebenso unverzichtbar wie die materielle Sicherung der Sozialwerke durch die Schadlosen; Wohl*fahrt* und Wohl*stand* stehen in gegenseitiger sozialpolitischer Abhängigkeit. Kaum eine Epoche generierte einen derart hohen und breiten Luxus jenseits der Existenzminima wie die unsere. Aber kaum eine als utilitaristisch und materialistisch kritisierte Gesellschaft produziert auch derart viel nutzlosen (!) Wohlstandsmüll, so dass das vielbeschworene Nützlichkeitsstreben im Unnützen geradezu seinen Erfüllungsort findet. (Im 19. Loch des Golfers gewissermaßen, dessen Maßeinheit ja auch das „Handicap" ist!)

Die Notwendigkeit zur Kooperation – als solche noch weitab von Integration! – ergibt sich daher aus der koexistenziellen Konviktion (Zusammenleben). Die ökonomisch geforderte Kostentransparenz verhilft dabei auch der heilpädagogischen Arbeit zu einem realistischen (d. h. zeitgeistgemäß monetären) und nicht allein durch ideelle Charity verbrämtem Ansehen. Sie zwingt desgleichen permanent zur Frage, ob und wie weit man sich eine anspruchsvolle Ethik mit einem entsprechenden Sozialsystem leisten kann und will, muss oder darf und weiter zur Frage, wo und wozu öffentliche Gelder eingespart werden, um sie andernorts frei geben zu können.

Diese nicht mehr nur funktionelle und strukturelle, sondern *existenzielle* Kompensatorik trifft sich ferner mit der heilpädagogisch viel beschworenen „Ganzheitlichkeit" insofern, als eine Ganzheit zwangsläufig *alles* – auch das Negative und Widerliche! – umfasst, das zwar gern verdrängt und verschwiegen, camoufliert und exkommuniziert ... wird, dadurch jedoch nicht zum Verschwinden zu bringen ist, sondern als Rand und am Rande der Gesellschaft immer wieder auftaucht. Die gelegentlich gutmenschelnd angestrebte Abschaffung der Heil- und Sonderpädagogik würde die dort angesiedelte Klientel daher nicht auflösen, sondern lediglich unbesorgt zurücklassen. Randständigkeit ist unvermeidbar: zumal in einer Gesellschaft, in der Alle im Mainstream schwimmen wollen. Die Frage dreht sich jedoch um deren Dynamik und Qualität: Wer / Was ist jeweilen in welchem Umfang in welcher Art und unter welcher Perspektive „am Rand"?

7 Pädagogik des Bewerkstelligens → Gemeinsame Daseinsgestaltung

Es ist desgleichen wenig hilfreich, mit großem Aplomb zu bestreiten, dass es menschliche Existenzformen gibt, die zweckrational nicht mehr zu erfassen sind. Wo konventionelle Wegleitungen (Methoden) in der Ausweglosigkeit versagen, da benötigen wir Sinnstiftungen und Wertrangierungen, die eine Lebensform seinsbestätigend erhalten auch *jenseits* dessen, was gesellschaftlichem Common sense als normal, wünschens-, vielleicht sogar lebenswert gilt und entsprechend eine die *kumulative Pädagogik des Bewerkstelligens* kompensierende, d.h. zwar nicht aufhebende, jedoch ergänzende und ausbalancierende *kultivatorische Pädagogik gemeinsamer Daseinsgestaltung*: jenseits der und hinter den Marktständen, wo *Werte* und nicht nur Preise zur Diskussion stehen.

Die Differenz zwischen Pädagogik und Heilpädagogik liegt anthropologisch und gesellschaftspolitisch denn auch darin, dass die letztgenannte sich, zumal im Vis-à-vis einer exzessiv output-orientierten Gesellschaftsdoktrin, ungleich intensiver um existenzbestätigende Be-*Sinnung*, rangierende Be-*Wertung* und handlungssteuernde Be-*Zweckung* zu mühen hat. Integriert (ein Integral) ist in dieser Konsequenz eine Person, die *per se*, auf Grund allein ihres Da- und Soseins (und somit unabhängig von sozietär geforderten Adaptationsleistungen und -möglichkeiten), in einem das vordergründig konventionelle und konvenierende Dasein gesellschaftskultureller Pässlichkeiten überspannenden Sinnhorizont steht. Eine Person, die daselbst einen (wenngleich u. U. negativen) *Wert* verkörpert und einen gesellschaftlichen *Zweck* (und wär's den der Randständigkeit) versieht, so dass sie insgesamt einen personalen Faktor – eine zu würdigende und zu respektierende Wirkgröße – darstellt und nicht ein zum bloßen Fakt versächlichtes (reifiziertes) Ding ist.

Daher gilt, was der Psychologe Erich Stern (1957) schon vor einem halben Jahrhundert zum Ausdruck brachte:

„Auch der Tod gestaltet das Leben; er ist nicht, wie man vielfach gemeint hat, ein Ereignis, das in einem gegebenen Moment von außen in das Leben eingreift, sondern er bestimmt das Leben von Anbeginn an. Ohne den Tod, ohne die beständige Bedrohung des Lebens hätte dieses einen durchaus anderen Charakter. Es fehlte dem Leben die Unruhe, das Gefühl und dass Wissen um die Begrenztheit des Daseins, der Unwiederbringlichkeit der Zeit. Der Tod schickt lange schon seine Schatten voraus in der Todesangst, die wohl in keinem Leben fehlt".

Bildungsangebote sind auch in, external betrachtet, aussichtsloser Perspektive keineswegs nur über die Schiene cartiativer Nettigkeit einzufordern oder funktionsteilig an Seelsorgespezialisten abzutreten.

Trotz der Überblendungen und der in der konkreten Praxis schwierigen Unterscheidung sind nämlich *Sinn* (optimale Gestalt), *Wert* (idealler Rang) und *Zweck* (effiziente Funktion) nicht auseinander ableitbar. Im Unterschied zur techno-„logischen" Maxime: „Richtig ist, was funktioniert!" ist in personalen Bereichen Sinn weder funktional herzustellen noch zu begründen. Sinn, Wert und Zweck können auseinander laufen, indem etwas Sinnvolles wertwidrig erscheint, für etwas Wertvolles kein Sinn (mehr) gestiftet werden kann, Wertvolles unzweckmäßig, Zweckmäßiges wertlos wird.

In einem ersten Schritt gilt es, nicht allein in der Theorie, sondern in konsequenter Praxis zu unterscheiden zwischen primär und zumal von außen (auch vom Kranken selbst) meist (wenngleich nicht in jedem Fall und zu jeder Zeit!) als sinnlos empfundener, negativ gewerteter, zweckloser und entsprechend zu vermeidender und zu bekämpfender *Krankheit/Behinderung* und der zu respektierenden *Person* des Behinderten / Kranken. Diese Unterscheidung scheint zunächst problemlos möglich. Doch ist zu beachten, dass auch inbezug auf Krankheiten soziale Hierarchisierungen eine (ex-)kommunikativ gewichtige Rolle spielen. Es gibt Behinderungen und Krankheiten, die tragen sich, flapsig ausgedrückt, sozial attraktiver als andere. Je eigengesetzlicher und unaufhaltsamer (unheilbar) ein Krankheitsverlauf, umso mehr pflegt die Person über die (negativierte) Krankheit definiert zu werden. Desgleichen können auch Chronischkranke in den Sog ihrer Krankheit geraten und sämtliches Ungemach, das ihnen – wie auch Gesunden! – begegnet, als Folge ihres Patientenstatus' interpretieren und sich auf diese Art viktimisieren (veropfern). Erst auf Grund der Unterscheidung von Krankheit und Person können jedoch die gegenseitigen Beziehungen sach- und persongemäß thematisiert werden.

Die neuzeitlich progressive Medizinisierung missglückter oder verfehlter Lebensgestaltungen (wie sie auch in der vorgenannten WHO-Definition zum Ausdruck kommt) leistet derartigen irritierenden Vermischungen von Krankheit und Personen leider oft noch Vorschub.

So hat man sich daran gewöhnen müssen, von Alkohol-, Drogen-, neuerdings auch von Vermüllungs"kranken" usf. zu sprechen. Solche Einbindungen mögen als soziale Schutzmassnahme zur Sicherung von Hilfsmaßnahmen zwar gut gemeint sein, überdehnen jedoch den Krankheitsbegriff und lösen die Person des Kranken und deren Gestaltungspotenzen wie in einem Vexierbild auf.

Mit diesem Verwischen der Person in genetischen, neurobiologischen, viralen etc. Konzepten verliert die Pädagogik gewissermaßen ihren Ansprechpartner: das unverzichtbare personale Gegenüber einer jeden dialogisch angelegten Erziehung, Bildung und Rehabilitation.

Unter eine derartige Depersonalisation fällt auch das transitive Geschehen einer umfassenden und tief greifenden „Reservatio mentalis", welche vom leisen Vorbehalt über zahlreiche Stufen, Absatzbewegungen und Varianten innerer und äußerer Distanzierung und Meidung im Extrem bis zur Aberkennung des konkreten Lebenswertes und zur individuellen Vernichtigung und Vernichtung führen kann.

Nicht nur die Natur, auch die (Un-)kultur macht keine Sprünge!

Es handelt sich hier um eine Distanzierung, die sich z.B. Sterbenden gegenüber einstellen kann und diese einen sozialen Tod sterben lässt, noch bevor der physische eintrat: Bedingt durch den Umstand, dass bei den Angehörigen bereits ein Abschieds- und Trauer(arbeits)prozess einsetzte und ein Gefühl auslöst ähnlich jenem, das einen auf dem Bahnsteig beschleicht, wenn nach umfänglichem Abschiedszeremoniell vom geliebten Gast, der Zug nicht plangemäß abfährt. (Gedankenfernes Ausharren und emotionales Treten an Ort.)

Eine weitere Frage betrifft die Proportionalität von Krankheit und Leiden. Diese wird entscheidend durch den Patienten gesetzt, so dass durchaus „reziproke" Verhältnisse entstehen können zwischen (objektiv) schwerer Krankheit und vergleichsweise (subjektiv) geringfügigem Leiden et vice versa. Chronischkranke und Behinderte leiden oft weder quantitativ noch qualitativ in der Art, wie distanziert Außenstehende sich dies vorstellen.

Auch schwerst behinderte Kinder z. B. „überraschen" immer wieder durch die Dominanz normaler Kindhaftigkeit, eine positive Grundstimmung, Lebenswillen und Lebensfreude.

Andrerseits leiden z. B. auch Chronischkranke oft erheblich an Beschränkungen und Belastungen, die nichts oder nur indirekt etwas mit ihrer Krankheit zu tun haben und von Gesunden übersehen werden. Desgleichen entspricht das, was als Hilfe und Erleichterung erlebt wird nicht immer dem, was Experten in Aussicht stellen.

Für die Heilpädagogik konstitutiv und realitätsbestimmend ist demgemäß der Auftrag, für einen chronischkranken Menschen einen artgerechten (d.h. humanen) Biotop zu bestellen. Kranken/Behinderten soll zumindest nicht unnötiger/unbedachterweise zusätzliches Leid zugefügt werden. Unheilbarkeit soll sich nicht zum Unheil auswachsen, was prioritär eine Frage der Ökologie, nicht der Ökonomie betrifft.

Allerdings: Heilpädagogik heilt nicht und führt nicht zum Heil. Sie wälzt den erdhaften Stein des Sisyphos, indem sie sich mit der Gestaltung und Wandlung auch *unaufhebbarer* Differenzen, Dilemmata, Antinomien … menschlichen Daseins beschäftigt. Sie sucht, den Grund legend, nach einem *heilsamen* (verganzheitlichenden, moderierenden), nicht einem *heilenden* (reparierenden, wegschaffenden) Umgang und einem Mitsein auch mit immanent (innerweltlich) *bleibend* Imperfektem und Abtrünnigem. Weg*suche* (Viabilität), nicht weg*schaffen* (Therapie), Kon*viktion* (Zusammenleben), nicht Kon*fektion* (normalisierende Gleichmacherei) sind ihr zentrale Anliegen zwischen Da und Dort. Heilpädagogik hat somit einen paradoxen Auftrag zu erfüllen, indem gerade sie, die „Abnormenpädagogik", wie sie früher auch genannt wurde, dem Normalitätskonzept folgend, Normalität in verschobene Lebensverhältnisse hinein trägt.

Zu dieser Normalisierung gehört die Gesamtheit psychohygienisch-pädagogischer Aktivitäten und so auch adaptierte Bildungsbemühungen. Deren Bedeutung liegt nun allerdings akzentuiert auf der personalen Ebene des Input und nicht des Output:

- Es geht darum, auch in definierten Patienten Studenten zu erkennen und als solchen zu einem angemessenen Status im Bildungssystem zu verhelfen sowie (schulische) Motivations- und Strukturelemente zu aktivieren
- Alles was Normalität, Usanz und Gewohntheit zurückbringt ist von stabilisierender, entspannender Bedeutung. „Schule" stellt innerhalb eines extraordinären Krankenstatus' ein derartiges Normalisierungselement dar. Die Schule ist als bedeutendster Sozialraum neben der Familie, Kindern und Jugendlichen vertraut, und die Lehrkraft Repräsentantin der normalen Alltagswelt „dort draußen".
- Lernen ist stets auch eine Form der Teilhabe, des Austausches, der Anverwandlung, der Selbstkreation und ist als psychosozialer „Stoff-Wechsel" existenziell durchaus mit der Nahrungsaufnahme in Parallele zu setzen. Das Dazugehören ist von ebenso großer Bedeutung wie das Sachinteresse.
- Wesentlich sind somit nicht nur und erst das *Produkt* und der Gebrauchswert, sondern der *Prozess* gemeinsamen Lehrens und Lernens. Ein Erfolg ist hier bereits, wenn überhaupt etwas erfolgt! Dieses wahrhaft integrative Anliegen wird allerdings verraten, wenn „Integration" erneut einem Kröpfchen-Töpfchen-Konzept folgt, indem integrierbare (im Sinne passender) von nicht integrierbaren (unpässlichen) Menschen unterschieden werden
- Schliesslich gilt es die Chance zu erkennen, die Schönheit, ja die Lustbarkeit des Lernens und Denkens, kreativen Gestaltens und geistiger Betätigung wieder zu entdecken, die auch und vor allem in der banalen Alltäglichkeit dort erlebt

werden kann, wo am Ende das Nichts als ein beglückendes Etwas herausschaut: so wie für uns gelegentlich der wertlose Wisch eines gelösten Sudoku- oder Kreuzworträtsels.

Bildung weist durch diese dem freien Spiel verwandte Distanzierung von zweckorientierter *Aus*bildung – der Ertüchtigung chronisch Gesunder! – gerade im Umfeld massiver Beschränkungen exemplarisch auf ihren Ursprung in der erfüllten Muße zurück.

4 Leidige Tröster seid ihr alle (Hiob 16/2)

aus: Datler, W. et al. [Hrsg.] (1998), Zur Analyse heilpädagogischer
Beziehungsprozesse (Luzern edition szh) S. 133–139

1   Zum Begriff „Trauerarbeit"

Der Begriff bringt den Pädagogen erst einmal in Verlegenheit, da „Trauer" im erziehungswissenschaftlichen Vokabular kaum zu finden ist und höchstens am Rande thematisiert wird (mag sein, dass die Pädagogik darum keine Trauer kennt, weil moderne Erziehung ja permanent „freudvoll" und Unterricht „spaßig" zu sein hat ?!) Zum Thema Thema 'Arbeit' andererseits weiß Pädagogik zwar viel zu berichten, sieht diese allerdings fast durchwegs gegenstands- und produktbezogen im Sinne der Herstellung materiell fassbarer Schulkulturgüter (vom Typ Klassen und Hausarbeiten z.B.). „Trauerarbeit" ist für die Pädagogik daher zunächst irritierend substanzlos, es sei denn, man würde die metaphorische 'erdrückende Last' der Trauer materialisieren, sie als einen Klotz betrachten, den es mit Elan abzuarbeiten gilt. Die etwas hemdsärmelige Bezeichnung provoziert ja auch derartige Vorstellungen innerhalb eines sensiblen Kontext.
Trotzdem hat das Wort 'Trauerarbeit'- ursprünglich eine Freudsche Kreation - seit A. und M. Mitscherlich (1984) in deutschen Landen eine weit über die Fachpsychologie hinausgehende Verbreitung gefunden, und gehört mittlerweile auch zum Psycho Slang der Alltagssprache (Rutschky 1994; Henscheid 1993).
Ich vermute, dass die Entstehungsgeschichte dieser Wortschöpfung eingebunden ist in die neuzeitliche Positivierung der Arbeit. Arbeit bzw. Arbeiten sind in unseren kulturellen Breitengraden nicht mehr Fluch, Schande, Strafe, ja nicht einmal mehr nur Mittel zum Zweck, sondern per se 'gut', werthaltig, wertschaffend. Lediglich selbstreproduktiver Daseinsgenuß ist Müßiggang und als solcher nicht nur aller Laster Anfang, sondern menschenunwürdig und gesellschaftsfeindlich. Der homo faber beschattet so den homo ludens auf Schritt und Tritt. Im Zuge dieser Moralisierung der Arbeit - und mithin des Fleißes (*Bollnow 1958*) und der Produktivität - hatte sich offenbar auch „metaphysisches", nicht unmittelbar schweißtreibendes Tätigsein das ArbeitsGütesiegel zuzulegen: Geistige, künstlerische, politische, seelsorgerische ... bis

hin schließlich auch zur Beziehungsarbeit. Auch Kultur-„Schaffende" arbeiten heute dementsprechend vorzugsweise in Kultur-Werkstätten und Workshops und nicht mehr kafkaesk im Wiener Cafe.

Ob dieser freudvollen Mühsal (sogar in der Frei!Zeit!) trübten sich allerdings Blick und Verständnis für die pathische und empfangende Seite des menschlichen Lebens (Moor 1960) und mithin auch für jene stillen Tugenden (Bollnow 1958) des Nichttuns und des Geschehenlassens, des Wartens und der Hoffnung (Kobi 1993, 1996), der Geduld und des Erduldens, der Stille und des Schweigens, der Schwermut und der Trauer. Letztgenannte Misslichkeiten erlangen heutzutage sogar rasch Krankheitswert und sind konsequenterweise dann therapeutisch zu bearbeiten. Arbeit macht frei und froh! Auch dem „lebenssatten" Hiob mit seinen biblischen 140 Jahren ständen derzeit wohl noch Aktivierungstherapie und Thanatopädie ins Haus.

2   Trauerarbeit als individuale und kollektive Angelegenheit

Im Zuge dieser zunehmenden Favorisierung des tätigen gegenüber dem pathischen Leben (Moor 1960) sind denn auch Phasen- und Spiral- Modelle zur Krisenbewältigung und Trauerarbeit entwickelt worden. Sie bilden eine quasi-naturgesetzliche Regelhaftigkeit ab, tragen ausgeprägt 'funktionalen' Charakter und lassen eine entsprechende funktionale Norm transparent werden („Trauer läuft bei der challenged person so ab .... hat beim modernen Menschen so abzulaufen"). Ihr empirischer Hintergrund ist hauptsächlich klinischer und (individual-) therapeutischer Art. Sie ordnen sich ein in all jene Passformen und Konzepte, wie sie vor allem die klassische Psychoanalyse aus dem industriellen Geist des 19. Jahrhunderts heraus entwickelte und die heute, ein Jahrhundert später, psychologisches Allgemeingut geworden sind (Verdrängung, Regression, Widerstand, unbewusst, Projektion, Narzissmus u.v.a.m.). Ob es dies alles „tatsächlich gibt" oder ob es sich dabei um zu fixierten Tatsachen geronnene Deutungsmuster und Konstrukte einer therapeutic community handelt, müsste allerdings des Fragens würdig bleiben dürfen.

Außerhalb klinisch-therapeutischer Erfahrung und Deutung werden diese und andere Modelle, so zeigen beispielsweise ethnologische Vergleiche (Neubert, Cloerkes 1987), in concreto oft bis zur Bedeutungslosigkeit aufgelöst. Dies durch Modulationsfaktoren wie z.B. Art und Ausmaß einer Schädigung und deren individualer und soziokultureller Wahrnehmung als 'Behinderung'; Alter, Geschlecht und hierarchische Position der behinderten Person; individualer und sozialer Sinnhorizont („Kosmologie"); sozietärer Normendruck und Kausalattribuierungen; religiöse Ausrichtung u.a. bis hin sogar zum „exzentrischen" Wunsch nach einem behinderten Kind (wie er vereinzelt z.B. von gehörlosen Paaren geäußert wird).

Die Heilpädagogik ist in dieser Konsequenz denn ja auch davon abgekommen, sich als Anwendungsvariante der Psychopathologie zu verstehen. Normen sind Perspektiven und nicht Attribute, und Behinderung im sozialen Sinne generiert nicht linear aus Schädigung, sondern aus Differenzen zwischen Wirklichkeits-(re)konstruktionen. Behinderung ist ein Unterschied, der Unterschiede erzeugt.

So mögen Trauerreaktionen für die Klinik primär und hauptsächlich zwar Individualcharakter tragen. Trauer ist aber stets auch – und war es früher noch weit mehr – eine kollektive Angelegenheit und demgemäß auch das Trauern. Zum Trauern gehört eine Gemeinschaft, und wär's als verschmähte, von der sich ein Trauernder möglicherweise entschieden absetzt, um mit seinem Schmerz allein zu sein.[1] Rituale (auch von rationalistischer Seite als „sinnlos" verachtete) und desgleichen Vorschriften (betreffend Kondolenzgestus, Trauerzeremonie, Trauermahl, Kleidung) spielen hierbei eine zentrale und weitaus größere Rolle als Inhalte (Erklärungen, Diagnoseverfahren, Anamneseerhebungen und ähnliche, für Experten sinnvolle und notwendige Maßnahmen). Ich vermute, dass in jenen defizienten und daher für Fachleute oft ärgerlichen Reaktionsformen (Medical Shopping, Quacksalbereien, Non-Compliance), desgleichen das Ruminieren und Perseverieren mit Fragen, Beschuldigungen, „unmöglichen" Kausallegenden, Verdächtigungen etc. viel Ritualisierungsbedürfnis steckt. Daher kann ich auch nicht die Auffassung teilen, wonach unsere Gesellschaft Trauer, Tod, Behinderung „tabuisiere". Die Massenmedien, insbesondere das Fernsehen, haben im Gegenteil viele Einblicke gewährt in Bereiche, die man früher weit mehr unter Verschluss halten konnte. Wir befinden uns jedoch im Umbruch hinsichtlich Trauerritualen und angemessenen Rites de passage. Tradierte, v.a. kirchlich angebotene Rituale der Tröstung finden ihre Klientele nicht mehr, und diese ist auf der Suche nach neuen Ausdrucks- und Darstellungsformen für Stimmungen und Gefühle (positiver wie negativer Art). Körpersprachliche Vorbilder liefern etwa der Sport (das Aufreiten der Mannschaft zu traubenähnlichen Gebilden als Reaktion auf einen Tortreffer z.B.) sowie Kultpersonen in den Massenmedien.

Der Tod von Prinzessin Diana und Mutter Teresa gab Anlass zu einer weltgeschichtlich erstmaligen mondialen Trauerinszenierung. Und der moderne Totenkult um Elvis Presley weist neue Wege zu einer immanenten (weltlichen) kollektiven Trauergestaltung. (Wobei man sich im konkreten Fall über Ethik und Ästhetik streiten kann.)

3   Kindliche Trauer; Elterntrauer

Trauer (von althochdeutsch 'truren', so viel wie 'die Augen, den Kopf senken') mag zwar in ihren reflektierten und einfühlsam gefühlten Formen als humanes Spezifikum gelten. Was Gestimmtheit und unmittelbares Ausdrucksverhalten anbetrifft, kann allerdings die These, wonach es auch tierische Trauer gibt, nicht als anthropomorphistische Interpretation abgetan werden. Zumal im Kollektiv lebende höhere Tierarten zeigen Trauerreaktionen (auf Partnerverlust, Beziehungsabbruch, Gefangenschaft, Habitatswechsel), die einen ganzen psychophysischen Trauer- und Depressionskatalog umfassen bis hin zu Kachexie und Exitus. Desgleichen ist aus der Deprivationsforschung bekannt, dass Säuglinge und Kleinkinder unter heftiger, entwicklungsbedrohlicher Trauer leiden können.

---

1 *Mascha Kaléko (1912-1975) sagt in ihren 'Lyrischen Stenogrammen' einmal sehr treffend: „Es ist schön, allein zu sein -, wenn man jemand hat, zu dem man sagen kann: Es ist schön, allein zu sein!"*

Anlass „Gegenstand" und Motiv von Trauer, Trauerempfinden und -ausdruck sind nun allerdings entwicklungsabhängig. So liegt denn auch die Trauer („narzisstische Kränkung") der *Eltern* in bezug auf ihr behindertes Kind weit ab von dem, was das *Kind* offenbart über sein BehinderungsErleben. Behinderte Kinder leiden nicht selten mehr unter Schonungsmaßnahmen und Temperenz, sowie therapeutischen Eingriffen als unmittelbar an ihrer Behinderung. Auch später sind es oft als negativ erlebte mitweltliche Reaktionsweisen (Spott, ungebetene Hilfen, Neugier, Verkennungen und Hintansetzungen), die verletzen: auch dann noch und immer wieder, wenn man sich mit den funktionellen Einschränkungen arrangiert hat.

Behinderte Kinder sind jedenfalls keine Trauerklöße und arme Würmchen als die sie volkstümlicherweise, teils leider bis in die Wohlfahrtsreklame hinein, präsentiert und bemitleidet werden. Ihre Kindhaftigkeit macht sie mit unversehrten Kindern weitaus verwandter als die Behinderung sie unterscheiden mag.

Ferner sind die unterschiedlichen Bezüge zur *Behinderung* (als Fakt) und zum *Behinderten* (als Person) zu beachten. Eine Gesellschaft, nahe Bezugspersonen und auch Behinderte selbst können sehr wohl die Behinderung ablehnen, disqualifizieren und dagegen ankämpfen, *ohne* dass dies der Wertschätzung der stigmatisierten Person Abbruch tun muss. Zu dieser trivialen Feststellung sieht man sich im Falle gelegentlich auch problematischer Identifikationen, Intround Projektionen und parspro-toto-Wahrnehmungen veranlasst. Für ein Kleinkind kann es fatal sein, wenn es, psychohygienisch mangelhaft begleitet, objektiv durchaus notwendige Therapien innerhalb seiner noch ganzheitlich erfahrenen Leiblichkeit als („strafenden") Eingriff in seine personale Integrität erlebt oder wenn z.b. im oft wenig kindgemäßen Klinikbetrieb seine altersspezifischen und durchaus normalen Trauerreaktionen (Weinen, Nahrungsverweigerung, Stereotypien, depressive Resignation) als Unbotmäßigkeit verkannt oder gar, psychopathologisiert, der Psychiatrie überantwortet werden. „Trauer ist keine Krankheit" (Canacakis 1990).

Schließlich ist zu beachten, dass mit fortschreitender Ausdifferenzierung, im Zuge auch einer Education sentimentale und Affektkultur, Trauerverhalten sich sowohl individualisiert, (d.h. einen eigenen, als stimmig erachteten Stil findet), als auch sozialisiert, (d.h. geschlechts-, altersgruppen-, kultur- und gesellschaftsspezifische Züge aufnimmt). Damit wird es sehr diffizil, situative Schattierungen und stimmungsmäßige Verwandtschaften zur Trauer zu unterscheiden: Trauer, Heimweh, Sehnsucht, Melancholie, Betrübnis, (Selbst-)Mitleid, Rührung, Scham, Reue, Schuldgefühle, Sentimentalität …. geschweige denn im erweiterten Umfeld jedweder Frustration, Kränkung, Beleidigung, Enttäuschung. Es scheint mit fraglich, ob der Begriff „Trauerarbeit" all diese Kontaminationen und Ambivalenzen zu fassen vermag.

4 Das behinderte Kind: (k) ein Trauerfall

Bildhaft-metaphorische Sprache tendiert dazu, Stimmungen und Befindlichkeiten an bestimmten Sachen und Personen festzumachen, sie quasi zu objektivieren/personalisieren: Strahlemann und Heulsuse, Jammerlappen und Luftikus, Freudenmädchen und Sorgekind … .

Der letztgenannte Ausdruck war bis vor wenigen Jahrzehnten leider auch noch in der heilpädagogischen Populärliteratur geläufig; man glaubte damit, die Eltern behinderter Kinder mit ihren Sorgen besonders anzusprechen.

Es wird zu Recht von den Diagnoseschocks, den Gefühlen des Entsetzens, der Ablehnung, der Scham, des Kummers und der Sorge gesprochen, welche die Geburt eines behinderten Kindes bei Eltern auslösen kann, die zusätzlich immer wieder unter mitmenschlichen Patzigkeiten, auch von Fachleuten, zu leiden haben.

Trotzdem und gerade darum möchte ich festhalten, dass ein behindertes Kind nicht zwangsläufig seine Eltern neurotisiert und quasi eine behinderte Familie „verursacht". *Friedrich* (1992) unterscheidet (in einer Studie über Kinder mit Spina bifida) vier Familien„typen" bzw. innerfamiliäre Bewältigungsstrategien:

- Von Leid und Trauer geprägte Familien, die eine große Ähnlichkeit mit depressiven Einzelpersonen aufweisen und in deren Kontext denn auch 'Trauerarbeit' im engeren Sinne passend erscheint;
- auf Schutz und Sicherung bedachte Familien, bei denen eher Empowermentbemühungen im Zentrum stehen, um eine zu starke Experten-Abhängigkeit zu vermeiden;
- leistungsorientierte Familien, die einen zum Teil verbissenen Kampf führen gegen den Behindertenstatus des Kindes: therapeutisch, schulisch und mit geballten ambulanten Maßnahmen;
- und last but not least sozial-emotional stabile Familien (denen eine Mehrzahl zuzurechnen ist), die mit vergleichsweise wenig, (vor allem sachbezogener) Hilfe in der Lage sind, ihr Gleichgewicht zu halten und sich oft auch noch, über die eigene Betroffenheit hinaus, sozialpolitisch engagieren.

In letztgenannten Familien wird ein behindertes Kind oft sogar zu einem Integral, so dass dessen Verlust (durch Tod oder durch Übergabe an eine Institution) durchaus nicht als 'Entlastung' erlebt wird, sondern nicht minder starke Trauer auslöst wie einst sein 'schockierendes' Erscheinen.

5   Retrospektive Therapie – Prospektive Pädagogik

Dass Trauer(arbeit), wie erwähnt, pädagogisch kaum Thema ist, hat vermutlich auch damit zu tun, dass Trauer „rückbezüglich" ist, verlust- und traumorientiert, vergangenheitsgerichtet und dass Trauerarbeit daher persönlicher Vergangenheitsbewältigung zuzurechnen ist. Eine solche 'passt' nicht nur ins klassische psychotherapeutische Muster, sondern gehört mit zu dessen Wesenskern.

Erziehung/Pädagogik hingegen ist wesensmäßig prospektiv, zukunftsgerichtet. Trauer mag zwar (kurzfristig) Anlass sein zum Trösten, wobei dieser Trost seinerseits, zumal Kindern gegenüber, meist auch wieder prospektiv argumentiert. Sich allzulange in Vergangenheit aufzuhalten ist Sache der Pädagogik nicht; die Zukunft ist ihr wichtiger.

A.S. Makarenko (*1888-1939*), ein Klassiker der Sowjetpädagogik, beging ein geradezu exemplarisches Sakrileg gegen das 'Must' therapeutischer Vergangenheitsaufarbeitung, als er demonstrativ sämtliche Akten der ihm in der Gorki-Kolonie (Charkow) überantworteten Fürsorgezöglinge und jugendlichen Rechtsbrecher verbrannte und "die Freude des morgigen Tages" zur nächsten Perspektive erklärte (*Makarenko 1959*). Ich will solches zwar nicht zur Nachahmung empfehlen, damit aber doch zu bedenken geben, wo bzw. wann „Vergangenheitsbewältigung" (falls eine solche überhaupt möglich ist) hilfreich und befreiend ist und wo bzw. wann „Verdrängung" (falls es das gibt) oder auch schlichtes Verblassen und das sprichwörtliche „Gras drüber wachsen lassen" *auch* sein Gutes haben kann (falls nicht irgend ein Kamel es wieder abfrisst). Denn: Wenn es Trauerarbeit gibt, dann müssten wir auch Trauer-Arbeitslose und -Arbeitsscheue akzeptieren. Ich erachte es als einen Akt des Respekts, es dem Mitmenschen zu überlassen, was *er* als Problem und Schmerz, als verletzend und traurig erlebt und worin er Hilfe, Trost und Linderung finden möchte.

So dreht sich denn letztlich alles immer wieder um die Frage des Fitting (der Passung) und der Viabilität (der Wegsamkeit), ob und wie ein lebensbedeutsames Ereignis (hier: die Behinderung eines Kindes) „systemisch" eingeordnet werden kann.

Mein persönlicher Eindruck ist der, dass bei aller „Arglist der Zeit" Eltern behinderter Kinder heute insgesamt selbstbewusster, kritischer, sachlicher auch und gefasster, auftreten, gezielt nach Informationen suchen ohne sich all zu sehr in Expertenabhängigkeit zu begeben. Sie stehen einander in Selbsthilfegruppen vermehrt bei und finden daselbst gelegentlich und nötigenfalls auch so was wie ein „Trauerkollektiv", eine Schicksalsgemeinschaft zumindest, die „Klönen" gestattet, die sie aber auch darin bestärkt, Vergangenheit aufzuarbeiten *und* Zukunftsperspektiven zu entwerfen.

Literatur

Canaeakis, J.: Ich begleite dich durch deine Trauer. Stuttgart: Kreuz-Verlag, 1990

Friedrich, H.: Missbildung und Familiendynamik. Göttingen: Vandenhoeck & Rupprecht, 1992

Kobi, E.E.: Grundfragen der Heilpädagogik. 5. Auflage. Bern: Haupt, 1993

Makarenko, A.S.: Ein pädagogisches Poem. Werke I- VII. Berlin: Volk und Wissen, 1959

Mitscherlich, A. und M.: Die Unfähigkeit zu trauern. 16. Auflage. München: Piper 1984 (1. Auflage 1967)

Moor, P.: Heilpädagogische Psychologie. 2., ergänzte Auflage. Bern/Stuttgart: Huber, 1960

Neubert, D.; Cloerkes, G.: Behinderung und Behinderte in verschiedenen Kulturen: Eine vergleichende Analyse ethnologischer Studien. Heidelberg: Ed. Schindele, 1987

Rutschky, M.: Trauerarbeit. In: Bittermann, K.; Henschel, G. (Hrsg.): Das Wörterbuch des Gutmenschen. Zur Kritik der moralisch korrekten Schaumsprache. Berlin: Ed. Tiamat, 1994

5 Soziale Verantwortung: ein diffiziler pädagogischer Anspruch

Referat anlässlich des 25-Jahr-Jubiläums der Fachakademie für Sozialpädagogik und Heilpädagogik, Hof (Bayern) vom 30.09.2006

> *„Wir sind nicht dafür verantwortlich,*
> *dass jemand seine Notdurft in Hauseingängen*
> *verrichtet", sagte Stadtrat Kurt Bieder.*
> *Das sei ein gesellschaftliches Problem.*
> *(Neue Luzerner Zeitung 5. 7. 2006)*

1 Verantwortung im Allgemeinen

Alltagsbegriffe haben es in sich!

Man verwendet sie täglich wie Scheidemünzen, tauscht sich erfolgreich damit aus, doch im Moment, wo man etwas über deren Sinn und Bedeutung aussagen sollte, steht man wie der sprichwörtliche Ochs' am Berg: Was ist ‚Verantwortung'? – Die klamme Hand umgreift den *Brockhaus*, Band 19 TRIF–WAL. Da müsste „Verantwortung" verantwortungsvoll definiert und erläutert sein. Tatsächlich! Kurz vor zwei Dutzend Spalten über „Vererbung" finden sich die dürren Zeilen:

Verantwortung: „Das existentielle Getroffensein vom Anspruch, der vom Guten und Wert auf seine Erhaltung oder Verwirklichung und vom Schlechten und Unwert auf seine Verhinderung oder Beseitigung ausgeht, wo solches in der Macht des handelnden Menschen steht, vor allem aber in dem seiner besonderen Obsorge anvertrauten Bereich" (1974, 419).

Wahrlich ein Philosophensatz, den man einem Primaner kaum durchgehen ließe! Aus eins mach' drei!

Existenziell getroffen, rappelt man sich wieder hoch und macht sich, der Not gehorchend, an die Exegese. Erklärungen zu erklären gehört schließlich zum täglichen Brot der Pädagogen.

Doch auch da machen zunächst die ins Auge springenden Wörter tränenblind: Verantwortung, Verantwortlichkeit, Verantwortlicher, verantworten. Verantwortung haben, verantwortlich sein. Verantwortung übernehmen, übergeben, zugewiesen erhalten. Verantwortung sodann tragen und stolz darauf sein, da sie oft mit einem Prestigegewinn einhergeht. Es sei denn, sie werde zur Last. Denn Würde bringt Bürde, Bürde hinwiederum nicht immer Würde. Drum kann man Verantwortung auch, freilich nicht in jedem Fall und zu jeder Zeit, zurückweisen, sie abtreten, in andere Hände übergeben. Dann ist man die Verantwortung los, ohne deswegen verantwortungslos zu sein. Denn: Verantwortungslos ist eine Person, die – entgegen der Sprachlogik – Verantwortung *hat*, sie aber nicht wahrnimmt; nur Verantwortliche können verantwortungslos handeln. Dies im Unterschied zum Nichtverantwortlichen, der dann unverantwortlich handelt, wenn er sich zu etwas hinreißen lässt, wofür er die Verantwortung eigentlich nicht zu übernehmen vermag. Der Verantwortungslose wird für ein Versäumnis, der Unverantwortliche für eine Anmaßung getadelt.

Dritter Anlauf!

- Verantwort*ung* gibt es, als personale Zuweisung, nur im Singular. Verantwortliche bleiben Singles, auch wenn mehrere Personen an derselben Verantwortung teilhaben. Verantwortlich*keit* hingegen gibt es auch im Plural; Verantwortlichkeiten bezeichnen nach außen hin die einzelnen Bereiche, Funktionen, Abläufe, Gedeihlichkeiten etc., wofür eine Person die Verantwortung hat, verantwortlich ist.

- Verantwortung ist ein sozialer Netzbegriff, der seine Konturen erst aus dem Beziehungsgefüge erhält, das ihn trägt.

Verantwortung:

  - Verfügungsgewalt
  - Schuld / Schuldigkeit / Entschädigungspflicht
  - Haftbarkeit/ Strafbarkeit
  - Mündigkeit/Zurechnungsfähigkeit/Geschäftsfähigkeit
  - Freiheit/Autonomie
  - Entscheidungs- und Handlungsfreiheiten

- Verantwortung ist per se sozial. „Soziale Verantwortung" hat daher einen pleonastischen Anstrich. Dies macht insofern aber doch Sinn, als damit – im Unterschied zu einer rein individualen / persönlichen / ichhaften Verantwortung – eine spezifizierend *mitmenschliche* Verantwortung unterstrichen wird. Von a-sozialer Verantwortung könnte demgegenüber da die Rede sein, wo nicht für Personen, sondern für Sachen (wie z. B. Natur- oder Kunstgegenstände) Verantwortung übernommen wird. Und sogar so etwas wie eine anti-soziale Verantwortung ist denkbar in Fällen, wo ein Einzelner gegen den Rest der Welt allein noch für seine eigene Heilsgewissheit glaubt verantwortlich sein zu müssen. (Eindrücklich und differenziert herausgearbeitet durch *Fjodor Dostojewskij* in seinem Roman „Die Brüder Karamasow, 1879/80)

Verantwortung weist jedenfalls über die singulären Verantwortungsträger hinaus auf ein Bündel je individueller Verantwortlichkeiten und evoziert Fragen nach konkretisierenden Bestimmungsstücken:

- WER? Verantwortlich für den tropfenden Wasserhahn, ist nicht dieser selbst, wiewohl er es ist, der tropft. Verantwortlich kann nur ein Mensch (oder ich sag' mal vorsichtig: ein personales Wesen) sein, das über wenigstens minimale Reflexionsmöglichkeiten verfügt und sich dadurch als ein Ich-Selbst von Anderen und Anderem abzuheben vermag.
- WEM gegenüber? Verantwortung ist ein dialogischer Begriff – auch im Spezialfall der Selbstverantwortung, wo Beauftragender und Beauftragter in eine Person zusammen fällt, ich mich selber verantwortlich mache für etwas, mich selbst kontrolliere und qualifiziere.
- WOFÜR? Verantwortung ist zielorientiert und kann sich auf Gegenstände und Sachverhalte, auf Personen und Verhaltensweisen beziehen. Sie kann konservativ-bewahrender – ein Status quo soll erhalten bleiben – oder progressiv-befördernder Art sein: Ein Verantwortungsgut soll förderlich behandelt werden.
- INWIEFERN? Im französischen „Responsabilité" und dem englischen „Responsibility" tritt ein weiteres Moment hervor: das des fähig (to be able to …) und In-der-Lage-seins (savoir und pouvoir). Ein Verantwortlicher muss über ausreichende personale Fähigkeiten und Instrumente verfügen, und die konkrete Lage muss so beschaffen sein, dass er diese auch effektiv und effizient einzusetzen vermag.
- INWIEWEIT? Verantwortung ist weder unendlich noch endlos. Sie ist zeitlich und / oder räumlich begrenzt und diesbezüglich, z. B. in Dienstvorschriften, de- „finiert". Begrenzt wird sie ferner in der Balance von Fähigkeit, Recht und Kompetenz. Pflichten und Rechte müssen in einem ausgeglichenen Verhältnis stehen. Beschnittene Rechte und beschränkte Mittel beschneiden und beschränken auch die Verantwortung.

Verantwortlichkeit ist von dreidimensionaler Ausdehnung
- nach Umfang und Inhalt
- nach Dauer und Zeitabschnitt
- nach Intensität und Detailliertheit

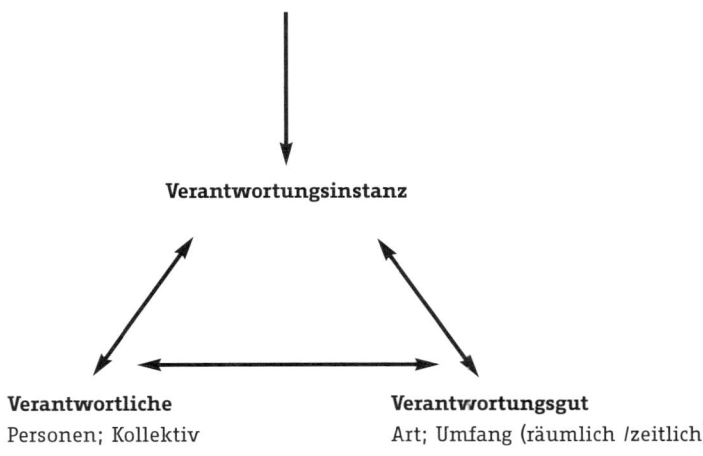

Verantwortungsinstanz

Verantwortliche
Personen; Kollektiv

Verantwortungsgut
Art; Umfang (räumlich /zeitlich)

Die Grafik macht auch auf die gegenseitigen Beziehungen aufmerksam. So hat sich auch die zuweisende Instanz bzgl. ihrer Beauftragung zu rechtfertigen (legitimieren). In dieser Konsequenz ist zu unterscheiden zwischen

- Beauftragungsverantwortung
- Durchführungsverantwortung
- Ergebnisverantwortung

Womit schließlich die Frage nach der Letztinstanzlichkeit aufbricht: Wer hat in *letzter* Instanz das Recht und die Pflicht, Verantwortung wahrzunehmen bzw. zu übertragen? Problematisch erweisen sich diesbezüglich zwei absolutistische Positionen:

- Der *egotische* Rekurs auf das eigene Ich (als verabsolutierte Selbstverantwortung: ich bin ausschließlich meinem Gewissen gegenüber verantwortlich)
- Der *transzendierende* Rekurs auf eine absolut gesetzte, un-bedingte Instanz, in deren zu verantwortenden Auftrag man sich zu handeln genötigt sieht (Gott, Glaube, Ideologie, Nation)

In beiden Fällen erstarrt personale Verantwortung, sie verliert ihre soziale Flexibilität, ist nicht mehr verhandlungsfähig und in der Lage, sich zurückzunehmen.

Bezugnehmend auf diese Problemantik wird im Anschluss an den Soziologen *Max Weber* (1864-1920) eine *Verantwortungsethik* von einer *Gesinnungsethik* unterschieden:

- *Verantwortungsethik* fokussiert *prospektiv* (vorausblickend) die Verantwortung für die *Folgen* einer Handlung (Konsequentualismus). Eine Handlungsweise ist dann gut, wenn diese am Ort ihrer Wirkung positive Folgen zeigt
- *Gesinnungsethik* fokussiert demgegenüber *retrospektiv* (rückversichernd) die Gesinnung und die *Motivation* einer Handlungsweise. Eine solche ist dann gut, wenn sie als Pflichterfüllung übereinstimmt mit vorgegebenen Idealen, Prinzipien, Geboten und Gesetzen.

Verantwortung und Gesinnung sind nun allerdings nicht derart unvereinbare Gegensätze, wie sie *Weber* (aus seiner damaligen Situation heraus) darstellt. Sie gehen in praxi spiralig ineinander über und beeinflussen sich gegenseitige: Verantwortung kann ich in Freiheit nur übernehmen, wenn die damit verbundenen Haltungen und Eingriffe in der Perspektive meiner Gesinnung liegen. Umgekehrt motivieren mich eine Gesinnung und ein Ideal zu einem in deren Richtung liegenden verantwortungsvollen Handeln. Dazu kommt, dass eine mir (mit einer neuen Rolle, einem Amt, einem Auftrag ...) übertragene Verantwortung auch einen gewissen Sinneswandel bewirken kann, eine Gesinnungsänderung („vom Saulus zum Paulus") andrerseits neue Verantwortlichkeitsbereiche ins Blickfeld treten lässt. Gesinnungstreue und Pflichtethik, wie sie in ideologischer und deontologischer Tugendhaftigkeit anzutreffen sind (und beispielsweise in soldatischer Tradition buchstäblich „beschworen" werden), können sich durch rücksichtslose Verabsolutierung zu mörderischer Monomanie steigern, verabsolutierte Verantwortlichkeitsanmaßung und Einmischerei andrerseits in Omnipotenz und Autokratie ausarten. Im Interesse der praktizierten Moral ist daher die bipolare dynamische Balance von Gesinnung und Verantwortung, Pflicht und Konsequenz von zentraler Bedeutung:

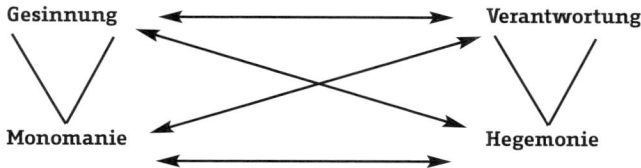

Gesinnung — Verantwortung

Monomanie — Hegemonie

Seit der moderne, auf- und abgeklärte Mensch sich selbst Allmächtigkeit anmaßt, ist auch dessen Verantwortung ins Unermessliche gewachsen. Der Mensch glaubt und verzweifelt heutzutage zunehmend nur noch an sich selbst. Und so drängt er denn auch mit Macht „zum finalen Triumph des Menschen durch Vollendung der heilen Welt" (*Marquard*, 2000, 24) (zurück) in einem Paradies auf Erden.

Diese im Zuge des modernistischen Higher! Bigger! Faster! zunehmend umfassender werdende Verantwortlichmachung erweist sich als existenzielles Problem, wogegen denn auch moralisch nicht mehr anzukommen ist.

Wer eine – zumindest verbal deklarierte und deklamierte – prinzipielle (vgl. *Jonas*, 1979) Verantwortung für alle Hungernden und Leidenden und bis hin zu den abschmelzenden Polkappen und CO_2-Belastungen dieser Erde zurückweist, dem wird oft postwendend menschen- und schöpfungsverachtende, zynische Gleichgültigkeit unterstellt.

Andererseits wird eine derartige Giga-Moral freilich zur unerträglichen existenziellen Last, die als radikalisierter Humanismus auch den pädagogischen Stein des Sysiphos ins Stocken und letztlich sich selbst zum Stillstand bringt.

Die ganze Welt retten zu wollen, kann sich als Hybris erweisen!

Verantwortung ist zweifellos eine Last, der man sich im Falle eines Scheiterns durch den Nachweis, dass man „eigentlich" gar nie in der monierten Weise verantwortlich zu sein vermochte, zu entziehen sucht. Ein Omnipotenzgehabe bei gleichzeitiger Verantwortungsscheu hat neuzeitlich in gesellschaftspolitischen Machtzentren geradezu üble Formen angenommen: exemplarisch bei TopPolitikern, TopÄrzten, TopManagern, die ihre exorbitanten TopGehälter ostinat mit ihrer ungeheuren TopVerantwortung rechtfertigen, die dann aber alsogleich auf TopNull zusammenschnurrt, wenn sie sich eines TopFehlverhaltens schuldig bekennen müssten. Hier schlägt dann alsogleich die TopStunde der Black-outs und blitzschnellen Schwarzpeterspiele.

Bereits die biblische Apfelgeschichte zeigt exemplarisch, wie einer Verantwortlichmachung zu entkommen versucht wird:

Eine Instanz (Gott) überträgt personalen Verantwortungsträgern (Adam und Eva) den verantwortend zu bewahrenden Umgang mit einer Sache (Äpfeln) an einem bestimmten Ort (eines Baumes) während eines unbeschränkten Zeitraumes. Sie übertreten jedoch das Verbot und werden zur Rechenschaft („Adam, wo bist Du?") gezogen. Spontan versuchen beide die Verantwortung abzuschieben: Adam auf Eva, diese auf die Schlange. Doch missachtete personale Verantwortung verlangt nach individuell zugemessener Schuld, und jeder erfährt seine spezifische Strafe: Täglich Arbeitsmühsal, Geburtsschmerzen, Beinamputation.

Das Grundmuster (Paradigma) ist bis heute dasselbe geblieben, nur die Zahl und die Raffinesse der Entlastungsstrategien sind größer geworden:

- *Funktionalisierung* nach dem Bild vom Kleinen Rädchen im Getriebe, das lediglich seiner Pflicht nachkam und daher keinesfalls für die unabsehbaren Folgen verantwortlich zu machen ist
- Verwandt damit ist die vorsorgliche *Stückelung der Handlungsvollzüge.* Handlungsmächtige Institutionen (Armee, Kirche, Staat) sind so aufgebaut, dass es außerordentlich schwierig sein kann, eine Person adäquat einer Unverantwortlichkeit zu bezichtigen:
  - Ein Souverän (sei dies ein Alleinherrscher oder das Volk) erlässt ein Gesetzeswerk, das für definierte Taten die Todesstrafe vorsieht
  - Ein Gericht verurteilt einen Menschen in gesetzeskonformer Ausrichtung zum Tode
  - Ein Transzendentalbeauftragter (Schamane, Priester) beschwört knapp vor dem Vollzug die übersinnlichen Mächte und tröstet den Verurteilen
  - Ein legitimierter Scharfrichter vollzieht das Urteil
  - Ein Totengräber bestattet den Entleibten

  Fazit: Es gibt keine individuelle Verantwortung für die Tötung dieses Menschen. Alle haben nur ihre Pflicht erfüllt!?
- *Retardierungen* durch zahlreiche Instanzenwege. Schreibtische erweisen sich als außerordentlich wirksame Schutzbauten gegen personale Attacken
- *Tribunalisierung.* Um nicht angeklagt zu werden, macht man sich gleich selbst zum Kläger und Richter (*Marquard*, 2004)
- *Diffusion.* „Alle" werden, teils schon zum vorneherein, nach der Devise „Das geht uns alle an!" verantwortlich gemacht und dadurch in potenzielle Schuld gestellt. Durch die Plethora (Überfülle) der Verantwortungsträger wird diese gleichzeitig aber auch „verdünnt"
- Viktimisation. Wem es rechtzeitig gelingt, einen Rollentausch vorzunehmen und sich zu veropfern, kommt als Verantwortlicher nicht mehr in Frage
- Aktueller Kontrollverlust bis hin zum akuten und an entscheidender Stelle eingesetzten Black out. Die Kunst besteht hier darin, zwischen „Badness" (mit Knast in der Perspektive) und „Madness" (mit Spinnwinde im Ausblick) zu lavieren
- Alarmismus, allenfalls verbunden mit apokalyptischer Prophetie. Wer als Erster das Unheil kommen sieht, Alarm schlägt und die Jagd auf Verantwortliche eröffnet, kann nicht zu den letztgenannten gehören
- Rückgriff auf einen (u.U. bereits vorrätig gehaltenen) ‚Hangman', den sprichwörtlich „Kleinen Dieb", der anstelle des großen gehenkt wird. Idealerweise hat sich der im ersten Schreck bereits selbst gerichtet, so dass ihm posthum unwidersprochen Verantwortlichkeit und schuldhaftes Versagen vollumfänglich angelastet werden können
- Organisierte Verantwortungslosigkeit in einem Laissez faire ohne fixierte und adressierte Verantwortlichkeiten in flexibler und kreativer Handhabung. Läuft die Sache aus dem Ruder, breitet sich Nebel aus, innerhalb dessen sich alle davonmachen können

- Dazu gehört auch die Taktik, in heiklen Entscheidungssituationen eher die Dinge schleifen lassen, als zu intervenieren, in der Hoffnung, dass die Probleme irgend wann mal vermodern, sowie im Wissen darum, dass Unterlassungen milder bestraft zu werden pflegen als (fehlgeschlagene) Taten
- Depersonalisierung: als Absatzbewegung in Gefilde, wo keine personale Verantwortung existiert: in die (Psycho-) Pathologie, die Neurophysiologie und Genetik, oder in die unendlichen Weiten und Unwägbarkeiten des Gesellschaftssystems mit dem bedauernden Verweis auf dessen Mängel

War in alten Zeiten noch die Rede von „Schalten und Walten", trifft man heutzutage oft auf verwalterlose Schalter, die funktionsgemäß schalten und weiter schalten, unverbindlich weiter verbinden, kommunikativ Kommunikation kommunizieren und so insgesamt jene „Zentrale" bilden, wie sie Kurt Tucholsky bereits vor einem Menschenalter (1925) porträtierte (s. Kapitel II / 4).

Wenn wir nun auf Grund der getätigten Auslegeordnung den eingangs zitierten lexikonalen Text von hinten nach vorn lesen, erschließt sich uns folgendes:

- Da ist von der „Macht eines handelnden Menschen" – eines somit reflexionsfähigen, bedachten personalen Subjekts – die Rede
- der „existentiell getroffen wird" – d.h. offenbar bedrängend nah an seiner Lebensmitte –
- „durch einen Anspruch" – der von einer übergeordneten Außen-Instanz ausgeht
- und zwar in der Perspektive einer sittlichen Maxime, die verlangt, dass ein Gut zu wahren, pfleglich zu behandeln und zu fördern sei.

2 Heilpädagogische Verantwortung im Besonderen

Pädagogen sind Netzwerker, Pädagogik ist eine Kommunikationswissenschaft. Und so liegt es denn auf der Hand, dass ein Netzbegriff wie Verantwortung darin eine zentrale Rolle spielt.

Heilpädagogik befasst sich in Praxis und Theorie mit Behinderungszuständen um Kinder und Jugendliche, deren personale und soziale Entwicklung durch Behinderungen unterschiedlicher Art und Genese als so stark beeinträchtigt oder bedroht gilt, dass sich in Bezug auf den konventionelle Erziehungs- und Bildungsrahmen spezielle erzieherische und unterrichtliche Maßnahmen aufdrängen zur gemeinsamen Lebensbewältigung und Daseinsgestaltung (*Kobi*, 2004).

Heilpädagogik liegt somit im Schattenwurf und Grenzbereich einer kulturgeschichtlich jeweils maßgebenden (Regel)-Pädagogik, und sie ist in der Folge generell auf un-konventionelle Neukalibrierungen, sinnstiftender Rahmenbedingungen, orientierender Wertperspektiven und handlungswirksamer Zwecksetzungen angewiesen. In der Perspektive von Verantwortung, befasst sich Heilpädagogik mit Seins- und Verhaltensformen, denen gegenüber sich die Regelpädagogik entantwortet: *Heilpädagogische Verantwortung ergibt sich auf Grund pädagogischer Delegation.*

Nun ist allerdings bereits die Pädagogik in einer ancilla-Position gegenüber der sie installierenden und alimentierenden Gesellschaft indem diese sie verantwortlich er-

klärt für die Erziehung und Bildung. Pädagogen waren in geschichtlicher Tradition denn auch praktisch durchweg Beauftragte, Funktionäre und Gesandte im Dienste eines um seine Fortexistenz bemühten Gesellschaftssystems:
"Der eigentliche Lehrer erhält die Vollmacht zu seinem Amte unmittelbar von der höchsten Gewalt wiewohl auch mittelbar von Gott. Er ist also im Besitz eines Amtes von Gottes und des Königs Gnaden, oder auf göttliche Veranlassung und nach dem Willen des Königs oder des Staates" (*Hobbes, Th.*, 1691, Kap. 23).

An dieser Feststellung von *Thomas Hobbes* in seinem „Leviatan" von 1691 hat sich nichts Grundlegendes geändert. Pädagogik bedarf eines *Auftrags*, um ihr Transfergeschäft betreiben und dadurch in Erscheinung treten zu können. In einer zeitgenössisch pluralistischen Gesellschaft mag diese *ancilla*-Rolle der Pädagogik durch die Vielzahl der Zuständigkeit und Auftragsberechtigung beanspruchenden Instanzen – Familie, Staat, Parteien, Kirchen, Gewerkschaften, Verbände, Firmen – sowie der auf ihr Selbstbestimmungsrecht pochenden Individuen ("....we don't need your Education...") höchstens verdeckt werden.
Pädagogik benötigt, in der Tat sowohl wie in der Theorie, so etwas wie einen Archimedischen Punkt, von wo aus sie die menschlichen Daseinsbezirke vermessen und kulturgemäß ausstaffieren kann. Das waren und sind mit schwankender Präferenz: *Gott* mit den Statthaltern seiner Gebote auf Erden, die *Nation* mit ihren Mythen, das *Volk* mit seinen Helden, der in der Geschichte waltende *Geist* mit seinen historischen Zielaffinitäten, die *Vernunft* mit ihrer Allgemeingültigkeit, die *Natur* in ihrer Reinheit oder das *Wesen* des Menschen in Schlechthinigkeit. Gegenwärtig kursieren fortschrittliche *Wissenschaft* und dynamische *Entwicklung*, beide mit offenen Enden, ferner ein *Weltethos* mit politisch korrekter *Humanität* sowie der globalisierte *Markt*. In allen diese Ausrichtungen werden Pädagogen denn auch in die Pflicht genommen und verantwortlich gemacht. Pädagogen sind in einem Ausmaß verantwortlich, wie kaum eine andere Berufsgattung.
„Die Schule sollte ..." ist weitum zu einer kostengünstigen Floskel verantwortungsscheuer Parteibonzen verkommen, die damit ihre eigene „Inkompetenzkompensationskompetenz" (*Marquard*, 1991, 23) demaskieren. Pädagogen sollen als Bildungsmakler und Human-Ressource-Engineers ihren Heils-Beitrag leisten, können dabei ihre Verantwortung allerdings immer weniger mit dem Lieben Gott und dem Schicksal teilen. Sie teilen ihre Not eher mit den Meteorologen, die gelegentlich auch nicht nur für Fehlprognosen, sondern im selben Aufwisch gleich auch noch für das schlechte Wetter verantwortlich gemacht werden.
Was Heilpädagogen anbetrifft, stehen diese – als Erwachsene und überdies spezialisierte Berufsleute – in einer gewissermaßen doppelt qualifizierten Verantwortung einer potenziert abhängigen Klientel – Minderjährige und überdies Behinderte – gegenüber, verbunden mit dem seinerseits paradoxen Auftrag, aus dieser Super-Verantwortlichkeit heraus bei den Anvertrauten Selbstverantwortung zu generieren.
Der pädagogische Auftrag kann freilich *nicht* in der definitiven Aufhebung der Differenzen zwischen individuellem Sosein und ideellem Einssein liegen: und seien

diese noch so belastend und störend, wie im Feld der Behindertenpädagogik. Ansonsten mutierte Pädagogik zur Theologie einer Erlösungslehre, was dreiste Vermessenheit wäre. *Heilpädagogik heilt nicht und besorgt kein Heil.* Sie betreibt ihr Meliorationsgeschäft, immer wieder aufs Neue, in konkreten, individualen und personalen Praxisfiguren epochal wechselnder gesellschaftshistorischer Verhältnisse. Sie wälzt den erdhaften Stein des Sisyphos, indem sie sich mit der Gestaltung und Wandlung immanent und *gattungsmäßig unaufhebbarer* Differenzen, Dilemmata, Antinomien ... *im konkreten Individualfall* menschlichen Daseins beschäftigt.

Das öffentliche Erziehungswesen hat darauf zu bestehen, als „Gesellschaft mit beschränkter Haftung [GmbH]" (*Integras*, 2005) betrachtet zu werden. Eine zu verantwortende Heilpädagogik muss auch ihre Voraussetzungen und Bedingungen formulieren und die der übertragenen Verantwortung entsprechenden Handlungsvollmachten einfordern.

Pädagogik basiert heutzutage mehr denn je auf Paradoxien und Widersprüchen: Ich erinnere an die zeitgeistigen Spannungen zwischen *essenzieller* (inhaltlich vorgeschriebener und vorschreibender) gesellschaftlicher Auftrags-Pädagogik (verstanden als Kulturtransfer) und *existenzieller* (personbezogen individualisierter) Pädagogik als Selbstverwirklichungshilfe.

Um verantwortungsvoll von Verantwortung sprechen zu können, braucht es daher

- Einen definierenden *Rahmen*, der die Beteiligten einbindet in Ausrichtung auf einen Sinnhorizont
- *Werte*, die dem Verantwortungsgut Gewicht und Bedeutung verleihen
- *Personen*, die in der Lage und fähig sind, die zu Verantwortung wahrzunehmen.

Nun hat freilich auch die Heilpädagogik zeitgeistigen Tendenzen Vorschub geleistet, Grenzen aufzulösen, Werte weich zu spülen und vor allem auch die *Personalität* von Erzieher und Zögling (!Sit venia verbo!) verblassen und personale Konstituenten wie Verantwortung, desgleichen auch Pflicht, Recht, Willen, Entscheidung, Zurechnungs- und Straffähigkeit, Achtung, Respekt, Gehorsam, Schuld und Schuldigkeit ... auf den Müllhaufen „Schwarzer Pädagogik" zu werfen und daselbst verrotten zu lassen. Ich erinnere an

- die Umdeutung des vormals „bösen" in ein „krankes" Kind,
- die bevorzugte Ausrichtung nach (psycho-) pathologischen Interpretationsmustern bei kindlichem Fehlverhalten samt zugehörigem additivem Therapismus,
- die progrediente Medikalisierung und Kranksprechung einstmals „Erziehungsschwieriger" bis hin zu den psychiatrischen Auswüchsen einer „Pillenpädagogik",
- die exkulpierende Viktimisierung von Täterschaften sowie die Steigerung des Krankheitswertes für defiziente Lebensformen (wie Alkoholismus, Drogenmissbrauch, Vermüllung u.a.),
- den Verzicht auf Schuld und Schuldigkeit ansprechende Bezeichnungen oder gar Interpretationen (wie Verwahrlosung, Ungezogenheit, Fehlerziehung etc.)
- sowie neuerdings die voran getriebene Objektivierung und Biologisierung – sei's nach einem Hirnschadenkonzept und/oder in Ausrichtung auf ein genetisches CodifizierungsSchema – einst Subjekten zur Last gelegten Unbotmäßigkeiten.

Das Ganze quasi legiferiert durch eine WHO-Gesundheitsdefinition (aus den vierziger Jahren des letzten Jahrhunderts), die den Menschen nicht mehr nur als „Mängelwesen", sondern geradezu als geborenen Patienten sein Leben fristen lässt:

„Health is a state of complete physical, mental and social well-being and not merely the absence of disease or infirmity".

Eine Sichtweise, unter der sich kaum mehr Menschen finden, die als „WHO-gesund" zu bezeichnen sind; Kranksein und Therapiebedürftigkeit wurden zur menschlichen Wesenseigentümlichkeit erklärt.

Diese Entwicklungen haben zweifellos ihren humanitären Wert–, allerdings auch ihren Preis. Sie liegen jedenfalls auf einer Fortschrittslinie, die *weg führt* von einer namhaften, verantwortlichen *Täterpersönlichkeit* im Vis-à-vis eigener, kollektiver oder spiritueller Sollensansprüche *hin zu* einem anonymen *Produkt*, (wie der einstige Zögling im modernen HumanEngineering konsequenterweise bezeichnet wird), das bei Ungenügen Mängelrügen an die Adresse des Produktionssystems nach sich zieht.

Verantwortung an apersonale Instanzen abzuschieben ist unter derartigen Verhältnissen daher nur konsequent, wenngleich echolos. Verantwortliche haben daselbst nämlich weder ein Gesicht noch einen persönliche Namen. Sie firmieren unter „Sachzwang", „Markt", „Wettbewerb", „Genetisch bedingt", „Höhere Gewalt" und der „Normativität des Faktischen".

In den gegenwärtigen Verhältnissen ist ferner eine zunehmende Imbalance zwischen Jugendrechten und –verantwortlichkeiten festzustellen. Es scheint, als sei mit der progredienten Individualisierung und Psychologisierung der Kinderwelten eine Depersonalisation einhergegangen. Kinder haben zwar zu respektierende individuelle Bedürfnisse, aber oft kaum mehr eine entsprechende personale Verantwortung.

Exemplarisch der Fall eines siebenjährigen Mädchens, das neulich in Schaffhausen wegen unachtsamen Verhaltens im Straßenverkehr einen jugendrichterlichen Verweis erhalten sollte, was in der Provinzpresse jedoch einen Sturm der Entrüstung auslöste. Liebliches Rotkäppchen versus Wolf Autofahrer?

Kinder gelten einer zeitgenössischen Hyperphilopädie oft a priori und vollumfänglich als unschuldige Öpferchen. Derweil ist Infantilismus das Letzte, was Kindern in ihrer Persönlichkeitsenwicklung weiterzuhelfen vermag.

Die entscheidende und „finale" pädagogische Verantwortung liegt denn auch darin, eine solche nicht bloß zu übernehmen, sondern *abzutreten:*

Paul Moor (1899-1978) unterscheidet in seinem heilpädagogischen Konzept (1958; 1960) zwischen einem „Aspekt des *pädagogischen Zugriffs*" und einem solchen der „*pädagogischen Zurückhaltung*"; Eine Differenzierung, die er bereits in seiner Dissertation von 1936 zum Thema „Verantwortung im heilpädagogischen Helfen" ausdrücklich auf die erzieherische Verantwortung bezieht:

- Verantwortung / Verantwortlichkeit verlangt zweifellos viel Zugriff, Eingriff, Durchgriff …, hat damit freilich auch viel Einmischendes, Hegemoniales, Entmündigendes, herrisch An-Massendes bei sich.

Exemplarisch in der Situation, wo eine Mutter ein quengelnd sich windendes

Kleinkind kraftvoll an der Hand nimmt und es durch den gefährlichen Straßen-verkehr zerrt: verantwortungsbewusst, versteht sich!
(Im großen Maßstab nennt sich so was dann vielleicht moralisch rings abgesi-cherte Entwicklungshilfe).

- Doch Verantwortung ist letztlich erst da von pädagogischem Gewicht, wo sie sich situativ auch zurückzuhalten vermag und sich bescheidet. Dies mit dem Fernziel, sich schliesslich ganz zu verabschieden und so von allem Anfang an die Verant-wortung für die Verantwortlichkeit des *Andern* und die Verantwortung für die *eigene Nicht-Verantwortung* in sich trägt. Verantwortung aussetzen, abtreten oder aktuell schon gar nicht zu übernehmen, kann ein Gebot der Verantwortung sein. Es geht hier um das, was bereits *Jean Jacques Rousseau* (1712–1778) als Witzigung empfahl, *Friedrich Herbart* (1776-1841) „den Knaben wagen" nannte und für *Anton Semjonowitsch Makarenko* (1888–1939), den nachmaligen Klassiker der Sowjet-Pädagogik, zentrales Anliegen seiner Erziehungsmethode war in seinen Kommunen.

Ich fasse diesen *aktiven* und den *pathischen* Aspekt des Verantwortlichseins (sensu *Moor*) abschließend zusammen mit zwei Geschichten: multikulturell, wie es sich zeitgeistig gehört.

Die erste Geschichte, welche den *aktiv zugreifenden, personalen Aspekt* der Verant-wortung akzentuiert, ist bekannt:

Ein Mann ging von Jerusalem nach Jericho hinab und wurde von Räubern überfallen. Sie plünderten ihn aus und schlugen ihn nieder; dann gingen sie weg und ließen ihn halb tot liegen. Zufällig kam ein Priester denselben Weg herab; er sah ihn und ging weiter. Auch ein Levit kam zu der Stelle; er sah ihn und ging weiter. Dann kam ein Mann aus Samarien, der auf der Reise war. Als er ihn sah, hatte er Mitleid, ging zu ihm hin, goß Öl und Wein auf seine Wunden und verband sie. Dann hob er ihn auf sein Reittier, brache ihn zu einer Herberge und sorgte für ihn. Am andern Morgen holte er zwei Denare hervor, gab sie dem Wirt und sagte: Sorge für ihn, und wenn du mehr für ihn brauchst, werde ich es dir bezahlen, wenn ich wiederkomme. (*Lukas* 10[30-35]).

Vier Punkte stechen heraus:

Da ist (1) Einer, der nicht nur flüchtig-flüchtend sieht und gleich weg zappt-, sondern hinschaut und (eine Notsituation) *erkennt*.

Da ist (2) Einer, der nicht nur „geschockt" ist und ob eines sensibilitätsbedingten Herz- und Hirnstillstandes gleich selbst zum Patienten wird-, sondern in tragender Empathie *näher tritt*, warmes Herz und kühlen Kopf bewahrend.

Da ist (3) Einer, der nicht um Hilfe ruft, klagt und jammert (über Sozialabbau und die Unzulänglichkeit der Versicherungswerke)-, sondern in *Eigenverantwortung* Hand nicht nur auf-, sondern selbst anlegt. Wiewohl er nicht einmal einen Samariterkurs, geschweige denn eine Höchste Fachschule absolviert hat!

Und da ist (4) Einer, der sich nicht totalisiert und zur Instanz aufbläst-, sondern *sich zurückzuziehen* versteht nach geleisteter Aufhilfe, *kostenbewusst* ist im Blick auf den Preis seines Gutmenschentums und den Wirt dafür schadlos hält.

Offen bleibt die politische Frage nach der Räuberei, über die der Samaritaner auf dem Nachhauseritt aber zweifellos auch nachgedacht hat.

Das nachfolgende afrikanische Märchen bringt – ergänzend – *den pathischen Aspekt* einer kosmologisch eingeordneten Verantwortung zum Ausdruck:

Eine große Trockenheit war über das Land gekommen. Zuerst war das Gras braun und grau geworden. Dann starben Büsche und kleinere Bäume. Kein Regen fiel, der Morgen erwachte ohne die Erfrischung des Taus. Viele Tiere waren verdurstet, denn nur wenige hatten noch die Kraft gehabt, aus dieser Wüste zu fliehen. Die Trockenheit dauerte an. Selbst die stärksten, ältesten Bäume, deren Wurzeln tief in die Erde reichten, verloren ihre Blätter. Alle Brunnen und Flüsse, die Quellen und Bäche waren vertrocknet. Eine einzige Blume war am Leben geblieben, denn eine ganz kleine Quelle gab noch ein paar Tropfen Wasser. Doch die Quelle verzweifelte: „Alles vertrocknet, verdurstet und stirbt, und ich kann nichts daran ändern. Wozu soll es noch sinnvoll sein, dass ich ein paar Tropfen aus der Erde hole und auf den Boden fallen lasse?" Ein alter, kräftiger Baum stand in der Nähe. Er hörte die Klage und sagte, bevor er starb, zur Quelle: „Niemand erwartet von dir, dass du die ganze Wüste zum Grünen bringst. Deine Aufgabe ist es, einer einzigen Blume Leben zu geben. Mehr nicht".

Abdruck mit freundlicher Genehmigung des Haupt Verlages, Bern - Stuttgart - Wien aus dem Buch:
„Grenzgänge. Heilpädagogik als Politik, Wissenschaft und Kunst" von Emil E. Kobi, erschienen: 1. Auflage 2010

II Lebensweltlicher Kontext

Gegenwärtig kursieren wenigstens ein halbes Dutzend ineinander fließende, aber doch unterschiedlich akzentuierte Bedeutungen der Bezeichnung Lebenswelt:

- Örtlichkeiten, an denen sich Leben aktuell abspielt, Leben gelebt und gefristet wird –, kontrastierend zu toten Sachgegebenheiten der Objektwelt, zu Kulissen, zu leblosen, erstorbenen Vergangenheiten

- Unmittelbar gelebtem, sich selbst verständlichem, naiv-unreflektiertem Alltag –, kontrastierend zu abstrakten Gesetzen, Prinzipien, Systemen, Idealitäten

- Subjekthaftigkeit und Subjektivität –, kontrastierend zu Objektivierung und Versächlichung

- gefühlsmäßig durchdrungenem, beseeltem Leben, das einer raison du coeur gehorcht –, kontrastierend zu kühler Rationalität, Gesetzlichkeit und reiner Idealität

- artgemäßem Habitat, Territorium, Biotop –, kontrastierend zu (bedrohlich) Fremdem, Unwirtlichem, Artwidrigem, Artifiziellem

- nachbarschaftlicher Nähe und (heimatlicher) Vertrautheit –, kontrastierend zu befremdlicher Ferne

- verständlichen und bergenden, narrativen („erzählerischen") Kommunikationsweisen in einem common sense in gemeinsamer Sprache (im weitesten Sinne der Verständigung und Verständlichkeit) –, kontrastierend zu formalisierten, artifiziellen, unpersönlichen Zeichensystemen

- sinnlicher, sinnenhafter Leibhaftigkeit und Körpernähe –, kontrastierend zu entsinnlichter, körperfremder, (allenfalls sogar -feindlicher) „entleibter", vergeistigter Abstraktheit

Auch die Begriffsgeschichte stößt erst einmal auf die Uferlosigkeit des Wortfeldes ‚Leben' und die darin enthaltene gespannte Werthaltigkeit, innerhalb derer und für die der Begriff Lebenswelt, wie in einem Kaleidoskop, in wechselnden Konfigurationen verschiedene der oben genannten Bedeutungen aufblitzen lässt.

„So begehrenswert ist das Leben in sich selbst, dass man es um seinetwillen begehrt". Diese Sentenz von *Meister Eckehart* (1260-1328) wirft von vornherein die Frage auf, ob es überhaupt möglich ist, dem Leben im Allgemeinen und dem menschlichen

Leben im Speziellen grenzend und qualifizierend gegenüber zu treten, es mit irgendwelchen Prädikaten (gut, lebensunwert, sinnvoll, gottgewollt, unantastbar ...) zu
versehen. Empirisch ist lediglich festzustellen, dass Leben sich selber will, immer
wieder neu und variantenreich entsteht, sich entfaltet, um seine Fortexistenz müht
und sich schließlich in seinen individualen Repräsentationsformen wieder auflöst:
Vielleicht, um dadurch das Überleben der Gattung zu sichern. Leben hält sich offensichtlich durch Leben am Leben.

Eine „Ehrfurcht vor dem Leben" (1915) wie sie sich *Albert Schweitzer* (1875-1965)
anlässlich einer Flussfahrt im Innern Afrikas einstellte und die er später zum Angelpunkt seiner Ethik (1923;1990) machte, kann im Blick auf die Lebenspraxis daher
nicht a priori mit Unantastbarkeit in eins gesetzt werden: „Ich bin Leben, das leben
will, inmitten von Leben, das leben will" ... „Auf tausend Arten steht meine Existenz mit andern im Konflikt. Die Notwendigkeit, Leben zu vernichten und Leben zu
schädigen ist mir auferlegt ... Meine Nahrung gewinne ich durch Vernichtung von
Pflanzen und Tieren. Mein Glück erbaut sich aus der Schädigung von Nebenmen-
schen". In dieser quälenden Erfahrung subjektiviert sich der „struggle for life", wie
ihn *Charles Darwin* (1809-1882) aus der Distanziertheit des Naturforschers bereits ein
halbes Jahrhundert zuvor (1859) anlässlich seiner Entdeckungsreisen im Galapagos
Archipel als treibende Kraft zur Entwicklung der Arten glaubte ausfindig gemacht zu
haben. Dass das Vivo ergo sum! sich damit vor das cartesianische Cogito ergo sum!
und das (Er-)leben vor das Erkennen drängte, lag möglicherweise auch am jeweiligen
Kontext der „Wildnis", die keine Schreibstubensterilität aufkommen ließ.
Lebenswelten sind damit überall da zu finden, wo Leben ist.
Auf diesen Umstand haben Biologen im Zuge der Überwindung einer vom Mechanismus
beherrschten Physiologie durch die Umwelttheorie bereits gegen Ende des 19. Jahrhunderts aufmerksam gemacht. *Jakob v. Uexküll* (1864-1944) war der Überzeugung,
dass jedes Lebewesen eine eigene subjektive Raum-Zeitlichkeit besitzt und stellte als
ein Pionier der Verhaltensforschung diese subjektiven Umwelten ins Zentrum seiner
Untersuchungen, wie später auch *Adolf Portmann* (1897-1982), *Konrad Lorenz* (1903-
1989), *Heini Hediger* (1908-1992), *Nikolaus Tinbergen* (1907-1988) und andere.
Ähnliche Perspektivenwechsel nach der Formel: „Liquider l'ethnocentrisme!" (*Michel
Leiris*, 1977) fanden in der Ethnologie statt, wo nach dem 2. Weltkrieg etische
(externe) Sichtweisen der traditionell missionarisch-kolonialistisch-eurozentrisch bestimmten „Völkerkunde" zunehmend durch (emische) Innenansichten abgelöst bzw.
ergänzt wurden (a. a. 0.).
In der philosophischen Literatur wird der Lebenswelt-Begriff nun allerdings praktisch
durchwegs mit *Edmund Husserl* (1859-1938) und in der polit-soziologischen vor allem
mit *Jürgen Habermas* (*1929) in Verbindung gebracht.
Husserls Ansatz ist primär ontologisch (das Sein betreffend) und erkenntnistheoretisch
(die Möglichkeiten das Sein zu erfassen und zu repräsentieren) und im Weiteren
sodann (um- und vorsichtige) Kritik am totalisierenden (natur-) wissenschaftlichen
Objektivismus der Neuzeit. Er setzt damit Gedanken fort, die bereits durch *Wilhelm
Dilthey* (1833-1911) geäußert worden waren. *Hussserl* (2002) stellt Wert, Bedeutung

und Gehalt objektiver / objektivierender Wissenschaft nicht in Frage, wohl aber deren (vorgebliche) Voraussetzungslosigkeit und totalisierenden Anspruch. Objektive Wissenschaft „entsteht", (wird hergestellt) aus dem Erleben und Erfahren von *Subjekten* und in der Folge dann erst abgekoppelt von deren primärer Lebenswelt. *Husserl* wendet sich gegen eine „Schulherrschaft der objektiv-wissenschaftlichen Denkweisen" (286), die vorgeben, „die Natur" als objektive Gegebenheit, als unmittelbar An-sich-Seiendes, erfassen zu können. Er will die „Lebenswelt als vergessenes Sinnfundament der Naturwissenschaft" (254) wieder ins Bewusstsein heben. Lebenswelt ist nach *Husserl* der zur objektiven (objektivierten) Wissenschaft kontrastierende Wurzelgrund.

Der *Husserl*-Schüler *Alfred Schütz* (1899-1959) vollzog später so etwas wie eine „Soziologisierung" des *Husserl*'schen ontologisch-erkenntnisphilosophischen Begriffs (posthum 1979; 1984). Von zentraler Bedeutung ist bei *Schütz* die Verbindung von Sinnverständnis und Handeln. Die Sozialwelt ist eine Sinnwelt, in welcher nicht einfach Stimuli, sondern Bedeutungen kommunikationsstiftend und -erhaltend ausgetauscht werden. *Schütz* unterscheidet zwischen Lebenswelt (als Repertoire an Dingen und Handlungsmöglichkeiten) und „Alltag" (als deren handlungsbetonte Aktualisierung und Konkretisierung). Lebenswelt und Alltag sind pragmatisch motiviert, durch allgemeine, gruppenspezifische und individuelle Deutungsmuster geprägt und durch wechselnde Relevanzsysteme (thematischer, interpretativer, motivationaler Art) geordnet. Damit wird ein Trend eingeleitet, nicht mehr nur die Selbstverständlichkeit einer (schlechthinnigen), sondern die Existenz mehrerer (ja unendlich vieler!) Lebens*welten* und unterschiedlicher Wirklichkeiten zur Kenntnis zu nehmen, was in der Konsequenz dann allerdings zum Ereignis konkurrierender Realitätskonstrukte führt.

Jürgen Habermas (*1929) beschäftigt sich mit dem Lebenswelt-Konzept unter dem pleonastisch anmutenden Titel des „kommunikativen Handelns" (1981). Lebenswelt bezeichnet das Ensemble von Symbolen, Bedeutungen, Ordnungen und Strukturen, welches Kommunikation ermöglicht, durch solche aber auch seinerseits angereichert und differenziert wird. Auch *Habermas* stellt das sinnverstehende Deuten (hauptsächlich mittels und in der Sprache) ins Zentrum, wobei die intersubjektiven Kongruenzen zum Validitätsmerkmal werden. *Habermas* benutzt den Begriff *Lebenswelt*, d.h. einer vergleichsweise kleinräumig-übersichtlichen, organisch gewachsenen, konkreten, aktuell gelebten Raum-Zeitlichkeit im Kontrast zu einem übergeordneten (sich überordnenden), abstrakt-abständigen Polit- bzw. Gesellschaft-*System*. Bei *Habenmas* wandelt sich die *Husserl*'sche Idealisierungs (inklusive Wissenschafts-kritik zu einer Gesellschafts (inklusive System-)-kritik. Durch den Einbruch systemischer Zwänge – von anonymer Macht in Form struktureller Gewalt, Geld, Medien – welche die Lebenswelt „kolonialisieren" und die von den lebensweltlich-alltäglichen Deutungsmustern nicht mehr einzubewältigen sind und disparate Beziehungen generieren, entsteht zunehmend eine lebens(welt)bedrohliche Situation.

In parteiischen Auseinandersetzungen setzt sich dabei, zumal in der politisierten *Habermas*'schen Schülerschaft, zunehmend die Tendenz durch, übergreifende, „entseelt-lebensfeindliche" Systeme und intime, „heile" Lebenswelten einander wertend und generalisierend nicht nur gegenüber, sondern entgegen zu stellen.

Habermas und seine Schule hatten einen bedeutenden Einfluss auf die sich von den siebziger Jahren weg ausbreitenden Sozial(arbeits)wissenschaften. Die Sozialarbeiterschaft fühlte sich – in Theorie und Praxis – dazu aufgerufen, sich lebensweltlich zu orientieren und Partei ergreifend für die (zunehmend individualisiert erfassten) Lebenswelten gegenüber Systemzwängen einzusetzen. Mit dieser programmatischen „Lebensweltorientierung" ging freilich auch eine progressive Popularisierung, Vulgarisierung und „Beschlagwortung" des Lebenswelt-Begriffs einher.

Jetzt war rings von der Lebenswelt des Heimkindes, der Türken in Berlin-Kreuzberg, der Sinti und Roma und zahlloser weiterer (benachteiligter) Gruppierungen von Lieschen Müller bis Otto Normalverbraucher die Rede. Die Bezeichnung Lebenswelt geriet in aller Munde, erfuhr eine entsprechende Verwässerung und wurde zum Allerweltswort, das sich mit älteren Verbalbestecksstücken wie Umwelt / Mitwelt, Dasein, Sozialraum, Lebensraum, -situation, -kontext, -weise, -form, -art ... etc. vermischte. *Husserls* erkenntnistheoretisch-phänomenologischer wie auch *Schütz'* soziologisch-sinnverstehender Lebenswelt-Begriff trat dadurch, bis zur Unkenntlichkeit „konkretisiert", immer mehr in den Hintergrund. Was weiterhin durchschimmert, ist ein Abglanz *Habermas'*schen Protests gegen „Systemzwänge", die ihrerseits eine Konkretisierung erfuhren mit den zeitgeistigen Fratzen des Casino-Kapitalismus, Neo-Liberalismus und Ökonomismus.

Einen zusätzlichen Dreh hatte das Lebenswelt-Thema zwischenzeitlich im Zusammenhang mit dem ökologischen Gedanken erfahren, der den politsoziologischen vorübergehend ebenfalls verblassen ließ. Dies etwa in Ausrichtung auf die Metapher vom „Raumschiff Erde", das seinen Bewohnern eine Vielfalt von z.B. artspezifischen Lebenswelten zu bieten habe unter Verabschiedung eines hegemonialen und exklusiv anthropo-„logischen" Speziesismus.

Dieses aktionistisch revolutive Engagement hatte in seinen Anfängen oft unterschlagen, dass die prinzipiell und in toto als lebensfremd / lebensfeindlich disqualifizierten Systeme (des Staates und der Verfassungen, der Verwaltung und Bürokratie, der Gesetzgebung und Regelwerke, der Instanzen und Agenturen, der Ökonomie und des Geldes, der Wissenschaft und der Technik, der Professionalisierung und entsprechenden Ausbildung ...) für die Lebenswelt im Allgemeinen und die zahllosen Lebenswelten im Speziellen auch eine Schutz- und Entlastungswirkung haben. Nachdem die seinerzeitige antistaatliche Angriffs-Attitüde gegenüber dem Establishment in jüngerer Gegenwart zusehends einem, teils ausgesprochen etatistischen!, Verteidigungs-Gestus gegenüber Sozialabbau wich – den Nöten gehorchend auch weichen musste – sind die genannten Auseinandersetzungen nicht nur moderater geworden: Sie haben sich auch verschoben:

Was rezente Pädagogik – verstärkt durch Multikulturalismus – gegenwärtig vermehrt bedrängt, ist Kontextüberflutung. Lebenswelten werden nicht allein durch („feindliche") Systeme bedrängt; sie konkurrieren sich auch gegenseitig. Der Einzelne sieht sich heutzutage, bereits als Kind, einer gigantischen „Auswahl" real / virtuell ineinander verschwimmender Wirklichkeitskonstrukte und Lebensgestaltungsformen ausgesetzt. Dies führt zu Entscheidungsqualen und nötigt zum alltäglichen Kontext-

Surfing durch Dutzende verschiedene Lebenswelten. Entscheidend ist heute weniger das „System" als die Frage nach der jeweiligen Deutungshoheit (wem eine solche wo und wie weit zugebilligt wird, wer sie sich anmaßt und zu totalisieren versucht).

Im Zuge der geschilderten Entwicklungen wurde das Wort Lebenswelt auch als „neu" in die Heilpädagogik (*Speck, O.* 1988ff; *Antor, G.*, 1989) eingeführt, wo die damit bezeichneten Sachverhalte, Absichten und Probleme freilich bereits seit Jahrhunderten (!) bekannt waren / sind und immer wieder zu lebhaften Disputen um den dringenden Appell, sich Ad fontes! zu bewegen, Anlass gaben und geben („back to the original experience, to the things themthelves!").

So etwa bei *J. A. Komensky* (Comenius) im 17. Jh. in dessen „Orbis pictus" (1659) und „Mutterschul". Im 18. Jh. desgleichen bei *J. J. Rousseau* und sehr konkret und eindringlich sodann bei *J. H. Pestalozzi* im 18./19. Jh. unter den Titeln des „Elementaren", der „Wohnstubenerziehung", der „Individuallage" und vor allem und unermüdlich ruminiert, unter dem der „Anschauung". Worunter *Pestalozzi* nicht etwa, psychologisierend, ‚visuelle Wahrnehmung' verstand, sondern unmittelbare ‚Wesenserfassung'. Bemerkenswerterweise spricht denn auch *Husserl (a. a. O.)*, seinen Lebenswelt-Begriff erläuternd, – hundertfünfzig Jahre später! – akkurat in diesem Sinne wiederholt von „Anschauung", in Abhebung von (szientifisch-abstrakter, ideeller) Theorie: Lebenswelt ist der Ort „unmittelbarer Anschauung und ursprünglich anschaulichen Denkens" (255). Es ist die „Welt der wirklich erfahrenen Anschauung" (256) ... das, was unmittelbar, als bei aller Idealisierung vorausgesetzte Wirklichkeit gegeben ist" (257). Wo und wozu sollten Erziehung und Unterricht denn stattfinden, wenn nicht in der und aus der unmittelbaren Lebenswelt von Erzieher und Kind? Anknüpfend ferner an Erlebnis- und Erfahrungsweisen des Kindes in Ausrichtung auf den sozialen Kontext und den Common sense seiner nächsten Umgebung, der sich seinerseits aus Alltagserfahrungen aus der Person- und Sachwelt aufbaut? In „Lienhard und Gertrud" (1781) hat *Pestalozzi* romanhaft die allmähliche Ausweitung der kindlichen Lebenswelt am idealtypischen Bild konzentrischer Kreise (leiblicher Vater → Landesvater → Gottvater) deutlich zu machen versucht. Desgl. der nachmalige Klassiker sowjetischer Pädagogik, *A. S. Makarenko* (1888–1939), der in seiner *Gorki*-Kolonie den geschichtsphilosophisch extrahierten Polit-Marxismus zur lebensweltlichen Daseinsgestaltung zu bringen (zu „re-animieren") trachtete.

Es gibt *in der Tat* kaum einen Pädagogen, egal welchen Kulturkreises und aus welcher Epoche, der nicht auf die hohe erzieherische Bedeutung des Lebensweltlich Einfachen, Elementaren, Konkreten und Naheliegenden, des naiv Unreflektierten auch – und damit manchmal sogar des wissenschaftlich Unzulänglichen, Inkorrekten!, verwiesen hätte, das, (gemäß auch *Husserl's* Refrain), die unverzichtbare Basis bildet für abständige Objektivierungen, abstrakte Ideen und szientifische Konzepte.

In der Pädagogik der Neuzeit hat wahrscheinlich der frz. Soziologe *Emile Durkheim* (1858-1917) – zwar nicht bzgl. der Bezeichnung, jedoch der Sache nach – in seinen pädagogischen Vorlesungen von anno 1902/03 die relationale und relativierende Bedeutung der jeweiligen Lebenswelt erstmals zum Angelpunkt und Zentrum erziehungspraktischer Erörterungen gemacht.

Mit Verve wendet er sich (1902;1984) gegen Anmaßungen einer sich transzendental legitimierenden, idealistisch totalisierten „Allgemeinen Menschenerziehung". Erziehung ist äußerst vielgestaltig und ändert sich mit den jeweiligen „Zeit- und Ortsbedingungen" (72). „Die Ziele der Erziehung sind soziale Ziele" ... (52). „Jeder Volkstypus hat *seine* Erziehung, die ihm eigen ist" (42): was denn auch eine „Morale laique" und ein laiisches Staatsschulsystem zur Konsequenz hat.

Diese genuin und wesensmäßig lebensweltliche Ausrichtung von Pädagogik hat dieser umgekehrt freilich bis heute immer wieder den Vorwurf eingetragen, zu wenig (objektivierend, abständig) „wissenschaftlich" zu sein, als dass ihr vorbehaltlos die Dignität der Wissenschaftlichkeit und der Status einer Wissenschaft zugesprochen werden könnte.

Doch es bleibt dabei: Erziehung wurzelt in Lebenswelt, wo die Sonne auf und nicht (korrekterweise) die Erde unter geht, wo Wasser vom köstlichen Nass bis zur dräuenden Flut sehr unterschiedlich erfahren wird und nicht (korrekterweise) gleich bleibend als H_2O registriert wird, wo geliebt und gehasst wird und nicht (korrekterweise) Hormonausschüttungen und japsende Synapsen die Lebensvorgänge bestimmen.

Kritisch ist in der Rückschau ferner anzumerken, mit welcher ‚Selbstverständlichkeit' in den zitierten Grundlagenwerken zum Thema Lebenswelt noch die Begriffe ‚Natur' / ‚natürliche Einstellung', ‚gesunder Menschenverstand', ‚Evidenz', ja auch ‚Selbstverständlichkeit' benutzt werden, ohne zu bedenken, wie kulturabhängig auch der Begriff Natur / Natürlichkeit ist und wie sehr mitunter das Selbstverständliche hier mit dem Extraordinären dort korrespondieren kann. Ethnozentrismus und bildungsbürgerliche Professoralität verblieben damit noch weitgehend im blinden Fleck der Problemanalysen. Ähnliches gilt für den rationalistisch-kognitivistischen und symbolistisch-linguistischen Duktus zahlreicher Lebenswelt-Konzepte, in denen die Verstiegenheit des Sprachstils teils extrem kontrastiert zum Thema der unmittelbaren, simplen Zuhandenheit der Lebenswelt.

Erst empirisch fundierte und erfahrungsgeleitete sozialphänomenologische und interaktionistische Studien (z. B. aus dem Bereich der sog. ‚Antipsychiatrie' um *Ronald Laing, David Cooper, Jan Foudraine, Erving Goffman* u.a.), sowie konstruktivistische (*Ernst von Glasersfeld, Heinz von Foerster* u.a.) und skeptizistische (*Odo Marquard*) Weiterentwicklungen der Neuzeit führten über soziologische Spiegelfechtereien hinaus und (wieder) zu einer „Veranschaulichung" im *Husserl*'schen Sinne. Sie bewirkten ferner eine zunehmende Lockerung abendländisch verschraubter Perspektiven und Normativen, Dogmatiken und Absolutismen. Kulturkolonisatorische Menschenrechtsdrängeleien, entwicklungsökonomische Globalisierungsprogramme, Demokratisierungsdiktate sowie Freiheit-die-*ich*-meine-Liberalismen geben freilich nach wie vor zu heftigen Debatten Anlass.

Daher ist auch in der Behindertenpädagogik noch viel Übersetzung- und Umsetzungsarbeit zu leisten. Lebenswelt-Konzepte und Lebenswelt-orientierungs-Programme bieten Heilpädagogen eine Chance, (1) es der Ethnologie gleichzutun und die unterschiedlichen Welten behinderter Menschen in ihrer ‚exotischen' Eigenrelevanz erst einmal ‚phänomenologisch' zur Kenntnis zu nehmen und nicht alsogleich unter einem expertokratisch totalitären ‚Verständnis' zu zermalmen, Behinderte sodann (2) als integrale Ganzheit und nicht bloß defizitäre Minusexistenz wahrzunehmen, deren Lebenswelt (3) emisch (von innen her, in und aus ihrem Selbstverständnis) zu interpretieren und Selbstdarstellungen Behinderter als (wenngleich oft konkurrierende) Realitätskonstrukte zu würdigen, um auf diese Weise schliesslich (4) vermehrt auch auf die damit korrespondierenden Bedürfnisse und Hilfe-Optionen Behinderter, (die gelegentlich ebenfalls nicht mit jenen der Professionals übereinstimmen), eingehen zu können.

(Heil-) Pädagogik kann sich nun freilich nicht damit begnügen, Lebenswelten rein phänomenologisch-deskriptiv zu erfassen und zu deuten. Sie sieht sich als Wert- und Beziehungswissenschaft mit der Tatsache konfrontiert, dass der Mensch als selbstreflexives Wesen nicht umhin kann, konkrete und aktuelle Lebensformen in seinem lebensweltlichen Daseinsbezirk vergleichend, qualifizierend und instrumentalisierend anzugehen. Fragen um Lebenssinn, Lebenswert und Lebenszweck sowie vielgestaltige Antworten darauf stehen desgleichen im Zentrum der Philosophie- und Religionsgeschichte. Wird der Entscheid: (Menschliches) Leben ist

- nicht qualifizierbar, da apriorisch ein Höchstes Gut, schlechthin unantastbar, so dass sich Leben nicht wertend über anderes Leben stellen kann / darf / soll
- qualifizierbar auf Grund der lebensnotwendigen Daseinsgestaltung und dem unausweichlichen „struggle for life" im Weiteren auch erzeugungs-, vermeidungs-, modifizierungs-, vernichtungsbedürftig

zu Gunsten der letztgenannten These getroffen, so präsentiert sich alsbald ein Bündel von Qualifizierungsmodi (*Kobi, E. E.*, 2004). Diese sind bereits bezüglich ihrer Destinationen – und nicht erst ihrer Begründungen, Inhalte und der daraus abgeleiteten Praktiken des Umgangs – sehr unterschiedlich und strukturieren in der Folge dann auch disperse Lebenswelten. Diskrepanzen und Lebenswelt-Konflikte sind deshalb unvermeidbar. Eine globalethische Vereinheitlichung, wie immer wieder angestrebt und gefordert wird, scheint gegenwärtig jedenfalls kaum ohne paradox gewalttätigen Kulturkolonialismus durchsetzbar. Wir leben zwar alle auf derselben Welt, aber in unterschiedlichen Lebenswelten, leben – gemäß einem unterschiedlichen Autoren zugeschriebenen Bonmot – unter demselben Himmel, haben aber nicht denselben Horizont.

Die Situation kompliziert sich des weitern nicht allein durch die kulturelle Vielfalt der Beurteilungsmaßstäbe, sondern auch durch zahlreiche Überschneidungen (z.B.: Kind / Erwachsener; weiblich / männlich; superiore / inferiore Position; ideologische Kongruenz / Inkongruenz; Freund / Feind; Angehöriger / Fremder; verdienter (Kriegs-) invalider / ziviler Geburtsgebrechlicher; peripher-funktionelle / zentral-personale Beeinträchtigung usf.).

Diese unumgänglichen Sinnvermittlungen, Wertungen und Verzweckungen (s. Abschnitt Sinn – Wert – Zweck) machen deutlich, dass Lebenswelt keinen Wert sui generis repräsentiert und nicht per se das Heile, Echte und Integre beinhaltet. „Trautes Heim – Glück allein!" umfasst das Heimliche *und* Unheimliche in allen seinen Varianten. Lebenswelt ist auch Last und Bedrängnis, ,,verheißungsloses Sehnen",

„wunschloses Unglück" (*Peter Handke*). Im lebensweltlich-alltäglichen Wider-Lager zu Distanz, Objektivität und Linearität (im Sinne einer Fortschritts-Idee beispielsweise) ist Nähe (in der vulgärpädagogischen Intensität der „Nestwärme) drum oft auch in Coolness auszuhalten, und desgleichen bleibt in der Ödnis des Repetitiven die Halt gebende (*Moor, P.*, 1958 f.) Qualität der Wiederholung und der Zirkularität zu entdecken.

1 Verhaltensstörungen im gesellschaftlichen Umfeld

aus: Schweizerische Zeitschrift für Heilpädagogik (Luzern edition szh)
Nr. 11/2000, S. 9-19

Verhaltensstörung, Verhaltensauffälligkeit, Verhaltensoriginalität ... oder, wie es früher hieß: Schwererziehbarkeit, Verwahrlosung, Psychopathie, Abnormität: allein schon die Etiketten waren und sind Perspektive und Programm; sie bilden ein breites Panoptikum von Definitionen im Wechselrahmen gesellschaftshistorischer Zeitläufte.

Verhaltensstörungen sind Verhältnisstörungen in einem Feld verzerrter Kommunikation. Dieses spannt sich aus zwischen

- der subjektseitigen *Intention* einer personalen Handlungsweise
- deren objektseitiger disqualifizierender *Interpretation* durch eine direkt oder indirekt betroffene Person oder Instanz
- im Kontext einer durch strukturbestimmende Wertnormen *definierten* (begrenzten/ gerahmten) *Situation.*

Es gibt somit keine Verhaltensstörung an sich, im asozialen Raum. Desgleichen sind keine fixen Merkmale namhaft zu machen, die das Wesen einer Verhaltensstörung zu kennzeichnen vermöchten. Umgekehrt kann jede singuläre Verhaltensweise zum Symptombild einer konkreten Verhaltensgestörtheit gehören.

Jemandem den Bauch aufzuschlitzen oder unbekleidet in der Gegend herumzulaufen, kann eine antisoziale, wertwidrige, ja kriminelle Tat sein: nicht jedoch, wenn es sich im ersten Fall um einen sachnotwendigen, nach den Regeln der ärztlichen Kunst durchgeführten chirurgischen Eingriff, im zweiten um einen Nackedei am „definierten" FKK-Strand handelt.

In diesem Zusammenhang ist auch der Unterschied von (kriminell) und verhaltensgestört zu beachten: Kriminalität ist kein pädagogischer, sondern ein strafrechtlicher Sachverhalt; kriminell ist ein Tun oder Lassen, das gegen ein Strafgesetz verstößt und keinen zwingenden Bezug zu einer Verhaltensgestörtheit aufweisen muss. Vor allem in Bereichen der sog. white-collar-Kriminalität sind derartige Verbindungen sogar eher selten. Andrerseits führen Verhaltensstörungen insgesamt zwar häufiger, aber gleichfalls nicht obligat und in linearer Kausalität zu kriminellen Verstößen.

Verhaltensstörung als Zuschreibung

Verhaltensstörungen generieren als sozialer Figur-Grund-Effekt aus einem Unterschied, der einen Unterschied macht. Sie ähneln Gleichungen mit mehreren Unbekannten, die gelegentlich nur unzureichend auseinander abzuleiten sind. In praxi gelangen Verhaltensstörungen darum kaum über den Status von Einschätzungen hinaus: von <Geltungen> (ein Kind *gilt* in den sozial jeweils maßgebenden Kreisen als verhaltensgestört) und <Zuschreibungen> (einem Kind wird von einer Instanz mit Definitionshoheit der Status verhaltensgestört *zugewiesen*). <Verhaltensstörung> ist somit wesentlich eine konzeptuelle, rahmenabhängige Fremddefinition. Es ist kaum je der Fall, dass eine Person sich selbst als verhaltensgestört erklärt. Eine derartige Selbstdeklaration würde im sozialen Umfeld sogar Irritation und Argwohn auslösen. Desgleichen existieren meines Wissens keine Vereinigungen und Interessengruppen «Verhaltensgestörter Menschen». Hingegen ist es durchaus möglich und manchmal trotz der damit verbundenen Peinlichkeiten sogar ausgesprochen klärend und sozial entspannend, wenn Personen sich als sehbehindert, als Diabetiker, als homosexuell, vorbestraft, inkontinent etc. <outen>.

Zwar ist es einer als verhaltensgestört geltenden Person oft durchaus möglich, ihr Verhalten auch selbst als störend, abweichend und sozial belastend zu qualifizieren und so genannt Einsicht zu gewinnen in ihr Störverhalten. Dies freilich noch nicht während des Tatvollzugs und solange Erleben und Verhalten kongruent sind, sondern erst im Nachhinein oder auf Grund des bereits angerichteten sozialen Schadens.

Verhaltensstörung als >>soziale Performance<<

Verhalten (sich <veröffentlichen>, <verlautbaren>) entspringt aktuell dem Erleben, Störverhalten einer nachträglich festgestellten Diskrepanz oder Inkompatibilität von Input und Output: um es einmal im verkürzend-simplifizierenden Compijargon auszudrücken. Auch die Vulgärsprache setzt das Gemeinte treffend ins Bild, wenn sie die akute Desintegration und Dysfunktionalität als <sich daneben benehmen>, <verrückt sein>, <nicht alle Tassen im Schrank haben>, <durchdrehen> o.ä. bezeichnet. Über Ursachen, akute Auslöser und Begleitumstände ist damit freilich noch nichts ausgesagt.

Verhaltensstörung erweist sich somit als ein Universalbegriff, der wesensmäßig schwammig, porös, hoch flexibel ist und daher polyvalent in breiten Spektrum Verwendung findet. Um sich seiner formalen und strukturellen Bedeutung anzunähern, bietet sich ein >tangentiales Anpeilen< an:

Verhaltensstörung ist eine soziale Performance (Erscheinungsbild), welche durch die *formalen Kriterien* der (phänomenologischen) *Prägnanz*, der (situativen) *Inkongruenz*, der (temporalen) *Dyschronie* der (ätiologischen) *Heteronomie*, der (normativen) und der (methodischen) *Resistenz* sowie der (dialogischen) *Provokanz* gekennzeichnet ist. Es handelt sich also um ein psychosoziales Verhaltensbild, das (1) *auffällig* ist, d.h.

sich von einem als neutral empfundenen, durchschnittlichen sozialen Hintergrund prägnant abhebt. Mit Auffälligkeit allein verbindet sich noch kein Werturteil; Auffälligkeit macht lediglich auf einen Figur-Grund-Effekt aufmerksam. In einer, die Individualcharaktere hochhaltenden und fördernden Gesellschaft ist <Auffälligkeit> nämlich durchaus existenznotwendig. Was und wer sich nicht, zumindest teilbereichlich und passager abhebt und aus der Anonymität heraustritt, wird nicht wahrgenommen und bleibt sozial inexistent. Wirb oder stirb! ist eine Aufforderung, die persönliche Auffälligkeit in Erscheinung und Präsentation, in Erleben und Verhalten geradezu zur individualistischen Überlebensmaxime macht. Ob eine Verhaltensweise das Kriterium der Auffälligkeit erreicht, ist allerdings nicht allein von dieser selbst, sondern auch von der Sensibilität sowie von der sozialen Aufmerksamkeit der beurteilenden Instanzen abhängig. In der Regel werden daher in erster Linie «laute», expansive, d.h. nach außen deutlich in Erscheinung tretende Symptome registriert.

Deren psychodynamische und pädagogische Bedeutung muss dabei keineswegs ihrer Dramatik entsprechen. Zumal in der Matrix boulvardesker Presseberichterstattung bietet beispielweise eine episodenhafte sexuelle Entgleisung zweifellos mehr Ausgestaltungsmöglichkeiten als eine nach innen gekehrte Trauer über einen existenziell erschütternden Beziehungsverlust.

Verhaltensstörung konkret

Was die Inhalte von Verhaltensstörungen oder sog. >Kinderfehler< anbetrifft, sind diese Legion. Jede Verhaltensweise kann, wie vorerwähnt, zum Störungselement erklärt werden, wenn sie die oben genannten formalen Kriterien erfüllt. Interessant sind diese Inhaltskataloge aber insofern, als an ihnen die Instabilität im gesellschaftshistorischen Weltwandel aufgezeigt werden kann.

Ein Blick in die pädagogische Trivial-Literatur vom Typ Ratgeber „für Eltern und solche, die es werden wollen", macht deutlich, wie facettenreich sich das Problemkind – und desgleichen sein positiver Widerpart des >Optimal-Ki(n)ds – präsentiert:

Der deutsche Psychologe und Pädagoge v. Strümpel (1812-1899) hat es in seinem 1890 erschienenen Werk «Pädagogische Pathologie» unternommen, kindliche Unbotmäßigkeiten zu sammeln und alphabetisch zu ordnen. Mehr als 400 pädagogische Ärgernisse kamen so bereits in der damaligen „Guten, alten Zeit" zusammen. Viele davon erscheinen uns heutzutage völlig belanglos.

Der seinerzeit auch in der Lehrerbildung einflussreiche, in Basel und Bern lehrende Schweizer Pädagoge, Paul Häberlin (1878-1961), verbreitet sich in seiner Schrift „Kinderfehler" von 1921 seitenlang über das «Schreien» sowie über «Lutschen und Verwandtes». War das nun ein publikationswürdiges pädagogisches Zentralproblem oder bloß Ausdruck der Irritation des in seiner Schreibstube durch das Geplärre seiner Tochter Annemarie genervten Pädagogikprofessors?

Noch in den sechziger Jahren füllte das leidige Thema «Bettnässen» die Anstaltsgazetten; zwischenzeitlich weiß «Bauknecht» auch, was Frauen in der Lingerie wünschen und hat damit wenigstens die waschtechnischen Aspekte des Problems gemildert.

Onanie bewegte während Jahrhunderten die Pädagogik im Allgemeinen und die Heil- und Religionspädagogik im Besonderen und traf, außer der Täterschaft, auch diese empfindlich in Rückenmark und Gehirn. Und heutzutage schert sich kaum noch «Bravo» um die Angelegenheit.

Einst waren die Schullesebücher voll von Naschkatzen und Wildfängen, von Schmutz- finken und Vogelnestausnehmern: Sachverhalte und Begriffe, die kaum mehr in der Vorstellungswelt und im Wortschatz der heutigen Jugend existieren dürften.

Und wer hätte je gedacht, das Legasthenie („partielle Idiotie„ wie das einmal genannt wurde), dermaleinst als „Talentsignal" und schulische Widerborstigkeit als Symptom einer Hochbegabung ernst genommen werden wollten?

Mich nimmt es Wunder, worüber unsere Enkel in ein paar Jahrzehnten den Kopf schütteln werden die Pädagogik der Jahrtausendwende betreffend.

Hintergründe

Zu einer Verhaltensstörung gehört, dass diese aus situativen Rahmenbedingungen herausfällt, unpassend ist und somit das Kriterium der Inkongruenz erfüllt. Auch diese Tangente bringt uns aber noch nicht viel näher an den umfassenderen Begriff. Sind doch >aus dem Rahmen fallen<, >den Rahmen sprengen< und so genannt >Auszubrechen< gleichfalls wichtige Kennzeichen zeitgeistig hoch geschätzter Origi- nalität, Emanzipation, Extravaganz und schlechthin Befreiungsmythologie.

Kontextseitig ist Unpässlichkeit ferner abhängig von der Weite der Rahmenbedin- gungen und den zugebilligten Toleranzen: Je enger der Rahmen, umso mehr Drop-outs sind zu erwarten. Was wiederum Integrationisten, die sich der Mühsal unterziehen, Randständiges und Ausgefälltes immer wieder zur Mitte zu schaufeln, auf den Plan ruft. Derweil (wodurch?), systemimmanenter Psychologik gemäß, freilich Anderes wieder - erbsengleich! - aus dem Eintopf kollert: <Grufties>, <Skins>, <Faschos>, <Ewiggestrige>, <Fortschrittsfeinde>, <Stammtischler>, ~Autofahrer mit Hut aufm Kopf und AG-Schild am Heck> etc. - (Integrations-) Pädagogik ist und bleibt jedenfalls eine personalintensive Sisyphusarbeit.

Dasselbe Verhalten erhält also, je nach aktuellen Rahmenbedingungen, einen ande- ren Stellenwert; nicht das Verhalten als solches, sondern die situative Unangemes- senheit ergibt den Bruch.

Kinder müssen demzufolge im Laufe ihrer Sozialisationsgeschichte nicht nur lernen, bestimmte Verhaltensweisen auszubilden und zu steuern, sondern diese auch per- manent auf wechselnde Rahmenbedingungen abzustimmen. Während die geforder- ten Verhaltensformen für heutige Kinder wahrscheinlich eher einfacher wurden, hat sich die Zahl der unterschiedlichen Rahmen zweifellos vervielfacht. Dies nicht zuletzt dadurch, dass die Kongruenz der Rahmen schrumpfte. Jene Deckungsgleichheit, wo- rauf das von Sozialpolitikern gern zitierte *Gotthelf*- Wort Bezug nimmt: «In der Familie muss beginnen, was leuchten soll im Vaterland!». Abgesehen davon, dass es extrem schwierig geworden ist, mit breiter Zustimmungsmehrheit und einiger Verbindlichkeit festzulegen, was heutzutage als «Familie» gelten soll (Kobi 1999), ist diese weit ent- fernt davon, ein oder gar das Grundmuster für die verschiedenen Formen gesellschaftlichen Zusammenlebens abzugeben, wie dies Pestalozzi (1746–1827) unter dem begriff der >Wohnstubenerziehung< wenigstens noch glaubte wünschen zu dürfen. Das Bild konzentrischer Kreise, nach welchem sich Familie, Schule, Gemeinde, Staat (patriarchal/matriarchal/parental) in gotteskindschaftlicher Vorbildhaftigkeit aus einander heraus entwickeln und aufbauen sollten, hatte wahrscheinlich realiter kaum je derart idealtypisch existiert und geriet neuzeitlich zunehmend in Schieflage.

Zweifellos kann und soll ein Kind im familiären Umfeld die Primärsozialisation entscheidend lernen. Mit dem Schulinstitut hat es aber vieles davon zu relativieren, zu modifizieren und in den Hintergrund zu schieben. Das >Papi-Mami-Konzept< tel quel auf die Schulrealität zu übertragen, schafft bekanntlich erhebliche soziale Einordnungsprobleme vis-a-vis der Lehrerschaft und mehr noch der peer-group.

Zweifellos können und sollen Kinder im schulischen Umfeld für die Sekundarsozialisation entscheidendes Lernen. Die peer-goup ist ein kaum zu überschätzendes Probier- und Erfahrungsfeld für soziales Lernen. Der moderne Schulbetrieb macht sich dies denn auch in Werkstatt-, Gruppen- und Projektunterricht zunutze. Mit dem Übertritt in die Berufs- und Arbeitswelt gilt es aber erneut einiges hier von zu relativieren, zu modifizieren und in den Hintergrund zu schieben. Das «Lehren, Lernen-Konzept» mit seinen spielerischen Als-ob-Elementen tel quel auf die Realität einer profitorientiert im Konkurrenzkampf stehenden Produktionsstätte zu übertragen, steht im Nu. Arbeitskonflikte mit Belegschaft, Vorgesetzten und Management. Ein Betrieb ist weder Familie noch Schule, weder Therapie noch Wellness Station. Ausschlaggebend ist hier das Ziel der Rentabilität, welchem sich auch innerbetriebliche Beziehungen und Lernprozesse unterzuordnen haben. Ein Produktionsbetrieb dient darum nur sehr bedingt individualer Selbstverwirklichung und höchstens bei optimaler Platzierung einer Therapie. Ihn deswegen von vornherein der Inhumanität zu bezichtigen, wie dies gelegentlich heilpädagogischem Gutmenschentum unterläuft, ist daher unangebracht.

Zweifellos kann und soll ein Lehrling (Azubi) in seinem Berufs- und Arbeitsfeld auch für seine persönliche Sozialisation und gesellschaftliche Integration entscheidend lernen. Eine Berufsausbildung gilt nach wie vor und zu Recht als wichtige Halterung im Erwachsenenleben. Mit der passiven sowohl wie mit der aktiven Übernahme politischer Verantwortung in der (staatlichen)) Gesellschaft ist jedoch ein weiteres Mal vieles von dem, was innerbetriebliche Gültigkeit besitzt, zu relativieren, zu modifizieren und in den Hintergrund zu schieben. Das wachstums- und profitorientierte «Ökonomie Konzept» tel quel auf kulturelle, auf nationale und internationale, ja globale soziale Gesellschaftsordnungen zu übertragen, kann, wie gegenwärtige Entwicklungen zeigen, zerstörerische Wirkungen zur Folge haben.

Ein Betrieb ist keine pädagogische Institution; Schulen und Internate sind umgekehrt aber auch keine Produktionsstätten, die auf ökonomische Perspektiven zu trimmen und nach Stückgut- und Ausschussquoten zu qualifizieren sind. Diesbezüglich ist gegenwärtig zweifellos die Pädagogik gefordert, den da und dort wie Heuschrecken einfallenden Öko-Qualiflyers nötigenfalls eine Lektion zu erteilen in Sachen >soziale Rahmenbedingungen<.

Zeitnormen – Zeitformen

Gelegentlich erfüllt eine Verhaltensstörung auch das Kriterium der *Dyschronie*: das heißt eine zeitliche Abweichung in individuell-entwicklungsmäßiger oder in gesellschaftlich-epochaler Hinsicht. Der moderne Zeitgeist stellt das Individuum bekanntlich vor die paradoxe Forderung, sich ihm *nicht zu* unterwerfen, sondern in modischer Weise der Mode zu trotzen und so auch aus der individuellen Gegenwart herauszutreten: sei es retardiert als ewiger Pfadfinder und regressiv als juveniler Jubelgreis oder als progressiv frühreifes «Zwergobst», wie *Christoph Lichtenberg* im 18. Jahrhundert bereits formulierte.

Eine weitere, die Temporalität berührende Frage bezieht sich auf Dauer und Frequenz: Vereinzelte, episodenhafte und passagere Verhaltensaberrationen gehören zu jedem sozialen Lernprozess. Bei Verhaltensstörungen handelt es sich jedoch um ein sozial belastendes Verhalten, welches die der mangelnden Erfahrung zugebilligten Toleranzen sprengt und eine über Ermessensgrenzen hinaus reichende Chronifizierung und Häufigkeit aufweist.

Aufsehen erregend können mitunter schon unübliche zeitliche Abfolgen und Phasenverschiebungen sein und Anlass geben, sich über Wandlungen von Zeitnormen zu wundern: Was meine Generation seinerzeit an infantil-sexuellen Zeigespielchen noch im Vorschul- und frühen Schulalter unterbrachte, vermitteln heute Peep-Shows der ausgewachsenen Männlichkeit.

Und während die Schwarze Pädagogik von einst bereits das Kleinkind zum Händchen geben (das rechte, das richtige! versteht sich) und Danke! sagen abrichtete, kann sich der moderne Salesman von heute derartige verkaufsfördernde Elemente des zwischenmenschlichen Umgangs auch erst im kommunikationspsychologischen Wochenendseminar einchecken lassen.

Und war zur Zeit seiner Erfindung im 18. Jahrhundert Robinson noch den «Flegeljahren» (1804) eines Jean Paul (1763-1825) zugeordnet, so sind im TV Zeitalter faltenwerfende und hochgestirnmte Mittvierzigerinnen und Mittvierziger damit befasst.

Dafür waren wir freilich nicht so weltenläufig, derart Gruppenerfahren und diskussionswendig wie die heutige Jungmannschaft, da wir in den Zulässigkeitsgrenzen dessen zu verbleiben hatten, was der alte Frontalunterricht „Heimatkunde," nannte (4. Klasse: Das Heimatdorf, 5. Klasse: Der Heimatkanton; 6. Klasse: Das Heimatland).

Auch war für uns der schulische Begabtheitserwartungsdruck wesentlich geringer; die Erledigung der Aufnahmeprüfung in die Sekundarschule befriedigte elterlichen Ehrgeiz vollauf. Schule durfte eine wichtige Nebensache sein; sie bedrohte uns nicht als unwichtige Hauptsache.

Eine gesellschaftlich definierte Alters- und Phasengemäßheit löste sich neuzeitlich weitgehend auf – alle dürfen alles jederzeit. Sogar das mahnende Wort: Was Hänschen nicht lernt, lernt Hans nimmermehr!, verlor den beängstigenden Anstrich und verkehrte sich gar – den Erwachsenenbildnern sei's gedankt! – ins Gegenteil: Was Johnny nicht lernt, lernt John immer mehr!

Jede Zeit hat ihre Verhaltensstörungen und Tugenden; beide sind daher, über ihre individuelle Bedeutung hinaus, stets auch in ihrem epochaltypischen Charakter zu beachten.

Autonomieverlust

Als Verhaltensstörungen registrierte Auffälligkeiten entspringen einer Konstellation, die im Wesentlichen ausserhalb der Verfügungsgewalt (Autonomie) der Täterpersönlichkeit liegen. Als gestört gilt der steuernden Ich-Instanz aktuell entglittenes, *heteronomes* Verhalten. Verhaltensstörungen sind somit eher einem mangelhaften Können, als schlechtem Willen zuzuordnen. Sie heben sich dadurch ab von dem, was einst «Lausbubenstreich» genannt zu werden pflegte: Durchaus beabsichtigtem, wenngleich in den Folgen nicht immer ganz überdachtem, dem Gaudi und der Selbstbestätigung dienender Schabernack. Lausbubereien sind quasi das negative Positiv-Stück einer Verhaltensgestörtheit.

In dem Zusammenhang ist deshalb auch der Unterschied zwischen Verhaltensgestörtheit, Fehlverhalten und Fehlhaltung zu beachten: Verhaltensstörung bezieht sich auf entgleistes, heteronomes, Fehlverhalten hingegen auf autonome (und daher persönlich zu verantwortende) Handlungsweisen. Entscheidend sind hier also nicht die Auswirkungen (der Schaden, die Schädlichkeit) einer Verhaltensweise, sondern Fragen um Absicht (Intention) und Planung (Antizipation), ferner um Verantwortlichkeit (Responsabilität) und Transparenz (des Durchblicks im aktuellen Handlungsablauf). Zwar mögen auch im Umfeld von Terrorismus, von Raubüberfällen, Kriegsverbrechen, Plünderungen, sexuellen und religiösen Nötigungen, von Menschen- und Drogenhandel, erpresserischer Ausbeutung, Geldwäscherei u.ä. fallweise Verhaltensstörungen mit eine Rollen spielen; es wäre jedoch eine abwegige und bedenklich verharmlosende Interpretation, die damit involvierte Täterschaft in globo als <verhaltensgestört> zu bezeichnen. (Fehl-)Haltungen schließlich sind konsolidierte Wertorientierungen, Daseinsgestaltungsformen und Lebenstechniken, die in sich konsistent sind. Fehlhaltungen werden nicht selten auch ideell/ideologisch überwölbt bzw. begründet, so dass die hieraus vollzogenen Fehlhandlungen einer inneren Logik folgen und systemimmanent stimmig sind. Damit wird allerdings deutlich, dass das «Fehl» nur von einer anderen – als <gut>, <normal>, <human>, <fortschrittlich>, <sittlich> usf. deklarierten Position aus zu qualifizieren ist. Eine Ganoven-Ehre, eine mafiose Gesinnung und eine rassistische Handlungsweise mögen sittlich verwerflich sein, sind aber nicht einer Verhaltensstörung gleichzusetzen.

Vom Maßhalten

Anderseits gibt es Fehlhaltungen, die moralisch zwar kaum zu belangen sind, sich existenziell jedoch verheerend auswirken können. Auch deren Charakteristika sind inhaltlich nicht generalisierend festzumachen. Gemeinsames Merkmal etwa von Fanatismus, Moralismus, Fundamentalismus, Missionarismus, Liebestyrannei und Menschheitsbeglückungseifer, die sich im Extremfall unter das existenzbedrohliche Motto stellen: «Und willst Du nicht mein Bruder sein, schlag' ich Dir den Schädel ein!», sind Maßlosigkeit und Vermessenheit. Sie resultieren oft auch aus dem Bedürfnis nach Komplexitätsreduktion, aus dem Wunsch, daseinsimmanenten Widersprüchen und dem Leiden daran durch Simplifikation ein Ende zu setzen. Es ist der Anspruch auf Totalität (alles!), Absolutheit (nur!), Universalität (überall!) und Eternität (immer!), welcher materielle sowohl wie ideelle Werte durch Blähung (Inflation) zum Platzen bringt und zerstört. Das <Maßhalten> - *auch* im Guten, in der Liebe, im Helfen, in der Ordnung, im Mitleid, in der Askese und in all den wandelbaren Tugenden (Bollnow 1958) überhaupt – ist darum ostinater Appell existenzieller (d.h. existenzbejahender und -bewahrender, das So-Sein ins Da-Sein und Mit-Sein führender) Menschenbildung: exemplarisch und anschaulich schon in der Nikomachischen Ethik (um 330v v. Chr.) des Aristoteles (384-322), später in der ritterlichen mäze des Mittelalters und neuzeitlich in den z.b. durch *Watzlawick* (1986) wieder in Erinnerung gerufenen ethischen Paradoxa vom <Schlechten des Guten> und dem von *Marquard* (1981) empfohlenen <Abschied vom Prinzipiellen> in Ausrichtung auf einen «Polytheismus» gegenseitiger Vertraglichkeit.

Vom >bösen< zum >kranken< Kind
Der Alltag bietet allerdings nur selten präzis zuzuordnende Fälle von Verhaltensstörungen, von Fehlverhalten und Ausdruckformen von Fehlhaltungen. Differenzierende Abwägungen und Einschätzungen im Hinblick auf personale Zurechnungsfähigkeit und Verantwortlichkeit, auf Einsichtsfähigkeit und Belangbarkeit, des weitern von Sühnefähigkeit, von Therapierbarkeit und Wiederholungsrisiko sind erst unter Bezugnahme auf den konkreten Individualfall möglich, und die Debatten um «madness or badness?» sichern denn auch all den Begutachtern und Verurteilern, den Moralagenten und deren Kommentatoren ein üppiges Betätigungsfeld.
Neuzeitlich ist immerhin ein Trend vom badness- hin zum madness-Pol auszumachen hinsichtlich der kausalen Interpretation sozial belastender Verhaltensweisen: vom einstmals «bösen» zum «kranken» Kind also, vom «Täter» zum «Opfer» oder, gemäß obiger Terminologie, vom schuldhaften und persönlich zu verantwortenden Fehlverhalten - all der einstmals namentlich genannten Frechdachse, Faulpelze, Schmutzfinken und Taugenichtse, der frommen Helenen, verstruwwelten Peter, der lutschenden Konrads und zündelnden Paulinchen ... - hin zum hirnfunktionsgestörten Patienten und traumatisierten Beziehungsopfer. Diesen anders akzentuierten Ursachenzuordnungen (oder Kausalattribuierungen) folgten die hierzu passenden Behandlungsmethoden auf dem Fuße. Soweit keine Täterpersönlichkeit mehr existiert, können auch Strafe und Sühne, welche einst den Umgang mit dem «bösen Kind» dominierten, keinen Sinn mehr machen und entarten zur Quälerei Unschuldiger. >Heilen statt strafen!< lautete denn auch konsequenterweise die mittlerweile verbreitete Maxime. Sie zog alsbald eine gigantische Therapiebetriebsamkeit hinter sich her und ließ >Erziehung< zu einem verstaubten Altwort degenerieren, das weitum seinen Sinn und Sachverhalt verloren zu haben scheint. Populär und geläufig ist es in seiner Anrüchigkeit mittlerweile in der Sado-Maso-Szene und der Kynologie, wo es seinerseits die Unwörter >Perversion< und >Dressur< ablöste.

Sichtwinkel
Was die normative Wertorientierung betrifft, erfüllt (5) die (negative) *Abweichung (Devianz)* dieses Kriterium. Die Bezeichnung <Verhaltens*störung*> impliziert denn ja

bereits auch ein negatives Werturteil und eine Disqualifikation. Es gibt somit keine neutralen und objektiven (im Sinne von wertfrei) Aussagen über Verhaltensstörungen. Auch Arten und Häufigkeiten von (kindlichen) Verhaltensstörungen sind unmittelbar abhängig vom gewählten Normalitätswinkel sowie von der (statistischen, ideal-typischen, funktionalen oder individualen) Bezugsnorm (*Xobi* 1993). Die Diagnose Verhaltensstörung sagt daher nicht nur etwas aus über die aus aktuellem Anlass als <verhaltensgestört> definierte Person, sondern auch über die das Maß gebende, gut-achterliche Instanz, sowie über die örtlichen und zeitlichen Umstände und die darin bedeutsamen Wertstrukturen. Eine deklarierte Verhaltensstörung ist somit nicht ausschließlich eine individuale Angelegenheit, sondern stets auch eine mikrosoziale Widerspiegelung des jeweiligen sozio-kulturellen Umfeldes.

Wertewandel

Die die Erzieherschaft seit Urzeiten zwickende Frage, ob nun die Jugend generationen-weise immer schlechter und ungezogener werde, oder ob die erzieherischen Be-mühungen, über die Jahrhunderte weg betrachtet, vielleicht doch so etwas wie Nachhaltigkeit zeigen, lässt sich daher nicht schlüssig beantworten. Denn: Was ist Verhaltensänderung? Was Auswirkung gesellschaftlichen Wertewandels und Pers-pektivenwechsels? Haben Linkshändigkeit und Homosexualität zugenommen oder finden sie vermehrt Zulassung? Oder hat das dadurch ausgelöste gesellschaftliche Erregungspotential via Entpathologisierung abgenommen? Hat Jugendgewalt zuge-nommen oder wird sensibler auf Aggressionsverhalten reagiert?

Fest steht jedenfalls, dass der Wertewandel über die vergangenen Dekaden ein rasantes Tempo anschlug; die Verfalldaten >ewiger Werte< folgen in immer kürzeren Abständen.

1969 ließen Shears und Jensema (zit. Nach Thomas 1980) eine Gruppe erwachsener Amerikaner eine Rangordnung bzgl. vermutetem Belastungsgrad verschiedener Behinderungsformen vornehmen. In einer Skala von 1 (=geringfügigste Belastung) bis 10 (=schwerste Belastung) rangierten an vordersten Stellen Amputierte, Blinde, Rollstuhlfahrer ..., während Zerebralparetiker, Geisteskranke und Geistbehinderte die hintersten Ränge einnahmen; immerhin noch vor den letztplazierten Homosexuellen. Pädophile, welche heutzutage die verachtetste Outcastposition einnehmen dürften, waren seinerzeit noch nicht einmal eine Frage wert!

Dies ein Beispiel aus Hunderten, die unschwer älterer Literatur aus Pädagogik, Heil-pädagogik, Psychiatrie und Psychopathologie zu entnehmen sind. Die uns berüh-rende Frage soll aber auch hier nicht jene nach den Inhalten sein, nach Fortschritten gar und/oder Zerfall. Allein schon das erwähnte Tempo des Wertewandels hat er-heblichen Anteil an um sich greifender Verhaltensunsicherheit. «Alles ist möglich, nix ist fix!». Die «Außengelenkte Gesellschaft», welche *Riesman* bereits in den fünfziger Jahren heraufziehen sah, verlor progressiv an «inneren Werten». Das ist nicht mora-lisch, sondern rein <topographisch> gemeint. Wir hören offenbar seltener mehr auf das, was früher die «Innere Stimme» genannt wurde (auch dann, wenn sie sehr äußerlich war!), sondern achten sorgfältig auf kontextuelle und zeitgemäße Trends. Wir wurden zu hochsensiblen Wetterfahnen, sind flexibel und dynamisch, begierig auf wechselnde «Herausforderungen». Wir floaten engagiert in Teams und sind rings offen für alles. Wir denken grenzüberschreitend global, fühlen weltweit, sind bei aller Vergesslichkeit permanent lernend und erfüllt von Visionen. Aber auch emotional konsumfreudig und einem romantischen tete-a-tete bei Kerzenlicht nicht abgeneigt. Sagen wir jedenfalls zueinander und wollen dennoch ernst genommen) werden. Man kennt diesen Fastfood-Jargon der Stelleninserate und Kontaktanzeigen, wo die kleine Alltagsmoral das Weltethos unserer Großintellektuellen widerspiegelt.

Der Zufall wollte es, dass ich mich zur Zeit der Ausarbeitung dieses Vortrags endlich mal dem Exerzitium der Lektüre von Adalbert Stifters „Der Nachsommer" (1857) unterwarf, mir zur Auflockerung der 800 Seiten Betulichkeit aber, parallel dazu David Lawrences «Lady Chatterleys Lover» (1928; in Großbritannien erst 1960 ungekürzt erschienen) gestattete.

Hier also dieser genuin äußerst untadelige, saubere Rosen Jüngling Heinrich, «eingepfarrt» (wunderschönes Stifter-Wort!) in ein nekrophiles Bildungsbürgertum und ich-identisch damit- und dort Conny, das frivole, geile Weib, das ausbricht aus dem Adelsgelände und ihren behinderten, impotenten Gatten erst mit dem ungeschlachten Waldhüter lustvoll hintergeht, ihn schließlich samt Gutsbesitz ganz seinem Rollstuhlschicksal überlässt und eigene Wege geht.

Wo und wie positioniert sich da Heilpädagogik zwischen positivem und negativem Fehl, zwischen hochmoralischer, aber kontextverschwommener, profilloser Heteronomie im einen, eigenwillig-eigensinniger, freilich auch unmoralischer Selbstverantwortlichkeit im andern Extrem?

Eines scheint für mich klar: Das pädagogische Gegenbild des verhaltensgestörten Kindes ist nicht das bloß angepasste, pflegeleichte oder gezähmte Kind. Es sind für mich in jedem Fall „Täterinnen und Täter" d.h. Personen, die für ihr Tun und Lassen (Mit-) Verantwortung zu tragen und die persönlichen Konsequenzen auf sich zu nehmen bereit und fähig sind: die in der Gloriole und in der Schuld ebenso präsent sind, wie in den Banalitäten des Alltags.

Drum beschleicht mich manchmal schon auch unheilpädagogischer Argwohn darüber, ob denn das, was wir traditionellerweise als «Konzentrationsstörung». «Gewalttätigkeit», «Oberflächlichkeit», «Hyperaktivität», «Sauglattismus» und anderes mehr, mit guten Gründen versteht sich, glauben ahnden, verernstigen und therapieren zu müssen, in seinem Kern nicht auch zu Verhaltensgrundformen gehört, denen unsere kunterbunt pluralistische Gesellschaft vielleicht mehr Überlebenschancen bietet, als tiefer Besinnlichkeit, demütigem Verzicht, holdem Hoffen und treuem Vertrauen …?

Beschränkte (Be-)Handlungsfähigkeit

Das Kriterium der Resistenz besagt, das Verhaltensstörungen sich durch alltagsübliche erzieherische Maßnahmen und persönliche Vorhaltungen (zumal belehrender und räsonierender Art) an die Adresse des Fehlbaren als nur geringfügig und wenig nachhaltig beeinflussbar erweisen. In diesem Umstand liegt denn auch ein wesentliches

Motiv, ein Kind – nachdem «man es mit Liebe und Strenge probiert hat» – sonderpädagogischen oder therapeutischen Instanzen zuzuführen. Die sich mit einem solchen Schritt verbindende Vorstellung, verhaltensgestörte Kinder bedürften eines ihrem devianten Verhalten adäquaten und vor allem speziellen und spezialisierten methodischen Zugriffs, entspricht nun allerdings nur bedingt heilpädagogischer (und weitgehend auch psychotherapeutischer) Realität und Professionalität.

Die Crux – die freilich auch Glück und Chance ist! – der Pädagogik besteht nämlich darin, dass diese keine Spezialverfahren zur Verfügung hat von der Art, wie sie aus technischen und pharmazeutischen Bereichen bekannt sind: «Mittel», die einem physikalischen Wenn-dann! – Prinzip gehorchen, vergleichsweise präzise Indikationsstellungen gestatten und in absehbarer Zeit greif- und überprüfbare Resultate liefern. Erziehung und Bildung, desgleichen psychotherapeutische Einlassungen und strafrechtliche Maßnahmen, vollziehen sich zwischen Informationssystemen lehrender und lernender Subjekte in einem vorgegebenen sozialen Kontext. Quantität und Qualität solcher Bemühungen entscheiden sich letztlich an der Frage, was das inkriminierte Subjekt (dieses originäre, namhafte, verhaltensgestörte Kind in seinem Hier und Jetzt) davon in sein personales System aufnimmt und wie es diese Informationen erlebt: sie verarbeitet, wertet, platziert, konnotiert, versteht, bedeutet, kombiniert ... um sie aus dem kaleidoskopartigen Erlebnisganzen heraus dann «entsprechend» (verhaltensmäßig) zu beantworten: Vielleicht in der Perspektive seiner heilsbemühten Pädagogen angemessener, vielleicht aber auch – entgegen aller Gutgemeintheit – erneut daneben oder anders verquer.

Die psychosozialen Wesenseigentümlichkeiten des Menschen beschränken ferner die Formen und Arten erzieherischer Möglichkeiten der Einflussnahme nicht minder, wie der körperliche Habitus die Kleidermode. Denn so, wie auf Grund der anatomischen Gegebenheiten von Kopf, Rumpf und Extremitäten seit Jahrtausenden keine grundsätzlich neuen Bekleidungsmöglichkeiten realisierbar sind, (weshalb die Kleidermode sich denn auch als ein <Wandel des ewig Gleichen> erweist), sind auch keine noch nie da gewesenen Methoden der Erziehung und Bildung zu erfinden. Auch Pädagogik kennt wohl den gesellschaftshistorischen Wandel, nicht aber jenen linearen Fortschritt, wie er technischen Entwicklungen eigen ist (Kobi 1999). Jungpädagoginnen und -pädagogen, die gelegentlich noch gebannt auf eine scheinbar lineare pädagogische (Auf- und Vorwärts-) Bewegung starren mögen, sind da hoffentlich noch anderer Meinung: so lange wenigstens, bis auch sie erkennen, wie bereits einmal Gehörtes und Gesehenes, schon früher Gedachtes und Praktiziertes karussellhaft wieder am Zeithorizont auftaucht: gewandelt und angepasst zwar, auch in neuem Sprachkleid: doch darunter unverkennbar wie gehabt. Mal hochgeschürzt, mal knöchellang als Tara den prähistorischen Netto-Body brutto präsentierend.

Georges Duhamel (1884–1966), ein französischer Arzt und Buchautor, liefert dazu eine hübsche Anekdote:

> *Kürzlich hatte ich den Besuch eines jungen Mädchens, das eine Kleinkinderschule gründete. Sie erklärte mir sogleich, sie gedenke die Methode >Philibert< anzuwenden.*

Das ist, sagte ich ihr, ein sehr lobenswerter Plan. Und ich fragte ganz aufs Geratewohl, ob diese neue Methode in irgendwelchem Zusammenhang mit den zum Teil erprobten von Fröbel und Montessori stände. Gar keine Beziehung, wies mich das Mädchen ab, mit einer Gebärde des Entsetzens.

Ich erfuhr also, dass als Erfinder, der dieses Namens würdig ist, Philibert, alle menschliche Erfahrung von sich weist, die vor Philibert gemacht worden ist. Er erklärte wie Rousseau, der Stoff sei nicht behandelt worden. Ich vernahm noch, dass die Methode Philibert völlig auf der Harmonie beruhe, denn niemand hatte bis jetzt der Harmonie Rechnung getragen.

Nun denn, wir werden in fünfzig Jahren wieder davon sprechen, wenn die kleinen, unter der Fuchtel Philiberts aufgezogenen Kinder Männer geworden sind. Die Methode Philibert wird gute Resultate ergeben: Die Menschheit ist kräftig genug, um über alle Methoden zu triumphieren, sogar über die verlockendsten. Während ich ganz vertraulich sprach, betrachtete ich das junge Mädchen. Sie sprach mit Leichtigkeit, mit Leidenschaft; sie zeigte diese Kühnheit der Schwärmer, welche die Welt eher verkommen ließen, als auf ein einziges Jota ihres Programms zu verzichten. Sie war sehr jung, hübsch und mit jenem hartnäckigen Blick der schlecht korrigierten Kurzsichtigen. Und ich dachte: „Bah! Der hübsche Prinz wird eines Tages vorübergehen; er wird dieser unentwegten Mathematikerin ein kleines Kind anbieten und so dem Ansehen Philiberts einen tödlichen Stoß versetzen."

Aus: Freuden und Spiele (Zürich Rotapfel, 1928, S. 195/196)

Verhältnisstörung

Verhaltensstörung bezeichnet schließlich (7) ein Verhalten, das durch Provokanz gekennzeichnet ist, die den erzieherisch-partnerschaftlichen Bezug derart strapaziert, dass er zerstört zu werden droht. Damit ist der Seitenwechsel zu den Erziehungsverantwortlichen vollzogen. Denn das Kriterium der Provokanz setzt Störverhalten in unmittelbare Abhängigkeit zur Provozierbarkeit der beurteilenden und definierenden Instanzen. Verhaltensgestört ist, wer als verhaltensgestört bezeichnet wird, lautet demzufolge die zwar tautologische, der pädagogischen Alltagspraxis aber häufig zu Grunde liegende Schlussfolgerung.

Auch auf der notorischer Seite findet sich nun allerdings ein breites Betroffenheitsspektrum, oft sogar gegenüber denselben Verhaltensweisen und derselben Person. Dieses kann mitunter schon im beschränkten Umfeld eines Lehrerzimmers von stumpfer Gleichgültigkeit (Indolenz), vor allem gegenüber einer «stillen Symptomatik», über diverse Grade der Toleranz bis zu höchster Empfindlichkeit reichen. Die der Psychopathologisierung zum Opfer gefallene Bezeichnung «Schwererziehbarkeit» brachte diese dialogische und psychodynamische Verknüpfung noch deutlicher zum Ausdruck als das einseitig dem «Zögling» verpasste Etikett <Verhaltensstörung>. Die Feststellung: Dieses Kind ist schwererziehbar! (für mich, für uns, unter den hier und jetzt herrschenden Umständen) ließ, immerhin noch die Möglichkeit offen, dass es sich unter andern personellen und kontextuellen Verhältnissen vielleicht positiver zu präsentieren vermöchte.

Damit sind wir abschließend wieder zum Anfang zurückgekehrt: Verhaltensstörungen zählen zu den zentralen, d.h. das Ich-Selbst der Person unmittelbar betreffenden und bedeutenden Lebenserschwernissen. Dies im Unterschied zu <peripheren>, d.h. die Integrität der Person nicht primär und direkt verletzenden Behinderungen (wie Sinnesschädigungen oder motorischen Einschränkungen). <Verhaltensgestört> erscheint eine Person aus ihrer Mitte und in ihrer Ganzheit, und sie wird bei Verfehlungen daher auch als diese personale Ganzheit angegangen. Die Art ihrer Auf- und Ausfälligkeiten lässt aber auch im partnerschaftlichen und sozialen Gegenüber weitaus weniger objektivierende Distanzierung zu: Sei dies auf Grund der eigenen Verletzbarkeit (die Ausfälligkeiten Verhaltensgestörter treffen erfahrungsgemäß ja oft sehr zielsicher jenen Point d'honneur, an welchem auch sturmerprobte Heilpädagoginnen und Heilpädagogen >ausrasten< können!) oder sei es, dass das kindliche Bedürfnis nach Nähe sich *in* der Attacke manifestiert und deshalb gerade *jetzt* und von *mir* ausgehalten sein will: im dümmsten Moment, am unmöglichsten Ort, in schlechtester Verfassung.

Präsenz trotz Dissens

Ganz ohne Zweifel: man kann vieles tun zur optimalen Umgebungs- und Zeitgestaltung für verhaltensschwierige Kinder, betreffend Materialangeboten auch, der methodischen Arrangements, der Desensibilisierung gegenüber Störverhalten auslösenden Reizen, der Entspannung und vor allem immer wieder in der Übung, mit den permanenten Widerwärtigkeiten des Alltags zu Rande zu kommen und quasi die Herrschaft (die <Hegemonie>) darüber zu gewinnen.

Entscheidender als das Machen bleibt hierfür jedoch das Sein. Wir benötigen Menschen, egal welcher Profession, die *präsent sind* und sich auf die hohe Kunst der Vergegenwärtigung und des *„da Seins"* verstehen: die halten, durchhalten, einhalten, selbstverständlich auch unterhalten. Die sich provozieren lassen und dann auch einmal ausrasten und Fehler begehen (Ein explodierender Heilspädagoge ist immerhin ein interessanter psychologischer Event). Menschen, bei denen noch ein Docht weiterglimmt, nachdem es ihnen ablöschte, und bei denen *hinter* dem ausgerasteten Raster noch etwas ihnen Eigentümliches spürbar bleibt, das offenbar auch sie selbst zu halten vermag. Auch *dafür* haben nämlich, zumal überreichlich erziehungserfahrene, verhaltensgestörte Kinder oft ein feines Sensorium.

Da sein, als wäre man nicht!

So banal und einfach ist unser Geschäft. Kein Wunder, dass es dem betriebsökonomischen Controlling manchmal glatt durch die Lappen geht. Doch auch hierfür hält sich heilpädagogisches Verständnis berufsspezifisch zur Verfügung.

Literatur

Bollnow, O.F.: Wesen und Wandel, der Tugenden. Frankfurt/M.: Ullstein, 1958
Häberlin, P.: Kinderfehler als Hemmungen des Lebens. Basel: Kober, 1921
Kobi, E.E.: Grundfragen der Heilpädagogik. Bern: Haupt, ^{5}1993
Kobi, E.E.: Heilpädagogik mit, als, im System. Luzern: Edition SZH/SPC, 1999

Marquard, O.: Abschied vom Prinzipiellen. Stuttgart: Reclam, 1991

Riesman, D.: Die einsame Masse. Hamburg: Rowohlt, 1958f

Strümpell, L. von: Die pädagogische Pathologie oder die Lehre von den Fehlern der Kinder. Leipzig 1890f

Thomas, D.: Sozialpsychologie des behinderten Kindes. München: Reinhardt, 1980

Watzlawick, P.: Vom Schlechten des Guten oder Hekates Lösungen. München: Piper, 1986

2 Kranke Kinder im Spannungsfeld zwischen therapeutisch-medizinalen und erzieherisch-pädagogischen Ansprüchen

aus: Zeitung des Arbeitskreises Schule und Psychiatrie [SchuPs], D-Hamm 2000/11, S. 14-19

Die Krankenpädagogik befindet sich ideell und strukturell im Überschneidungsbereich zweier Systeme: Als geistes- und sozialwissenschaftlich orientierte Pädagogik wirkt sie im Feld einer naturwissenschaftlich fundierten Medizin, was systemische Spannungen zur Folge hat. Diese können sich bei Nichtbeachtung personalisieren und zu zwischenmenschlichen Auseinandersetzungen Anlass geben. Dass es sich dabei hintergründig um systemische Probleme handelt, zeigt sich oft daran, dass die Anlässe einer proportional zur Heftigkeit der Auseinandersetzungen verständlichen Gewichtigkeit entbehren. Die aufgestaute innerbetriebliche Spannung sucht sich gewissermaßen einen Blitzableiter und findet in prompt in irgendeiner Banalität, die diesfalls nicht Ursache, sondern lediglich Auslöser ist.

Pädagogik, für die intersubjektive Austauschprozesse konstitutiv sind, wirkt auf der Folie eines sog. *Sozialwissenschaftlichen* Modells. Dieses ist charakterisiert durch folgende Punkte:

- Zirkuläre Beziehungsmuster, die Personen miteinander verbinden. Ursachen und Wirkungen (treffender: Intentionen und Interpretationen) gehen kreisförmig ineinander über
- Die ‚Objekte‘ der Pädagogik sind Subjekte; ‚Gegenstand‘ der Pädagogik sind personal und sozial als bedeutsam und im buchstäblichen Sinne ‚inter-esse-ant‘ (=dazwischen seiend) geltende Themata
- Die Vorstellung der integralen Ganzheitlichkeit im subjektiven Erleben der Person. Diese widerspiegelt sich auch in (pathologischen) Organfunktionen, ist darin enthalten (es ist nicht einfach ein Zahn, sondern *mein* Zahn, welcher entzündet ist. *Mich* als Person plagen die Schmerzen und *ich*, nicht der Zahn, fürchte den Zahnarztbesuch)

- In der Pädagogik dreht sich somit alles um Personen, nicht um Sachverhalte: es sei denn erneut in deren Bezügen zu Personen. Und so beschäftigt sich auch Krankenpädagogik primär mit der *Person* des Kranken und nicht oder höchstens indirekt mit der Krankheit. Ihr Thema ist das ganze subjektive Drum und Dran eines Krankheitsstatus', das für die Medizin andrerseits (oft genug störende, lästige) Begleiterscheinung ist.

Das aus der seit dem 19. / 20. Jh. erfolgreichen Bekämpfung von Infektionskrankheiten abgeleitete Paradigma (denk- und handlungsleitendes, „beispielhaftes" Muster) des seit den siebziger Jahren so genannten kausal-linearen *Medizinischen Modells* (*Kobi, E. E.*, 1979) beruht demgegenüber auf folgenden Voraussetzungen:

- Das primäre Interesse richtet sich auf das Krankheitsgeschehen
- Krankheiten sind grundsätzlich naturwissenschaftlich erklärbar und objektivierbar, d.h. von der Person abzusetzen
- Krankheiten unterliegen einem immanenten Kausalitätsprinzip, woraus sich die Erfordernis korrespondierender Kausal-Therapien ergibt: Differenzialdiagnostisch präzise Symptomerfassung – zugehörigen Erreger ausfindig machen – spezifische Erregerbekämpfung mit möglichst wenig (Da-) Nebenwirkungen – Bestätigung der Heilung in der Symptombefreiung
- Krankheit als etwas letztlich Naturhaftes und Organisches mit Schicksal, Lebensaufgabe, Prüfung, Heilsweg, Karma ... und ähnlichen Spiritualismen in Verbindung zu bringen, ist unwissenschaftlich, irrational, mystizistisch. ... und daher systemimmanent abzuweisen, in allfälligen Konkurrenzsituationen auch zu bekämpfen.

Diesem Paradigma verdankt / verdanken das Medizinalsystem zweifellos zahlreiche behandlungstechnische Erfolge, die Spitäler und Kliniken ihre gigantischen Ausbaustandards, die den Pomp der Sakralbauten früherer Epochen längst hinter sich ließen und last but not least die Ärzteschaft ihren beispiellosen sozialen, pekuniären und politischen Aufstieg aus dem einst verachteten Stand der Barbiere, Feldscherer und Salbader in die oberen und obersten Etagen der Gesellschaftspyramide. Das Medizinalsystem hat, zumal in Verbindung mit der pharmazeutischen Industrie, der Medizinaltechnologie sowie zum Teil auch unter dem Applaus einer exzessiven Wohlfahrtspolitik eine Eigendynamik entwickelt, der die nationalen Gesundheitspolitiken gegenwärtig kaum mehr gewachsen sind (Geister, die man selber rief, sind bekanntlich am schwierigsten zu bannen!). Auch damit wechselnd kollaborierende / konkurrierende Systeme – Justiz, Wirtschaft, Armee, Kirche oder eben das Bildungs-System – können dem längst international vernetzten Medizinalapparat ebenfalls nur teilbereichlich pari bieten: Die Kirchen büßten in abendländischen Kulturen ihre Rolle als Definitions- und Realitätsbestimmungsmacht weitgehend ein (und damit indirekt auch deren jahrhundertelange ‚ancilla', die Schule). Justiz und Armee sind (wesensmäßig vielleicht bleibend?) national beschränkt, so dass derzeit praktisch nur die Ökonomie (in wechselnden Verbindungen mit nationaler Justiz) als ernst zu nehmende Begrenzerinnen und „Moderatorinnen" in Betracht fallen (vgl. die Prozesslawinen zwischen Medizinal- und Justizsystem in den USA). Es sei denn, das System ginge in seinem saurierhaften Gigantismus dermaleinst an sich selbst zu Grunde und zerfiele in einen „alternativen", möglicherweise aber auch sich selbst zerfleischenden Partikularismus, wie er sich randlich da und dort anzeigt.

Das Medizinsystem präsentiert sich in unsern kulturellen Breitengraden – gesellschaftlich mehrheitlich, wenngleich nicht ganz klaglos, akzeptiert – gemäß einem Tableau, das Definitions- und Realitätsbestimmungsmacht in praktisch allen Lebensbereichen beansprucht (*Kobi, E.E.*, 2004).

Angriffe auf dieses System, oft allein schon Infrage-Stellungen, werden, je nach vermuteter Potenz des Gegners, entweder ignoriert, bekämpft und nieder gewalzt- oder aber vereinnahmt. So z.B. was alternative Heilmethoden aber auch Psychologie, Seelsorge, Pädagogik anbetrifft. D.h. das Medizinsystem beschafft und besorgt sich passende Funktionsträger in eigener Regie und involviert sich auch immer wieder in systemkonformer Ausbildung für nicht medizinale Berufe (*Ramb, W.*, 1995).

Es ist nun allerdings nicht so, dass sich das Medizinsystem diese omnipräsente und omnipotente Stellung in schierer Selbstherrlichkeit einfach anmaßt; es wurde und wird im Gegenteil durch gesellschaftspolitische Entwicklungen auch dazu gedrängt, was verschiedentlich seine ärztlichen Vertreter in praxi selbst durch überspannte Erwartungen in Bedrängnis bringt. Die systeminternen Spannungen sind denn auch beträchtlich. Das epochale, massenmedial kaum zu befriedigende Krankheits- bzw. Gesundheitsinteresse ist überdies – zumal in Verbindung mit dem Unterhaltungsbedürfnis – enorm und wird (in Ratgebern beispielsweise) höchstens noch von Fragen um günstigste Geldanlagen und Schnäppchenjagden erreicht.

Die geschilderten Strukturverhältnisse stehen in enger Verbindung mit Bedeutung, Gewichtung und Wertung von Krankheit/Kranksein in der heutigen Gesellschaft.

Der epochal geläufige Krankheitsbegriff ist kontingent, d.h. mehrere Möglichkeiten bzw. Auslegungsweisen enthaltend:

- Der *Objektive Krankheitsbegriff* richtet sich aus nach organisch/funktionell feststellbaren Mängeln und Defekten im chemo-physischen Apparat des Organismus. Er ist, wie vorerwähnt, zentral für die naturwissenschaftlich orientierte Medizin. In dieser Perspektive sind denn auch die therapeutischen Besorgungen mit Messer, Strahl und Chemie – gemäß Medizinischem Modell – defektspezifisch reparativ
- Der *Subjektive Krankheitsbegriff* nimmt Bezug auf das mit einer (objektivierbaren) Krankheit, allenfalls auch mit einer Therapie, verbundene Leiden, zunehmend aber auch auf „frei flottierierende", diffuse Unbehaglichkeit, die oft nicht in einem ("klassischen") pathologischen Kontext zu orten ist. Er orientiert sich jedenfalls an der subjektiven Befindlichkeit der Person und deren Auskünften hierüber. Die Therapie ist entsprechend auf Wohlbefinden gerichtet, stimmungsaufhellend, lindernd, mildernd. Es ist ein Bereich, in welchem sich in den letzten Dezennien auch der Wachstumsmarkt der Wellness-Kultur und der Lifestyle-Pflege etablierte
- Der *Sozial-kommunikative Krankheitsbegriff* schließlich orientiert sich an verminderten Austausch- und Produktionsprozessen zwischen Person und Umwelt, die sich einerseits niederschlagen können in einem Verlust von Ich-Funktionen (Essen, Körperpflege, Suchtverhalten usf.) andererseits in gesellschaftlich miss-

liebigen Leistungsminderungen. Die Therapie ist entsprechend kommunikations-
fördernd, mediativ auf Ausgleich und Entspannung von Missverhältnissen
zwischen (in diesem Sinne sozial) kranken Menschen und ihrer Um- und Mitwelt
gerichtet. In dieser Perspektive etablierte sich in jüngster Zeit seinerseits ein
ebenfalls dynamischer Markt für Lebenshilfen (im weitesten Sinne des Wortes),
die von Psychotherapien und Beratungen (verschiedenster Couleur und Ausrichtung) über Selbsthilfegruppen, Opferhilfen, Sozialarbeit etc. ohne feste (und
darum umstrittene!) Grenzen bis hinein in Esoterik und vielfältige Sinnbewirt-
schaftungsveranstaltungen (religiöser, para- und pseudoreligiöser Art) reichen.
Das vielstimmige unisono-Credo hier: „Wer heilt (oder auch nur „entspannt") hat
Recht!" – egal wie „verrückt" die Kausalattribuierungen aus ‚seriös wissenschaftlicher' Sicht erscheinen mögen.
Die Krankenpädagogik hat also davon auszugehen, dass ‚Krankheit', (desgl. Leiden,
Beschränkung …) in unserer Gesellschaft ambivalent und kontingent wahrgenommen
wird. Sie ist als ‚Störfall' zwar etwas per se Negatives, das vernünftige Lebenspläne
stört, mitunter sogar zerstört. Krankheit ist Un-Sinn, der auf allen Ebenen zu vermeiden und zu bekämpfen ist. Zugleich ist Krankheit in unserer Leistungs- und Produktionsgesellschaft aber praktisch noch die letzte legitime und sozietär anerkannte
Möglichkeit, aus der vie active „auszusteigen", sich zu „entnormen", zu verweigern.
Dies freilich unter der Bedingung, dass man sich Mühe gibt, bald wieder gesund zu
werden. (Die an den Kranken ergehende 'Leistungserwartung' ist das Gesundwerden).
Krankheit als Inbegriff des Unsinnigen und Überflüssigen hat somit dann doch wieder so etwas wie einen "unsinnigen Sinn". Sinn-/ bzw. Unsinnstiftung wird letztlich
allerdings vom betroffenen Subjekt vorgenommen; Sinngebung ist nicht transferierbar
vom „Für mich" zum „Für dich".
Auf diesem kreuzweise dilemmatischen psycho-sozialen Feld siedelt Krankenpädagogik.
Der Krankenpädagogin verbleibt somit als grundsätzliche Aufgabe, das individuelle
Krankheitserleben eines Kindes innerhalb eines befremdlich sterilisierenden Kontext',
(der erlebnismässig nicht selten belastender ist als die Krankheit selbst), ‚wesentlich'
zu gestalten: in und durch Situationen, wo der kindliche Patient als *Kind* ‚wesen',
d.h. seinem Wesen (und nicht nur krankheits- und therapiegemäß!) leben kann.
Da ist *Pädagogik* und, als eine institutionalisierte Praxisvariante hiervon, die (Kran-
kenhaus-) *Schule* gefordert.
Schulischer Unterricht gehörte – neben allgemeiner Beschäftigung/Unterhaltung, wie
sie bereits von den sog. „Hallenmüttern" in den Sanatorien des 19. Jh. geboten
wurden – schon in der historischen Perspektive zu den zentralen Obliegenheiten
der Krankenpädagogik. Dies vor allem im Zusammenhang mit länger dauernden
Krankheits- und Rekonvaleszenzzuständen, wie sie noch bis weit ins 20. Jh. hinein
häufiger waren.
Bedeutung und Zielsetzung schulischen Unterrichts liegen nach wie vor auf einer
sachlichen und auf einer personalen Ebene: Zum einen geht es darum, dem einzelnen Kind den schulischen Anschluss in seiner Herkunftsschule sicher zu stellen,

sowie schulische Motivations- und Strukturelmente aktiv zu erhalten. Zum zweiten ist zu beachten, dass „Schule" innerhalb des extraordinären Klinikbetriebes ein wesentliches Normalisierungselement darstellt. „Schule" als bedeutendster Sozialraum nach der Familie, ist dem Kind vertraut, und die „zivilisiert" in Erscheinung tretende Lehrkraft Repräsentant der gesunden / normalen Alltagswelt „dort draußen". Diese Tatsache, die *Schmitt, F.* (1999) zu Recht ins Zentrum seiner Apologie der Krankenhausschule stellt, verliert nicht einmal gegenüber dem sterbenden Kind an Bedeutung. In derartigen Grenzsituationen mag zwar die Frage auftauchen, ob es denn überhaupt noch Sinn mache, etwas zu lernen im Angesicht des Todes? und ob man ein todgeweihtes Kind nicht einfach seinen Wünschen und Gelüsten überlassen sollte (gemäß dem amerikanischen „Christmas in July"-Konzept)?- Selbstverständlich wird man einen elend daniederliegenden Menschen weder mit Bildungsbemühungen noch mit ergotherapeutischem Aktivismus in Form von Zwangsbasteln drangsalieren. Durch Mitleid und Sinnentleerung bedingte oder gar rein pragmatisch begründete „Dispensationen" können jedoch auch als soziale Distanzierung empfunden werden und eine zusätzliche Anomie (Entnormung), eine Entlassung aus dem Alltag, bewirken. (Dasselbe gilt für erwachsene Patienten in Endstadien, die vor dem physischen oft einen sozialen Tod erleiden müssen). Wesentlich ist daher nicht nur das Produkt, nicht bloß der „Gebrauchswert" des Lernens, sondern dessen Prozess. Unterricht, Lernen/Lehren bedeutet stets auch Teilhabe, mit dazu Gehören: Integration.

Was die Spezifika von ‚Schulung im Krankenhaus' anbetrifft, sind vor allem folgende Punkte von Belang:
(1) Sie ist zunächst einmal abhängig vom jeweiligen Organisationstypus. Es können deren vier unterschieden werden:
* Klinikeigenes Pflegepersonal übernimmt vereinzelte pädagogische Aufträge. Es handelt sich dabei um konzeptionslose, einzelfallbezogene ad hoc Besorgungen, wie sie in kleineren Spitälern üblich sind. Unterrichtsdispensationen werden nötigenfalls ‚großzügig' durch das Medizinalsystem selbst ausgesprochen und sind von den Schulbehörden „entsprechend" zu akzeptieren
* Ambulantes Bed-side-Teaching nach dem Hauslehrer-System. Spitalinterne Wanderlehrerinnen werden direkt durch die Spitaldirektion angeheuert: oft zu privaten (d.h. nicht schulrechtlichen) Bedingungen (was z.B. Gehalts- und Urlaubsansprüche anbetrifft). Einzel-, allenfalls Kleingruppenunterricht ist die Regel. Oft besteht keine geregelte Verbindung zum Bildungssystem und muss daher von den betreffenden Lehrerinnen selbst hergestellt werden (btr. Lehrmittel- und Materialbezug, Lehrpläne, Zugang zu Beratungsorganen etc.). Gelegentlich sind auch die Unterstellungsverhältnisse unklar und frei flottierend.
Dieses System war / ist z.B. in der Schweiz weitum üblich, da die Kliniken und deren Einzugsgebiete zu klein sind, um eigene Schulen unterhalten zu können. Je nach Klinik und Kanton unterschiedlich weit gediehen sind in den letzten Jahren definierte Bezüge zum Bildungssystem, (wobei dieses manchmal leider auch seinerseits wenig Interesse zeigt für die Belange der Spitallehrerschaft, so

dass letztere dann, zwar nicht systematisch, aber systemisch verloren zu gehen droht)

- Selbständige Schulkomplexe mit eigenen Verwaltungsstrukuren. Diese setzen allerdings, wie erwähnt, eine gewisse Größe der Kinderklinik und deren Patientenzahlen voraus. Sie sind mir vor allem aus der BRD bekannt
- Organisationsformen, in denen das (heil-) pädagogische Personal nicht ausschließlich unterrichtliche, sondern auch erziehungs- und sozialberaterische, mediatorische, psychagogische (z.b. psychische Operationsvorbereitungen), psychohygienische, erwachsenenbildnerische, informatorische und z.t. auch gewisse administrative Funktionen wahrnimmt (Bibliotheks- / Ludotheksbetreuung; Organisation von Kinderfesten, Lagern, kindgemäße Raumausstattung, redaktionelle Arbeiten u.ä.). In den siebziger Jahren sind vor allem in skandinavischen Staaten und in den Niederlanden (mit spitalinternen sog. ‚Operatricen') Anstrengungen in dieser Richtung unternommen worden; wie weit und ob sie mittlerweile überhaupt gediehen sind, entzieht ich meiner aktuellen Kenntnis.

Nach meinem subjektiven Eindruck hat die Krankenhauspädagogik im Schatten des öko-médico-technokratischen Fortschritts in den vergangenen zwanzig Jahren insgesamt eher Rückschritte hinnehmen müssen. Die Ausführungen von *Schmitt, F.* (1999) haben mich darin bestärkt: Dieselben Fragen und Probleme waren bereits vor einem halben Jahrhundert aktuell. Unsere seinerzeitigen Hoffnungen der 60er Jahre auf die (damals) junge Ärzteschaft, die sich u.a. im Zuge der sog. „Antipsychiatrie" vom tradierten Kasernenkonzept (*Foucault, M.*, 1991; 1994) im Stil von *Sauerbruch & Co.* zu verabschieden versprach, haben sich strukturell kaum erfüllt. Und was seinerzeit auf soften Turnschuhen einherging, hat mittlerweile offenbar auch wieder in Stiefeln Tritt gefasst..... Nach wie vor ist die Krankenpädagogik auf den „Kleinen Grenzverkehr" (*Kobi, E.E.*, 1979) mit netten, aufgeschlossenen Ober- und Chefärzten angewiesen, die ihr aus wohlwollendem Verständnis ein Nischendasein bestätigen.

(2) Unterricht und Beschäftigung kindlicher Patienten ist vor allem bei Langzeitaufenthalten aktuell; die Krankenpädagogik hatte denn auch in Kindersanatorien, Infektionsabteilungen sowie in der Orthopädie ihre entstehungsgeschichtlichen Wurzeln. Zwischenzeitlich haben sich auch in den Kinderkliniken die Aufenthaltszeiten der Patienten (auch des Personals, wenngleich aus andern Gründen!!) drastisch verkürzt. Etliche Krankheiten, die früher Langzeitaufenthalte erforderten, (wie Epilepsie, Asthma z.B.), werden heutzutage mehrheitlich ambulant behandelt, andere sind praktisch verschwunden oder selten geworden (wie Poliomyelitis oder Tuberkulose). Behinderte (z.B. schwer-/mehrfach geistigbehinderte) Kinder wurden in heilpädagogische Institutionen ausgelagert und sind ohne aktuelle medizinische Indikation kaum mehr in sog. Oligophrenenstationen anzutreffen. Generell ist somit festzustellen, dass der sich subjektiv beschwerdenfrei fühlende, gelangweilte, deprivationsgefährdete Patient heutzutage zahlenmäßig nicht mehr dominant in Erscheinung tritt. Bei Kurzaufenthaltern ist es andrerseits, auch in Anbetracht der ausgeweiteten Besuchszeiten, eine Ermessensfrage, wann sich eine Beschulung lohnt. Durch die erhöhte Fluktuationsrate und die breite Heterogenität des Patientengutes ist zweifellos auch

der pädagogische Einsatz im modernen Klinikbetrieb hektischer, sind die Beziehungswechsel häufiger geworden und die Anforderungen an didaktische und methodische Flexibilität gestiegen. Dies ist denn auch ein entscheidender Grund, weshalb ich mir so etwas wie eine umfassende Theorie und Didaktik ‚der' Krankenpädagogik – wie *Schmitt, F.* (1999) sie vermisst – kaum vorzustellen vermag. Vielleicht gibt es ja nicht einmal die Kranken(haus)pädagogik(?), sondern nur ‚Pädagogik in Variationen' unter wechselnden klinischen Umständen?- Die Lehrkraft im Krankenhaus muss, wie kaum eine andere, sämtliche didaktisch-methodischen Register beherrschen und von ihrem, persönlich verkörperten pädagogischen Grundanliegen aus über ein enormes Improvisationsgeschick verfügen. (So, wie eben Glaubensbrüder und -schwestern in der Diaspora besonders fest in ihrem Glauben und in gegenseitiger Verbundenheit zu stehen haben, wenn sie damit überleben wollen).

(3) Soweit nicht, wie in Großkliniken, vom Medizinalbetrieb strukturell mehr oder weniger abgesetzte, mehrklassig-verschiedenstufige Schulen aufgebaut werden können und Pädagogik ‚mangels Masse' nur als eine Art ‚Infiltrat' existieren kann, wird deren Diaspora-Position besonders deutlich:
Pädagogische Betreuung ist auch in naturwissenschaftlich-technisch fortschrittlichen Medizinalbereichen weit davon entfernt, als Notwendigkeit, geschweige denn als Selbstverständlichkeit zu gelten. Pädagogische Arbeit stößt im Medizinalbereich – auch ein halbes Jahrhundert nach dem seinerzeit berühmten ‚*Platt*-Report' (London, 1958) auf Ignoranz, Arroganz, zu oft sogar auf offene Ablehnung. Die Psychologie, zumal wenn sie sich als „klinische" ausweist und mit therapeutischem Gestus auftritt, hat diesbezüglich weniger Akzeptanzprobleme, zumal die genannten Zweige sich neuzeitlich auch eine quasi-naturwissenschaftliche Denkfolie unterlegten.

(4) Akzeptiert, toleriert, auch geschätzt werden zwar einzelne, konkrete *Personen* aus dem pädagogischen Team, (zumal wenn sich diese optimal einordnen und gelegentlich auch als Troublesshooters verwenden lassen), nicht jedoch ‚anstößige' pädagogische Konzepte und Intentionen als solche. Die Haltung der Klinik gegenüber pädagogischen Ansprüchen wird dadurch (meist un-) ausgesprochen ambivalent: Einesteils wäre man lieber unter sich im geläufigen (pathos-)logischen Muster, fühlt sich zugleich aber durch außersystemische Einflüsse (der Kinder, deren Eltern und Besucher) gestört und möchte diese mit möglichst wenig Aufwand entsorgt haben. Die Pädagogin sollte also möglichst etwas machen, das nichts macht, und sie soll da sein, als gäbe es sie nicht.
Dies betrifft z.B. auch die Beschäftigung mit Kleinkindern: Diese soll eine quasimedizinale ‚Indikation' (z.B. in Form einer sog. ‚Spitalreaktion') haben, keinen Schmutz (definiert als „Materie am unerwünschten Ort") erzeugen, keine Unordnung verursachen, geräuscharm sein, keinen Bewegungsaufwand erfordern, keinen Material- und Kostenaufwand beanspruchen, nicht raumgreifend (am besten ‚klinisch', d.h. „im Bett" stationiert) sein, möglich rasch abserviert werden können (vor allem ‚When the Saints are marching in!').

(5) Einen speziellen Spezialfall stellen Schulabteilungen in Kinderpsychiatrischen Stationen dar. Diese Situation ist aus verschiedenen Gründen sehr diffizil und kaum

vergleichbar mit der Chirurgie, wo die Medizinalen, zwar mit Skalpellen und Nadeln bewaffnet, meiner Erfahrung nach im Allgemeinen doch recht umgänglich und kooperativ sind, was möglicherweise mit ihrer fundierten Teamwork-Erfahrung und einem handwerklich klaren kognitiven Stil zusammenhängt.

- Was die Schülerpopulation anbetrifft, gehe ich davon aus, dass es sich auf einer psychiatrischen Station um Patienten mit massiven, nachhaltigen und umfänglichen, hauptsächlich intra-psychischen Störungen handelt (z.b. psychosomatischer, neurologischer, psychotischer, suchtbelasteter Art), mit extremen, bizarren, z.t. auch selbst- und fremdgefährdenden Verhaltensweisen, wie sie im Alltag wenig Parallelen finden. (Kinder, die sich situativ und im Wesentlichen kontextabhängig als „erziehungsschwierig" erweisen, gehören meines Erachtens nicht in psychiatrische Kliniken).

- Diese Kinderpopulation hat nicht selten ein gebrochenes Verhältnis zur Institution ‚Schule': Sei dies weil sie selber negative Erfahrungen damit machte und belastende Schulkarrieren aufweist, sei es, weil sie sich in einem Zustand befindet, aus dem heraus sie aufgenötigten Fremd-Strukturen und Leistungsanforderungen mit Widerstand begegnet.

- Andrerseits sind diese Kinder nicht bettlägerig, sondern physisch meist voll bei Kräften. Meiner Erfahrung nach ist eine Klinik bezüglich der gesunden (wesensmäßigen, eigenschaftlichen) Bedürfnissen dieser Kinder baulich-architektonisch und organisatorisch-strukturell selten optimal ein- und ausgerichtet. Die personelle Ausstattung, ist (was z.B. die „Freizeit"-Gestaltung anbetrifft) entweder ungenügend (medizinischem Pflegepersonal überlassen) oder es sind hauptsächlich Sozial- und HeilpädagogInnen, welche zwischen den Therapien die pädagogische Knochenarbeit der Alltagsbewältigung zu leisten haben und/oder für die Aufrechterhaltung eines durchgehenden sog. „therapeutischen Milieus" verantwortlich sind. Daher erneut die Frage: Wozu Klinik, wenn nicht unmittelbar *medizinische* Gründe vorliegen?

Noch schwieriger gestaltet sich die Problematik auf der Ebene des Personals, das bzgl. seiner ideellen und ideologischen Ausrichtung sehr heterogen ist:

- An der Spitze der Hierarchie steht die Psychiatrie, die sich einesteils (über-)identifiziert mit dem Medizinalsystem, in welchem sie prestigemässig eine Randposition einnimmt, sich auf der andern Seite psychologische und pädagogische Kompetenzen anmaßt, mittels derer sie sich ihre systemimmanente Sonderstellung zu sichern versucht.

- Innerhalb der Psychiatrie sind ihrerseits Richtungskämpfe zwischen „Somatikern", die sich bemühen, sich gegenüber der Neuropädiatrie zu profilieren und „Psychikern", die sich mit fundiert und umfassend ausgebildeten Psychologen bzw. Psychotherapeuten Verdrängungskämpfe liefern.

- Das Pflege- und Therapiepersonal absolvierte eine systemkonforme Ausbildung und versteht sich daher als verlängerter Arm und Ausführungsinstrument der Ärzteschaft. So liegt es in der Konsequenz, dass auch das pädagogische Personal und die Schule einer Medizinierung unterworfen und ideologisch und lebenspraktisch – im Sinne einer unité de doctrine – in das herrschende therapeutische Setting implantiert werden sollen. Das Ansinnen ist ebenso verständlich wie inakzeptabel. Der Mensch ist grundsätzlich *erziehungs-*, nicht therapiebedürftig, ist von Natur aus entwicklungsfähig, nicht krank.

(6) Behinderungen und (Langezeit-) Krankheiten im Kindesalter nötigen die Pädagogik – zumal in den speziellen Sparten der Heil- und Sonderpädagogik – zu strukturellen Verkoppelungen mit dem Medizinalsystem (*Kobi, E.E.*, 1993). Strukturelle Unverträglichkeiten sind, wie eingangs erwähnt, eine unumgängliche Folge hiervon (*Kobi, E.E.*, 1979) und keineswegs einfach ein persönliches Problem. Inkompatibilitätsbedingte Unpässlichkeiten können die sachnotwendige Kooperation erheblich stören, falls diese nicht meta-kommunikativ abtempiert und in geklärte Konsens-/Dissens-Ordnungen gebracht werden. Derartige (Ent-)scheidungsprozesse orientieren sich nicht am Kriterium der Wahrheit, sondern an dem der Stimmigkeit. Es kann also nicht darum gehen, dass das Medizinalsystem Denkweisen und Praxisfiguren aus dem Bildungssystem oder dieses solche aus dem Medizinalsystem übernimmt. (So wenig Gallensteine didaktisch entfernt werden können, ist die Vermittlung von Rechtschreibregeln medikamentös zu bewerkstelligen).

Zu den grundlegenden Verhandlungsspielregeln gehören daher der Verzicht auf gegenseitige Realitätskonstrukt-Nötigungen, auf Totalisierungen, Missionierungen, Über- und Unterordnungen. (Ein Operationssaal verlangt andere Begehungsregeln, Ausstattungen und Raumordnungen als ein Schulzimmer et vice versa). Nur aus einer vorsätzlichen und durchgehenden Respektierung des je andern Denkmusters und Handlungsfeldes mit je eigener Dignität lassen sich jene teilbereichlichen Kongruenzen finden, die unverzichtbar sind für jede Art von Kooperation. Kooperation hat also nicht die Auflösung, sondern die Respektierung von Grenzen zur Voraussetzung. Erst die Grenzziehung (die „Definition") gestattet *im Nachgang* hierzu angemessene situative Grenzüberschreitungen (indem auch der vorgenannte Gallenblasenpatient postoperative Belehrungen seitens des Arztes erfahren kann und die Lehrerin auch der mnemischen Aufnahmekapazität ihrer Schüler förderliche gesundheitsorientierte Vorkehrungen trifft in ihrem Unterricht).

(7) Was also bleibt, ist der *Austausch* über Unterschiede. Kooperation ist erst und nur so lange möglich, als Differenz, Autonomie, Selbstbestimmung und EigenSinn gewahrt bleiben. Kooperation ist nicht zu reduzieren oder darauf hin zu definieren (=begrenzen), sich gemeinsam, im paramilitärischen Gleichschritt gar, für dasselbe einzusetzen. Gerade da, wo die beliebte Metapher vom ‚gleichen Strick, an dem alle zu ziehen haben' gehißt wird, drängt sich die Frage nach dem Kopf auf, der möglicherweise in der Schlinge hängt und dessen Kooperationsmöglichkeiten buchstäblich erstickt zu werden drohen. Kooperation ist *nicht* abhängig von aktionistischer Gleichschaltung (z.B. einer Totalmedizinierung kindlicher Lebenswelten); Übereinstimmung in den Handlungsvollzügen ist *keine* kooperative conditio sine qua non, sondern bereits ein (meist ohnehin nur passagerer) kooperativer Spezialfall. Was Kooperation hingegen zur Voraussetzung hat, ist gegenseitige Existenzwahrnehmung, -anerkennung und -bestätigung. Kooperation lebt aus der Alternative, diese ist kooperatives Integral.

Kooperation verendet hingegen in Desinteresse, in Agnosie („Wahrnehmungsunfähig-keit") und Omnipotenz („Allmachtsanspruch"), d.h. wenn wir nicht mehr teilnehmen an der Welt des Andern, wir den Andern nicht erkennen und als *Andern* von meinesgleichen wahrnehmen, sondern ihn „vernichten" oder ihn aber „zum Fressen gern" haben und entsprechend verfahren oder in inflationärem Größenwahn uns selbst genug sind.

An die Stelle eines von medizinaler Seite ostinat angemahnten „Teamworks" (im Hin-tersinn einer hierarchischen Verfügbarkeitskultur) und einer als Assimilation (An-gleichung) missverstandenen „Integration" – welch' letztere das ‚Integral' (in unserm Falle die Krankenhausschule) eben *nicht* auflöst und ansäuert, sondern in ihrem systemisch unverdaulichen So-sein und in ihrer Andersheit bestätigt – hätten Kom-munikationsvereinbarungen – bilaterale „Verträge" und gelebte Verträglichkeiten zwi-schen ungleichartigen, jedoch gleichwertigen Rechtspersonen – zu treten, die je dem konkreten Feld entsprechen. Deren Installation ist in den Grundlinien und primär eine schul- bzw. gesundheits*politische*, (eine legislative) Aufgabe, auf deren Resultat sich die Executives sodann beziehen und abstützen können. Private Goodwill-Ak-tionen und persönliche Nettigkeiten bei Kuchen und Tee, zu denen pädagogisches Gutmenschentum sich gelegentlich glaubt verpflichten zu müssen, bringt auf dieser Stufe des Verhandelns nichts. Sie sind fehlplatziert, wo es um Rechte und Pflichten, Einflussbereiche und Grenzziehungen, Weisungs- und Verfügungsrechte, Zuständig-keiten und Verantwortlichkeiten geht. (Kuchen und Tee gibt's dann *nach* dem Ver-handlungsmarathon und ratifizierten Vertragsabschlüssen).

Persönlich habe ich mit einem klaren, der Pragmatik des Medizinalsystems entspre-chenden Verhandlungsstil in kleinen, paritätischen Beratungsgremien gute Erfah-rungen gemacht. Und zwar eben darum und dadurch, dass wir uns dort offen und offiziell streiten, *kasuell* einvernehmliche Lösungen finden und so den in Knatsch-bereichen praktizierenden KollegInnen Entlastung bieten konnten.

Meines Erachtens geht es hier also *nicht* um Ein-für-alle-Mal- „Lösungen" – ich wüßte wirklich nicht, wie solche ohne gewalttätige Unterdrückung zu erreichen wären – sondern um permanentes metakommunikatives Problem- und Konfliktmanagement, das drohende Crash-Kurse frühzeitig zu erkennen und zu korrigieren vermag.

Dazu abschließend eine diesbezüglich exemplarische Anekdote aus dem bekannter-maßen skeptisch-distanzierten, freundnachbarlichen amerikanisch-kanadischen Beziehungsbereich:

Es handelt sich um ein Funkgespräch, das im Oktober 1995 zwischen einem US-Marinefahrzeug und kanadischen Behörden vor der Küste Neufundlands stattfand. Es wurde am 10. 10. 1995 vom kanadischen Chief of Naval Operations veröffentlicht:

Amerikaner: Bitte ändern Sie ihren Kurs 15° nach Norden, um eine Kollision zu vermeiden.

Kanadier: Ich empfehle, Sie ändern Ihren Kurs um 15° nach Süden, um eine Kollision zu vermeiden.

Amerikaner: Dies ist der Kapitän eines Schiffes der US-Marine. Ich wiederhole: Ändern Sie Ihren Kurs.

Kanadier: Nein. Ich sage noch einmal: Sie ändern Ihren Kurs!

Amerikaner: Dies ist der Flugzeugträger „US Lincoln", das zweitgrößte Schiff der Vereinigten Staaten. Wir werden von drei Zerstörern, drei Kreuzern und mehreren Hilfsschiffen begleitet. Ich verlange, dass Sie Ihren Kurs 15° nach Norden, das ist eins-fünf Grad nach Norden, ändern, oder es werden Gegenmaßnahmen ergriffen, um die Sicherheit dieses Schiffes zu gewährleisten.

Kanadier: Und wir sind ein Leuchtturm. Sie sind dran.

3 Grenzen setzen und überschreiten

aus: ZS HEP-Informationen des Berufsverbandes für Heilerziehung, Heilerziehungspflege und -hilfe in der Bundesrepublik Deutschland, Nr. 4/2002, S. 14–20

„Der Zweck ist beschränkt; aber die Schranke ist der Tugend Meisterin"
(Ludwig Feuerbach, Das Wesen des Christentums, 1841)

Ich begrenze meinerseits, dem Thema gemäß, meine Überlegungen auf folgende Grenzarten:
Räumliche (materiale und territoriale) Grenzen
Zeitliche (epochale und Geschwindigkeits-) Grenzen
Soziale (kollektive und kulturelle) Grenzen
Normative (ethische und rechtliche) Grenzen
Persönliche (private und intime) Grenzen

1 Räumliche (materiale und territoriale) Grenzen

Begrenzungen und Abgrenzungen sind eine physische und psychische Voraussetzung zur Wahrnehmung bzw. zur (Re-) Konstruktion dessen, was wir als unsere Realität erfahren. Grenzen sind „ein wesentliches Kriterium der phänomenalen Welt" (*Dorsch, F.*, 1987). Objekte, Bewegungen, Ereignisse ... können wir nur in ihrer Abgehobenheit, ihrer phänomenalen Umgrenzung als solche wahrnehmen. Was wir erkennen, sind 'definierte' Unterschiede und Differenzen (bezüglich Form, Farbe, Tempo, Licht, Schallqualitäten etc.). Wir (er-)leben in wechselnden Relationen und Komparationen: in „Grenzerfahrungen". Dies gilt auch für Behinderungen. Solche können erst per comparationem ansichtig werden. Sie resultieren aus einem Unterschied, der einen Unterschied erzeugt. Wo joviale Thesen wie „Wir alle sind behindert!" und: „Es ist normal, behindert zu sein!" in Umlauf gesetzt werden, sind behinderungsspezifische Besorgungen hinfällig oder aber gegenläufig.
Es scheint ferner so etwas wie ein naturhaft gegebenes, artspezifisches Territorialempfinden und -verhalten zu existieren, das der Mensch mit andern Lebewesen gemein hat. So spricht *Ina-Maria Grevers* (zit. nach *Hörz, P.F.*, 1998, p. 32) von einer „angeborenen Territorialität des Menschen". Leben und Verhalten sind per se begrenzt

und begrenzend. Spezifisch menschlich sind vermutlich nur die *Idee* der Grenzenlosigkeit, die *Utopie* der Unbegrenztheit sowie das Bewusstsein jeweils aktueller Grenzüberschreitung.

Territorialempfinden und -verhalten erfuhren im Verlaufe der Kulturgeschichte allerdings epochal und gesellschaftlich bedingte Überformungen sowie eine zunehmende Differenzierung und Verschärfung.

Das Wort 'Grenze', ursprünglich ein lediglich topologischer, in späterer Zeit erst ein staatsrechtlicher Begriff, der unseren heutigen Vorstellungen meist zu Grunde liegt, ist abgeleitet aus dem polnischen 'granica' und bezog sich anfänglich denn auch auf das polnisch-deutsche Grenzgebiet. Es ersetzte vom 12. Jh. weg dann zunehmend auf Landschaftsformationen Bezug nehmende, vage Bezeichnungen wie 'Ende', 'Rain', 'Scheide' und ähnliche Markierungen (*Pfeifer, W.*, 1995). Seither wurden Grenzen zunehmend präziser vermessen und markiert. Sie werden entsprechend sensibler wahrgenommen und überwacht: Außenpolitisch vor allen im Zusammenhang mit der Entstehung von Nationalstaatlichkeit, innenpolitisch mit dem zunehmenden Gewicht, das Verwaltung und Bürokratie einnahmen.

Spannungen zwischen den zwei archaischen Kulturformen (vgl. *Diamond, J.*, 2000) – jener der nomadisierenden, 'grenzenlosen' Viehzüchter und der der ab-, um- und eingrenzenden sesshaften Ackerbauern – sind denn auch bis in unsere Gegenwart hinein untergründig spürbar geblieben. Der Unbegrenzte und Unbehauste wird rascher des Diebstahls, der Plünderei und des Vandalismus verdächtigt. Sein unbeschwerteres Verhältnis zu (Privat-) Eigentum gestattet ihm möglicherweise aber auch gelegentliche Übergriffe, welche in hochsensiblen OrdoKulturen bereits als Sittenwidrigkeit geahndet werden.

Das Misstrauen des beschränkten Sesshaften gegenüber dem unentwegt Fahrenden bezieht sich heutzutage allerdings nur noch exemplarisch auf den Rom; es ist ausgeweitet auf Fremdländisches, Exotisches, Flüchtiges, Passageres überhaupt.

Territorialgrenzen haben im Volksempfinden wie auch in der Rechtsprechung vor allem eine Schutzfunktion: angefangen bei der persönlichen Privatsphäre, über die Wohnstätte, die Familie, die Kommune, bis hin zu bundesstaatlichen und internationalen Hoheitsrechten. Sie konturieren soziale und ethnische Figur-Grund-Effekte und stärken dadurch Identität und Selbstbewusstsein. Grenzen ermöglichen Übersicht, gestatten Kontrollen, sie beheimaten und schaffen Geborgenheit. „Wir wissen, wer wir sind, wenn wir wissen, wer wir nicht sind und gegen wen wir sind" (*Huntington, S.P.*, 1998, p. 21).

Der russische Dichter *Iwan Gontscharow* (1812-1891) lässt seinen Helden *Oblomow* im gleichnamigen Roman (1859) glückselig träumen von den sanften Hügeln und ruhigen Bachläufen, welche seine Heimat als „friedlichen Winkel" umrahmen. Die Vorstellung der Unendlichkeit des Meeres erschreckt ihn: „Gott befohlen! Es stimmt den Menschen nur schwermütig; betrachtet man es, möchte man weinen. Das Herz gerät in Aufregung vor der unübersehbaren Wasserfläche, und nirgends kann der Blick, gequält von der Gleichförmigkeit des unendlichen Bildes, ausruhen" (*a.a.O.* p. 129/130).

Ein Displacement – und wäre es, wie für Oblomow, nur der Umzug in eine andere Wohnung – kann, bei entsprechender Verwurzelung und regionaler Verdichtung, Existenzängste ungeahnten Ausmaßes hervorrufen. Oblomow ging denn auch als paradigmatische Gestalt des in und bei sich selbst verharrenden, trägen (?) Menschen in die Literatur- (und Psychopathologie-) Geschichte ein ... wo er auf Schweizer Verwandte traf: Waren doch zur Zeit der Reisläuferei die Schweizer Söldner nicht nur berühmt für ihre Schlägerqualitäten, sondern auch berüchtigt für ihre Heimweh-anfälligkeit. Ein Alphornklang soll angeblich ausgereicht haben zur Desertion, wie uns das traurige Lied von der „Straßburger Schanz"' erzählt. „Heimweh" galt noch bis in die Psychopathologie des 19. Jh. als „Schweizer Krankheit".

2 Zeitliche (epochale und Geschwindigkeits-) Grenzen

Solche standen ursprünglich wahrscheinlich mit den jahreszeitlichen Veränderungen sowie mit dem Gang der Gestirne in erlebnis- und erfahrungsmäßigem Zusammenhang. Voraussetzung zur Abgrenzung von Zeitabschnitten, Epochen, Perioden und Phasen sind (wiederkehrende) Veränderungen. Auch diesbezüglich sind die Grenzen zwischen einem „Noch..." und einem „Nicht mehr..." in Form allmählicher Übergänge zunächst fließend. Erst die Erfindung des Chronometers verwandelte den interakten Zeit*raum* zum ex-acten Zeit*punkt* und den analogen Zeit*fluss* in den digitalen Zeit*sprung*. Limiten, Terminierungen, „Deadlines" haben gerade in beschleunigter Zeit an Bedeutung und Werthaltigkeit zugelegt.

Zeitliche und räumliche Grenzen stehen in einem sich je nach dem gegenseitig verstärkenden oder einander abschwächenden, manchmal sogar in einem sich gegenseitig aufhebenden Verhältnis zueinander: So können sich territoriale Abgrenzungen im Zeitenfluss verhärten, petrifizieren und in historischer Tradition scheinbar verewigen. Andrerseits können aktuelle Grenzverläufe in der Zeit an Schärfe einbüßen und – so zum Beispiel durch intensiven Grenzverkehr – ihre Kontur verlieren und allmählich im Bewusstsein der Grenzgänger verblassen. Mentale und rechtliche Grenzen brauchen daher nicht miteinander überein zu stimmen. (So fühlen sich z.B. Bodenseebewohner einander oft näher und untereinander weniger „beschränkt" als gegenüber deutschen Preußen, österreichischen Wienern und schweizerischen Urschweizern).

Was sich gegenwärtig unter den angeblichen Sachzwängen zur Globalisierung und mondialen Verdörflichung als (u.a. auch) pädagogisch bedeutsames Phänomen niederschlägt, ist die zunehmende Diskrepanz zwischen räumlicher Entgrenzung bzw. Annäherung und progressiver zeitlicher (epochaler) Entfernung mit Phasenabgrenzung. D.h. Territorien mit evolutionär weit auseinander liegenden Kulturen rücken einander immer näher, vermischen sich zum Teil auch, ohne sich jedoch – in Folge unterschiedlicher Entwicklungsgeschwindigkeiten (*Diamond, J.*, 2000) – im sozialpolitisch propagierten und verordneten Ausmaß und Tempo verbinden zu können / zu wollen. Diese „Sprengkraft von Dekontexturierungen" (*Sloterdijk, P.*, 1999, p. 59) evoziert

daher auch – zum Teil verzweifelt gewalttätige – Gegenbewegungen:
Während kosmopolitische Alt68er, bis hinauf in Regierungsspitzen, unentwegt Entgrenzung und schlechthinnige Offenheit für „die" Öffnung phrasieren, feiern z. B. auf dem Grünen Rasen des Sports gleichzeitig Nationalismen und Ethnozentrismen, Regionalismen und Kollektivismen – leider nicht nur fröhlich, sondern zu oft in bierernster Brutalität – Urständ. Die lebendigsten und populärsten Kommunen sind heutzutage zweifellos die Fan-„Gemeinden".
Entsprechend denn die dialektischen Forderungen nach rings abgesicherter Öffnung und regional beschränkter Globalisierung.

„Menschen sind selbsthegende, selbsthütende Wesen, die -wo auch immer sie leben- einen Parkraum um sich erzeugen" (a.a. O., p. 48). Wo sie, in extremer Flexibilität, eines Standbeins entbehren und nur noch aus Spielbeinen bestehen, kommt es zum Take off und zunächst verheißungsvollen Luftsprüngen: sie „heben ab", sind aber über kurz oder lang „naturgemäß" zur Bauchlandung verurteilt. Wir leben in einer derart „swingenden" Gesellschaft, die Idealismen schon aus Zeitgründen kaum mehr eine Realisierungschance lässt, da sie einander bereits im pneumatischen Stadium zum Platzen bringen.
Im Bildungswesen resultiert hieraus eine wilde „Projektemacherei", wie sie allerdings bereits *Daniel Defoe* (bekannt als Autor des *Robinson Crusoe*) im 17. Jh. beschrieb und betrieb. Zeitgemäß starten wir heutzutage allerdings Geschwader so genannter 'Pilotprojekte', die meist aber nur wieder ihresgleichen und selten genug ein „Passagierprojekt" nach sich ziehen („Vorne Pilot und hinten kein Schwanz!").

Was unsere rasante Zeit freilich am radikalsten entgrenzt, ist der triviale Umstand, den der Lateiner in die lapidare Aussage zu setzen pflegt: Vita brevis est! Unser *Leben* ist begrenzt. Und zwar endgültig und unwiderruflich, so dass sogar der Fortschritt unweigerlich dem Ende zu fort schreitet. Trotz den Erfolgen unserer Wissenschaft beträgt die Mortalität noch immer hundert Prozent (vgl. *Marquard, O.* 2000, 66ff).
Vita brevis est! Wir sind *wesensmäßig* begrenzt in all unserm Tun und Lassen. Und vielleicht ziemt es sich daher für ein *endliches* Wesen nicht, Ewigkeit ins Auge zu fassen. Und ziemt es sich für ein *beschränktes* Wesen nicht, Totalität anzumahnen. Und ziemt es sich für ein *abhängiges* Wesen nicht, Absolutheit zu postulieren

3   Soziale (kollektive und kulturelle) Grenzen

Zwar ist es üblich, natürliche von künstlichen Grenzen zu unterscheiden. Als so genannt 'natürliche' Grenzen werden in der Natur vorfindliche betrachtet: seien diese topologischer (wie Flüsse, Schluchten Bergkämme), physikalischer (wie z.B. der Absolute Nullpunkt) oder anderweitiger Art. Dies im Unterschied zu so genannt 'künstlichen' Grenzen, die auf Grund willkürlicher Entscheidungen, von Definitionen und Konventionen „gezogen" werden: sei es am Kartentisch durch Politiker und

Generäle oder im Labor durch eine Scientific community. Dennoch sind *beide* letztlich kulturellen, weil menschlichen Ursprungs. Die Natur kennt keine Grenzen; sie ist weder begrenzt noch grenzenlos; sie ist wie sie ist. Ein Flusslauf ist ein Flusslauf: allenfalls mit der *verliehenen* Bedeutung, 'Grenze' zu sein zwischen A und B.

Grenze ist ursprünglich kein konkretes Etwas, sondern eine Erfindung: ein Gedanke erst, der sich eines Objekts bemächtigt, das fürderhin als (materiales) Trennungs-Zeichen zwischen unterschiedenen und unterschiedlichen Ansprüchen und Geltungs-bereichen dient. Soziale und im weiteren Verlauf dann auch kulturelle Grenzziehungen haben gruppenspezifische Differenzen, gelegentlich in Verbindung mit Interessenkonflikten, zur Voraussetzung. Die Abgrenzungen treten um so schärfer hervor, je stärker die Binnen-Kohärenz in Form eines kollektiven Wir-Gefühls einerseits und die Außen-Differenz auf Grund signifikanter Unterscheidungsmerkmale andererseits sind: des Habitus und der Sprache, des Glaubens und der Ideologie, neuzeitlich auch der unter einer corporate identity zum Ausdruck gebrachten Geschäfts-interessen. Heilpädagogische Gefilde betreffend geht es um Abgrenzungen zwischen Normalität/Abnormität, Behinderten/Nichtbehinderten. Letztere haben sich in neuerer Zeit allerdings zunehmend verschoben von statischen Markierungen (gemäß dem alten Cavete Signatos!) hin zu spezifischer Handlungsdynamik: Aktuell behindert ist das auxiliarer Aktivität ausgesetzte, 'beholfene' Subjekt. Es ist die als notwendig erachtete, spezifische (z.B. professionelle) und nachhaltige *Hilfe*, die ein Behindert-sein konturiert. Dies führt auf der politischen Ebene dann zu den sattsam bekannten Disputen um gezielte (z.B. finanzielle) staatliche Unterstützung von Not Leidenden, die dadurch aber keinesfalls als Notleidende „diskriminiert" und so genannt „ausgegrenzt" werden dürfen. Als Gipfel der Paradoxie erscheint die fütternde Hand, die gebissen wird. 'Helfen' bleibt jedenfalls auch in der Heilpädagogik eine diffizile und riskante Angelegenheit.

Soziale Begrenzungen und „De-finitionen" von Verhaltensmöglichkeiten und -un-möglichkeiten erweisen sich denn auch – zumal in einer pluralistischen und extrem funktionsteiligen Gesellschaft – als außerordentlich variabel. Sie sind zwar stets präsent, wechseln aber in situativer Drift permanent ihren Verlauf. Ob eine konkrete und aktuell gezeigte Verhaltensweise per definitionem als angemessen gilt, entscheidet sich systemisch lediglich *nachrangig* an Form und Inhalt, entscheidend jedoch auf Grund ihrer momentan rahmenmässigen Passung.

Klassische heilpädagogische Beispiele liefert diesbezüglich das weite Feld der so genannten 'Verhaltensstörungen'. Diese sind inhaltlich nicht zu fassen; sie sind von amöbenhafter, mäandernder Gestalt und präsentieren sich als Verhaltensweisen am falschen Ort zur falschen Zeit. Es ist der Rahmenbruch, die situative und temporale Grenzverletzung, welche die Störung und Abnormität aktuell erzeugen.

Akzeptanz resultiert andrerseits aus flexibler Rahmenbeachtung und angemessenem Grenzverhalten. Besteht daher Handlungsbedarf bezüglich der Verhaltensweisen oder der Rahmenbedingungen? Diese Doppelfrage ist der Heilpädagogik ständige Begleiterin. Missstände ausschließend und exkulpierend *entweder* zu personalisieren *oder* zu sozialisieren, mag für den Moment zwar psychische Entlastung für die je andere

Seite bringen, entfernt sich aber aus der Dynamik der kontingenten, d.h. diesfalls zahlreiche Grenzüberschneidungen enthaltenden Aktualität.

4 Normative (ethische und rechtliche) Grenzen

Die Voraussetzung normativer Grenzen bilden Transzendierungen von Seins- zu Sollenszuständen, von Realitäten in Idealitäten. Die Komparatistik ist hier qualitativer Art. Was jeweilen als gut, besser, am besten gilt, ist somit entscheidungsabhängig. Vor dem Sollen steht ein Wollen, das jenes aus diesem hervorgehen lässt. Im Anfang von Erziehung stehen Sinn-, Wert- und Zweckfragen zur Beantwortung an. Deren Reichweite ist zwar erneut je personell, kollektiv und kulturell begrenzt, was unter monotheistischem oder globalethischem Anspruch, vom Standpunkt des „Prinzipiellen" (*Marquard, O.*, 1991) aus oder in der Perspektive eines „Konsequentialismus" (*Nagel, T.*, 1991) denn auch zur permanenten Klage über mangelnde Objektivität und Universalität Anlass gibt.

Normative Limiten in Form von Geboten und Verboten, von Tabuzonen und Sperrbezirken, von (Dis-) Qualifizierungen mit entsprechenden Sanktionen belohnender oder bestrafender Art haben gleichfalls eine die Gattung (Homo) vor individualen Übergriffen schützende Funktion. Sie sind – auch und vielleicht vor allem da, wo sie eine spirituelle Legitimation und Begründung erfahren – in erster Linie Kontrollinstrumente gegenüber immanenten und transzendenten Bedrohungspotenzen. Damit sie diese Funktion erfüllen können, müssen sie für den Einzelnen allerdings ersichtlich sein, bzw. gemacht und ihm zur nachhaltigen Verinnerlichung (Interiorisation) eingeprägt werden.

Manchenorts pflegte daher bis über das Mittelalter hinaus Jungleuten in einer Art Initiationsritual der Grenzverlauf ihres Wohnortes noch handgreiflich eingeschärft zu werden, indem man sie an Haaren und Ohren zu den einzelnen Markierungen zerrte und ihre Aufmerksamkeit mit Backenstreichen wach hielt.

Umgrenztes Gebiet galt dem Schutz der Gottheit unterstellt. Grenzübergriffe, Grenzfrevel, Entgrenzung haben Gesetzlosigkeit (Anomie) zur Folge und wurden darum seit je und kulturübergreifend als Hybris und Sünde – und damit über innersozietäre Vergehen hinaus! – gebrandmarkt und verfolgt.

So genossen im alten Rom Grenzsteine (sog. 'termini') ursprünglich eine geradezu fetischistische Verehrung. Wer Grenzsteine ausgrub oder versetzte, galt als 'sacer' (verflucht).

So wird denn auch in der gegenwärtigen Erziehungslandschaft da und dort wieder nach Grenzen gesucht: Von zaghaften Empfehlungen, Kindern doch – bitte schön, nur einmal so als zur Diskussion in den Raum gestellter Vorschlag – gelegentlich, wenn's all zu arg werden sollte, vielleicht doch einmal „Grenzen zu setzen" und der Wiederentdeckung, dass „Kinder Grenzen bräuchten" bis hin zu rigiden „No tolerance"-

Konzepten verschaffen sich Stimmen Gehör, die vor dem Hintergrund des sonoren VerbalTolerantismus im buchstäblichen Sinne als reaktionär, restaurativ und konservativ zu bezeichnen sind: 're-agieren' sie doch auf pädophilisterhafte Entgrenzungen und 'restaurieren und konservieren' sie doch tatsächlich Schutzzonen für juvenile *und* adulte Exemplare jenes Homo, der nach wie vor das Prädikat „sapiens" für sich reklamiert.

5 Persönliche (private und intime) Grenzen

Eine Voraussetzung privater Grenzen sind Individualisierungs- und Individuationsprozesse. Unter Individualisierung verstehe ich in diesem Zusammenhang die Emanzipation ('Hinausführung', 'Freisetzung') des Einzelnen aus kollektiver Eingebundenheit, das Zugestehen individualen Eigen-Sinns, d.h. eigener, personaler Sinnhaftigkeit und Eigenwertigkeit auch außerhalb und gegenüber dem Kollektiv. Individuation bezeichnet in symmetrischer Ergänzung dazu den bewussten Willen dieses Einzelnen, die gebotene Chance zu nutzen, seine Individualität qua Persönlichkeit zu verwirklichen, sich selbst zu werden, zu verpflichten und zu verantworten.

Die grundsätzliche und apriorische Anerkennung personaler Grenzen der Privatheit und Intimität und das Gebot zu deren Einhaltung, sind meiner Einschätzung nach kulturgeschichtlich das jüngste und daher auch das fragilste Grenzgebiet. Die Volatilität der Aktie „Persönliche Freiheit" ist denn auch enorm; nach beeindruckenden Höhenflügen in Menschenrechtserklärungen erlebt sie noch und noch Abstürze in gelebter Praxis. Was denn auch vor die Frage führt, ob das menschliche Individuum überhaupt je – nachhaltig! – zur Selbstbegrenzung fähig sei? und ob insbesondere ein von seinen Fesseln befreiter Sklave sich im überwältigenden Expansionsdrang je einzuholen vermag?- Ist Emanzipation als Sprung in selbstbegrenzte Freiheit möglich ohne Zwischenstationen?

Hier – wo denn sonst? – sind Erziehung und Bildung gefragt, ja unverzichtbar. Weder das grenzenlos schlichte Sosein der Natur, noch kollektive Sklaverei bedürfen der Erziehung und Bildung. Erziehung und Pädagogik sind strukturierende Begleitung auf dem Weg zu individueller, selbstverantworteter Freiheit in Selbstbegrenzung (*Kobi, E.E.*, 2001).

Konkrete Inhalte und Vorgehensweisen sind nun allerdings Gegenstand permanenter Verhandlungen und Kontroversen: In den vergangenen Dezennien exemplarisch abzulesen an den wechselnden Konstruktionen zur Schulung behinderter Kinder:

In den Nachkriegsjahren war es der restaurative Sonderungsgedanke, der sich bis über die Sechziger hinaus partiell zum Homogenisierungswahn steigerte. Die Sonderschulen erfuhren mit Spezialisierungsklassen (so etwa für Legastheniker oder Stotterer) eine Hochblüte exzessiver Abgrenzung in Ausrichtung auf das medizinische Wörterbuch. Die Heilpädagogik –jetzt konsequenterweise mehrheitlich in „*Sonder*"-Pädagogik umbenannt- sah –in Ausrichtung auf medizinische Vorbilder der Laborforschung- im

ProblemSplitting die (Er-) Lösung vom umfänglichen Übel. Denn in der Tat: Probleme können abgeschottet forschender Betrachtung via Differenzierung und Variablenisolierung so weit zerbröselt und miniaturisiert werden, dass sich einfache Retortenlösungen geradezu aufdrängen. Probleme zweiter Ordnung pflegen sich dann allerdings bei deren Anwendung außerhalb des Labors, wo andere Witterungsverhältnisse herrschen, einzustellen. Aber hierfür sind ja dann, zum Glück für die (Bildungs-) Forscher, die Praktiker und nicht mehr die auf und davon fort-schreitenden Wissenschafter verantwortlich. (Man überwacht zwar, wahrscheinlich zu Recht sehr penibel, die Freisetzung von genmanipuliertem Getreide; bedeutend nachlässiger ist man bei der Freisetzung von Schulreformen!)

In den siebziger Jahren florierten Präventions- und Therapieglaube. Der erstere entdeckte in den frühkindlichen Zerebralressourcen sein Eldorado für jedwede Bildungsabsicht (Erinnerungshilfe: Frühlesen!). Der Grenzgedanke präsentierte sich nun in Form von Streckenabschnitten, und der bereits von Psychoanalysten vorgekochte Infantildeterminismus erhielt zusätzliche Würze. Nicht allein Neurosen, sondern erfreulichere Mitgift sollten nun in frühester Frühe, wenn möglich bereits embryonal, grundgelegt werden, um so den „kompetenten Säugling" sicher zu stellen. Der Therapismus andererseits trat (auch) in der Heilpädagogik in politischer wie in quasimedizinaler Variante in Erscheinung. Nach der einen war es ihm missionarisches Anliegen, die Gesellschaft per revolutionem als Ganze zu heilen, nach der andern ließ er sich's angelegen sein, das Individuum funktional zu perfektionieren. Beide Utopien erwiesen sich formal insofern als deckungsgleich, als die vollendete Gesellschaft perfekte Individuen und solche hinwiederum die vollendete Gesellschaft ermöglichen sollten (Erinnerungshilfe hier: Die nach wie vor erdumkreisende Gesundheitsdefinition der „World Health Organization", WHO: Gesundheit als vollständiges, körperliches, psychisches und soziales Wohlbefinden. In dieser Perspektive dürften sich wohl 90% der Menschen als „krank" einstufen).

Nach kurzer Zwischenresignation in Folge sichtlich unvorhergesehener Schwierigkeiten bei der Herstellung des Paradise now! pushten die achtziger – mit Nachbeben bis in die neunziger – Jahre wieder einmal die antike Egalitätsidee – als epochaltypisches „Remake" sozusagen – in Mode. Nachdem Sonderung und Sonderer offensichtlich versagt hatten, sollten nun möglichst viele der vertikalen und horizontalen, der territorialen und temporalen Schranken fallen. Nicht mehr die gegliederten Häufchen im abgeteilten Kantinenteller, sondern die Pizza, als verschmortes Allgebäck, 'runter geschlabbert mit einem ohnehin schon globalisierten Coke, erhob sich zum kulinarischen Emblem des Kosmopolitismus'. So oder so: Der Mensch ist, was er isst. Da Unabänderliches unverändert und Inkommensurables unverbunden blieb, sollte dieses nun wenigstens mittels Schmelzkäse zur entgrenzenden *Emulsion* verquirlt werden.

Als 'Emulsion' bezeichnet die Chemie, so weiß *Brockhaus* (1968), „ein disperses Gebilde aus zwei nicht mischbaren Flüssigkeiten, bei dem die eine Flüssigkeit ... in Form kleiner Tröpfchen ... in der andern Flüssigkeit ... suspendiert ist. Mit der Zeit entmischen sich die Bestandteile von selbst wieder. Die Dauerhaftigkeit (Stabilität) einer Emulsion ist um so größer, je kleiner die Teilchen sind ... Man erzeugt eine Emulsion durch Rühren, wobei die Tropfen um so kleiner werden, je kräftiger gerührt wird ...".

Die Parallelen zwischen Chemie und aktueller Heilpädagogik sind in diesem Punkt – zumindest metaphorisch – tatsächlich verblüffend: Ist doch letztere gegenwärtig angestrengt bestrebt, durch 'rührenden' integrationistischen Aktivismus, kultur- und identitätsübergreifend, egalitär entgrenzte Verhältnisse herzustellen und emulgierte Zustände aufrecht zu erhalten ...

„... zum Schluss schwimmen wir bloß noch auf Beziehungen, auf Vorgängen, auf einem Spülicht von Vorgängen und Formeln, auf irgendetwas, wovon man weder weiß, ob es ein Ding, ein Vorgang, ein Gedankengespenst oder ein Ebengottweisswas ist! Dann besteht zwischen einer Sonne und einem Zündholz kein Unterschied mehr, und zwischen dem Mund als dem einen Ende des Verdauungskanals und seinem andern Ende auch keiner!" ....(*Robert Musil,* Der Mann ohne Eigenschaften, 1930/32)

... So lange jedenfalls, bis durch ermüdungsbedingtes Nachlassen rührender Emulsierer die ('armen') Tröpfchen sich alsbald wieder entmischen und erneut hinter

Begrenzungen zurückfallen oder sich eigenaktiv dorthin begeben.
Hieraus wird erneut deutlich, dass Grenzen hochgradig kontingent sind, d.h. viele, auch gegensätzliche und paradoxe, Möglichkeiten, Bedeutungen, Auswirkungen und Akzente enthalten, so dass auch befreiend und gut gemeinte Entgrenzungen, als schmerzhafte, die Identität verletzende Akte erfahren werden können.
Grenzverletzungen verbinden sich allerdings nicht zwingend mit Brutalität; es existieren auch durchaus liebenswürdige und softe Varianten hiervon: Nicht zuletzt in pädagogischen und daselbst vorgeblich betont gewaltfreien Gefilden. Ein Dutzend Varianten wird rasch sichtbar im pädagogischen Alltag:

Eine *erste* Variante stellt sich unter das Motto: *Ich bin lieb – also darf ich!*
Die vielgerühmte „Kraft der Liebe, die alles bezwingt" potenziert sich hier zu zartbitterer Liebestyrannei, der ein beziehungsabhängiges Kind nicht minder wehrlos ausgeliefert ist als körperlicher Gewalt. Auch Liebe hätte jedoch Grenzen zu respektieren, zumal da, wo sie kein Echo findet.

Ein *zweite* Variante folgt dem Wahlspruch: *Ich hab's gern – Du also auch!*
Hier ist es die zum Egozentrismus pervertierte „Pädophilie", die alles in ihren Bann schlägt und ein Kind zum Reflektor eigener Befriedigung und Selbstbestätigung instrumentalisiert oder gar von vorn herein als Ich-Klon (als „Kebs-Ich", wie der spöttische *Jean Paul,* 1805 bereits sagte!) betrachtet

Eine *dritte* Variante geht so: *Ich bin der Jonny – und Du?*
Eine vergleichsweise harmlose Kumpelei vielleicht, da sie zunächst lediglich Sprachgrenzen sprengt, indem sie, das konventionelle 'Sie' überspringend und sich vor-

laufend exhibitionierend, gleich nach dem 'Du' grabscht. Das sei halt modern und amerikanisch, wirst du belehrt. Denkste!

Nennt doch, gemäß „*Farrs* Gesetz der mittleren Vertrautheit" (vgl. *Crystal, D.*, 1995), der Chef seine sieben Angestellten, die zufälligerweise alle Michael Yates heißen, in differenzierender Abgrenzung

Mike, wenn der Kodirektor Michael Yates gemeint ist

Michael, wenn's um den stellvertretenden Direktor Michael Yates geht

Mr. Yates, wenn der Abteilungsleiter Michael Yates gemeint ist

Yates, wenn der Assistent des Abteilungsleiters Michael Yates gemeint ist

Mr. Yates, wenn der unersetzliche Sekretär Michael Yates gemeint ist

Michael, wenn der Lehrling Michael Yates gemeint ist

Mike, wenn der Nachtwächter Michael Yates gemeint ist

Zu erinnern ist in diesem Zusammenhang auch an jenen Pluralis pseudodemocraticus, wie ihn Patienten in therapeutischen Bezirken erleben dürfen: „Wir machen uns nun Mal frei und geh'n dann Duschen!", so spricht die Dame in Weiß. Denkste!, das machen wir (!) Mal schön solo, wie sich's gehört.

Eine *vierte* Variante trägt das Signet: *Ich weiß, was gut ist für Dich, will doch nur Dein Bestes!*

Das beginnt beim aufgenötigten Spinatessen und hört bei der Mithilfe zur Partnerwahl nicht auf. Hier haben pädagogische Hellseherei und Prophetie ihre Hand im Spiel, Räuberei auch, wenn man nach „meinem Besten" trachtet, das schließlich mir gehört.

Eine *fünfte* Variante greift tief in den PsychoQuark mit dem Wort: *Ich versteh' Dich; total und besser als Du Dich.*

Auch wenn es sich dabei oft um eine Täuschung handeln mag, bleibt es eine grenzverletzende Unverschämtheit: Ist es doch vielleicht mein größter Wunsch, endlich einmal über etwas ganz allein zu verfügen, das Andere nicht zu verstehen vermögen ...... wofür Heilpädagogen, die Unersättlichen, selbstverständlich volles 'Verständnis haben'.

Eine *sechste* Variante geht auf die Menschheit los mit der Devise: *Ich hab' das Glück* (wechselweise auch: das Licht und die Erleuchtung, Gott und Geist, die Freiheit, die ich meine etc.) *gefunden – also bescher' ich gleich die ganze Welt damit!*

Wes das Herz voll ist, des geht der Mund über! weiß der Sprichwortschatz. Und also predigt dieser auf Grund *seiner* Offenbarung hinfort auch ungebeten sein weißes, schwarzes, rotes, grünes .... Unikat um den Globus.

Eine *siebente* Variante nimmt die Beglückung schon etwas satter unterm Wahlspruch: *„Wer nicht für mich ist, ist wider mich,* verbunden mit konkreter Sanktionsandrohung: *„... und willst Du nicht mein Bruder sein, schlag' ich Dir den Schädel ein!".*

Eine *achte* Variante lockt mit der Verlockung: *„Ich hab' die (pädagogische) Weltformel erfunden und lös' mit meiner Methode künftig jedes Problem!* Der sprichwörtliche „Nürnbergertrichter" änderte seit seiner Erfindung im 17. Jh. zwar noch und noch seine Inhalte und Versprechungen, behielt aber seine die Weite der Möglichkeiten zum Rinnsal der Ausschließlichkeit verengende Form bei. Womit immerhin das Ein- und Auskommen des Lehrmittelmarktes gesichert bleiben.

Eine *neunte* Variante, im Englischen als „Nothing else but...(tery)"-Methode bezeichnet, bietet die radikale Komplexitätsreduktion: Diese kann sich auf Erklärungs- und Verständnisformeln richten -*Y ist nicht anderes als*..... (die Folge von) X (schon weil's hinterher kommt)-, kann darüber hinaus aber auch gleich die Problemlösung nachreichen: *Man müsste nur mal so richtig Z,* dann wär' die Sache erledigt.

Eine *zehnte* Variante geht globalethisch zu Markte mit der Behauptung: *Das geht uns alle an!*
Und will so nichts weniger als die ganze Welt unter die Fahne rufen: unausweichlich gegen eben diese.

In der Heilpädagogik trägt identitätsbedrängende Grenzverletzung schließlich gern die Maske der Wohltätigkeit: „The Mask of Benevolution", so der Titel einer kritischen Studie von *Lane, H.,* (1994) über die Geschichte des Gehörlosenwesens, die gespickt ist mit liebestoller Bösartigkeit der „Lautsprachler" zur Kolonisation ungebärdig Gebärdender.

Doch unentwegt ist die Gutgemeintheit intakt, und der pädagogische Anspruch bleibt legitimiert und gesichert!
Gerade derartige Konfliktfälle machen die Doppelfunktion und die polare Wertigkeit einer Grenze zwischen Regionen oder Verhaltensräumen sichtbar: Grenze ist stets Trennung *und* Verbindung, Abweisung *und* Bezugnahme. Was und wer immer sich abgrenzt, wird durch eben diesen Akt mit dem Andern verbunden und auf ihn bezogen.
Es ist die *Un*begrenzheit und Grenzenlosigkeit, in die hinein wir uns zu verlieren drohen und die den Einzelnen sich isolieren und vereinsamen lassen.
Grenzen zu überschreiten hat deshalb eine völlig andere Qualität als Grenzen auf- zulösen, „aufzubrechen" gar, wie es im martialischen Jargon globaler, enttabui- sierender Himmelstürmerei heißt.
Jede Grenzüberschreitung ist eine Grenzbestätigung, wenngleich nicht zwingend eine –anerkennung. Grenzen sind, wie ich deutlich zu machen versuchte, von seins- bewahrender und Identität bestätigender Bedeutung. Auch in Fällen, wo um sie gestritten wird, existieren sie noch immer als Streitobjekt.
Nicht Grenzen umgehen, sondern mit Grenzen umgehen zu lernen, lautet daher die (auch pädagogische) Aufgabe.

Die Souveränität – sei's von Personen, Familien, Sippen, Ethnien oder Staatsgebilden – ist ohne De-finition d.h. Grenzziehung im „Konjugativen Beziehungsnetz" (*Kobi, E.E.*, 5/1999) zwischen Ich und Du, Wir und Ihr und Sie, Mein und Dein, Da und Dort.....nicht aufrecht zu erhalten. Grenzüberschreitung verlangt Rücksicht und Voraussicht, Vorsicht und Nachsicht im Hiatus zwischen dem Hier und dem Dort.

Die Gefahr der Entgrenzung liegt allerdings nicht allein in der Entfesselung von Individualgewalten und einem Faustrecht im frei globalisierten Markt der Verhaltensweisen und Bedürfnisbefriedigungen, wie sie uns heute auch in zum Teil grenzenlos offenen pädagogischen Strukturen begegnet. Anarchistische Zustände sind labil und tendieren per se wieder nach Stabilität, die sich erfahrungsgemäß um neue Attraktoren anstelle der alten, entmachteten Autoritäten aufzubauen pflegt. Was bange macht, sind nicht nur (noch) diffuse Gewalttätigkeiten, sondern die sich aus solcher Dispersion heraus um feldimmanente Attraktoren konzentrierende, autochthone Zentralgewalt. Denn: Ob Dummheit oder Gewalt: die Einzahl ist je schlimmer als die Mehrzahl. Dass sich derartige Zentralgewalt nicht alsogleich auf Kalaschnikows, sondern (vorläufig) auch bloß auf Schreibfedern (up gedated auf PCs) stützt, sei abschließend mit der von *Kurt Tucholsky* bereits vor einem Menschenalter porträtierten, grenzenlos offenen „Zentrale" in Erinnerung gerufen:

Die Zentrale weiß alles besser. Die Zentrale hat die Übersicht, den Glauben an die Übersicht und eine Kartothek. In der Zentrale sind die Männer mit unendlichem Stunk untereinander beschäftigt, aber sie klopfen dir auf die Schulter und sagen: „Lieber Freund, Sie können das von Ihrem Einzelposten nicht so beurteilen! Wir in der Zentrale..."

Die Zentrale hat zunächst eine Hauptsorge: Zentrale zu bleiben. Gnade Gott dem untergeordneten Organ, das wagte, etwas selbständig zu tun! Ob es vernünftig war oder nicht, ob es nötig war oder nicht, ob es gebrannt hat oder nicht: erst muss die Zentrale gefragt werden. Wofür wäre sie denn sonst Zentrale! Dafür, dass sie Zentrale ist! Merken Sie sich das. Mögen die draußen sehen, wie sie fertig werden!

In der Zentrale sitzen nicht die Klugen, sondern die Schlauen. Wer nämlich seine kleine Arbeit macht, der mag klug sein – schlau ist er nicht. Denn wäre er's, er würde sich darum drücken, und hier gibt es nur ein Mittel: Das ist der Reformvorschlag. Der Reformvorschlag führt zur Bildung einer neuen Abteilung, die -selbstverständlich- der Zentrale unterstellt, angegliedert, beigegeben wird... Einer hackt Holz, und dreiunddreißig stehen herum – die bilden die Zentrale.

Die Zentrale ist eine Einrichtung, die dazu dient, Ansätze von Energie und Tatkraft der Unterstellten zu deppen. Der Zentrale fällt nichts ein, und die andern müssen es ausführen. Die Zentrale ist eine Kleinigkeit unfehlbarer als der Papst, sieht aber lange nicht so gut aus.

Der Mann in der Praxis hat's demgemäß nicht leicht. Er schimpft furchtbar auf die Zentrale, zerreißt alle ihre Ukasse in kleine Stücke und wischt sich damit die Augen aus. Dies getan, heiratet er die Tochter eines Obermimen, avanciert und rückt in die Zentrale auf, denn es ist ein Avancement, in die Kartothek zu kommen. Dortselbst angelangt, räuspert er sich, rückt an der Krawatte, zieht die Manschetten gerade und beginnt, zu regieren: als durchaus gotteingesetzte Zentrale, voll tiefer Verachtung für die einfachen Männer der Praxis, tief im unendlichen Stunk mit den Zentralkollegen – so sitzt er da wie die Spinne im Netz, das die andern gebaut haben, verhindert gescheite Arbeit, gebietet unvernünftige und weiß alles besser.

(Diese Diagnose gilt für Kleinkinderbewahranstalten, Außenministerien, Zeitungen, Krankenkassen, Forstverwaltungen und Banksekretariate, und ist selbstverständlich eine scherzhafte Übertreibung, die für einen Betrieb nicht zutrifft: für den *deinen*).

Abdruck mit freundlicher Genehmigung des Haupt Verlages, Bern - Stuttgart - Wien aus dem Buch:

„Grenzgänge. Heilpädagogik als Politik, Wissenschaft und Kunst" von Emil E. Kobi, erschienen: 1. Auflage 2010

4 Behindertsein aus heutiger Zeit

aus: Haupt, Ursula / Krawitz, R. [Hrsg.] (1992), Anstöße zu neuem Denken in der Sonderpädagogik (Pfaffenweiler Centaurus) S. 32–46

„… in unsern überbildungssiechen Tagen"
(v. Feuchtersleben, E. 1838, Zur Diätetik der Seele)

Einen der entscheidensten Fortschritte, den die Heilpädagogik in den vergangenen zwanzig Jahren vollzog, erkenne ich darin, Behinderung nicht mehr als Eigenschaft, sondern als Seinszustand aufzufassen. Behinderung ist vor dem Moment weg weder ein objektivierbares Etwas im Gegenständlichen, noch eine bloß kommunikative Verzerrung zwischen Interaktionspartnern. Sie steht vielmehr in einem permanenten Auszeugungsprozeß mit ihrem sozialen und metakommunikativen Kontext. Eine Behinderung hat man nicht, sie liegt auch nicht zwischen uns, sondern sie umgibt uns, schließt auch Nichtbehinderte mit ein, was diese denn auch oft als mühsam enervierend oder peinlich erleben.

Ich möchte mich der Frage nach dem Wesen und der Bedeutung des Behindertseins unter den epochalen gesellschaftspolitischen Verhältnissen mittels einer Matrix nähern, die uns gewissermaßen als Landkarte dienen soll (siehe nächste Seite).

Auf deren Abszisse finden sich, mit einigen ergänzenden Modifikationen, die in der Heilpädagogik traditionellerweise sowie in Ausrichtung auf das allgemeine Volksempfinden unterschiedenen Behinderungsformen:

Motorische *Behinderungen*, die generell die Bewegungsfähigkeit, so hauptsächlich im Bereich der Lokomotion und der Manualität, einschränken. – Desgleichen können chronische Krankheiten eine aktivitäts- und mobilitätsbehindernde Auswirkung haben und zu einer temperiert-verbremsten Lebensführung nötigen.

Sinnesbehinderungen, wie sie hauptsächlich im Bereich der Fernsinne des Sehens und des Hörens Beachtung finden, freilich auch im taktil-kinästhetischen Funktionssystem von zentraler Bedeutung sein können. – Sinnesbehinderungen sind generell mit einem Informationsmangel und Orientierungsschwierigkeiten verbunden.

Kognitive *Behinderungen*, die in heutiger Sicht weitaus mehr, vielschichtigere und nicht nur graduell sondern auch qualitativ andere Phänomene umfassen als „Intellektuelle Schädigung" oder „Schwachsinn". Geht es hier doch um den gesamten Komplex kontextrelevanter Informationsverarbeitung und Handlungsregie. – Kognitive Behinderungen sind generell dadurch charakterisiert, daß in für uns wesentlichen Bereichen unseres Daseins keine gemeinsame Welt (mehr) erfahren und konstituiert werden kann.

Fähigkeitsbereich / Anforderung	Motorik Mobilität	Sensorik Perzeption	Kognition	Sprache	Soziabilität Kommunikation	Emotion	Performance
Mobilität Tempo	Immobilität; Statik						
Vigilanz; Polysensorik; Polyaesthesie		Anästhesie; Fühllosigkeit					
Flexibilität; Aktualität			Starrheit; Desinteressiertheit				
Polyglossie; Semiotisches Drifting				Dyssymbolie; Asemiothik			
Kommunikative Vernetzung; „Geodäsie"					Dissozialität/ Asozialität		
Exzessivität Exaltiertheit						Anerotik; „Autismus"	
Positive Erscheinungswirksamkeit							Inattraktivität

Desgleichen haben *Sprachbehinderungen* eine über den Lautsprachbereich hinausreichende Ausweitung erfahren. Lautsprachmängel können lediglich als spezielle Repräsentationsformen von Behinderungen im Umgang mit und bezüglich der effizienten Verwertung von Zeichen und Zeichensystemen gelten. – Ein zunehmendes Interesse finden heute Schwierigkeiten sowohl wie neu zu erschließende Möglichkeiten im Bereich nonverbaler Zeichensysteme. – Die enorme Migration in der Neuzeit hat es ferner mit sich gebracht, dass die Heilpädagogik zunehmend mit Problemen konfrontiert wird, die sich aus fremdsprachbedingter Isolation und kulturellen Stilbrüchen ergeben.

Die Bezeichnung *Kommunikative Behinderung* deckt zwar auch den Bereich der traditionellerweise so genannten „Verhaltensstörungen" ab, beinhaltet jedoch auch Störungen in Austauschprozessen, die als solche keineswegs in einem äußerlich registrierbaren Verhalten (störend) zum Ausdruck kommen müssen. Kommunikative Behinderungen können auch weitgehend intrapersoneller Art sein und in Form von Selbstwertkonflikten, mangelnder Selbstakzeptanz, belastenden Attribuierungen usf. lediglich von der Person selbst registriert werden.

Emotionale *Behinderungen* umfassen vor allem Störungen der Befindlichkeit, wobei der Selbstqualifikation ein bedeutendes Gewicht zufällt. Das Wort »Behinderung« mag diesbezüglich zwar als unpassend empfunden werden, trifft aber insofern doch zu, als wir durch Missgestimmtheit, Unlust, Apathie uns »behindert« und außerstande »fühlen« (!), uns als *das* und so zu fühlen, wie wir es individualen und sozialen Normansprüchen gemäß möchten. Emotionale Behinderungen sind also nicht zu verwechseln mit reaktiven Gefühlen, (der Wut, der Trauer, der Furcht etc.), mit denen wir uns in Übereinstimmung und bei uns selbst befinden, sondern betreffen Störungen in der „Affektlogik" *(Ciompi 1982)* und ein „Gefühl der Fühllosigkeit", d. h. der Unstimmigkeit zwischen dem, was uns umgibt und dem, was es in uns auslöst.

Die Bezeichnung Performative *Behinderung* klingt modisch und soll es auch. Es handelt sich um Behinderungen bezüglich der Art und Weise, wie sich ein Mensch in für ihn und andere bedeutsamen Situationen darzustellen, »aufzuführen« und - performativem Jargon gemäß - »zu verkaufen« vermag. Performative Behinderungen gelangen daher in buchstäblichen Äußerlichkeiten des Aussehens, der Kleidung, der Bewegungs- und Sprechweise, der Kosmetik des body- and mind-appeal zum Ausdruck. Sie sind als solche weitestgehend sozio-kultureller »Natur«, abhängig von Trend und Setting. Allen den genannten Behinderungen liegen nun zwar mehr oder weniger eruierbare Ursachen organischer, psychischer oder sozialer Art zugrunde. Hinsichtlich unserer Thematik interessiert uns aber weniger die in der lebensgeschichtlichen Retrospektive liegende Erklärungslegende, sondern die Frage, inwieweit Behinderungen eine epochaltypische Konturierung erfahren durch nicht erfüllbare Erwartungen. –

Auf der Ordinate unserer Ausgangsmatrix benenne ich daher eine Reihe heutzutage hervorstechender Anforderungen, die in Verbindung stehen zu den namhaft gemachten Behinderungen. Sie verursachen diese Behinderungen zwar nicht, geben ihnen jedoch die beziehungsmäßige Kontur und vermitteln ihnen quasi den sozialen Kurswert.

Eine epochale Eigenheit unseres Lebensstils erkenne ich in der Mobilität. Diese tritt in folgenden Ausprägungsarten in Erscheinung:

Einmal als unnatürlich erhöhtes Tempo diverser Lebensvollzüge, so hauptsächlich der Lokomotion und der Informationsübermittlung. Unsere Ortsveränderungen erfolgen meist in einem supranormalen Tempo, d. h. mit Geschwindigkeiten, die zehn- und hundertfach über den Möglichkeiten unserer Bewegungsorgane liegen. Wir bewegen uns »un-artig« schnell.

Die Bewegungs- bzw. Aktivitätsspannen haben sich im Verhältnis zu den Ruhezeiten deutlich verlängert, und dies trotz, vielleicht aber auch wegen der verkürzten (Erwerbs-)Arbeitszeiten. Der entscheidende Anteil dieses Zeitgewinns fällt allerdings erneut (Freizeit-)Aktivitäten zu, die z. 1'. eine Hektik und einen psychophysischen Streß beinhalten, der im Arbeitsbereich als Leuteschinderei gälte und Strafverfolgung nach sich zöge. Zwischen den Aktivitätspolen von Arbeit und Hobbyismus wurde die Muße - verstanden als Regenerieren im leicht verdämmerten Nichtstun der Siesta - praktisch aufgerieben. Auch das Sonnenbad dient Bräunungserwerbszwecken; Grillen ist harte Freizeitarbeit. Der Umstand, dass wir uns schneller zu bewegen vermögen, bewirkt also paradoxerweise, dass wir uns noch *mehr* bewegen; durch Tempobeschleunigung eingesparte Zeit wird erneut durch Bewegung aufgefüllt.

Dies hängt einerseits damit zusammen, dass Bewegung, zumal passives Bewegtwerden, ein Wohlgefühl auszulösen vermag, so dass Bewegung ihr eigener Zweck sein kann.

Schnelligkeit und Mobilität resultieren nicht nur aus Sachzwängen, sondern sind überdies Gebote gelebter zeitgenössischer Moral: Das Schnellere ist das Bessere. Beschleunigung markiert den Weg vom in sich ruhenden, statischen Sein zum dynamischen Soll-Wert, den ich dank Manta mit gelüftetem Ellbogen innerhalb von Sekunden überwinden kann. - Beständigkeit und Bedächtigkeit und mit ihnen sämtliche seinsbewahrenden Tugenden, wie sie die Ethik alter Kulturen kennzeichneten, sind zu missliebigen Hemmfaktoren mit unerwünschten Verzögerungseffekten abgesunken. Auch Fehler sollen, wenn schon, dann wenigstens schnell gemacht werden.

Mit dem Wert der Schnelligkeit verbindet sich jener der Veränderung. Sich »weiter zu entwickeln«, »etwas aus sich zu machen« - persönlich, in Partnerschaft und Beruf, bezüglich Wohnort und Tätigkeit - sind Motivationsdüsen zur Hetzjagd nach dem, was man seinem Selbst an Verwirklichung glaubt schuldig sein zu müssen.

Dem Mobilitätsgebot lässt sich also über zwei Wege nachleben: Sowohl über die Beschleunigung der Handlungsprozesse, wie auch durch das Auffüllen von Zeitstrecken mit einer Vielzahl von Aktivitäten. Der in weißen Schürzenzipfeln verflatterte Arzt, welcher seiner überquellenden Agenda kaum mehr Herr wird, mag eine bewunderte Karikatur solchen Terminismus sein.

Mobilität ist zwangsläufig mit Ortsveränderung verbunden. Erhöhtes Tempo und verringerte Verweildauer kovariren, so dass trotz psychologischer Unterschiede von außen oft kaum mehr festzustellen ist, ob da jemand von Ort zu Ort hastet oder von Hast zu Hast ortet.

Die genannten Tempoforderungen treten schließlich auf einer Meta-Ebene erneut in Erscheinung, indem die einzelne Person sich jeweilig schnell (!) auf die situativ rasch wechselnden Tempi ein- und umzustellen hat.

Motorische Behinderung präsentieren sich unter den geschilderten Verhältnissen zunächst als erratische Blöcke der Starrheit und der Langsamkeit. - Technische Entwicklungen haben es anderseits mit sich gebracht, dass Behinderte auf der supranormalen Ebene apparatlichen Bewegtwerdens zu sehr viel weitergehenden Normangleichungen gelangen können als auf der naturhaften Ebene. Mobilisierung durch Motorisierung! ist denn auch zu einem wirkungsmächtigen individualen und sozialen Normalisierungsprogramm geworden.

Ist eine Motorisierung nicht möglich, so ergibt sich freilich eine doppelte Tragik: Gehunfähigkeit diskriminiert von den Artgenossen, Fahruntüchtigkeit zusätzlich von den vierrädrigen Unart-Genossen. –

Das Auto ist das augenfälligste Beispiel dafür, dass und wie in dieser Perspektive durch technische Adaptionen einer Person zu supranormalen Verhaltensweisen verholfen werden kann. –

Die Ersetzung des Selbst durch das Auto kann freilich auch, unabhängig von einem Behindertsein, allgemeinmenschliche Selbstirritationen im Gefolge haben. Autonomie durch Auto-Nomie macht mich zwar super, ohne dass dadurch freilich mein wesensmäßiger Normalstatus berührt wird. Supranormale, denaturierte Beschleunigung hat denn auch rasch Wahrnehmungs- und Sinnverzerrungen zur Folge, sowie sie sich vom Vehikel auf die Person beziehen. Sie trägt diese aus ihrem artgemäßen Bezugsrahmen hinaus und gibt sie im harmloseren Fall der Lächerlichkeit preis.

Die Komik filmtechnisch erzeugter Handlungsbeschleunigungen gründet wahrscheinlich in dieser Paradoxie zweier Bezugssysteme: dem normalen und dem supranormalen. Eine Bestattungszeremonie, eine Prozession, ein Liebesakt, eine Militärparade, eine Ansprache: Beschleunigung raubt jeder dieser Situationen ihre Feierlichkeit, Lieblichkeit, ihren Ernst, Würde und löst die „Affektlogik" auf *(Ciompi 182)*.

Beschleunigung ist meist entzaubernd, oft wertmindernd, nicht selten zerstörerisch. – Ob sich unter dem dargestellten Wertwandel in Richtung auf eine »Fastfood-, Fastlove-, fast-life-culture« die Maßstäbe diesbezüglich allmählich (oder ihrerseits wieder sehr schnell) verschieben, wird sich weisen.

Die epochaltypischen sensorisch-perzeptiven Anforderungen möchte ich unter dem Begriff *Polysensitivität* zusammenfassen:

Unter Polysensitivität verstehe ich das Bedürfnis und die Fähigkeit zu einer zeitlich wie räumlich stets offenen Reizaufnahmebereitschaft und Vigilanz. »Auf Draht sein« heißt jargongemäß: Alles jederzeit und schnell über die verschiedenen Sinneskanäle registrieren. Eine vertiefte und differenzierte Verarbeitung einzelner Wahrnehmungen sowie deren vorstellungsmäßige Verinnerlichung tritt gegenüber einer oberflächenhaften Simultanbeachtung möglichst vieler und aktueller Daten in den Hintergrund. Solches liegt zwar konträr zu den pädagogisch wertgeschätzten Weisen der Konzentration und Kontemplation, zu einem »reflexiven kognitiven Stil« der Besonnenheit und Besinnlichkeit. Trotzdem und gerade deswegen scheint es mit hilfreicher zu sein, nicht also gleich von einer »Störung«, sondern von einer andern Stil-Form, die ihrerseits auf neuartige Umweltanforderungen zurückzuführen ist, zu sprechen.

Dies wird deutlich, wenn wir uns der Abhängigkeiten zwischen motorischem und sensorischem System erinnern. Änderungen in diesem oder jenem System ziehen zwangsläufig Anpassungen im andern nach sich. Die Bewegungsauffälligkeiten, die ein sinnesgeschädigter oder ein sensorisch überforderter Mensch zeigt und desgleichen die Wahrnehmungsverarbeitungsstörungen, die wir mit großer Regelmäßigkeit bei motorisch behinderten Kindern antreffen, sind im Grunde genommen also nicht Probleme, sondern systemische Lösungen, die dem Organismus dazu dienen, ein neues Gleichgewicht zu finden.

Mobilität und Polysensorik stehen somit in positiver Koppelung: Je schneller ein Bewegungsablauf, umso mehr Reize sind pro Zeiteinheit zu verarbeiten und umgekehrt. In unserer schnelllebig-reizfülligen Zeit sind Situationen der Gleichförmigkeit und Dauer selten geworden. Stattdessen befinden wir uns in Anhäufungen ähnlicher Momente mit zwar nur geringfügigen, trotzdem aber beachtungsnotwendigen **Abweichungen.**

Als klassisches Beispiel diene uns erneut der Autofahrer, der sich regungslos mit **rasender Geschwindigkeit** bewegt, mit gespannter Polysensorik gelangweilt auf Detail-Irregularitäten der sich weitgehend selbstähnlichen Fahrbahn achtet. Das senso-motorische Verhalten des Automobilisten ist in der Tat in mehrfacher Hinsicht paradox, als solches seinem psychophysischen Organismus zuwider und bekanntlich auch nicht sehr bekömmlich.

Ich vermute daher, dass die gegenwärtig bei Kindern häufig registrierten Wahr-nehmungsverarbeitungsstörungen über weite Strecken Anpassungsmuster sind, Über-lebensstrategien, mit denen paradoxe Reizlandschaften zu bewältigen sind. Zwar können wir, wie vorerwähnt, unsere Bewegungsmöglichkeiten und -tempi enorm steigern, nur geringfügig hingegen jede der Reizaufnahme und der Wahrnehmungs-verarbeitung. Motorische und sensorische Fähigkeiten klaffen – wie das Beispiel des Autofahrers zeigt – enorm auseinander.

Wo die Flut stärker wird als das widerstehende Subjekt, bleibt diesem nur noch die Drift: Es wird selber zum Strandgut, in abenteuerlichem Gespanntsein darauf, wohin es getrieben wird durch den Zeitwind.

Polysensivität verbindet sich in einer gewissen Zwangsläufigkeit mit Hypersensivität. Um bei raschem Tempo – nicht nur von Ortsveränderungen, sondern auch von Beziehungen, Rollen, Kontextvarianten - mithalten zu können und nicht seinen locus of control zu verlieren – den ja auch der Drifter braucht, zwar nicht mehr um zu wissen, wo er ist, aber immerhin, dass er ist! – ist es unabdingbar, feinste, jedoch psycho-sozial hochsignifikante Abweichungen zu erfassen.

Diese bereits erwähnte Automobilität (im wörtlichen Sinne »Selbstbeweglichkeit«) stellt schon an das Kleinkind höchste Ansprüche an die diesfalls sozio-perzeptive Differenzierungsfähigkeit. Die Welt ist für Kinder nicht einfach reizfülliger, sondern vor allem außerordentlich vieldeutig und zeichenintensiv geworden. Verwirrend ist weniger die Vielheit verschiedener Reize, sondern die Vielfalt der Rahmenbedingungen und der kaleidoskopartig wechselnden Kompositionen, unter denen dasselbe Ereignis ganz unterschiedlicher Interpretationen und Reaktionen bedarf, will man immer wieder auf neue Art »richtig« liegen.

Was denn aufseiten auch schon der zweijährigen Beziehungspartnerin Sandra-Natascha die erwähnte automobile Aufmerksamkeit notwendig macht: ein außerordentlich feines, vielschichtiges Hinhorchen, -schauen, -spüren, um situativ zu ergründen, welche Handlungsweise Daddy nicht frustrieren würde, wenn er mit unwirschmoderierender Geste und zart-bitter zuneigendem Lächeln umschweifend-begründend erklärt, was er nicht würde tun wollen, wenn er unter den gegebenen Umständen an ihrer Stelle wäre, sofern er das könnte und mit diesen Sowohl-als-auch-wedernoch Unentschiedenheiten den Boden bereitet für alle jene Beziehungsfallen und Widersprüche, die Sandy-Natasha vierzig Jahre später Gelegenheit geben werden, den inzestuös interiorisierten Daddy psychotherapeutisch aufarbeiten zu lassen.

>>Sensibilität<< dürfte nicht zuletzt auch aus diesen Gründen zu einer modernen Tugend avanciert sein. Kinder, Frauen und nette Männer zeichnen sich in der postmodernen Antipädagogik durch Sensibilität und entsprechende Betroffenheitsäußerungen, Ängste, veröffentlichte Schwäche und hohe Eigentoleranz aus. »Soft persuasion« tritt an die Stelle appellativer, befehlsbetonter *Herbartscher* „Regierung und Zucht". Sensibilität kontrastiert damit zu Vorstellungen über Ertüchtigung, Abhärtung, Tapferkeit, Willensstärke, Selbstüberwindung und Leistungsehrgeiz, wie sie noch im ersten Drittel dieses Jahrhunderts lebendig und verbindlich waren.

Die *perzeptive Problematik* ist unter den geschilderten Umständen heilpädagogisch weniger quantitativer als qualitativer Art. Nicht mehr die Datenbeschaffung, sondern die *Datenauswertung* steht heute im Zentrum womit sich auch da die paradoxe Situation ergibt, dass technische Lösungen in neuartige pädagogische Probleme führen. Gerade im Umfeld sensomotorisch beeinträchtigter Kinder, deren situative und punktuelle Leistungsfähigkeit uns gelegentlich mehr Probleme aufgibt als ein schlichtes Nichtkönnen, haben wir uns von simplifizierenden Vorstellungen wie „Normalintelligenz" oder „Schwachsinn" trennen müssen.

Damit sind wir bei dem heutzutage meiner Einschätzung nach zentralen heilpädagogischen Problembereich angelangt: Dem der Erkenntnistätigkeit, wo es darum geht, eine wenigstens in Teilbereichen gemeinsame Welt zu konstituieren.

Mit *flexibel-aktuelle Kognitivität* will ich das plakatieren, was mir in unserer Gegenwart quasi als Tugend der Erkenntnistätigkeit erwünscht zu sein scheint.

Dass wir lebenslänglich zu lernen hätten, ist uns mittlerweile durch Erwachsenenbildner und deren Institutionen bis zum Überdruss ins Bewusstsein gehämmert worden. – Im selben Aufwisch haben wir zur Kenntnis zu nehmen, dass es schlechterdings nichts mehr gibt, was nicht zu lernen ist und im Prinzip auch wäre: von der Dummheit über die Angst bis hin zum Sterben und Seligwerden. Das menschliche Leben wurde zu einer gewaltigen Schule, in der sogar die Pausengestaltung zu erlernen ist, als organisiertes Nichtstun. Eigentümlich an diesem rasanten Wissenszuwachs ist nun allerdings folgendes:

Der Anteil des vermittelten Wissens nimmt gegenüber dem aus Eigenerfahrung gewonnenen progressiv zu. Es macht den Anschein, dass insbesondere Kinder in städtischen Verhältnissen – ohne bereits spezielle und damit bald schon »sonder«-pädagogisch zu nennende Primärveranstaltungen in Richtung sogenannter Abenteuer- und Erlebnispädagogik – ein enormes Defizit an elementarer Unmittelbarkeit aufweisen.

Dasselbe gilt hinsichtlich des Verhältnisses von Begründungswissen und Umgangs-wissen (Know how). Wir wissen in zunehmendem Maße, wie man bestimmte Situa-tionen »managed« (Apparate bedient, bestimmte Reiz-Reaktionsmuster einsetzt usw.), ohne zumeist aber auch nur in Umrissen Kenntnis davon zu haben, welche Prozesse durch dieses push-button-Verhalten in Gang gesetzt werden.

Auto zu fahren ohne Kenntnis der Wirkungsweise des Benzinmotors ist a) möglich b) statthaft, in einer gewissen Perspektive sogar c) erwünscht.

Da Aufnahme-, Verarbeitungs- und Ausscheidungsprozesse eine systemische Einheit bilden und als solche sich immer wieder neu in ein Fließgleichgewicht zu regeln haben, kann die aus alter Tradition freilich noch immer propagierte Lernlust oft kaum mehr dem Belehrungseifer standhalten. Es wäre an der Zeit, sich die Frage zu stellen, ob wir denn nun tatsächlich, wie immer wieder behauptet, eine Lerngesellschaft oder nicht viel eher eine Lehrgesellschaft sind, in welcher Besserwisser *Gutmeinende* inständig an die *Wandtafel* drängen!?

Unter diesem Belehrungseifer haben nicht nur behinderte Kinder zu leiden; er bewirkt generell Isolation und Bedrängnis. Die Schule ist ohne Zweifel der Haupterzeuger kindlicher Behinderungssituationen. Das hat primär weder mit Personen noch mit Qualitäten zu tun, sondern allein mit der Existenz einer anforderungsnormierenden systemischen Instanz.

Unsere Lebensumstände sind hingegen derart komplex geworden, dass wir reihum beieinander in intellektuellen Diensten stehen. Wir bilden insgesamt eine paradoxe Gesellschaft spezialisierter Laien. Mit unserem Individualwissen und -können wären wir möglicherweise nicht einmal mehr in der Lage, eine Robinsonade durchzustehen (und wenn doch, dann aufgrund von *Karl May* und nicht von *Goethe*).

Gedächtnismäßig gehortetes Fix-wissen fiel bedeutungsmäßig zurück hinter ein Wissen darüber, was, wo, wann zu wissen ist oder auch besser nicht; wie mit Nicht-wissen umzugehen ist; wie Wissen wissenswert oder bedeutungslos wird usf. – Die-ses Metawissen ist es denn auch, worin heutzutage kognitive Insuffizienz zutage tritt. Dummheit, Schwachsinn, Lernbehinderung ist nicht >>Bildungsmangel<<, >>Unwissenheit<<, >>Unkenntnis<<, sondern zum Lernen-Lernen.

Die in der Märchenliteratur verbreiteten Tölpelgeschichten handeln von eben diesem Sachverhalt. Sie zeigen eindrücklich, dass der Tölpel zwar - im Unterschied zu seinen jeweiligen Konkurrenten – kaum über Aneignungswissen verfügt, jedoch über eine hohe Strukturierungsfähigkeit, aufgrund derer er zwischen seinen wenigen Hab-seligkeiten - einem alten Schuh, einer Handvoll Schlamm, einem toten Vogel (nach *Grimm*) - und der Fragestellung (der Prinzessin) das „verbindende Muster" (*Bateson 1982*) herzustellen vermag.

Damit hat er freilich auch seinerseits kein Wissen (im Sinne einer Methode zur Betö-rung von Prinzessinnen) weitergegeben. Die spontane Gestaltbildung, die er vornahm, ist einmalig; ein Schwachkopf, wer solches wiederholen wollte!

Was wir heute benötigen, ist solche »Tölpelhaftigkeit«, die neue Sinngehalte herstellt. Die Bildungsinhalte werden darob zwar nicht überflüssig, sind jedoch so flüssig zu halten, dass sie es werden können. An diesem Punkt liegt denn auch die existentielle Grenze des *kognitiv behinderten* Kindes: Bei der Frage nämlich, was es mit den ihm personell und instrumentell vermittelten Informationen anfangen kann, was es und wie es *sich* damit arrangiert. Die kognitiven Qualitäten eines Kindes sind daran zu erkennen, wonach es sucht (nicht was es findet), wonach es fragt (nicht, was es antwortet), wie es sein Unvermögen definiert und sein Nichtwissen deklariert (nicht, was es auswendig deklamiert). Dies sind Belege dafür, dass es sein Wissen weiß, in flexibler Aktualität bereit hält und nicht als totes Fremdkapital mit sich herumträgt. -

Eine Didaktik für kognitiv behinderte Kinder müsste demgemäß deren Umgang mit ihrem Nichtwissen und -können ebenso thematisieren, wie materiale Bildungsinhalte und mit ihnen zusammen Umgehungsstrategien und Einsatzpläne entwickeln in Bezug auf apparatliche, organisatorische und personale Angebote, die es zu nutzen gilt.

Was die semiotischen Anforderungen der Neuzeit anbetrifft, erkenne ich diese in einer sich ausbreitenden *Polyglossie*. Diese Vielsprachigkeit beinhaltet freilich nicht die Erwartung, möglichst viele verschiedene Sprachen zu beherrschen, sondern die Fähigkeit, in einem diffusen internationalen »Pidgin« zu driften. Man könnte das Gemeinte auch als Coca Cola-Squash bezeichnen, wie er vor allem in TouristikCentren gesprochen, gemimt und gefingert wird. Politische, wirtschaftliche und touristische Mobilität hat Sprachgrenzen nicht einfach aufgelöst, sondern verschliffen und verschmiert.

Wer heutzutage vom CityCenter per InterRail nach Shopville speedet, der muss seine alemannischen Gedanken in Franglais, garniert mit Italo-Gestik und asiatischem Smiling zum Ausdruck bringen.

Dazu treten internationalisierte (genauer: interkonzernierte) Handlungsgrammatiken, z. B. im und für den Umgang mit Apparaten. Wir begegnen hier einem Beispiel von Pragmatik, einem Teilbereich der Semiotik, der sich mit Handlungsbedeutungen und -wirkungen befasst. Apparate – wie z. B. Autos oder Taschenrechner, Kassettengeräte oder Computer – besitzen eine Art »Physiognomie«, die für den Betrachter je nach dem einladender oder abweisender Art ist. Das Design prägt das Dasein in den Welten von Mac, IBM, VW oder Sony.

Eine Schalttafel z. B. ist der Art nach ebenso »narrativ« (erzählend) und informativ (aussagekräftig) wie ein Text: vorausgesetzt, ihr Betrachter sei in der Lage, Form und Gestaltung ihrer Drücker, Knöpfe, Hebel etc. zu >>lesen<<. – Desgleichen will ein Bajonettverschluss mit einer Drehzugbewegung »verstanden« werden, da hilft alles Klemmen und Reißen nicht weiter. (Es tut dem Fachmann denn auch in der Seele weh, wenn er mit ansehen muss, wie dyspraktisch-dysgrammatisch« ein Laie mit einem Gerät umgeht!)

Die über Firmenterritorien verlaufende Internationalisierung dieser »Handhabungssprache« ist – trotz der »Kompatibilitätswirren« von Schnappverschlüssen über Steckdosen bis hin zu Apple- und IBM-Systemen – doch unvergleichlich weiter fortgeschritten als in Bereichen der gesprochenen Sprache, wo Esperanto-Versuche kaum über die Esperanza hinauskamen.

Vielleicht ist es vermessen, zumindest verfrüht, zu sagen, dass sich aufgrund dieser Ausweitung semiotischer Systeme die Verständigungssituation für *Sprachbehinderte* soziodynamisch entspannen könnte. Trotzdem dürfte eine heilpädagogische Perspektive ja auch einmal optimistisch sein und die Erwartung enthalten, dass dank der Zunahme der Komplexität wie auch der Simplizität unserer Sprachwelten sich für Behinderte neue Verständigungsmöglichkeiten auftun.

Eine entscheidende Voraussetzung hierfür ist allerdings, dass die Heilpädagogik ihre semiotische Neugier entschieden über das hinausgreifen lässt, was ihr in der Schule alten Stils unter dem Stichwort »Sprache« beigebracht wurde. – Diesbezüglich sind gerade lautsprachbehinderte Kinder manchmal initiativer, indem sie semiotische coping Strategien und Handhabungstalente entwickeln, über die sie aufgrund mangelhaft verinnerlichter Lautsprache eigentlich gar nicht verfügen dürften.

Während sich »Semiotik« auf die Zeichen-Systeme bezieht, geht es im folgenden unter den Begriff der »Kommunikation« um die Nutzungsweise und -intensität dieser Systeme, die ja erst dadurch Sinn und Bedeutung erhalten.

Die massenmediale Gesellschaft ist diesbezüglich bestrebt, ihre Mitglieder in *Kommunikativer Vernetzung* zu halten, was freilich nicht heißt, dass ihr dies auch durchwegs gelingt.

Alleinsein, Einsamkeit, Isolation, Abgrenzungen und Apartheiden jedweder Art gelten ihr jedenfalls als Ausdruck eines sozialen Missstandes, welcher einer positiven Veränderung in Richtung auf Mitsein, Verbundenheit, Gemeinsamkeit usf. bedarf. Was immer Menschen verschiedener Gruppen, Nationen, Rassen, Altersstufen usf. zusammenführen und Befremdnis und Grenzen »abzubauen« (Jargon) verspricht, gilt in der Perspektive heutiger Sozial- und Gemeinwesensarbeit als organisierenswert. In der Heilpädagogik fassen die Lieblings-Vokabeln »Ganzheitlichkeit« und »Integration« das Gemeinte ins Wort.

Neueren Datums sind ferner Empfehlungen, sich nicht nur gattungsmäßig grenzüberschreitend zu vernetzen, sondern ein Gleiches zu tun in Bezug auf andere Lebewesen und die naturhafte Umwelt überhaupt. *Ciompi, (1982, 287 ff)* sieht in exemplarischer Weise den, wie er sagt, „zeitbewussten, relativistischen Fühl-Denkmenschen" im Zielfeld einer noch menschenmöglichen Zukunft, der, wie der Fisch im Wasser, „geodätisch lebt" (306), d. h. in optimaler Kontextverkoppelung, kosmisch mitdenkend und -fühlend.

In einem gewissen Gegensatz zu dieser hohen Bewertung zwischenmenschlicher Kommunikation und Identifikation sowie der Aufweichung von Kollektiv- und Ich-Grenzen, steht allerdings die Feststellung, dass die direkte, sinnenhafte und konkrete Kommunikation in präsenten Situationen bedeutungsmäßig hinter Symbolhandlungen mittels semiotischer Systeme zurückgetreten ist. Der Verlust auch an sozialen Primärerfahrungen trifft dabei insbesondere das Kind.

Vernetzung ist zwar eine verbindende, aber auch bindende Struktur, die von initiativetötender Wirkung sein kann. Wo alle miteinander verbunden sind, wird alles unverbindlich. Eigenständiges Denken und Handeln wird zu einem Floaten und

Driften in einer diffusen Melasse von Meinen, Dünken, Spüren und sie verkommen zu Hängepartien und kleinräumigen Rochaden. Probleme und Konflikte werden zwar registriert, auch lauthals beklagt, dann aber kompostiert und nicht eigentlich entsorgt. Kaum ein sozialer Bereich, der nicht derartige Altlasten und Moderdeponien auf seinem Gelände hätte!

Für *(Sozial)Behinderte* ist das Kommunikationsfeld zweifellos breiter geworden. Es ist nicht nur technisch besser erschlossen, sondern es existiert ein ausgesprochen pluralistisches Angebot kommunikativer Stilformen. Kirche und Staat haben ihr absolutistisches Meinungs- und Rechtschaffenheits-Monopol verloren und beschränken sich - von gelegentlichen fundamentalistischen Ein- und Übergriffen abgesehen - auf Rahmengesetze multilateraler Verträglichkeit. Unter diesen erweiterten Rahmenbedingungen könnten grundsätzlich auch behinderungsgemäße Daseinsgestaltungsformen eine Allgemein-Akzeptanz finden. Mit Allgemein-Akzeptanz bezeichne ich den Bezug zu einer pluralistischen Norm, die das Bunte und Vielgestaltige umfasst und gewahrt sehen will. Man »darf« in dieser Perspektive auf hundertfältige Weise wohnen, essen, trinken, lieben, sich kleiden, sich vergnügen, seinen Lebensunterhalt verdienen, sich Vorstellungen über Gott und die Welt machen, kurz: sich *seine* Wirklichkeit konstruieren. – Dass sich *innerhalb* dieser Vielfalt partikulare Interessengegensätze und Rangeleien – auch mit und gegen Behinderte sowie zwischen diesen - ergeben, ist in dieser pluralistischen Normperspektive normal! Auseinandersetzung und ge*genseitige* Behinderung ist der Preis für Integration und Normalisierung.

Die erwähnte breite Reizempfindlichkeit findet eine Entsprechung in einer vielfältig bunt und originell sein sollenden emotionalen Ausdrucksgestaltung. *Exzessivität* und *Exaltiertheit* realisieren sich im erstrebenswerten Normverhalten über folgende Dimensionen:

Intensität: Erlebnisse sowohl wie Ausdruck sind dann gut, wenn sie intensiv sind bzw. Aufgewühltheit erkennen lassen. Nicht nur das Betreffnis (der Sachverhalt), sondern die Betroffenheit ist Gradmesser der Bedeutungshaltigkeit. Was auch immer Intensität zu steigern verspricht – Musik, Tanz, Massenveranstaltungen, Tempo, künstlich erzeugte »Grenzerfahrungen« , Distress bis hin zu Drogenkonsum – ist unter dieser Perspektive erlebniswertvoll. Die jargongemäße Floskel: »Es war eine gute Erfahrung für mich!« bezieht sich selten auf eine (kognitive) *Erkenntnis*, sondern ein aufwühlendes *Erlebnis*, das einen, wie der Zusatz zu lauten pflegt, »weiter gebracht hat« (auf dem Weg einer Education sentimentale?). Alte (aristotelische) Tugenden des Maßhaltens und der Temperenz verblassen demgegenüber zu Ausdrucksformen des Banalen und Spießigen. Auch Askese »bringts« nur, wenn sie der Seelenraumerweiterung dienlich ist.

Totalität: Hier verstanden als Selbstauslieferung und kollektive Kontextverschmelzung. Auch dies in Ablehnung von Tugenden der Selbstbeschränkung, der kritischen Distanznahme, des Abwägens und insbesondere der Abgrenzung. Diese widersprechen auch dem heute pädagogisch geheiligten Prinzip der »Ganzheitlichkeit« –, womit wahrscheinlich eher ein Stimmungsgehalt als ein Sachverhalt angesprochen wird. – Sich ganz hingeben um ganzheitlich bedacht zu werden, gehört desgleichen zum Credo zahlreicher Therapien und neuer Lehrmethoden, die in ihrer Gesamtheit eine paradoxe »Vielfalt von Ganzheit« ergeben.

Exaltiertheit: Dies in der Form zweier paradoxer Aufforderungen: Derjenigen zur persönlichen Spontaneität und jener zur kollektiven Originalität.

Was immer Du tust oder Dir antun lässt: es soll intensiv, ganzheitlich, spontan und einmalig originell sein - oder sich zumindest so anhören.

Vor diesem Hintergrund dürfte man annehmen, dass *emotionale und verhaltens-mäßige Auffälligkeiten* einer breiten Toleranz begegnen oder aber innerhalb dieses breiten Spektrums oft gar nicht mehr in Erscheinung treten. - Dem ist nun allerdings nicht so. Gerade die Affektiertheit des affektiven Ausdrucks setzt die Fähigkeit voraus, nicht ichidentisch, sondern situationsgemäß zu fühlen. Andrerseits gehört es jedoch zum Problem emotional behinderter Menschen, dass sie nicht Gefühle, sondern die Gefühle sie haben, was sie denn auch daran hindert, auf positive Angebote und Szenarien norm- und erwartungsgemäß zu reagieren.

Emotional behinderte Menschen haben es nun aber dadurch besonders schwer, dass in unserer Zeit ein Tugendwandel vom verhaltensmäßigen in den stimmungsmäßigen, vom inhaltlichen in den formellen Bereich hinein sich vollzogen hat. Ich charak-terisierte das Gemeinte mit den Stichwörtern Positivismus und Erscheinungswirk-samkeit.

Das Wort »Positivismus« hat zahlreiche Bedeutungsinhalte. In unserm Zusammen-hang verstehe ich darunter die gesellschaftliche Forderung, sich mit seinen persön-lichen Anliegen, Bedürfnissen und Nöten und desgleichen mit seinen Eigenschaften und Fähigkeiten positiv, herausragend, dynamisch in den gesamtgesellschaftlichen Trend »einzubringen«, ein »aufgestellter Typ» (Jargon), zu sein und sich als solcher auch zu präsentieren und darzustellen. Es geht also um dreierlei: (1) Positive Eigen-schaften und Fähigkeiten haben, (2) diese in einer positiven Richtung und Art zu aktivieren und (3) zwar so, dass sich für das Publikum ein stimmungshebender Unterhaltungswert ergibt. Dieser letztgenannte Punkt ist hier von besonderem Interesse. Positive Erscheinungswirksamkeit wird einmal erzeugt durch die Verpackung, im Falle homo also durch die Kleidung. An der Vielzahl der Funktionen und inneren Differen-zierungen, welche die Kleidung in der Neuzeit auf sich vereinigt, lässt sich die hohe Bedeutung der Performance ablesen. Möglicherweise handelt es sich dabei um eine Gegenströmung zu den egalisierenden Auswirkungen der demokratischen Massen-gesellschaft.

Neueren Datums sind vor allem eine Positionierungs- sowie eine Selbst Attribuierungs-Funktion. Das heißt, mit Kleidung und Accessoires wird die gesinnungs- und stim-mungsmäßige gesellschaftspolitische Position angezeigt: Mit Lacoste-Krokodil, Birkenstock-Schuh und Manta-Fahrwerk, mit Levis Jeans und Handgewobenem. In diesem Trend der Selbstveräußerlichung liegt auch die Präsentation als Litfaßsäule und Werbeträger: auch diesfalls weniger um des Inhalts, sondern um der Performance und einer Art Selbststigmatisierung willen.

Die bzgl. Kleidung gepflegte Corporate Identity erfolgt zumeist aus einem persönlichen Identifikationsbedürfnis heraus: als selbstfabrizierte „Visitenkarte für den Arbeitgeber" *(Vaterlaus 1991,81)*. Ob Kosmetikverkäuferin, Strip-Lokal-Bedienerin, Autohändler, Bankangestellter, Anwalt (abgedunkelt) oder Arzt (aufgehellt):

„Die Beispiele zeigen: Schweizer Arbeitnehmer sind so dienstbeflissen, eifrig, willig und ordentlich, daß sie ganz von sich aus so zur Arbeit kommen, wie sie glauben, dass es der Chef von ihnen erwartet. Und weil viele dasselbe glauben, sehen sie sich zum Verwechseln ähnlich, manchmal so ähnlich wie eine Reihe Waschlappen, zum Trocknen aufgehängt in einer Hotelwäscherei" *(Vaterlaus, a.a.O.)*

(Und würden sich die HeilpädagogInnen ihrer Jeans und Wollschlutten entledigen, gerieten sie in bedrohliche Nähe zu den oben genannten Bunnies!)

Positive Erscheinungeswirksamkeit wird im weitern erzeugt durch inständige Positivierung der Andern:

Der Profi-Animateur, wie ihn *Isolde Schaad (1989)* karikiert, ist ein Meister im positiv thinking (and talking). In English, of course!: »Anybody can do it and you simply should do it, you all should do it, Rolf, David and Peter, you know, you are so gifted and you Urs & Urs, ... You simple have to hurry, and you can do it, Manon and Marianne, I mean you too. Martin, you are the greatest, ...

...John and Helmut are recommended to do it, you all have to do it, it´s a must.<< And so they did.

Erfolgreiche, dass heißt publikumswirksame Performance hat ferner jene bereits erwähnte hochdifferenzierte soziale Wahrnehmungsfähigkeit sowie ein fast telepathisch zu nennendes timing zur Voraussetzung, (noch) knapp unterbewussten Wünschen und Erwartungen des Publikums zuvor- und entgegenzukommen.

Diese Fähigkeit kann nun dadurch Einbußen erleiden, dass eine Behinderung Varianz und Tempo der Anverwandlungsmöglichkeiten einschränkt.

Behinderte sind oft in ihrer Attraktivität herabgesetzt und gleiten – auch ohne jede sogenannte »Behindertenfeindlichkeit«! – in Bereiche verminderten gesellschaftlichen Interesses ab. Ihre Tragik besteht nicht im Verfolgt-, sondern im Vergessenwerden. – Dies verbindet sie freilich mit Menschen, die zwar im traditionellen Sinne unversehrt und lediglich performativ »behindert« sind. Sie verfügen zwar über Talente und Fähigkeiten, vermögen jedoch kaum jemand für sich einzunehmen, und ihre »Einschaltquote« bleibt minimal. Versucht man Gründe zu eruieren, so finden sich solche weniger in bestimmten Eigenschaften, sondern in einer schwer fassbaren Art, sich zu präsentieren. Womit der Zirkel sich schließt: interessant ist, wer zu interessieren vermag.

Tragisch-komisch gestalten sich meistenteils Versuche, es bezüglich Auftreten einer anderen Person gleichzutun, das performative Handicap also durch Imitation zu überwinden. Diesbezüglich wird insbesondere für Behinderte das sozial-psychologische Terrain ausgesprochen glitschig. Wer sich zu weit über sein Ich-Selbst hinauswagt, droht in Lächerlichkeit abzustürzen. Wo die jeweiligen Bruchstellen liegen, ist schwer abzuschätzen, und Beispiele reizen rasch zu hitzigen Debatten:

Behinderten-Olympiaden - Fußmalende Künstler - Kongresse von/mit Geistigbehinderten - Ehen unter Homosexuellen - Elternschaft Geistigbehinderter - Mongoloide mit »University of XY«-T-Shirt - Körperversehrte im Bade-Dress: Diese Beispiele sind willkürlich gewählt, sind thematisch und inhaltlich nicht miteinander vergleichbar und berühren in keinem Fall die »Recht auf.... «-These.

Unter dem performativen Gesichtspunkt geht es ausschließlich um die Frage der gestaltsmäßigen Vereinbarkeit, von deren affektiven und perzeptiven Beantwortung entscheidende soziale Auswirkungen ausgehen. -

Damit gewinnt das Oberflächenhafte der Performance unversehens eine Tiefendimension, indem als »möglich« oder »unmöglich« empfundene Gestalten vorrational über Akzeptanz entscheiden: vor und sogar trotz rationaler Pro- und -Contra-Begründungen.

Nicht einfach die Ersetzung von Irrationalität durch Rationalität, sondern die sorgfältige Beachtung, Pflege und Kultivation dessen, was eine in ihre eigene Aufgeklärtheit verbissene Gesellschaft als »irrational« glaubt abschieben zu können, liegt somit als eine erst in Umrissen erfasste Aufgabe noch vor uns.

Literatur

Bateson, G.: Geist und Natur, Frankfurt/M. 1982

Ciompi, L.: Affektlogik, Stuttgart 1982

Schaad, Isolde: Küsschen Tschüss, Zürich 1989

Vaterlaus, Th.: Lauter Visitenkarten für den Arbeitgeber, Zürich 1991
(Die Weltwoche 39)

5 Heilpädagogik von gestern: heute?

aus: Bürli, A. [Hrsg.] (1988), Jahrbuch 1986/87 zur Schweizer Heilpädagogik (Luzern Edition szh) S. 13–31

> *„Zweifle an allem wenigstens Einmal,*
> *und wäre es auch der Satz:*
> *zwei mal zwei ist vier"*
> *(Ch. Lichtenberg)*

Vereinzelte Förderungs- und Bildungsbemühungen um behinderte und sozial benachteiligte Kinder sind zwar bis in die Anfänge der Pädagogik - d.h. einer reflektierten und zielbewussten Erziehung - zurückzuverfolgen. - Als relativ abgehobenes Gebinde erzieherisch-unterrichtlicher und therapeutisch-rehabilitativer Besorgungen bildete sich eine sogenannte „Heilpädagogik" aber erst um die Mitte des 19. Jahrhunderts heraus. Caritative, medizinische, pädagogische und sozialpolitische Motivationen fanden sich zu einem lockeren und sich bis in die Gegenwart hinein als brüchig erweisenden Konglomerat von „Hilfen für Benachteiligte" zusammen.
Die seinerzeit in Worten und Taten, in Gesetzen und Institutionen abgegebenen Antworten, die im buchstäblichen Sinne notwendig erschienen, um dem Elend zu wehren, sind denn auch auf die damalige gesellschaftspolitische Situation bezogen und von den zeitgenössischen Wissenschaftsauffassungen und Praxisfiguren beeinflusst. Auch die Heilpädagogik trägt somit epochaltypische Züge, hinter denen ihr sachbedingter, „objektivierbarer" Habitus gelegentlich sogar zu verschwinden droht. Einer Wissenschaft, deren Physiognomie in ganz entscheidendem Maße durch die sie tragende Sozietät mitgeprägt wird, stellt sich somit permanent die Aufgabe einer „Statutenrevision". - Ich möchte im folgenden versuchen, einige der geläufigen heilpädagogischen Apologien (d.h. Rechtfertigungen, Begründungen, Motivationen, Handlungsmuster etc.) auf die eben genannte epochale Relativität hin zu überprüfen. Ich verbinde damit die Hoffnung, da und dort ein Denkmal in ein denk mal! umwandeln zu können.

Ich konzentriere mich auf folgende sechs Bereiche, in denen die hauptsächlichsten handlungsbedeutsamen Wandlungen bzw. Akzentverschiebungen zu verzeichnen sind:

1. Akzentverschiebungen in den Behinderungsursachen
2. Akzentverschiebungen bezüglich Art und Grad der Behinderungen
3. Deutungs- und Bedeutungsverschiebungen von Behinderungen
4. Akzentverschiebungen in den Figur-Grund-Effekten und den psychosozialen Auswirkungen von Behinderungen
5. Akzentverschiebungen bezüglich der gesellschaftlichen Funktion der Behinderten
6. Akzentverschiebungen bezüglich der Art, des Instrumentariums und der Organisationsformen in der Hilfeleistung für Behinderte.

1. Akzentverschiebungen in den Behinderungsursachen

Bis in die Neuzeit hinein standen folgende Ursachengruppen von Behinderungen im Kindesalter im Vordergrund:

a) Infektionskrankheiten, die nicht selten Residualschäden, die ihrerseits zu funktionellen Beeinträchtigungen führten, zurückließen: Sinnesschädigungen, motorische Beeinträchtigungen, Missbildungen u.a.m.

b) Ernährungsschäden (Mangelernährung, Fehlernährung), die direkt oder indirekt Behinderungen nach sich ziehen konnten (Rachitis: Verkrüppelungen; Schilddrüsenfunktionsstörungen: Kretinismus; Vitaminmangel: Hirnschädigungen; u.s.w.)

c) Extreme Armuts- und Elendsverhältnisse, die zum Teil mit den oben genannten Ursachen in Verbindung standen und insgesamt dazu führten, dass behinderte Kinder überproportional häufig aus untern Volksschichten stammten

d) Rasante Kultur- bzw. Traditionsbrüche, im 18./19. Jahrhundert vor allem die krisenhaften Obergänge aus einer familienorientierten Agrar- und Handwerkerkultur in anonymisierte urbane Industrieverhältnisse.

Wiewohl die Heilpädagogik von derartigen Ursachenfragen nicht unmittelbar berührt wird - Kausaltherapien und radikale Ursachenbekämpfung sind im wesentlichen biologisch-medizinischer bzw. sozialpolitisch-oekologischer Natur - ergeben sich für die heilpädagogischen Bemühungen, je nach Ursachenkomplex, individuell und generell doch unterschiedliche Ausgangspositionen. - Die oben genannten Ursachenkomplexe ließen es geraten scheinen,

- akzentuiert kompensatorische Methoden und Instrumente zu entwickeln, die es gestatteten, umschriebene periphere Leistungsausfälle im perzeptiven und motorischen Bereich wettzumachen

- primäre, existentielle Bedürfnisse (Ernährung, Unterkunft, Kleidung) zu befriedigen

- Erholungs-, Schutz- und Schonräume zu schaffen, innerhalb derer schwächliche, kränkliche Kinder Erholung und Schutz vor bedrängenden Sozialverhältnissen finden konnten (Rettungshäuser, Milchküchen, Erholungsheime etc.)

- Ergänzungs- und Nachhilfeschulen einzurichten, um dem Bildungsmangel und dem noch verbreiteten Analphabetismus zu wehren

- mit religiösen, zunehmend jedoch auch sozialethischen Appellen vor die Solidargemeinschaft und den Bürgersinn zu treten, um die finanziellen Mittel für die genannten Maßnahmen zu erhalten.

Generell ging es also darum, sichtbare und schreiende Not zu lindern und zu diesem Zwecke vor allem materielle und instrumentelle Mittel und Organisationsformen verfügbar zu halten.

Es stellt sich nun allerdings die Frage, ob diesen in unseren (d.h. mitteleuropäischen) Verhältnissen nach wie vor die Priorität zukommt. Diesbezüglich ist festzuhalten,

- dass die Entwicklung funktioneller Rehabilitationsinstrumente längst zu einer technisch-ingenieurwissenschaftlichen Aufgabe geworden ist und als tragendes Element eine hochentwickelte Industrie erfordert. Heilpädagogisch-handwerkliche Handreichungen in dieser Richtung sind überdies von einer sich zunehmend verselbständigenden, marktwirtschaftlich orientierten Lehrmittelproduktion in den Hinter- und Untergrund gedrängt worden. - Auch bezüglich der funktionellen Adaptation und Integration von Prothesen (im weitesten Sinne des Wortes) haben Physiotherapie und Ergotherapie der Heilpädagogik bedeutungsmäßig den Rang abgelaufen. Es wäre allerdings zu wünschen, dass die Heilpädagogik ihre zuweilen noch technophobe Haltung überwinden und die nicht immer kindsgemäßen Entwicklungen auf dem Gebiet der Rehabilitationstechnologie kritisch begleiten und mitbestimmen würde

- dass MARX' berühmte These, wonach das Sein das Bewusstsein bestimme und MAKARENKOS daraus abgeleitete Forderung, die Erziehung habe mit dem Bau von WC-Anlagen zu beginnen, in Elendsverhältnissen zweifellos zutreffend sind. Die materielle Sicherstellung auch des Behindertenwesens war während rund 150 Jahren tatsächlich von existentieller Bedeutung. Mehr und mehr gewinnt man heutzutage jedoch den Eindruck, dass „das Bewusstsein das Sein bestimmt", d.h. dass der Mangel an Perspektiven und ideellen Ausrichtungen den materiellen Überfluss nicht mehr zu bewältigen und zu kanalisieren vermag und dass die Frage, ob man all das, was man kann und könnte - angefangen bei Frühleseversuchen mit Kleinkindern über Verhaltens- und Haltetherapie mit geistig behinderten bzw. autistischen Kindern bis hin zur psychopharmakologischen Stilllegung von Störenfrieden (vgl. VOSS 1983)

- auch tun soll und darf. In einer materiell saturierten, teilweise luxurierten Über-
flussgesellschaft drohen Materie und Materielles, Energie und Technik - einst als
Wunschtraum erfleht und als Segen begrüßt - nun ihrerseits zum Albtraum, ja zur
zerstörenden Obermacht zu werden

- dass die Schaffung Heilpädagogischer Provinzen, Inseln und Brückenköpfe innerhalb
umfassender Elendsverhältnisse - wie wir sie heute in vergleichbarer Art in Entwick-
lungsländern vorfinden - zweifellos eine sinnvolle soziale Strategie darstellt. Sie
erweist sich bei steigendem Lebensstandard jedoch bald als kontraproduktiv, wie
dies am Beispiel der Entwicklung der Erziehungsanstalten und zum Teil auch an jener
des Sonderklassenwesens deutlich wurde. Halfen diese Institutionen ursprünglich
mit, familiäre und schulische Notstände zu beheben und dem Elend herum-
schweifender Kinder, dem Bettlerunwesen, dem Verdingkinderproblem sowie dem
Analphabetismus zu wehren (man vergleiche dazu die sozialreformerischen Bestrebungen von Pestalozzi, Wichern, Bodelschwingh, Makarenko u.v.a.), so erwiesen sie
sich später - allein schon aufgrund der Zeitläufe - mehr und mehr als „Kavernen",
als „Einschlüsse" im Gesellschaftskörper, die sich Reintegrationsbestrebungen hindernd
in den Weg stellten. Was immer sich ein- und abschnürt vom Gesellschaftsganzen,
vermag (sich) zwar maximal zu schützen und Sicherheit zu bieten, droht (sich) zugleich freilich zu petrifizieren und Entfremdung und Isolation Vorschub zu leisten. Zeit
und gesellschaftsbedingt Notwendiges droht somit, je mehr es sich stabilisiert, in
einem dialektischen Umschlag seinerseits zur Nötigung, die einst mutige Tat zur
bedrohlichen Gewalttat zu werden

- dass die almosenheischende Hand des Bettlers an der Straßenecke längst in den
vieltausendfachen öffentlichen und offiziösen Händen einer via Massenmedien
flächendeckenden Großraumbettelei untergegangen ist. Auch diesbezüglich stehen
wir staunend, betroffen, bestürzt und gelegentlich zornerfüllt vor Umkehrverhältnissen
gigantischen Ausmaßes und kaum absehbarer Auswirkung: diente das persönliche
Almosen einst der primären, unmittelbaren, freilich auch bloß punktuellen Bedürfnisbefriedigung, so befriedigt das heutige Spenden (un)wesen in weiten Bereichen sich
selbst und benötigt seinerseits z. B. Behinderte zur Erhaltung massenmedialer, politischer, pararreligiöser Organisationen und zur Realisation idealler und ideologischer
Eigenheimphantasien. - Das private sowie das staatliche Versicherungswesen -
zweifellos einst ein glorioser Fortschritt in Richtung auf eine kollektive Verantwortung und Schuldigkeit - hat seinerseits feudalistische Strukturen reaktiviert, deren
Protzigkeit sogar die Physiognomie urbaner Architektur prägt und an die Stelle der
einstigen Pforte den Schalter setzt, hinter dem nach den Gesetzlichkeiten des bürokratischen Organismus geschaltet und wie ehedem gewaltet wird.

Aber auch sehr allgemein gehaltene Definitionen und Rechtfertigungsversuche für
heilpädagogische Arbeit, wie die eingangs erwähnte Zielsetzung „Hilfe für Benachteiligte", stehen auf wankendem Grund (vgl. dazu WURM 1985; KOBI 1985 u.a.).

Die Brüchigkeit und die schillernde Bedeutung jedes der drei Wörter wurden freilich erst im Verlaufe einer geschichtlichen Epoche in ein breiteres Bewusstsein gehoben, in der die Heilpädagogik teils durch brutale, teils durch sublime Gewalt ihrer Naivität verlustig ging: Was ist „Hilfe", wo wandelt sich diese in Nachhilfe, Abhilfe, in ein drohendes, sarkastisches: Dir will ich schon helfen, wart' nur:? - Was heißt „für" und worin besteht das polar dazugehörige „gegen"? Wie rasch wurde da aus dem Christuswort: „Wer nicht gegen mich ist, ist für mich" (Markus 9/40) durch ideologische Kippschalter ein „Wer nicht für mich ist, ist gegen mich:" - Und: Wer und was ist „benachteiligt" (behindert, gestört, abweichend)? Der Sozialhilfeempfänger Schultze in Bochum oder sein Gegenüber am Fernseher, der sifnotische Olivenpflücker Apostolis, der über seinen Ouzo hinweg nur das Nachsehen hat? - Und wie steht es schließlich um die paradigmatische und syntagmatische Austauschbarkeit der drei Wörter, über deren begriffliche Klarheit und Eindeutigkeit längst keine Einhelligkeit mehr besteht? Steht am Anfang aller Hilfe tatsächlich und unabdingbar die Not? Oder wird solche heutzutage nicht gelegentlich per definitionem erzeugt, weil primär eine Therapie, ein Erziehungskonzept, eine Hilfe ohne Zielpublikum da sind? Regelt nach traditioneller volkswirtschaftlicher Meinung die Nachfrage tatsächlich das Angebot, oder müssen nicht auch im Bereich säkularisierter, professionalisierter Liebelohndienerei gelegentlich Märkte erschlossen werden, um sich als Helfer absetzen zu können?

Die oben erwähnten Behinderungsursachen sind zwar auch in unserer Gegenwart nicht völlig aus dem Blickfeld verschwunden. Es ist jedoch festzuhalten, dass medizinische und hygienische Fortschritte sowohl Infektionskrankheiten wie auch Ernährungsschäden als Behinderungsursachen stark in den Hintergrund treten ließen. - Ferner gehört ein existenzsichernder Versicherungsschutz, basierend auf einem nationalen Solidaritätsprinzip, zu den tragenden Elementen eines modernen Staatswesens, so dass extreme und permanente Elendsverhältnisse als Nährboden für kindliche Behinderungen ebenfalls an Bedeutung verloren haben.

Im Vordergrund stehen heutzutage folgende Ursachenkomplexe

a) „Degenerative" Erkrankungen und Missbildungen mit oft unklarer Genese. Dazu treten diverse prä- und perinatale Schädigungen, die allerdings oft „Pannencharakter" haben. Man hat, zumal als medizinischer Laie, den Eindruck, dass der medizinische Fortschritt diesbezüglich nahe am harten Kern des Unvorhersehbaren und Unvermeidbaren angelangt sei.

b) Unfälle, wobei speziell kindliche Verkehrsopfer eine epochaltypische Erscheinung darstellen.

c) Gesamthaft, aber auch im konkreten Einzelfall komplizierte inter- und intrapersonelle Beziehungskonflikte sowie, z.T. in Verbindung damit.

d) Wert-, Norm- und Zieldiskrepanzen, Sinn- und Orientierungskrisen individualer, familiärer und gesellschaftspolitischer Art mit diffusen Befindlichkeitsstörungen und kaum abgrenzbaren Konfliktfeldern im Gefolge.

Insgesamt kann gesagt werden, dass sich die Behinderungsursachen aus dem Bereich der materialen Trägersubstanzen in den Bereich der ideellen Beziehungsnetze, der sozialen Anforderungsprofile sowie der Persönlichkeitskomplexe und Attribuierungen hinein verschoben haben. „Kultürliche" Behinderungsursachen sind gegenüber „natürlichen" in den Vordergrund getreten. Zu diesen kultürlichen Behinderungs-erzeugern sind auch die vorerwähnten Auswüchse und Pervertierungen dessen zu zählen, was ursprünglich eindeutiger als „Hilfe für Benachteiligte" angelegt war.

Falls die skizzierte Sichtweise auch nur in Teilen und der Tendenz nach richtig sein sollte, so müsste dies bedeuten, dass das ursprünglich auf äußere, materielle Not ausgelegte und daher entsprechend und parallel dazu materiell, technisch und organi-satorisch zusammengesetzte Instrumentarium sozialpolitischer und sozialpädagogischer Maßnahmen zu konzentrieren und wahrscheinlich auch zu reduzieren wäre: unter der Voraussetzung freilich, dass die Heilpädagogik den Edukanden und nicht den Edukatoren, die Medizin den Patienten und nicht der Ärzteschaft als Lebens- und Erlebnishilfe zu dienen hat. Behinderung ist heutzutage nicht mehr zwangsläufig mit materieller Existenzvernichtung verbunden, zieht häufig jedoch Vereinsamung und Isolation nach sich und hat Identitätsverluste unbeschreiblichen Ausmaßes zur Folge. Solche sind jedoch weder finanziell noch instrumentell, weder technisch noch organisatorisch einzugrenzen, sondern bedürfen un-"mittelbarer" Anteilnahme (s. Abschnitt 4).

2. Akzentverschiebungen bezüglich Art und Grad der Behinderungen

Mit dem Ursachenwandel hängen Akzentverschiebungen betreffend Art und Grad kindlicher Behinderungsformen unmittelbar zusammen. Der Umstand,

a) dass es prophylaktischen und therapeutischen Bemühungen der Medizin heutzu-tage in vermehrtem Masse gelingt, auch schwerstbehinderte Kinder, die früher überhaupt keine oder nur sehr kurzfristige Lebenschancen hatten, durchzubringen, führte dazu, dass diese Klientel vermehrt auch in pädagogischen Ziel- und Auf-gabenfeldern auftaucht

b) dass materielle Not und Beziehungsverluste allein heutzutage kaum mehr sonder-pädagogische Maßnahmen evozieren

c) dass - allen zum Teil noch widersprechenden Erfahrungen und Unkenrufen zum Trotz - zumindest die materielle Integrationsfähigkeit und Integrationswilligkeit in Bezug auf Behinderte in unserer Gesellschaft zugenommen haben, führte in den klassischen heilpädagogischen Institutionen - Sonderschule und Erziehungsheime - zu massiven Schrumpfungs- und Konzentrationsprozessen.

Die Klientel, mit der sich Heilpädagogik heute hauptsächlich befasst, setzt sich nach meiner Sichtweise aus folgenden Gruppen zusammen:

a) Schwerst- und Mehrfachbehinderte, die in ihrer vitalen Existenz extrem abhängig sind und einer permanenten Oberlebenshilfe bedürfen. Ihre gesellschaftspolitische Eigenheit besteht darin, dass ihnen aufgrund unserer Gesellschaftsdoktrin kein Produktionswert zugesprochen werden kann. Ihre Existenz ist und bleibt eine zugebilligte. Sie stehen daher zwingend unter der Perspektive von Versorgungsbemühungen.

b) Funktionell Eingeschränkte, die durch prothetisch-technisch-instrumentelle Hilfen sowie über ein Zusatz- und Umweglernen eingliederungsfähig sind. Ihre sozialpolitische Existenz ist dadurch eine bedingte. Sie stehen unter der Perspektive kompensatorischer Rehabilitationsbemühungen.

c) Institutionell Auffällige, die unter den Rahmenbedingungen von gesellschaftlich als unausweichbar erachteter Institutionen - so hauptsächlich der Bildungsstätten - die Konturierung ihres Behindertseins erfahren. Ihre sozialpolitische Existenz ist eine rahmenabhängig verminderte. Sie stehen unter der Perspektive der Förderung und Ausschöpfung von Restfähigkeiten bzw. unter jener institutioneller Adaptationen.

d) Interaktionale und interpersonelle Störungskomplexe konstellativer Art, die sich demgemäß nicht mehr personalisieren (d.h. in ein Individuum hinein verlegen) lassen, ohne dass sich damit die konsekutive Gefahr einer Personifikation (d.h. einer einseitigen, reduktionistischen Focussierung) verbindet. Das als behindert, weil als hinderlich empfundene Individuum ist hier vielmehr als eine Art „Symptom" pathologischer Entwicklungen im übergeordneten Gesellschaftsganzen ins Auge zu fassen.

Insgesamt ist die Entwicklung bezüglich Art und Grad der Behinderungen gekennzeichnet

- durch einen Konzentrationsprozess auf einen Kern schwerer, stabiler bzw. nur noch minimal veränderbarer Zustandsbilder

- durch eine Verminderung funktionell(er, peripherer, d.h. die Integrität der Person nicht unmittelbar beeinträchtigender Behinderungen

- durch eine zumindest anteilmäßige Ausweitung diffuser, oszillierender, d.h. meist kaum mehr als Behinderung oder Krankheit sui generis dingfest zu machender und eindeutig zu etikettierender Komplexe systemischer Beziehungs- und Befindlichkeitsstörungen, die sich in einem Individuum zwar manifestieren, jedoch interindividueller und übersubjektiver Natur (besser: „Kultur") und Genese sind.

Dies hat oder hätte zur Konsequenz

- dass Behinderungen nicht mehr nur in ihren individuell-funktionellen Auswirkungen erfasst und gedeutet werden können, sondern auch - zum Teil sogar hauptsächlich - als sozio-dynamische Felder verzerrter Kommunikation, in denen Ursachen und Wirkungen kreisförmig ineinander übergehen, darzustellen sind und

dass demgemäß die strikten Trennungen zwischen Heilpädagogik (als speziellem Erziehungskonzept) und ihrem Adressatenkreis (als behindert bezeichnete Personen), zwischen Heilpädagogen (als Funktionären im Namen und Glauben des Seinsollenden) und Benachteiligten (als Repräsentanten des Normwidrigen), kurz: zwischen „Personal" und „Klientel" nicht mehr ohne Not und Nötigung aufrechtzuerhalten sind.

Einer in ihrer funktionell einschränkenden Bedeutung erfassten Krankheit oder Behinderung können sich die Person des hierdurch Betroffenen und jene des Therapeuten oder Erziehers quasi gegenüber- und entgegenstellen und sie gemeinsam aufzuheben, zu korrigieren, einzuschränken versuchen. Je mehr hingegen die personale Bedeutung einer Behinderung - das Blindsein, nicht die Blindheit; das Geistigbehindertsein, nicht die Oligophrenie – ins Zentrum rückt, um so mehr hätte sich eine Pädagogik des Herstellens und Wiederherstellens, des Machens und der Machenschaften, des Werkens und der – selbstredend Guten: – Werke zu wandeln (besser: den Sprung zu wagen) in eine Pädagogik der gemeinsamen Daseinsanalyse und Daseinsgestaltung, der personalen Anteilnahme und des Anteilnehmenlassens. Die Krise, in die eine Herstellungspädagogik gerät, die unter dem Diktat des Therapierens und Förderns, des Ausnutzens und Aufbauens steht, zeigt sich in exemplarischer Weise in der Schwerstbehindertenpädagogik: da wo nichts (weiteres) mehr zu „machen" und „herauszuholen" ist. Und es ist zweifellos kein Zufall, dass das sogenannte „Burn-out Syndrom" speziell aus diesem Bereich heraus zur Darstellung gelangt: Wer sich auf der verabsolutierten Achse von Geben und Nehmen notgedrungen ausschließlich als Gebender erlebt, brennt aus, entleert sich wie eine Batterie, zumal er erkennen muss, dass er nichts mehr zu entzünden vermag, „... was leuchten soll im Vaterland" (GOTT-HELF). Die Sehnsucht nach der - freilich undatierbaren - „Guten alten Zeit", zu der man noch zu wissen glauben konnte, woran man war, ist psychologisch daher durchaus verständlich (s. Abschnitt 3).

3. Deutungs- und Bedeutungsverschiebungen von Behinderungen

Behinderte und behindernde, in ihrem Habitus oder in ihrem Verhalten auffällige Individuen gehörten seit je natürlicher- und kultürlicherweise zur menschlichen Gesellschaft. Dabei änderten sich im epochalen Wandel nicht nur Ursachen und Erscheinungsformen, sondern auch die Bedeutung dessen, was als Behinderung galt. Bestimmte Ausprägungsformen dessen, was der heutigen Zeit und Gesellschaft als behindert erscheint, wurden in andern zeitgeschichtlichen Zusammenhängen z. B.

- in Ermangelung eines kontrastierenden Anspruchs überhaupt nicht registriert. So setzt z.B. die Erfassung des Faktums „Legasthenie" ein ziemlich weit fortgeschrittenes Stadium gesellschaftlicher Literalität bzw. Alphabetisierung voraus, wie es bis in die Neuzeit hinein nicht gegeben war (vgl. POSTMAN 1983)

- in seinem Unterhaltungswert beachtet. Das heißt das, was aus einer zeitgenössischen Perspektive betrachtet als „tragisch" erscheint (Gliedmassenmissbildungen, Zwergwuchs) wurde - so etwa auf dem altrömischen Morionen-Markt - als Kuriosität und Komik erfasst und entsprechend in den zwischenmenschlichen Umgang miteinbezogen

- in unterschiedliche Nähe zu den Polen „madness"/„badness" gesetzt. Die Auseinandersetzungen darüber, was generell oder im Einzelfall als verrückt, krank, in Bezug auf die verantwortliche Personalität heteronomer Natur und daher als behandlungsbedürftig unter einer kurativen Perspektive zu betrachten und anzugehen sei - und was demgegenüber böse, sündhaft, in Bezug auf die verantwortliche Person autonomer Art und daher als sühnebedürftig unter einer punativen Perspektive zu betrachten und zu maßregeln sei: diese Zuweisungsproblematik verschafft bekanntlich den Professionen in Kliniken, Gerichtssälen und Pfarren seit je ihr Brot und in der Neuzeit sogar ihren Kuchen.

- dem eigenschaftlichen So-Sein der Person zugeordnet und als in die Variationsbreite menschlichen Seins fallend betrachtet. Ich neige zur Annahme, dass die Pädagogik bis mindestens ins 17. Jahrhundert mehr einen seinsbewahrenden und -bestätigenden als einen auf Ausformung oder gar Veränderung abzielenden Auftrag wahrnahm, so dass man von einem „statischen" Erziehungswesen sprechen kann, wie es ohne Zweifel auch zu einer „traditionsgeleitenden Gesellschaft" (sensu RIESMAN 1960) gehörte. Es fällt uns heute außerordentlich schwer, eine derartige Pädagogik des Seins und des Sein-Lassens, des Oberantwortens menschlichen Schicksals in Gottes Hand überhaupt als Er-Ziehung und als Päd-Agogik (Bezeichnungen, in denen expressis verbis Dynamik und Veränderungswille zum Ausdruck gebracht werden) anzuerkennen und sie nicht der Passivität, des Fatalismus, ja der Gleichgültigkeit und Indolenz zu bezichtigen. Es scheint, dass zwar schon in frühester Zeit die eingeschränkte Performanz (Darstellungsfähigkeit), die eine Behinderung nach sich zieht, registriert wurde, dass damit hingegen nicht zwangsläufig der Gedanke einer existenzbedrohlichen Kompetenzverminderung (verminderte Handlungs- und Geschäftsfähigkeit) verbunden wurde. Dies mag mit ein Grund dafür sein, dass Behinderung und Armut bis in die Neuzeit hinein in enger gegenseitiger Kausalbeziehung standen: der verkrüppelte Bettler an Krückstöcken setzt in einer beinah archetypischen Weise die Verbindung ins Bild. Materielle Not bildete in der Tat während Jahrhunderten (via Krankheit) die hauptsächlichste sozialpolitische Ursache für Behinderungen, und ein Behindertenstatus erwies sich umgekehrt für weiteste Teile der Bevölkerung als eine Verelendungsursache. Trotzdem ist zu beachten, dass erst in einer sogenannten Leistungsgesellschaft, wie sie sich in und mit der Handwerkssowie vor allem dann der Industriekultur entwickelte, Behinderung als Kompetenzeinschränkung gedeutet wurde. Dazu verhalf auch die liberalistische Lebensmaxime, wonach jeder seines eigenen Glückes Schmied sei. Je mehr familiäre Herkunft, Name, Standeszugehörigkeit, Geschlecht, Alter: „Gegebenheiten" also, die als solche nicht auf das persönliche Erwerbskonto des einzelnen fallen, bezüglich des sozialen Status' an Bedeutung verloren, umso einschneidender musste sich eine individuale Behinderung auswirken. In feudalistischen Epochen bzw. Kulturen ist der Lebensweg des einzelnen primär standes-, rollen-, geschlechtsspezifisch vorgespurt, und die individuellen Eigengestaltungsmöglichkeiten sind - im Vergleich zur demokratischen Gesellschaft - gering: Hinz und Kunz mögen zwar intelligent sein, sie bleiben in der ständischen Gesellschaft mit ihrer Intelligenz jedoch in ihrer Hinz- und Kunzigkeit gefangen; ein oligophrener Von- und -Zu ist zwar geistig behindert, wird jedoch sozial gehalten durch sein hiervon unberührtes Von und Zu. - Dazu kommt, dass in verschiedenen Religionen, zumal in einer „Klagereligion" (CANETTI 1960) wie der des Christentums, verschiedene Formen der Selbstbehinderung eine alte und variationsreiche Tradition besitzen: Selbstgewählte Armut, selbstauferlegtes Schweigen, Selbstisolation, Selbstverstümmelung, Flagellation und Kasteiung, selbstgewähltes Bettlerdasein zeigen, dass Ausdrucksformen von Behinderungen weit mehr als göttlich-schicksalshafte Fügung und weniger als persönlich oder familiär zu verantwortende Schande aufgefasst wurden. Behinderung - d.h. eine Daseinsform, die wir aus unserer Sicht als „behindert" bezeichnen würden - ist möglicherweise zwar etwas Teuflisches, aber letztlich doch etwas in Gottes unerforschlichem Ratschluss auch Mögliches. Der Mensch lebt, wie immer er lebt, als Mitrepräsentant der Schöpfung, die nicht er selbst in Szene gesetzt hat.

Heute hingegen wird Behinderung in erster Linie über ihre kompetenzeinschränkenden Wirkungen definiert und bedeutet. Behindert ist, wer etwas in unserer Gesellschaft als sozial bedeutsam Erachtetes nicht kann; der Behinderte ist ein Unterleister. Von da her wird verständlich, dass Behinderungen zum Teil erst in ihren sekundären und tertiären Auswirkungen als „tragisch" empfunden werden, wie dies auch von Behinderten selbst zum Ausdruck gebracht wird: Die verminderte Lebensqualität liegt im Umstand, dass ich keinen Lebenspartner finde, dass ich nicht autofahren darf oder kann, dass mir eine gesellschaftsübliche Urlaubsgestaltung verwehrt ist, dass mir Aufstiegschancen in berufliche Kaderpositionen versperrt sind usw.

Von daher wird sozialpsychologisch auch verständlich, dass einfache (d.h. von wenigen, relativ stabilen Einflussgrößen abhängige und zudem kleinräumige und damit überschaubare) Verhältnisse mit einfachen (d.h. markant-augenfälligen, gut abgrenzbaren) Behinderungen korrelieren, komplexe (d.h. vielschichtige, teils auch widersprüchliche, in weiten Bereichen für den einzelnen intransparente, mobile) Verhältnisse ihrerseits mit komplizierten, zum Teil kaum ausgrenzbaren Störungskomplexen einhergehen.

An dieser Stelle entsteht im subjektiven Empfinden des praktizierenden Heilpädagogen gelegentlich ein kulturhistorischer Bruch: Sehnt er sich doch zuweilen, wenngleich in illusionärer Weise, nach den alten „schönen" (d.h. eindeutigen) Behinderungen, mit denen man noch etwas „machen" und erreichen konnte: ein intelligentes, blindes Kind aus gutem Hause (taubblind sogar, aber clever wie Helen Keller); ein rundum gemütvoller Mongoloider wie er im Buche steht; meinetwegen auch ein lausiger Verwahrloster, der sich jedoch wohlig in der heilpädagogischen „Nestwärme" räkelt und mit beiden Händen zugleich nach dem dargebotenen Halt fasst; ein deftiger Sigmatismus auch, der alsbald dem Holzspatel und dem Spiegel weicht; verschupfte Kinder, die in der Hilfsklasse so richtig aufblühen; nicht zu reden von den genau umschriebenen und benannten Zustandsbildern, wie sie noch ZULLIGER und PFISTER briefmarkengleich, nebeneinanderreihen konnten: Hundephobie, Pferdephobie, Agoraphobie... Waschzwang, Zählzwang, Stehlzwang.., usf. - Die soziale Not brachte, im Verein mit der "Schwarzen Pädagogik" von annodazumal, immerhin noch holzschnittartig deutliche Fehlprägungen zustande. Doch heute? „Auditive Dysgnosie unklarer Genese, akzentuiert im Bereich der Differenzierungsfähigkeit für Sprachlaute bei 9;5 Jahre altem Mädchen aus broken-home Situation etc. etc.". Die „Fülle der Gesichte" und die der Diagnosen und Diagnostiker, der Therapien und Therapeuten, der Erzieher und Förderer ist unüberschaubar geworden. Die Figur des Behinderten und die Folie der Normalität fließen ineinander, Rollen und Funktionen werden austauschbar, ebenso Instrument und Methode, Weg und Ziel.

Ist es unter diesen Umständen denkbar, dass „Behindertsein" als sozialer Status in unserer Epoche in einer vergleichbaren Weise, obschon aufgrund anderer Faktoren, „verschwindet", wie dies POSTMAN (1983) vom sozialen Status des Kindseins vorauszusehen meint? - Wenn POSTMAN(1983) die Theorie aufstellt, dass Kindsein bzw. Erwachsensein sozialpsychologisch eng mit der Literalität (dem Lesen/Schreiben-Können und im weitern dem via Belesenheit erreichten Informationsstand) verknüpft sei, so ist man versucht, anzunehmen, dass die Erzeugung (nicht die Verursachung!) von Behinderungen vielleicht ebenso eng verbunden ist mit Ausbildungs- und Schulungs-, Lern- und Lehrzwängen und dass möglicherweise ein „Verschwinden der behinderten Kindheit" mit einer „Entschulung der Gesellschaft" (sensu ILLICH 1978) einhergehen könnte? In dieser Auffassung wird man bestärkt angesichts des heilpädagogischen Chorus, der uns vielstimmig vorsingt, dass der durchgehende Tatbestand der eingeschränkten Bildsamkeit und der erschwerten Erziehbarkeit die gemeinsame Klammer für die Behindertenpädagogik bilde (vgl. WURM 1985 und dessen diesbezügliche Kritik).

4. Akzentverschiebungen in den Figur-Grund-Effekten und den psychosozialen Auswirkungen von Behinderungen

Behinderungen sind nicht nur von Merkmalen einer Person abhängig. Behinderungen werden nicht nur kausal-linear verursacht, sondern stets auch in kreisförmigen Beziehungsmustern erzeugt (KOBI 1983, 4). Es gibt im sozialpsychologischen Sinne keine „Behinderung an sich", sondern nur im Vis-a-Vis der Person und vor dem Erwartungshintergrund gesellschaftspolitischer und epochaler Normvorstellungen. Behinderungen können daher grundsätzlich auch über zwei Wege aufgelöst werden:

a) indem das die Behinderung markierende Merkmal ausgemerzt wird, wobei diese Ausmerzung unterschiedlich umfassend angesetzt werden kann:
- Im Extremfall kann der Merkmalsträger als Ganzes vernichtet werden -: Heilung ad exitum war und ist auch heute noch auch eine Möglichkeit, mit der sich die Sozietät von Seinsformen befreien kann, die sie als maligner Art einschätzt. Ob es sich dabei um Fremdtötung oder Selbsttötung, um illegale oder legalisierte, um prä- oder postnatale Vernichtungs-Formen handelt, ist auf der existentiellen Ebene ohne Belang. - Heilung ad integrum ist demgegenüber der Versuch, ein als von der Person abhebbares malignes Merkmal zum Verschwinden zu bringen und über diesen Weg eine Normalisierung zu erreichen.

- Ferner kann ein in seinen Auswirkungen störendes Merkmal neutralisiert oder abtempiert werden, wodurch eine sogenannte „Obwohl-Existenz" gestiftet wird: Obwohl dieser Mensch gehörlos ist und bleibt, hat er gelernt, sich mit Hörenden lautsprachlich zu verständigen.

b) indem das die Behinderung markierende Merkmal
- durch Perspektivenwechsel und Normentausch eine radikale Umdeutung erfährt: Wer unter zivilen Verhältnissen einen andern Menschen vorsätzlich tötet, wird nach dem badness-madness-Sortiment als Mörder bestraft und/oder als Patient behandelt. Wer unter Rahmenbedingungen einer kriegerischen Auseinandersetzung und in der Rolle des Soldaten einen als Feind bezeichneten Menschen vorsätzlich tötet, wird gemäß einem Pflicht-Gratifikationsmuster in seiner Funktion bestätigt, eventuell sogar ausgezeichnet. Weder das Merkmal noch die Handlungsweise und deren Effekt sind letztlich maßgebend, sondern ganz offensichtlich die im Hier und Jetzt angelegte Perspektive

- durch Ausweitung der Normperspektive („Neukalibrierung" sensu WATZLAWICK 1969 f.) seiner markierenden (symptomatischen) Signalwirkung beraubt wird: Linkshändigkeit, Selbstbefleckung, Homosexualität können daher als „auch und

ebenso" normal erklärt werden wie Rechtshändigkeit, partnerschaftliche Sexual-
befriedigung und Heterosexualität.

Wenn wir die geschichtlichen Entwicklungen vor dem skizzierten Hintergrund betrachten, so können wir also feststellen,
- dass wir in unserer Gesellschaft und Zeit - nicht ohne anhaltende Zweifel und
  kritische Einwände und leider auch nicht ohne barbarische Rückfälle - zwar gelernt
  haben, Person und Behinderung, Merkmalsträger und Merkmal besser auseinander-
  zuhalten, dass jedoch der zum Teil verbissene Kampf gegen das störende Merkmal
  (Symptom) nach wie vor im Zentrum steht und

- dass dieses „therapeutische Modell" (KOBI 1983, 4) inzwischen aber auch an allgemeiner und uneingeschränkter Akzeptanz verloren hat. Die Diskussion um „Be-
  hinderungs"- und „Hinderungs"-Formen, die man - ohne jede Resignation und
  Defaitismus und ohne jedes Versagergefühl, frustrationslos - in ihrem So-Sein belas-
  sen und ins Miteinander gemeinsamer Daseinsgestaltung aufnehmen könnte, sind
  jedenfalls in vollem Gange.

5. Akzentverschiebungen bezüglich der gesellschaftlichen Funktion Behinderter

Behinderte hatten stets auch eine mediale Funktion, sie waren und sind Umsetzer
psychosozialer Bedürfnisse innerhalb und für die Sozietät.

Die hohe instrumentelle Bedeutung jener sehr heterogenen Population, die heute
unter dem Etikett „behindert" zusammengefasst wird, tritt vor allem in der abendländischen Tradition deutlich zutage. Behinderte waren seit je ein bedeutsames
Austauschmittel, eine Art psychosoziale Relaisstation, im Verkehr mit übersinnlichen
Mächten. Behinderte und Notleidende haben in allen Hochreligionen die Funktion
von Almosenempfängern und Opferstöcken, deren fleißige Benutzung dem schadlosen
Spender einen positiven Kontakt mit dem Himmelreich und nach seinem Ableben
eine günstige Position daselbst sichern helfen. Das altrömische Do-ut-des schwingt
in vielfältigen säkularisierten Varianten auch im heutigen Behindertenwesen noch
mit.

Die moderne sozialpolitische Idee, dass die Solidargemeinschaft des Staates grundsätzlich, umfassend, bedingungslos-selbstverständlich und ohne Ansehen der Person
für die Befriedigung existentieller Grundbedürfnisse des einzelnen verantwortlich
sei, hat sich erst in Umrissen zu realisieren vermocht. Der moderne Nationalstaat
scheint nach wie vor in erster Linie ein Verteidigungspakt und eine Wirtschaftseinheit
zu sein. Militärische und ökonomische Interessen stehen im Zentrum. Sozialabbau
geht vor Abrüstung. Es ist aus dieser Sachlage bzw. aus dieser ideellen Vorschrift heraus
ein geradezu absurder Gedanke, sich vorzustellen, die materielle und psychosoziale
Existenzsicherung des einzelnen Bürgers rangierte unangefochten an erster Stelle der

Staatsaufgaben, während im Bedarfsfalle die militärische Aufrüstung via Bettelaktionen realisiert werden müsste.

Gerade in materiell saturierten Staaten wird deutlich, dass der Bedürftige zwar der Vater des Spenders, dieser aber der Großvater des Bedürftigen ist. Geben ist in der Tat seliger denn Nehmen.

Es entsteht heute verschiedentlich die grotesk anmutende Situation, dass Gönner Mühe haben, Absatzmärkte zu finden. Wer Gutes tun will, ist auf einen Schlechten angewiesen, der immerhin noch so gut ist, dass er das Gute entgegennimmt und darüber hinaus erst noch als Gutes dankbar, anerkennt. (Wer so gut ist, dass er dies kann, kann allerdings so schlecht auch wieder nicht sein. Das ist die Crux!) Noch hängen wir, wie schon erwähnt, sozialromantischen Vorstellungen an, wie sie von TH. FONTANE in seinem Gedicht vom „Herrn Ribbeck auf Ribbeck im Havelland" ins Bild gesetzt wurden: wo man die Armseligkeit noch mit einer Birne zum Leuchten bringen und der Spender der augenfälligen Dankbarkeit sowie der Segenswünsche des Beschenkten gewiss sein konnte.

Wenn wir uns fragen, welche Transferbedeutung Behinderte in unseren gegenwärtigen Verhältnissen haben, so kann festgestellt werden, dass die Transmitter im wesentlichen zwar dieselben geblieben sind: Nach wie vor werden Geld, Naturalien, Gute Werke und gute Worte umgesetzt, nur begnügt sich dieser Devotionalienhandel nicht mehr mit havelländischem Obst:

Einem Artikel der Zeitschrift „Der Spiegel" vom 25.3.1985 entnehme ich folgenden Hinweis: „Im vorigen Jahr stifteten die Amerikaner mehr als 67 Milliarden Dollar; Hunderttausende arbeiteten auf Stiftungskosten unbezahlt in Krankenhäusern und Altersheimen. Mehr als 4'000 Stiftungen mit einem Mindestvermögen von je einer Million Dollar sind in den USA registriert, 67 dieser Foundations, … verfügen jeweils über mehr als 10 Millionen Dollar Kapital. 'Zwei Überlegungen treiben Leute zum Geben', sagt der über 1.8 Milliarden Dollar reiche Computer- und Elektronikfabrikant David Packard, der 1964 seine David and Lucile Packard Foundation gründete: 'Sie wollen wissen, wohin sie nach ihrem Tod reisen, also erhalten die Kirchen eine Menge Geld. Und zweitens: Man will die Reise so lange aufschieben wie möglich, also hat die medizinische Forschung höchste Priorität." - Dies alles zur selben Zeit, zu der 15% aller Amerikaner unter dem Existenzminimum leben und offiziell als „arm" gelten.

Man kann hier kaum umhin, von einem Polykrates-Phänomen zu sprechen, von einem sozialen Narzissmus auch, der zu seiner Selbstbespiegelung das Elend anderer im selben Masse benötigt wie einst die himmelwärts blickende Seele des Jenseitsverzückten. - Die Devise: Rücksichtslos zusammenraffen und dann freimütig spenden! scheint eine moderne Variante des liberalistischen Kampfrufes „Freie Bahn dem Tüchtigen!" zu sein.

Behinderte haben heute ferner die mediale Funktion von Litfass-Säulen: sie sind begehrte Werbeträger. Schmusekätzchen und Kleinkinder sind out -, Behinderte sind in. Sich in irgendeiner Weise und in aller Öffentlichkeit für Behinderte einzusetzen, gilt als soziale Etikette, die überdies so unverfänglich ist, dass sie einem nicht den Ruf einträgt, sozialistisch zu sein. Sozial sein, ohne rot zu werden! wäre der hierzu passende Slogan.

Das X-Heim in Y (Schweiz) feierte im August dieses Jahres sein 10jähriges Bestehen.

Der 59-seitige Festprospekt enthält auf 35 Seiten insgesamt 94 Inserate. Geworben wird - um welchen potentiellen Kundenkreis auch immer - für Flachriemen und Transportbänder, Wurstwaren, neun Mal für Banken, vier Mal für Versicherungen, mehrfach für Coiffeure, für Ferienreisen („Ob aus ihren Ferien die schönsten Tage des Jahres werden, hängt von der Wahl des Reisebüros ab!"), für Grand Marnier („le goûter c'est l'aimer:").

Auf 12 weiteren Seiten stellt sich das Festorganisationskomitee vor, wird, fettgedruckt, der Nomenklatura der Förderer und Gönner gehuldigt und kommen, hierarchisch, bestückt mit Bild und markiger Unterschrift, die Honoratioren zur Geltung: Angeführt vom Bundespräsidenten, gefolgt vom Regierungsrat, hinter dem sogleich der Gemeinde präsident auftritt, sich, ein Schnapsinserat weiter, der OK-Präsident zu Worte meldet und dieses endlich dem Direktor weiterreicht.

Selbstverständlich beansprucht der Abdruck des Festprogramms noch 8 Seiten, so dass sich Personal und Pensionäre unter dem Titel „Die Belegschaft" noch auf einem anonymen Gruppenbild zusammenfinden dürfen: Vorn, kniend, wie ein Torhüter, nochmals der Direktor, aus Integrationsgründen hier jedoch vom Schlipse befreit; dahinter die optisch markanten Rollstuhlfahrer, dahinter all jene mit Stehvermögen. Fehlte im Editorial die Grußadresse des Herrn T., der sich ordnungsgemäß als „quer-schnittgelähmt (Tetraplegiker)" bezeichnet, so käme man in der Tat auf merkwürdige Gedanken und, was bei so viel Korrektheit noch weitaus bedenklicher wäre, nicht auf die Ausgangssumme von 59 Seiten. So aber ist der Ironie der Giftzahn gezogen und was vorliegt, ist lediglich ein Beispiel für ein Ritual, das in tausendfältiger Originalität landauf und -ab aufgeführt zu werden pflegt.

Behinderte haben sich aus transzendenten zu immanenten Heilsvermittlern gewan-delt. Aus der „Heilspädagogik", von der der katholische Theologe LINUS BOPP (1930) - von seiner Position aus und, unter Bezugnahme auf die christlichen Wurzeln sinngemäß - noch sprechen konnte, ist nicht nur eine weltliche, sondern eine aus-gesprochen umweltliche Heilpädagogik geworden. - Geblieben ist der Devotionalien-handel, der durchaus beidseitige Bedürfnisse zu befriedigen vermag und den Behinderten jedenfalls jedes Gefühl der einseitigen Empfängerrolle überflüssig machen müsste.

Behinderte sind last but not least aber auch zu begehrten Arbeitgebern geworden. Behindertenarbeit ist ein aus dem modernen Sozialstaat nicht mehr wegzudenkender Dienstleistungssektor geworden, in welchem das Verdienst und der Verdienst, der Gehalt und das Gehalt nuanciert, wie dies unsere wunderbare deutsche Sprache für solche ideo-materiellen Grenzzonen vorsieht, ineinander übergehen. Behinderte sind von Arbeit Gebenden ganz offensichtlich zur Arbeitgebern geworden, was in kapitalistischen Staatswesen nicht ohne Prestigegewinn bleiben sollte.

Das Laiensystem und die punktuelle von-Fall-zu-Fall-Hilfe ist einer riesigen Expertokratie gewichen, die unaufhörlich neue Berufe und Berufungen gebiert und sich zum Teil genötigt sieht, per definitionem neue Behinderungen zu erzeugen. In Abwandlung einer Aussage von CH. Ll.CHTENBERG, der in einem seiner Aphorismen einmal meint, dass viele Menschen ihr Brot verlören, würden alle Leute plötzlich tugendhaft, kann man feststellen, dass Behinderten heute offenbar auch eine wichtige Stützfunktion in der sozialpolitischen Organisationsstruktur zufällt. Ganze Industriezweige würden zusammenbrechen, ungezählte Berufe ihr Arbeitsfeld und Berufungen ihre Identität verlieren, würde ein deus ex machina Krankheit, Leid, Not und Behinderung von einem Tag auf den andern aufheben.

Während es bei verschiedenen Naturvölkern üblich war, als störend empfundene Verhaltensformen mittels verbaler Magie auszureden, Scham und Scheu ferner in manchen Gegenden, Schichten und Sippen es zum Teil bis in die Neuzeit hinein geboten, gewisse Behinderungen (wie z.B. die Epilepsie) zu tabuisieren, sie durch Verschweigen und Beschweigen gewissermaßen nicht offiziell werden zu lassen, gelingt es uns heute allein schon aufgrund unseres umfassenden und hochdifferenzierten sozio-psycho-pädo-psychiatrischen Vokabulars, Behinderung oder zumindest therapiebedürftige Zustandsbilder herbeizureden. Allein die Zahl der benennbaren „Komplexe" und „Neurosen" geht in die Dutzende, jene der Tests, mittels derer „Abweichungen" eruiert werden können, in die Tausende, so dass der Tag nicht fern sein dürfte, an dem der jovial-biedermännisch an Behinderte gerichtete Satz: „Wir alle sind ja im Grunde genommen behindert:" unversehens wahr werden könnte. Wehe denen, die dannzumal noch behaupten, gesund und munter zu sein: Auch über diesen Weg könnte es künftig daher zu einem „Verschwinden des Behindertseins" kommen.

6. Akzentverschiebungen bezüglich der Art, des Instrumentariums und der Organisationsformen in der Hilfeleistung für Behinderte

Behinderte sind im Erlebnisfeld ihrer Definitoren zunächst einmal Behindernde, und Behindertenhilfe ist vorgängig, und untergründig wahrscheinlich bleibend, auch Behindernden-Abhilfe. Die Tötung und Aussetzung von behinderten Kindern, das Desinteresse und die Beschämung, denen diese während einer langen geschichtlichen

Tradition ausgesetzt waren, legen dafür beredtes Zeugnis ab. In der Art und bezüglich des Ausmaßes der Hilfe für Benachteiligte hat sich in den vergangenen 150 Jahren wohl der größte und augenfälligste Wandel vollzogen. Es scheint, dass die jeweilige Kultur- und Lebensform einer Gesellschaft das Grundmuster liefert auch für den Umgang mit Behinderten und dass eine systematische Hilfe nicht zuletzt auch von den ideellen und materiellen Ressourcen abhängig ist, über die eine Gesellschaft verfügt.

Dass für nomadisierende Gesellschaften Behinderte im buchstäblichen Sinne ein Hindernis, ein Ballast sind, den man nötigenfalls beseiteschaffen und abwerfen muss, dass in Viehzuchtkulturen der Züchtungsgedanke auch im Humanbereich virulent wird, dass in Ackerbaukulturen die Frage nach dem Arbeitsbeitrag des einzelnen brennend 'wird und im handwerklichen Bereich jene der funktionellen Kompensationsmöglichkeiten, scheint ebenso einleuchtend zu sein wie der Umstand, dass das Behinderten- und Wohlfahrtswesen einer industriellen Massengesellschaft sich zu einem nach industriellen Maximen ausgerichteten Dienstleistungsbetrieb auswächst: sich entsprechend dynamisiert, differenziert, rationalisiert und anonymisiert. Die diesbezüglichen Wandlungen lassen sich stichwortartig an folgenden Beispielen illustrieren:

- In Gesellschaften, deren ideelle, soziale und materielle Grenze und Toleranz rasch erreicht sind, fallen Behindernde oder sonstwie Abtrünnige ins außersoziale Nichts, werden dem allgewaltigen Schicksal anheimgestellt, bestenfalls in Gottes Hand befohlen. - Im Zuge der Säkularisierung der Behindertenhilfe wurde in unserer Gesellschaft Gottes Hand zur Öffentlichen Hand und durch das vielzitierte „Soziale Netz" ersetzt, um dessen Säume und Maschen sich Finanz- und Sozialpolitiker zu streiten pflegen.

- Soweit Behindertenhilfe überhaupt realisiert werden wollte und konnte, oblag diese ursprünglich der Familie und der Sippe, später zum Teil auch Berufsgruppierungen (Zünften, Innungen). Kirchliche, hauptsächlich klösterliche Kreise bildeten zwar regionale Ansätze zu einem übergeordneten Behindertenwesen; sie vermochten jedoch aufgrund der ihnen wesensgemäßen Geschlossenheit und Innerlichkeit nicht über ein oasenhaftes Angebot hinauszugelangen. Erst die nationalstaatlich eingebundenen Gesellschaften erwiesen sich im Zuge der Industrialisierung und Technisierung hierzu imstande.

- Behindertenhilfe war in ihren Anfängen fast ausschließlich personaler und persönlicher Art in Form situativer „Handreichung". Der Stock blieb weitum praktisch das einzige - und daher bis auf den heutigen Tag so symbolträchtige - Behindertenhilfsmittel. Erst das technische Industriezeitalter bescherte uns ein Arsenal von Hilfsmitteln und Methoden, so dass heute - im geläufigen wissenschaftlichen Jargon - von einer regelrechten „Materialschlacht an der Forschungsfront" gesprochen werden darf. Noch nie gab es zum Beispiel, zumindest anteilmäßig, so wenig Blinde wie in unserer Gesellschaft, noch nie anderseits ein gigantischeres und vielfältigeres Angebot an Apparaten und funktionellen Hilfen für Sehgeschädigte.

Die helfende Hand, der denkende Kopf und was wohlwollende Herz sind verblasst, da sie als unwissenschaftliches Konglomerat gelten. An ihrer Stelle werden uns, im Interesse von Ökonomie und Effizienz, weitaus leistungsfähigere Apparate und Maschinen, weitaus breitere, wissenschaftlich geprüfte und klinisch erprobte Programme sowie ein maximaler Versicherungsschutz angepriesen, der einen im Schadenfall dem Schicksal, commercial-like, ins Gesicht lachen lässt. Dies ist für mich ein dritter Hinweis darauf, dass es zu einem „Verschwinden des Behindertenseins" kommen könnte: Das Behindertenwesen könnte nämlich schon in naher Zukunft selbsttragend werden. Das heißt, es benötigte dann den Behinderten gar nicht mehr zu seiner Weiterexistenz (oder pro Institution allenfalls noch einen, als Phantom gewissermaßen). Es gibt Institutionen, deren Personal gemäß dem Motto: Wir alle sind behindert: - in einem Maß mit sich selbst sowie mit den Innen- und Außenstrukturen beschäftigt ist, dass eine Auflösung auch dann nicht in Frage käme, wenn kein einziges krankes oder behindertes Kind mehr anwesend wäre. - Es gehört zum Wesen der Hand, dass sie zugreift, es gehört zum Wesen des Kopfes, dass er begreift, und es gehört zum Wesen des Herzens, dass es sich ergreifen lässt, und dass alle drei Komponenten im PESTA-LOZZI schen Sinne als personales Ensemble gemeinsam und selbst verantwortlich handeln. Es gehört demgegenüber zum Wesen des Betriebs, dass er treibt: Blüten sowohl wie Scheinblüten.

Es entstehen heute ferner mehr und mehr eigenartige Kettenbildungen z. B. zwischen „Therapeuten" und „Patienten", die wie ein „unendlich geflochtenes Band" (HOF-STADTER 1985/4) ineinander übergehen: Therapeuten, die sich selber therapeutisieren lassen von Therapeuten, die ihrerseits in Therapie sind.... Ähnliche Erscheinungen finden sich in Bildungs-, Fortbildungs-, Fortfortfort... Bildungswesen. Es sind Metamorphosen, in denen Therapeuten zu Patienten, diese ihrerseits zu Therapeuten, in denen Zöglinge zu Erziehern, diese ihrerseits zu Zöglingen werden, in einer Art, wie sie ESCHER (vgl. HOFSTADTER 1985/4) bildhaft dargestellt hat. Das Mängelwesen „Mensch" reicht sich, über unendliche Konfigurationen hinweg, die Hand zum Kreise.... Ob es unter solchen Umständen überhaupt möglich ist, die Heilpädagogik wieder auf die „'echten' Behinderungen" zurückzupfeifen (vgl. WURM, W. 1985), darf bezweifelt werden. Ob dies „gut oder schlecht" wäre, ist ohnehin nicht zu beantworten aus einer Diskussion heraus, die nicht die Praxis der Moral, sondern die Moral selbst zum Thema hat.
Referate wie dieses kann man aus demselben Grunde nicht beenden, sondern lediglich abbrechen. Was ich hiermit tue.

Literatur

BOPP, L.: Allgemeine Heilpädagogik. Freiburg/i. B. , 1930

CANETTI, E.: Masse und Macht. München, 1960

HOFSTADTER, O. R.: Gödel, Escher, Bach. Stuttgart, 1985 (4)

ILLICH, 1.: Fortschrittsmythen. Hamburg, 1978

KOBI, E.E.: Grundfragen der Heilpädagogik. Bern, 1983 (4)

LICHTENBERG, G.CH.: Ausgewählte Schriften. Leipzig, 1965

POSTMAN, N.: Das Verschwinden der Kindheit. Frankfurt, 1983

RIESMAN, D.: Die einsame Masse. Hamburg, 1960

VOSS, R. (Hrsg.): Pillen für den Störenfried? München, 1983

WATZLAWICK, P. et al.: Menschliche Kommunikation. Bern, 1969 f.)

WURM, W.: Die gesellschaftliche Konstruktion von Behinderung. Sonderpädagogik 1985 (2)

6 Heilpädagogik in der Wendezeit: Brüche, Kontinuitäten, Perspektiven

aus: Opp, G. et al. [Hrsg.] (1996) Heilpädagogik in der Wendezeit
(Luzern edition szh) S. 264–285

> *„Die durch die Julitage mächtig gewordene umwälzende Richtung der Zeit war bereits wieder einer mehr Erhaltenden gewichen; Canäle und Dampfboote, Eisenbahne und elektrische Telegraphen rücken Entferntes sich nah, schrecken die Maunth und den Krieg und der humanere Geist löset die Bande des Negers."*
> *(Zeittext 1833/1838 Cafe Merian-Spitz, Basel)*

Ausgerechnet einem Schweizer wurde die ehrenvolle Bürde zuteil, vor einem wende-erfahrenen Publikum über «Heilpädagogik in der Wendezeit» zu sprechen. Dass Herr Kollege Janzen mich im Nachgang orthopädagogisch begradigen und allfälligen Förderbedarf befriedigen wird, darf hingegen Sie und mich beruhigen. Einleitend eine knappe kontextuelle Orientierung meiner Position. Ich spreche, seit Bodensee-Kindheit grenzlandvertraut, vom Rande des Schweizers Schweiz aus:

Die Schweiz, eine kleine Nation, doch eine mächtige Firma, entstand Ende des 13. Jahrhunderts im Herzen Europas. Wachstumsstillstand seit mehr als vierhundert Jahren. Eine Riesen-Zwergin «vertically challenged» gemäß New Speak der Pedagogical Correctness. Harmloser als Rumpelstilz, weniger naiv als Däumling. Im Pivot- (dem Drehzapfen-) Bereich all der politischen und ideologischen Wendungen liegend. Was in östlichen und westlichen Flügelbezirken viel Wind macht, ist hier meist verspätet und in abgeschwächter Intensität wahrnehmbar. Die Schweiz ist im Wesentlichen und Unwesentlichen Zuschauerin des Geschehens auf den Bühnen des Europa-Theaters, Kassiererin, Garderobiere vielleicht auch. In Sternstunden bringt's manchmal jemand bis zum Beleuchter. - Die Schweiz, die wendet sich nicht -, oder dann aber kontinuierlich. Sie lässt sich und die Welt um sich selbst drehen in scheinbarem Stillstand: wie die Zeiger einer Swatch-Uhr. Was sich mählich wendet ist der Blick: Während

Jahrzehnten stramm nach West, gegenwärtig vermehrt auch wieder nach Ost aber kontinuierlich nach oben. Gewendet wird das Schwyzerfränkli, und dies zu mehreren Malen, bevor wir es aus- oder gar weitergeben. Pivot-Funktion: es dreht sich alles um den «Zapfen».[1] Doch es heißt, das sei politisch gut so, befriedend jedenfalls, wenngleich oft nicht befriedigend, dass ein Kleiner als Ladenhüter am Kreuzweg hockt: Zwischen Geringschätzung und Bewunderung, als «Dorftrottel Europas»[2], wie der Basler Theologe *Karl Barth* ihn einmal schimpfte: stets im Hinterfeld zwar, vielleicht aber manchmal eine Runde voraus. Wer sich über die Schweiz auslässt, findet sich also über kurz oder lang im «System Heilpädagogik»[3] und ich mich somit wieder im Thema.

Ich beschränke mich im Folgenden auf vier Exempel, anhand derer ich mich zu diesem äußern will:
1. Wissenschaft: Glaube an das Wissen
2. Sprache: Beleg für Korrektheit
3. Markt: Handels- als Handlungsfreiheit
4. Perspektive: Funktion der Herkunft

1. Wissenschaft: Glaube an das Wissen

Traditionelle Behindertenhilfe und ebenso die später so genannte Heilpädagogik haben sich auch in der Neuzeit nur zögerlich um wissenschaftliche Fragestellungen, Theorien und Methoden interessiert,[4] und bis in die Gegenwart hinein wird kontrovers darüber diskutiert,
- ob Heilpädagogik Rang und Würde einer Wissenschaft zukomme oder ob es sich lediglich um eine eklektizistische, pragmatische Sammlung von Methoden und Instrumentarien zur Behindertenhilfe handle
- ob sie, wenn schon, das Zeug habe für eine autonome Wissenschaft oder nicht auf Unterschlupf bei einer etablierten szientifischen Ziehmutter angewiesen sei
- ob eine Verwissenschaftlichung des Fachgebietes und eine entsprechende Akademisierung der Ausbildung überhaupt erstrebenswert sei oder die Gefahr in sich berge, von Praxis und Handlungsbedarf wegzuführen.

---

1 «Zapfen»: schweizerdeutscher Ausdruck für Lohn/Gehalt

2 Sogar die Schweiz hatte, wenngleich auch hier im miniaturisierten Schattenwurf des Größenwahns, ihr Stasilein, das mich ab 1974 unter Reg. Nr. (135.0) 164 als potentiell staatsgefährdenden DDR-Hilfs-schulbesucher observierte. Wär' ich bei den Dummerchen zuhause geblieben, wär' vielleicht doch noch ein richtiges Professerli aus mir geworden.

3 Speck, O.: System Heilpädagogik. München: Reinhardt 1989

4 vergl. z.B. Hanselmann, H. (1954) p. 33. «Ist die Heilpädagogik eine Wissenschaft? Eine Entscheidung hierüber hängt vom Begriff ab, den man sich von der Wissenschaft macht. Wenn die Enthaltsamkeit von Ethos und Pathos, also das Streben nach strikter Neutralität und Objektivität, zum Wesen einer Wissenschaft gehören sollte, dann ist Heilpädagogik keine Wissenschaft. Denn unsere Arbeit kommt ohne Wertung des Seienden nicht aus. Sollten aber Wertung und Wissenschaft unvereinbar miteinander sein, so ist damit noch nichts gegen die Berechtigung und Notwendigkeit wertender Tätigkeit gesagt, sondern höchstens gegen die Zulänglichkeit der Wissenschaft.» Näheres in: Kobi (1988)

So kommt es denn nicht von ungefähr, dass Behindertenarbeit auch unter dem Etikett «Heilpädagogik» lange Zeit fremddefiniert blieb oder sich gar selbst um eine Afterposition bemühte bei epochal jeweils anerkannten, gewürdigten und ihren Anliegen wohlwollend entgegenkommenden Wissenschaftsdisziplinen: erst bei sozial engagierten Teilen der Theologie, dann zunehmend und zum Teil recht exklusiv bei solchen der Medizin, in gesellschaftskritischer Absetzung hievon später auch der Psychologie und Soziologie/Politologie. Eigenartig blass blieb erstaunlicherweise bis dato das Verhältnis zur Basiswissenschaft der Pädagogik. Dass Heilpädagogik Pädagogik sei und nichts anderes, wie *Moor* und vor ihm bereits *Hanselmann* postuliert hatte, blieb weitum mehr echoloser Wunsch als Fakt.[5]

Die Situation begann sich erst zu wenden mit der (Weiter-) Entwicklung ökologischer und systemischer Sicht-, Denk- und Präsentationsweisen, mit den Hinweisen ferner auf paradigmatische Abhängigkeiten wissenschaftlicher Denk-Gehäuse, verbunden schließlich mit genereller postmoderner Wissenschaftskritik, zumal aus wirkungsmächtigen naturwissenschaftlichen Gefilden. Da wo Sonderpädagogik noch geglaubt hatte, sich keuschheitshalber dem Wert wissenschaftlicher Wertfreiheit andienen zu müssen und sich mit quasi-naturwissenschaftlicher Methodologie auf einen objektivierenden Empirismus zu reduzieren trachtete, erhielt sie unlängst einen kräftigen Besinnungsstoß sehr unvorhergesehenerweise von der andern Seite des Erdballs: Konnte man (wenngleich zu unrecht!) *Feyerabends*[6] «Anything goes!» noch als Clowneske und Feministische Wissenschaft[7] als weibische Gefühlsduselei beiseiteschieben, so wurde es mit *Singer*[8] & Co. (scheinbar!) plötzlich (wieder) ernst in Sachen Wertprämissen nüchterner, reiner, strenger, sachlich objektiver ... Wissenschaftlichkeit.

«.... damit stehen wir mitten in der alten Garde Schweizer Heilpädagogen, die sich an einem dogmatisierenden Wertsystem emporrankt....», so ließ sich *G. Heil* noch 1985 spöttisch vernehmen an die Adresse des eingangs erwähnten Ladenhüters. Auch ich krieg' dabei mein Fett weg: «.... *Kobi* schert nicht aus der Phalanx der Schweizer aus, die die Vorgabe eines Wertsystems als unabdingbar postieren» (313/316). Bis auf das militärhistorische Detail, dass die Eidgenossen keine Phalanx, sondern den >>Keil<< und wenn's arg wurde, den >>Igel<< zu formieren pflegten, hat Heils Feststellung durchaus ihre Richtigkeit.

So schert es mich denn auch heute nicht, nicht auszuscheren und Pädagogik als Wert- und Beziehungswissenschaft auszuweisen. Ich bin der Meinung, dass mit tautologischen Schwanzbeißereien gemäß der Litanei: Nur Wissenschaft, die ihr Wissen schafft, ist Wissenschaft! keine universitas mehr zu unterhalten ist.

---

5 *Das gilt auch bezüglich der zum Teil energisch geforderten Auflösung bzw. Integration der Heilpädagogik in die Allgemeine Pädagogik (vgl. z.B. Eberwein 1988). - Das Interesse für und die Wahrnehmung der Heilpädagogik sowie von Kindern mit speziellen Förderungsbedarf von seiten der (allgemeinen) Pädagogik sind allerdings «kontinuierlich» minim, wie ein Blick in neue pädagogische Lehrbücher und erziehungswissenschaftliche Enzyklopädien zeigt.*
6 *siehe Literaturverzeichnis*
7 *vgl. z.B. Keller-Fox, E.: Liebe Macht und Erkenntnis. München: 1986*
8 *Singer, P.: Praktische Ethik. Stuttgart: Reclam 1984 dazu auch: Mürner, Ch. (Hrsg.): Ethik - Genetik - Behinderung (Edition SZH/SPC, Luzern, ²1996)*

Unsere Zeit und Gesellschaft ist zwar zurecht stolz darauf, Glaube und Religion plurifiziert zu haben, sie glaubt hingegen oft noch um sc brünstiger an eine durch singuläre Logik und Ratio bestimmte und mithin mondiale Einheit «der» Wissenschaft. Insbesondere die universitären Tempel des Rechten Wissens und Richtigen Denkens werden klinisch steril gehalten gegen nonkonfirmiertes Aberwissen. «Wissenschaftlich» ist Gütesiegel, «unwissenschaftlich» Verdikt, welch letzteres bereits denjenigen treffen kann, der frägt, was denn nun was sei...? und warum...? oder gar wozu...? und in wessen Auftrag? «Wissenschaft» gehört mittlerweile zu jenen «Plastikwörtern» *(Pörksen* [4]*1992)* wie «Entwicklung», «Fortschritt»[9], «Ganzheitlichkeit» und viele andere mehr, die zwar in aller Munde - bis hin zur «klinisch geprüften Zahnpasta» - und daher entsprechend verwässert sind, die jedoch, gleich einer Hostie, unzerkaut zu schlucken und so dem spirituellen Stoffwechsel zuzuführen sind.[10]

Eine leise, kontinuierliche Wende zeichnet sich meiner Einschätzung nach immerhin darin ab, dass eine (vielleicht «postmoderne»?) Heilpädagogik sich mehr und mehr **in** einem und **als ein** Beziehungsgefüge installiert und sich ihrer problemspezifischen Position **zwischen** Wissenschaft - Kunst - Politik (wieder) bewusst wird.

Als Beziehungs- und Wertwissenschaft hat Heilpädagogik vor allem **«in der Tat»** auf Sinnstiftung und -vemittlung, auf Wertpräferenzen und Zweckdienlichkeiten zu achten, wie sie an **jeder** Wirklichkeits- (Re-)Konstruktion beteiligt sind: Empirie geht Erfahrung und dieser subjekthafte Widerfahrnis voraus; Objektivität und Tatsachen werden durch Subjekte als solche bestimmt, Gegenstände desgleichen durch Personen definiert. Was immer zur Existenz erhoben oder als nichtig erklärt, festgestellt und gesagt wird, ist subjekthaften Ursprungs und erhält Gewicht und Gesicht durch personale Reputation. Im Anfang von Erziehung als Praxis und der Pädagogik als deren Theorie steht nicht ein dingliches Etwas, sondern eine Differenz (ein «spannender Unterschied» zwischen Sein und Sollen, so und anders, Präsenz und Erwartung...). Werte und Bewertungen generieren und unterhalten das erzieherische Verhältnis. Erziehung ist kein Naturgegenstand, über den man sich, rein pragmatisch, hermachen kann; sie ist ein kulturelles Erzeugnis ungegenständlich-beziehungsmäßiger Art.

(Heil-)Pädagogik kann daher nicht umhin,
- ihr jeweiliges Relevanzsystem zu bestimmen und den Referenzrahmen aufzuzeigen, von dem her die «Physiognomie» eines pädagogischen Phänomens erst sichtbar wird.
- Dieser Referenzrahmen kann eine bestimmte Kultur und Epoche, des nähern «Familie», «Schule», «Betrieb» usw. sein und gegebenenfalls noch engere Fassungen

---

9 «Fortschritt», «die Basis-Metapher der Wissenschaft» ... nimmt Bezug auf die «Vorstellung vom Strom fortschreitender Erkenntnis» (Pörksen, U. [4]1992, 97)

10 Auch beschränkte (Schul-)Reförmchen schreiten heute in «wissenschaftlicher Begleitung» einher: Der holländische Pädagoge M.J. Langeveld prägte hierfür bereits vor vierzig Jahren den schweizerdeutschen Ausdruck «Researchli» (in: Studien zur Anthropologie des Kindes, Tübingen 1956; [2]1964, 123)

aufweisen. Transpositionen (z.B. einer funktionellen Behinderung wie einer Hemiplegie) von einem Referenzrahmen (dem der Medizin z.b.) in einen andern (den einer Familie oder Schule) bewirken, dass das Selbe (die medizinal unveränderte Hemiplegie) in dem Moment nicht mehr dasselbe ist, Pädagogik hat es nicht mit gestaltidentischen (isomorphen) Dingen, sondern mit wechselnden, dynamischen Beziehungskonstellationen zu tun – sich auf personalen Subjektebenen zu bewegen und Intersubjektivität zu ihrem Handlungsthema zu machen, soziale Organismen und Systeme von innen, in ihrer eigenen Machenschaft und Sinnhaftigkeit her, nachzuvollziehen und eine intersubjektive Validität zu suchen. Affektlogik ist dabei zur Gewährleistung gemeinsamer Daseinsgestaltung von ebensolcher Bedeutung wie rationale Plausibilitäten *(Kobi 1995).*

2. Sprache: Beleg für Korrektheit

Ist Sprache lediglich Chiffre, Verpackung bestenfalls, der damit bedeuteten «eigentlichen» Realität? Oder ist Sprache eigene Entität, wirklichkeitserzeugend, zumindest **be**zeugend? – Der Philosophenstreit hierüber ist alt und wahrscheinlich nicht eindeutig entscheidbar.

Mir scheint, dass sich in der Heilpädagogik gegenwärtig eine «nominalistische Wende» abzeichnet, die sich kundtut in der Überzeugung, dass Wörtern eine realitätsverändernde und - von professionellen «Gutmenschen» *(Bittermann, Henschel 1994)* entsprechend genutzt - daseinsverbessernde Kraft inne wohnt.[11]

Taufe erzeugt zwar nicht, aber bestätigt, «konfirmiert». Sprache kann sowohl von existenzbestätigender, wie auch von existenzverleugnender Wirkung sein. Sprache ist Deutungsmacht!

---

11 *Neulich verteidigte eine Gruppe von Studenten in Würzburg vehement die New- Speak- Formel «Menschen mit Geistiger Behinderung» gegenüber dem Etikett «Geistigbehinderte», weil sie weniger diskriminierend sei. - Ich muss gestehen, das ich Mühe habe damit, so intensiv an die Macht des Wortes zu glauben. Es wäre zwar einfach und schön, allerdings nicht einfach schön, sondern auch bedrohlich, wenn all das Gerede, auch das gut Gemeinte, sich tatsächlich materialisierte!*
Dazu bereits Emile Durkheim in «Le Suicide» (1897):
«Man redet, als ob ein Ideensystem unabhängig sei von der übrigen Welt, als ob es daher ausreichte, bestimmte Formeln bloß zu wiederholen, wenn man es abschaffen oder wieder aufrichten will. Man sieht nicht ein, dass das gleichbedeutend damit ist, auf Dinge des Geistes Dogmen und Methoden anzuwenden, die der Primitive gegenüber den Dingen der physischen Welt anwendet. So wie er an magische Worte glaubt mit deren mächtiger Hilfe man ein Wesen in ein anderes verwandeln kann, glauben wir im übertragenen Sinne und ohne uns über die Primitivität dieser Auffassung klar zu werden, dass man mit wohlgesetzten Worten Verstand und Charakter verändern könnte. Wie ein Wilder sich vorstellt, er brauche nur seinen Willen ganz konzentriert auf das gewünschte Zustandekommen irgendeiner kosmischen Erscheinung zu richten, dann würde es tatsächlich mit Hilfe der sympathischen Magie so geschehen, so bilden wir uns ein, wir brauchten nur ganz energisch unserem Wunsch Ausdruck geben, diese oder jene Veränderung möge sich zeigen, um diese dann auch unvermittelt eintreten zu lassen». (Der Selbstmord, Berlin 1973)

So hat Sprache gelegentlich eine präambulatorische Funktion: sie flattert fahnenhaft voraus, hoffend, dass Prozesse und Prozessionen ihr folgen mögen. Wörter stehen sodann für Wirklichkeit, symbolisieren sie, bilden sie ab. Zugleich lassen sie Wirklichkeit hervortreten, sind nicht nur Abbild, sondern Rahmenbedingung und verdoppelte Realität. Wörter **zeugen** für und **be**zeugen Wirklichkeit. Bezeichnung und Bezeichnetes widerspiegeln einander.

Benennen und Benanntwerden gehören schon im biblischen Mythos zu den existentiellen Grundbedürfnissen und Verfügungsgewalten des Menschen. Namenlosigkeit ist kommunikativ gleichbedeutend mit Inexistenz.

Im Zuge der Entwicklung der Wissenschaften, aber auch jener der Künste, des Handels und der Technik, spielte die Benennung eine hervorragende Rolle und hat diese jeweils maßgebend mitbestimmt. - Im 18./19. Jahrhundert waren es vor allem die Naturwissenschaften, die in einen Benennungs- und Etikettierungsrausch gerieten. Das *Linne'sche* System ist ein grandioses Beispiel dafür. Der Sieg über die Natur war zunächst ein sprachlicher; die technische Ausbeutung folgte ihm auf dem Fuße.

Auch die Psi-Sprachen der Neuzeit haben uns eine Fülle neuer Phänomene beschert, die es für unsere Vorfahren insofern nicht gab, als kein Wort dafür vorhanden war.

Was die Heilpädagogik anbetrifft, entwickelte diese keinen eigenen Fachjargon, sondern besorgte sich ihr verbales Besteck über begriffliche Anleihen bei der Medizin, in neuerer Zeit auch bei Psychologie und Soziologie.- Sie behielt im übrigen eine deutliche Affinität zur Alltagssprache, und ihre Diktion hatte lange Zeit noch einen pastoralen Zungenschlag.[12] - So entwickelte denn die Heilpädagogik auf der Begriffsebene ein hybrides Gebilde von Gebrauchslyrik: eine Mischung aus säkularisierter Caritas-Sprache der appellativen wie der erbaulichen Variante, versetzt mit medizinalen Hieb- und Stichwörtern, die man zwar benutzte, aber, wie immer wieder zu beteuern war, «eigentlich nicht so meinte» *(Kobi 1990; Bleidick 1991).*

Die Sprache der (Heil-)Pädagogik ist ferner, im Unterschied zur analysierend-zergliedernden Begrifflichkeit der Psychologie, eher verganzheitlichend-synthetisierend. Sie neigt zu Globalbezeichnungen, die in vager Form vieles, oft freilich auch vielerlei, umfassen. Sie sieht sich daher immer wieder zur Exegese genötigt, womit sich denn auch manch pfäffischer Zank verbindet. - Pointiert ausgedrückt könnte man sagen, dass Heilpädagogen mit einem Wort vielerlei meinen, Psychologen hingegen mit vielerlei Wörtern oft weitgehend Identisches bezeichnen. Während die Sprache der Psychologie ferner - ihren analytisch-aufdeckenden Intentionen gemäß - enthüllender und entmystifizierender Art ist und gelegentlich auch nicht davor zurückschreckt, über Schamgrenzen in Intimbereiche zu dringen, kann die Sprache der Heilpäda-

---

12 Besonders «schlimm» stand es diesbezüglich mit der Schweizer Heilpädagogik. «Verheißung» und «Angesprochensein», wie Paul Moor sich ausdrückte, sind keine wissenschaftswürdigen Termini, wohl aber «Self-Fullfilling-Prophecy» und «Empathy» (?).

gogik oft nicht umhin, zu Euphemismen, Tabuisierungen und Etikettenschwindeleien Zuflucht zu nehmen. - Als mildernder Umstand muss den Heilpädagogen allerdings angerechnet werden, dass sie die Unannehmlichkeiten und Ungereimtheiten, mit denen sie zu tun haben, oft auch nicht klar und deutlich aussprechen dürfen. In einer Gesellschaft, die menschliches Leben nur so weit als ein Seinsgutes anzunehmen bereit ist, als es sich als verbesserungs-, förderungs-, ausbeutungsfähig erweist und demgegenüber Behinderungen als etwas apriorisch Minderwertiges qualifiziert, ergeben sich Nötigungen, auf vage Umschreibungen auszuweichen, sowie peinliche Sach- und Personverhalte angerührt werden.[13]

Der von der Political auf die Pedagogical Correctness übergreifende Sprachpurismus[14] liess denn auch nicht lange auf sich warten: ergab sich damit doch die Möglichkeit, wenngleich nicht auf der Sach-, so immerhin auf der Bedeutungsebene Veränderungen zu bewirken, die sich wie «Fortschritte» ausnehmen mögen. - Die sozial- und heilpädagogische Sprache hat heute vor allem «korrekt» zu sein; ob sie treffend, klärend, der gegenseitigen Verständigung dienend ist, ist von untergeordneter Bedeutung. Rasch ist denn auch die terminologische Sittenpolizei zur Stelle, zwar nicht mehr um «Stockeiergrundtunke» vor der Mayonnaise sondern, xenophil-verschmelzend, «Challenged Persons» vor Behinderten zu retten.[15]

Vier Tendenzen scheinen mir diesbezüglich in der heutigen Heilpädagogik bemerkenswert (Kobi 1990):
a) Der Trend, Leistungs- und Verhaltensabweichungen vom Sein ins Haben zu verschieben;
b) Der Trend, sie vermehrt vom madness- als vom badness-Pol aus zu interpretieren;

---

13 In der Gutmenschensprache gibt es keine verwahrlosten und ungezogenen Kinder, keine gefeuerten Arbeiter mehr, weil hinter derartigen Adjektiven die Frage nach personaler Verantwortlichkeit und Schuld aufbrechen könnte. Und dies darf namens der Menschenwürde der Würdemenschen nicht sein. Kinder entwickeln sich fehl, einfach so und Arbeiter «verlieren» ihre Stelle und müssen sie drum, gemäss immanenter Sprachlogik, auch wieder «suchen».

14 Martin Walser (1994) spricht vom «Tugendterror der Political Correctness» (p. 134). «In jedem Jahr sind es andere Sätze, die unmöglich sind» (a.a.0., 130) -: und anderen Gebetsformeln, die man ständig vor sich hin zu murmeln hat.

15 Wortbedarf und -verschleiß sind entsprechend groß, und Jonathan Swift würde sich wundern über die Fort- und Vorausschrittlichkeit in Paputas Forschungssakademie und Phrasendreschmaschine! Ein Beispiel liefert Pfister, P.0. (1995):
«Als der Mailänder Erzbischof, Kardinal Carlo Maria Martini, von der Caritas Italien aufgefordert wurde, sich zum Begriff der Solidarität zu äußern, setzte er sich an seinen Computer offenbar neuesten Modells und lud eine CD-Rom, auf der sämtliche Reden, Aufsätze und Verlautbarungen von Papst Johannes Paul II. aus den Jahren 1979-1994 gespeichert sind. Dann gab er den Begriff <Solidarität> ein und befahl dem PC, entsprechende Textstellen <his masters voice> zu suchen. Die Antwort des Computers lautete: Bitte warten! <Als diese Antwort nach einigen Minuten immer noch dastand, dachte ich, ich hätte die falsche Taste gedrückt; ich bin mit dem Computer nicht sehr vertraut. Nach zehn oder zwölf Minuten aber kam die Antwort: Über 64'000 mal kommt dieses Wort in den Schriften und Reden des Papstes vor. Das ist sicher ein beachtliches Ergebnis für ein Wort, Solidarität, das erst vor kurzem in den kirchlichen Wortschatz eingegangen ist. In den Schriften des II. Vatikanischen Konzils kommt das Wort nur neunmal vor> ...»

c) Der Trend, Störungen und Behinderungen weniger als Materialmängel, sondern eher als Produktionsfehler aufzufassen;

d) Der Versuch, auf der Ebene der Primärerfahrung als negative Normabweichungen in Erscheinung tretende Fakten auf der Meta-Ebene mittels Sprache wegzuspiegeln oder zumindest zu invalidieren.

ad a) Ob wir davon ausgehen, behindert zu **sein** oder eine Behinderung zu **haben,** macht semantisch dahingehend einen Unterschied, als im ersten Fall ein personaler, im zweiten ein instrumentaler Sachverhalt angesprochen wird. Behinderung als Daseinsform und mithin als pädagogisches und sozialpolitisches Thema ist, wie mir scheint, in unserer Zeit in den Hintergrund gedrängt worden durch die Behinderung, verstanden als störender Appendix, als personfremdes Etwas, von dem man sich zu befreien und zumindest zu distanzieren trachtet.

> Ob ich mich beispielsweise als eine Person einschätze, die Mühe hat mit der Rechtschreibung und die deshalb im schulischen Umfeld bekannt ist dafür, dass sie viele Fehler macht in schriftlichen Arbeiten, oder ob mir eine definitorische Instanz die Bezeichnung «Dysorthografiker» verpasst, ändert zwar an den objektivierbaren Fakten kaum etwas, wohl aber an meinem Selbstkonzept sowie an den Umgangsweisen mit mir.

Wer erlebnismäßig etwas **ist,** wird in dieser Sein-Perspektive coping-Strategien entwickeln und sich um fitting-Techniken bemühen. Seine Umgebung wird ihrerseits ein optimales systemisches Arrangement suchen.

Wer hingegen erlebnismäßig etwas Störendes **hat,** oder dem etwas Gebührendes **fehlt,** der wird in dieser Haben-Perspektive etwas an- bez. abkoppeln wollen und seine Umgebung wird ihn mit Behandlungsmaßnahmen zu kurieren versuchen.

> Ob ich einen des Lesens Unkundigen das Lesen lehre oder ihn von seiner Alexie befreie, markiert bei unveränderter Ausgangslage des Nicht-Lesen-Könnens einen Perspektivenwechsel, der weitreichende Auswirkungen haben kann auf Rollenzuschreibungen und Kommunikationsformen: (Lehrer - Schüler, Lehren - Lernen oder aber Therapeut - Patient, Kurieren - Kuren).

Sprache verändert zwar nicht den Sachverhalt, wohl aber die Umgangsweise damit. Noch einmal: Sprache ist Deutungsmacht!

ad b) Das vormals böse Kind wurde im Zuge einer nachhaltigen Psychologisierung schon seit geraumer Zeit durch das kranke Kind abgelöst. «Kinderfehlen>, wie sie einst, in der Sichtweise Normativer Pädagogik, hießen, sind Störungen gewichen. - Damit verbindet sich in der Neuzeit eine ausgeprägte Victimisierung (victimization und «Rechte-Industrie» vgl. *Zurt 1994; Stephan 1995)*. Wem es gelingt, sei es durch eigenes Geschick oder mit advokatorischer Unterstützung, sich zu veropfern, immunisiert sich gegenüber beschuldigenden, strafenden, Verantwortlichkeit und Pflicht einfordernden Zugriffen. Und veranlasst auf dem Selbstbestätigungspfad sich befindende «Gutmenschen» *(Bittermann, Henschel 1994)* zur Aufhilfe. Letzthin sind wir alle systemisch vernetzte Opfer unserer Verhältnisse, anonymer negativer Entwicklungen und «trauriger Geschichten». *(Goffman 1973)* ad c) Um die Mitte des vorigen Jahrhunderts, als sich die Heilpädagogik als Konglomerat verschiedener Behindertenpädagogiken zusammenfand *(Kobi ⁵1993)* und ihre Rückendeckung vorzugsweise bei den einschlägigen medizinischen Spezialdisziplinen suchte, waren Behinderungen wahrscheinlich de facto anteilsmäßig häufiger durch Mängel und Defekte im Biostatus gekennzeichnet; sie wurden jedenfalls in ausgeprägter Weise als Materialfehler interpretiert.

Dafür zeugt z.b. die seinerzeit bevorzugte Vokabel «Schwäche»: Geistes-, Lese-, Rechtschreib-, Rechenschwäche; Schwachbegabung, Seh- und Hörschwäche; Invalidität; Gebrechlichkeit; Blödsinn; Neurasthenie und Psychasthenie.

Die Klientel der Heilpädagogik erschien naturhaft (im deutschsprachigen Kulturbereich hauptsächlich erbbedingt) schwach und bedurfte der Hilfe durch robustes Personal.

Sprache hat, wie vorerwähnt, zur Voraussetzung, dass ein Etwas als da seiend erlebt wird und sich zur Versprachlichung anbietet. Dieses «Etwas» sind nun allerdings nicht nur voneinander abhebbare Gegenstände, sondern häufiger Konfigurationen, aus zahlreichen Teilen sich aufbauende Gestalten. Diese werden zusammengehalten durch Formelemente, oft aber auch durch Bedeutungen und Sinnbänder. Gerade im psychopädagogischen Bereich ist es oft kaum auszumachen, ob ein neues Phänomen entdeckt oder erfunden wurde. Entdeckt werden in sich geschlossene Entitäten, die meist physischer Natur sind. Erfunden werden hingegen Gestaltbildungen und Kompositionen aufgrund neuer Sichtweisen und Beziehungswandlungen.

So begegnen wir heutzutage einer Tendenz, Fehler und Störungen weniger in der Hardware als in der Software auszumachen. Damit erscheinen sie - zwar nicht in jedem Einzelfall, aber prinzipiell - als vermeidbar und behebbar. Die Herstellbarkeitserwartungen und -angebote sind denn auch enorm. Was bei Karl Kraus noch als witziges Apercu gemeint sein konnte - Psychoanalyse sei diejenige Krankheit, für deren Therapie sie sich halte - nahm in der Massenvermehrung von Therapien und Therapeuten in unserer Zeit wahnwitzige Gestalt an: Der Mensch offenbart sich als primär krankes Wesen, das zum Therapeuten zu gesunden hat. Bereits ist die Therapiewelle übergequollen auf die Metaebene, wo, (gemäß immanentistischer Begrenzung) «nichts mehr zu machen» ist: Thanatopädie und -therapie sind zu etablierten Bestandteilen des psychopädagogischen Vocabulaire geworden. Man getraut sich nachgerade nicht mehr, die Leute beim Wort, ist eher versucht, sie am Ohr zu nehmen.

ad d) Postmoderne Heilpädagogen bemühen sich im Zuge der Diskriminierung der Diskriminierung sowie im Namen der «Wortbarmherzigkeit» *(Mürner* 1995, 297) keine zwischenmenschlichen Unterscheidungen mehr vorzunehmen -: zumindest auf der Metaebene der Sprache. Auch erlebnis- und erfahrungswidrig soll der Eindruck erweckt werden, alle Menschen seien gleich. Wir entziehen uns damit der anspruchsvollen Aufgabe, zu lernen, mit Ungleichheiten, Dissonanzen, Fremdem und Andersheiten umzugehen: Ganz abgesehen davon, dass die Dinge nicht falscher und böser werden dadurch, dass man sie verbietet, Wörter gar auf den Index setzt (vgl. *Mürner* 1995)[16].-

Heilpädagogen waren allerdings seit je fleißige Wiedertäufer und Verhüllungskünstler: Innerhalb eines Jahrhunderts haben sie ihre Zöglinge, die heute ihre Klienten sind, gleich zu mehreren Malen umbenannt: von Anormalen zu Entwicklungs- oder Wertsinnsgehemmten, über Heil- und Sonderzöglinge- zwischenzeitlich randlich auch Kulturhindernde und Ballastexistenzen- Schwererziehbare und Erziehungsschwierige, bis hin zu Behinderten, Menschen mit besonderem Förderungsbedarf und besonderer Lebensgeschichte, Challenged Persons, Verhaltensoriginellen und Rätselkindern.
Zunächst frei flottierende Wesenheiten erhalten, wie wir gesehen haben, ihre Prägnanz durch Benennung. Was einen Namen hat, das gibt's. Wörter können umgekehrt aber auch zu Quasi-Gegenständen werden, so dass die Verwortung der Dinge und die Verdinglichung der Worte sich gegenseitig be«dingen». - So gibt es auch frei flottierende Linguismen, die noch keinen Gegenstandsbezug gefunden oder diesen verloren haben und nichts anderes (mehr) repräsentieren als sich selbst. Kommunikative Grammatik und Interpunktion brauchen deswegen keinen Schaden zu leiden. Das Verständigungsbedürfnis kann sogar eine wohltuende Selbstbefriedigung erfahren und Plastikwörter sind oft scheinbar konsensstiftend (*Pörksen* [4]1992). Das frei schwebende, (noch) nicht zu Begriff und Bild geronnene Wort kann von enormer Macht sein. Das Wort büßt seine Potenz ein, wenn es auf seinen reinen Gebrauchswert als Zeichen zurückgebunden wird. Die Macht der ringsgeschmähten «Leerformel» liegt nicht darin, dass sie nichts, sondern alles bedeutet. Worte, die ihrem Wesen nach kaum eine konkretisierende Definition zulassen - wie «Geist», «Zustand», «Wesen» - werden dennoch «verstanden»; sie haben sogar etwas ausgesprochen «Verbindendes» und «Verbindliches» -, so lange wenigstens, als sich niemand erdreistet, auf einen konkreten Bedeutungsgehalt zu bestehen.

Man stelle sich vor, man könnte und würde sich auf strikte Definitionen von «Integration», «ganzheitlich» «individualisieren», «kindgemäß» etc. einigen. Alle diese Vokabeln, die wesentlich vom Weißen Rauschen leben, würden zu reizlosen Termini implodieren. Mit einem Lego-Satz wie: «Ein integrativ-ganzheitlicher, Kopf-Herz und-Hand ansprechender, individualisierender Unterricht stellt eine aus der Würde der Personhaftigkeit des Menschen abzuleitende, unverzichtbare pädagogische Forderung dar» kann man andererseits seines Applauses gewiss sein.

---

16 *Minderheiten sollen nicht benachteiligt, brauchen deshalb aber auch nicht bevorzugt werden.*
Solange man einen Behinderten, einen Schwarzen, einen Juden, einen Asylanten, einen Politiker, ...
nicht dem Vorwurf aussetzen darf, sich fies verhalten zu haben, ohne also gleich der Behindertenfeindlichkeit, des Rassismus, des Antisemitismus, der Inhumanität und Staatsfeindlichkeit gezogen zu werden, liegen meines Erachtens beziehungsmäßige Verkrampfungen vor. Der schlechthin bemitleidenswerte Behinderte, edle Wilde. Opferjude, Patriot... sind ebensolche Kunstfiguren wie der Krüppel, der Barbar, der Kramgeist, der Höfling u.a.m.. Allein die Wortquelle: «Die Würde des Menschen ist unantastbar!» erscheint mir als eine ständige Betatschung derselben.

Dennoch (oder vielleicht gerade deshalb) benutzen wir in unserem Tätigkeitsfeld gerne derartige Semi-Abstrakta, kommunikative Halbleiter, die zwar noch so viel Konkretheit enthalten (oder zumindest vortäuschen), dass uns die Klientel nicht davonläuft, andererseits genügend Schlupflöcher aufweisen, durch die eine Flucht in das, was man «eigentlich» (d.h. eindeutig/konkret) immer schon gemeint hat, möglich ist.

3. Markt: Handels- als Handlungsfreiheit

Behindertenhilfe, zumindest solche punktueller und praktisch-unmittelbarer Art, existiert seit Menschengedenken. - Träger, vielleicht sogar Garant derartiger zwischenmenschlicher Dienstbarkeit waren urspünglich (wie über weite Strecken auch heute noch) die Sippe sowie nachbarschaftliche Sozialverbände. Seit je fanden Krankheit und Gebrechen, Behinderung und Verwaisung ferner Beachtung in magischen, religiösen und sittlichen Vorstellungen und Umgangsformen.

Es gibt praktisch keine schriftlich verfasste Religionslehre, die nicht auch kanonisierte Handlungsanweisungen für extraordinäre und belastende Situationen der genannten Art enthält. - So war und ist es denn nur konsequent, dass auch im christlichen Abendland während Jahrhunderten vorab die Kirchen als Trägerinnen des später so genannten Sozialwesens in Erscheinung traten. - Erst im Zuge nationaler und sozialer sowie säkularisierender Bewegungen fand, neben meist vorlaufendem privatem philanthropischen Engagement, neuzeitlich auch der (demokratische) (Sozial-)Staat zu einem Gebinde nicht nur militärischer und merkantiler, sondern endlich auch «sozialer Solidarität». Wie jung, ungewohnt und entsprechend brüchig diese «Staatsgarantie» für Hilfe und Unterstützung in Individualnot ist, zeigen freilich nicht nur die permanenten politischen Debatten um Ausbau/Abbau des Sozialstaates, sondern auch der Umstand, dass privates und kirchliches Engagement weitum unverzichtbar geblieben sind.
Familiale und private, kirchlich-caritative und sozialstaatliche Trägerschaften lösten einander also nicht grundsätzlich, sondern mehr nur betreffend quantitativer und qualitativer Bedeutungsunterschiede und Gewichtungen ab, so dass diesbezüglich durchaus auch Kontinuität erkannt werden kann.
Was sich hingegen *als* Wende und wahrscheinlich auch als eine Folge *der* Wende in jüngster Zeit markant in den Vordergrund schiebt, sind, zum Teil mit dezidierter Beschneidungs- und Einschränkungsabsicht staatlicher Zuständigkeit und Verantwortlichkeit verbunden, marktwirtschaftliche Forderungen[17]. Hierbei wird ein Modell

---

17 *Der tonangebenden Basler Handelskammer z.B. entweichen derzeit Wendungs-Vorschläge zur Privatisierung des Schulwesens: Ein Fortschritt ins 17. Jahrhundert! Sie will sich des weitem für eine leistungsfähige «Universität Basel», die «Kooperation von Wirtschaft und Wissenschaft» einsetzen und der ehrwürdigen alma mater (*1460) endlich Geschäftstüchtigkeit beibringen.*

transparent, das allerdings auch seine historischen Vorläufer hat: spätestens im Morionen-Markt des Alten Rom und fortgesetzt bis in die Panoptika der Jahrmarktbuden des noch präcineastischen Anfangs unseres Jahrhunderts: Behinderte, die ihre Sonderlichkeit - als Dicke Berta, Dame ohne Unterleib, Liliputaner, Siamesische Zwillinge - zur Befriedigung voyeuristischer Publikumsbedürfnisse feilboten.

Die Heilpädagogik und ihre Klientele haben sich heute somit vermehrt dem zu stellen, was sich jargongemäß als «Freie Marktwirtschaft» (FMW) präskribiert. Neu ist zwar nicht deren Existenz, wohl aber deren Dominanz, Schamfreiheit, manchmal auch Dreistigkeit, mit der sie, wie ein Prinz Karneval, das Zepter über Sinn-, Wert- und vor allem Zweckhaftigkeit übernommen hat, ferner die Stimmung, die sie anstelle von Gesinnung verbreitet und wie sie, internationalisiert, den Vorgang des Handels als «Prozess als solchen» darstellt, so dass Inhalte gelegentlich bis zur Belanglosigkeit dekonturieren: Was immer verkäuflich ist, macht Sinn, Wert und Zweckdienlichkeit zugleich und in einem.

Ich muss gestehen, dass ich seinerzeit - und mit mir wahrscheinlich grosse Teile jener «Skeptischen Generation», wie sie *Helmuth Schelsky* für die fünfziger Jahre zeichnete - die Verstaatlichung und mithin auch die Profanisierung des Sozial- und Behindertenwesens sehr begrüßte. Bedürftige aus der Gönnerhaftigkeit sporadisch Mildtätiger zu befreien, schien mir dringend geboten und desgleichen ein verfasstes, keine weitere Begründungen und Erklärungen erheischendes Recht des Einzelnen nicht nur auf nacktes Überleben, sondern auf «kleidsames» Mitsein im gesellschaftsüblichen Dasein *(Kobi 1993)*.[18]

Zwischenzeitlich hat man freilich auch die Grenzen - und mehr noch die Grenzenlosigkeit! - eines Be-, Ver-, Um- und Entsorgungsstaates erfahren müssen samt seinen mitunter initiativehemmenden Bürokratismen. Auch der Staat, egal in welcher ideologischen Aufmachung, ist Menschenwerk und als solches anfällig für Lug und Trug, Machtmissbrauch und Misswirtschaft.

Der «Freien Marktwirtschaft» fällt es daher nicht schwer, sich als Inbegriff individueller Freiheit zu vermarkten und leere Hoffnungen mit Erwartungen zu füllen, die vielleicht umso farbiger wirken, je weiter weg sie bislang waren:

- Handels- und Gewerbefreiheit sind in den Charts menschlicher Freiheiten auf erste Plätze geklettert. Alle sollen allen allerseits allezeit alles verkaufen und kaufen können.

---

18 *Die 1960 begründete, über Lohnprozente finanzierte «Eidgenössische Invalidenversicherung» (IV) bildet einen Markstein in der sozialstaatlichen Entwicklung der Schweiz. Die IV ist nicht nur Rentenversicherung, sondern subventioniert die medizinische und paramedizinische Versorgung, ferner Schulungs-, Betreuungs- und berufliche Wiedereingliederungsmaßnahmen für Behinderte, und sie beteiligt sich mit namhaften Beiträgen an den Ausbildungskosten für Personal im Behindertenwesen. (Ohne diese materielle Grundlage hätte beispielsweise unser Institut, zumal im Rahmen der Universität, weder Entstehungs- noch Überlebenschancen gehabt).*

- Gut ist, was sich verkaufen, kaufen, konsumieren lässt. Für *Hochstrasser (1995)* sind Süchtige die «idealtypischen Konsumenten», da durch sie der unaufhörliche Konsum gewährleistet sei.

- Gut ist die positiv klaffende Schere zwischen Investition und Profit im Kosten-Nutzen-Vergleich. So ist auch Sparen Notwendigkeit: wo's geht mit sportlichem Elan. Wobei das Woran deutlicher zutage getreten wird als das Wozu. Gewaltige Umverteilungen sind im Gange zwischen Gewinn-Privatisierung und Verlust-Sozialisierung. Nur ein Zungenschlag trennt *Marx* von Markt.

- Gut ist rascher, dynamischer Besitzerwechsel, der zu Wertsteigerung führt; Wertschöpfung ist Ausdruck schöpferischen Tätigseins.

- Gut ist, was wächst, sich mehrt, grösser, höher, schneller wird. Stillstand ist Rückschritt.

- Gut ist, was Aufmerksamkeit auf sich zieht, publikumswirksam ist, Unterhaltungseffekt hat, Einschaltquoten erhöht, immer wieder Spaß macht und mit alledem marktverdichtend wirkt.

- Marktbedürfnisse präskribieren Bildungsverhältnisse. Und so ist denn auch Jugend zu bewirtschaften, sogar zu bilden, so weit es sich dabei um aussichtsreiche Investitionen handelt. In der Jugend liegt unsere Zukunft, auch hier, wie einst und immer wieder (was wieder für Kontinuität spricht). - Bildungsforscher der Siebziger mit ihren pfeilgespickten Curricula-Kästchen räumen Päd-Ökonomen den Schreibtisch oder wenden sich selbst zu solchen.[19] - Der Leiter des «Instituts für Wirtschaftspädagogik» der Hochschule St. Gallen - einer Schweizer Kaderschule für sogenannte «Führungskräfte» - brachte sein Schul-Controlling-Konzept neulich auf die fundamentale Paradoxie mit der These: «Keine Autonomie ohne Controlling!» (Dubs 1995, 13). Das tönt nicht nur wie *Lenin* und ließe Pädagogik-Stammvater Sokrates blasphemisch-ironisch lächeln, sondern ist als kontrollierte Freiheitsausbeuterei auch so gemeint, wenn unser Controller darüber wachen soll, «ob der Autonomiebereich zielgerichtet und effektiv ausgenützt wird» (a.a.O.).

Transzendental im Brecht-Verschnitt bricht gar der hegelianisch-marxistische Weltgeist marktkonform durch die Mauer, wenn die unter dem Minerva-Logo firmierende «Höhere Wirtschaftsschule», Basel mit dem Inserattext um Novizen wirbt: «Der Markt ist brutal, aber gerecht: nur wer sich qualifiziert, bringt es zu Wohlstand. Und wer im Wohlstand lebt, lebt angenehm».
Heil! Pädagogik, fürwahr! und Heil! dem Schnäppchen - Führer!

---

19 in *Schweiz. Lehrer ...Zeitung, August 1995.* - *2/3 dieser Einzelnummer einer «Fach»Zeitschrift bestehen bereits aus Inseraten und Reklamen!*

- Schließlich wandelt sich aber auch Vater Staat, zunehmend keck, zur Mutter Firma: Universitäten werden als maximierungsorientierte Think-Tanks eingebunden in Wirtschaftszusammenhänge.[20]

- Ich muss also zur Kenntnis nehmen, dass ich mich als Mitarbeiter (früher: Bürger) eines Finanzplatzes (früher: Nation) an einem Wirtschaftsstandort (früher: Humanisten-Stadt) befinde und daselbst eine Corporate Idendity (früher: Patriotismus) zu entwickeln habe, die (nach *Burens 1995)* ihren Ausdruck findet in der Kongruenz des Verhaltens (Corporate Behavior), des Erscheinungsbildes (Corporate Design) und der Kommunikation (Corporate Communication).

Wendungen

Einst hatte die Wissenschaft kirchlich, dann national, jetzt wirtschaftsgenehm zu sein -: derweil sie sich bis heute als «frei» deklariert!
Einst waren es kirchliche Aufträge zur Wahrung des Rechten Glaubens, dann national-staatliche zur Stärkung unseres Volkstums, heute stiften Firmen Professuren (z.B. für Peptidchemie) zur Festigung des Wirtschaftsstandortes, und die Universität wird aufgefordert, sich an der Gründung sogenannter spinoffs (universitätsnahen Firmen) zu beteiligen.
Wie sich da die Heilpädagogik künftig noch bruchlos zu wenden vermag, wird sich weisen.
Zwar kann ich nicht behaupten, dass sich die Verhältnisse in meinem sozialpolitischen Umfeld bis dato generell verschlechtert hätten seit dem Fall der Mauern und dem machtpolitischen Rückzug des Sozialismus. Staatspropaganda und Marktreklame sind gleichermaßen vollmundig, so dass lange nicht alles zu Bauche schlägt, was die Speisekarte vorsieht. Nicht einmal anders ist's geworden, höchstens noch gleicher: Zur geschäftstüchtigen Rechten wendete sich nichts; es gab ja auch keinen Grund, da man seit je zu wissen vorgab, dass es mit dem Roten Paradies auf Erden nicht hinhaute. Die Linke hat sich teils neu gewandet und windet sich anderenteils ineinander-umeinander-herum und sieht sich in der für sie ungewohnten Rolle, (wohlfahrts-)staatserhaltend zu agieren und sich wertkonservativ in geistiger Landesverteidigung zu üben. Ausgerechnet die Nachkommen der «vaterlandslosen Gesellen» befinden sich heute in einer Verteidigungsposition gegenüber Utilitarismen und Merkantilismen, welche sich unter dem unverwüstlichen Prädikat «fortschrittlich» für «weniger Staat», Privatisierung, Deregulierung, Werbe- und Gewerbe-Freiheit, Kostendämpfung und Staatsverschlankung stark machen.

---

20 *So erhalte ich z.B. von unserer alma mater in Abständen dynamische Aufforderungen des Inhalts,*
«...dass alle Fakultäten aufgerufen sind, ihren Beitrag zum Wirtschaftsstandort (Basel) zu leisten».
(UNI SONO 1995) Wir werden versehen mit Hochglanz-Traktaten jedweden Stylings, die uns die Segnungen
der FMW kundtun. Dass Lehr- und Lernkörperteile da eilfertig mittun, versteht sich. Druck unnötig,
Vakuum genügt!

Trotzdem steht heute die Frage plakativ im vielbemühten Raum, und wir können sie dort, ihrer Un-Verschämtheit wegen, nicht einfach stehen lassen:

Wie vermarktet man Behinderung und Behinderte, Elend und Not nach vorgegebenen Kriterien von Aufwand und Ertrag? Sozialstaatlich waren und sind Sozialhilfeempfänger Relaisstellen beim Transfer sozialisierter Gelder in private Lohntüten; Behinderte sind auch die ArbeitgeberInnen der Heilpädagogik. Es könnte aber sein, dass bereits mittelfristig Staatsgarantien zwar nicht völlig aufgehoben, jedoch zurückgefahren werden, so dass zur Sicherstellung der Lebensqualität behinderter und bedrängter Menschen zusätzliches «Fundraising» und «Sponsoring» zu realisieren ist mit Methoden und Instrumentarien, wie sie bislang hauptsächlich aus Bereichen des Spitzensports und des Show-Businnes bekannt waren,[21] die mir hier die Überleitung zu ein paar abschließenden perspektivischen Betrachtungen verschaffen.

4. Perspektiven: Funktion der Herkunft

Glücklicherweise kann ich, gemäß Tagungsthema, über Perspektiven sprechen und habe keine Utopien und Visionen zu präsentieren: sind Perspektiven doch per se standortabhängig, extrapoliert und so im buchstäblichen Sinne «rücksichtsvoll»: ein Begriff, auf den ich im folgenden noch zurückkommen werde. - Stoßen wir bereits bezüglich Gegenwartseinschätzungen auf erhebliche Akzentunterschiede, so leuchtet die Buntheit antizipierter Zukünfte in allen Spektralfarben! - Das ist unheimlich und beruhigend zugleich. Unheimlich, weil ein derartiger Pluralismus oft kaum mehr intersubjektive und transpersonale Verbindlichkeiten erkennen lässt, beruhigend insofern, als Buntheit außer Apocalypsen und Horrorien in einem sozialpädagogischen «Szenario Null» *(Hochstrasser* 1995) wenigstens noch leere Hoffnungen und offene Perspektiven bietet.

---

21 *«Da wirbt der Regierende Bürgermeister von Berlin, Eberhard Diepgen, mit Bild, Wort und Unterschrift für die Deutsche Rheuma-Liga. Die beiden Schauspieler Claus Theo Gärtner und Rainer Hunold, bekannt aus der Fernsehserie <Ein Fall für Zwei>, rufen zugunsten der Deutschen Multiple Sklerose Gesellschaft, Landesverband Hessen, die Bevölkerung zum Spenden auf. Der Show-Master Alfred Biolek unterstützt den Bundesverband Selbsthilfe Körperbehinderter und dessen Initiative zu einem umfassenden Gleichstellungsgesetz für behinderte Menschen zu kommen. Otto Rehhagel, der Trainer des Fußballclubs Werder Bremen, will World Vision Deutschland unterstützt wissen. Richard von Weizäcker dankte als Bundespräsident und Schirmherr der Deutschen Welthungerhilfe für alle Hilfen und Spenden zugunsten der Menschen in der Sahelzone. Barbara Genscher, die Frau des früheren Bundesaußenministers, erläutert als Schirmherrin weshalb ich mich für die Deutsche Herzstiftung engagiere. Die Bundestagspräsidentin Rita Süssmuth bittet um Spenden zugunsten der Deutschen Stiftung für UNO-Flüchtlingshilfe, speziell zum Aufbau eines Frauenzentrums in Khan Younis im Gazastreifen.» (aus: Burens 1995, 52) Zwar ist die Zahl von 20'000 spendensammelnden Organisationen in Deutschland, die jährlich 4,1 Milliarden Mark aufbringen, imponierend, und doch flossen 1993 lediglich 7% des Gesamt-Spenden-Aufkommens in den Sozialbereich (2/3 Sport, ein knappes 1/3 Kultur und Ökologie. Burens 1995).*

1) Soziale Entwicklungschancen erkenne ich grundsätzlich darin, dass eine zwischen Wissenschaft, Kunst und Politik positionierte Pädagogik - sowenig wie die Kulturgeschichte als ganze - ausschließlich naturgesetzlichen Zwängen unterliegt. Dies bedeutet zugleich, dass sie auch nicht pseudo- und quasi-naturwissenschaftlichen Bedingungen zu unterwerfen ist, unter denen sie entweder ersticken oder von ihren Rändern her chaotisch würde.

2) Weder bin ich der Meinung, dass die Freie Marktwirtschaft, so sehr diese in nächster Zukunft auch auf dem heilpädagogischen Bereich die wendigsten Auswirkungen haben dürfte, so frei ist, wie sie sich propagiert -, noch bin ich des Glaubens, dass diese als homöostatisches System sich selbst, geschweige denn die menschliche Gesellschaft als ganze, zu befrieden und zu regulieren vermag. Auch Marktgesetze sind keine Naturgesetze. Markt tendiert gegenwärtig, oft im Gleichschlag captativer und donatorischer Bedürfnisse, *(Kobi* 1993) zu Konsum- und Produktionszwängen und ist maßlos wachstumbesessen: ein Vorgang, der allerdings auch Selbstzerstörungskräfte des Überfressens beinhalten dürften *(Hochstrasser* 1995).

3) Wachstum ist keine ethische Kategorie. Quantitative Veränderungsprozesse bringen nicht a priori das Gute, sondern lediglich einmal das Viele nach oben. Es sind darum auch hier Sinn-, Wert- und Zweckbestimmungen, welche Quantitäten qualifizieren. (Und dies nicht etwa nur vis-à-vis behinderter Menschen, sondern auch von Bioethikern, Fußballtrainern, Ministerpräsidenten... und Heilpädagogen!).

4) «Keine (End-)Lösung zwar, jedoch eine Umgangsweise mit Misslichem glaube ich daher in einer <Ethik der Optima>» *(Berman* 1985, 283) zu erkennen. Der Weg von einem in der Pädagogik gerne verbreiteten (Zweck-) Optimismus zu einem (Wert-) Optimalismus, der Imperfektheiten da aushält und gelegentlich sogar verteidigt, wo es um den Schutz eines übergeordneten Ganzen geht, ist durch seine Nähe zu Opportunismus, Indolenz und Fatalismus zwar äußerst schmal und glitschig - doch welcher «Tugendpfad» wäre das nicht? - kann jedoch das Seinsgute des Lebens bewahren helfen auch dann, wenn es, menschlicher Einschätzung gemäß, unvollkommen ist. Denn möglicherweise ist die Vernichtung des Schlechten nicht unbedingt eine gute Tat -, sowenig wie die Verhinderung des Besseren von vornherein schlecht sein muss» *(Kobi* 1993).

5) Marktwirtschaft in offener Gesellschaft ist gekennzeichnet auch durch Wertpluralismus und Kontext-Überflutung. Bereits Kinder haben, zumal in urbanen Verhältnissen, auf verschiedenartigste und in rascher Folge wechselnde Referenzrahmen zu achten. Relativität und Relationalität des Guten und Richtigen sind in einer multikulturellen Weltgesellschaft nicht mehr wegzudrücken und nötigen zum Verhandeln. Die Bezugssysteme (Familien, Peers, Schulen, Kliniken, Arbeitsstätten etc.) sind überdies nicht (mehr) konzentrisch, sondern gegeneinander verschoben aufgebaut (was dem sprichwörtlichen Hänschen damit auch neue Lernchancen

bietet!). Dies nötigt auch die Heilpädagogik zu Kontext-Tracing, d.h. flexiblen Anverwandlungen, auch wenn dies ihrem tradierten Anliegen zu vertiefender Beharrlichkeit widerspricht. Heilpädagogik ist heutzutage vermehrt Flößerarbeit auf dem Mainstream, (in welchem alle schwimmen möchten), als stille Bootsfahrt auf abgeschiedenen Seitenkanälen.

6) Angesichts marktwirtschaftlicher Rentabilitätsansprüche heißt dies, permanent eine Spurrinne zu finden zwischen Anpassung (sogar Infiltration) und Widerstand (auch Verweigerung).
Geschäftsempfehlungen, wie sie neuerdings immer häufiger und dreister auch an die Adresse der Heilpädagogik abgegeben werden *(Burens* 1995; *Schiewe* ²1995), hören sich nach Diktion, Interessenvertretung und Umgangsstil oft wie eine Aufreihung von Peinlichkeiten an; Vorbehalte sind daher dringend angebracht, (was aber bereits zum Geschäftsgebaren gehört). Dazu einige spot-ligths:
- Behindertenfürsorge war zwar schon immer (auch) ein (Tausch-) Geschäft: Kirchenhafte Mildtätigkeit versprach jenseitiges Seelenheil, und das wohlfahrtsstaatliche Behindertenwesen unterhält einen gigantischen Dienstleistungsapparat. Randständige Menschen hatten seit je marktrelevante, ja gesellschaftlich unverzichtbare Funktionen *(Kobi 1993):* und wär's letztlich nur die, in der sinistren, unteren Ecke zu stehen und mir dadurch meinen Platz in der rechten, obern «dynamischen Mitte» freizuhalten.
- Was die heutige marktwirtschaftlich bestimmte Situation kennzeichnet, ist allerdings die art brüte, mit der diese schamfrei und rücksichtslos präsentiert wird, weder Dummheit, Geschmacklosigkeit und Immoralität, sondern allein Umsatzeinbussen fürchtend.
- Sponsoring und Fundraising, wie sich die Formen des Neubettels nennen, kennzeichnen bilaterale Handelsbeziehungen und sind (vor allem auch vonseiten Behinderter) nicht als Wohltätigkeit zu verkennen. Hier wird offen mit Eigennutz spekuliert: «Eine Firma sponsert nicht uneigennützig: ihre <Gute Tat> muss sich lohnen» *Schiewe* ²1995). - Daher richten sie sich denn auch nur auf «vermarktbare Angebote»; «nur Top Events finden noch allgemeines Interesse» *(Burens 1995).*
- Für Anbieter einer Message gilt es das Prinzip KISS zu beachten: Keep it Simple and Stupid. - Gags, Knüller und vor allem Spaßiges sind gesucht. Aber auch Betroffenheitsauslöser à la Benetton und bis hin zur Daimler-Benz-Idee, eine original Kinderbaracke im KZ Auschwitz-Birkenau zu sponsern *(Schiewe* ²1995), konfrontieren Heilpädagogik mit einer Welt, mit der sie weder aus ihren caritativkirchlichen, noch aus sozial-staatlichen Herkunftsorten bekannt ist.

7) Eine Konsumgesellschaft verlangt nach vielfältigen und variierenden Waren- und Dienstleistungsangeboten, wohingegen Pädagogik traditionellerweise eher zu Askese und Traditionspflege neigt. - Zur Rolle des Kunden gehört des weitem, dass dieser (aus-) wählen kann, wohingegen Pädagogik sich noch vorzugsweise darum sorgt, hochqualifiziert-nährstoffreichen Eintopf vorzusetzen. - Sie ist überdies dem

Entweder-Oder mehr zugetan als dem Sowohl-als-auch und ist fast nicht davon abzubringen, (gegenwärtig etwa im Zusammenhang mit Integrationsbestrebungen), das Bessere rücksichtslos zum Feind, statt zum Freund des Guten zu erklären.

8) Das vorerwähnte Kontext-Tracing stellt somit höchste Anforderungen an den «Locus of Self-Control» des Einzelnen, so dass systemische Betrachtungsweisen, so sehr diese der permanenten «Rücksichtnahme» dienlich sind, nicht zur Invalidierung oder gar Vernullung personaler Instanzen und Potenzen verleiten darf *(Hörmann 1994)*.
Ich frage mich auch, ob das überhandnehmende Verschriftlichungs- und Verrechtlichungswesen vielleicht **die** (bürokratische) Schwachstelle des Wohlfahrtsstaates ist und ob die nimmersatte Informationsgier sowie die ungeheuren Vernetzungsveranstaltungen, von allem mit jedem, eine moderne Version des alten Mythos vom Grossen Fisch - Sinnbild des *einen*, in *allem* - sind, den es endzeitlich zu fangen gilt? - Ob alle die gigantischen Feed-Backereien, Besprechungsrituale und Meta-meta-Konferenzen in Schule und Heim ihren Aufwand lohnen, wage ich zwar nicht zu bezweifeln, aber auch nicht zu beteuern. Mehr direkte Perspektiven und verdeutlichende Worte, auch mehr Streit als liebliche Gewalt, würde ich aber bevorzugen. - Für den Fisch, mit dem ich mich hier identifiziere, sind alleweil noch die Löcher das beste an einem Netz, und desgleichen sehr weitmaschige gesetzliche Verordnungen für lebendige Institutionen. «Deregulierung» und «Verschlankung» könnten daher auch der Heilpädagogik zu einem bessern Atmen verhelfen.

9) Eine postmoderne Heilpädagogik wird jedenfalls zu lernen und zu lehren haben, mit vielfältigem Dissens, mit Ambiguität, Ambivalenz, Paradoxien, Dilemmata zu leben. Bloßes Problem-Management ist zwar unbefriedigend, Endlösungen dagegen sind schrecklich! - Equilibrierungsakte werden durch Extremismen und Totalisierungen - nach dem Prinzip: Immer-überall-alles! - zum Kippen gebracht. Wer Gleichgewichte unipolar maximiert, bringt die Chose zu Fall; wer (Beziehung-) Netze strapaziert, zerreißt sie. Übersättigte (nicht nur Salz!) - Lösungen fällen aus. Das quantitative Maximierungsprinzip «Mehr vom selben!» *(Watzlawick* 1974) kann paradoxe qualitative Zustandsänderungen zur Folge haben.

Demgemäß «wende» auch ich mich und zwar
- gegen grenzenlose Entgrenzungen, da wir Abgrenzungen und Mauern zur Wahrung unseres Eigensinns, unserer Identität benötigen. Sie bilden eine Voraussetzung dafür, uns auch bei uns selbst häuslich einrichten zu können
und
- gegen museale Abschottung. Wir benötigen Türen und Fenster, die sich beidseitig öffnen lassen: als Voraussetzung dafür, zueinander zu finden.

Mit diesem doppelten «Bekennntnis» (wenn's schon sein muss) hoffe ich endlich und abschließend zwischen den Hohen Stühlen elitär-verschreckten Separatismus» und den Langen Bänken burschikos-erschreckenden Integrationismus den Platz am Boden gefunden zu haben: ein zwar unkonfortabler, nach meinen Erfahrungen aber doch der verlässlichste pädagogische Aufenthaltsort.

Literatur

Basler Handelskammer: Mehr Freiheit im Basler Schulsystem. Basel: 1995

Berman, M.: Wiederverzauberung der Welt. Hamburg: Rowohlt 1985

Bittermann, K.; Henschel, G. (Hrsg.): Das Wörterbuch des Gutmenschen. Zur Kritik der moralisch korrekten Schaumsprache. Berlin: Edition Tiamat 1994

Bleidick, U: Die Sprache in der Behindertenpädagogik. In: Zeitschrift für Heilpädagogik 1991 (11), 759-776

Burens, P.-K.: Die Kunst des Bettelns. München: Beck 1995

Duerr, H.P.: Paul Feyerabend. Briefe an einen Freund. Frankfurt/M.: Suhrkamp 1995

Eberwein, H.: Behinderte und Nichtbehinderte lernen gemeinsam. Weinheim: Beltz 1988

Feyerabend, P.: Wider den Methodenzwang. Frankfurt/M.: Suhrkamp 1977

Feyerabend, P.: Erkenntnis für freie Menschen. Frankfurt/M.: 1980

Goffman, E.: Asyle. Frankfurt/M.: Suhrkamp 1973

Hochstrasser, F.: Konsumismus und Soziale Arbeit. Bern: Haupt 1995

Hanselmann, H.: Heilpädagogik - Wesen, Möglichkeiten und Grenzen. In: Bericht des dritten internationalen Kongresses für Heilpädagogik. Wien: Jugend und Volk 1954

Heil, G.: Erziehung zur Sinnfindungshaltung Berlin: Marhold 1985

Honneth, A.: Pathologie des Sozialen. Frankfurt/M.: Fischer 1994

Hörmann, G. (Hrsg.): Im System gefangen. Zur Kritik systemischer Konzepte inden Sozialwissenschaften. Münster: Bessau 1994

Kobi, E.E.: Heilpädagogische Daseinsgestaltung. Luzern: Edition SZH/SPC 1988

Kobi, E.E.: Die Wörter vom Stamme «DYS» und ihre Deriviate. In: Der Jugendpsychologe 1990, 3-17

Kobi, E.E.: Behindert sein aus heutiger Zeit. In: *Haupt; Krawitz, R.:* Anstösse zu neuem Denken in der Sonderpädagogik. Pfaffenweiler: Centaurus 1992

Kobi, E.E.: Grundfragen der Heilpädagogik. Bern: Haupt ⁵1993

Kobi, E.E.: Vom unbeholfenen Helfen. In: *Mürner, Ch.; Schriber, S. (Hrsg.):* Selbstkritik der Sonderpädagogik? Luzern: Edition SZH/SPC 1993

Kobi, E.E.: Zur heimlichen Unheimlichkeit von Heimen. Luzern: Edition SZH/SPC 1994

Kobi, E.E.: Zur Qualität im (heil)pädagogischen Handlungsfeld. In: *Eberwein, H.; Mand, J. (Hrsg.):* Forschen für die Schulpraxis. Weinheim: Beltz 1995

Mürner, Ch.: Zwerge oder Kleinwüchsige Menschen. In: Die Sonderschule 1995 (4), 297ff.

Pfister, P.O.: Die Intelligenz des Mitleidens. Kommunikation 1995 (2), 4-8

Pörksen, U.: Plastikwörter. Die Sprache einer internationalen Diktatur. Stuttgart: Klett ⁴1992

Pro Infirmis: Themenheft. Aus Sprache spricht...; 1992 (3)

Rektorat der Universität Basel: Beiträge der Universität Basel zum Wirtschaftsstandort
Basel. Basel: 1995

Schiewe, K.: Sozial-Sponsoring. Ein Ratgeber. Freiburg: Lambertus [2]1995

Schönberger, F.: Therapeutensprache - Therapeutische Sprache? In: Krankengymnas-
tik München 1986 (38), 356-366

Schweizer Lehrerinnen und Lehrer Zeitung: Schulaufsicht im Visier. Zürich: 1995

Stephan, Cora: Eine deutsche Hysterie. In: Spiegel 1995 (4)

UNI SONO: Personalnachrichten der Universität, Basel: 1995

Walser, M.: Über freie und unfreie Rede. Spiegel 1994 (45)

Watzlawick, P.: Lösungen. Bern: Huber 1974

Zur, O.: Was es bringt, ein Opfer zu sein. In: Psychologie heute 1994 (9), 58-64

7 Heilpädagogik heute und ihre Zukunft

Referat Fachtagung Bethel, Bielefeld am 29.10.1998

Merkwürdig, dass immer wieder die Alten dazu eingeladen werden, sich über die Zukunft zu äußern, sie, denen wenig mehr davon verbleibt und die ohnehin viel lieber über die Vergangenheit sprächen. (Seid still, Kinder, Opa erzählt vom Kriege!). Derweil der Jugend die Zukunft doch vor den Füßen liegt wie ein Roter Teppich, falls sie bereit ist, drauf zu stehen und zu bleiben.

„Löst sich die Heilpädagogik im Zeitalter der Postmoderne auf oder hat sie Zukunft?", so fragt mich Herr Kollege Diekmann in seinem Brief vom März '98. Nun, ich bin pessimistisch genug, daran zu glauben, dass der Heilpädagogik noch Hochkonjunkturen ins Haus stehen werden und wir uns mehr Sorgen um die Zukunft der so genannten „Normal"-Pädagogik machen müssten!

Heilpädagogik – oder wie auch immer das Unternehmen dermaleinst genannt werden mag – wird es so lange geben, als Menschen etwas vorhaben und vor sich zu haben glauben mit sich und der Welt. Pädagogik resultiert aus menschlichem Wandlungsbedarf und -bedürfnis. Dieses zielt konstant auf Vollkommenheit, jenseits derer Wandel nur noch (und wieder) Rückfall bedeutete. Pädagogik kann demgemäß -namentlich da, wo sie sich die Forderung 'Paradise now!' an die Fahne heftet und den Himmel auf Erden zu installieren trachtet- als soziales Perpetuum mobile auf der eschatologischen Suche nach dem Perpetuum stabile (der in sich ruhenden Vollkommenheit) bezeichnet werden. Da nun jedoch die Wege zu diesem Heil in unserer pluralistischen und polytheistischen Gesellschaft von verwirrender Vielfalt sind und nicht mehr alle getrost nach Rom führen, sondern auch nach Mekka, Jerusalem, SaltlakeCity oder auch in irgend einen verlassenen Kreml, bleibt Heilpädagogik unverzichtbar. Die Wandlungsfähigkeit der Heilpädagogik ist denn auch erstaunlich und ist vermutlich der Grund, der ihr immer wieder die Zukunft sichert.

An dieser Stelle kann ich nun doch nicht umhin, zum Beleg eine kurze historische Reminiszenz einzulegen:

Meine Generation durchlebte in zeitweilig bedrängendem Tempo derart viele Phasen wechselnder ideologischer Ausrichtungen und Sprachregelungen, dass ich dem Soziologen *Helmut Schelsky* dankbar bin dafür, dass er uns seinerzeit (in den Fünfzigern) das Etikett „Skeptische Generation" verpasste, was sich mir bis heute als ein echtes Stück Lebenshilfe erwies.

Je nach Herkunft und Standort sprossten wir noch in kirchlich obhüteten Pflanzstätten (Seminarien) und wurden daselbst im Glauben geübt, Heilpädagogik erschöpfe sich in christlicher Caritas, (was sie tragischerweise manchmal auch tat!). Heilpädagogik leitete sich als *Heils*pädagogik aus schierer Heilsgewissheit ab, wie dies der Theologe *Linus Bopp* (1930; 1958) und seine Nachfolger im Geiste (in der Schweiz z.B. *Eduard Montalta*) sahen. Desgleichen eignete auch, nach Diktion und Emphase, meinem geschätzten Lehrer, Paul Moor, (obwohl als promovierter Astronom bereits erdnaher), noch ein pastoraler Ton aus gläubiger Verheißung, die ihre pietistische Herkunft nicht verleugnete. Forsch, wissenschaftlich, objektiv verschafften sich daneben freilich Biologie und Medizin zunehmend Gehör, verbunden mit dem Anspruch (so etwa bei *Hans Asperger*), der Pädagogik stabilen materialen Grund zu bieten und die Heilpädagogen mittels medizinischen Fortschritts überflüssig zu machen. Fortan hatten wir den Blick vermehrt auf den Boden, statt nach den Sternen zu richten (so lange mindestens, bis versprengte Teile des Biologismus über theoretisch gut gemeinte eugenische Machenschaften stolperten).- Dies war mit ein Grund, die seit den fünfziger/sechziger Jahren aus den USA zurückschwappende Psychologie wie eine Befreiung zu erleben, zumal diese ursprünglich ja aus dem deutschsprachigen Kulturbereich stammte. Doch weder deren statistisch-empiristischen, noch die analytischen Varianten vermochten pädagogisch zu befriedigen, da sich die einen mehr für Daten als für Taten zu interessieren schienen und die andern mit rückwärtiger Endlosdeutelei und pathologisiereder Therapeutik oft wertneutral-spröde und perspektivlos blieben. Hitziger ward's dann wieder in den Siebzigern mit der Soziologie samt revolutionärer Praxis zur Runderneuerung der Gesellschaft. Leider hinterließ sie, außer blitzgescheiten Analysen und einer blumigen Polit-Sprache, wenig Ruhmreiches auf der pädagogischen Allmende (einige ihrer antiautoritären Sturmschäden beschäftigen die Heilpädagogik bis heute). – Entspannend war danach die grün/chaotische Softness der Turnschuhkinder in den ökologischen Achtzigern. Jetzt war der Gummibär los! und „The King of the HighChair", der das Wachstum verweigerte (*Bly, R.*, 1996), ließ sich keine Wünsche offen, verduftete bisweilen auch in Magie und esoterische Nebligkeit. Seine heilpädagogische Hinterlassenschaft besteht in einer Fülle von Heilserwartungen und einer noch größeren Zahl entsprechender Botschaften in flauschiger Betroffenheits-Lyrik. Ernüchterte Teile davon sind heute immerhin regierungsfähig geworden (Wer hätte so was gedacht! Das freut den frustrationsgewohnten Heilpädagogen!). Doch dem 'Logos' (dem Geist) der Ökologie folgte der 'Nomos' (das Gesetz) der Ökonomie auf dem Fuße. Und so haben wir denn derzeit nach Wort und Tat Ökonomie zu lernen, das Sein aus dem Haben zu destillieren, uns feil zu bieten auf dem freien Markt der Verhaltensproduktion. Doch ich bin zuversichtlich, dass wir auch diesen Rodeo überstehen.

So erweist sich, dass Pädagogik weit kontextabhängiger ist als gegenstandsorientierte Wissenschaften, die kurzgeschlossen, kurz entschlossen glauben, an den unendlichen

Fortschrittsglauben zu glauben, der sie an jenen dimensionslosen Zeitort führt, wo, wie mein Geometrielehrer wusste, einander sogar die Parallelen schneiden und somit dann keine mehr sind.

Ich will's aber auch als Alterserscheinung buchen, dass sich mir zunehmend der Eindruck verdichtet, dass Pädagogik zwar Wandel, aber keinen Fortschritt kennt. Mit dieser Feststellung ist keinerlei Wertung und schon gar keine *Ab*-Wertung verbunden. Pädagogik erachte ich ganz im Gegenteil dann als gut, zumindest als sich selbst kongruent, wenn sie im ursprünglich treffenden Wortsinn 'kon-servativ' (zusammenhaltend, bewahrend) ist, wenn sie dem Kind nahe bleibt, ihm weder hinterherläuft noch davon fortschrittelt.

Darum kann ich denn auch in der gegenwärtigen Heilpädagogik nicht Noch-nie-Dagewesenes und prinzipiell Neues erkennen: weder an Aufgaben und Problemen, noch an Zielen, Methoden und Instrumentarien von Erziehung und Unterricht. Und ich würde mich sehr wundern, falls ich dies dazumal auf wundersame Weise noch könnte, wenn's in ferner Zukunft unvergleichlich anders wäre.

„Die Natur macht keine Sprünge!" pflegten unsere Altvordern zu sagen. Und die Kultur?- Die springt dafür unentwegt hin und her und auf und ab. Doch ich vermute, dass in einer Langzeitbetrachtung und aus zeitlicher Distanz diese Bewegungen insgesamt sehr viel geringfügiger sind, als sie unserer Kurzlebigkeit erscheinen mögen, und dass der als modern geltende „Blick nach vorn" kaum ins Bewusstsein treten lässt, was hinter ihm alles auch schon war.

Heilpädagogische Probleme ergeben sich strukturell aus fehlender oder mangelhafter Übereinstimmung von Wirklichkeitskonstrukten, die so massiv, umfänglich und chronisch ist, dass sie mit den Möglichkeiten pädagogischer Konvention als nicht mehr handhabbar erscheint. 'Behinderung' im *sozialen* Sinne ist nicht einfach ein objektivierbares Faktum, sondern eine Differenz, ein Unterschied, eine Abweichung, kurz: eine unerwünschte, störende und belastende Erwartungswidrigkeit hinsichtlich dessen, was wir als unsere Wirklichkeit erleben und erfahren, komponieren und konstruieren und (darum!?) für richtig halten. Dementsprechend sind Wandlungen der/in der/für die Heilpädagogik auf unterschiedlichen Ebenen zur Darstellung zu bringen. Effizienz, Fortschritt, Flexibilität, Dynamik, Innovation und was Marktgeschrei derzeit mehr an magischer Vigilanz einfordert, ist in dialektischer Konsequenz auf konsistente Bezugsrahmen angewiesen. Eine Qualität, die nur noch sich selber im Vis-à-vis hat, ist keine mehr oder verschlägt ins Gegenteil (wo alles automobil aufbricht, entsteht bekanntlich Stau. Wo alles geht, geht nichts mehr).

Damit Erziehung als qualifizierbare Beziehungsform effektiv und effizient werden kann, sind zumindest drei („axiomatische") Voraus-Setzungen anzuerkennen: *Sinn*, *Struktur* und *Perspektive*. – Erziehung findet in einer anybody-does-everything-everywhere-anytime-Society keine gedeihlichen Verhältnisse.

Das existentielle Problem liegt sodann für die Pädagogik (und zugespitzt für die Heilpädagogik) in der Ähnlichkeit der Menschen: Wären alle Menschen gleich, wie idealistisch-egalitäre Utopien vorgeben, so gäbe es keine sozialen Spannungen. Und wären Menschen völlig verschieden, gemäß liberalistisch-individualistischen Vorstellungen, so gerieten sie einander nicht permanent in ihre Greifbezirke und Beziehungsnetze. Ähnlichkeit hingegen erzeugt Spannung und Irritation, Ambivalenz und Kontingenz, Polarität und Antinomie ... und immer wieder Fragwürdigkeit und Unentschiedenheit. In diese *Ungewissheit* hinein – und nicht etwa zwischen ein fixiert wählbares Gut & Böse – hat Pädagogik ihre endgültig vorläufigen und vorläufig endgültigen *Entscheidungen* zu treffen. Existenznotwendig, wie ich meine, wenn sie nicht bloß praktizierte Ideologie (Proselytenmacherin) sein und andrerseits nicht bloß zu angewandter Psychologie (einer „Auch-Therapie") verkommen soll.

Insbesondere die heilpädagogische Praxis spürt heutzutage diese Drift deutlich: von einer ideell vorgegebenen *Tendenz* (wie sie z.B. konfessionelle Tendenz-Betriebe ausrichtet), hin zum *Trend* (wie er in der „neuen Unübersichtlichkeit" eine Trend-Betriebsamkeit unterhält)

Ethik ist nicht Gabe, sondern Aufgabe. Sie ist nicht ableitbar, sondern herstellungsbedürftig. Ethik als selbstauferlegte und ihrerseits verantwortbare Vor-Schrift betrachte ich als ein innerweltlich gesellschaftliches Regelungssystem. Ethik ist für die Pädagogik fundierend, allerdings nicht im fundamentalistischen Sinne der Absolutheit, Totalität und Ewigkeit. Ethik ist m.E. nicht Religion und Glaubensbekenntnis gleichzusetzen oder daraus mit bedingungslosem Allgemeingültigkeitsanspruch abzuleiten (Es sei denn aus polytheistischer Vielfalt!)

Pädagogik lebt nicht aus der Gewissheit eines Heils, sondern aus Verträglichkeiten im Ungewissen. Ethik ist relativ und relational und präsentiert sich, zumal in einer pluralistischen Gesellschaft, als Amalgam unterschiedlicher Sinn-, Wert- und Zweckpräferenzen, als hybrides Gebilde und Collage verschiedenster Menschenbilder, als dynamisches Gewoge, wandelbar auch in der Zeit. Ins Bild gesetzt: als ein Meer, das Schwimmende trägt. Nur wenigen gelingt es, über's Wasser zu laufen: Einhelligkeit und Festigkeit könn(t)en hierzu nur (in unsittlicher Weise!) erzwungen werden.

Als im vorgenannten Sinne effektiv betrachte ich eine Ethik, die praktikabel und dadurch in ihren Wirkungen wahrnehmbar (effizient) ist. Ich bin der Meinung, dass es mit zu den Denkfiguren einer heilpädagogisch relevanten Ethik gehört, von menschlicher Imperfektheit auszugehen. Der homo educandus bleibt stets ein Torso, der Vollendung nur erahnen lässt. (Heil-)Pädagogik kann in ihrer Erdenhaftigkeit (Immanenz) keine Vollkommenheitslehre, geschweige denn ein Heilspfad sein. Nur das Imperfekte ist (noch) wandelbar und diskursfähig. Vollkommenheit benötigte keine Erziehung mehr, und Paradiese jedweder Art sind frei von Pädagogik und Pädagogen (ansonsten sie, die einen wie die andern, keine wären).

Prämissen aufstellen, Kriterien bestimmen, Ziele setzen, Richtigkeitsvorstellungen und Anforderungsprofile gegeneinander abgleichen, sind nicht delegierbare, *immanente* Aufgaben einer wertorientierten Wissenschaft und Praxis. Rahmenbedingungen und Leitlinien bleiben subjekthafter Natur (eigentlich: „Kultur"), und sogar das, was einem gelegentlich noch als „objektiv" vorgesetzt wird, haben irgendwelche, oft nicht genannt sein wollende jemands so deklariert.

Es ist in nicht produkt-, sondern beziehungsorientierten Sozialkörpern zwar schwierig, im Voraus festgesetzte Effekte zu determinieren. Dennoch sind Zielvorgaben und

Perspektiven zur Strukturierung psychosozialer Dynamik notwendig. Dadurch ist die Situation freilich permanent antinomisch (spannungsgeladen), polyvalent (mehrwertig) und kontingent (vermischt).

Einerseits hat Pädagogik einen Daseinsgestaltungsauftrag, der auch Verhaltensformung und Beziehungsarbeit miteinschließt. Erziehung muss etwas vor sich und mit dem Menschen vorhaben, wenn sie sich nicht in unverbindlicher Spaßigkeit auflösen soll. Erziehung als Praxis und Pädagogik als Theorie können sich, wie vorerwähnt, nur aus verbindlichen Sollensansprüchen heraus legitimieren. Als „Verhaltensproduzenten", als die wir uns unter gegenwärtiger Marktflagge verstehen sollen, können wir allerdings nicht entwicklungs- und entscheidungsnotwendige Freiräume des Zöglings (das zwar obsolete, aber patent geschlechtsneutrale Alt-Wort sei mir hier zugestanden!) erziehungswidrig beschneiden. „Qualitätsinstrumente sind daraufhin zu überprüfen, wie weit sie für die Organisation und deren Mitglieder Entwicklungsspielräume eröffnen" (*Eichhorn, Ch.* 1997).

Während in der Produkt-Qualitäts-Sicherung (zumindest vorgeblich) der 'Kundenorientierung' höchste Priorität eingeräumt wird und so zwar kein Archimedischer, aber vielleicht wenigstens ein Epikureischer (Fix-?) Punkt angesteuert werden kann, sind in pädagogischen Gefilden nicht einmal die Abgrenzungen zwischen Leistungserbringern, Leistungskäufern und Leistungsfinanzierern so deutlich, wie dies Betriebswirtschafter via Over!Head-Projektionen dem etwas dusseligen Heilpädagogen-Geist immer wieder klar zu machen versuchen. Kontaminationen und Ambivalenzen trüben auch hier die didaktisch bemühte Klarsicht-Folien-Situation.

Es sind zumindest vier Instanzen, (vertreten durch einen wechselnden Personenkreis), die zusammen so was wie ein Kräfteparallelogramm bilden und entsprechendes Stretching erzeugen.

Da ist zum ersten die *elterliche Instanz*, die ihr Humanprodukt bestmöglicher edukativer Raffinesse zugeführt sehen will. Kinder gelten in unsern gesellschaftlichen Verhältnissen nicht mehr als Massen- sondern als Qualitätsprodukte, die dermaleinst den Qualitätsstandard ihrer Erzeuger übertreffen sollen. (Wenig -, aber von bester Qualität!). Der Kinderkult unserer „Kindlichen Gesellschaft", die, wie *Robert Bly* (1996) feststellt, aus ihrer Fun- & Spaß-Seligkeit heraus oft kaum mehr erwachsen werden will, ist denn auch beeindruckend:

Es reicht von Pädagogik, in welcher sich Erwachsene noch Führungsverantwortung anmaßen, über Psychopädie, in deren nestwarmer Brutpartnerschaft Pädagogik rasch verdampft, bis hin zur Pädo-Tyrannis, in welcher die Kids das Heft in die Hand nehmen und dem Kultur-Kundi (KuKu) – dem Schulmeister schwarzpädagogischen Andenkens – um die Ohren schlagen und ebenso klar den Zucht-Oldies im Hotel Mama elterliche Schuld und Schuldigkeit vor Augen führen.

Die Skala reicht des weitern von der Liebe zum Kind (Philopädie), die sich schützend vor kindhafte Schwäche stellt, über Pädo-Manie, die in heilloser Bewunderung des Heil-Kinds im Allgemeinen und des eigenen im speziellen (His Majesty, the Baby! You are the Champion!) dieses zum halbgöttlichen Hoffnungsträger macht, bis hin zur Kinderliebe (Pädophilie), die ihrerseits zahlreiche Schattierungen aufweist von der

„lüsternen Prüderie" (*Bruckner, P.* 1997), über modisch stilisierte Infantilität, bis hin zum anonymen Sexualmord. Der seinerseits, massenmedial entsprechend auf-und-zubereitet, die pädofante Gemeinde in Entrüstung verbindet. Kinder dürfen offenbar nicht einfach schwach, unerfahren, verletzlich und niedlich sein, sondern müssen auch als misshandelt und gequält in Erscheinung getreten werden: Als ob sie bis in alle Ewigkeit erst zwischen Krippe und Kreuz ihren Platz zu finden vermöchten. Die kulturanthropologische Entwicklung vom Kleinen Erwachsenen zum großen Kind lässt *Bruckner* denn die Frage stellen: „Ist das Baby die Zukunft der Menschen?" (Auch für heilpädagogische Früherziehung wäre damit die Zukunft gesichert!)

Da sind zum zweiten zahlreiche *Kollektive* mit ihren Kollektionen, innerhalb derer sich der Mensch bereits in seiner Kindform mit wertwandlerischem Geschick zu bewegen hat. Noch nie war Jugend dermaßen umworben und begehrt: sei's als Hoffnungsträger und Zukunftsinvestition, sei's als Ware und *Marktsegment*.

Da sind zum dritten die *überwölbenden Instanzen* der Wert- und Höchstes-Gutver-waltungen mit ihren ideellen und ideologischen Begehren, die sie vorzugsweise bei den pädagogischen Kleinfunktionären der Schule deponieren unter dem markigen Wort: „Die Schule sollte...!" Doch die hat es noch immer nicht geschafft, den smart-aggressiv-dynamisch-multimedialen-langjährig-globalerfahrenen Sales-Manager (Alter nicht über 26) in absatzmarkt-adäquater Menge zu produzieren.

Und irgendwo glauben Pädagogen zwischendurch schließlich noch so was wie *„kindliche Grundbedürfnisse"* (basic needs, *Kobi, E. E.,* 2004) wahrnehmen zu müssen, (von ihren eigenen mal abgesehen), die leider zu oft nicht den Marktgesetzen entsprechen wollen.

Wessen Leistungserbringer sind wir Heilpädagogen denn also? „Ich gestehe ein", so sagt *Rousseau* (1762) über seinen Zögling Emile, „wenn er aus meinen Händen kommt, wird er weder Rechtsgelehrter, noch Soldat, noch Priester sein, sondern ausschließlich Mensch".

Marktwirtschaftlich ein Fall für's Arbeitsamt.

Pädagogen können also wahrlich nicht über zu wenig Kundschaft klagen: ganz im Gegenteil!- Nachdem es während Jahren trendy war, in sozialen Dienstleistungsbereichen (auch) von „Klienten" zu sprechen, wird man die nun so Genannten kaum mehr los mit ihren pädagogischen Konsumwünschen, all die Leute, die von der (Heil-)Pädagogik die rasche, schmerzlose und kostengünstige Reparatur naturhafter und gesellschaftlicher Havarien und Blessuren erwarten. Heilpädagogik hat, wie ich meine, eine unheilschwangere Zukunft auf sicher.

Dies hat für den heilpädagogischen Alltag beispielsweise folgende Konsequenzen:

· Kontextüberflutung nötigt zu Kontext-Tracing (Surfen, Sky-Boarding, Snoeben sind Gleitsport-Arten, die bildhaft zeigen, wie mit der Dynamik der Oberflächlichkeit ver„fahren" wird)

Heilpädagogik ist heutzutage somit vermehrt Flößerarbeit auf dem Mainstream, (in welchem alle Schwimmen möchten), als stille Bootsfahrt auf abgeschiedenen Seitenkanälen

- Dies setzt andrerseits einen verlässlichen Locus of self control voraus, eine vertiefte Ich-Identität in der face-to-face-group (z.b. in der Schule)
- Die Schule alten Stils konnte als Stätte wirken, in der das „Rohmaterial" schüler-seitiger Erlebnisse und Primär-Erfahrungen ergänzt, aufbereitet, „raffiniert" (v.a. symbolisiert und schriftlich verfasst) wurde. Die Schule bot / war 'theoria' (=Schau) real existierender, einander ähnlicher Individualwelten. Der heutige Schul-Klassen-Verband müsste vor allem für Kinder aus „floatenden" postfamilialen Sozialverbänden ein Haltepunkt („Heimat") sein können.
- Schülerseitige Erlebnis- und Erfahrungsmängel machen aus der ursprünglich virtuellen (Abbild-) Welt der Schule zunehmend reale Erlebniswelten notwendig (Erlebnispädagogik)
- (Heil-)pädagogik kann sich heute nicht (mehr) nur als materiale / handwerkliche 'Arbeit am Zögling' (Fördern; Bilden), als biologisch/kultivatorische (Hegen; Pflegen) Aufzucht verstehen; sie ist auch sozial-politisches Problem-Management
- Heilpädagogik kann desgleichen nicht (mehr) ein Maximierungs- (alles-überall-sofort-bestens), sondern muss ein Optimierungsprinzip verfolgen. Wer den Über-tritt aus maximalistischem Idealismus in optimalistischen Optimismus nicht schafft, für den werden zunehmend Illusionen handlungsbestimmend (während das Subjekt im burn-out verkohlt!)
- Die postmoderne (Heil-)Pädagogik hat mit vielfachem Dissens zu leben und leben zu lehren, der sich manifestiert in Ambiguität, Ambivalenz, Paradoxien, Dilemmata, double-and-multi-binds ...
- Heilpädagogen/innen benötigen heute Varieté-Qualifikationen als Illusionisten (um solche als solche zu erkennen) und Equilibristinnen, (um in der Alltagsdrift divergierender Strömungen Gleichgewichte zu halten).

In Anbetracht gegenwärtiger Strömungsverhältnisse in diesem Gleichgewichtssystem frage ich mich - zwar nicht überall und allezeit - aber fallweise doch immer häufiger
- ob wir beispielsweise nicht drunter und drüber sind, 'schulische Gebinde' (regionale und nachbarschaftliche Schuleinheiten, desgleichen Klassen und Lerngruppen) kaputt zu integrieren. Äußere Integration erfordert nämlich derart viel Binnen-differenzierung, dass gemeinsames Lernen (alle – dasselbe – auf dieselbe Art – in derselben Zeit – am selben Ort) immer seltener möglich wird. Mir scheint, dass unter dem Begriff 'Individualisierung' derzeit so etwas wie eine „integrale Ver-sonderung von Regelklassen" stattfindet. Diskrimination (im neutralen Sinne der 'Unterscheidung') vollzieht sich in aller Stille schul- und klassenintern. Ob dies im Endeffekt auf ein normalisiertes Sonderklassensystem oder ein dereguliertes Regelschulwesen hinausläuft, ist buchstäblich Ansichtssache, d.h. perspektiven-abhängig.
- ob Integrationsprozesse nicht der zwingenden Paradoxie unterliegen, in einem ersten Schritt zunächst behinderte Kinder per definitionem erzeugen zu müssen, um diese dann in nobler Gegengeste und gemäß der geläufigen „Auch....-Formel" integrieren zu können?- Es stellt sich ferner die Frage, ob Integration überhaupt zu maximieren sei, oder ob – wie bei einer gesättigten Salzlösung – von einem

bestimmten Punkt weg wieder Ausfällungen einsetzen. (Ist es nur Zufall, dass zeitgleich mit den Gesamtschul- und Integrationsdebatten auch wieder die Forderungen nach einem „Lifting" für so genannte hochbegabte Kinder laut werden und Privatschulen für freiwillige Desintegranten florieren?).

· ob Behinderungen in der postmodernen Heilpädagogik nicht ganz entscheidend erzeugt werden durch Hilfs- und Spezialangebote? Vielleicht ist es darum für die Kinderwelt nicht nur beglückend, wenn die Heilpädagogik ihre Stationen und Kavernen verlässt, ausschwärmt, invadiert in den gesamten Schulorganismus und daselbst 'herumspaziert' (was 'ambulare' ja wortwörtlich heißt). Heilpädagogik ist in der Tat / durch die Tat ansteckend: behindert wird, wen die heilpädagogische Fördertherapeutin in empathischer Ernstnehmung und bemühender Bemühtheit als förderungsmaßnahmenbedürftig erklärt.

· ob das überhand nehmende Verschriftlichungs- und Verrechtlichungswesen, die Informationsgier sowie die ungeheuren Vernetzungsveranstaltungen vielleicht eine moderne Version des alten Mythos von Grossen Fisch – Sinnbild des EINEN in ALLEM – sind, den es endzeitlich zu fangen gilt? – Ob alle diese gigantischen Feed-Backereien und Besprechungs-Rituale in Schule und Heim ihren Aufwand lohnen, wage ich zwar nicht zu bezweifeln, aber auch nicht zu beteuern. (Empirische Untersuchungen belegen, dass heutzutage in heilpädagogischen Institutionen 40 - 50 % der Arbeitszeit für metakommunikative Aktivitäten benötigt wird / verloren geht.) Für den Fisch, mit dem ich mich hier identifiziere, sind freilich immer noch die Löcher das beste an einem Netz und desgleichen sehr weitmaschige Verordnungen für lebendige Institutionen. Je enger nämlich das Korsett, um so größer der Krach, wenn's aus den Nähten platzt!- (Dies ist vor allem bei einem Staat zu beachten, der unablässig von Sparen und Verschlankung dröhnt, derweil sich die Classe politique heimlich am Eingemachten vergreift! „Diätenanpassung" wurde nicht ohne Grund zum Unwort des Jahres 1995 erklärt).

Doch der Täter sieht sich bekanntlich nicht und schon gar nicht eine Wohltäterin wie die Heilpädagogik! Was eine postmoderne Heilpädagogik daher ins Bedenken, Befinden und Behandeln zu nehmen hätte, ist das, was Eduard Spranger schon vor bald einem halben Jahrhundert als die „Gefahr der pädagogischen Nebenwirkungen" ausmachte. Gregory Bateson seinerseits spricht von „systemischen Verklappungen" und bringt diese ins Bild mit einem Trucker, der mit einem Anhänger rückwärts zu fahren und daher ständig Gegen- und Übersteuerungseffekte zu beachten hat.

Aber Pädagogik hieß seit je, sein Fortkommen im Rückwärtsgang suchen. „Ad fontes!", wie sie Alten sagten, als sie es noch sein und sagen durften.

8 Zur Qualität der Quantität im (heil-)pädagogischen Handlungsfeld

aus: Eberwein, H. / Mand, J. [Hrsg.] (1995), Forschen für die Schulpraxis (Weinheim Beltz) S. 57-70

„Die Menschheit verblutet unter dem trostlosen Scharfsinn einer Wissenschaft, die operiert aber nicht verbindet.
Wie lange noch wird sie's ertragen?" Karl Kraus, 1907[1]

Meiner Einschätzung nach entwickelte sich der Einfluss der an Universitäten etablierten Pädagogik auf den erzieherischen Alltag umgekehrt proportional zu deren so genannter Verwissenschaftlichung und zum Prozess der Ablösung der Forschung von persönlicher Handlungskompetenz in eigenverantworteter Praxis. - Die Situation verschärfte sich zusätzlich da, wo sich ein positivistisches Wissenschaftsverständnis auf die Verwendung naturwissenschaftlicher[2] oder gar bloß quantifizierender Methoden verengte, und dies in einem Feld, das sich existenznotwendigerweise zwischen Wissenschaft, Kunst und Politik auszuspannen hat und seine Ausmachungen a priori durch Wertentscheidungen erfährt. Ich vermute daher, dass die bildungspolitische Wirkung z. B. der von ihren Enkeln als „unwissenschaftlich" diskreditierten Pädagogiker deutscher Reformpädagogik der Jahrhundertwende sowohl seinerzeit als auch z. T. bis heute[3] bedeutender war, als jene rezenter Lehrstühle.

---

1 *Karl Kraus (1874-1936), zitiert aus: Sittlichkeit und Kriminalität. Frankfurt/M. 1966, 226.*

2 *Das Adjektiv „naturwissenschaftlich" stellt in diesem methodologischen Rahmen allerdings eine grobe Vereinfachung dar, da sich die - traditionellerweise so genannten - Naturwissenschaften ihrerseits in sehr unterschiedlichen erkenntnistheoretischen Entwicklungs- und Bewusstseinsstadien befinden. Während auf differenzierteren Stufen bereits seit Jahrzehnten z. T. erstaunlich konsensuelle, grenzüberschreitende und auflösende Gespräche zwischen „Physik" und „Psychologie" stattfinden, (vgl. z. B. Meier, C. A./Pauli, W./Jung, G. C.: Ein Briefwechsel 1932-1958. Heidelberg 1992.), sind in den Niederungen „wissenschaftlicher Alltagstheorien" noch vorwiegend reduktionistische Erklärungs- und Handlungsmodelle in Gebrauch.*

3 *z. B. Rudolf Steiner (1861-1925) oder Maria Montessori (1870-1952), deren im doppelten Wortsinn außer-ordentliche" Pädagogiken nicht zuletzt für die Heilpädagogik nach wie vor aktuell sind.*

Ähnliches gilt für die Psychologie[4], die ganz entscheidend in und über außeruniversitäre(n) Felder(n) ihre Wirksamkeit entfaltet: Allen szientistischen Objektivi-, Validi-, Reliabilitäts-Gebetsmühlen zum Trotz.[5] Einzig die Ausgeburten der Testologie vermochten eine Zeitlang pädagogische Heilserwartungen auf eine objektive und „entsprechend" richtige und gerechte Beurteilungspraxis zu wecken. Enttäuschungen blieben auch hier nicht aus .[6+7]

Die existentielle Qualität „der Psyche" ließ sich weder aufgrund einer Phlogiston-Theorie[8], noch zum reinen Behavior vernullt, weder operativ, wie Virchow[9] glauben mochte, noch operationalisierend nach- oder abweisen.

Im Anfang steht der Wert, der Quantität – als solche qualifizierend – erst zur Existenz erhebt.

---

4 Diem, M.: Universitäre Ausbildung und Berufsaussichten. Psychologie als Fallbeispiel. (Bern 1992), der mit seiner Studie auf die mangelhafte Handlungskompetenz von Schweizer Universitätsabsolventinnen in Psychologie - mit all den damit verbundenen Arbeitsmarktproblemen - aufmerksam macht.

5 Auch die das therapeutische Praxisfeld beherrschenden Psychologien psychoanalytisch-tiefenpsychologischer Konvenienz vermochten sich neben der quasi-naturwissenschaftlichen universitären Psychologie-Tradition des 19. Jahrhunderts nur randlich, post- und außeruniversitär oder dann in Grenzbereichen zur Psychiatrie zu etablieren. - Die Situation, wie sie der Psychoanalytiker Oskar Pfister (18731956) anfangs der zwanziger Jahre mit Blick auf die Schweiz beklagte, änderte sich in den vergangenen Dezennien kaum: „... An einem großen Teil der grauenhaften Kindernot ist die Einseitigkeit und Engherzigkeit unserer auf den Universitäten herrschenden Psychologie und Pädagogik schuld... Als Paradiesvogel hat der Schöpfer den Menschen ins Dasein gestellt; der Mensch der akademischen Seelenkunde ist ein armseliges gerupftes Hühnlein. Es gibt nichts Abnormeres als den angeblichen Normalmenschen der alten, leider noch immer die deutschen und einige schweizerische Universitäten allein bedienende Psychologie... Fast alle großen Fortschritte der neueren Seelenkunde sind außerhalb der deutschen Universitätspsychologie erzielt worden, und die letztere tat nichts, als wie ein ewig kläffender Hund nebenher zu rennen und die Arbeit der zur Psychologenzunft gehörigen Forscher auf diesem Gebiete zu verketzern, ohne sie überhaupt richtig zu kennen... (Pfister, 0.: Die Behandlung schwer erziehbarer und abnormer Kinder. Bern/Leipzig 1921, 15-17.).
Sogar Jean Piaget, seiner Herkunft nach („positivistischer") Biologe, der sich auf eine qualitative Forschung zubewegt hatte, wurde im deutschsprachigen Raum erstaunlich spät rezipiert und z. T. erst „via USA" re-importiert. - Der Rückgriff auf seine Entwicklungspsychologie erwies sich insbesondere für die Früherziehung (auch schwer- und mehrfach) behinderter Kinder als hilfreiche und echte Alternative zur fruchtlosen „IQ-20> - Psychotechnik".

6 vgl. Probst, H.: Qualitative Testverfahren in der Entwicklung pädagogisch diagnostischer Methodik. In: Ingenkamp, K. et al. (Hrsg.): Empirische Pädagogik 1992, 171.

7 vgl. Matarazzo, J. D.: Die Messung und Bewertung der Intelligenz Erwachsener nach Wechsler. Bern 1972; dtsch. 51982, 22ff.

8 Eine vom 17. bis ins 19. Jahrhundert in Physik und Chemie aktuelle Theorie, die für den seinerzeit unerklärlichen Verbrennungsprozess ein virulentes Etwas hypostasierte: das Phlogiston. Dieses substantiell gedachte Etwas machte angeblich die Brennbarkeit eines Körpers aus, ermöglichte den Verbrennungsvorgang und entwich bei ebendiesem.

9 Virchow, Rudolf (1821-1902), Pathologe, dem nachgesagt wird, er habe seziert nach dem Sitz der Seele geforscht, diese nicht gefunden und in seiner Konsequenz darum auch geleugnet.

Misslichkeiten quantifizierender Forschung und deren Resultate in beziehungswissenschaftlichen Feldern[10]

„Die Frage nach der geeigneten wissenschaftlichen Methode hängt ursächlich mit dem Realitätsverständnis zusammen" (Weidmann 1990),[11]. Eine Wissenschaft, die sich exklusiv über ihre Methoden und deren ideologischen Überbau der Methodologie definiert, läuft daher Gefahr, ihres Gegenstandes verlustig zu gehen. Wer ausschließlich auf „den Weg" achtet, Sinn-, Wert- und Zweckfragen (Kobi 1993, 303ff.), Ziel und Soziallandschaft einem methodistischen Reinheitsgebot opfert, gerät in die Binsen und zu entsprechenden Wahrheiten von hochsignifikanter Trivialität.

Die Probleme, denen sich Pädagogik als Wert- und Beziehungswissenschaft einem sich auf quantifizierende Methoden reduzierenden Wissenschaftsgebaren gegenübersieht, zeigen sich in folgenden Misslichkeiten:

Die Misslichkeit um subjektrelevante *Daseinsentwürfe*

Sie besagt, dass Quantifikationen eine fixe oder zumindest prästabilierte, allgemein zugängliche und anerkannte „reale Realität" voraussetzen.

Sie finden daher innerhalb eines geschlossenen positivistischen Wissenschaftsverständnisses, dem es um die Entdeckung einer an sich seienden Wirklichkeit („dort draußen") und deren Enträtselung geht, gedeihliche Verhältnisse vor. – Maßnehmende und maßgebende Wissenschaft fallen hier, zumindest in einem populären

---

10 *Die hier vorgetragenen Thesen zur Wissenschaftskritik sind weiter ausgeführt unter folgenden Titeln: Zum Verhältnis von Pädagogik und Heilpädagogik. In: Kobi, E. E./Bürli, A./ Broch, E. (Hrsg.): Zum Verhältnis von Pädagogik und Sonderpädagogik. Luzern 1984, 26-35. Personorientierte Modelle in der Heilpädagogik. In: Bleidick, U. (Hrsg.): Theorie der Behindertenpädagogik. Berlin 1985, 273-294. Überlegungen zu einer holistisch-subjektorientierten Wissenschaft. Dargestellt am Beispiel, der Heilpädagogik. In: Eberwein, H. (Hrsg.): Fremdverstehen sozialer Randgruppen. Berlin 1987, 57-81. Heilpädagogik von gestern - heute? In: Bürli, A. (Hrsg.): Jahrbuch 1986/87 zur Schweizer Heilpädagogik. Luzern 1981, 13-21. Heilpädagogik: Wodurch, wozu und wie? In: Blickenstorfer, J. et al. (Hrsg.): Ethik in der Sonderpädagogik. Berlin 1988, 181-200. Heilpädagogische Daseinsgestaltung. Luzern 1988. Defiziente und defizitäre Wissenschaftlichkeit. Zum Bespiel einer Behinderten Pädagogik. In: Sasse, O./Stoellger, N. (Hrsg.): Offene Sonderpädagogik. Frankfurt/M. 1989, 413-427. Aussichten einer künftigen Heilpädagogik aufgrund gegenwärtiger Einsichten und Absichten. In: Heilpädagogik im Wandel der Zeit. Luzern 1990, 233-251. Diagnostik in der Heilpädagogischen Arbeit. Luzern 21990. Vom Grenznutzen des Utilitarismus und den Nutzungsgrenzen des Inutilen. In: Münier, Ch. (Hrsg.): Ethik - Genetik - Behinderung. Luzern 1991, 51-73. Grundfragen der Heilpädagogik. Haupt, Bern/Stuttgart/Wien 51993.*

11 *Weidmann, R. belegt diese These eindrücklich und einfühlsam in seiner ethno-soziologischen Studie „Rituale im Krankenhaus" (Wiesbaden 1990); vgl. im selben Sachzusammenhang die phantastisch wechselhafte Geschichte dessen, was im klinischen Medizinalbetrieb schon alles als „wissenschaftlich" galt: Foucault, M.: Die Geburt der Klinik. Frankfurt/M. 1963/1991. Diverse Logiken können sich für eine Daseinsgestaltung als mehr oder weniger nützlich erweisen, sind deswegen aber nicht „wahrer" (vgl. Reeves, H.: Schmetterlinge und Galaxien, München 1992).*

Verständnis[12], in eins zusammen. Gewichtig ist das Wägbare, maßgebend das Messbare. Wer zählt, der zählt. Wissenschaft ist, metaphorisch als „klinisch geprüfte Zahnpasta", in aller Munde. Wissenschaft liefert Existenzbeweis und Gütesiegel, sagt was Sache und sachlich ist. Die Unsächlichkeit des Subjekts und seiner Anmutungen bleibt außen vor. (Natur-)Wissenschaft präsentiert sich epochal als weltweites Wirklichkeitskonstrukt. - Geläufige Selbstbezichtigungen des Wissenschaftlers und seiner quasi-sakralen Tätigkeit als Wirklichkeits-Creator sind demgemäß Sauberkeit, Reinheit, Ernsthaftigkeit, Nüchternheit, Sachlichkeit, Strenge (Stringenz), Neutralität und immer wieder Vernunft und Rationalität[13], alles geschönt durch askətische Demutspantomime gegenüber dem, was WIR noch nicht wissen.

Die Misslichkeit um *Wahrheitsfindung* besagt nun freilich, dass weder Repräsentanz und Exaktheit, weder Maße und Frequenz subjekthafte Erlebnis- und Erfahrungsweisen zu widerspiegeln bzw. zu rekonstruieren vermögen. Repräsentanz vermittelt bestenfalls eine „Typologie" und die Grobgestalt eines Robotbildes. Zahlen können exakt falsch, d. h. nicht minder tatsachenwidrig sein als eine „in sich" grammatikalisch korrekte Aussage. - Werte lassen sich, was immer sie als Wahres, Gutes, Schönes... in concreto umschließen mögen, nicht via Quantität („Mehr vom selben"!)[14] ersteigern. Erfahrung ist genuin eine Erlebnisweise und ist als solche nicht messbar.

Die Misslichkeit um das *Tatsächliche*, das, was „der Fall" ist, besagt desgleichen, dass Zahlen/Ziffern/Ver-Rechnungen noch weit weniger sinnenhaften Abbildcharakter haben als Worte. Der „Abstand" zwischen der KWh-Zahl auf dem Stromzähler und dem Licht der Tischlampe ist noch wesentlich „größer" als zwischen Menu und Speisekarte, auf den Bateson[15] immer wieder aufmerksam macht. – Ver-Rechnungsprozesse können sogar Zahlen generieren, die überhaupt nur noch sich selbst repräsentieren, d. h. keinen subjekthaften Hinweischarakter mehr aufweisen.

---

12 *Mag sein, dass dieser Prozess auch durch das Fernsehen in Gang gehalten wird, das existenznotwendig auf Visibilität angewiesen ist: sowohl was den Gegenstand als auch was Methoden und Resultate anbetrifft. Beziehungs-/Wertwissenschaften hingegen sind nicht telegen: sowohl aufgrund der Immaterialität dessen, was sie thematisch umtreibt, wie auch infolge der gegenseitigen Mattscheibenabschirmung der Dialogpartner. Am Schirm lässt sich monologisch predigen und linear demonstrieren, nicht aber (ver-)handeln.*

13 *Nüchterne Rationalisten gestatten sich trunkenes Pathos nur anlässlich der Huldigung ihrer Ratio und im Vis-à-vis der angeblichen Unvernunft und Irrationalität ideologischer Gegnerschaft. Ein Phänomen, das mich sowohl bei K. Popper, dem Kronzeugen des Kritischen Rationalismus, wie auch bei H. Brezinka, seiner deutsch-pädagogischen Kon-Sequenz, immer wieder verblüffte. – Auffällig auch, dass eine Zeit, die praktisch jede Institution – Staat und Politik, Kirche und Religion, Sitte und Brauchtum - veräppelt und zumeist auch darf, „Wissenschaft" davon ausnimmt. Des zerstreuten Professors Regenschirm ist dem Baldachin wissenschaftlicher Würdenträger gewichen, das Gelächter einer „Fröhlichen Wissenschaft" (F. Nietzsche) zu dünnem Lächeln erstarrt*

14 *Watzlawick, PP et al.: Lösungen. Bern 21979.*

15 *Bateson, G.: Oekologie des Geistes. Frankfurt/M., 1982. Geist und Natur. Frankfurt/M. z1988.*

Dies gilt z. B. für die im heilpädagogischen Umfeld berühmt/ berüchtigte Messzahl des sog. Intelligenzquotienten. Es ging diesbezüglich seit Binet (Jahrhundertwende) bis heute um einen „objektiven standardisierten Index, welcher frei [!] sein sollte von den Fehlern [!], welche mit pädagogischen oder klinischen Urteilen verbunden waren" (Matarazzo, 372),(7) – Aus der mangelhaften Deckungsgleichheit pädagogischer Einschätzungen wird also salopp der Schluss gezogen, dass diese „falsch" sind. Kontextvarianten werden nicht zum pädagogischen Verhandlungsthema, sondern per psychologiam „abgeschafft".

Ein IQ ist zwar, wie Testkonstrukteure je zu betonen sich befleißigen, in keiner Weise Abbild oder Ausdruck einer personalen Eigenschaft („der Intelligenz", die ihrerseits wissen-schaftlich lediglich als „Konstrukt" gehandelt wird). – Ein IQ relationalisiert demzufolge ein Verhältnis (von „Antworten" zu vorgesehenen „richtigen Lösungen") zu einem Verhältnis (einer Person zu Problemstellungen), beides in Ausrichtung auf eine statistische Norm, ihrerseits ermittelt anhand einer als quantitativ und qualitativ (!) repräsentativ geltenden Population durch eine scientific community (von Subjekten!), die über verschlungene Wege schließlich die definitorische Macht ihres Intelligenz-Konstrukts etabliert.(7)

„Ein IQ stellt einen Wert auf einer numerischen Skala dar und sagt nur aus, wie viel besser oder schlechter, wie viel über oder unter dem Durchschnitt jemand steht, wenn man ihn mit Gleichaltrigen vergleicht. Was dieser Durchschnitt aber darstellt, das wissen wir eigentlich nicht" (186)(7)

Umso erstaunlicher ist der Einfluss, den diese wissenschaftliche Null-Diät – via (Schul-)Psychologie auch in der Heilpädagogik – fand:

„Der IQ-Wert wurde in den USA das bedeutendste, wenn nicht sogar einzige Kriterium nicht nur für geistige Behinderung, sondern auch bei der Definition durchschnittlicher und höchster Grade intellektueller Fähigkeit." (199)(7)

Wenn das Nichtssagende das Sagen hat....

Vor allem gegen die operationalisierenden Definitionen sowie in Ausrichtung auf Standardabweichungen vorgenommenen Unterscheidungen von „Schwachsinns-Graden":

Grenzfall	70 - 84	(1-2 Standardabweichungen)
leicht	55 - 69	(3 Standardabweichungen)
mittel	40 - 54	etc.
ernst	25 - 39	
schwer	unter 25	

konnte sich die Heilpädagogik oft nur noch mittels des/r ihr bei derartiger Gelegenheit ostinat zum Vorwurf gemachten Unwissenschaftlichkeit und Praktizismus' zur Wehr setzen.

- Die Misslichkeit um *Identität und Homogenität* besagt nicht nur, dass Zahlen ihre Reinheit und Zahlmeister ihre Keuschheit in dem Moment verlieren, wo sie sich, ihre Blöße bedeckend, in den Dienst sogenannt eingekleideter und angewandter Aufgaben stellen. - Es stellt sich darüber hinaus die Frage, ob das, was wir beispielsweise beim

Abschreiten der Glockenkurve - startend in den Gefilden unserer Normalität, links-
wärts Richtung Debilität-Imbezillität-Idiotie - antreffen, durchwegs von derselben
Beschaffenheit und Artigkeit (btr. Funktionalität, Kohärenz, Konsistenz....) sei?
Gradualität hat substantielle, energetische, qualitative (!) Übereinstimmung und
zumindest „Sortengleichheit" zur Voraussetzung. Wiewohl Intelligenztestkonstrukteure
jede Substantialisierung und Ontologisierung (Vereigenschaftlichung) ihrer Konstrukt-
Intelligenz von sich weisen, unterstellen die landläufigen Messverfahren in der vor-
erwähnten Art einer Phlogiston-Theorie, dass es sich bei dem vom einen zum andern
Ende der Glockenkurve Gemessenen um Gleiches und gleich Vergleichbares handle.

Falls, wie die Stufen-Skalen suggerieren, Imbezillität tatsächlich nur eine Intensivform von Debilität sein sollte, wäre der Konvex-Konkav-Spiegelungstheorie zuzu-
stimmen, die Karl Kraus im „Irrenhaus Österreich" bereits zur Jahrhundertwende
(Fackel, 1904) aufstellte: „Ich sehe in den Psychiatern ... Geistesgestörte, deren Verhältnis zu den passiven Irren ich als den Unterschied zwischen konvexer und
konkaver Narrheit bezeichnen möchte" (1966, 63)(1).
Zahlen können gerade in Bezug auf komplexe Störungsbilder sowie auf vielschichtige
Formen verzerrter Erlebnisweisen und Kommunikation, mit denen Heilpädagogik zu
schaffen hat, (mathematisierte) Homogenität/Heterogenität vortäuschen, die in praxi
nicht gegeben sind. Daher rührt umgekehrt denn auch die oft beklagte „Unbrauch-
barkeit" konstrukt- und messinstrument-orientierter Gutachten für die (heil-)päda-
gogische Praxis.

Ein IQ 100 kann (als Verrechnungsresultat) über derart verschiedene Wege zustande
kommen, dass er auch als Chiffre von „Normalintelligenz" alle möglichen qualitativen
Erscheinungs-, Ausdrucks- und Einsatzformen der intelligenztestkonform gemessenen
Intelligenztest-Intelligenz verdeckt.
Gemessene Hör-/Sehbeeinträchtigung muss nicht mit dem Seh-/Hörverhalten korrespondieren. Pädagogisch ausschlaggebend ist, wie das betreffende Kind mit dem Hör-
/Sehvermögen umgeht, welche Qualitäten es hieraus ableitet. – Die Klassifizierung
hörgeschädigter Schüler nach dem Ausmaß ihrer (audiometrisch ermittelten) Hörein-
buße ist denn auch in jüngerer Zeit durch eine solche nach der Qualität des Hörver-
haltens (speziell des sprachlichen Kommunikationsniveaus) abgelöst worden.
Eine Klasse von 18 Schülern muss nicht, um der mathematischen Logik willen, um
20%o schwieriger zu führen sein als eine solche mit 15 Schülern. Entscheidend sind
auch hier konstellative/qualitative Momente sowie das psycho-soziale „Fitting"
zwischen Klasse und Lehrkraft.
Die Misslichkeit um ein An-sich-Seiendes besagt also insgesamt, dass (auch) Zahlen
erst da und dann ihre „Potenz" freigeben (können), wo sie in einen Bezug gesetzt
werden zu einem Referenzrahmen. Was „an sich" richtig sein mag (die Berechnung
des IQ auf zwei Stellen genau) erfährt seine Stimmigkeit (als Zustimmung, Abstimmung, Einstimmung....) und seinen orchestralen Platz erst in der wertstrukturierten
Ordnung. Das AnSich erhält erst im „konjugativen Beziehungsnetz" (Kobi (5)1993,
415) für dich, mich, uns, euch ... eine Bedeutung.

„Das quantitativ austauschbare Zeug, das durch die Mühle von Prüfung und Bewertung läuft, ist Ausdruck unseres Prozessierens mit der Realität, nicht Ausdruck von Prozessen der Realität"[16].

Die Misslichkeit um eine *Ökonomie* („verdichteter Fleiß") besagt, dass quantifizierender Umgang auch Ausdruck von Bequemlichkeit sein kann und wenn's auch nur in der kleinen Geste des Beamten ist, der „Punkt 18 Uhr" seinen Schalter zuknallt. „Die Faulenzerunterlage der Statistik" (Kraus 1966, 15)(1) kann in ihrer Tatenlosigkeit und Unverbundenheit gelegentlich auch kognitive Dürftigkeit und emotionale Seichtheit verdecken. Die vorerwähnte „Nüchternheit", welche numerisch Tätige stereotyp für sich reklamieren, kann somit auch ein negatives Qualitätsmerkmal sein. – Testkonstrukteure fühlen sich für die Messgenauigkeit ihrer Instrumente, nicht aber für deren Gebrauch verantwortlich. Die Argumentations-Formel ist dabei dieselbe wie jene der Atomphysiker vis-à-vis Atomwaffen.

- Die Misslichkeit um eine *Wissenschaftlichkeit schlechthin*. – Sie besagt, dass Mathematisierung nicht per se die via regia in die (höhere) Wissenschaft darstellt. Wer als Königin der Wissenschaften gelten darf, bleibt alleweil entweder eine erbmonarchistische oder eine cliquenhaft subjektive, manchmal sogar egozentrisch-narzisstische Angelegenheit. Was Wissenschaft sein soll, lässt sich nicht wissenschaftlich bestimmen, und was sie de facto ist, präsentiert sich weltweit als Sammelsurium dessen, was aus handfesten Interessen und in unterschiedlichsten gesellschaftshistorischen Zusammenhängen in den universitären Machtzentren des Wissens Fuß zu fassen vermochte.

- Die Misslichkeit schließlich um die (zumal individuale) Qualität, die besagt, dass durch Quantifizierung Qualitäten und Konstellationen als Mengen ausgegeben und Psycho-Logik in mathematische Logik transferiert werden. – Soweit personenabgezogene Daten computerkonform zu sein haben, werden Fragestellungen überdies von vornherein digitalisiert: Aus historischen, in der Zeit fließenden Übergängen werden Sprünge. – Aus psychosozialen Landschaften, in denen Personen sich quasi nomadisierend bewegen, werden abgegrenzte Territorien. – Subjektive Freiheitsgrade (sowohl-als-auch; mal-so-mal-so; je nach dem; weder-noch; vielleicht; manchmal; vorläufig etc.) haben definiten Stellungnahmen zu weichen: Worauf etwa auch die im Verhörrichterton vorgetragene Frage: „Haben Sie Zahlen?!" drängt, die den „schlagenden" Beweis liefern sollen. Das Vereinzelte wird zur Zufallsgröße. Die einmalige Widerfahrnis eines einzelnen Rezipienten hat einen Nullwert, hilft höchstens in der übergeordnet Großen Zahl eine Signifikanz stützen. – Individuelle Erfahrung, die sich nicht als verallgemeinerungsfähig erweist, bleibt irrelevant. – Quantitative Forschung

---

16 Laing, R.: *Phänomenologie der Erfahrung. Frankfurt/M.*, 91977, 135.

im Bereich von Beziehungs- und Wertwissenschaften orientiert sich am MAN, so, wie in den Gegenstandswissenschaften am ES. – Quantifizierte Normalität und Normativität droht damit zu einer Erfahrungsdiktatur zu werden, zu der Wissenschaft die Dogmatismen und -Daumenschrauben liefert.

Im transitiven Sinne unbedeutete, unqualifizierte Forschung hat denn auch unbedeutende Resultate und unqualifizierte Professionalität4 zur Folge, zumal in personalen Beziehungsfeldern die Beweis- und Aussagekraft des Quantifizierbaren und Quantitativen wesentlich geringer ist, als dies Zahlenabergläubigkeit annehmen mag. Hundert gleichlautende Erfahrungen sind nicht per se hundertmal richtiger als eine einzige. Gerade darum halte ich den bekannten Schmäh, wonach Statistik lüge, für unzutreffend; Lüge und Verlogenheit sind Subjektqualitäten. Statistik lügt nicht, sondern bleibt für sich allein nichts sagend, lässt sich qualitativ sehr Unterschiedliches in den Mund legen und spricht mit verschiedenen Zungen.

Im Zuge der progressiven Ausbreitung technokratischer Herstellungsbedürfnisse, die sich seit der zweiten Hälfte unseres Jahrhunderts in zurüstender und therapeutischer Geste zunehmend auch auf den homo ecucandus richten, sowie einer dazugehörigen Apparatekultur etablierten sich, trotz der genannten Misslichkeiten, in der nun so genannten Erziehungswissenschaft vermehrt auch quantitative Methoden und Instrumentarien. Die dieser Art Forschung inhärente Tendenz, Problem- und Fragestellungen den handhabbaren Methoden unterzuordnen, ließen nach einer selektionistisch-statistischen Hoch-Zeit in den sechziger/siebziger Jahren dann allerdings Aufwand und Ertrag, Anspruch und Einlösung, Reklame und Produktqualität zunehmend in Schieflage geraten: exemplarisch zum Ausdruck gelangend im Geschiebe objektivierender Bewertungs- und Selektionierungsinstrumentarien in Form so genannter „Schul-Leistungstests".(6)

Abgesehen von Problemen der Akzeptanz und bildungspolitischer Trägheitsmomente lag dies zweifellos auch daran, dass die puristisch-homogenisierenden Bestrebungen nicht selten schon von ihrem Ansatz her die pädagogische Thematik – das Erziehungsverhältnis – verfehlten und in Pädologie und Pädistik („Kinderkunde") stecken blieben. Dies in naiver Negation der Tatsache, dass eine Fragestellung nicht dadurch pädagogisch wird, dass sie sich auf Kind- oder gar bloß Schülerhaftes richtet, sondern indem sie sinn-, wert- und zweckorientierte, generationenverbindende Daseins- und Beziehungsgestaltung thematisiert. Wo sich Pädagogik, nach der Art einer industriellen Fertigungstechnik, auf angewandte (Lern-)Psychologie reduziert, da wird das sprichwörtliche Kind in der Tat mit dem Bade ausgeschüttet und es steht lediglich noch die Wanne zur exakten Vermessung an.

Rückblickend ist daher der via quantifizierende Methoden ermittelte Erkenntnisgewinn für die Heilpädagogik gering. Die selektionsdiagnostischen und klassifikatorischen Dienstbarkeiten und desgleichen korrelationsstatistisch nachgewiesene Zusammenhänge von diesem mit jenem haben insgesamt wahrscheinlich zu mehr Verhärtungen und Verortungen geführt, als einem flexibel-integrativen Umgang mit dynamischen Behinderungszuständen oft zuträglich war.[17]

Heilpädagogik nimmt denn auch bezüglich ihrer Methodik und Methodologie eine eklektizistische und mithin spannungsgeladene Position ein zwischen den klassisch-traditionellen Geistes- und den Naturwissenschaften.

Sie ist zugleich markantes Exempel dafür, wie unhaltbar und obsolet diese im universitären Historizismus verkrustete Trennung ist.[18]

Die spezifisch heilpädagogische Aufgabe erfährt ihre Kon-Figuration im Schnittpunkt

-der objektiven (positiv-empirischen) Dimension, unter welcher die eine Behinderung charakterisierenden Merkmale und Zustandsgrößen ihre Gestalt finden. – Gestaltphilosophisch betrachtet ist Heilpädagogik eine Teratologie[19] menschlicher Beziehungs-, Kommunikations- und Informationsverhältnisse

-der normativen Dimension, unter welcher Krankheit und Behinderung ihre Definition und Wertung, Haltungen und Handlungsweisen ihre Sinndeutung und Zielorientierung erfahren. – Wertphilosophisch betrachtet ist Heilpädagogik ein Meliorationsunternehmen in menschlicher Daseinsgestaltung

-der subjektiven Dimension, unter welcher die behinderte Person, deren Befindlichkeit und Wirklichkeitskonstrukte zu respektieren sind.

Erst im Schnittpunkt dieser drei Dimensionen und durch deren fortwährend gemeinsame Berücksichtigung ergibt sich eine neue Qualität, welche die existentielle Grundlage für Heilerziehung und Heilpädagogik abgibt.

Es sind jedoch auch gesellschafts- und wissenschaftshistorische Gründe namhaft zu machen, weshalb Heilpädagogik lange Zeit (von der Mitte des 19. bis Mitte des 20. Jahrhunderts) in Theorie und Praxis ihren ideellen Rückhalt in Wissenschaftsbereichen suchte, die zum einen epochale gesellschaftliche Akzeptanz und Prestige genossen und zum andern mit ideologischen bzw. handfesten Vorgaben bezüglich dessen, was existent/inexistent, normal/abnorm, gut/böse war, aufwarten konnten: d. h. in diversen Spezialdisziplinen der Medizin sowohl wie innerhalb moraltheologischer Kulissen. Diesen gegenüber konnten weder die zeitgenössische Normative Pädagogik,

---

17 *Der ganze, dezidiert wissenschaftlich gemeinte Testboom, wie er in den USA in den fünfziger/sechziger Jahren aufschäumte,7 brachte - buchstäblich „ausgerechnet"! - ebenda den Elenden am sinistren Rande der Normal(-itäts-)verteilungskurve nichts und leistete möglicherweise, nunmehr „wissenschaftlich" begründbarer, Ausgrenzung noch Vorschub; vgl. dazu die aus derselben Zeit stammenden Reports von Blatt, B./Kaplan, F, Christmas in Purgatory (New York 1974); Revolt of the Idiots (Glen Ridge/New York 1976) über Concentration-Camp ähnliche Zustände und Haltungsformen in US-amerikanischen Institutionen für geistig behinderte Menschen.*

Auch hierzulande „korrelieren" Verbesserungen der Lebensqualität behinderter Menschen keineswegs so flott mit dem, was Wissenschafter als (ihren) Fortschritt bezeichnen, sondern weit mehr mit politischem (Laien-) Engagement (von Betroffenen und ihren Angehörigen) und sind immer wieder von der Initiation kleiner, überschaubarer, modellhafter Projekte praxisnaher Handlungsforschung ausgegangen.

18 *vgl. Müller, M.: Denkansätze in der Heilpädagogik. Heidelberg 1991.*

19 *Teratologie: die Lehre vom Missgestalten.*

deren Deduktionen am Abnormen vorbeiliefen, noch die sich ans Verständliche haltende, verstehend-geisteswissenschaftliche Erziehungskunde auf die heilpädagogische Thematik stoßen: Ganz abgesehen davon, dass beide dermaßen „scholastisch" (d. h. auf ihre Schul-, vorzugsweise Gymnasial-Wirklichkeit fixiert) waren, dass (schul-)systemuntaugliche Individuen schon gar nicht ins Blickfeld gelangten. Heilpädagogik musste sich somit unter den epochalen Entwicklungsbedingungen des 19./beginnenden 20. Jahrhunderts fast zwangsläufig als „Sonder"-Pädagogik und in Randbezirken von Pädagogik, Sozialmedizin, Praktischer Theologie und Sozialpolitik einfügen.

Die Qualität der Quantität

Die angeführten Misslichkeiten lassen nun freilich nicht den Schluss zu, quantitative Methoden, statistische Relationen und numerische Informationen seien für Pädagogik und Heilpädagogik verzichtbar. Wesentlich ist hingegen die Frage nach deren Gewicht und Bedeutung, Rang und Platzierung.
Pädagogik ist als Wert- und Beziehungswissenschaft darauf angewiesen
-ihr jeweiliges Relevanzsystem zu bestimmen, aufgrund dessen eine pädagogische Tatsache erst zu einer solchen werden kann. Werte und Bewertungen generieren das erzieherische Verhältnis. Den Anfang der Pädagogik bildet nicht ein dingliches Etwas, sondern eine Differenz (ein „Unterschied" zwischen Sein und Sollen, So und Anders, Sein und Werden, Präsenz und Erwartung....), und sie beschäftigt sich dementsprechend mit dem „Muster, das verbindet" (Bateson 1982, 16)
-den jeweiligen Referenzrahmen aufzuzeigen, von dem her die „Physiognomie" eines pädagogischen Phänomens unmittelbar abhängig ist. Dieser Referenzrahmen kann eine bestimmte Kultur und Epoche, des nähern „Familie", „Schule", „Betrieb" usf. sein und gegebenenfalls noch engere Fassungen aufweisen. Transpositionen (z. B. einer funktionellen Behinderung wie etwa einer Hemiplegie) von einem Referenzrahmen (dem der Medizin z. B.) in einen andern (den einer Familie oder Schule) bewirken, dass das Selbe (die medizinal unveränderte Hemiplegie) in dem Moment nicht mehr dasselbe ist/bedeutet. Pädagogik hat es nicht mit gestaltidentischen (isomorphen) Dingen, sondern mit wechselnden, dynamischen Beziehungskonstellationen zu tun
-sich auf der personalen Subjektebene zu bewegen (Kobi 51993) und die Intersubjektivität (Diskurs und Dialog) zu ihrem Handlungsmotiv zu machen. Wahr und wirklich ist ihr das, was Subjekte zusammen (als) wahr nehmen (frz. comprendre) und verstehen und sie zueinander in ein Verhältnis setzen lässt

Auch für den Astrophysiker geht in diesem intersubjektiv-sozialen Kontext die Sonne auf und nicht die Erde unter..... und was Romeos und Julias zusammenführt, sind daselbst nicht synchrone Hormonstöße, sondern die für sie einzigartige Qualität ihrer personalen Liebe.

-soziale Organismen von innen, in ihrer eigenen Machenschaft (Autopoiese) und Sinn-haftigkeit nachzuvollziehen und eine intersubjektive Validität zu suchen. Affektlogik ist hierbei zur Gewährleistung gemeinsamer Daseinsgestaltung von ebensolcher Bedeutung wie Plausibilität.

-In dieser Konsequenz sieht sich Pädagogik schließlich denn auch veranlasst, Quantität der Qualität unterzuordnen, nachzustellen, d. h. Quantitäten in deren qua-litätsbeeinflussenden Bedeutung zu registrieren.

Zählen und Messen sind Transfer-Geschäfte nicht minder als Benennen und Be-schreiben. Zur Wertschätzung quantitativer Angaben kann im (heil-)pädagogischen Feld demgemäß folgender Fragenkatalog hilfreich sein (Kobi (5)1993, 153):

Wer zählt, misst und rechnet? – Identität der Person; Subjekthafter Ausgangspunkt der objektivierenden Quantifizierung

Was wird gezählt, gemessen, berechnet? – Definition, Operationalisierung der Entität, des Faktums

Wo/Wann wird gezählt, gemessen ? – Identifikation von Situation und Zeit (-punkt, -spanne)

Warum/Wozu erfolgen Zählung und Berechnung? – Sinn, Ziel und Zweck des Unter-fangens

Womit/Wie wird gemessen, gezählt, gerechnet? – Mess-/Erfassungsinstrument und methodische Angemessenheit von Maßen und Maßstäben bzgl. Gegenstand, Frage-stellung und Zielsetzung

Zahlen sind in Beziehungsfeldern zu „revitalisieren":

So ist z. B. das Verrechnungsresultat „35" zurückzuführen
• auf Sortiment und Maßeinheit (z. B. Intelligenz-Quotient)
• auf seinen Maßstab (z. B. HAWIK-R)
• auf die situativen Rahmenbedingungen, unter denen es ermittelt wurde (z. B. Kinderpsychiatrische Beobachtungs-Station in B.)
• auf die unmittelbar beteiligten Personen und deren Herkunftslinien (z. B. 7;5 jähriger, türkischer Knabe vs. Medizinalassistent X., der eben seinen Stage auf der – Station angetreten hat)
• auf die Zustands- und Einflussgrößen, die en detail (z. B. Wissensfragen; Mosaik-aufgaben etc.) zum vorliegenden Resultat führten auf das Erscheinungs-Bild, das durch die Messzahl zunächst eher verdeckt als erhellt wird (z. B. Kind mit Ver-ständnis-/Ausdrucksschwierigkeiten, das mich noch im unklaren darüber lässt, wie seine Verarbeitungsprozesse verlaufen)

- und endlich auf das Betroffensein meiner selbst, die ich (z. B. als Logopädin) – das kinderpsychiatrische Gutachten gleich einer Speisekarte vor mir – der mir eingebrockten Suppe nun realiter gegenübersitze.

„IQ 35" sagt in der Tat nicht mehr über dieses Kind aus, als „35°" über meine Suppe.

Derartige „Rückführungen" lösen nun allerdings gelegentlich entgegengesetzte Irritationen aus: bei Lieschen Müller über die Trivialität dieses doch selbstverständlich, intuitiv und „ganz praktisch" (IQ 35
= geistig behindert = Gruppe 3, falls Platz frei) verlaufenden Vorgangs, bei Elisabeth von Müller über die krude vor-, nach- und jedenfalls außerwissenschaftliche Anwenderproblematik, womit das saubere Instrumentarium und Forschungs-Design nichts zu schaffen haben.
Dies signalisiert für die mediatorische Rolle der Heilpädagogik erneut eine paradoxe Situation insofern, als sie einerseits via quantitative Methoden ermittelte Resultate (z. B. aus medizinalen und psychologischen Bereichen) entgegennehmen, zu (be-)achten und solche gelegentlich auch selber zu erheben hat –, zugleich aber Distanz halten muss gegenüber digitalisierenden Kategorisierungen, damit diese nicht unversehens auf ihre Klientele übergreifen, diese verschachteln oder gar auslöschen. – Deshalb interessieren weniger die Quantitäten *an*, sondern *unter* sich: ihre Mischungs- und *Beziehungsverhältnisse* – vergleichbar der Anzahl der auf einem Schachbrett vorhandenen Figuren, die lediglich eines unter zahlreichen andern und wesentlicheren Elementen ist, die Qualität und Perspektive des Spielstandes zu einem Zeitpunkt X bestimmen.
Pädagogische Qualität ist nicht dem (chaotisch-ungestalten) *Haufen* des Vielen, sondern der (kosmetisch-geordneten) Gestalt inhärent.
Quantitäten und entsprechend Quantitative Forschung innerhalb eines pädagogischen Kontexts wertorientierter Beziehungs- und Daseinsgestaltung sind erst dann und da von (qualitativer) Bedeutung
- wo sie als Faktor (Einflussgröße) Beachtung finden und *nicht* als Maßstab (Bestimmungsgröße) und Wert an sich etabliert werden
- wo sie eingekleidet werden in jenen situativen und temporalen Kontext, dem sie entstammen oder für den sie Geltung beanspruchen.[20]

---

20 *Im Schweizer Dialekt sprechen die Kinder bzgl. angewandten Rechnens von „G'schichtli"-Rechnungen, worin das kasuistische, das anekdotische und narrative Element prägnant zum Ausdruck gelangt. - Im selben Zusammenhang ist an die oft anzutreffende Schwierigkeit zu erinnern, die Kinder bekunden, aus derartigen Geschichtchen-Rechnungen „draus zu kommen", (eigentlich: in sie einzudringen) und szenisch zu verstehen, was denn da überhaupt passiert, welche quantitativen Angaben von Belang und in welchen Bezug sie zu setzen sind. Ist diesbezüglich der Groschen einmal gefallen, so geht das „reine Rechnen" mit den nackten Zahlen alsbald wieder problemlos vonstatten. Bei verrechneten Sozialforschern stößt man manchmal aufs gegenteilige Problem (sofern es überhaupt als solches erfasst wird): Sie finden kein „Geschichtchen" mehr, das ihre Gütekriterien einzukleiden vermöchte.*

Pädagogik beinhaltet in jedem Moment das Wagnis, sich dem ursprünglich breiten, im personalen Bezugsrahmen gefassten Begriff von Kognition (Erkenntnisfähigkeit und -tätigkeit) auszusetzen. Dieser umspannt wesentlich (quantitativ) und wesenhaft (qualitativ) mehr, als die quantifizierbaren Aspekte menschlicher Rationalität. Will (Heil-)pädagogik ihren Wirkungsort in Wirklichkeitsdifferenzen nicht verfehlen, so hat sie ihren Blick über die Monstranz von Logik und Rationalität hinaus schweifen zu lassen auf das, was in der Prozession und corporate identity der geheiligten scientific community ungerufen *auch* mitläuft: Intuition, Affektlogik, Paralogik, Ikonisches Verstehen, Raison du coeur u. a. m.. Im eingangs erwähnten Bermuda-Dreieck von Wissenschaft - Kunst - Politik liegt für die Pädagogik das sprichwörtliche Rhodos, auf dem sie ihre Sprünge zu machen, freilich auch ihre Untergänge zu erfahren hat.

III Perspektivische Orientierung

1 Sinn

Eine für die Pädagogik zentrale erkenntnistheoretische Frage ist die, ob *Sinn* erkannten Wesenheiten apriorisch eigentümlich oder diesen zuzusprechen ist: Ob Sinn zu *entdecken* oder zu *erfinden*, als eine Entdeckung oder als eine Erfindung zu betrachten sei. Je nach dem eröffnen sich unterschiedliche Perspektiven, und der Mensch steht vor einer grundlegend andern Aufgabe. Im ersten Fall ist Sinn der Welt, und so auch ihm selbst, in Vergangenheit, Gegenwart und Zukunft innewohnend, wenngleich bisweilen nicht unmittelbar ersichtlich, vielleicht nur verborgen und verstellt. Andernfalls steht ein sinnfreies Sein zur aktiven Be-Sinnung (Sinngebung) an: aus sinnfreiem Chaos ist sinnvoller Kosmos zu gestalten, ein Sinngehäuse zu erstellen, in das wir uns aus der "Fülle der Gesichte" bergend zurückziehen können. Gelebtes Leben oszilliert erfahrungsgemäß *zwischen* diesen polaren Positionen von Sinnfindung versus Sinnstiftung.

Sinn bezieht sich auf die Pässlichkeit (Kompatibilität) gegenständlicher und ideeller, personaler und sozialer Gestaltelemente. So entscheidet sich die Sinnfrage jeweilen im Aufgehoben- und Integriertsein in einem/einen übergeordneten Zusammenhang. Bildhaft-umgangssprachlich geht es um das, was „unter einen Hut zu bringen" ist. Dies in der zweifachen Bedeutung des „Behütetseins": jener der Passung sowohl wie jener der Wahrung.

Die Anschlussfrage richtet sich entsprechend auf den und die „Hut", d. h. auf jenen zusammenfassenden Rahmen (*Goffman, E.*, 1980) – *Spranger, E.* (1924/1955, p. 27) spricht von Sinn-„Bändern" – welcher als Referenz dient: Wer, was, wie ist 'der Hut?-Ein solcher kann unterschiedlich pässlich und flexibel sein und – um im Bild zu bleiben – zwischen elastischem Stirnband und starrem Stahlhelm variieren. Es geht somit stets auch um die Frage des sich selbst Einbringens und das mit diesem Akt verbundene Empfinden der Zugehörigkeit, des Dabei- und Darin-Seins. Sein repräsentiert sich in gestaltetem Dasein. Als hilfreich erweisen sich hierbei Vorgestalten, das heißt Konstellationen, welche die Zusammengehörigkeit der Elemente (örtlich, zeitlich, figural, tonal, perzeptiv, kognitiv, sozial, spirituell ...) gewissermaßen „prästabilieren", dem Sinnstifungsvermögen des Subjekts nahe bringen und ein Aha!Erlebnis (eine Einsicht, Erleuchtung, Offenbarung ... ein Sinnverständnis) auszulösen vermögen. Sinn ist von definitorisch realitätsbestimmender Wirkung. Was als sinnig, (urspr. 'sinnlich', als 'wahr' - nehmbar), sinnvoll, gilt, das gibt's! Mit Sinn

Versehenes wird existenzialisiert, zur Existenz, zumindest in die Potenz des Möglichen, erhoben: auch dann, wenn es (als Idee und Phantasie) empirisch nicht greifbar ist. Sinngebung ist somit eine kreative Leistung: Sinn ordnet, ist von Kosmos schaffender („kosmetischer") Wirkung. Dies ist subjektseitig auch dann der Fall, wenn eine Sinngebung lediglich nachvollzogen, eine Sinnentdeckung erst auf Grund lehrseitiger Gestaltungshilfe erfolgt Sinn ist in der Folge auch von erheblich sozialer Bedeutung, was sich exemplarisch am Verhältnis zu Behinderten erweist. Die apodiktische Aussage von *Luhmann, N. / Schorr, K. E.* (1988 p. 21): „Sinn ist immer auch Sinn für Andere" finde ich allerdings überzogen. Es gibt auch einen buchstäblichen „Eigen-Sinn", der die übrige Welt, zumindest passager und situativ, gegen sich hat, was auf Dauer freilich zu einer höchst unkonfortablen, mitunter existenzbedrohlichen Situation werden kann.

Ein konkretes und pädagogisch hinreichend abständiges Beispiel dazu liefert der polnische Afrika-Korrespondent *Ryzard Kapuscinski* (2000, 267-268) im Zusammenhang mit dem Besuch einer entlegenen Missionsstation im kongolesischen Busch:

Aus der Nacht tauchte eine einfache Dorfkirche und daneben ein ärmliches Haus – die Pfarrei. Wir waren am Ziel. In einem der Zimmer brannte eine Petrollampe, der fahle, flackernde Schein fiel durch die offene Tür in den Gang. Wir gingen hinein. Es war dunkel und still. Erst nach einer Weile kam ein groß gewachsener, hagerer Mann in weißem Habit heraus. Pater Jan aus Südpolen. Er hatte ein abgezehrtes, verschwitztes Gesicht und große, brennende Augen. Er litt an Malaria, offensichtlich hatte er Fieber, man konnte sich vorstellen, dass in diesem Moment Schauer und Krämpfe durch diesen Körper jagten. Gepeinigt, erschöpft und apathisch, sprach er mit leiser Stimme. Er wollte uns irgendwie angemessen begrüßen, uns etwas anbieten, doch seinen verstörten Gesten, seinem ziellosen Herumgetrippel war zu entnehmen, dass er nichts hatte und nicht wußte, wie er uns einen Empfang bieten sollte. Aus dem Dorf kam eine alte Frau und wärmte Reis für uns auf. Dazu tranken wir Wasser, später brachte ein Junge eine Flasche Bananenbier. „Warum sitzen Sie hier?"– fragte ich. „Warum fahren Sie nicht weg?" Er machte den Eindruck eines Menschen, in dem bereits ein Teil erloschen ist. Dem etwas verloren gegangen ist. „Ich kann nicht", antwortete er. „Jemand muss die Kirche beaufsichtigen." Und er deutete mit der Hand auf die schwarzen Umrisse vor dem Fenster.

Ich legte mich im Nebenzimmer nieder. Ich konnte nicht einschlafen. Plötzlich begannen mir die Worte des ehemaligen Ministrantendienstes durch den Kopf zu gehen. Pater noster, qui es in caeli....Fiat voluntas tua...sed libera nos a malo...

Am Morgen schlug der Junge, den ich am Abend gesehen hatte, mit einem Hammer gegen eine an einem Draht hängende, verbeulte Felge. Die Felge ersetzte die Glocke. Stanislaw und Jan lasen in der Kirche die Frühmesse. Eine Messe, an der nur der Junge und ich teilnahmen".

Anwesenheit und Verbleib des Paters in der Ödnis sind für diesen *sinngebunden*; die Pfarrei verkörpert für ihn einen *Wert*, und die Autofelge erfüllt ihren *Zweck* als sakrales Läutwerk. Die alte Frau vermittelt zwischen den unterschiedlichen Sinnbezirken: der Spiritualität des Geistlichen und den physischen Bedürfnissen des

Reporters. Die beiden Männer bekunden zwar, trotz gemeinsamer Muttersprache, Mühe, einander situativ (noch) zu finden in der je entfremdeten Welt des Andern, versuchen dies über die gemeinsame Mahlzeit und mittels fragmentarischer Erinnerungen – hier an formale Elemente der Gastlichkeit, dort an solche der Liturgie – auf empathischer Basis aber dennoch mit leidlichem Erfolg.

Als *Un*sinn erscheinen Verbindungen und Bezüge, die auf Grund meines kosmologischen Sinngehäuses, meiner Standpunktlogik und Perspektive falsch, unstimmig, unpassend sind. Unsinn erzeugt kognitive Konflikte, irritiert, ärgert, provoziert. – Sinn*frei* ist unbestimmt und unbeachtet schwebendes, ungestal(te)t)es Sein, das allenfalls noch für einen Akt der Sinnstiftung oder -aberkennung ansteht.– Sinn*los* hingegen ist das Rahmenlose, das Unbehütete, das Aus-dem-Rahmen Gefallene, Zusammenhangslose, nicht (mehr) Zugehörige, das Aufgegebene, verloren Gegangene, isoliert Vereinsamte, vielleicht bereits dem Tod Geweihte. Sinnlosigkeit entsichert, ängstigt, ist befremdlich, un-heimlich. So kann eine personale Sinnkrise als Weltzerfall und Ortungsverlust erfahren werden und via Suizid einen tödlichen Ausgang nehmen. Sinnlosigkeit kann sich auch kollektiv ausbreiten und wird sozietär denn auch als existenzielle Gefahr empfunden. Sie wird daher ihrerseits mit einer Abwertung verbunden: Abgewertet ist somit nicht allein das als sinnlos Erklärte, sondern auch die Sinnloserklärung. Menschliche Gesellschaften setzen im Rahmen ihrer jeweiligen kulturellen Möglichkeiten und Usanzen alles daran, über eine derartige Negation der Negation (wieder) zu (neuen) Sinnfindungen / Sinngebungen zu gelangen. Umgekehrt kann eine Entwirklichung allerdings nicht mit Sinnlosigkeit in Eins gesetzt werden. Eine Selbstentwirklichung in Form des Ablassens von egotischen Bedürfnissen und weltlichen Verlockungen als Weg zur Erreichung einer buchstäblichen Ge-Lassenheit, kann, wie *Meister Eckhart* (1260-1328) aus dem Kreise christlicher Mystik zeigt, durchaus sinnvolles und besonnenes spirituelles Ziel sein. Verwandte Gedanken finden sich in unterschiedlichen geistesgeschichtlichen Epochen und Zusammenhängen (in der Stoa, in der antiken Skepsis sowie in fernöstlichen Religionen).

Soweit Sinn durch Stiftung bzw. Zuerkennung erzeugt wird, kann er aber auch (aktiv) abgesprochen werden: Etwas als sinnlos, nicht (mehr) zugehörig erklären, es zu „entweltlichen", aus dem common sense der gemeinsam konstituierten Welt zu verbannen, zu „irrealisieren" (entwirklichen) – das gibt's nicht (mehr)! – und damit die Existenz abzusprechen, ist buchstäblich ver-nichtend ... falls nicht eine rettende definitorische Gegenpotenz auftritt.

Ob wir unserm persönlichen Leben und dem Leben als ganzem Sinn zu entnehmen bzw. zu geben vermögen, indem und so dass es uns als etwas Geordnetes (wenngleich nicht unbedingt und unentwegt Ordentliches) erscheint, ist von direkt und indirekt vermittelter Weltwahrnehmung bestimmt. Desgleichen ist die Ausdehnung dessen, was wir mit unsern „Sinnbändern" noch zu umfassen vermögen orientierungsabhängig. Extremsituationen der Befremdnis bewirken diesbezüglich Zerrungen und Risse, lassen Unsinn und Sinnlosigkeit einbrechen. Im heilpädagogischen Bereich ergeben sich derartige Situationen im Angesicht eines schwerst- und umfassend behinderten Kindes. Über ein wertwidriges (z.b. kriminelles) Verhalten hinaus, das immerhin noch Struktur, vielleicht sogar immanenten Eigensinn aufweist, bricht hier eine Sinnkrise aus: Nicht ein sittliches, sondern ein kosmisches Empfinden wird verletzt. Aus diesem Empfinden des Miss-Geschicks leiten sich denn auch Bezeichnungen ab wie Miss-Geburt, Monster, Wechselbalg, die deutlich machen, dass dieses Wesen nicht von und aus unserer Welt stammt. Eine derartige Unvereinbarkeit von Lebensformen, legt nicht nur Abwertung, sondern auch den Gedanken und die Praxis der Vernichtung (Ver-Nichtigung) nahe.

An dieser (noch) nicht ethischen, sondern existenziellen Bruchstelle operieren denn auch Bioethiker wie z. B. *Singer, P.,* (1984) und *Kuhse, Helga* (1993). Es geht hier nicht mehr oder noch nicht um Fragen von Gut und Böse, sondern von Sinn und Sinnlosigkeit.

Auch die 'massa carnis', von der *Martin Luther* in einem seiner „Tischgespräche" (von anno 1541) im Hinblick auf ein missgestaltetes, offenbar schwerst behindertes Kind, weiland sprach, ist, wenngleich als Wechselbalg vom Teufel unterlegt, als solches kein Ausbund der Bosheit, sondern ein sinnloses, widerwärtiges Ding und kein Menschenwesen (vgl. *Mürner, Ch.,* 1996, p. 128ff).

Heutzutage wird die existenzielle Sinnfrage allerdings kaum mehr an der Herkunft, sondern an der Hinkunft festgemacht. Hinkunft erweist sich in steuerbaren Veränderungsprozessen und meliorativen Machbarkeiten: *Falls* sich das einstmalige 'Monstrum' als therapierbar, erziehbar, förderbar, in irgendeiner Weise nostrifizierbar (uns angleichend) erweisen würde, verblasste seine düstere Herkunft im Gelichter der Hinkunft. Nicht mehr aus einer angeblich satanischen Herkunft, sondern vor einer offenkundig verbauten Hinkunft zieht die Drohkulisse auf. Disqualifiziertes vermag so lange im Sinn gebenden Glauben, dass noch etwas Qualifiziertes daraus 'gemacht' werden könne, zu existieren, bis auch diese Hoffnung in der Erfahrung der Nichttherapierbarkeit, der Unheilbarkeit, der Unverbesserlichkeit erstirbt.

2 Wert

Wert ist eine Frage des Herausgehobenseins, der Geltung, des Ranges, der Position. Werte resultieren aus einem (wertenden) Vergleich und rangieren auf einer Skala. Eine derartige Nobilitierung kann grundsätzlich mit jedem Gegenstand, jeder Person, Idee oder Verhaltensweise vorgenommen werden. Derselbe Gegenstand und Sachverhalt können desgleichen unter verschiedenen (ideellen, situativen und temporalen) Bedingungen unterschiedlich qualifiziert werden. Wertungen erfolgen stets nach Maßgabe von Maßstäben, die ihrerseits Geltungen unterworfen sind. Ein derartiger Wertrelativismus wird von dogmatischer Seite allerdings abgelehnt unter Verweis auf un-bedingte und ewige Werte, sowie auf Gott gegebene Gebote und Verbote. Die Vielzahl derartiger Absolutismen relativiert diese unter innerweltlichen Verhältnissen jedoch zwangsläufig.

Wert ist nicht (die) Sache, sondern 'klebt' als Zuschreibung an Dingen (Gold, Kaurimuscheln, Orden, Titel, Trophäen ...), an Ideen und Glaubenssätzen (Integration, lebenslanges Lernen ...).

Ohne ethnologisch aufgearbeitete oder gar kirchlich-religiös bereits hoch entwickelte Exempel bemühen zu müssen, begegnet man solchen auch en passant, wie etwa *Kapuscinski, R.,* (2002) oder *Imfeld, A.* (1994) an aus europäisch auf- und abgeklärter Sicht zwar banal und abstrus erscheinenden, dennoch strukturidentischen Beispielen deutlich machen. Sie zeigen, wie sich Nobilitierung bis hin zur Heiligung ab ovo vollzieht: In Kapuscinskis Beispiel geht es um einen alten mechanischen Grammophonapparat und eine zerkratzte Schallplatte mit einer akustisch kaum mehr verständlichen Rede Winston Churchills, die in einer kongolesischen Provinz eine „nobilitierende Transformation" (p. 317) erfuhren und Anlass gaben zu einer Sektenbildung um die göttliche Stimme, die sich da offenbar offenbarte. – Im Beispiel von Imfeld wird ein an der senegalesischen Küste von der Meeresbrandung angeschwemmter roter Stiefel zum Attraktor und Anlass für einen Altarbau und Verehrungsrituale, da ihn seine Entdecker als transzendentale Botschaft verstanden, die in ihnen und ihren Mitgläubigen die Erwartung seines Kompagnons weckten und dessen Ankunft (Parusie) mit dem Anbruch paradiesischer Verhältnisse in Verbindung bringen ließen.

Unsere Marken-Verehrung (Lacoste, Rolex, Nike, Puma u. a. m.) steht auf psychologischer Ebene den genannten Exempeln freilich kaum nach: zumal der nobilitierte Gegenstand seinerseits wieder nobilitierend auf seine Besitzer und Verehrer zurück zu strahlen pflegt.

Geld ist gegenwärtig zweifellos der global verbreitetste und anerkannteste Wertgegenstand. Daran wird zweierlei deutlich: a) dass und wie sehr Wert und Trägersubstanz (Ziffer versus Material) auseinander treten können und b) dass und wie weitgehend Wert seine Bedeutung auf Grund seiner aktuellen Mächtigkeit (Potenz) als Tauschmittel erlangt: das heißt der Möglichkeit, Virtualität in Realität zu verwandeln: von Waren, Dienstleistungen, Verfügungsgewalten, Ansehen. Wert (Würde, Adel, Noblesse ...) ist ein Versprechen, eröffnet Hoffnung erweckende Perspektiven.

Bewertungen (positiver oder negativer Art) schaffen vor allem „vertikale" (oben / Mitte / unten) Ordnung und Übersicht.

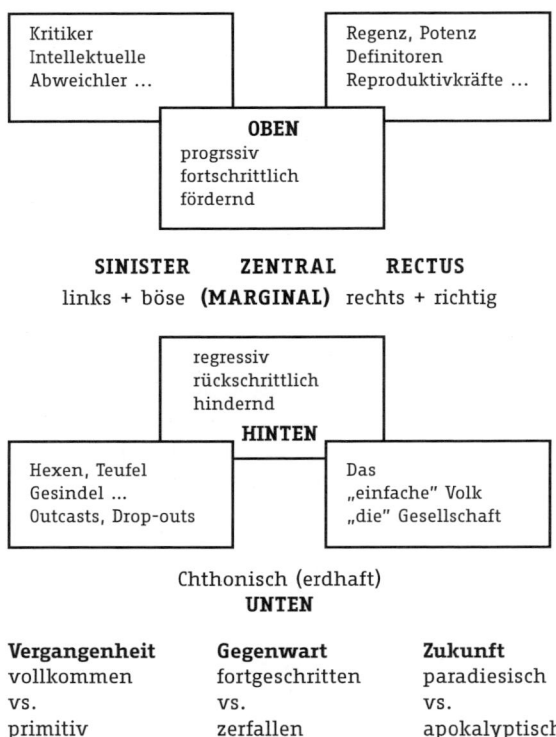

OBEN
Celestisch (himmlisch)

| Kritiker
Intellektuelle
Abweichler … | Regenz, Potenz
Definitoren
Reproduktivkräfte … |

OBEN
progrssiv
fortschrittlich
fördernd

SINISTER   ZENTRAL   RECTUS
links + böse **(MARGINAL)** rechts + richtig

regressiv
rückschrittlich
hindernd
HINTEN

| Hexen, Teufel
Gesindel …
Outcasts, Drop-outs | Das
„einfache" Volk
„die" Gesellschaft |

Chthonisch (erdhaft)
UNTEN

Vergangenheit	**Gegenwart**	**Zukunft**
vollkommen	fortgeschritten	paradiesisch
vs.	vs.	vs.
primitiv	zerfallen	apokalyptisch

Wertungen sind diskriminativ (qualitativ unterscheidend). Werten kommt damit nicht allein eine statisch ordnende, sondern auch eine dynamisch regulative Funktion zu. Werte sind maßgebend, das Maß gebend.

Dieser Umstand verursacht bekanntlich moderner Pädagogik, der von Anbeginn ihrer aufklärerischen Entstehungsgeschichte die spannungsgeladene Drei*u*neinheit von Egalité, Fraternité, Liberté auf dem Magen liegt, periodisch auftretendes Bauchgrimmen. Als Theorie und Praxis wertgeleiteter Beziehungspflege, die in Wertgleichgültigkeit keine gedeihlichen Verhältnisse findet, sieht sie sich verpflichtet und genötigt, von Gleichheitsidealen abzuweichen und bis hinunter (Sorry!) zum kleinen Dorfschullehrer permanent Wertungen und Korrekturen vorzunehmen, Maßstäbe anzulegen, von einem noch Mangelhaften zu einem als besser (Sorry 2!) Geltenden zu streben (Sorry 3!), sich gleichzeitig dann aber doch wieder nach der Egalité jenes "Wunderlandes" auszurichten, in das sich einst Alice verirrte. Dort gilt die paradox egalitäre Maxime: „*Everybody* has won, and all must have prizes" (*Carroll, L.*, 1865; 1992, 20), was die Preise im selben Moment freilich via Neutralisation entwertet.

Pädagogik lebt aus dem Komparativ; sie bleibt im Indikativ platt und wäre im Superlativ verzichtbar.

Wert*frei* ist das (noch) Unbewertete und Unbeachtete. Auch ohne substanzielle Veränderung und akthafte Nobilitierung kann es allein schon durch Kontextverschiebungen (z.B. Überfluss und Sättigung oder Verknappung und Bedürfnisspannung) zwischen die Pole von Angebot und Nachfrage geraten und daselbst einen Wertstatus erhalten.- Die Bezeichnung 'wertfrei' wird (z. B. im modernen Wissenschaftsbetrieb) gerne auch in der Bedeutung von neutral, unvoreingenommen, sachlich, objektiv verwendet, wobei in dem Moment freilich die Paradoxie des 'Werts der Wertfreiheit' erzeugt wird, wo eine solche als qualitätsmaßstäbliche Forderung auftritt.

Wert*los* hingegen ist das negativ Qualifizierte, das Nichtige, das, im Unterschied zum Sinnlosen, zwar keinen Wert, aber immerhin noch eine Existenz repräsentiert. Es ist ein verzichtbares, überflüssiges, aber noch seiendes Etwas.

Schließlich kann alles, was *be*wertet werden kann, jederzeit auch eine *Auf-, Ab-, Ent*wertung erfahren. Wie weit derartige Umwertungsakte machbar und steuerbar sind, ist umstritten. Zweifellos ist der Hinweis auf die Abhängigkeit von Wertschätzungen von ihrerseits wertgeachteten Potentaten (Persönlichkeiten, Würdenträgern, Führern, charismatischen Gestalten und Instanzen) richtig und wichtig. Wert bleibt allerdings abhängig von Anerkennung und ist deshalb pflegebedürftig. Trotzdem können sich Werte und Unwerte, desgleichen Tugenden und Untugenden (*Bollnow, O.F.*, 1962) auch in diffuser kulturhistorischer Drift ändern und verschieben, mitunter sogar gegen den erklärten Willen von Wertbewahrungs- und -vermittlungsagenturen. Damit wird auch die von idealistischer („ewige", „apriorische", „unbedingte" Werte), personalistischer (Unantastbarkeit von Würde und Recht) sowie die von edukativer Seite betonte Wertwahlmöglichkeit, ja –freiheit!, brüchig und beschränkt.

Trotzdem bleiben für die Pädagogik Werte von konstituierender Bedeutung. Pädagogik als Theorie und Erziehung als Praxis agonalen (führenden, beg-*leitenden*) Bemühens finden ihre Existenz nicht einfach in der Faktizität des Kindes und des Kindseins, sondern in vorlaufenden Wert- und Richtungsentscheidungen.

3 Zweck

Zweck ist eine Frage der Wirkungsmacht (Effizienz), des Einflusses, der Potenz, der instrumentellen Tauglichkeit und Nützlichkeit „in Bezug auf"... ins Auge gefasste Zielerreichungsbemühungen und -verwirklichungen. Zwecke sind relational, bezüglich, mittel-bar, instrumental, werkzeugthaft und methodisch final gerichtet. Wo von Zwecken die Rede ist, da werden Dinge, Personen, Beziehungen, Ideen ... instrumentalisiert, „eingespannt" in Interessen (inter esse = dazwischen sein). Zweck bezieht sich auf ein Ziel-Mittel-Verhältnis. Zweckdienlich sind Mittel, Methoden, Werkzeuge, Instrumente, Apparate, Techniken und schließlich auch ganze Institutionen. Diese erfüllen ihren Zweck optimal dann, wenn sie rasch, ökonomisch und präzis zum anvisierten Ziel führen. Unzweckmäßig sind dementsprechend Vorgehensweisen und Instrumente, die ineffizient und umständlich oder im Verhältnis zu den Zielwerten zu aufwändig sind (betreffend Zeit, Personal, Kosten).

Zweck*frei* ist ein Tun und Lassen, das bei sich selber bleibt, nichts über sich hinaus Führendes erreichen will, sich selbst genug ist, die Erfüllung in sich selber findet. So wird etwa dem („echten") Spiel Zweckfreiheit zugeschrieben. Durch Kommerzialisierung oder anderweitige Verzweckung verliert es diesen 'Unschulds'-Status.

Zweck*los* hingegen ist ein Streben, das ein anvisiertes Ziel nicht zu erreichen vermag. Zwecklosigkeit führt zu Resignation und verbindet sich mit dem Gefühl der Ohn-Macht.

Trotz aller Verbindungen und Überblendungen und der für die und in der Praxis schwierigen Unterscheidungen von Lebens*sinn*, Lebens*wert* und Lebens*zweck* scheint mir für heilpädagogische Belange der Hinweis wichtig, dass Sinn, Wert und Zweck nicht in Entsprechungsreihen zu setzen sind nach dem Muster: Sinnvoll = Wertvoll = Zweckvoll und: Sinnlos = Wertlos = Zwecklos. Oder gar in umgekehrter Reihenfolge: Zweckmäßig = Wertvoll = Sinnvoll und: Zwecklos = Wertlos = Sinnlos. Für die Behindertenpädagogik und deren Klientel erwiesen sich derartige Herleitungen von Werten aus Zwecken und die Konstituierung von Sinngehalten auf Grund von Bewertungen bis hin zum Kurz-Schluss vom Zweck (Funktion) auf Sinn (Gestalt) im kulturgeschichtlichen Rückblick immer wieder als existenzbedrohlich.

4 Zur Genese heilpädagogischer Aufgabenstellungen

Gestaltphilosophisch ist Heilpädagogik eine Teratologie (Lehre vom Missgestalteten), wertphilosophisch ein Meliorations (Verbesserungs)- Unternehmen mit dem Auftrag und Ziel, als besser geltende, stimmigere Daseinsgestaltungsformen zu realisieren. Systemisch betrachtet befasst sich Heilpädagogik mit personalen Systemen (Personen und Gruppen), die in Verhalten und Präsentationen permanent und penetrant dysfunktional und mithin störend von Gepflogenheiten und Erwartungen im personalen und sozialen Kontext abweichen.

Heilpädagogisch relevante Verzerrungen der genannten Art entstehen dadurch, dass

- standorts- und erfahrungsabhängige individuale Gestaltungsakte und Wirklichkeitskonstrukte (zu) wenig Übereinstimmung aufweisen mit dem vorgegebenen sozialen Kontext einer den Rahmen bestimmenden Refererenzgruppe bzw. -gesellschaft. Damit ist es beiden Seiten zunächst verwehrt, unmittelbar „in medias res" zu gehen und in gewohnter Weise „gemeinsame Sache" zu machen. Hierin findet denn auch die Bezeichnung 'Behinderung' ihre formale Bedeutung: Behinderung bezieht sich auf eine Differenz innerhalb eines dynamisches Geschehens, die fortzeugend erwartungswidrige Andersheit und Devianz bewirkt. Behinderung präsentiert sich, (unabhängig von konkreten und aktuellen Inhalten) als Zustand verzerrter Dynamik, innerhalb derer eine Widrigkeit den Verlauf einer zielstrebigen Bewegung hemmt, stört, beschränkt, ablenkt zum Stillstand bringt oder von vornherein verunmöglicht. An einem Behinderungszustand sind somit, bei schwankender Gewichtung, folgende Bestimmungsgrößen zu berücksichtigen:
  - ein *dynamisches Geschehen*, ein Verlauf, etwas, das „im Gange" ist
  - eine (immanente und/oder emanente) *Zielgerichtetheit*
  - eine *Widrigkeit*, die diesen Verlauf hemmt und dessen Zielerreichung in Frage stellt

- eine oder mehrere *registrierende Instanzen*, deren Interessen, Wertausrichtungen und Intentionen eine derartige Konstellation entgegensteht.

Dementsprechend kann ein Behinderungszustand umgekehrt über eben diese Einflussfaktoren aufgelöst werden durch

- Entschleunigung / Drosselung der Dynamik (Traditionalismus, Stagnation, ...)
- Verzicht auf normative, definierte Zielsetzungen (Indifferenz, Gleichgültigkeit, Fatalismus,....)
- Wegschaffung bzw. Umgehung der widrigen Blockade (Therapie, Kompensatorik ...) Nichtbeachtung (Irrelevanz, Desinteresse, Problemblindheit, Verdrängung, Umwertung, ...)
- eine deviante Biografie, eine andere soziokulturelle Herkunft oder aber eine naturhaft vorgegebene Behinderung in wesentlichen Kommunikationsbereichen derart störend voneinander abweichende Realitätserfahrungen und -konstrukte (Welt-Anschauungen, -Anhörungen, -Anfühlungen) und entsprechend divergente Handlungsweisen zur Folge haben, dass situativ im buchstäblichen Sinne ver-rückte, anomische (gesetzlose) und absurde („misstönende") Misslichkeiten entstehen.

Ein blind geborenes Kind ist nicht einfach ein Normalmensch minus Sehvermögen, sondern eine Person, die sich eine Erlebnis- und Erfahrungswelt ohne Visualisationsbezüge aufbaut in einer von Sehenden für Sehende eingerichteten Referenzgesellschaft, Sehenden aus dieser seiner visualisationslosen Realität heraus begegnet und diesen situativ die kommunikativ-informative Nutzung auch ihrer Visualität einschränkt. Entsprechendes gilt für Menschen, die wir als körper-, sprach- und geistig behindert, als autistisch oder verhaltensgestört bezeichnen.

Und es gälte gleichermaßen in einer Sciencefiction-Perspektive für ein uns grünlich erscheinendes Marswesen, dessen Pipo-Sense in uns, den diesfalls mangelhaft ausgestatteten Behinderten, keine Austauschpartner fände.

Dies macht daher die Konstruktion behinderungs- und situationsspezifischer „Zwischenstücke" mit Brückenfunktion sowie entsprechende, *beidseits* sinnstiftende Übersetzungen und Mediationen (Vermittlungen) notwendig. Was im Umgang mit Sinnesgeschädigten diesbezüglich durchaus möglich ist, fällt allerdings in der Begegnung mit schwerst, umfassend und so auch in ihren personalen Reflektionsmöglichkeiten beeinträchtigten Menschen außer Betracht. Über ein wertwidriges (z. B. kriminelles) Verhalten hinaus, das immerhin noch Struktur aufweist, stellt sich hier, wie vorerwähnt, rascher ein Sinnverlust ein.

- bezüglich einer gemeinsamen Daseinsgestaltung mangelhafte oder erheblich divergierende Bedeutungsinterpunktionen, Wertakzentuierungen und Zwecksetzungen vorgenommen werden. – Dies wird zum Beispiel deutlich aus Definitionskonflikten im Umfeld so genannter Verhaltensstörungen und Fehlhaltungen, oft sogar bereits aus Begegnungen mit kultur- und / oder schichtspezifischen Abweichungen (!wovon!?) Erziehungsstilen und Verwahrlosungsformen (!wessen!?): Ein Thema von existenzieller Bedeutung und dauernder Aktualität z.B. in der Heimszene (*Kobi, E.E.* 1994). Diese Situation verschärfte sich in jüngerer Zeit durch forcierte Egalisierungstendenzen und Individuumorientierung: Sinn muss nicht nur gestiftet, Wert beigemessen und Zweck verfolgt werden; diese sind gegebenenfalls auch als kollektiv verbindlich zu erklären und durchzusetzen, wenn sie nicht verblassen und sich auflösen sollen. Dies führt denn auch unweigerlich über eine soft persuasion hinaus und vor Fragen von Gewalt (Gewaltmonopol, Gewaltentrennung, Gewalthandhabung usf.)

- zweckdienliche, zielerreichende Mittel nicht zur Verfügung stehen, so dass die Transmission zwischen einem als unbefriedigend geltenden Ist-Zustand und einem wünschbaren Soll-Zustand ausfällt oder durchdreht. Erziehung, Bildung, Unterricht sind diesfalls insofern nicht mehr funktional, als eine unter dem Aspekt des Zugriffs stehende (*Moor, P.*, 1960) Pädagogik des Bewerkstelligens an den Rand ihrer Möglichkeiten gerät.

Dies ist aus Sicht einer aktiv kumulativen Veränderungspraxis und -wissenschaft da und dann der Fall, wo „nichts mehr zu machen" ist, die Produktion adaptiven Verhaltens, die Vermittlung anschlussfähigen Wissens und kompatiblen Könnens versiegt: wo der status quo zum Beispiel einer schweren geistigen Behinderung einen Menschen als „bildungsunfähig", einen Psychotiker als unheilbar, einen Sexualverbrecher als „therapieresistent", einen Verhaltensgestörten als „unerziehbar" erscheinen lässt: wo also das Menschenmögliche – das Menschen Mögliche und Zumutbare – sich erschöpft und wir uns gehalten sehen, eine seinsbestätigende Daseinsgestaltung zu realisieren jenseits dessen, was wir als normal, wünschens-, vielleicht gar als lebenswert empfinden.

- schließlich auf einer Meta-Ebene Sinn, Wert und Zweck auseinander laufen: Etwas Sinnvolles als wertwidrig erscheint, für etwas Wertvolles kein Sinn (mehr) gestiftet werden kann, Wertvolles unzweckmäßig, Zweckmäßiges wertlos wird etc.:

Ich vermag zum Beispiel in diesem, sich in Demenz auflösenden Dasein zwar keinen Sinn mehr zu erkennen. Dennoch verkörpert es für mich nach wie vor einenwesentlichen Wert, so dass es wertwidrig wäre, ihm ein gewaltsames Ende zu setzen, wiewohl dies ökonomisch zweckdienlich sein könnte (*Singer, P.*, 1984; *Kuhse, Helga / Singer, P.*, 1993; kritisch dazu: *Mürner, Ch.*, 1991). Oder: Diese Diagnoseprozedur ist zwar in ihrer szientifischen Stringenz wertvoll, da hoch signifikant-, ob sie hingegen durch den unter ihrem Diktum stehen Menschen in einen übergeordneten Sinnzusammenhang zu setzen ist, kann fraglich sein.

Oder: Ist es sinnvoll, geschweige denn zweckmäßig, mit etwas Wertvollem, wie einer Deklamation aus Faust II an geistig Behinderte heranzutreten, wie dies vielleicht eine anthroposophisch orientierte Heilpädagogin – völlig kognitionswissenschaftswidrig – tut? – Bringt denn Ästhetik – „the poetic look", wie der Biologe (!) *Maturana* sagt – überhaupt etwas, und muss sie das, um als sinnvoll gelten zu können?

Kurz: Reicht, gemäß der Unterscheidung von *Blaise Pascal* (1623-1663) der „Esprit géométrique", der auch weite Teile der Rehabilitations- Psychologie beherrscht, an den „Esprit de finesse" heran, der da gefragt ist, wo der erstere (sich) aufzugeben genötigt ist ?

In dieser Perspektive erhält auch der neuzeitlich zunehmend moralistisch zerfledderte und zerknautschte Begriff der Integration eine Chance, aus den gutmenschelnd ideologisierten Gefilden wieder zu seiner ursprünglich strukturellen und relationalen Bedeutung zurück zu finden:

Integriert (ein Integral) ist eine Person, die *per se*, auf Grund allein ihres existenziellen Da- und So-Seins (und somit unabhängig von sozietär geforderten Adaptationsleistungen und -möglichkeiten), in einem das vordergründig konventionelle und konvenierende Dasein gesellschaftskultureller Pässlichkeiten überspannenden *Sinn*horizont steht, die daselbst einen (wenngleich negativen) *Wert* verkörpert und einen gesellschaftlichen Zweck (die Funktion der Randständigkeit beispielsweise) versieht, so dass sie insgesamt einen personalen Faktor (eine Wirkgröße) darstellt und nicht ein zum bloßen Fakt versächlichtes (reifiziertes) Ding ist.

Im Englischen ist der gemeinte Person- versus Sachverhalt noch prägnanter zu fassen: Desintegriert und ausgeschlossen aus dem menschlich Allzumenschlichen ist der lebendigen Leibes entleibte „No-Body" (ein Niemand). Oder ein Niemand-mehr, von dem der Sheriff, rauchenden Colts, zu sagen pflegt: He is no more a factor!

Bedenkenswert ist hierzu das 28. Kapitel der Regel des *hl. Benedict von Nursia* [480-547], wo, unter Verweis auf das apostolische „räudige Schaf, das nicht die ganze Herde anstecken soll", empfohlen wird, „die Unverbesserlichen" – nach erfolglosem Bemühen mit intensivierter Rute, lindernden Umschlägen, Heiliger Schrift, Beten, Ausschließung, Fasten – „wegzuschaffen". –

Das Böse soll kein Faktor mehr sein. Die purgatorische Handlungsanweisung ist zwar moralisch einwandfrei und zweckmäßig, doch sie ist Existenz vernichtend. Die Vollständigkeit (Ganzheit) wird der Vollkommenheit (einer auf die Guten, Reinen und Intakten reduzierten irdischen Gemeinschaft) geopfert (Säuberung als konsequente Desintegration).

Doch auch der zum *Un*menschen abgewertete Mensch ist ein Mensch, bleibt existenziell gattungszugehörig und verkörpert menschliche Kontingenz. Nagelprobe für integratives Walten ist daher gerade das pädagogisch-therapeutische Ärgernis der *Un*verbesserlichkeit.

„Menschheit in allen Verzerrungen ist immer noch bewunderungswürdige Menschheit ... Kein Mensch hört auf, Mensch zu sein und wenn er noch so tief unter die Würde der Menschheit herabzusinken scheint ... In jeder Menschenphysiognomie, so verdorben sie sein mag, ist noch Menschheit, das ist: Ebenbild der Gottheit". So der Zürcher Theologe und als Physiognomiker bekannt gewordene *Johann Caspar Lavater* (1741-1801), ein Zeitgenosse *Goethes* und *Pestalozzis*, in seinen „Physiognomischen Fragmenten" (1775/78).

Existenzielle Anerkennung und Bestätigung ist, wie vorerwähnt, nicht von innerweltlichen Moralismen abhängig zu machen. Hier springt die moralische Frage gewissermaßen wieder auf die existenzielle Sinnebene zurück. Indem sich Leben nicht über sich selbst erheben kann ohne sich dem Vorwurf der Selbstvergötterung

(Idolatrie) auszusetzen und eine Sünde (wider das Heilige) und nicht bloß eine Immoralität (gegenüber innerweltlichen Werten) oder einen kriminellen Akt (einen Gesetzesverstoß) zu begehen. Auf der existenziellen Ebene erscheint Leben als das nach menschlichen, innerweltlichen (Wert-) Maßstäben nicht abschließend qualifizierbare, schlechthinig Seinsgute: als ein göttlich / naturhaftes kosmologisches So-Sein und Für-uns-Erscheinen. Und dies sowohl in dem uns fassbaren „systemischen" Ganzen als auch im mikrokosmischen Individualfall. Die darin enthaltene Paradoxie bringt das französischen Bonmot „Une vie ne vaut rien, mais rien ne vaut une vie!" treffend zum Ausdruck.

Das Schlechte und Böse mag zwar (moralisch) schlecht und böse sein, so *wie* es ist, trotzdem ist es (existenziell) gut, *dass* es ist. Das Existenzial des zum Wertlosen Abgewerteten ist nicht zu unterlaufen.

5 Die Subjektivität der Objektivität

Behinderung ist nicht allein ein sächliches Etwas, wie die attributive Newspeak-Formel „Menschen mit ... Behinderung" vorsäuselt. Behinderung in einem heilpädagogischen Sinn, ist ein psychosozialer Zustand, dem wir vom Moment weg mit angehören, wo wir uns wesenhaft (mit unserem Wesen) und wesentlich (für den Behinderten bedeutsam) darauf einlassen. Verhaltensstörungen sind dementsprechend als Verhältnisstörungen, Lernbehinderungen in deren Polarität zur Lehrbehinderungen, geistige Beschränktheit in Relation zu geistiger Schrankenlosigkeit zu fassen. Sein und Nichtsein treten durch und in subjektiver Vermittlung in Erscheinung. Ihre Repräsentation ist abhängig vom „Auge des Betrachters" (*Watzlawick, P. / Krieg, P.,* 1991). Soziale Beziehungs- und Austauschsysteme, wie jenes der Erziehung, machen daher ganzheitliche (holistische) und hausgemeinschaftliche (ökologische) Denk- und Handlungsweisen erforderlich, und die existenzielle Sinnfrage hat sich hartnäckig auf jene Subjekte zu richtet, von denen und für die erzieherischer Handlungsbedarf angemeldet, Handlungsansprüche erhoben und pädagogische Meinungen und Erkenntnisse in Umlauf gesetzt werden. Die nach dem Wesen des Erzieherischen fragenden und das Erziehungsgeschäft nach Form, Inhalt und Umfang bestimmenden und definierenden Subjekte und Instanzen sind transparent und nahbar zu halten. Gewicht und Bedeutung irgendeiner Handlungsweise sind entscheidend von derartigen personalen Urheberschaften (Autoritäten), deren Sinnstiftungen, Wertbeimessungen und Zwecksetzungen abhängig. Was immer gesagt und getan wurde, hat ein *Jemand* gesagt und getan, der denn auch zu interpellieren ist.

Erziehung und Bildung können nicht mehr (aktuell allerdings weniger) sein, als das, was ein bestimmter Definitionsrahmen und jene „Be-Hutsamkeit", von der eingangs die Rede war, hierfür vorsehen. Insbesondere für eine Heilpädagogik ist es existenzentscheidend, *wer* Erziehung und Bildung *wie* begründet und ausrichtet. Definitionsmächte, Deutungshoheiten, Sprachregelungen und kanonisierte Umgangsweisen walten über Sein und Nichtsein des behinderten Kindes als homo educandus (*Mürner, Ch.,* 1996). Heilpädagogik kann zwar unter sehr verschiedenen, normativ und inhaltlich (essenziell) sogar widersprüchlichen Ausrichtungen realisiert werden und ihr Auskommen finden, und sie ist denn auch keineswegs ausschließlich christlich-abendländischer Abstammung. Wo auch immer (behinderte) Kinder erzieherische Zuwendung erfahren und Gesellschaften pädagogische Reflexionen anstellen, gründen diese hingegen in einer sinnbestimmenden Gewissheit und Verheißung, dass unser Da- und Mitsein Gestaltelement einer sinnvollen kosmischen Ganzheit bleibt, auch wenn deren Totalität und Unversehrtheit nur noch in unpassend-unpässlichen, torsohaften Teilstücken erfahrbar ist. Existenzbestätigende Be-*Sinnung*, rangierende Be-*Wertung* und handlungssteuernde Be-*Zweckung* sind daher unverzichtbare Elemente des permanent aufrecht zu erhaltenden heilpädagogischen Diskurses.

1 Erziehung zwischen Hoffnung und Erwartung

aus: Berufsverband der Heilpädagogen (BHP) [Hrsg.] (1991), Bekenntnisse zum Leben (Büdelsdorf BHP-Verlag) S. 17-33

> *Hoffnung ist ein Seil, auf dem viele Narren tanzen*
> *(russisches Sprichwort)*

Es ist so keine Sache mit der Hoffnung.

Wir alle wissen, was Hoffnung ist und vermeinen sie bisweilen auch zu haben. Sowie man sie jedoch zu denken anschickt und in Sprache verpacken möchte, um sie einem pädagogischen Adressatenkreis zuzustellen, erweist sie sich als schwer fassbar und kaum zu handhaben. So genannte Hoffnungsträger entpuppen sich als Schildbürger, die ja versucht haben sollen, Licht in ihr fensterloses Rathaus zu schleppen, (wobei nicht deren Zielsetzung, möglicherweise aber ihr Unterfangen Hoffnung anzeigt!). – Hoffnung ist kein definierbarer Sachverhalt, sondern eine subjektive Befindlichkeit. Von außen betrachtet handelt es sich um einen Zustand, der sich jedoch nicht herstellen lässt, sondern sich unter kaum bestimmbaren psychosozialen und transzendentalen Konstellationen zu ergeben wie auch aufzulösen pflegt.

Nachfolgende Analyse kann sich daher lediglich zum Ziel setzen, sich diesem allgemein bekannten Flüchtling unbekannten Signalements zu nähern ohne ihn dingfest machen zu können. Ferner möchte ich Beziehungen zum Phänomen der Erziehung aufzeigen, das seinerseits kein Ding an sich darstellt, sondern sich als „ein Muster, das verbindet" (*Bateson*, 1982, p. 16) erweist.

Hoffnung und **Erwartung** liegen nahe beisammen, fließen ineinander über und können daher zwar phänomenologisch, kaum aber psychologisch unterschieden werden. Hoffnung ist jenen chemischen Elementen vergleichbar, deren Existenz und Eigenständigkeit zwar unbestritten ist, die sich jedoch innert kürzester Zeit in stabilere Elemente zu verwandeln pflegen. Sie hat die Tendenz, sich in Erwartungen zu verfestigen, die umgangssprachlich freilich auch weiterhin als „Hoffnungen" bezeichnet zu werden pflegen. *Marçel* (p. 33/46) markiert dieses Umkippen mit dem Unterschied zwischen den Sprachformeln „Ich hoffe" und „Ich hoffe, dass …". Das Wesen der Hoffnung verflüchtigt sich in dem Moment, wo ein Bezug entsteht zu einem bestimmten Inhalt oder Zeitpunkt: Erwartungen haben einen Inhalt; ich erwarte stets etwas; sie beziehen sich auf ein antizipiertes Ereignis. Hoffnung hingegen ist inhaltslos und doch erfüllend. Gerade „leere Hoffnungen", von denen zumeist in despektierlicher Weise die Rede ist, zeigen wahre und echte Hoffnung an.

Erwartungen haben aufgrund ihres Inhalts auch stets einen objekthaften Bezug; Hoffnung hingegen ist offen, eigenartig gegenstands- und strukturlos. Dadurch steht Hoffnung in einem verwandtschaftlichen Verhältnis zur Angst, die wir in der *Kierkegaard*'schen Tradition von objektbezogener Furcht unterscheiden und ebenfalls als gegenstandlos, existentiell und frei flottierend erleben.

Erwartungen weisen ferner einen mehr oder minder hohen Spannungsgrad auf. Der wachsende Zugriff wird deutlich aus der Reihe: Hoffen auf … Erwarten, dass … Rechnen mit … Fordern von … In Anspruch nehmen … Dieser Reihe liegen unterschiedliche Proportionen zwischen Potenz (Möglichkeit) – Kompetenz (Fähigkeit) – Performanz (Darstellung und Durchsetzung) zugrunde, die insgesamt die so genannte „Erwartungshaltung" bestimmen, deren Dynamik *Karl Valentin* einmal zur treffendschrulligen Bemerkung veranlasst: „Ich wartete immer schneller und schneller"!.

Hoffnung hingegen ist ein in sich ruhendes Getrostsein. Pädagogisch fällt sie unter den Aspekt der Zurückhaltung, des pathischen Geschehenlassens, wie dies *Moor* (1960) in seinem heilpädagogischen Denken mit dem Begriff der „Verheißung" umschreibt: Verheißung ist offene Perspektive –: nicht des Wissens **von** etwas, sondern der Gewissheit, **dass** das, was verheißen ist, immer auch schon da und existent ist. Diese „leere Hoffnung" ermöglicht es daher auch einem ausgesprochen atheistischen und betont diesseitsorientierten Pädagogen, wie *Makarenko* (1888-1939), die „Perspektive" zum Schlüsselbegriff seines pädagogischen Denkens und erzieherischen Handelns zu machen. *Makarenko* stellt neben *Korczak* (1878-1942) das eindrücklichste Beispiel einer explizit hoffnungsgeprägten Pädagogik unserer Zeitepoche dar. Dabei ist es kein Zufall, dass beide, völlig erwartungswidrig, in Grenzsituationen der Verzweiflung ihre Pädagogik der Hoffnung und zur Hoffnung entwickelten.

Erfüllte Erwartungen haben denn auch kaum etwas Überraschendes an sich; sie bestätigen unser Denken, unsere Meinungen, Wünsche und Pläne. Unerfüllte Erwartungen wirken demgegenüber irritierend, ärgerlich. Sie erwecken den Eindruck, dass „irgend etwas nicht stimmt". Wir fühlen uns in unseren Rechten beschnitten und enttäuscht. Enttäuschung weist, ebenso wie die Erwartung, einen Bezug auf und ist oft transitiv: Jemanden enttäuschen oder von jemandem enttäuscht werden.

Ent-Täuschung schafft Täuschungen und Illusionen beiseite und gibt dadurch die Hoffnung wieder frei! Hoffnung stellt sich ein *jenseits* erfüllter oder enttäuschter Erwartung.

Erwartungen sind begründbar, verlangen nach einer Rechtfertigung und lassen sich auf ihre Angemessenheit hin überprüfen. Hoffnung hingegen ist rechtsfrei, unbestreitbar, unverpflichtend. Sie ist, im Unterschied zur Erwartung, die sich stets nach einem Wenn-Dann und Do-ut-des-Prinzip ausrichtet, ein quasi „vertragsloser"

Zustand. Auf Hoffnung kann man zwar bauen, kann aber nicht damit rechnen. Erwartungen liegen in der Zeit und haben sich dementsprechend zu zeitigen. Hoffnung hingegen ist nicht nur inhaltslos-, sondern auch zeitfrei. Marçel (p. 56) spricht von einem „Durchbruch durch die Zeit". Sowie sich ihrer das Zeitbewusstsein bemächtigt, wird Hoffnung zur Geduld (des gespannten Wartens auf etwas). Wenn Hoffnung zeitfrei ist, kann sie freilich auch nicht von Dauer sein. Sie verlässt uns, noch und noch, füllt sich auf zur Erwartung oder schlägt um in Verzweiflung. Hoffnung wird daher als flüchtiger „Strahl" ins Bild gesetzt. Sie ist kein „ewiges Licht", wie allenfalls ein Glaube. Sie bietet nicht wie dieser eine „unerschütterliche metaphysische Sicherheit" (*Marçel*, p. 50). Hoffnung fällt ein in die Dunkelheit, als „Fünklein" vielleicht nur, aber gerade dadurch scharf abgehoben als das ganz Andere zur Befindlichkeit der Angst und der Verzweiflung aus enttäuschter Erwartung.

Über Erwartungen kann man sich äußern und unterhalten, man kann sie in ihrer Vielzahl gegeneinander abwägen und zur Diskussion stellen. Hoffnung gibt es streng genommen nur in der Einzahl; wo von *Hoffnungen* die Rede ist, da handelt es sich in Wirklichkeit wieder nur um Erwartungen. Da echte Hoffnung "leer" ist, ist sie auch schweigsam, letztlich sogar sprach- und bildlos. Sie vermag nur sich selbst zu benennen. Hoffnung gehört zu den stillen Befindlichkeiten, zusammen mit der Angst und der Verzweiflung, mit der Liebe und dem Vertrauen, der Scham und der Keuschheit.

Dies wird deutlich, wenn wir sie dem Optimismus gegenüber stellen, mit dem sie weitaus weniger gemein hat, als es im ersten Moment den Anschein macht. „Der Optimist ist ein Redner", stellt *Marçel* (p. 34) fest. Sein positiver (vielleicht posierend positivierter) Glaube drängt zur Verlautbarung und in die Öffentlichkeit. Er will und glaubt etwas Zukunftsträchtiges gefunden (zu) haben, zeigt Flagge, stürmt die Barrikade: „Es gibt viel zu tun, packen wir's an!"

Nur selten bestehen Hoffnung und Erwartung gleichzeitig, am eindrücklichsten im Zustand der Gravidität: Eine Schwangere ist in Erwartung (eines Kindes) und ist guter Hoffnung (in gemeinsamer Perspektive).– Etwas von dieser „mäeutischen" Situation und Atmosphäre, wie sie der Stammvater der Pädagogik – *Sokrates* – in exemplarischer Weise entstehen ließ, ist in der Tat ursprünglich jedem Erziehungsverhältnis eigen. Unsere leistungsorientierte Gesellschaft lässt der Hoffnung freilich vor lauter Lehrraum nur wenig Leerraum offen. Wir erwarten zwar unendlich viel und vielerlei von Kindern, fallen jedoch in Hoffnungslosigkeit, sowie sie sich erwartungswidrig verhalten. Unser pädagogisches Sinnen und Trachten ist hoffnungslos erwartungsüberladen: Neigen wir doch dazu, die Erfreulichkeit unserer Zöglinge und Schüler und desgleichen unserer Patienten und Klienten nach dem Grad, in welchem sie unsere Erwartungen erfüllen, zu bemessen.

· Zur Hoffnung besteht nie ein Anlass im Sinne eines benennbaren Motivs: es sei denn die Ohnmacht, die Enttäuschung, die Erwartungswidrigkeit und die Verzweiflung: eines *Gabriel Marçel*, der im kleinen Nest Le Peuch angesichts des zusammengebrochenen Frankreich und der deutschen Übermacht seine Philosophie der Hoffnung entfaltete.

- eines *Janusz Korczak* im Warschauer Ghetto im Bewusstsein baldiger Vernichtung der physischen Existenz seiner Person und jener seiner Zöglinge.
- eines *A.S. Makarenko* im Chaos der russischen Revolution, das ihm in der Nähe von Charkow lediglich einige zerfallene Gebäude und den Auftrag zurückließ, irgendwie eine Erziehungsstätte einzurichten.
- eines *J.H. Pestalozzi*, sein gescheitertes Neuhof-Experiment hinter und die Ungewissheit des Schicksals der Stanser Waisenkinder vor sich.

Alle die genannten Pädagogen, die bezeichnenderweise keine Erziehungswissenschafter waren, handelten in schierer Unberechenbarkeit aus dem polaren Spannungsverhältnis von Angst und Hoffnung. Hoffnung war für sie „eine Antwort auf den Hilferuf der Angst" (*Marçel*, p. 31).

Hoffnung gehört zwar, ebenso wie die Befindlichkeiten der Angst und der Verzweiflung, der Liebe und des Glaubens, zu den zentralen und innigsten *Erfahrungen* des Menschen, erschließt sich aber dennoch nicht den Erfahrungswissenschaften. Hoffnung ist unwissenschaftlich. Wissenschaft ist, ihrer immanenten Logik gemäß, lieb-los, un-gläubig, hoffnungs-los.

In der Wissenschaft spielen Erwartungen (z.B. als Hypothesen) eine herausragende Rolle, da die Voraussagbarkeit von Geschehnissen erklärtes Ziel szientifischer Herrschafts- und Bemächtigungsansprüche ist. Wissenschaftliche Macht besteht umgekehrt darin, Ereignisse vorausbestimmen zu können. Real, richtig und wahr ist, was funktioniert.

Diesen Funktionalismus hat sich weitum auch die Pädagogik zueigen gemacht: vor allem in jenen Gefilden und von Zeitpunkt weg, wo sie sich die Bezeichnung „Erziehungswissenschaft" zulegte. Die Päd-*agogik* als Lehre des Leitens und Führens „auf dem Seil, auf dem viele Narren tanzen" reduzierte und verzweckte sich damit auf eine Wissenschaft von der Herstellung und Programmierung menschlicher Verhaltensweisen.

Die paidologischen Wissenschaften unserer Zeit haben uns denn auch ein immenses Erfahrungswissen beschert darüber, wie Kinder sind, wie sie sich entwickeln und was aus ihnen gemacht werden kann. Der Panpädagogismus, der das kindliche Wesen bis in Details der Freizeitgestaltung, des Spiels, der Schulung verplant und der den Menschen von der Geburt bis ins Altenheim verfolgt, lässt der Hoffnung kaum mehr Raum. Nichts mehr zu hoffen „heißt (aber), mitarbeiten an der Unfruchtbarmachung des Wesens" (*Marçel*, p. 52). Empirische Erfahrung legt zwar den Boden der Realität, auf dem wir zu stehen haben; Hoffnung hingegen bietet erst die Luft – „die Art und Freiheit der Seele" (*Marçel*, p. 65) – die der spirituelle Mensch benötigt, um die Realität zu überleben. „Die verödende Wirkung des dogmatischen Empirismus, von der *Marçel* (p. 57) spricht, erstickt die Hoffnung unter der Last der Erwartungen. Hoffnung lebt aus der Erfahrung ihrer selbst. Sie widersteht damit „mit einer Ärgernis erregenden Unbekümmertheit" (*Marçel*, p. 53) all jenen, die sich „Realisten" zu nennen belieben und damit die Alleinherrschaft dessen beanspruchen, was sie als ihre Wirklichkeit bezeichnen. Hoffnung gehört „zu den Antipoden der Anmaßung oder des Trotzes" (*Marçel*, p. 53). Hoffnung ist „eine gewisse Jungfräulichkeit im Hinblick auf die Erfahrung" eigen (*Marçel*, p. 53). „Erkannte" Erfahrung verliert hingegen ihre „Unschuld" und Naivität da sie stets auch mit Gewöhnung und Üblichkeit, bis hin zur Routine und Abgebrühtheit, zu tun hat, die für den Zufall keinen Platz vorsehen. *Hoffnung* kann ihrem Wesen nach weder Ziel noch Mittel der *Erziehung* sein; Erziehungsziele verfestigen sich alsbald in Vorstellungen und Leitbildern und erhalten dadurch den Charakter von Erwartungen. Der Versuch gar, Hoffnung zu instrumentalisieren, indem man sich anschickt, Hoffnungen zu „machen" oder doch zu „erwecken", gerät in die Niederungen der Motivationspsychologie und damit zur mentalen Fremdbestimmung und zum Aufdrängen antizipierter Zukunft. Hoffnung ist eine Befindlichkeit, die jeder Vereinnahmung widersteht. Trotzdem werden derartige Versuche sowohl von religiös-missionarischer, wie auch von pädagogisch-motivationaler Seite immer wieder unternommen. Hoffnung ist nicht mehr, aber auch nicht weniger, als die personale Grundbefindlichkeit jedes als erzieherisch zu bezeichnenden Verhältnisses. Erziehung gelangt umgekehrt in einer durch Hoffnung geprägten Haltung zum Ausdruck. Hoffnung ist ein Wesenselement des Erzieherischen; eine hoffnungslose Pädagogik ist - um mit *Lichtenberg* zu sprechen - „ein Messer ohne Klinge, welchem der Griff fehlt".

Hoffnung ist flirrende Übereinstimmung mit dem „Muster, das verbindet" und bleibt: auch bei wechselnden Inhalten. „Ohne es zu wissen, komponiert der Mensch sein Leben nach den Gesetzen der Schönheit, sogar in Momenten tiefster Hoffnungslosigkeit". (*Kundera, E.*, 1988,52).

Erziehung, die im Sosein der Gegenwart aufzugehen hätte, ermangelte dadurch allerdings nun auch ihrer immanenten Spannung zwischen Sein und Sollen. Sie würde ihrer meliorativen Intention verlustig gehen und erschöpfte sich in bloßer Bewahrung. Erziehung benötigt zu ihrer Existenz auch die Essenz des Erwarteten. Erziehung und Bildung sind wesensmäßig intentional, zielgerichtet. Erziehung als Praxis und Pädagogik als deren Theorie leben im und aus dem Spannungsverhältnis von Hoffnung und Erwartung. Wo „leere Hoffnung" und spannungsloses Einssein herrschen, verliert Erziehung ihren Sinn und geht die Pädagogik ihrer bildschaffenden, ein- und ausbildenden Kreativität verlustig. Der mondiale Konsens, auf den hin Pädagogik sich zwar stets auslegt, bewirkte in letzter Konsequenz die Aufhebung der Erziehungskunst in so etwas wie „Erziehungskitsch" (*Kobi, E. E.*, 1966), welcher fraglosunqualifiziert in sich selbst ruht. *Kunderas* Feststellung ist durchaus zutreffend: „Die Verbrüderung aller Menschen dieser Welt wird nur durch den Kitsch zu begründen sein" (p. 240). „Die Quelle des Kitsches ist das kategorische Einverständnis mit dem Sein" (p. 245).

In der Keuschheit der Hoffnung, von der *Marçel* (p. 36) spricht, liegt somit auch deren Unfruchtbarkeit begründet. Wo ausschließlich eine *Form* gewahrt wird, in welche kein konkreter *Inhalt* einfließt, da bleiben leere Rahmen der Beliebigkeit. Keuschheit ist der Preis für Fruchtbarkeit und Fortentwicklung.

Verlieren Erziehung und Pädagogik die Zukunftsperspektive oder werden sie einer solchen beraubt, so erstarren sie entweder in Historizismus und Deskription; Pädagogik verflacht zur Pädistik („angewandter Kinderpsychologie").

Erziehung und Pädagogik können desgleichen auch der Gegenwart und Vergangenheit verlustig gehen. Sie entschweben diesfalls in Utopien, in denen kindliche Präsenz noch und noch einer extrapolierten Zukunft geopfert wird. Zukunft ist nicht nur das „Ausgedachte", das aus Erfahrung abgeleitet ist und sich in Stoff- und Lehrplänen, pädagogischen Absichtserklärungen niederschlägt. Das „Un-heimliche" des Erziehungsgeschäftes ergibt sich daraus, dass Zukunft auch das Unvorhersehbare enthält, in welchem denn auch Angst und Hoffnung ihren *gemeinsamen* Ursprung haben. Die Angst des Pädagogen ist Enttäuschungsangst zwischen Wachen und Träumen. Die Schriften der klassischen Pädagogiker waren denn auch noch durchwegs von dieser personalen Angst und Hoffnung durchdrungen: auch und vielleicht besonders da, wo sie sich später verweltlichten und in einem diesseitigen Humanismus ihr Heil suchten. Es ist daher verständlich, dass das pädagogische Denken und erzieherische Handeln traditionellerweise einen transzendenten Bezug aufweist und sich in Nischen der religiösen Vorstellungen der jeweiligen Kultur entwickelte.

Erziehung ist dialogisch angelegt ist nur dialektisch fassbar. Auch da, wo von Selbsterziehung die Rede ist, liegt dieser der Diskurs einer reflektierenden Person mit sich selbst zugrunde. Es gibt daher keine pädagogische Zielsetzung, keine erzieherische Attitüde und Methode, die durch Verabsolutierung und Totalisierung nicht zuschanden würde (*Kobi, E. E.*, ⁵1993).

Erziehung lebt aus dem Perspektivenvergleich. Erst aus einer zumindest doppelten Betrachtungs- und Erlebnisweise ergibt sich jene Tiefendimension, die den Wurzelgrund des Erzieherischen darstellt (*Bateson, G.*, 1982,90). Diese Dialektik bedeutet auch, dass Erziehung und Pädagogik nur möglich sind, solange und soweit es auch erziehungsfreie und apädagogische Räume und Zeiten gibt: absichtsloses, unzugemutetes Mit- und Dasein in gemeinsamer Erfüllung.

Erziehungsmuster, mit denen sich Pädagogik beschäftigt, gehören einer ästhetischen Topologie an, und Pädagogik erweist sich daher als eine Kunstform, die als solche freilich immer wieder zu ausschließlichem Moralismus oder Szientismus zu entarten droht. Erziehungswissenschaft hat weitum das freie, ästhetisch -künstlerische Elemente und mithin die „Muster-Gültigkeit" eingebüsst. Sie hat - vor allem durch ihre psychologischen und soziologischen, in der Heilpädagogik überdies durch medizinisch- psychopathologischen Absicherungen und „Rahmenbedingungen" – die vorgenannte Un-„Heimlichkeit" verloren. Der einzelne Erzieher lebt zwar gelegentlich noch immer gefährlich (*Kobi*, 1994), aber das Erziehungswesen hält das Wesen der Erziehung unter sichernder Kontrolle. So kann heute denn auch kaum mehr ein erziehungswissenschaftliches Werk namhaft gemacht werden, dem die zweifelhafte Unehre der Verfolgung, der richterlichen Beschlagnahmung und des Verbreitungsverbotes – geschweige denn der Verbrennung, wie zu Zeiten *Rousseaus* oder des Nationalsozialismus – zuteil wurde. Pränatale Diagnostik mit frühzeitig indizierter Interruptio hat auch im Bereich wissenschaftlicher Forschungspolitik bzw. unerforschlicher Wissenschaftlichkeit die Barbarei postnataler Kindstötung überwunden. Gewisse Wirbelstürme ereigneten sich in der Neuzeit allenfalls noch um so genannte Elaborate der pädagogischen Trivialliteratur über sexuelle Aufklärung oder wie seinerzeit *Neills* „Summerhill" oder – seinerzeitiger noch – *Maos* „Rotes Büchlein". Pädagogische Werke erfahren heutzutage mehrheitlich stille Beerdigungen im Kreise der engsten Angehörigen auf den Datenfriedhöfen unserer Bibliotheken. Nur Wenigen ist ein kurzes Gastspiel auf Bestsellerlisten vergönnt.

Pädagogen (für's Gröbere auch die Polizei) werden zwar mehr denn je in Bewegung gesetzt in Richtung auf die noch und noch von Hoffnung beseelte Jugend („Wir haben keine Chance, also nutzen wir sie!"). Doch: bewegt die Pädagogik (als Erziehungswissenschaft) *ihrerseits* noch etwas? Nur pädagogische Naivlinge könnten vermeinen, dass *sie* es sind, die den Wind machen, wenn sie mit ihren beschriebenen Blättern rascheln. Auch dies freilich ein Ausdruck der Hoffnung!

Mit der Verwissenschaftlichung der Pädagogik ging zweifellos deren Domestikation einher: Sokrates, der angeblich blasphemische Jugendverderber, wäre heutzutage in Sicherheit vor dem Schierlingsbecher, kaum jedoch von einem pädagogischen Lehrstuhl.

In der Pädagogik *geht* nichts mehr, sowie sie sich einmal *gesetzt* hat:

Wer, wo auch immer, sitzt, ist verharmlost: der Lehrstuhlinhaber ebenso wie der Sträfling. Sitzen: Aussitzen und Aussetzen. Durchsetzen und Durchsitzen. Einsetzen und Einsitzen. Ersetzen und Ersitzen. Absatz und Umsatz. Besitz. Sitzgruppen und Gruppensitzung. Wir befinden uns in einer Epoche, die versessen ist auf das Sitzen. Sitzen ist unsere Lebenshaltung, das Gesäß unsere Basis. Wohl dem, der seinen Stuhl hat.

Nichts *besteht* mehr, was *besessen* wird. Hoffen können nur die, welche noch herumstehen und es verpasst haben, ansässig zu werden.

Da ist nichts mehr zu erwarten. Umso mehr zu hoffen.

2 Heilpädagogisch–theologisches Denken

aus: Blickenstorfer, J. / Dohrenbusch, H. [Hrsg.] (1999), Allgemeine
Heilpädagogik Bd. 1 (Luzern edition szh) S. 225-246)

Der Mensch denkt: Gott lenkt!
Der Mensch denkt, Gott lenkt.
Der Mensch, denkt Gott, lenkt!

Pädagogisches Denken und Handeln sind in der abendländischen Tradition stark vom christlichen Glauben getragen und mithin theologisch geprägt und verfasst. Die (Schul-) Pädagogik hatte noch bis ins 19. Jahrhundert hinein eine ausgeprägte ancilla-Funktion gegenüber der Kirche und stand unter theologisch-ideologischer Vormundschaft. Das pädagogische Personal in Schulen und Anstalten wurde in dieser Konsequenz denn auch durch Pfarrherren der je zuständigen Konfession inspiziert (*Späni, M.*, 1997).-

Von altersher hatten ferner Theologen, später z.T. abgelöst durch Altphilologen, die Hand auf dem, was sie für Pädagogik hielten: Moralia hier und Spruchweisheit dort (*Flitner, W.*, 1963). Der erste Lehrstuhl für Pädagogik wurde erst im ausgehenden 18. Jahrhundert (in Halle) eingerichtet. Eine eigenständige pädagogische Fachdisziplin etablierte sich nur langsam über einen mühsamen emanzipatorischen Prozess: vor allem im Zuge der Säkularisation und der Entwicklung laizistischer Staatsschulen.

Pädagogik ist eine Konsequenz der Aufklärung des Menschen über sich selbst und des Versuches, als personales Subjekt sein Geschick – auch in religiöser Hinsicht – in die eigene Hand zu nehmen. Dieses von autoritativer Seite oft als arroganter „Selbsterlösungsweg" beargwöhnte Befreiungsunternehmen hat sich daher seit den Tagen des *Sokrates* (470/69-399) – dem Stammvater derartiger existenzieller Pädagogik, der wegen Blasphemie und Jugendverführung zum Tode verurteilt wurde – und *J.J. Rousserau* (1712-1778) – dem Anstifter zur modernen Pädagogik, dessen Bücher öffentlich verbrannt und der als Autor des „Emile ou de l'Education" [1762] durch halb Europa gejagt wurde – bis in die Gegenwart hinein Vereinnahmungsversuchen kirchlicher, staats- und gesellschaftsideologischer Art zu erwehren.

Noch ausgeprägter treten kirchliche Wurzeln im karitativen Behinderten- und Wohlfahrtswesen – und so auch in der Heilpädagogik – zutage. Politisch motivierte, philanthropische und sozialmedizinische, ja sogar die genuin pädagogischen Bestrebungen zur Behindertenbildung, wie sie vom 18. Jahrhundert weg einsetzten, blieben neben dem Engagement der Kirchen bis über die Jahrhundertwende hinaus (zumal in außerschulischen Bereichen) von untergeordneter Bedeutung. Erst der soziale Wohlfahrtsstaat, wie ihn das 20. Jahrhundert hervorbrachte, ließ die ideologische und pragmatische Dominanz der Kirchen zurücktreten: augenfällig in der allmählichen Ablösung geistlichen durch weltliches Personal.

Wenn im folgenden vom Einfluss theologischen Denkens auf die Heilpädagogik die Rede ist, so verbinden sich damit erhebliche Schwierigkeiten bzgl. der Inhalte und gegenseitigen Abgrenzungen der Begriffe *(Kosmologie)*, *Religion*, *Glaube*, *(Konfession)*, *Kirche*, *Theologie*:

Religion umfasst die enorme Fülle von Erlebnissen und Erfahrungen, von Deutungen und Ausgestaltungen, von Inhalten und Formen, von oralen Traditionen und schriftlichen Zeugnissen, des nähern dann auch von Verheißungen und Verpflichtungen, Geboten und Verboten, von Fragen und Antworten, von mehr oder weniger kanonisierten Praktiken usw., die allesamt des Menschen Verhältnis zum Unerklärlichen und Übersinnlichen, zum Jenseitigen und Numinosen, zum Heiligen und Göttlichen betreffen. Es handelt sich um das Bemühen des ins Bewusstsein und in Freiheit gesetzten Menschen, aus chaotischer Widerfahrnis zum (geordneten und ordnenden) Kosmos – einer Weltanschauung und Daseinsdeutung – zu gelangen. Der Mensch schafft sich über diese Deutungsarbeit und konzeptionelle (Selbst)-Verortung einen existenznotwendigen „Safe Place" und Sinnhorizont.

Glaube ist erlebnis-/erfahrungsmäßig zugefallene und/oder übertragene personale Gewissheit über ein so-und-nicht-anders-Sein bestimmter und bestimmender religiöser Gehalte. Über diese kann zwar Zeugnis abgelegt werden, sie sind jedoch weder verhandelbar, noch durch Masse („demokratisch") zu erwahren. Sie sind darum nicht in einem wissenschaftlich-rationalen Sinne beweisbar, freilich auch keines derartigen Beweises bedürftig. Religiöser Glaube hebt sich damit ab von bloßer Vermutung oder einer Hypothese, die der Verifikation/Falsifikation bedarf.

Kirche bezeichnet (v.a. im christlichen Sinne) die durch Heilsbringer und deren Botschaft begründete Gemeinschaft der Gläubigen, im weitern dann auch die Institution, die damit betraut ist, die Glaubensgehalte zu pflegen und reinzuhalten, sie zu tradieren und zu vertiefen. Kirche ist vermittelnde Instanz zwischen Höchsten Mächten (Gott) und Gemeinde und wird repräsentiert durch installierte, initialisierte Funktionsträger (Priesterschaft, Klerus).

Theologie bedeutet im ursprünglichen (vorchristlichen) Sinne 'Lehre, Rede von Gott'. Neuzeitliche (christliche) Theologie bezeichnet die rationale, kritisch-reflexiv hinterfragende, wissenschaftliche Beschäftigung mit Glaubensinhalten, -formen, -quellen, -entwicklungen usf.

Über eine *Transformative* (dh. aus transzendenter Gewissheit zu immanenter Vorschrift abgeleitete) *Ethik* und einen Sittenkodex erlangen schließlich Verhaltensweisen pädagogische Bedeutung, die vor allem als Beugetugenden (der Demut, Gottesfurcht, Frömmigkeit, Bescheidenheit u.ä.) im Angesicht des Höchsten und Heiligen und dessen irdischen Statthaltern gefordert sind.

In einem lebenspraktischen Feld menschlicher Daseins- und Beziehungsgestaltung wie dem der Erziehung und Bildung, fließen die Verhältnisse nun allerdings kaleidoskopartig ineinander, so dass in jedem Moment und Fakt die Frage aufbricht: Was ist 'letztlich' religiösen Gehalts- Was ist (noch) Ausdruck einer bestimmten 'Confessio'?- Was ist kirchliches Strukturelement?- Was ist dogmatisch festgeschrieben und kanonisiert, was gelebte Volksfrömmigkeit?- Was gilt als im theologischen Diskurs reflektiert und argumentativ begründet?-

Wahrscheinlich ist, zumal in unserer pluralistischen Gegenwart, der Einfluss unbestimmt 'religiöser' und

vager 'kosmologischer' Collagen und Kontaminationen (*Gasper, H. et al.* 1994) erheblich größer auf den Erziehungsalltag, als die erst indirekt wirksamen theologischen Dispute, so dass das im folgenden benutzte Adjektiv 'theologisch' nicht mehr als eine arg verkürzende Chiffre sein kann. Ich muss mir daher auch gestatten, die genannten Etiketten in wechselnden thematischen Zusammenhängen gegeneinander auszutauschen.

Die nachstehende schematisierte Übersicht zeigt skizzenhaft unterschiedliche Akzente theologischer und pädagogischer Sichtweisen:

Theologische Perspektive	Pädagogische Perspektive
Transzendental, spiritualistisch, theistisch	Immanentistisch, anthropologisch, wertpluralistisch (poly"theistisch")
(Göttliche) Instanz als Fixpunkt	In gesellschaftshistorisch wechselnden Konstellationen pädozentrisch flottierend
Causa efficiens (warum?) und Causa finalis (wozu?) bilden ein in sich geschlossenes Alpha-Omega-System	Äquifinalitäten (unterschiedliche Ursachen haben dieselbe Wirkung), Poliätiologie (Mehrfachbedingtheit) sowie erhebliche Unsicherheitsfaktoren in einem Offenen System
Die Reinhaltung des Glaubens und entsprechende innersystemische Justierungen und Säuberungen sind permanente Anliegen	Pädagogik ist ständig Verschmutzungsgrößen ausgesetzt. Diese sind ihr Thema, befruchten sie, während sie in ideologischer Sterilität „pädagogischer Provinzen" zu ersticken droht
Glaubensinhalte sind nur systemimmanent kritisierbar, ansonsten droht die Gefahr der Häresie (Abspaltung / Ausschluss)	Ziele, Inhalte und Methoden stehend dauernd zur Debatte. Hoher Erläuterungs- und Rechtfertigungsbedarf. Konsensualistisch
Kontinuität durch Tradition	Kontinuität im Wandel
Tendenziell bewahrend, konservativ; auch integrativ, „heim holend", inklusiv (einschließend); Zum Teil evolutionskritisch bis –ablehnend, modernitäts- und fortschrittsfeindlich	Tendenziell (das Individuum) befreiend, emanzipativ („loslassend"), liberalistisch, verselbständigend, progressiv bis futuristisch

Absolutheitsanspruch der Botschaft / der Offenbarung. Theologien können zwar relational sein (d.h. mit andern Systemen „ökumenisch" in Beziehung treten), nicht aber relativ, da Relativität die Einzigartigkeit des Glaubens aufweichte	Relativ und relational in den jeweiligen gesellschaftshistorischen Kontext verwoben. Permanente kontextuelle Legitimationsnotwendigkeit
Totalitätsanspruch (allumfassend und überall gültig), mit Ausnahme allenfalls regional beschränkte Polytheismen	Kulturell und epochal beschränkte und beschränkende Reichweite und Gültigkeit
Eternitätsanspruch (ewige Gültigkeiten), z.T. a- und antihistorisch. Insofern keine Entwicklungsfähigkeit, als die Höchste Instanz und deren Gebote über Raum und Zeit erhaben sind	Endlich; zeitlich befristete Perspektiven und Ansprüche. Historisch und entwicklungsabhängig. Epochal wandelbar und wandlungsbedürftig
Die Inhalte der Glaubensbotschaft ('Offenbarung') sind zwar interpretationsbedürftig, nicht aber verhandelbar und durch Mehrheitsbeschlüsse als gültig/ungültig zu er klären	Pädagogische Inhalte, Ziele und Organisationsformen haben immer wieder rahmenabhängige Zustimmungsmehrheiten zur Voraussetzung
Mehr oder weniger autokratische Organisationsformen und hierarchische Strukturen. Nur begrenzt demokratisch bis demokratiefeindlich	Mehr oder weniger demokratische Organisationsformen und partnerschaftliche Strukturen. Selbstbestimmungsrechte begrenzt durch zugesprochene und definierte funktionale Toleranzen
Religiöser Glaube zentral und zentrierend. Im Extrem: Fokus einer Gottesherrschaft Im Extrem: Fokus einer Gottesherrschaft (Theokratie) mit Ablehnung des säkularen Nationalstaates, dessen Gesetzgebung und Instanzen	Ideelle Ausrichtung vielgestalt, individuell; über sozietäre Selbstverpflichtungen erst zu umfasssenderen Konstrukten gelangend. Der moderne, weltliche (in Bezug auf das Erziehungswesen konsequenterweise laizistische) Staat, „privatisiert" gewissermaßen die Religionen/ Konfessionen und gewährleistet unter dem Primat der Glaubensfreiheit einen „Polytheismus"
Transzendental begründete bzw. abgeleitete Normen, Ethik, Sittenkodex	Innersozietär und dialogisch auszuhandelnde Wertorientierungen und Ziele
Ausgangs- und Zielpunkt ist das dergestalt Aufgegebene / Vorgeschriebene	Ausgangs- und Zielpunkt ist das dergestalt Ausgehandelte / Vorgenommene
Deduzierte, von Glaubensprämissen abgeleitete, innersystemische Normative Pädagogik. Erziehung als "Heilswille am Kinde"	Induktiv, erfahrungsmäßig ermittelte humane Bedürfnisse. Innerweltlich humanistische, kulturorientierte Pädagogik. Erziehung als Gesellschaftsauftrag
Pädagogik im Range einer Methodenlehre, da Ziele und Inhalte vorgegeben. Theologieimmanente Pädagogik mit Appellations- und Unterweisungs-Aufträgen zur Wahrung und Tradierung des je Rechten Glaubens. Ancilla-Funktion gegenüber den Glaubenshütern	Pädagogik grundsätzlich im Range einer freien, auch Prämissen und Ziele sowie Sinnfragen reflektierenden Mediation (Vermittlung). De facto jedoch im Widerstreit verschiedener gesellschaftspolitischer Strömungen / Interessen und Dienerin vieler HerrInnen
Heil-Pädagogik positioniert im göttlichen Heilsplan	Heilpädagogik positioniert in gesellschaftshistorisch und individual „floatenden" Konstellationen
In Aussicht gestellte Gratifikationen im Jenseits für diesseitig getätigte Gute Werke, wozu in besonderem Masse Erziehung und Caritas gehören	Diesseitige, innersozietäre Gratifikationen in Form materieller Entschädigung für eine professionelle Tätigkeit (Lohnarbeit)
HeilpädagogIn als Berufung	HeilpädagogIn als Beruf

Die pädagogische Bedeutung theologischen (gottbezogenen) Denkens, Fühlens und Handelns ist generell in dessen sinngebenden, vermittelnden, strukturierenden und mithin Halt gebenden Momenten zu erkennen. Es eröffnet Perspektiven der Rückschau, Umschau, Vorschau und positioniert menschliches Schicksal in einer umfassenden Kosmologie. Theologie als Sinnbewirtschaftungsunternehmen besorgt angelegentlich die Verortung des Menschen bis hinein in die Mühsale des Alltags und dessen (gott-) gefällige Gestaltung (vgl. Barth, S., 1994). Zwischen ausgreifenden Sinnhorizonten mit haltgebender Ordo und machtbesessenem Fanatismus mit erstickender Vorschrift, zwischen der *Frohen* Botschaft und peinvoller „Gottesvergiftung" (*Moser, T.*, 1976) schwanken denn auch heilpädagogische Erfahrungen mit der in sich selbst sehr heterogenen (christlichen) Theologie (*McGrath, A.E.*, 1997).

Auf der einen Seite sind die historischen und aktuellen Verdienste idealer und praktischer Art der Kirchen in der Behindertenfürsorge, -erziehung und -bildung kaum hoch genug einzuschätzen. Ohne den christlich fundierten Caritas-Gedanken gäbe es keine abendländische Heilpädagogik; allein die Institutionsgründungen erfolgten bis ins 20. Jahrhundert hinein überwiegend durch kirchliches Engagement. Christliche Konfessionen sind auch in der Gegenwart maßgeblich beteiligt in der Behindertenarbeit sowie in der Ausbildung von Fachpersonal und damit auch an der Ausbreitung christlichen Gedankengutes in heilpädagogischen Handlungsfeldern.

Theologie wahrt dezidiert eine *spirituelle* Perspektive und füllt diese mit (christlichen) Glaubensinhalten. Dies ist für eine Zeit, die der beherrschenden Trias von Staats-, Wissenschafts- und Marktideologie sowie dem viel beklagten „Materialismus" (in dessen naturwissenschaftlichen und ökonomischen Fazetten) nicht viel mehr als einen kurzatmigen Psychologismus zur Seite zu stellen hat, zweifellos notwendiger denn je.

Pädagogik ist als Beziehungs- und Wertwissenschaft ohne perspektivische Sinnorientierung, verbindliche Rahmenordnungen und personale Vermittlung nicht existenzfähig (*Kobi, E.E.*, 5 1993). Pädagogik ist *nicht* auf psychologische Kolonialisierung von Kinderwelten, Heilpädagogik nicht auf eine weitere Therapie-Variante auf dem Psycho-Markt angewandter Psychopathologie zu reduzieren.

Andrerseits ist nicht zu leugnen, dass in kirchlich besetzten und von christlicher Theologie durchdrungenen Territorien auch immer wieder unsägliches Leid beigefügt wurde: Nicht zuletzt gegenüber behinderten, schwachen und normwidrigen Menschen. „Das Deutungsschema des Tun-Ergehens-Zusammenhangs" (*Szagun, A.K.*, 1983, 57) hinterlässt im Umfeld von Krankheit, Behinderung und Verfehlung, via Strafdenken und Ängstigung pfarrherrlich angefacht, auch noch am Ende des 2. christlichen Jahrtausends seine Traumata. Die Conclusio, die *Bachmann, W.* (1985) im Rückblick auf die Geschichte der Wechselbälge zieht- „Christliche Lehrmeinungen haben den Behinderten unermesslichen Schaden zugefügt"- gilt ohne Einschränkung auch für die je von der zeitgenössischen Theologie gestützte Lehre von den Monstren und „Erdrandsiedlern" (12. - 18. Jahrhundert) (vgl. *Koebner, T./Pickeroth, G.*, 1987), für Inquisition, Hexen- und Ketzerprozesse (*Schleichert, H.*, 1998) und bis hin zu Gefälligkeiten im Rahmen nationalsozialistischer Vernichtung lebensunwerten Lebens. Es darf daher nicht sein, derartige Ungeheuerlichkeiten im Nachhinein dem Aberglauben anzulasten, als Verirrungen Einzelner zu individualisieren, sie zu beschweigen oder nur mal rasch abzubeichten.

Affinitäten zwischen Theologie und Heilpädagogik sind indes nicht nur aus gemeinsamer Tradition gegeben. Sie gründen auch im Umstand, dass sich Heilpädagogik dezidiert mit Behinderndem und Behindertem, mit Randständigem und Ausgegrenztem beschäftigt, christliche Caritas in Christusnachfolge sich aber seit je dem Kranken, Schwachen und Abgefallenen speziell verbunden fühlte (vgl. *Szagun, A.K.*, 1983). Behinderung wirft auch für eine mittlerweile weitum profanisierte Heilpädagogik eine ganze Reihe Letzter Fragen auf: um Schuld und Schuldigkeit, (Höllen-) Strafe und Gotteslohn, Sünde und Gute Werke, Sinn und Bedeutung, Wert und Unwert, Schicksal und Vorsehung, Diesseits und Jenseits, Leben vor und nach dem Tode, Gottesbild und Menschenbild ..., Fragen, die im Rahmen einer innerweltlichen Moral *allein* keine befriedende Antwort finden können.

Nicht dass Theologie und Seelsorge auf alle diese Fragen mit patenten Antworten zur Stelle sein könnten!

Grundlegend und richtungweisend sind jedoch auch heute – bei *Bopp, L.*, (1930); *Hanselmann, H.* (1930ff); *Moor, P.* (1951ff) und andern noch expressis verbis benannt, aber auch im marxistischen, sozialistischen und liberalistischen Absud christlichen Gedankengutes spürbar - die Idee der Gottebenbildlichkeit (imago dei Lehre) und der Brüderlichkeit (und somit der Gleichheit aller Menschen im Angesicht Gottes), ferner Christi Gebot der Nächstenliebe und Beispiel (Zuwendung; Heilung), Christi Versprechen (der Wiederkunft und der Entlöhnung Guter Werke), die Perspektive der Wiederherstellung des Reiches Gottes auf Erden (Arbeit am Heilsauftrag bis zum Jüngsten Tag oder ungeduldige „Paradise now!"-Forderungen), die Auctoritas (als Befugnis, im Namen Gottes die Botschaft zu verkünden; Innere und Äußere Mission), der Auftrag, Hilfe zu leisten am Schwächsten und ihm zu dienen („therapeia"). – Es ist in der Tat erstaunlich, wie viele profantheologische Argumentationsfiguren und pararelig iöse Emphase auch aus entschieden areligiösen und/oder „streng wissenschaftlich" gemeinten Attitüden durchschimmern. Das Bild des zum Feldprediger heruntergekommenen Bergpredigers karikiert daher treffend die Nötigung, derer sich Theologie und Pädagogik gleichermaßen bewusst zu sein hätten in ihren idealistisch beflügelten Herstellungsbedürfnissen (*Rutschky, K.*, 1984; *Schleichert, H.*, 1998).

Gerade die den Religionshütern zum Vorwurf gemachten politischen und moralischen Verfehlungen machen aber auch deutlich, dass Religion/Religiosität nicht einfach in profaner moralischer Omnipotenz und -präsenz ansichtig wird, sondern prioritär das Heilige und Überirdische, den Mythos und die spirituelle Perspektive ins Befinden und Bedenken nimmt. Werte und Inhalte des Heiligen (Religiosität) und des Guten (Ethik) sind nicht identisch und tale quale auseinander ableitbar: Weder ist Ethik angewandte Religion, noch besteht Religiosität aus superlativischer Moral. Das Verhältnis zwischen dem transzendenten Anruf des Heiligen (Gottes) und dem innerweltlich verpflichtenden Guten (Sittengesetz) ist im Gegenteil oft hoch konfluent: paradigmatisch und exemplarisch dargestellt im göttlich anberaumten Kinds-Opfer/-Mord (*Genesis* 22/2).

Auch kirchlich gebändigte und dogmatisch verfasste Religiosität stellt, nicht minder als „Schwarze Pädagogik" (*Rutschky, K.*, 1984) stets noch ein erhebliches Gefahren-potential dar. Unter dem Motto: „Und willst/kannst Du nicht mein Bruder sein, schlag' ich Dir den Schädel ein!" sind Nonkonformität und Abtrünnigkeit, Unfähigkeit und Verrücktheit hier wie dort existenziell bedroht. Religion, Moral und Politik bilden gelegentlich ein hoch brisantes Gemisch, das sich durch Funkenwurf aus sozio-öko-nomischen und kulturellen Spannungen entzünden und in gegenstandslose Raserei von Fanatismus und Moralismus ausbrechen kann (*Tibi, B.*, 1995). Diese sind von nachhaltig zerstörerischer Wirkung für ein erzieherisches Verhältnis (*Moor, P.*, 1951ff). (Heil-) Pädagogik ist daher aufgrund ihrer Positionierung *zwischen* Wissenschaft, Kunst und Politik dazu aufgerufen mitzuhelfen, ein dynamisches Gleichgewicht der Gewalten und Mächte auszutarieren zwischen kirchlich-religiösen, staatlich-politischen, szientistisch-rationalen und merkantil-utilitaristischen Totalitarismen (ALLES!), Absolutismen (NUR!) und Eternitäten (IMMER!).- Dasselbe gilt meines Erachtens mutatis mutandis für die Theologie, sofern diese tatsächlich „das Reflexivwerden des Religiösen, dh. das kritische Denken über die eigene Religion" [bedeutet] (*Tibi, B.* 1995, 38) und als „Glaubenswissenschaft" in der dreifachen Rücksicht von christlichem Glauben, kirchlicher Orientierung und Wissenschaft steht (*Waldenfels, H.*, ²1995, 646). In diesem Sinne hat auch sie so etwas wie ein Wächteramt inne zur Erhaltung des vernünftigen (dh. den andern jederzeit noch vernehmenden) innern und äußern Dialogs, ferner zur Wahrung individualer Freiheitsgrade zwischen Dispersion (anything goes) und fundamentalistischer Verengung [s. Tableau].

Gott als Allmacht-Instanz über Raum und Zeit, Geist und Materie

Totalisierung (Alles - Immer - Überall). Ablehnung jeglicher Relativität und Relationalität im Sinne einer *gegenseitigen* (dialogischen) Existenzzusprache

Un-bedingter, bedingungsloser Wahrheitsanspruch, Glaube als keines Beweises bedürftige All-Gewissheit

Theozentrische Lebensorganisation und theokratische Orientierung mit Geringschätzung evtl. sogar Ablehnung des weltlichen Staates, seiner Gesetze und Organe

Apokalyptische Heils-/Unheilsgewissheit, z.T. verbunden mit magisch-moralistischen Glückseligkeitserzwingungsmachenschaften und entsprechend ritualisierten Vorbe-reitungstechniken

Moralistische Dichotomisierung und Verabsolutierung von Gut und Böse, z.T. ver-bunden mit Höllen- und Satansvorstellungen einerseits, Auserwähltheit, Prädestination und Privilegierung andererseits

Vermengung oder Gleichsetzung von Religiosität mit rigoroser (exzentrischer) Moralität (Das Heilige und Numinose als das verabsolutiert Moralische)

Macht- und Werthierarchien zwischen den Generationen, den Geschlechtern, sowie bzgl. der Heilsnähe der einzelnen Mitglieder

Familial widerspiegelte Gotteskindschaft und Machtstruktur mit entsprechenden Ober-/Unterordnungsprinzipien und vertikaler, zumeist paternalistischer Gliederung der Lebensgemeinschaften

Ausgeprägte Gemeinschaftsbetonung in Familie, Schule, Glaubenskreis mit mehr oder weniger Kollektivdruck, Nötigung, gegenseitiger Kontrolle und Haftbarkeit

Entsprechend autoritärer Führungsstil mit Gehorsamsverpflichtung, Strafdenken, Ängstigung, Isolation und Ausgrenzung, evtl. sogar Verfolgung Abtrünniger. Verbots- und gebotsbetonte Erziehung

Hohe Bedeutung von Ritualen, Formalismen, kollektiven Verhaltensvorschriften (btr. Kleidung, Essen, Sexualverhalten, Sozialkontakten u.s.f.) in Ausrichtung auf eine „Corporate Identity"

Religiös orientierte Schulung. Schule als konzentrische Erweiterung der Familie und Mittlerin zur Glaubensgemeinschaft

Die innerweltliche Verwandtschaft von Theologie und [Heil-]Pädagogik sehe ich demgemäß im gleichermaßen pneumatischen Auftrag: Die Menschen zu lüften und Sorge zu tragen dafür, dass jedem einzelnen jederzeit sein Lebensodem zugestanden bleibt.

3 Pädagogische Vor- und Rücksichten auf fort schreitende Fortschritte einer materialisierten Menschenbildung

aus: Dederich, M. [Hrsg.] (2003), Bioethik und Behinderung
(Bad Heilbronn Klinkhardt) S. 210-236

> *Es gibt den Tag und es gibt die Nacht.*
> *Aber außerdem gib es die Dämmerung*
> *Da fliegt die Eule [Hans Peter Duerr]*
>
> *Es gibt überhaupt viele Sachen auf der Welt,*
> *was man nicht machen darf, aber machen kann*
> *[Jaroslav Hasek, Die Abenteuer des braven Soldaten Schwejk]*

1 Adaptation und Perfektionierung

Adaptationen menschlicher Verhaltensformen an umweltliche Gegebenheiten (Akkommodationen) sowie lebensweltliche Umgestaltungen in Ausrichtung auf individuale und kollektive Bedürfnisse (Assimilationen) sind der Menschheitsentwicklung inhärent und sind ein basales Muster der Kulturgeschichte. Sie lassen sich auf unterschiedlichen Ebenen lokalisieren:

- Spirituell (z.B. magische Praktiken; Opfer- und Gebetsrituale)
- psychisch (z.B. Belehrungen; sozio-konforme Verhaltensanpassung)
- sozial (z.B. kasten- und schichtgemäße Gattenwahl)
- physisch (z.B. Stigmatisierungen; Medikalisierungen; therapeutische und kosmetische Maßnahmen)

Eingriffe in die Naturhaftigkeit des Menschen sind auf Grund ihrer auf Verbesserung, Heilung, Perfektion und erhöhte Wirkungsmächtigkeit zielenden Teleologie – was immer im Detail in deren Perspektive liegen mag – miteinander wesensverwandt. So sind denn auch Erziehung und Bildung, Schulung und Unterricht, im Verein mit Manipulationen in der Biosphäre, ein orchestrales Integral innerhalb derartiger Daseinsgestaltungsprozesse.

2 Fortschrittsideologien und -stimmungen

Neu sind heutzutage, (allerdings beschränkt auf sog. „westlich" orientierte Gesellschaften und daselbst auf sich als „modern" deklarierende Leaderships und Scientific Communities), folgende, unter anderen auch zu bio-ethischen Auseinandersetzungen Anlass gebende Bestrebungen:

- die bis zu den elementaren Bausteinen menschlichen Lebens sich ausdehnende Reichweite der genannten Perfektionierungsveranstaltungen
- deren (zumindest angestrebte) Präzision und Promptheit, wie sie beispielsweise bei Generationen übergreifender Züchtung auch nicht annähernd erreichbar sind (*Diamond, J.*, 2000)
- eine progressive Verengung bzw. Reduktion menschlicher Erscheinungs- und Verhaltensweisen, von Lebensformen und Schicksalen auch, auf „letztlich" genetische Faktoren und biochemische Prozesse
- und mithin ein biologistischer Fatalismus, der, im Unterschied zu bereits wiederholt proklamierten Erbtheorien früherer Epochen, zugleich seine eigene Überwindung in Aussicht stellt. Die Frohe Botschaft der gentechnologischen Steuerungsmöglichkeiten verspricht der Menschheit langfristig die Erlösung von der Last ihrer Erb-„Sünden" und Missfits. Das Geschöpf soll sich künftig selbst erschöpfen
- ein bisweilen wahnhafte Züge annehmender Glaube und die entsprechende Ausrichtung auf „Fortschrittlichkeit", das heißt auf ein zunächst lediglich Veränderung veranlassendes, rastloses In-Bewegung-Sein, das jedoch als deckungsgleich mit „dem Besseren" zur Darstellung gelangt. Die Verhältnisse haben sich also insofern umgedreht, als die Lehre von der Perfektibilität, wie sie in der Neuzeit vor allem *Hegel* ausgestaltete, nach Fortschritt verlangte, während heutzutage der Fortschritt Perfektion als Legitimation benutzt. Fortschrittsideologien sind mit ihrem visionären „Blick nach vorn" – *Jacob Burckhardt* spricht bereits 1868 von „astrologischer Ungeduld" (1978,14) – geschichtsentwertend (*Lüthy, H.*, 1973) und seinsfeindlich: präsentes Sein hat, „kaum gegrüßt, gemieden" – (nach *Nikolaus Lenaus* [1802-1850] seinerzeit noch vergleichsweise gemütlichem „Postillion" im gleichnamigen Gedicht) – unentwegtem Werden zu weichen. Dieses vermag seinerseits auf Grund permanent rührseliger Rührsamkeit – als ständig aufrecht zu erhaltende Emulsion – kaum zu einem Sein zu gerinnen. Denn: Der Weg ist das Ziel. Stillstand ist Rückschritt. Wer rastet, der rostet. Sich regen bringt Segen. Das Leben ist ein Dauerlauf (permanente Kon-Kurrenz). Wer nicht um und für sein Leben rennt (joggt), den übereilt das Take over seines Nächsten und damit ein sozialer Tod
- Prioritäre und das Maß der Maßlosigkeit (Dauerwachstum) bestimmende Wirtschaftsinteressen, innerhalb derer sich „reines", selbstlos wissenschaftliches Erkenntnisstreben so sehr verflüchtigte, dass sich ein solches nicht einmal mehr für Werbezwecke nutzen lässt. (Zur progressiven „Wirtschaftlichkeit" insbesondere der Naturwissenschaften vgl. *Feyerabend, P.*)

3 Heilserwartungen und Vermessenheitsängste

Zwischen paradiesischer Verheißung und apokalyptischer Verwarnung (*Kobi, E.E.,* 2000) bleiben für beruhigende Sicherheit weder Ort noch Zeit und so auch kaum für die Frage, wohin Fortschritt führt, wo, wodurch und wann er vielleicht auch aus seinem Schritt fällt, gar zum Stillstand kommt, und ob eine nachfolgende Monotonie gleichbedeutend mit Tod oder aber mit Glückseligkeit wäre? Dass ein derartiges Um*denken* sich argumentativ in ein *Um*denken wandeln lässt, scheint unter den zeitgeistigen Verhältnissen allerdings zweifelhaft.

Ich denke, dass *Hossenfelder, M.*. am Beispiel der seinerzeitigen Durchsetzung des christlichen Gedankengutes gegenüber der antiken Philosophietradition den entscheidenden Punkt trifft, wenn er feststellt:

„Das Neue setzt sich dann durch, wenn im Verlaufe der immer tieferen gedanklichen Durchdringung des in Geltung stehenden Systems Teile desselben ihre Funktion als Antworten auf wesentliche Fragen der Daseinsdeutung des Menschen verloren haben und dadurch ein Bedürfnis nach Neubeantwortung entsteht. Die bloße 'Verständlichmachung' einer neuen Lehre wird daher wirkungslos bleiben, so lange die Dringlichkeit der Fragen, deren Antworten sie enthält, gar nicht verstanden wird, weil ihre Beantwortung in dem vorherrschenden System noch fraglos enthalten zu sein scheint und das Hauptinteresse des philosophischen Nachdenkens in eine andere Richtung geht" (in: Einleitung zu *Sextus,* 1999, 10).

Allein aus der RückSicht lässt sich erkennen, wovon Fortschritt weg führt, was hinter ihm bleibt und allmählich aus dem Wahrnehmungsfeld entschwindet. Bereits an wenigen, in diesem Zusammenhang gern als Positiva angeführten Beispielen wird eine Gegenläufigkeit sichtbar, welche an der vermeintlichen Unidirektionalität des unentwegt fort schreitenden Fortschritts zweifeln lässt: So stehen zeitgemäßer Tempobeschleunigung erhebliche (z.B. komplexitäts- und perfektionierungsbedingte) Verlangsamungen gegenüber, der erhöhten Sicherheit und Absicherung vermehrte Verunsicherungen und Gefahrenpotenziale, erzielten Vereinfachungen zusätzliche Komplizierungen, errungenen Zeitgewinnen Hektik auslösende Zeitverluste usf.

Dies wirft die über kontextabhängige Einzelfall-Qualifizierungen hinaus reichende Frage auf, ob Fortschrittsideologie und treibende Veränderungseuphorie letztlich ein Nullsummenspiel (auf immer „höheren" Niveau, versteht sich!) darstellen? Nicht die Frage als solche, wohl aber deren Zulassung ist insofern neu, als sie innerhalb des im Aufklärungszeitalter gestarteten und über das 19. und 20. Jh. sich ausbreitenden technischen und gesellschaftspolitischen Menschheitsbeglückungseifers schlicht „deplatziert" war. Dasselbe gilt freilich auch für kulturpessimistische, zumal reaktionäre, traditionalistische, technologiefeindliche Strömungen sowie Zerfall (Dekadenz) in Aussicht stellende Szenarien, wie sie im gleichen Zeitraum (vor allem in der Alten Welt) in Umlauf kamen (*Herman, A.,* 1998). In der bunten Dramatik ihres Bekehrungswillens und „Endzeitfiebers" (*Gasper, H./Valentin, F.,* 1997) vermochte auch hier farblose Banalität – als Nullleiter gewissermaßen zwischen Plus- und Minuspol – nicht in Erscheinung zu treten.

Diese Ambivalenz schlägt sich nun auch in gegenwärtiger Pädagogik nieder: Einerseits ist diese in ihrer existenziellen, individualistischen und damit über bloße Tradierung hinausgehende Teleologie ein Kind des Reformations- und Aufklärungszeitalters, andrerseits fand sie aber auch wesentliche Entwicklungsanreize in reaktionalen, d.h. zu Humanismus und Rationalismus, Individualismus und Immanentismus auf kritische Distanz gehenden Bewegungen (der Gegenreformation, der Romantik und Neoromantik, des Naturalismus' sowie kollektivistischer, etatistischer und völkischer Strömungen faschistischer und sozialistischer Konvenienz), wie sie vor allem im deutschen Kulturbereich eine starke Wirksamkeit entfalteten. Deutsche Pädagogik hatte damit seit je ein insgesamt und vergleichsweise deutlich gebrocheneres Verhältnis zu Rationalismus, Positivismus, Empirismus, Szientismus und Pragmatismus, als dies im frankophonen und angelsächsischen Kulturbereich der Fall war.

Nach meinem Eindruck werden die gegenwärtigen bio-ethischen Auseinandersetzungen nirgendwo heftiger, tiefer, vor- und grundsätzlicher geführt als in deutschen Landen. Bis in die Legiferierung hinein erweisen sich auch diesbezüglich Großbritannien als „pragmatischer" und die Grande Nation als „flexibler". Und im politisch zwar westlich orientierten Israel wird z.B. Stammzellenforschung schon längst betrieben, während hierzulande noch des Langen und Breiten über deren möglichen Gegenstand und Inhalt debattiert wird.

Diese Pluralität bietet damit auch breite Ausweichmöglichkeiten: sei dies für einzelne Personen (Abtreibungstourismus bzw. biologische oder soziale Kinderbeschaffung) oder für Konsortien (Stammzellenimporte; Forscheraustausch u.a.m.). Ethiken sind (maßgeschneidert) herstellbar. Entsprechende Mittel und Beziehungen vorausgesetzt, ist es also durchaus möglich, seinen moralischen 'safe place' zu finden zur unbedenklichen Realisation seiner Handlungspläne.

4 Der bio-ethische Diskurs: ein Exempel für die fortgesetzte Objektivierung und Materialisation des Subjekts

Was freilich bleibt, ist die *Ambivalenz* zwischen Erwartungen auf Erlösung (von Krankheit, Behinderung, Leid und Mühsal) sowie Wunscherfüllung (wohlgeratener und geratender Nachwuchs; langes, jugendfrisches Leben) im Einzelnen und einer von Misstrauen bis hin zu Furcht vor nicht mehr zu bannenden Homunkuli, (wie sie die Science Fiction vorauseilend erfand) und diffuser Angst reichenden Verunsicherung im Allgemeinen.

Diese Ambivalenz wird erzeugt und unterhalten durch

· Unvermindert aufgeblendete (derzeit überdies stark marktwirtschaftlich motivierte) fortschrittsideologische und out-put-orientierte Perspektiven des higher, bigger, faster: Leistungssteigerung, Wachstumsbeschleunigung, Perfektionierung, Rationalisierung, Ökonomisierung, Umstrukturierung, Integration, Globalisierung in Verbindung mit konsumdemokratischen Forderungen (alle, alles, überall, jederzeit, sofort). Es handelt sich dabei allerdings nicht selten auch bloß um plakative Leerformeln, die wie tibetanische Gebetsfahnen im politischen Zeitwind flattern, so dass sich dahinter erneut Himmel und Hölle oder ein gigantisches Nichts verbergen können.

Dies hat vor allem damit zu tun, dass seit dem 19./20. Jh. die Arche, welche angeblich die gesamte Menschheit trägt, nicht mehr (wie im 18./19. Jh.) in der *Geschichte*, sondern in der *Entwicklung* erkannt wird. Die Menschheit wurde dadurch aus dem Telos der Gesellschaftskultur und der Geschichtsphilosophie (vgl. *Marquard, O.*, 2000) (wieder) in das der Natur und der Naturwissenschaften (zurück) gesetzt. Neuerdings macht es den Anschein, als habe sie, zumal im Abendland, ein weiteres Mal ihr Schicksalsgefährt gewechselt und es im *Markt* gefunden.

Die Glaubensbekenntnisse gegenüber dem hl. Markt, der „Es" irgendwie richten wird, sind denn mittlerweile auch schon ohne Zahl. Zufällig-beiläufiges Exempel aus der „Neuen Zürcher Zeitung" (Nr. 51, 2002, 29), einem Erbauungsblatt der Marktgläubigen: „Das Wunderbare (sic!) an der Marktgerechtigkeit ist, dass hier nicht die Willkür einzelner Menschen, sondern ein anonymer Auslese- und Abstimmungsprozess über die Stellung in der Gesellschaft entscheidet".

- Der Fortschrittsbegriff verlor dadurch seine ehemals noch sozialpolitischen Inhalte und erkenntnismässigen Bedeutungen und bemißt sich nun in erster Linie nach ökonomischen Kriterien quantitativer Art (Umsatzzunahme und Gewinnsteigerung) oder verkommt zu einer diffusen Drift von irgendwo nach nirgendwo.
- Die Gefährdung nicht allein vielfachen individuellen Lebens, sondern eine umfassend spezietäre Selbstbedrohung der Menschheit sowohl quantitativ (z.B. Angst vor Übervölkerung mit Massenverelendung und regionaler Überalterung mit sozio-ökonomischen Versorgungslücken im Gefolge) als auch qualitativ (z. B. Angst vor Massenvernichtungswaffen, wie sie die Physik, als „Königin der Wissenschaften" ermöglichte, desgleichen vor grenzüberschreitender wissenschaftlicher Agitation zunehmend auch in bio-anthropologischen und damit „hautnahen" Bereichen des Menschen).

Dieser anthropomane technologische Bemächtigungs- und Herstellungswahn, welcher im 18./ 19. Jh. erst einige wenige, nicht selten als Wirrköpfe belächelte oder von damaligen Autoritäten verfolgte Intellektuelle, Wissenschafter und Technokraten beflügelt haben mochte, erreichte innerhalb der vergangen zweihundert Jahre via massenmediale Demokratisierung als ein zum Fortschrittsmythos versimpelter Thesaurus die Gesellschaftsbasis.

Aufschlussreich für den im ausgehenden 18., dann aber vor allem im 19. und beginnenden 20. Jh. um sich greifenden populärwissenschaftlichen Fortschritts- und Erlösungsglauben und Forschergeist sind nicht allein sozialistische Volksaufklärungs-schriften, sondern auch und sogar epochale Romane, wie etwa *Gontscharows* „Oblomow" (1859) oder *Stifters* „Nachsommer" (1857), die man üblicherweise eher als „konservativ" einzustufen pflegt.

Hieraus resultiert zwar, auch auf Grund von Praxiserfahrungen mit nimmersattem Produktionismus und Konsumismus auf so genannten „Wachstumsmärkten", ein zunehmend aufklarendes Bewusstsein darüber, dass Maximierungen, Extremismen und Vermessenheiten – unabhängig von inhaltlichen Werten und der Idealität der

Zielsetzungen – katastrophale Kippphänomene bewirken könnten, wie sie das archaische Bild des Turmbaus zu Babel und die alte Volksweisheit, wonach Bäume nicht in den Himmel wachsen, in Erinnerung rufen.

Cioran, E. M. [1991] bringt diesen Sachverhalt exemplarisch unter dem plakativen Titel „Dringlichkeit des Schlimmsten" auf die apokalyptische These: „Je mehr Macht der Mensch erwirbt, desto verwundbarer wird er. Was er am meisten fürchten muss, ist der Augenblick, in dem er, wenn die Schöpfung einmal völlig unter Kontrolle gebracht ist, seinen Triumph feiern wird – eine fatale Apotheose, ein Sieg, den er nicht überleben wird. Das Wahrscheinlichste ist, dass er verschwinden wird, bevor er all seine Pläne verwirklicht hat...." (a.a.O., 53).

Dennoch ist nicht zu verkennen, dass Medizin, Technik und – potenziert! – Medizinal- und Biotechnik gegenwärtig eine außerordentliche Popularität und breite Akzeptanz genießen und dank dieses Interesses denn auch einen Milliardenmarkt zu bestellen vermögen.

„Weithin unbestritten gelten Krankheiten als zu beseitigende oder zu vermeidende Mängel menschlichen Lebens. Nicht zuletzt aus diesem gesellschaftlichen Konsens speist sich die Hochkonjunktur genbiologischer Forschung. So gerät in Vergessenheit, dass in Schmerz und Krankheit nicht nur Zeitlichkeit und Sozialität menschlichen Daseins erfahrbar werden, sondern auch Hinführungen zu gelingendem Selbstsein". So die Feststellung des Physikers und Philosophen *R. M. E. Jacobi* vom medizin-historischen Institut der Universität Bonn.

Ihre Medienauftritte reihen sich, als Integral des modernen „life style", fugenlos ein in das SensationsEntertainment von Sport, Kosmetik, Touristik und ShowBiz. Kritische, Bedenken äußernde und zur Mäßigung mahnende Stimmen, bleiben demgegenüber marginal, blass und weitgehend auf akademisches und „alternatives" Außenseitertum beschränkt.

Nicht selten erhalten VertreterInnen aus solchen Gruppierungen – und wär's zur Steigerung des Unterhaltungswertes bei Publikumsauftritten – gönnerhaft die Rolle von Sparringspartnern zugewiesen. Gegenüber solcher Zulassung von Ethikexperten ist denn bisweilen misstrauisch von „Hofethikern" die Rede (vgl. *Prätorius, Ina*, in: *Mürner, Ch.*, 1991), speziell da, wo sich z.B. Pharma-Konzerne betriebseigene Ethik-experten halten.

Was nicht (mehr) ohne Erregung öffentlichen Ärgernisses zu beschweigen oder nieder zu halten ist, wird im Sinne der soft persuasion unter einen Schaumteppich gelegt: integriert, institutionalisiert, instrumentalisiert, ästhetisiert und eingereiht unter das Viele: da wird ganz unbürokratisch ein Institut gestiftet, ein Lehrstuhl beschafft, eine Beratungsstelle eingerichtet, Merkblätter und Broschüren in Umlauf und Ernst-nehmung in Szene gesetzt (vgl. als hervorragendes Beispiel etwa die UNI-Nova-Glanzbroschüre der Universität, Basel zum Thema 'Bioethik' vom März 2002!).- (Bio-) Ethik ist heutzutage *ein* Faktor (unter vielen!) und nicht tragendes Fundament und die viel genannte Doppelmoral hat sich längst zu einer Multimoral fort entwickelt.

Dazu kommt möglicherweise auch ein Hang zu Bequemlichkeit und Simplizität („Komplexitätsreduktion"): Erziehen/Erzogen werden, Lehren/Lernen, Erfahrungen vermitteln/Erfahrungen sammeln, sichten, ordnen …, sich orientieren, Handlungen planen, durchführen und verantworten, persönlicher und eigenständiger Umgang mit Krisen, Enttäuschungen, Versagungen, Leid und Schmerz … stellen zweifellos hohe und lang dauernde individuelle Anforderungen, die zu minimieren ein zwar generell verständliches, doch nur bedingt zu befürwortendes Anliegen ist.

Man stelle sich vor, wie heutzutage der für das Christentum exemplarischen Leidensgestalt *Hiob* aufzuhelfen wäre! Dank Antibiotika würden *Hiobs* Schwären innert kürzester Frist abheilen; Psychopharmaka hellten seine üble Stimmung auf, und Valium ließe ihn in einen erquickenden Genesungsschlummer fallen. Hernach stünde ihm eine erkleckliche Versicherungssumme zum zügigen Wiederaufbau seiner Farm zur Verfügung!

… was *Robert Musil* bereits vor mehr als siebzig Jahren die Vermutung nahe gelegt haben mochte, „dass auch die Theologen überzeugt sind, die Theologie sei heute irgendwie weiter als zu Christi Zeit-" (Der Mann ohne Eigenschaften, 1923; 1997,232 Frankfurt).

Nun hat freilich auch die Heilpädagogik zeitgeistigen Tendenzen Vorschub geleistet, die *Personalität* von Erzieher und Zögling (!Sit venia verbo!) verblassen und personale Konstituenten wie Schuld, Verantwortung, Pflicht, Recht, Willen, Entscheidung, Zurechnungs- und Straffähigkeit, Achtung, Respekt, Gehorsam….auf den Müllhaufen „Schwarzer Pädagogik" zu werfen und daselbst verrotten zu lassen. Die Umdeutung des vormals „bösen" in ein „krankes" Kind, die bevorzugte Ausrichtung nach (psycho-) pathologischen Interpretationsmustern bei kindlichem Fehlverhalten samt zugehörigem additivem Therapismus, die progrediente Medikalisierung und Kranksprechung einstmals „Erziehungsschwieriger" bis hin zu den psychiatrischen Auswüchsen einer „Pillenpädagogik", die exkulpierende Viktimisierung von Täterschaften sowie die Steigerung des Krankheitswertes für defiziente Lebensformen (wie Alkoholismus, Drogenmissbrauch, Vermüllung u.a.), die Neukalibrierung und Umwertung einstiger „Perversitäten", der als human deklarierte Verzicht auf Schuld und Schuldigkeit ansprechende Bezeichnungen oder gar Interpretationen (wie Verwahrlosung, Ungezogenheit, Fehlerziehung etc.) und neuerdings nun die voran getriebene Objektivierung und Biologisierung – sei's nach einem Hirnschadenkonzept und/oder in Ausrichtung auf ein genetisches CodifizierungsSchema – einst Subjekten zur Last gelegten Unbotmäßigkeiten: All dies liegt meines Erachtens zielgenau auf derselben Fortschrittslinie, die weg führt von einem namhaften *Täter* im Vis-à-vis kollektiver oder spiritueller Sollensansprüche–: hin zu einem anonymen *Produkt,* (wie der einstige Zögling im modernen HumanEngineering konsequenterweise bezeichnet wird), das bei Ungenügen Mängelrügen an die Adresse des Produktionssystems nach sich zieht.

Es sind also nicht einfach dämonische Wissenschafter, die im Dienste einer profitgierigen Pharmaindustrie auf eine Homunkuli-Zucht aus sind oder übel utilitaristisch gesinnte Bösewichte,

– eine derartige Personifikation des Bösen hat sich meines Erachtens *Peter Singer* (2/1994) gegenüber eingestellt, indem sich Teile einer aggressiv gutmenschelnden Heilpädagogenschaft – „mit heftigen Definitionen des Guten und Rechten", wie *Jacob Burckhardt* (1978,12) sagen würde – nicht mehr mit einer argumentativen Ablehnung von *Singers* Thesen (zu Möglichkeiten einer prä- und postnatalen Vernichtung behinderter Kinder) begnügen mochten, sondern verschiedentlich ihrerseits der *Person* des Autors gegenüber gewalttätig wurden –

die stromlinienförmige Pässlichkeit zum Menschenmaß erklären, sondern im Einzelfall der Alltagsmoral hic et nunc immer wieder mehrheitsfähige, populäre Perspektiven und Stimmungslagen, welche gleichzeitig auch generelle Bedenklichkeiten und Fragwürdigkeiten in Gang halten und fort treiben.
Im Umfeld dieser seitens der Großen Ethik oft wenig beachteten, gelebten und praktizierten Alltagsmoral brechen aus aktuellem Anlass, massenmedial gerne und erfolgreich emotional vertiefte, Widersprüche auf: zwischen eben dieser Großen Ethik mit ihren hehren, bis hin zum „Weltethos" inflationierten Prinzipen und der Kleinen Moral in deren konkreten Alltagsnötigungen:
Hier: grundsätzliche Bedenken gegen eine Instrumentalisierung von Menschen (so z.B. im Umfeld des Organhandels oder der Embryonenproduktion zu Therapiezwecken) als Ersatzteillager–, dort ein namentliches Kind, dessen tödliche Krankheit mittels Stammzellen eines (eigens hierfür gezeugten?) Geschwisters angeblich zu heilen wäre
Hier: grundsätzliche Einwände gegen (passive/aktive) Euthanasie–, dort die flehentliche Bitte eines namentlichen, unheilbar leidenden Menschen, ihm die Erlösung zu verschaffen
Hier: grundsätzliche Einwände gegen die Todesstrafe, diese diabolische Anmaßung über (von Gott verliehenes) arteigenes Leben zu befinden–, dort der dringende Wunsch nach Genugtuung und Generalprävention namentlicher Opfer einer kriminellen Scheußlichkeit
Hier: grundsätzliche Einwände gegen eine kriterienorientierte Selektion nach Negativmerkmalen (z.B. Behinderungen)–, dort die Forderung nach legalisierter Abtreibung einer vorhersehbar defekten und/oder missliebigen Leibesfrucht einer dadurch existenziell bedrängten namentlichen Schwangeren
Hier: grundsätzliche Bedenken gegen künstlich herbeigeführte und hormonell forcierte intra-/extra-uterine Befruchtung–, dort der über diesen Weg allenfalls doch erfüllbare dringende und legitime (!) Kinderwunsch eines sozial engagierten namhaften Paares.

Im Allgemeinen dafür bzw. dagegen: mit Ausnahme der Betroffenen! Grundsätzlich für die Große Ethik, vorsätzlich für partikulare Opportunität!
Nicht eine kulturübergreifend Kongruenz erzeugende Vernunft ist (gemäß cartesianisch-rationalistischer Überzeugung) offenbar Gemeingut des Homo sapiens, sondern, ganz im Gegenteil, primär emotional gesteuerte, (kasuistisch und anekdotisch) erlebnisbezogene und dadurch oft enorm divergierende Sinn-, Wert- und Zweckausrichtungen.

So fühlen sich weite Bevölkerungskreise, zumal in Industriegesellschaften, zwar immer weniger bedrohlichen bzw. bergenden numinosen Mächten und Naturgewalten, zunehmend jedoch sich (rationalistisch, szientistisch, ökonomistisch) omnipotent gebärdenden Exemplaren und pressure groups der eigenen Gattung ausgeliefert. Im Extremfall können daher rationale („vernünftige") Argumentationslinien und wissenschaftlich einwandfreie Beweislieferungen sogar paradoxe Wirkungen haben, indem sie einen versteiften emotionalen Widerstand erzeugen. (Irr-Rationalität fördert offenbar Irrationalität!?). Fortgesetzte „Aufklärung" (deutlicher: engl. Enlightenment; frz. Siècle des lumières), auf die sich moderne Szientik und desgleichen Pädagogik geistesgeschichtlich ostinat berufen, ist offenbar ohne „entsprechend" (?) außerrationalen Schattenwurf nicht durchzusetzen. „Je aufgeklärter die moderne Welt wird, desto unentbehrlicher wird die Religion" (*Marquard, O.*, 2000, 123).

5 Pädagogik: Angewandte Herrschaftsmoral, Humanverwaltungslehre und advokatorische Rebellion

Bevor Heilpädagogik ihre Stimme zum Thema „Leben und Leben (zu)lassen!" erhebt, ist es unerlässlich, nicht nur Stimmung und Stimmlage einer potenziellen Zuhörerschaft wahrzunehmen, sondern auch eigene Voraussetzungen zu überprüfen.

Pädagogik ist zum ersten nicht auf die Rahmenbedingungen einer empirischen Wissenschaft zu schlichten, die sich, zumal in positivistischer Ausrichtung, mit als naturhaft gegeben betrachteten, „stummen" Realien befasst. Pädagogik hat sich als Beziehungs- und Wertwissenschaft (*Kobi, E.E.*, 1993; 1999), „wertgeleitet" (*Haeberlin, U.* 1996), im Schritt vom kontextuell „Vorgegebenen" zu „Aufgegebenem" und „Verheißenem" (*Moor, P.*, 1960) zu realisieren und zu validieren. Für Familie und öffentliches Bildungswesen verbindliche Wertstrukturen unterliegen dem gesellschaftshistorischen Wandel (*Bollnow, O.F.*, 1958) und sind, zumal in demokratischen Verhältnissen, hochgradig kontingent und darum im personalen Diskurs permanent auszutarieren, zu justieren und in concreto auszulegen.

Es ist unter diesen Umständen sogar fraglich, ob Pädagogik, zumal mit ihrer Praxis von Erziehung und Unterricht, bruchlos einem geistes- bzw. kulturwissenschaftlichen Rahmen einzupassen ist (*Luhmann, N. /Schorr, K.E.*, 1988), da sie in wesentlichen, vielleicht sogar entscheidenden Teilen mehr Affinitäten zu Kunst und Politik aufweist als zu Wissenschaft.

Schließlich bleibt auch hier zu bedenken, dass Pädagogen in geschichtlicher Tradition praktisch durchwegs Beauftragte, Funktionäre, Kulturboten und Gesandte im Dienste eines um seine Fortexistenz bemühten Gesellschafts- und mithin Machtsystems amteten und walteten: eines Stammes, eines Clans, einer Kirche, einer Herrscherdynastie, eines Staates.... In einer zeitgenössisch pluralistischen Gesellschaft mag diese *ancilla*-Rolle der Pädagogik durch die Vielzahl der Zuständigkeit und Auftragsberechtigung beanspruchenden Instanzen – Familie, Staat, Parteien, Kirchen, Gewerkschaften, Verbände, Firmen – höchstens verdeckt werden.

Professionelle pädagogische Gruppierungen waren und sind zwar immer wieder einmal darum bemüht, gegen den Zeitgeist zu rebellieren, sich dessen als jugend-

gefährdend erachteten Derivaten zu verweigern und sich als Advokaturen des Kindseins schlechthin oder in auserlesenen Bereichen (für das gute Jugendbuch, für wertvolles Spielzeug, für den Schutz von Kindern vor …) zu profilieren. Im Bereich der
Behindertenarbeit ist derart mandatäres Gebaren (als professionelle Wirheit für die
Rechte, das Wohl und die Würde Behinderter einzustehen) wo möglich noch ausgeprägter. Dies trifft auch im Zusammenhang mit aktuellen bioethischen Debatten zu.
Derartige Einsätze sind oft notwendig, moralisch meist tadellos, vielfach lobenswert
und gelegentlich auch erfolgreich. So lange jedenfalls, als sie Ausdruck (vielfältiger)
personaler Entscheidungen sind und nicht als professionale Gesinnungsgeneralität
in Erscheinung treten. Heilpädagogik ist kein (einfältiges), in sich geschlossenes Welt-
anschauungssystem, von dem *eine* gemeinsame Stimme und in *eine* Tonart gesetzte
Gestimmtheit zu erwarten sind. Weder kann Heilpädagogik zu einer monomanen
Heilslehre abheben, noch Behindertenarbeit zu einer Missionspraxis mutieren.
Wiewohl dies von (kirchlich, nationalstaatlich, parteilich, doktrinär …) konfessio-
nalisierter Seite immer wieder versucht wurde und wird, indem die *personale*
Bedeutung eines Bekenntnisses und einer „Wertsinngeleitetheit" apriorisch und uni-
lateral auf die gesamte Profession übertragen wird (vgl. *Kobi, E. E.,* 1999, am Beispiel
des Freiburger Heilpädagogen *Linus Bopp* [1877-1971], der seinen persönlich acht-
baren Katholizismus gleich für die gesamte Heilpädagogik, die seiner Auffassung nach
eine Heilspädagogik zu sein hat, einforderte).

Beide haben sich *innerweltlichen* und damit zwangsläufig widersprüchlichen
Verhältnissen zu stellen. Ambivalenz, Ambiguität, Antinomie, Kontingenz und
Paradoxie bilden ihr Lebenselement in den Spannungsfeldern zwischen Heimlichkeit
und Unheimlichkeit unterschiedlicher kultureller und epochaler Kontextverhältnisse
(*Kobi, E.E.,* 1994).

6 Heilpädagogik: Daseinsgestaltung zwischen Heimlichkeit und Unheimlichkeit

Die Doppeldeutigkeit dieser Begriffe charakterisiert das Handlungsfeld meines
Erachtens treffender als der Begriff Abnormität, (worin lediglich eine formal-abstrakte
Perspektive aufscheint) oder vordergründige Umschreibungen als Befriedigungsagens
"Besonderer Bedürfnisse", (deren Herkunft gemäß pedagogical correctness bereits
wieder öffentlich zu verheimlichen ist!).
- Das Un-Heimliche bezeichnet zum ersten das Unvertraute, das Neue und Fremde,
  Außergewöhnliche, Überraschende …, was Neugier weckt und Explorationsfreude,
  was Entwicklungsanreize bietet und Lernprozesse in Gang setzen kann
- Das Unheimliche ist, zumal seiner emotionalen Bedeutung nach, zugleich aber
  auch das Geheimnisvolle, Erwartungswidrige, das Befremdliche, bedrohlich
  Erscheinende, Beängstigende, das Unwirtliche und Mühsame, dem man sich aus
  Gründen des Selbstschutzes erst einmal mit Bedacht und Vor(aus)urteilen zu
  nähern pflegt
Das gleichfalls ambivalente Gegenstück ist das doppeldeutige Heimliche

- Das Heimliche umfaßt zum einen das Heimische, das Heimatliche. Dies im Sinne des Gewohnten und Bekannten, des Selbstverständlichen und Üblichen, des Vertrauten und Bergenden. Es vermittelt in dieser Ausrichtung Sicherheit und Wohlbefinden. Es bietet Rückzugsgefilde bei der Entdeckung des Unheimlichen
- Zum andern bezeichnet es aber auch das Versteckte, Intime, offiziell nicht Aufgeklärte, vor der Öffentlichkeit Verborgenes und Verschwiegenes, das Private, das nur mir persönlich oder einem kleinen Kreis Zugängliche. Es bietet dadurch zusätzlichen Schutz: vor allem vor Meinesgleichen in der Öffentlichkeit. Es kann unter Umständen aber auch belastend und bedrückend sein, so, wenn es sich um Schamvolles, um Peinlichkeiten und insgeheime Schuld handelt

Die Ethnologie zeigt an zahllosen Beispielen (vgl. etwa *Lévi-Strauss, C.*, 2001 u.v.a.), dass Personen und Kollektive, Gesellschaften und Kulturen allesamt heimliche und unheimliche Bereiche und Zonen kennen und unterscheiden, mit denen sie funktionale Beziehungen pflegen und sich damit über kanonisierte Bewertungen und Umgangsweisen ins Einvernehmen setzen. Behinderungen sind, wie Krankheit, Kriminalität und – zumal aus der Sicht eines Perfektionismus' und Totalitarismus' – anderweitig Imperfektes, Fragmentarisches, Torsohaftes, Inkommensurables ... entweder per definitionem in unheimlichen Zonen angesiedelt oder erfahren durch eine solche Verortung ihre Definition (*Kobi, E.E.*, 1994).

Heilpädagogik findet so ihren Auftrag, sich mit gesellschaftlich Un*er*wünschtem (da Trend- und Erwartungswidrigem und als hemmende Belastung Geltendem) und personal Un*ge*wünschtem (da als hinderliches Attribut Empfundenem) zu beschäftigen und damit in einem grenzüberschreitenden Austausch zu stehen (*Kobi E.E.*, 1993).

Damit kann Heilpädagogik über den Status einer Teratologie (= Lehre vom Ungestalten und Misslichen) hinaus der *positive* Auftrag einer „Kompensationsanthropologie" zugeordnet werden, wie *Marquard, O.* (2000) ihn den Geisteswissenschaften (gegenüber den Naturwissenschaften) insgesamt zuweist. Dies bietet der Heilpädagogik überdies eine reelle und reale Chance, aus substanziell schwächenden und seit Jahrzehnten beklagten und kritisierten Positionen herauszutreten:

- jener einer Afterwissenschaft zur Medizin, und als solche behaftet mit historischen Altlasten bzgl. Klassifikationssystemen, Begrifflichkeit, Kausalattribuierungen u.a.m. sowie mit einem aktuell noch immer verbreiteten reparaturdienstlichen, quasimedizinalen und daher zwangsläufig frustrierenden Therapie-Gestus (*Krawitz, R.*, 1992) vis-à-vis dem Irreparablen
- jener einer strukturschwachen „Pädistik", die Unheimlichkeiten (wie gegenwärtig z.B. sog. Jugendgewalt und, bereits etwas abflauend, Drogenmissbrauch) gleichzeitig aktionistisch wehrpsychologisch entgegentritt, als auch reklamepsychologisch umwirbt und dabei oft ein transparentes *agonales* Muster vermissen lässt: Da sie sich offenbar scheut, Führungsaufgaben gesellschaftspolitisch anzufordern, zu übernehmen, durchzuziehen und sich so als Leitsystem zu präsentieren.

Exemplarisch und paradigmatisch für den Psychologismus, wie ihn auch die Pädagogik des 20. Jh. erleben sollte, ist hierfür bereits die apokalyptische „Fallstudie", die *Sören Kierkegaard* im „Tagebuch des Verführers" (1843) vorlegt: Eine

Art Anti-Pigmalion, der ein lebensfrohes „Mädchen" zur Statue objektiviert, zu „(s)einer Sache" macht, um sie als solche denn auch zu konsumieren – „Ihre Entwicklung war mein Werk, bald geniess' ich meinen Lohn!" (Frankfurt, Insel, 2001, 226) – und die Reste davon wegzuwerfen

- jener, sich in „Über-Tribunalisierungen" und darin zu gefallen, nicht nur ein Gewissen zu haben, sondern ein solches gleich auch zu sein (*Marquard, O.* 1991). Der Reflex, sich tapfer hinter das Gute und verständnisvoll vor das Böse zu stellen und jederzeit zu bekunden, wer sich wofür zu schämen und zu entschuldigen hat, nahm auch in der Heilpädagogik partiell peinliche Ausmaße an.

Heilpädagogik ist weder Heilkunde (Medizinaltechnik) noch Angewandte Psychologie (Psychotherapie im weitesten Sinne), weder Jurisprudenz (richterliche und verurteilende Instanz) noch Theologie (einer in sich geschlossenen Heilslehre), sondern hat dezidiert (Päd-)*Agogik* zu sein. Sie kann diese Position nicht einem sich neuerdings in pädagogisch verlassenen „Marktlücken" installierenden „Coaching" ('Kutscherei') überlassen.

Nach meiner Wahrnehmung fließen auch in die von heilpädagogischer Seite in aktuelle bioethische Debatten eingebrachten Statements leider noch in erheblichem Masse Anteile aus den genannten (überfälligen) Positionen ein: So zweifle ich gelegentlich an der biologischen Sachkompetenz meiner Kollegenschaft, wenn diese ihren Mahnfinger über naturwissenschaftliche Fakultäten hält.

Um in gentechnologischen (desgleichen in neurobiologischen und biochemischen) Fragen kompetent mit diskutieren zu können, sind fundierte, direkte und umfassende Kenntnisse und Erfahrungen unabdingbar: Ein Fundus an speziellen Informationen also, worüber Heilpädagogen, wie auch die meisten Kulturwissenschafter, nicht verfügen. Die bioethischen Diskussionen werden daher oft von Leuten geführt, welche die angesprochenen Sachverhalte lediglich vom Hörensagen kennen oder sich über Lesefrüchte aneigneten. Je breiter („basisdemokratischer", „öffentlichkeitspolitischer" und „mediengerechter") derartige Diskussionen angelegt sind – da deren Thematik schließlich „alle (irgend) etwas" angeht – umso rascher pflegen diese auf Moralia einzuschwenken. Sie thematisieren sodann nicht mehr objektbezogen die Sache, sondern deren subjektive Bedeutung.

Aber auch die Bioethik scheint bereits, zeitgemäß inflationär, über die (organischen) Ufer zu treten, wenn sie sich anheischig macht, „die ethische Reflexion jener Sachverhalte ... zu sein], die den verantwortlichen Umgang des Menschen mit Leben betreffen" (*Korff, W. et al.,* 1998,7 Bd. I). Mit *Platon, Thomas von Aquin* und *Kant* als meist zitierte Autoritäten im Rücken macht sich daselbst eine umfangreiche Autorenschaft dementsprechend über *alles* her, was irgendwie an Menschlichallzumenschlichem anfällt: von „Glück" bis „Verklappung", von „Pornographie" bis „Stickstoffkreislauf". Verständlich, dass unter einer dermaßen totalisierten Verantwortlichkeit auch für die Stichwortnachbarn „Sondermüll" und „Sonderpädagogik" je nur ein winziger Vermerk verbleibt.

Um so mehr erstaunen die gleichzeitig erfolgenden Kolportagen von Neurobiologismen – als tragende Elemente gar! – in eine sich immerhin noch so bezeichnende Heil- bzw. Sonder- *Pädagogik*, von welcher in erster Linie die Thematisierung *personaler Täterschaften* erwartet werden (paradoxer- aber doch erfreulicherweise nicht zuletzt von naturwissenschaftlicher Seite!). Auch um des nahe liegenden Verdachts des Effekt- und Popularitätsneides zu entraten, sollte die Heilpädagogenschaft vermehrt ihre, die technisch orientierten und interessierten Machbarkeits-Wissenschaften kompensierende (gelegentlich auch konterkarierende), person- und beziehungs- akzentuierte Position verdeutlichen. Eine ihrer selbst, ihrer Möglichkeiten und Grenzen bewusste, die kreativen, befriedenden und heilsamen Potenzen ihrer Klientel ins Bewusstsein und Erleben hebende Skeptische Heilpädagogik (*Kobi, E.E.*, 2000; *Häußler, M.*, 2000) ist meines Erachtens das überzeugendste Argument für die mate- rialistische Unverfügbarkeit des personalen Subjekts.

Damit begibt sich Heilpädagogik zugegebenermaßen auf einen äußerst schmalen Pfad zwischen „Veropferung" (Viktimisierung) und „Vertapferung" (Heroisierung) ihrer Klientel (und zum Teil auch ihrer selbst), wodurch das Realsubjekt der namhaften *Person* zu verschwimmen droht.

Veropferung findet sich in Form larmoyanter Verklagungen und Beschuldigungen anonymer Adressen in Gesellschaft, Staat und Politik samt deren Institutionen und Instanzen–, Heroisierung traditionellerweise im Umfeld männerbündlerischer und soldatischer Wertordnungen. Sie ist gegenwärtig allerdings eher in sportiven Bereichen populär, wo das Publikum willig heldischen Trotzdem-Leistungen applaudiert.

Die Ambivalenz greift aber tiefer: Sie reicht einerseits vom gelernten Patienten und professionellen Behinderten über den gebrochenen Traumatiker bis zum schicksalhaft Geschlagenen und gottgestraften Sünder. Andrerseits von psycho-physischen Kompen- sationsvorstellungen, die im Mangel und Defekt einen entscheidenden Impetus (den sprichwörtlichen „Pfahl im Fleisch") sehen für ParforceLeistungen, bis zu Umwer- tungen und mithin einer Instrumentalisierung von Schmerz, Leid, Verstümmelung, Armut und Verelendung als Katapult gewissermaßen für eine selbst organisierte Himmelfahrt. Hier schließen sich auch der Glaube an eine felix culpa ('Glückselige Schuld'), dank derer der Schuldige Gott näher rückt, an (so bei *Linus Bopp*) sowie Qualifizierungen, wie sie beispielsweise *Emile Cioran* vorträgt: „Wer nicht gelitten hat, ist kein Daseiender, allerhöchstens ein Individuum" (*Cioran, E.*, 1991,130). (Leiden als höhere Form des Menschseins).

Aus derartigen Positionen kann die Ablehnung „therapeutischer" Eingriffe denn auch zum Prinzip erhoben werden. Dies mit dem Hinweis darauf, Gott sei nicht ins Hand- werk zu pfuschen oder, profaniert, dass Unzulängliches und Imperfektes eine Quelle der Kreativität und Vergeistigung sei, die nicht zugeschüttet werden dürfe (vgl. *Jacobi, R.M.*, 2001).

Die Lebenspraxis liefert Beispiele für jede Variante, was einmal mehr die hohe Kontingenz eines Behinderungsstatus ausweist. Behinderte Daseinsgestaltung kann möglicherweise am ehesten dann kreativ, vorbildhaft und heilsam sein, wenn sie nicht krampfhaft drauf angelegt und instrumentalisiert ist.

7 Heilpädagogik in pluralistischer Gesellschaft

In den in unsern kulturellen Breitengraden maßgebenden „westlichen" bzw. westlich orientierten Gesellschaften befindet sich das institutionalisierte (d.h. mit unterschiedlicher Gewichtung z.B. von Familie, Staat, Kirche, Wirtschaft getragene), justifizierte und inspizierte Erziehungswesen der Gegenwart innerhalb von vier ideologisch unterschiedlich akzentuierten Referenzrahmen, die je in abgestuften Ausprägungsgraden und Überblendungen transparent werden:

- *Liberalismen*, die ihren gesellschaftshistorischen Ausgangspunkt hauptsächlich in nationalstaatlichen Entwicklungen sowie im Aufklärungszeitalter und nachfolgenden bürgerlichen Demokratisierungsbestrebungen haben (mit Vorläufern und Vorbildern allerdings bereits in der griechischen Antike, in der Renaissance, der Reformation und des Humanismus'). Sie kennzeichnen sich durch die Betonung der Persönlichkeitsrechte des Einzelnen. Ihr Zentralbegriff ist der der „Freiheit", zu dem der der (persönlichen) „Verantwortung" korrespondiert. (Jeder ist seines eigenen Glückes Schmied!)
- *Sozialismen*, die ihren gesellschaftshistorischen Ausgangspunkt hauptsächlich in den sozialen und sozialistischen Revolutionen des Industriezeitalters haben (mit Vorläufern und Vorbildern allerdings bereits in der Französischen Revolution, in spätmittelalterlichen Bauernaufständen, im [Ur-] Christentum sowie in Sklavenrevolten der Antike). Sie sind gekennzeichnet durch die Akzentuierung kollektiver (Klassen)-Bedürfnisse. Zentralbegriff ist der der „Gemeinschaft", zu dem der der „Solidarität" (mit jedem Einzelnen) korrespondiert. (Alle für Einen, Einer für Alle!)
- *Konservativismen*, welche Traditionen als maßgebend betrachten und das kulturgeschichtlich Gewordene und über Generationen „organisch" Gewachsene als das Bewährte zu behüten trachten. Zentralbegriff ist der der „Bewahrung", zu dem der der „Pflege" (des anvertrauten Gutes) korrespondiert. (Was Du ererbt von Deinen Vätern hast, erwirb es, um es zu besitzen!)
- *Spiritualismen*, die sich nach einer transzendenten Ordo-Instanz (Weltgeist; Gott; Natur) ausrichten und in dieser Konsequenz deduktive (abgeleitete), normative Pädagogiken (zum Beispiel christlicher Konvenienz) als verbindend und verbindlich präsentieren. Spiritualismen haben ihre Ausgangspunkte in den ihnen zu Grunde liegenden Religionen und Konfessionen. Sofern diese monotheistischer Art sind, verengen sich die je normierenden Perspektiven auf Absolutheit und Unbedingtheit der an den Menschen ergehenden Gebote und Verbote. Zentralbegriff ist der des „Gehorsams", zu dem der der (göttlichen) „Verheißung" (himmlischen Lohnes) korrespondiert.

Jedes dieser Grundmuster hat seine ideellen Grenzen und vollzieht daher auch – seiner immanenten Logik gemäß – seine heimlichen und unheimlichen Abgrenzungen und Ausschlüsse.

Der Referenzrahmen der Demokratie ist erklärtermaßen die Pluralität, das Anything goes!, was Chance und Gefahr zugleich beinhaltet. „Anything goes!" bedeutet dabei *nicht*: Alles geht und funktioniert, ist gleich gültig und egal. Oder gar: Alles ist erlaubt. Die mittlerweile leider zur Floskel verkommene und in abwegigsten Zusammenhängen missbrauchte Sentenz von *Feyerabend, P.* (1977) stammt ursprünglich aus einem spezifischen (wissenschaftskritisch-methodologischen) Kontext. Sie bedeutet, wie der häufig missverstandene Autor in einem späteren Interview (1998, 163) erläutert: „'Beschränke nicht Deine Einbildungskraft!'" Es geht darum, „... sich] nicht [die] Einbildungskraft von der Logik beschränken [zu] lassen". Sie bezieht sich damit auf Misslichkeiten, denen auch die Heilpädagogik, sowohl im Allgemeinen (zum Beispiel unter Thesen der „Bildungsunfähigkeit", der „Unerziehbarkeit" und gegenwärtig jener der „Totalintegration"), wie auch in ihren speziellen Sparten (*Kobi, E.E.*, 2002) anheim fiel.

Übertragen auf pädagogische Handlungsfelder kann Anything goes! neben den frühhumanistischen Appell von *François Rabelais: „Tu was Dir gefällt!"* gestellt werden. Wobei jedes Wort seinen verpflichtenden Bedeutungsakzent behält:

Tu! Als persönlich adressierte Handlungsaufforderung

Was! Sei kreativ! Stelle etwas vor und hinaus als Dein Werk

Dir! Handle aus Eigenmotivation; sei Dein eigener Handlungsimpetus

gefällt! Bringe Dein Tun und Lassen in Übereinstimmung mit dem, was Du tatsächlich anstrebst. Eigenwilligkeit, Urheberschaft (auctoritas) sind die Gefäße der Selbstverantwortlichkeit und Schuldfähigkeit.

François Rabelais [1483/94?–1553] gilt als ein Begründer des Humanismus. Urspr. Franziskaner-, dann Benediktinermönch, später Fahrender Scholar, schließlich Arzt in Lyon.- Das zitierte Motto ist der einzige Paragraph der Ordensregel der „Thelemiten" (svw. 'Die frei Wollenden'], über die R. in seinem phantastischen Romanwerk 'Gargantua und Pantagruel' (um 1550) berichtet.

Damit sind wir endlich an jenen Punkt gelangt, von dem aus zwar nicht *die* Heilpädagogik als solche, um so deutlicher jedoch die in deren Handlungsfeldern tätigen Menschen immer wieder neu *persönliche* Entscheidungen zu treffen, deren Konsequenzen mit zu tragen und mit zu verantworten haben.

8 Heilpädagogisch relevante bio-ethische Themata

Im Unterschied zu Sachverhalten (Fakten und Tatsachen) sind in einer Beziehungs- und Wertwissenschaft Personverhalte (Taten und Täter) von zentralem und den jeweiligen Ausschlag gebendem Interesse. Diese sind daher auch nicht in der Sache selbst enthalten und demgemäß darin zu *entdecken*, sondern durch Personen zu *(er)finden* und zu bestimmen.

Es erweist sich deshalb als strittiges und letztlich heilloses Unterfangen, die Personhaftigkeit und Rechtsfähigkeit, die Würde und Werthaltigkeit „des" (welchen?) Menschen *innerhalb* der menschlichen Erscheinungsform suchen und eine Markierung für den Beginn des Mensch- bzw. des Personseins ausfindig machen zu wollen. Fakt ist, dass mit der Befruchtung der Eizelle eine (relativ) autonome Entwicklung in Richtung artgemäßer individuale Mensch*werdung* ihren Ausgang nimmt. Wodurch sich der *Status* (personaler, würdiger, rechtsfähiger ... Mensch) ausweist, ist und bleibt indes der spirituellen, ideellen, politischen ... Will-Kür (dem willentlichen Erküren) und Entscheidungsbefugnis der „Artgenossen" anheim gestellt.

Während Theologen und Philosophen, desgleichen (sogar empirisch ausgerichtete) Psychologen und Pädagogen, bis tief ins vergangene Jahrhundert hinein mit einer unglaublich totalisierenden Selbstverständlichkeit (Naivität? Ignoranz? Arroganz?) sich über *den* Menschen (als solchen und schlechthinnigen) sowie dessen Rechte und Pflichten glaubten äußern zu können, breitet sich mittlerweile doch ein wie mir scheint taktvolleres „RespektEmpfinden" – freilich noch weitum kein entsprechendes Handeln! – von und für Polytheismus (*Marquard, O.*, 2000) und Multikulturalität (*Jouhy, E.* 1985; *Brocker, M./Nau, H.H.*, 1997), und mithin für kulturgeschichtliche Definitionsrahmen aus.

Das Konfliktpotenzial wird hierdurch allerdings nicht geringer. Im Gegenteil! Wo immer es gelingt, Ethnozentrismus, kulturellen und ethischen Kolonialismus, global-ethische Verabsolutierungen und Totalisierungen zu vermeiden, sowie sich mit hegemonialen und unilateralen weltpolizeilichen Eingriffen zurückzuhalten, brechen schmerzhafte interkulturelle Differenzen auf, die permanent auf dem Verhandlungs-weg auszutarieren oder wenigsten zu moderieren sind. Dies zeigen unter anderem auch die seit Jahrzehnten stattfindenden bioethischen Debatten:

Weder eine Samenzelle noch eine befruchtete Eizelle, weder Stammzellenhaufen noch ein Embryo in der X. Schwangerschaftswoche, *etcetera* haben *per se,* allein durch die Faktizität, einen bestimmten Status. Sie weisen je lediglich Merkmale auf, die von (ihrer-seits für diese Funktion vorgesehenen) Personen und Instanzen als Kriterien erkannt, als Bedeutungsträger benutzt werden können. Würde, Personhaftigkeit, ja sogar Menschhaftigkeit sind *Geltungen* und nicht unmittelbar vorfindbare Faktizitäten. Dasselbe gilt umgekehrt für *Ent*-Würdigungen, Ehr*los*-Erklärungen, *De*-Gradierungen, *Aus*-Bürgerungen, *Ex*-Kommunikationen.

Ausgangspunkt für das heilpädagogische „Kerngeschäft" bleibt somit letztlich die das Machbarkeitsdenken übergreifende paradoxe Frage: *Was machen, wenn nichts mehr zu machen ist?–* Wenn alles dem Menschen Mögliche ermöglicht wurde und weitere Machenschaften nur immer tiefer in die Ohnmacht führen? Konkret: Wenn eine Behinderung sich als bleibende (irreparable) instrumentelle Einschränkung erweist und den Rahmen eines konventionellen (Reparatur- und Bildungs-) Systems sprengt?– Und deutlicher noch: Wenn eine Defizienz oder was auch immer eine Epoche, eine Gesellschaft und Kultur als ihre Kultur hindernd, als bastardisiert, entartet, nicht lebenswert, syrisch-jüdisch, niggerhaft ... (so *Alfred Rosenberg* und die Seinen im „Deutschen Mythus" von 1930) –, als monströs, bestialisch, pervers, unmenschlich, diabolisch, abscheulich, als Abschaum..... (so der Jargon der aktuellen Boulevard-presse) ausmacht, weil die Merkmalsträger nicht nur mit festgelegten Rahmenbedin-gungen inkompatibel sind, sondern sich überdies jeglicher „vernünftigen" Adaptations-bemühung (aus dem Angebot von Therapie & Beratung) verweigern? Da erscheint dann die Verweisung ins Un-Heimliche zwingend.

Die Unaufhebbarkeit derartiger Paradoxien illustriert exemplarisch eine jüngst unter dem Eindruck der Anschläge auf das WTC New York vom 11. September 2001 von 60 amerikanischen Persönlichkeiten des öffentlichen Lebens unterzeichnete und

verbreitete Proklamation (New York, 12.02.2000; www.propositionsonline.com/).
[*Hervorhebungen durch EEK*]:

Als Herausgeber zeichnet ein „Institut for *American* Values", womit der kulturelle und gesellschaftspolitische Kontext erst einmal auf „Amerika" – ob damit die USA oder bereits der ganze Erdteil gemeint ist, bleibt offen – eingeschränkt wird. Die Zeitschrift nennt sich ferner „Propositions", was an (Diskussions-) *Vorschläge* denken lässt. Der Titel des Pamphlets „What *We* are fighting For" bezieht sich offenbar auf die UnterzeichnerInnen.

Bereits in den „Präambeln" wird diese Zurückhaltung jedoch aufgegeben und ein verabsolutierender, totalisierender, über die gesamte Menschheit, die Natur und Gott hinaus reichender Zugriff des schlechthinnig Guten der Guten an deren Stelle gesetzt. „We affirm five fundamental *truths that pertain to all people without distinction*:

1 All human beings are born free and equal in dignity and rights

2 The basis subject of society is the human person, and the legitimate role of government is to protect and help to foster the conditions for human flourishing

3 Human beings naturally desire to seek the truth about life's purpose and ultimate ends

4 Freedom of conscience and religious freedom are inviolable rights of the human person

5 Killing in the name of God is contrary to faith in God an is the greatest betrayal on the universality of religious faith

We fight to defend ourselves and to defend *these universal principles*"

Was folgt, sind immanent-logische Ableitungen – diesfalls innerhalb eines akzentuiert liberalistischen Referenzrahmens – wobei freilich alle weiteren Konkretisierungsschritte die Widersprüche zu einem solchen zunehmend peinlicher fühlen machen.

Bestimmungen und Kennzeichnungen der Unpersonen und Monstren wechseln (*Kobi, E.E.*, 2001), der personale heilpädagogische Auftrag aber bleibt: Auch jenseits von Therapie und Raisonnement artgemäße (das heißt unentwegt humane) assimilativ-akkommodativ austarierte Arrangements zu unterhalten. Aus dem Heimlichen heraus eine gemeinsame Daseinsgestaltung vorzunehmen mit dem Unheimlichen. Durch Kooperation (und damit noch weit ab von Integration!) teilkongruente, fragmentarische, gemeinsam „bewohnbare" Realitätskonstrukte aufzubauen (*Kobi, E.E.*, 2002). All dies in der vagen Hoffnung, dass in diesem und durch diesen Umgang allmählich vielleicht Ähnlichkeiten hervortreten zwischen (Euch) dort draußen und (Uns) da drinnen (*Rorty, R.*, 1992).

Erhält Heilpädagogik hingegen keinen ausreichend dezidierten sozialpolitischen Leistungsauftrag – samt zugehörigen Mitteln an Personal, Infrastrukturen und Finanzen, versteht sich – auch in diese Richtung des Unheimlichen, wo kompensatorische und integrative Settlements keinen Bestand mehr haben, dann bleiben auch bioethische Vermahnungen, (von wegen „Menschenwürde und so"), vielleicht zwar noch immer in frommem biblischem Kontext, aber lediglich in jenem des Psalmisten, der von „tönendem Erz und klingender Schelle" kündet.

Nicht nur Bio, auch Ethik hat ihren stolzen Preis und ist nicht für gute Worte allein zu haben.

4 Die Verbesserung des Menschen: Auftrag und Versuchung für die Pädagogik

aus: Mürner, Ch. [Hrsg.] (2002), Die Verbesserung des Menschen – Von der Heilpädagogik zur Humangenetik (Luzern edition szh) S. 129–144

Mit einem eigenständigen, erfolgreichen, erfahrenen, seriösen, spontanen, attraktiven, sportlichen, starken + sensiblen Mann von Welt, bevorzugt mit innerem und äußerem Format, mit einem großen Herzen, wäre es schön, in Harmonie und Freundschaft, (eine) Familie aufzubauen. Ich, CH, w., 32/167/51 kg, hübsch + schlank, gesund, süß + frech mit Wunschsohn, 2 1/2 J. bewaffnet. Uns gibt's nur im Doppelpack! Neugierig, weltoffen, bereist, erfahren, vielseitig, gebildet, anspruchsvoll, dennoch natürlich geblieben. Unsere Hobbys: Fitness, Tiere, Musik, Alpinski, Wasser überhaupt! Reiten, Natur, Reisen, Scampi+Spaghetti u.v.m.... Schreibe mit Bild/Kopie! Institute haben keine Chance! Zuschriften unter Chiffre 4956

Konsumenten und Anbieter zwischenmenschlicher Beziehungen sind in freier Marktwirtschaft anspruchsvoll geworden. Der Superlativ hält den Ton; für Bestes ist nur Allerbestes gut genug. Meliorationsagenturen und -instanzen – vom Erziehungs- und Bildungswesen über Beratungs- und Therapiemärkte, bis hinein in Makrowelten der Züchtung und Mikrowelten genetischer Säuberung – stehen unter gewaltigem Erwartungsdruck.

1 Nobody is perfect: (but everybody has to be so!)

„Am siebenten Tag vollendete Gott das Werk, das er geschaffen hatte, und er ruhte am siebenten Tage, nachdem er sein ganzes Werk vollbracht hatte. Und Gott segnete den siebenten Tag und erklärte ihn für heilig" (Genesis 2, 1-3). Fehlanzeige! Göttlicher Schöpfungspfusch bedarf nachhaltig menschlicher Vollendung und der Kosmos humanistischer Kosmetik. Gut ist nicht gut genug. Das Bessere ist erklärtermaßen der Feind des Guten. Mensch und Menschin sind nachrüstungsbedürftig an Geist und Body, als Naturell und kulturell.

Wo solchermaßen die Perfektionierung der Welt im Allgemeinen und des Menschen im Speziellen Haupttraktanden für Sozialphilosophie und -politik sind, entspricht es immanenter Logik, *jedes* Mittel – politischer und militärischer, ökonomischer und technischer, religiöser und missionarischer, biologischer und psychologischer, therapeutischer und pädagogischer Art – hierfür einzusetzen.

Der Glaube, den Menschen wesensmäßig und nachhaltig durch erzieherische Maßnahmen verbessern zu *können*, keimte in seiner profanen Variante im 18. und erhärtete sich zur ambitiösen Überzeugung, ihn verbessern zu *müssen* im 20. „Jahrhundert (…des Kindes", *Key, Ellen, 1900). Ein Nachhall hiervon erfüllt auch noch die Gegenwart in Form zwar han*dlungsarmer und entscheidungsgehemmter, jedoch plakativer Verbalaktionismen und Appellen vor allem an die Adresse „der" Vernunft als personale und „der" Schule ('Die Schule sollte! …') als sozietäre Instanz.

Medizin im Verbund mit Biologie und Pädagogik im Verbund mit Psychologie traten in der Neuzeit – teils in ideologisch ausgerichtetem Gleichschritt, teils in Konkurrenz- als potente Menschheitsverbesserungssysteme ins Zentrum gesellschaftspolitischer Interessen (*Foucault, M., 1991;1994*). Zur vorvergangenen Jahrhundertwende war Pädagogik ideell in Führung gegangen. Eingedenk ihrer humanistischen Wurzeln und mit dem darin angelegten Impetus zur Selbsterschaffung des Menschen hatte die Reformpädagogik einen imposanten Markt zur variantenreichen Ego-Kreation eröffnet. Dieser löste alsbald eine Flut von Maßnahmen zur Menschheitsbeglückung aus, die, trotz Unterbrechung durch zwei verheerende Weltkriege und dem Zusammenbruch pädagogisch namhaft aufgemischter Polit-Kirchen, erst in den Löchern der post68er Antipädagogik versickerte.

2 Stolz und Eitelkeit haben mehr Hospitäler erbaut als alle Tugenden zusammengenommen (*Bernhard Mandeville, 1723*)

Auch (Heil-)Pädagogik war und ist durchaus nicht nur um das persönliche Heil ihrer (behinderten) Klientel bemüht, sondern setzt(e) diese – neuzeitlich mit Verve unter den usurpierten Plakaten von 'Therapie' & 'Integration' – Normierungszwängeleien aus.

Das von *Katharina Rutschky* (1977) unter dem Titel „Schwarze Pädagogik" eingerichtete Gruselkabinett versammelt literarische Zeugnisse aus der Erziehungsgeschichte vergangener Jahrhunderte. Sie zeigen, wie sehr Pädagogik ihr Klientel immer wieder unter der Schreckensherrschaft des Gutgemeinten leiden machte. Die Beispiele stammen durchweg von angesehenen Kinderfreunden und engagierten Menschheitsverbesserern und bestätigen die pädagogische Regel: Je härter die Moral, umso größer die Qual! Auch die Heilpädagogik könnte mit zahlreichen Kabinettstücken aufwarten. Keine Sparte, die in ihrer Geschichte nicht liebenswürdige Quälereien aufweist: Angeführt von der Verhaltensgestörtenpädagogik – vorab im Umfeld des Anstaltswesens – die voll ist von Drangsal, die denn auch immer wieder politisch und literarisch thematisiert wurde. Zu erinnern ist des weiteren an Beispiele aus der Sprachheilpädagogik mit ihren oft skurrilen Stottertherapien, aus der Sehgeschädigtenpädagogik, die ihre sehbehinderten „Halbblinden" zu Ganzblinden erzog, aus der Krüppelpädagogik mit ihren orthopädischen Apparaturen, die nicht nur Folterwerkzeugen glichen, sondern oft auch als solche empfunden wurden, aus der Geistigbehindertenpädagogik mit ihrem Bewahranstaltenelend (*Blatt, B./ Kaplan, F.*, 1974), aus der Lernbehindertenpädagogik mit ihren auf „Religion & Handarbeit" zusammengestrichenen Lehrplänen.

Und nicht zuletzt liest sich die Geschichte der Gehörlosen („Taubstummen")-Pädagogik über weite Strecken als Abfolge von Verkennungen mit entsprechenden Misshandlungen (*Lane, H.*, 1994). – Zwar war Gehörlosen im Zuge der durch die Französische Revolution proklamierten Freiheitsrechte bereits im 18. Jh. ein solches auf die ihnen wesensgemäße Gebärdensprache eingeräumt worden. In der Neuen Welt tauchte sogar die Vision eines eigenen Gehörlosenstaates – mit „political independence" und „state sovereignity" – auf (*Erni, S.*, 2001). Dennoch wurde auf dem schicksalhaften Mailänderkongress von 1880 die Gebärdensprache von den (hörenden) Taubstummenpädagogen einhellig verurteilt und im Nachgang dazu denn auch in (hauptsächlich deutschen) Institutionen aktiv unterdrückt. Bis auf die heutigen Cochlea-Implantat-Kontroversen wurde Gehörlosigkeit mit einer 'ethnozentrischen' Selbstverständlichkeit sondergleichen bekämpft: Zum Wohle der Betroffenen, versteht sich.

Herausragende Exempel zur Panpädagogik gesteigerter Politik des 20. Jahrhunderts bildeten Faschismus (hauptsächlich in nationalsozialistischer Prägung) und Kommunismus (zumal in dessen zielführenden sozialistischen Vorphase). In beiden intensiv pädagogisierten Politsystemen hatten Erziehungspraxis und – soweit diese sich essenziell ideologiekonform präsentierte – auch Pädagogik eine zentrale Stellung. Gegenwärtig herrscht in Folge ideeller Dispersion pädagogische Flaute.

Sofern die Sparte 'Pädagogik' in Buchhandlungen überhaupt noch aufgelegt ist, fristet sie ein kümmerliches Dasein hinter Esoterik, Mix-and-Drink, Feminismus. Die „Genders" scheinen mit der Aufbereitung persönlicher pädagogischer Altlasten aus der Zeit des fulminanten Antiautoritarismus vollauf mit sich selbst beschäftigt zu sein; Little Champion wird indes der „Selbstsozialisation" (*Rotthaus, W.*, 1998) ausgesetzt. Was auch als 'Fortschritt' betrachtet werden kann.

Und ansonsten: Remakes, so weit der historische Blick reicht: Wiedererweckung der totgesagten Legasthenie. Gewalt unter Friedenstauben. Das Evergreen P.O.S., mittlerweile auch in die Elterngeneration fortentwickelt und unter Kindern als ADHS wiederauferstanden u.ä.

Möglicherweise bahnt sich aber bereits eine postmoderne Gegenbewegung mit strafferer Gangart an; die Hätschelkinder der Soft Generation fassen allmählich Tritt (*Darnstädt, T*, 2001). Zu lange dümpelt auch Heilpädagogik mittlerweile schon im Geflenne über Arglist und Unverstand der Zeit, zupft dazu unentwegt die Integrations-Leier und beteiligt sich hingebungsvoll an der „Moralisierung des Meinungsmarktes" und der „Anschuldigungsindustrie" (*Schwanitz, D.*, 1999, 359), ergötzt sich in (Über-) Tribunalisierung (*Marquard, O.*, 1991) und sich einmischendem Alarmismus. In ihren Handlungsfeldern wimmelt es derzeit von Consultants, Weismachern und Wieder-

täufern, die nach einem „semantischen Lourdes" (*Schwanitz, D.*, 1999, 358) wall-
fahren und von dort neue schöne Wörter für alte hässliche Sachverhalte zurückbrin-
gen (*Kobi, E. E.*, 1999).

Derweil blickt das Öffentlichkeitsinteresse vermehrt auf biologische Wissenschaften,
die den Menschen nicht im unzuverlässig flackernden Geiste, sondern in seiner
materialen Existenz und genetischen Ursubstanz zu entschlüsseln, umzubauen und
zu perfektionieren versprechen, ihn letztlich vielleicht sogar – biologisch logisch ! –
neu erfinden. Heilpädagogik bleibt hierbei notgedrungen der reaktionäre Part,
unausweichlich im Verein mit fundamentalistischen Ideologismen unterschiedlicher
Couleur: Ein moralischer Abwehrkampf gegen eine Entwicklung, deren feu sacré sie
während des 20. Jahrhunderts der Erziehungsideologien selbst kräftig angepustet
hatte. Die geäußerten Befürchtungen sind zwar durchaus ernst zu nehmen, freilich
denn auch den inkriminierten, fachkompetenten Vertretern (z.B. aktiv tätigen 'Gen-
Manipulatoren') vorzutragen und nicht nur in biologisch dilettierenden Hauszirkeln
zu bejammern. Ob nämlich auch die extrapolierten Ängste stimmig sind, scheint
eher zweifelhaft. (Wer hätte im 19. Jh. schon bedacht, dass nicht die horrenden
Geschwindigkeiten damaliger und künftiger Feuerrösser, sondern deren Luftver-
schmutzung dereinst für Menschen Atem beraubend sein würden?)

Bemerkenswerterweise unterfütterten aber auch schon Nationalsozialismus wie Kommunismus ihre (inhaltlich) kontroversen (pädagogischen) Ideologien mit anscheinend
handfest sein sollenden materialistisch-biologistischen Anthropologien. Jahrtausende
alte Ackerbau- und Viehzuchterfahrungen dienen offenbar immer wieder aufs Neue,
epochal modifiziert, als Matrizen für den idealistisch ausschweifenden Geist, der den
jeweils Neuen Menschen kreieren soll (*Jouhy, E.*, 1985). So auch in der reformpäda-
gogischen Nachblüte der siebziger Jahre mit dem Verweis auf (ostinat 'neueste') hirn-
physiologische Erkenntnisse bzw. Einschätzungen der Entwicklungspotentiale des homo
sapiens: speziell in seiner Jugendphase. Milliarden ungenutzte Hirnzellen hatten eine
wahre Goldgräberstimmung entstehen und den Aufbruch ins Eldorado kindlicher
Zerebralressourcen wagen lassen: HeadstartProgramme, IntelligenzföderungsPakete,
Schulreifetrainings, Frühlesen, -musizieren, -sport, BabyDiving, Fötus-Beschallung
u.a.m. Sogar der gegenwärtig allgegenwärtige „Radikale Konstruktivismus", der via
Systemtheorie auch in der Pädagogik Einzug hielt, verbremst seine Radikalität vor der
apriorischen Realität des (zumindest eigenen) Gehirns, wenn's darum geht, einander
zum bloßen 'Konstrukt', zum 'Phantom' gar (*Greving, H. / Gröschke, D.*, 2000), zu erklären.
So findet denn auch die jugendpsychiatrische Frage: 'Wozu erziehen?' (*Rotthaus, W.*,
1998) den Aufhänger für ihre positive Beantwortung exemplarisch in einem spiri-
tualisierten Biologismus und zwar konkret in der gegebenen quantitativen Differenz
von 1 : 100'000 zwischen äußeren und inneren Nervenreizpunkten, so „dass die
internen Prozesse des Kindes von ausschlaggebender Bedeutung für seine Reaktionen
sind" (*a.a.O.*, 67). Von dieser fixierten Tatsache aus kann sodann das konstruktivistische Beziehungsgewebe gespannt werden.

Sogar das Versteck Gottes wurde angeblich ausgemacht im Gehirn, wie neulich
„Neuro-Theologen" (sic!) vermeldeten (Der Spiegel 7/2001).

Was – hier wie dort – blieb und worin sich auch die ideologischen Polit- und Erziehungssysteme des 20. Jahrhunderts nicht unterschieden, sind der ungebrochene Fortschrittsglaube und Perfektionierungsdrang, denen darum auch so genannte 'Entwicklungsländer' unterworfen werden (*Kabou, Axelle*, 1993; *Jouhy, E.*, 1985; *Somé, P.*, 1997; *Brocker, M.*, 1997).

3 Wo setzte der Liebe Gott seinen Fuß ab, bevor die Welt erschaffen war?

Pädagogik benötigt, in der Tat sowohl wie in der Theorie, so etwas wie einen eigens gesetzten Archimedischen Punkt, eine Luftmasche, von wo aus sie die menschlichen Daseinsbezirke triangulieren, vermessen und ausstaffieren kann. Das waren und sind mit schwankender Präferenz: *Gott* mit den Statthaltern seiner Gebote auf Erden, die *Nation* mit ihren Mythen, das *Volk* mit seinen Helden, der in der Geschichte waltende *Geist* mit seinen historischen Zielaffinitäten, die *Vernunft* mit ihrer Allgemeingültigkeit, die *Natur* in ihrer Reinheit oder das *Wesen* des Menschen in Schlechthinigkeit. Gegenwärtig kursieren fortschrittliche *Wissenschaft* und dynamische *Entwicklung*, beide mit offenen Enden, ferner ein *Weltethos* mit politisch korrekter *Humanität* sowie der globalisierte *Markt* mit seiner Charakter korrodierenden Flexibilität (*Sennett, R.*, 1998). Doch unaufhaltsam springt der ungeliebte Genitiv aus dem Integrativ: *Wessen?*- Wessen Gott, Nation, Volk, Geist, Logos, Ethos, Natur? Wessen Wesen? Cui bono? Nicht einmal *Lichtenbergs* mehr als zweihundertjährige Frage, ob der liebe Gott denn katholisch sei? fand zwischenzeitlich ja eine Antwort.

Pädagogik hatte sich in Theorie und Praxis stets derartigen Prämissen nicht nur unterstellt oder zu unterstellen, sondern war hiervon existenziell abhängig gehalten worden: Pädagogik bedurfte eines außerpädagogischen Auftrags, um ihr Transfergeschäft betreiben und dadurch in Erscheinung treten zu können. Pädagogik wird deshalb, nicht ganz zu Unrecht, nur zögerlich als Wissenschaft akzeptiert und bis heute eher in Gestalt einer Verwaltungslehre gesehen (*Luhmann, N.*, 1988, 378). Auch neuzeitlich bekundet Pädagogik, kontrastierend zu vollmundigen Politphrasen bezüglich der vorgeblich kolossalen Bedeutung von Erziehung und Bildung, erheblich Mühe, als Wissenschaft Anerkennung zu finden: Sei dies auf Grund von Animositäten aus dem Verein universitär etablierter Wissenschaften (*Luhmann, N.*, a. a. O.), insonderheit philologischer Humanisten und Theologisten (*Flitner, W.* 1963; *Sloterdijk, P.*, 1999), die Relativismus, Skeptizismus und einem „aufgeklärten Polytheismus" (Marquard, O., 1991, 107) ex officio et cathedra abhold sind oder aber, was schwerer wiegt, auf Grund eigenen Unwohlseins in eben diesem Umfeld. Wenn *Reimann, R.*, (1996, 41) in seinem Fachgebiet der Ethnologie eine „theoriefeindliche Lobby" ausmacht, so trifft dies gleichermaßen auf die Pädagogik zu. Erzieher- und Lehrerschaft sind mitnichten die Tempeldiener pädagogischer Lehrstühle. Mit gutem Grund. Möglicherweise handelt es sich nämlich bei alledem um zwei Seiten desselben Dilemmas: Pädagogik, die ihrem Handlungsfeld der Erziehung verbunden bleibt, ist hochgradig kontingent und lässt sich nicht auf szientistische Maximen reduzieren, ohne ihres 'Gegenstandes', der als vielfältig subjekthaftes Beziehungsmuster schon von vorneherein kein solcher ist, verlustig zu gehen (*Luhmann, N.*, a.a. O.). Pädagogik ist nur in Fragmenten als objektivierende Wissenschaft ausweisen. In andern, wesentlicheren, Teilen ist sie gestaltende Kunst, (Kunsthandwerk auch), in noch einmal andern Macht strukturierende Politik.

4 Es bedarf eines ganzen Stammes, um ein Kind großzuziehen (Somé, P., 1997)

Bereits im Vorfeld kulturspezifischer Ausrichtung, inhaltlicher Festlegung und entsprechender Platzierungen, präsentiert sich menschliche Qualität für erzieherisches Ansinnen auf drei Ebenen:

- Der *Potenz*, d.h. der vermuteten und erwarteten naturhaften, schicksalhaften oder spirituellen Prä-Destinationen, Chancen, Entwicklungsmöglichkeiten, Verheißungen, Begabungen und Begabtheiten -, die unter bestimmten Wertprämissen freilich je auch als Begrenzungen, Einschränkungen, Behinderungen ... erfahren werden können
- Der *Kompetenz*, d.h. der via tätige Auseinandersetzung mit sich, der Um- und Mitwelt realisierten und somit persönlich instrumentell verfügbaren Lebens- und Daseinsgestaltungstechniken (Wissen, Können, Kenntnisse, Erfahrungen, Einfluss- und Zugangsmöglichkeiten) -, die freilich unter bestimmten Wertprämissen gleichfalls als unerwünscht, unnütz und störend ... disqualifiziert werden können
- Der *Performanz*, d.h. der Erscheinungswirksamkeit, des psycho-physischen out-fits und des damit verbundenen psycho-sozialen „impact factors", der Eindrücklichkeit und Akzeptanz und dessen, was, kaum fassbar, als „Charisma" bezeichnet zu werden pflegt -, das freilich in besonderem Masse von zeitgeistiger Passung abhängt

Diese drei Ebenen werden durchdrungen von einem (personalen) Individualfaktor, umgeben von sozietären Mit- und Umwelten, und sie sind schließlich eingebettet in einen für den Menschen unübersehbaren und damit für Spekulationen jedweder Art offenen Kosmos.

So unterschiedlich Menschenbilder, Werthierarchien, Her- und Zukunftsperspektiven sich auch darstellen mögen, bleibt doch stets das pädagogisch hoch bedeutsame Abhängigkeitsverhältnis zwischen Figur und Hintergrund, Bild und Rahmen bestehen. Sind es doch Disharmonien, Spannungen, Devianzen, Divergenzen, Widersprüche, Unterschiede, welche die so genannte Faktizität erst hervortreten lassen und erfahrbar machen.

Erziehung findet in einer spannenden Differenz von Sein und Sollen, zwischen Da und Dort ihre Entstehungsbedingungen. Erziehung als Praxis und Pädagogik als deren Reflexionstheorie (*Luhmann, N.*, 1988) implizieren stets ein Vorhaben. Pädagogik, die nichts vor sich hat und vor hat mit konkreten Menschen, geht ihrer selbst verlustig und implodiert zu bloßer Wehrpsychologie gegen und Werbepsychologie um die Jugend.

Der pädagogische Auftrag kann nun aber gerade *nicht* in der Aufhebung genannter Differenzen zwischen individuellem Sosein und ideellem Einssein liegen – und seien diese noch so belastend und störend, wie im Umfeld der Behindertenpädagogik. Ansonsten mutierte Pädagogik zur Theologie einer Erlösungslehre, was dreiste Vermessenheit wäre (*Bollnow, O.F.*, 1962). Heilpädagogik heilt nicht und besorgt kein Heil (*Wilkens, Renate*, 2000). Sie wälzt den Stein des Sisyphos, indem sie sich mit der

Gestaltung und Wandlung *unaufhebbarer* Differenzen, Dilemmata, Antinomien ... menschlichen Daseins beschäftigt. Pädagogik betreibt ihr Meliorationsgeschäft nicht in Bezug auf den Menschen schlechthin (als Gattungswesen), sondern in konkreten, individualen und personalen Praxisfiguren epochal wechselnder gesellschaftshistorischer Verhältnisse. Pädagogik kennt daher wohl Wandel, nicht aber jenen „Fortschritt als Fatalität und als ständige Flucht nach vorn", mit dem „Privileg, ihre eigene Geschichte zu vergessen.....und sich so......für geschichtslos, d.h. für objektiv und absolut zu halten" (*Lüthy, H.*, 1973, 32 +14).

Dies erweist sich auch bezüglich des Verhältnisses zwischen (naturhafter) Mutation und (sozialer) Selektion. *Mutationen* sind ein Phänomen der generellen Veränderungsfähigkeit der Natur, die sich als fortgesetzter (Schöpfungs-) *prozess* und nicht als statische Unendlichkeit erweist. Erst die lebensweltliche (und im Spezialfall die gezielte und bewusst gewollte menschliche) *Selektion* entscheidet über den Fortbestand einer Varietät. Nicht die Mutation, sondern die Selektion bestimmt letztlich die Entwicklung. (Dies ist meines Erachtens denn auch eine Begegnungsstelle für Pädagogik und Gentechnologie, wo das Gespräch an die Stelle von Ignoranz und Abweisung treten kann).

Selektion gehört, (was Inhalte, Wertausrichtungen, organisatorische Konfigurationen etc. anbetrifft), unausweichlich mit zum Kerngeschäft der Pädagogik: auch dann, wenn sie punktuell darauf verzichtet (im selben Zug meist aber anderweitige Selektionen begünstigt, d.h. letztlich nur umselektioniert): „Erziehung bedeutet, eine Auslese der Welt durch das Medium einer Person auf eine andere Person einwirken zu lassen" (*Buber, M.*, 1960, 41). „Lektionen und Selektionen haben miteinander mehr zu tun als irgend ein Kulturhistoriker zu bedenken willens und fähig war" (*Sloterdijk, P.*, 1999, 43).

5 Ihre ganze Ordensregel bestand aus einem einzigen Paragraphen, der lautete: Tu, was Dir gefällt! (*Rabelais, F.* um 1540)

Menschliche Gesellschaften, ja ganze Kulturen, erweisen sich auch ohne spezielle und spezialisierte Beziehungs- und Lehrveranstaltungen sowie pädagogische Reflexionstheorien als überlebensfähig. Der Mensch ist zwar existenziell *beziehungs-*, nicht aber *erziehungs*bedürftig. Über Jahrtausende der Menschheitsgeschichte beherrschten – zumal in anonymen „Schichten" des jeweiligen „Nährstandes" und „Proletariats" unreflektierte – Enkulturation und Sozialisation die Tradierungssysteme.

Pädagogik hat ihren anthropologischen Enstehungsort da, wo Menschen ihre Lebens- und Daseinsgestaltung nach selbst deklarierten Prämissen an die Hand nehmen, sich nach selbst entworfenen Perspektiven ausrichten wollen und können. Pädagogik im Sinne personal, individual adressierter, kreativer Menschenbildung fand – und findet auch heute – erst im Feld einer „leisure culture" ihre Entstehungsbedingungen und gedeihlichen Verhältnisse.

Die Erziehungsgeschichte macht dies deutlich: Erziehung (im Sinne planmäßiger, bedachter und eigens veranstalteter, gegenüber Heranwachsenden als geziemend erachteter Beziehungspflege) ist zwar ein integrales Kulturelement: über Jahrtausende und zum Teil bis in die Gegenwart hinein jedoch als dezidierte Ausnahme für Vornehme (d.h. speziell 'vor Genommene'). Die Hierarchie bzw. Rang- und Reihenfolge des via Erziehungs*würdigkeit* erfolgenden Eintreffens in die Erziehung (-sgeschichte) ist weitgehend universalen Charakters:

Die Reihe wird angeführt vom naturhaft privilegierten Jüngling der politisch herrschenden Schicht und aus der durch diese begünstigten geistigen Elite. Sie wird weitergeführt von lunaren Existenzen weiblichen Geschlechts sowie aus zudienenden Schichten, für die Erziehung/Bildung freilich bereits auf instrumentale und funktionale Bedeutungsaspekte (der gesellschaftspolitischen „Nützlichkeit") reduziert ist, weiter von vereinzelt und gelegentlich berücksichtigten Angehörigen von Grundschichten und sie wird abgeschlossen von Kranken, Behinderten, Kleinkindern, für die erst in der Neuzeit spezifische Erziehungs- und Bildungsbemühungen ins Auge gefasst wurden.

Noch bis ins 19. (vgl. z.B. *Jean Pauls* „Levana", 1805) und 20. Jahrhundert (vgl. z.B. *Ed. Sprangers* Psychologie des Jugendalters, 1925) hinein spielten Erziehung und Bildung der der Oberschicht zugehörigen Jugend die pädagogisch herausragende und paradigmatische Rolle.

Auf einer Besuchsfahrt (1989) zu heilpädagogischen Schulen in Delhi war ich befremdet über die „Agnosie" meiner indischen Kollegin, die das Elend von (zum Teil schwer verkrüppelten) Kindern auf den Strassen und zwischen den Bazarbuden offenbar gar nicht registrierte. Das sei normal hier, wurde ich belehrt und habe mit Heilpädagogik nichts zu tun. Und weiter ging's zum Institut für blinde Töchter. Allesamt blitzblank und ladylike in Schuluniformen gekleidet. That's Special Education!

6 Das Internat war eine Festung -:ein Staat im Staate, entstanden aus dem Nichts, ein Garten der Ordnung im Chaos des afrikanischen Dschungels (*Somé, P.*, 1997)

Erziehung als Praxis leitet ihren meliorativen Auftrag und damit auch ihre Daseinsberechtigung in abendländischer Tradition über vier Argumentationslinien ab:

- Über die *Erziehungsbedürftigkeit* des Menschen als Gattungswesen und Individuum. Diese resultiert ihrerseits aus der naturhaft, existenziell gegebenen physischen, psychischen und sozialen Unfertigkeit und Abhängigkeit des Menschenjungen, worin sich der Mensch als „Mängelwesen" ausweist (Erziehung als Notwendigkeit)

- Über die *Erziehbarkeit* des Menschen, seine hohe Plastizität, Assimilations- und Akkommodationsfähigkeit bzgl. der Um- und Mitweltgegebenheiten. Der Mensch ist, speziell in seiner Jugendphase, außerordentlich lernfähig, kultivierbar. Durch seine selbst geschaffene Kultur wächst er über die Gegebenheiten der Natur hinaus (Erziehung als Möglichkeit)

- Über die *Erziehungsfähigkeit*, die formativen Einflussmöglichkeiten der jeweiligen Societät, die ein existenzielles Interesse daran hat, für sie lebenswichtige Inhalte und Formen, Werte und Sinngehalte zu tradieren. Kultur ist durch Lehr-/Lernprozesse über Lebensspannen hinweg transferierbar. Dieser Transfer wird ungemein erleichtert, freilich auch befrachtet, durch die in den sog. Kulturtechniken verfassten Zeichensysteme. Diese werden denn auch zur Domäne der 'Schule': Seit Jahrhunderten der Pädagogik Kerngeschäft (Erziehung als Machbarkeit)

- Über die *Erziehungswilligkeit*, das Nachahmungs- und Partizipationsbedürfnis des zumal jugendlichen Menschen, seine Neugier und seinen Drang nach Selbstsozialisation und -gestaltung . Es ist somit auch das Kind selbst, das in seinen 'basic needs' – Bindung, Lernanreize, Selbsttätigkeit etc. – nach Förderung, Erziehung und Unterricht verlangt (Erziehung als Bedürfnis)

Pädagogik als Theorie oder gar als Wissenschaft der Erziehung ist wesentlich jüngeren Datums als Erziehungspraxis und deren praxeologisch-aphoristische (vgl. z.B. den Hitopadesas, *Dursch, G.M.*, 1853) Anleitungen. Sie entstand in den Rissen konsistenter, uniformer Welt- und Menschenbilder, allgemein anerkannter Gesellschafts- und Lebensformen. Sie entwickelte sich zu einem Konglomerat verschiedener anthropologischer Ansätze, wie sie Philosophie- und Religionsgeschichte, zumeist in Randbereichen um Fragen der Daseinsgestaltung und des rechten (Gott wohlgefälligen, natur- oder kulturgemäßen) Lebens, ersichtlich sind. Säkulare, vielfältig weltenläufige Entwicklungen machten sich seit der Renaissance, deutlicher in der Aufklärung und profiliert in den gesellschaftlichen Umbrüchen des 19. und 20. Jh. bemerkbar.

7 En sortant de mes mains, il ne sera, j'en conviens, ni magistrat, ni soldat, ni prêtre; il sera premièrement homme (*Rousseau, J.J.*, 1762)

Der polnische Pädagoge *Bogdan Suchodolski* trifft im historischen Rückblick (La Pédagogie et les Grand Courants Philosophiques, 1960; deutsch unter dem sinnenstellenden Titel 'Pädagogik am Scheideweg') die Unterscheidung zwischen einer auf spirituell und sozial gegebene *Inhalte* (kulturell und epochal kanonisiertes Wissen und Können) ausgerichteten „Pädagogik der Essenz" und einer auf die aufgegebene Herausbildung der *Person* (deren mäeutische Bergung) gerichteten „Pädagogik der Existenz". Es handelt sich dabei allerdings nicht um unterschiedliche „Pädagogiken", „Schulen" gar, sondern um dialektisch und entsprechend „spannend" aufeinander verwiesene Pole *innerhalb* des Erziehungsgeschäfts. Deutlich treten diese in extremen Akzentuierungen hervor:

So in betont traditionalistischen, monolithischen Kulturen und Gesellschaften, die sich darauf konzentrieren, das jugendliche Noviziat mit ihren spirituellen, sozialen und materiellen Gegebenheiten vertraut zu machen. Erziehung stellt sich hier als mehr oder weniger umfangreicher Initiationsprozess dar. Dieser differenziert nicht individuell, sondern nach gruppenspezifischen Rollen des Alters, des Geschlechts, des Standes, der Glaubenskongregation, der funktionalen (z.B. beruflichen) Zugehörigkeit (vgl. z.B. *Somé, P.*, 1997). Die Rolle des Erziehers und Lehrers ist die eines Funktionärs in Dienst und Sold der Gesellschaft und der diese tragenden und überwölbenden Kosmologie.

„Wir arbeiten im katholischen Lehrerverein nicht um den Batzen und nicht um den Franken, sondern um eine Idee, um die Idee der einen, heiligen, apostolischen, allein selig machenden katholischen Pädagogik" (*Badertscher, H. / Grunder, H.U.* (Hrsg. [1998], Geschichte der Erziehung und der Schule in der Schweiz im 19. und 20. Jahrhundert, Bd. 2, Bern).

Dieses 1922 in der Zeitschrift „Schweizer (! EEK) Schule" abgelegte „Bekenntnis" korrespondiert strukturell mit inhaltlich verschiedensten, epochal und kulturell weit abliegenden pädagogisch monomanen Programmatiken (vgl. z.B. *Muammar Al Qaddafi's* gottesstaatliche „Dritte Universaltheorie").

'Pädagogik' ist unter solchen prädestinativen (Richtung und Ausrichtung vorgebenden) Verhältnissen weitestgehend 'Didaktik und Methodik' (Lehrkunst), Erziehung 'Moderation und Mediation' (kindgemäß aufbereitende Vermittlung) stabiler Strukturen, wahrer Inhalte, gültiger Werte, einziger Wirklichkeit, bewährter Organisation und Technik. Nostrifikation ('UnsAngleichung') im 'Werde so, wie alle!' Ist Credo und Maxime zugleich.

Essenzielle Pädagogik kann – kulturspezifisch und ideologieabhängig – zwar in zahlreichen Varianten auftreten, die sich nach Inhalten und Wertausrichtungen, Realitätskonstrukten und Strukturen erheblich voneinander unterscheiden, sich auch, (wie aus historischen und rezenten Beispielen ersichtlich), konkurrenzieren und befehden. Was jedoch bleibt, ist die Überzeugung, das 'Wesen' des Menschen, seine 'Natur' und desgleichen seinen transzendenten und immanenten (weltlich sozialen) Auftrag und Daseinszweck so weit zu kennen, um hieraus die notwendigen und unverzichtbaren erzieherischen Ein- und Durchgriffe ableiten und rechtfertigen zu können.

In pluralistischen oder krisenhaft aufbrechenden Kulturen und dynamischen, akkumulativen Gesellschaften mit weitgehend offenen, ungesicherten Perspektiven verlagert sich der Akzent zum personalen Pol. Der Einzelne wird im Extrem zu seinem eigenen Sinn, Wert und Zweck: „Ich hab' Mein Sach' auf Nichts gestellt ... Mir geht nichts über Mich!" (*Stirner, M.*, 1845).

In erziehungsgeschichtlicher Rückschau gilt *Rousseaus* „Emile" als Prototyp des existenzpädagogischen Zöglings. Seine Ziehväter sind allerdings bereits *Sokrates* und *Montaigne*, durch die Unmittelbarkeit ihrer Beziehung zu Gott vereinzelt auch Vertreter des neuen Glaubens aus dem Umfeld der Reformation. *Rousseaus* spezielle Bedeutung als Wendepunkt zu existenzieller Pädagogik liegt hingegen in der dezidiert zentralen pädagogischen Intention und in der Radikalität seines Anliegens. Was die Inhalte seines Erziehungswerkes anbetrifft, sind diese wenig originell, weitgehend in der Zeit liegend und konkret z.B. stark von *John Locke's* 'Some Thoughts Concerning Education' (1693) beeinflusst. Die Ungeheuerlichkeit des geschmähten und öffentlich verbrannten Buches „Emile ou de l'Education" (1762) lag epochal darin, dass *Rousseau* seinen Zögling zum Selbstzweck erklärt, ihn nicht aus- und zuzurüsten gedenkt, an ihm keine gesellschaftskonforme Staffage vornimmt. Emile soll nichts Spezielles, sondern jemand Besonderer werden können. Er ist vorrangig 'Mensch', dem sein Erzieher die Selbsterziehung anheim stellt: Emile ist im besten und wörtlichen Sinne Taugenichts und Nichtsnutz.

8 Dieses aufgelöste Wesen, was alle Erscheinungen heute haben

(*Robert Musil*, 1930/32)

Die gesellschaftspolitischen Entwicklungen der vergangenen zweihundert Jahre machen denn auch deutlich, dass Pädagogik und Erziehung nicht auf ein essenzielles Transfergeschäft zu reduzieren sind. Erziehungs- und Bildungsprozesse, die sich in ihrem Ensemble nicht in Sozialisation und Enkulturation erschöpfen, verlaufen über fünf Stränge, die sich gegenseitig beeinflussen:

- Die Novizen werden in zwar stabilisierte, aber dennoch dem Wandel unterworfene *Strukturen* eingeformt. Mittels dieser Strukturgitter haben sie (sei's pädagogisch als 'Person' oder biologisch als 'Nervensystem') zu lernen, was aktuell überhaupt als 'wahr' zu nehmen ist, wie Wahrnehmungen zu tätigen, zu gewichten und zu ordnen sind. Sie haben sich in Realitätskonstrukten zu installieren, die in der jeweiligen Kultur und nähern Umgebung aus Chaos Kosmos herstellen, Wahrnehmungen, Empfindungen, Erfahrungen..... ins Bewusstsein heben, sie rastern, ordnen, hierarchisieren, validieren
- Die Novizen haben mit fortschreitender Kompetenz eigene (möglichst kompatible, d.h. gesellschaftlich anschlussfähige) *Realitätskonstruktionen* vorzunehmen in ihren Begegnungen mit Neuem, Fremdem, Irritierendem, ihr Weltgehäuse möglicherweise in Frage Stellendem
- Den Novizen werden *Sinnstiftungsmodelle* vermittelt, Ortungspunkte, aus denen die Kohärenz der Widerfahrnisse zu resultieren hat. Es geht um das, was dem Einzelnen, in Übereinstimmung mit seiner Kulturgemeinschaft, dermaleinst rational und emotional als 'logisch', 'selbstverständlich', 'evident' erscheinen und ihn mit dem Wohlgefühl der Widerspruchslosigkeit und Stimmigkeit belohnen wird
- Die Novizen haben *Werte* und Werthierarchien zu verinnerlichen und ein spezifisches Qualitätsbewusstsein zu entwickeln
- Und endlich haben die Novizen sich auch *Inhalte* anzueignen: Religiöse Mythen und Glaubensbekenntnisse; tribale oder nationale Bestätigungs- und Sinngebungsgeschichte(n); Schulwissen: gegenwärtig die das auf- und abgeklärte technische Zeitalter tragende „Mythologie des Neuen" (*Marquard, O.*, 1991, 103) samt entsprechenden TabuisierungsRegeln, Sprachformeln und dem lebensnotwendigen Orientierungs- und Handlungswissen

Inhalte erweisen sich am flüssigsten, verändern sich schneller und lassen sich auch rascher austauschen als Strukturen. So zum Beispiel der 'Schulstoff', von dem permanent Teile „über Bord geworfen" werden, was allerdings, zum Erstaunen mancher Reformisten, die Schule allerdings in ihren (strukturellen) „Festen" kaum nennenswert verändert (so wenig wie Kirche, Armee, Klinik u.ä. Institutionen). Der Wechsel von einem Mono-Logos zu einem (inhaltlich) andern (von schwarz zu braun, zu rot, zu grün usf.) vollzieht sich denn auch, zumal für orthologisch (in absolutistischer Rechtgläubigkeit) Geübte, wesentlich reibungsärmer, als Struktur- und Konstruktionsänderungen. Dies mag ein Grund dafür sein weshalb nach umfangreicher inhaltlicher Inversion oft wieder weitgehend dieselben „Bonzen" oben auf schwimmen

9 Eine Art überamerikanische Stadt ... (*Robert Musil*, 1930 / 32)

Kirchlich-religiöse und staatlich-nationale Entbindungen sowie Tendenzen zur Globalisierung auch pädagogischer Ansprüche in der Perspektive „Allgemeiner Menschenrechte" einer „Superethnie" (*Jouhy, E.*, 1985,75) führten neuzeitlich zum Dilemma Ethnozentrismus versus Universalismus (*Brocker, M.* 1997). Was als globale Befreiungsgeste gemeint ist, die für jeden Einzelnen kulturübergreifend gleiche Rechte einfordert, verrät unverkennbar abendländische Prämissen und relativiert sich so mit seinem „neo-imperialistischen" Mondialitätsanspruch gleicht selbst.

Die Ideen der Französischen Revolution – mit Fraternité, Egalité, Liberté zur antinomischen, sozialpolitisch hoch explosiven Dreiuneinigkeit verdichtet – in denen existenzielle Pädagogik der Moderne wurzelt, enthüllen in der Gegenwart immer dreister die „Vorherrschaft des industriell-rationalistischen Ethnozentrismus Europas und Nordamerikas" (*Jouhy, E.*, 1985; *Brocker, M.*, 1997), der zu den Satzungen gleich auch die kasuelle Exegese zu liefern pflegt. Auch hier tritt Heilpädagogik meliorativ an Ort und Stelle:

Der zunehmend inflationär verwendete Begriff der 'Integration' subsumiert in praxi mitunter auch rüde Ein-, Auf- und Anpassungs(vor)leistungen (zum Beispiel sprachlicher Art), die Integranden gegenüber Integratoren zu erbringen haben, wenn sie Akzeptanz finden wollen. Damit wird 'Integration' dem sattsam bekannten Leistungsprinzip und mithin erneut der Perfektionierung unterstellt. Es geht unter diesem plakativ zerschundenen Wort immer weniger darum, Beziehungen und Kooperationsweisen zwischen *bleibend* – naturhaft-zwingend oder ichhaft-willentlich – inkommensurablen Daseinsgestaltungsformen zu befrieden, sondern diese nach den Richtigkeitsvorstellungen definitionsmächtiger Residenzgesellschaften und Referenzgruppen zu formatieren. Diese bestimmen, was und wie ein richtiger Türke, Geistigbehinderter, Fascho ... und last but not least Integrationist zu sein hat. Wer nicht einspurt, hat Vorurteile, ist in Klischees befangen und soll sich erst mal „öffnen", auf dass er abgefüllt werden kann mit der Milch frommender Denkungsart.

10 Windhauch, Windhauch, sagte Kohelet, Windhauch, Windhauch, das ist alles Windhauch (Das Buch *Kohelet* 3. Jh. v. Chr.)

Sowohl neuzeitlicher Medizin als auch Pädagogik liegt nicht nur eine Utopie, sondern ein Mythos zu Grunde: der Pädagogik jener der Allwissenheit, der Medizin der des ewigen Wohlergehens. Allein: Das menschliche Leben enthält nicht ausschließlich behebbare Störungen, und Begabungen sind nicht nur ausbeutbare Förderstätten.

Faktum ist auch Fatum. Das Schicksal, eine zweifellos therapie- und förderungswidrige Angelegenheit, sowie die damit gegebene und aufgegebene Begrenztheit menschlichen Seins, lassen sich weder unterlaufen noch übersteigen. So können wir nicht umhin, eine gemeinsame Daseinsgestaltung zu suchen mit dem Imperfekten: mit einem Torso dessen, was uns als Paradies erscheinen mag. Hoffnung erweckend sind diesbezüglich ein sich auch in der Heilpädagogik abzeichnender aufgeklärter Skeptizismus und eine Ethik der Optima an Stelle aufgeblasener imperial-moralischer Globalansprüche (*Kobi, E.E.*, 2000; *Häußler, M.*, 2000).

5 Der Plan von der Abschaffung des Dunkels

aus: Bürli, A. [Hrsg.] (2000), Voneinander lernen (Luzern edition szh) S. 103-122

Wir wollten Gutes tun, sagte er ... Wir wollten helfen, sagte er (236) ....
Alle waren sie sicher, dass sie ewige Werte verteidigten ... Irgendwo in sich selbst
und untereinander waren sie absolut und total sicher, dass sie recht hatten (248) ...
Ihr Plan betraf das ganze Universum (247) ....
Sie wollten vom Dunkel nichts wissen, alles im Universum sollte hell und licht sein.
Mit dem Messer des Lichts wollten sie das Dunkel sauberschaben (262)....
Als habe keiner von ihnen das Dunkel ertragen können, als hätten sie nichts
wissen wollen von Zweifel und Unsicherheit. Es nicht aushalten können, dass es
ungelöste Widersprüche gab. Und da haben sie versucht, sie zu eliminieren (268) ...
Es war der Plan von der großen Integration, von der Abschaffung des Dunkels (272)
... Und völlig isoliert von dieser Theorie waren dann ihre Handlungen (247) ... Hinter
denen ist nichts als ein Loch! (227) ...
Peter Hoeg, Der Plan von der Abschaffung des Dunkels, 1993 (dtsch. Hamburg 1998)

So der Titel des Erziehungsromans von *Peter Hoeg*. Er handelt von der sich allmählich
zur Besessenheit steigernden Idee eines dänischen Schulleiters, über den Weg der
Integration schwieriger Jugendlicher ein pädagogisches Modell-Paradies auf Erden zu
errichten. Dieses verbrannte dann aber, noch im Rohbau, metaphorisch und de facto,
im feu sacré seines Initianten. Eine heilpädagogische Ikarus-Geschichte, gewissermaßen.

Pädagogische Provinzen („Education provinciale")

Des näheren geht es um eine zeitgenössische Variante der der Installation einer
„Pädagogischen Provinz", wie sie epochal immer wieder aufscheint und die Mühsal
des erzieherischen Alltags besonnt: In unserem Jahrhundert exemplarisch angefangen
mit der Nordlicht-Gestalt Ellen Key (1849-1926), die zur vormaligen Säkularwende
«Das Jahrhundert des Kindes»[1] anblies und damit einen feministisch-pädokratischen

---

[1] *So der Titel ihres 1900 erschienenen Buches, das zahlreiche Auflagen, auch in deutscher Sprache, erlebte.*

Wind entfachte, der alsbald auch zahlreiche deutsche Reformpädagogiker (*Lietz,*
Wynecken, Geheeb, Otto, Gut-litt, Österreich u.v.a.) erfasste.–[2]

Zu gedenken ist ferner des postrevolutionären *A.S. Makarenko* (1888-1939), der in
seiner auf die pädagogische Ideallinie gestellten Gorki-Kolonie (in Charkow) den
egalitär-elitären Proletarier zu erschaffen trachtete und mit seinem «Pädagogischen
Poem» (1933/35) später zum Klassiker sowjetischer Pädagogik avancierte.– Zur selben
Zeit findet sich im ideologischen Gegenüber der jugendbewegte *Baldur v. Schirach*
(1907-1974) (Die Hitlerjugend, 1934), der als Reichsjugendführer *Hitlers* Buben und
Mädel ins Tausendjährige Reich geleiten sollte: «Schwarzbraun wie die Haselnuss!»[3],
am liebsten jedoch blond, zumindest blauäugig.

Nach lähmender Desolation, die Faschismus und Zweiter Weltkrieg hinterlassen hatten,
trat - mit verächtlichem Blick auf die Versager der Vätergeneration und im Rückgriff
drum auf Großväter (wie z.B. *A.S. Neill,* 1883-1973) – in den Siebzigern die Alternativ-
Provinz des «Kinderladens» auf den Plan. Antiautoritäre Erziehung und Antipädagogik
ließen Haare, Nächte und Diskussionen lang werden; Zusammenhalt bot die Jeans-
hose als uniformes Erkennungszeichen ausgeprägten Individualismus' nicht minder
wie als Entsorgungsstätte für anthropologisch Unverdauliches. Denn: «Schnellfertig ist
der Jugend Wort und kurz ihr Gedärm» (frei nach *Schiller*).

Etliche unter Ihnen, liebe Kolleginnen und Kollegen, kamen seinerzeit wahrscheinlich bereits in den Genuss grenzenloser Instant-Befriedigung und hätten demzufolge
als pädagogische Paradiesvögel an einem (horribile dictu!) *pädagogischen* (*heil!*
sogar) Kongress eigentlich gar nichts verloren (vielleicht aber doch etwas zu suchen?).
Offenbar hatte auch Ihr Paradies einen Notausgang zum nächsten, so dass die
Zwangsbefreiten in den Achtzigern – mittlerweile freilich gestutzt und gestylt, leicht
meliert auch schon und hochgestirnt – ins Licht der Therapeutik eingehen konnten.
Seit unter dieser Erleuchtung auch die Gelotherapie (Lachtherapie) zugelassen ist, darf
daselbst sogar gelacht werden. Was ich hoch erfreulich und *in der Tat* befreiend finde.
Das letzte Drittel unseres Jahrhunderts entdeckte sodann im Zuge globaler Vernetzung
für unsere dadurch zu neuem Glanze erstrahlende Heilpädagogik das Zauberwort der
Integration. Was zwar noch nicht ein neues Paradies, aber immerhin das Passwort zu
einem solchen ist.

In derartigen Provinzträumen verrät die Pädagogik, wenngleich zeitgemäß als Erziehungswissenschaft kostümiert, unverkennbar ihre theologische und letzthin religiöse
Herkunft (*Kobi* 1999). – Ein gedanklicher Ausflug in diese historischen Gefilde mag
daher – ganz im Sinne pädagogischer Lichtgestalten! – <erhellend> sein.

---

2 *In diesen idealistischen Kreisen kam es im ersten Drittel des 20. Jh. zur Gründung zahlreicher Privat-*
schulen (speziell vom Typ «Landerziehungsheim»). Wenige nur überstanden - als ausländische Filialen,
u.a. auch in der Schweiz - die faschistische Aera.- Allerdings war der Gedanke der <keimfreien
Erziehungsstätte> auch in den elitären «Nationalpolitischen Erziehungsanstalten» (NAPOLA) der Nazis
von hoher Bedeutung.

3 *Deutsches Soldatenlied(gut) fand auch bei den Schweizer Streitkräften bis weit über den Zweiten*
Weltkrieg hinaus lauthals Verwendung.

Von himmlischen zu irdischen Paradiesen

Paradiesvorstellungen und solche über ein Goldenes Zeitalter sind wahrscheinlich so alt wie reflektierendes Denken überhaupt. Und vielleicht gehören sie sogar zum ersten, was menschlichem Geist in Alltagsnot und Bedrängnis (immanent) ein- oder (aus der Transzendenz) zufiel. Ohne Glückserwartung, Verheißung und Hoffnung scheint nicht einmal der aufgeklärte und abgebrühte homo sapiens existenzfähig; es ist die «Perspektive», die den Menschen und die Menschheit am Leben hält, wie auch der vorgenannte Atheist und Materialist Makarenko bekennt: gleichgültig, ob die jeweilige Verheißung religiös, wissenschaftlich, moralisch, sozialpolitisch – oder wie zur Zeit ökonomistisch – gefüllt wird.

Doch wo geht's lang zum Paradies? Liegt es bereits hinter oder noch vor uns? – Links oder rechts? Ex oriente lux oder ex occidente Luxus? – Dürfen wir es gnadenhalber erwarten? – Oder müssen wir selber Hand anlegen? – Auch die Paradiesfragen und -antworten verlieren sich leider im Dunkel (der Geschichte).

Als bibelkundige Heilpädagogen stolpern wir zunächst über Jesaja (11/6-7), der bekanntlich «Das Ros' entspringen» sah und der Menschheit bereits im 8. Jh. vor diesem Ereignis das Paradies in Aussicht stellte:

«Da wohnt der Wolf beim Lamm, der Panther liegt beim Böcklein – Kuh und Bärin freunden sich an. – Der Löwe frisst Stroh wie das Rind. Man tut nichts Böses mehr und begeht kein Verbrechen».

Noch weiter zurück reichen iranische Aionenlehren, nach denen im Zuge eines drei Mal dreitausend Jahre währenden Kampfes zwischen Gut und Böse, Licht und Dunkel, schließlich – dank Mithilfe seiner Gläubigen – der Lichtgott obsiegen würde (*Brenrjes* 1997, S. 28). Geschichte ist aus ihren religiösen Ursprüngen heraus letztlich Heilsgeschichte, die Welt Kampfplatz himmlischer Mächte, die Menschen Söldner in deren Diensten, aufgerufen dazu, dem Guten zum Endsieg zu verhelfen.[4]

Auch die Idee von der Gleichheit aller Menschen lässt sich bis in die Antike zurückverfolgen (*Hesiod, Ovid,* in der Stoa). Als «egalitäre Phantasie» (*Colt* 1961, S. 177) sieht sie den Ausgangspunkt der Menschheitsgeschichte in einem «Naturzustand allgemeiner Gleichheit» (a.a.O., S. 176). Dieser verdichtet sich in der Allegorie einer «Insel der Seligen» (2. Jh. vor Chr.), welche das Vorbild lieferte für die Jahrhunderte später in eine ferne Zukunft projizierten, profanisierten und dem Machbarkeitsgedanken unterworfenen Pädagogische Provinzen und Utopien.

Nach *Diodoros* (1. Jh. v. Chr.) Überlieferung lebten einst die der Sonne geweihten «Heliopolitaner» auf sieben Inseln und hatten daselbst in leistungsunabhängiger Gleichberechtigung jederzeit alles zur Verfügung. Sie bildeten eine friedsame Schicksalsgemeinschaft, die so weit reichte, dass sie sogar im selben Alter von hundertfünfzig Jahren zu sterben pflegten: lebenssatt, freiwillig und glücklich.

---

4 *Der manichäische Glaube – benannt zwar nach Mani, einem persischen Begründer im 3. Jh., dem Wesen nach allerdings bedeutend älter – an einen ewigen Kampf der Götter des Lichts gegen die Mächte der Finsternis konnte auch innerhalb des Christentums nie ganz überwunden werden.*

Im Christentum fand später eine zeitliche Umpolung statt, indem das Goldene Zeitalter von der Vergangenheit in die Zukunft verlegt wurde. Im Zentrum stand anfänglich der Glaube an Christi baldige Wiederkunft (Parusie, von parusia, grch. <Erscheinung>; <Vergegenwärtigung>). Als das Ereignis sich dann aber verzögerte, breiteten sich grenzenlose Enttäuschung und bittere Verzweiflung aus (*Nigg* 1944, S. 81). Die Altchristen entwickelten daher notgedrungen bereits das bis in unsere Gegenwart von Weltuntergangspropheten bzw. Heilsbringern benutzte Muster zur Verarbeitung identitätserschütternder Enttäuschung («Frustration»): Solange als möglich Verleugnung, exzessive Selbsttröstung nach innen und ebensolches Schönreden nach außen, allmähliche Verflüssigung der Zielsetzung («es war gar nicht so konkret gemeint»), mit Verschiebung und Umdeutung im Gefolge und schließlich pragmatisches Arrangement mit den Gegebenheiten und baldiges Vergessen ... für einen späteren Versuch. (Die Parusie Christi hätte allerdings auch das frühe Ende des Christentums bedeuten können, da realisierte Paradiese keine mehr sind ...).

Vom Ende des 11. bis hinein ins 16. Jh. keimten jedenfalls immer wieder Sehnsüchte nach besseren Lebensbedingungen auf. Bemerkenswerterweise wurden solche auch damals schon von den Satten (den «Besser Verdienenden») entwickelt, und die Elenden gehörten zu den Abnehmern, zu den ergebenen Gläubigen der hochwohlgeborenen Gläubiger.- Auf solchem Boden entstanden denn auch erste Vorstellungen von einem Tausendjährigen Reich, chiliastische («chilia», grch. <tausend>) Ideen, die sich im Laufe der Geschichte als langlebiger erweisen sollten als die jeweiligen Reiche selbst.

Ihre Erfindung geht zurück auf den Zisterzienser Abt *Joachim di Fiori*, der im 12. Jh. in Kalabrien lebte und von einem «Tausendjährigen Reich der Seligen auf Erden» schwärmte, dem «Dritten Reich» des Heiligen Geistes, das auf jene von Gottvater und von Gottes Sohn in Aussicht stand. (*Gasper; Valentin* 1997)

Es ging um «eine trostreiche Botschaft», welche «eine ebenso faszinierende wie andauernde Anziehungskraft ... ausübte» (*Colur* 1961, S. 7). Derartige Millenniums-hoffnungen blieben auch später keiner Epoche fremd (*Colur* a.a.O.), wenngleich Motive, Inhalte, Stossrichtungen sowie Methoden zu ihrer Durchsetzung stark variierten und von gottgegeben pathischer Haltung über kirchliche und pädagogische Parforceübungen bis hin zu gewalttätigen Totalitarismen nationalistischer und rassistischer, klassen- und geschlechtskämpferischer, kapitalistisch-ausbeuterischer, imperialistisch-kolonialistischer Art reichten. Vereinigungs(sehn)sucht in Gleichheit, Reinheit und Harmonie in einer Welt umfassender, ewiger Werte und höchster Ideale (nötigenfalls auch erst nach deren tüchtigen Säuberung!) schufen und schaffen über alle inhaltlichen Differenzen und parteilichen Konkurrenzen (im Spektrum von Ultraviolett bis Infrarot) hinweg eine methodisch-pragmatische Verwandtschaft zwischen Missionaren und Globalplayern, Integrationisten und Weltmaklern. Manna oder Coca Cola?- Zweifellos ein weiter Weg und unüberbrückbarer *essenzieller* Unterschied! Doch um die *Existenz* als Weltmeister im Durstlöschen geht es allemal. Die «Erwartungen des ewigen Reiches» reichen so «von den Tagen des Urchristentums bis zum modernen Kommunismus» (*Nigg* 1944, S. 7) und seinen sozialistischen Wurzeln und Sprösslingen.

Petersen (1934) weist darauf hin, dass «der Entwicklungsgang des universellen Erlösungsgedankens ... sich in der Ideologie des 19. Jahrhunderts zu (einer) Kreisform rundet und, sich spiralig höher schraubend, bis dato sechs Phasen durchlief (S. 51):

	5. Föderative Vorstellung Völkerbund Oekonomischer Mensch	**6.** Kommunistische Vorstellung Zukunftsstaat Sozialer Mensch
4. Humanitäre Vorstellung Geistesreich Theoretischer Mensch	**7.** Nationalsozialistische Vorstellung Volksreich Deutscher Mensch	**1.** Mythische Vorstellung Goldene Zeit Asketischer Mensch
	3. Imperialistische Vorstellung Weltmonarchie Machtmensch	**2.** Theokratische Vorstellung Gottesreich Religioser Mensch

Beginnend mit (1) *mythischen* Vorstellungen über ein in den Uranfängen liegendes *Goldenes Zeitalter* (Paradies), weiter zur (2) *theokratischen* Vorstellung eines künftigen (baldigen?) *Gottesreiches*, im Zusammenhang mit der (säkularen) Staatsidee dann die (3) *imperialistische* Vorstellung einer *Weltmonarchie*. In Renaissance und Humanismus gründen *humanitäre* Vorstellungen eines (4) *Geistesreiches*, in den späteren Erfahrungen der großen europäischen Kriege (5) *föderative* Ideen eines *Völkerbundes* und zeitgleich, unter Bezugnahme auf universale Klassengegensätze, die (6) *kommunistische* Vorstellung einer vom internationalen Proletariat getragenen klassenlosen *Weltgemeinschaft.*– «Aber die Ausgießung des Geistes blieb beim Zungenreden, und statt des Pfingstwunders folgte der Blutsturz», so stellt *Petersen* (S. 50) zwar rückblickend kritisch fest, verfällt im Vorausblick (im Verein mit zahllosen Zeitgenossen) dann aber erneut unheilbar treudeutscher Heilsgläubigkeit. Er ist über zeugt davon, dass eine siebente – die *nationalsozialistische* – Vorstellung des in der Nation verwurzelten *Volksreiches* unmittelbar vor ihrer Verwirklichung stehe und endlich die unendliche End(er)lösung in jenem Dritten und Tausendjährigen Reich bringen werde, das seinerseits vor fast einem Millennium unter der gleißenden Sonne Kalabriens seine Kopfgeburt erfahren hatte.[5]

Was das timing anlangte, sollte *Petersen* (1934!) Recht behalten, nicht jedoch bezüglich des in sich selbst kreisenden Fortschritts in weitere Paradiese, die mit hinreichender Regelmäßigkeit das Tor zu Höllen öffnen, wo sich dann aber erneut ein *feu sacre* zu entzünden vermag ..., das den Weg ausleuchtet ins nächste Paradies. Denn die Sehnsucht nach unendlicher Harmonie, Friede, Spaß, Gleichheit, integrativer Vereinigung, Weltumarmung, Gerechtigkeit, Sauberkeit, dem besten Kaffee und reinsten Bier kurz: der «Treue zum Mythos» (*Friedländer* 1999, S. 48) hat im Herzen Europas ihr lebendigstes Ressort.

---

5 *Gegenwärtig spielen szientistische Mythen (z.B. Im weltumspannenden Komplex von Medizin und Pharma-Industrie) eine herausragende Rolle.– Vgl. ferner: Kaku 1998, der in der Verbindung von Naturwissenschaft und Informatik das kommende Paradies erblickt.*

Das Paradies auf Erden: Eine pädagogische «Challenge»??

Fragt man nun nach Position und Bedeutung der (Heil-)Pädagogik im Laufe dieser wechselnden Paradieslandschaften, so ist – unabhängig von Inhalten und Zielsetzungen - an zwei existenziell entscheidende Orientierungswechsel zu erinnern:

Erstens an die vorgenannte Schubumkehr von einem in der Retrospektive vermuteten Goldenen Zeitalter, aus der sich die Menschheitsgeschichte als permanenter Zerfallsprozess präsentiert – hin zur Prospektion einer gloriosen Zukunft (der Rückkehr Christi, der Errichtung eines Gottesstaates ...), in deren Ausrichtung später auch der für die Moderne bestimmende Fortschrittsgedanke Gestalt annehmen konnte. Das «Es war einmal ...» des Paradieses steht uns also noch bevor!– Zweitens dessen Rückforderung aus der Transzendenz irgendeines postmortalen <Jenseits> in die Immanenz irdischer Gefilde, sowie seine Verlagerung aus Gottes Hand in die öffentlichen Hände der menschlichen Gesellschaft. Das Paradies ist hier und jetzt herstellbar. Do it yourself! Packen wir's an! Paradise now!

Erst auf Grund dieser Prämissen konnte moderne (d.h. nicht exklusiv konservierende und tradierende) Pädagogik eine Existenzgrundlage und Heilpädagogik auf ihren Heilsweg finden.– Pädagogik benötigt unabdingbar das Dreibein einer (gesellschaftlichen) *Zukunft*, einer (ideellen) *Verheißung* sowie eines (natur- und kulturhaften) *Gestaltungsraumes*. Pädagogik findet hingegen keine Existenzgrundlage *ohne* Zukunft, *ohne* Träume, *ohne* Freiheitsgrade.

Innerweltliche Verheißung eines Menschenmöglichen! wurde zur Laufbahn jener Pädagogik, die im Aufklärungszeitalter ihre Gestalt fand, zumal sich dieses programmatisch der Abschaffung tradierter (<mittelalterlicher>) Dunkelheiten verschrieb.

Als exemplarisches, vielleicht sogar paradigmatisches Zeugnis darf das Manifest von *G.E. Lessing* (1729-1781), «Die Erziehung des Menschengeschlechts», aus dem Jahre 1780 gelten.– Während *J.J. Rousseau* (1712-1778) zu Beginn der Epoche in seinem «Emile» (1762) das Seinsgute des Menschen noch als das Unversehrte Gottes Hand entnimmt und es den Pädagogen angelegentlich zur *Bewahrung* ans Herz legt - «Tout est bien sortant des mains de l'Auteur des choses, tout dégénère entre les mains de l'homme!»-, ruft *Lessing*, superlativisch beflügelt, bereits zum frischen Zugriff auf: Christus wird als <Lehrer> identifiziert und dingfest gemacht, Gottessohn zum Pädagogen verniedlicht und - bedenklicher noch! - dieser zum Christusnachfolger vergottet, dem es aufgetragen sein sollte, «das menschliche Geschlecht auf ... höchste Stufen der Aufklärung und Reinigkeit» (S. 59) zu hieven. «Sie wird kommen, sie wird gewiss kommen, die Zeit der Vollendung ... (S. 60), so ruft der um Lauterkeit sich mühende *Lessing* entzückt kurz vor seinem Tode, «sie wird gewiss kommen, die Zeit eines neuen ewigen Evangeliums» (S. 61).–[6]

---

[6] *Noch Ende der fünfziger Jahre wurde vom Freiburger Theologen Linus Bopp (1887-1971) ein Gottesstreitertum als Grundlage für die Heilpädagogik angemahnt, die, unbeirrt durch die zwischenzeitliche Sieg!Heil!Pädagogik, eine Heils-Pädagogik auf Christuspfaden sein sollte (Bopp 1958; Kobi 1999).*

Nach dem Platzen des nationalistischen und dem Welken des sozialistischen Mythos, die beide die Pädagogik des 20. Jh. erheblich mitbestimmten:– der erstere pfadfinderhaft und militaristisch aus den dreißiger bis tief in die fünfziger Jahre, der zweite aus den Sechzigern bis in die Gegenwart, (wendebedingt freilich nach rosa tendierend),– trägt uns derzeit der globalistische und marktschreierische Konsum-Mythos ins nächste Millennium.

Die Heilpädagogik leistet *ihren* inflativen Beitrag hierzu unter der pässlichen Reklameformel INTEGRATION, welche die zur <Ganzheitlichkeit> geschönte Ganzheit in den Charts hinter sich ließ.

<Integration>, einst ein handlicher, brauchbarer Struktur- und Organisationsbegriff, wucherte im Zeitraum von zwei Jahrzehnten zum globalethischen Schiboleth, heilpädagogisch zur Duftmarke und zum Anerkennungszeichen für innovative Fortschrittsarbeit.

Epidemieartig um sich greifende Wörter bedienen jeweils ein breites Spektrum verschiedenster, sogar konträrer, epochaler Bedürfnisse. Mit deren Befriedigung oder Ablösung fallen sie später auch wieder ab und werden in der Folge vor allem *emotional* nicht mehr verstanden. Dieses Schicksal erlitten z.B. die in der Pädagogik der dreißiger Jahre geläufigen Klischee-Wörter <Gemeinschaft>, <Heimat>, <Ehre>, <Wille>, <Pflicht>, <Kraft> und immer wieder und überall <Geist>; nur die «Würde» und die «Werte» überlebten als tönerne Gefäße die politischen Beben.- <Integration> formatiert und boukettiert derzeit bereits genannte, epochal lediglich aufgefrischte Erlösungssehnsüchte: Nach Gleichheit und Geschwisterlichkeit, nach innigem Zusammensein und Kommunikation, nach Verständnis und Verständigung, nach friedlicher Entgrenzung, nach Gutmenschentum in mondialer Familiarität. <Integration> trifft somit exakt ins Ungefähre und Ungefährliche, erzeugt erwartungsvolle kollektive Erregung unter Gleichgestimmten. Der Begriff fiel allerdings nicht nur ins Geschnipsel rezenter «Plastikwörter» (wie <Entwicklung>, <Fortschritt>, <wissenschaftlich> u.v.a. (*Pörksen* 1988), sondern besetzt mit dem Gewicht der Ernsthaftigkeit die Topoi der Bedingungslosigkeit der heilpädagogischen Großwetterlage im modernen «Endzeitfieber» (*Gasper; Valentin* 1997) zur säkularen Runderneuerung der Welt.[7]

Sprachputz und -putzigkeiten

Dazu gehören – historischer und pararealigiöser Erfahrung gemäß – auch Säuberungen. Mit solchen Purifikationen sind vorderhand hauptsächlich sprachtektonische Verwerfungen verbunden, indem überquellende, zunehmend auch konträre und paradoxe moralische Ansprüche und rechtliche Einforderungen Existenzialien zersprengen

---

7 *Die zerstörerischen Wirkungen (zum Teil zwangs-)integrationistischer Schulreformiererei der neunziger sind meines Erachtens keineswegs geringer als jene der Antipädagogik der siebziger Jahre. Sie sind insofern noch tiefgreifender, als sie weniger die Inhalte, als die Strukturen (das «Zentralnervensystem» der Institution <Volks-Schule> gewissermaßen) beschädigten.- Wer es sich in Kreisen des Bildungsbürgertums leisten kann, geht daher klammheimlich auf einen (Selbst-) Separationskurs mit seiner (hochbegabten) Jungmannschaft; ein Privatschul-Boom ist jedenfalls nicht zu verkennen. Betrogen wird somit einmal mehr jene <Grundschicht>, für welche sich die einstigen Revoluzzer und heutigen <Organisationsberaten vor Zeiten einmal einzusetzen glaubten.*

gemäß dem Motto: «Und willst Du nicht mein Bruder sein, schlag' ich Dir den Schädel ein!». Unbedeutete (wertneutrale) Fakten und Phänomene, ein Wissen und sogar (insgeheimes) Wissen über ein Nichtwissen, werden obsolet und verdächtig, wenn sie nicht auf Linie liegen: Zwar glaube ich zu wissen, dass Blinde blind, Dicke dick, Geistigbehinderte kognitiv beschränkt leistungsfähig sind, darf solches aber nicht mehr verlauten lassen, möglichst auch nicht mehr denken und zur gütigen Letzt nicht einmal mehr wahrnehmen. Die Sprachpolizei der Pedagogical Correctness (PC) erzwingt eine neue Wirklichkeit. Wer den Wellness-Speech mangelhaft beherrscht, kommt sich vor wie *Alice* im Wunderland oder der Dschungel-Mowgli, dem die Affenclique der Bandarlog den Spruch einhämmert: «This is thrue: we all say so!» An die Macht drängende Ideologien infiltrieren, zumal in Massenmedien-Gesellschaften, regelmäßig als erstes die Sprache. Sie ist das Einfallstor zum Denken, steuert Wahrnehmungen und Konnotationen. Das gegenwärtig ausfransende Jahrhundert zeigt eklatante Beispiele hierfür: Kommunismus/Sozialismus, Faschismus/Nationalsozialismus, Kapitalismus/Oekonomismus, Feminismus: sie alle bescherten uns neue Wörterbücher, neue Sprechblasen, Satzbaumuster, Metaphern und sind scharf darauf bedacht, nicht ideologiekompatible Linguismen auszumerzen, deren unbelehrbare Anwender ihrerseits mit einer Anti-Sprache zu verfehmen, zu prangern, zu exkommunizieren, bei härterer Gangart gerichtlich zu verfolgen, mit Strafen, Rede- und Schreibverboten zu belegen.

Nun: Die «Stockeiergrundtunke» (neudeutsch: Majonäse) und die «Geflügelte Jahresendzeitfigur» (Weihnachtsengel) samt ihren, teils auch diabolischen, Verwandten aus dem braunen und dem roten Paradies haben wir hinter uns.

Wir haben inzwischen mehr oder weniger auch unsere feministischen Sprachlektionen gelernt, das „Fräulein" abgeschafft und dafür die „Gästin" bekommen.

Momentan sensibilisieren wir uns dafür, den Zögling von vorgestern und den Klienten von gestern als unser zertifiziertes <Produkt>, zu <verkaufen> oder wenigstens kostenneutral in einer <Marktnische> out zu placen, wenn wir nicht riskieren wollen, <freigestellt> zu werden.

In Japan legen Unwortlisten für Medienleute fest, welche behindertenfeindlichen Termini, auch in Metaphern, nicht mehr benutzt werden dürfen: blind, taub, stumm, verrückt und vor allem <dumm> (*Zimmer* 1997). «Everybody has won, and all must have prizces». (*Carroll* 1992, S. 20)

Puristischen Gruppen der USA gilt bereits das Wort <Individuum> als rassistisch, da es als Ausdruck von Selbstprivilegierung empfunden wird (*Zimmer* 1997, S. 112).- So ist auch die Flucht in die Selbstdiskriminierung verbaut: Ich darf auch *mich selbst* nicht separieren im mainstream: sei's vom „very nice italian food" («Pizz'n Coke»), dem integrierten Büro-Kaffee oder dem Happy-together-Duz-Team.

Integration *soll* ein Menschenrecht sein; doch Separation bitte auch!

Die Globalvernetzer der Wellness-Tour laufen sich allerdings ins eigene Garn da, wo bemitleidenswerte Opfergruppen sich gegenseitig drangsalieren:

Die Diffamierungen können dabei Ausmaße annehmen, die jedem Universa(-Integra-tionimus ins Schienbein treten: *Zimmer* (1997, S. 121) verweist auf das Beispiel der US-amerikanischen, von Afro-Amerikanern angeführten «Nation of Islam»- Bewegung, deren Agitatoren antijüdische Stimmung machen gegen die <Jewniversities> und <Jew York>. Frauen sind von ihren Demonstrationen ausgeschlossen.

Das lähmt gleich kreuzweise: <Schwarz> /<Jüdisch> /<Frau> <Islam>. Dürfen wir(!) es zulassen, dass von uns(!) anerkannte Opfergruppen sich gegenseitig diffamieren? Oder muss man (? der Weiße Mann /*Old Shatterhand?*) mit christlicher Globalethik wieder (kolonialisierend? missionarisch? jedenfalls aus "vollster" humaner Verant-wortung) eingreifen (*durchgreifen?*)?

Doch weshalb vollzieht sich auch in den harmloseren Gefilden der Heilpädagogik das Gerangel um ein Soft Paradise vor allem auf der Sprachebene, während die Verhältnisse in der Realität manchmal ein bisschen weniger <well> sind (vgl. die Eingangszitate von Peter Hoeg)? Weil sie kostengünstig (gelegentlich sogar ausgesprochen <billig>) sind, wie *Zintmer* (a.a.O., S. 130) vermutet: finanziell, zeitlich, vor allem auch kognitiv. Sprache ist überdies flexibler handhabbar und kontrollierbar als die sog. «Umsetzung».

Folgen profanisierter Erlösungsphantasien

Auswirkungen der Projektion ursprünglich religiöser Erlösungsphantasien auf die Pädagogik im Allgemeinen und die Heilpädagogik im Speziellen, sind im Weiteren in folgenden Richtungen auszumachen:

1. In einer enormen Aufwertung, Verbreitung und Verbreiterung des Erziehungs- und Bildungswesens. Programmatische Volks-Erziehung und Volksbildung waren in ihren Anfängen politisch (auch) eine Absage an gesellschaftliches und kirchliches (Gottes-)Gnadentum und wurden zum Ausdruck der unerschütterlichen Überzeu-gung, alle alles lehren und die Menschen nach ihren eigenen Bildern formen zu können. Die Gottesbildnisse waren gestürmt, jetzt hatten alsbald die «*Menschen-bilder*» Konjunktur!

2. Nicht minder hochgespannte (Heils-) Erwartungen an die Menschenbildner und die wundersame Institution der Schule. Diese wurde zur angeblich chancengleichen Rennstrecke zu den weltlichen Konsum-Paradiesen. Lernen als Heilsweg! Wissen als Macht! Das Böse und Mangelhafte soll und kann <verlernt> oder therapeutisch ausgemerzt werden. Das Gute ist lehr- und lernbar. Die Überzeugungskraft von Vernunft und Logik bricht letztlich jeden Widerstand; *sie* sind es, die fortan Licht bringen in schwarze Kontinente und Seelen (*Sorne* 1997). Der Glaube [!] an die Institution der Wissenschaft und die (universitären) Kirchen des Rationalismus' fand nicht zuletzt in antireligiösen Sozialismen nachhaltige Anhängerschaft, unbeschadet der szientistischen Herrschaftsverhältnisse und Ungereimtheiten (*Feyerabend* 1980; 1996; 1998)

3. Eine fortschreitende Auflösung einstmals göttlicher Heiligkeit und Autorität in innerweltliche Humanitas als des dem Menschen (Zweck-) Dienlichen. Caritas (als christlicher Liebesdienst) und Therapeia (urspr. svw. <Gottesdienst>) gingen ein ins staatliche Wohlfahrtswesen und die ebenfalls verstaatlichten Vielfältigkeiten der Heil- und Heilskunde. «Der Staat» sollte fortan für das Paradies auf Erden verantwortlich sein.

4. Eine Verwandlung kosmisch-religiösen Gestimmtseins und Fühlens in «pathischer (empfangender) Haltung» (*Moor* 1958/²1960) in eine innerweltlich instrumentalisierte Moralität und ethische Sinnbewirtschaftung.- In dieser Konsequenz ist «das Gute» (was immer dieses essenziell umfassen mag) nicht mehr zu erbitten, Sünde und Vergebung sind nicht mehr einem transzendentalen Gericht und der Gnade Gottes anheimzustellen, sondern rings von unseresgleichen zu «fordern» bzw. coram publico zu «entschuldigen» und zu «outen»: nicht mehr im Beichtstuhl, sondern auf der Mattscheibe. (Es ist ja bemerkenswert, dass sich das Altwort «Sünde» nur noch im Zusammenhang mit Verstößen gegen Verkehrs- und Diätvorschriften gehalten hat).

5. Moral wurde so zum selbstgestanzten Paradies-Ticket. Wir ersticken nachgerade denn auch in glanzvollen Resolutionen, Forderungskatalogen, ethischen Appellen, Ethikkommissionen und Kommissionsethiken. Wir widerspiegeln uns tausendfach in uns selbst, in maßgeschneiderten Leitbildern, kontrollieren und sichern «Qualitäten», egal wie es um *deren* Qualität bestellt sein mag.[8] «Meinungssoldaten» (*Walser* 1998) und Platzanweiser aus der Riege der pedagogical correctness schützen uns vor Diskriminierung, Rassismus, Segregation, vor Frauen-, Behinderten- und Fremdenfeindlichkeiten, lässlichen und unerlässlichen Sünden. Sie bewahren uns vor Vorurteilen, halten uns offen und flexibel, versuchen nicht mehr nur unsere Meinungen zu kneten, sondern steuern bereits unsere Wahrnehmungen. «Es gibt keine Alternative zur Integration des Fremden!»[9] «Geistigbehinderte gibt es nicht!» Und Behinderte gibt es anständigerweise überhaupt nicht mehr, nur noch «Menschen mit …». Dafür gibt's zuhauf Rassisten, Faschisten und Grufties. Das höllische Paradies steht unter gutmenschlicher Leitung; l'enfer ce sont les autres. Positiv immerhin die konsumpädagogische Botschaft: «Haribo macht Kinder froh!»

6. Paradiese entbergen sich nach altem Brauch aus Chaos und Verderbnis; vor jedem Paradies findet daher eine Apokalypse statt. Gegenwärtig wird eine solche weniger

---

8 «Everything's got a moral, if only you can find it» (Carroll 1992, S. 75).
   An die Stelle politischer und/oder wissenschaftlicher Diskussion tritt zunehmend eine moralistische. Hans Magnus Enzensberger beklagt in der Zeitschrift «Der Spiegel» (Hamburg, 1998, Nr. 51, S. 218) «eine Moral, die sich vor allem durch ihre Penetranz auszeichnet» und hegt Zweifel an deren Konsistenz: «Wie, wenn an der Menschenliebe, mit der wir es zu tun haben, etwas Beängstigendes wäre?»-. Selbst der Direktor des Schweizer Fernsehens, Peter Schellenberg, ärgerte sich neulich über «die bigotte Moralisiererei in der Medienszene» (Neue Luzerner Zeitung, Nr. 48, 27. 02. 1999)
9 *Sturny-Bossart, G. (1999): Keine Alternative! In: Schweizerische Zeitschrift für Heilpädagogik, Luzern, Nr. 3, S. 1*

von Kanzeln, dafür umso deftiger von medial Schaffenden (aus unerfindlichen Gründen «Moderatoren/Schlichter» genannt) ins Bewusstsein massiert. So als:

- zunehmende Diskriminierung und Ausbeutung der Behinderten - bei angeblich steigenden Sozialaufwendungen
- ständig steigender Leistungsdruck – bei angeblich boomendem Ferien- und Freizeitgeschäft
- ständig steigender Spardruck – bei angeblich steigenden Ausgaben und Defiziten
- verheerende Massenarbeitslosigkeit – bei angeblicher Personalknappheit in verschiedenen Dienstleistungsbereichen
- zunehmender Zerfall moralischer Werte und ständig wachsende Gewaltbereitschaft – bei angeblich intensiv qualifizierter Gewaltprävention und beachtlichen therapeutischen Aufwendungen
- zunehmende Verarmung breiter Volksschichten – bei angeblich steigendem Konsumismus
- zunehmende Unterdrückung, Vergewaltigung, Diskriminierung der Frau – bei angeblich progressiver Frauenpolitik
- Zunahme von Rassismus, Fremdenfeindlichkeit, Ausländerhass und kriegerischen Auseinandersetzungen – bei angeblich umfassenden Globalisierungs- und Integrationsbestrebungen und alles umsäumt von unbestreitbar ungeheuren Dunkelziffern.

Und so steigt denn das ständig Steigende ständig, und es ist, als ob das Gutgemeinte das Böse gebäre[10], das gleißende Licht die Dunkelheit immer dunkler erscheinen ließe.

Martin Walser (1998), der es wagte, in seiner Rede als Friedenspreisträger öffentlich Zweifel an seiner eigenen Wahrnehmungsfähigkeit für den vermittelten Horror (nicht an der präsentierten Apokalypse, bewahre!) zu äußern, wurde postwendend scharf getadelt für seine altersstarrsinnige Uneinsichtigkeit und mangelnde Sensibilität.[11']

Ich fürchte, ebenfalls am Walser-Syndrom, dieser altersbedingten Fehl-, Schwach- und Röhrensichtigkeit zu leiden, da ich vieles von dem, was mir täglich «kommuniziert» wird, nur (noch) andeutungsweise und arg herabgemildert zu erkennen vermag.-

Möglich freilich auch, dass der diensthabende Moralismus reale, konkrete und aktuelle Nöte zu einem allumfassenden Notzustand emotionalisiert, skandalisiert und prangert, wodurch er ein für ihn gedeihliches Biotop unterhält?[12] - Es ist

---

10 Feuser, G. (1996): *Geistigbehinderte gibt es nicht! Zeitschrift Geistige Behinderung*, Marburg, S. 18-25
11 vgl. dazu die mentalitätsgeschichtliche Studie von Stephan, Cora (1998) über Formen der Kriegsführung.
12 Wer sich nicht zur Universal-Moral der Presse-Pressure-Groups bekennt, wird kaum mehr argumentativ angegangen, sondern, wie in jüngerer Zeit z.B. Peter Sloterdijk, Peter Handke, Martin Walser, moralisch exekutiert.
Dies wiederum weckt im Verfehlten ein Gefühl des «dépaysement»: des «Außer-Landes-geraten-Seins», der Entfremdung <von den Leuten>, der Befremdnis in der eigenen Heimat: Der Desintegration!- (Handke (1996), *Eine winterliche Reise zu den Flüssen Donau, Save, Morava und Drina* (Frankfurt, Suhrkamp).

jedenfalls «differentialdiagnostisch» extrem schwierig und heikel geworden, im lauten Gekreisch der Anklageweiber und -männer noch das Seufzen des Einzelnen zu vernehmen.[13]

7. Freilich lernten auch Heilpädagogen, sich zu veropfern (viktimisieren), sich reihum Schuld und Schuldigkeit in die Schuhe zu schieben und Opfergruppen zu organisieren. (Böse Zungen behaupten, dass dies der Heilpädagogen Vorliebe für offene Birkenstocksandalen erkläre). Zum Stereotyp des armen Bergbauern sind ja längst auch die Velofahrer und Alleinerziehenden, die Anderweitig-Begabten (inklusive Hochbegabten) und die Quer-Fühlenden, die misshandelten Frauen und die abgezockten Männer und viele, viele andere gestoßen. Und täglich, so scheint es, werden es mehr. *Walser* (1998, S. 23) bezeichnet denn auch das ausgehende Säkulum, diesbezüglich ungescholten, als das Jahrhundert der sozialen Gewalttätigkeiten.

Und ausgerechnet hier und jetzt gilt es, die schlanke, flache, flexible und vor allein kostenneutrale «Qualität» zu sichern, wie man uns aus der Oekonomiebranche für teures Geld weis macht. Doch welche? Wessen? Womit? und vor allem: Durch wen?- Wäre es nicht an der Zeit, dass endlich wieder Pädagoginnen und Pädagogen das Steuer übernähmen auf diesem Schiff, in dem sie selber knöcheltief stehen?- Ist es nicht ein Armutszeugnis für die Pädagogik, dass sie sich von Köfferli-Beratern[14] ins Schlepptau nehmen, durch Pädagogische Provinzen, manchmal auch Potomkinsche Dörfer, kutschieren (coachen) lässt?- Nehmen Sie, liebe Kolleginnen und Kollegen, das Heft wieder in die Hand, bevor andere (wieder!) zum Tatzenstecken greifen!

Marginalien zu einer skeptischen (Heil-)Pädagogik

Heilpädagogik, die sich mit außer-ordentlichen Seins-, Verhaltens- und Präsentationsweisen und entsprechenden Daseinsgestaltungsmöglichkeiten zu befassen hat, steht notwendigerweise dem existenziellen Pol (des Seins) näher als dem essenziellen (des Habens). Dies augenfällig in Extremsituationen, wo z.B. Schwerstmehrfachbehinderten nur noch ein Minimum von Inhalten (Wissen und Können) vermittelt werden kann und Existenzsicherung sich in gemeinsamer Daseinsgestaltung zu vollziehen hat.

Das Signalement Existenzieller Pädagogik lässt sich daher – seit den Tagen des Sokrates, der in der Art des *Vollzugs* (d.h. seiner Pragmatik, vgl. *Figal* 1998) und seiner Haltung als deren Stammvater gilt – mit folgenden Strichen verdeutlichen:

---

13 *Handke spricht diesbezüglich von der «Parasitenfrage» (a.a.O., S. 74): «Wie war oder ist das tatsächlich?» Wer jedoch nach der <altera pars>, den Argumenten der Gegenseite, fragt, «Akteneinsicht» wünscht, einen persönlichen und un-vermittelten, (nicht bereits <moderierten>) «Augenschein» nehmen möchte, Relationen und Relativitäten zur Debatte stellt, soziale und historische Kontextverhältnisse mitberücksichtigt ..., der wird durch Political Correctness oft sehr spontan der unsensiblen Abwiegelei, mangelnder Flexibilität im visionären «Blick nach vorn», der bürokratischen Kompliziertheit und sturen Nörgelei bezichtigt. Und der herzlosen Vorurteilsverhaftung obendrein.*

14 *«Die neuen Bildungsökonomen und -bürokraten, die Organisationsentwickler und Leistungsoptimierer, die Evaluationisten und Fragebögler, die Erbsenzähler und Batzenklemmer, sie alle geben vor, die beste aller Schulen zu schaffen...» (Göldi, E., Zeitschrift: Sektor Erziehung, Basel, 1999/2). Vgl. auch: O'Shea, J.I.Madigan, Ch. (1998), Berater mit beschränkter Haftung (München: Heyne)*

- Pädagogischer Ausgangs- und Augenpunkt ist die Existenz einer *Person* (*Kobi* 1988), die zur Verwirklichung ihrer *Geschichte* auf die affirmative (d.h. sie dadurch bestätigende) Befriedigung und Befriedung ihrer artspezifischen (humanen) Bedürfnisse (basic needs) angewiesen ist (*Kobi* 51993). Erziehung hat somit *Kultur* (gemeinsame Formen der Daseinsgestaltung) zur Voraussetzung und ist ihrerseits Ausdruck einer solchen. Pädagogik ist nicht einfach angewandte (Lern-)Psychologie!, sondern hebt an mit einer *Aufgabe*. Lernen und Lehren (desgleichen Vergessen und Ausklammern) haben Sinnstiftung Wertbeimessung und Zweckbestimmung zur Voraussetzung und sind als solche Ausdruck hievon: all dies in der essenziellen, «empirischen» Vielfalt der *Kulturen* und im epochalen Wandel der *Geschichten*.
- (Existentielle) Pädagogik (*Kobi* 1966) ist eine Konsequenz der Aufklärung nicht nur im historischen Sinne, sondern auch im Sinne einer an keinen bestimmten „Zeitabschnitt *gebundenen Selbstpositionierung*. Damit bezeichne ich eine Haltung, aus der heraus ein Mensch sich lossagt von einem als prinzipiell, unbedingt und durchgehend gegeben geltenden, vorbestimmten und unveränderbaren Schicksal göttlicher, naturhafter oder sozialer Konvenienz und für sich einen freien Gestaltungsraum reklamiert, das Gegebene als Aufgegebenes auf sich nimmt im Blick auf ein ihm Verheißenes, wie *Moor* (1958; ²1960) es in seiner Begrifflichkeit zum Ausdruck bringt. Pädagogik betrifft ein Unterfangen, Leben auch selbstverantwortlich in die Hand zu nehmen, aus eigenem Antrieb zu gestalten und sich in kultureller Ausrichtung weder Religion noch Staatsdoktrin bedingungslos zu unterwerfen (*Burckhardt* 1978).– Zwischen *Sokrates*' «Daimonion» – einer innern Stimme, die ihn vor das Selbst gefährdenden Entscheidungen warnte (*Figal* ²1998) – und dem vergleichbar funktionierenden «Radargerät» des «Innengelenkten Menschen», wie ihn *Riesmarr* (1958) portraitierte, liegen zwar rund 2300 Jahre, während derer sich die religiösen, politischen und sozialen Essenzialien mächtig veränderten, ohne freilich den «existentiellen Kern» (*Bollrrow* 1959) zu tangieren. Existenzielle Pädagogik verbindet sich daher nach wie vor mit einem Anspruch auf Freiheit, Befreiung, Entfaltung, Emanzipation, Selbstbestimmung …, was auch immer mit diesen Etiketten im sozialpolitischen Wandel essenziell und konkret assoziiert werden mochte.
- Existenzielle Pädagogik ist nicht nur reflexiv, sondern auch reflektierend. Sie bestätigt den andern permanent dadurch, dass sie ihn auf sich selbst verweist und nicht auf Instanzen, Autoritäten oder auf bedingungslose Wahrheiten, die als Kataloge, Katechismen, Bekenntnisse, vorschriftgemäße Menschenbilder und Lehrpläne verbindlich zu verinnerlichen sind. Existenzielle Pädagogik betreibt keine Proselytenmacherei und zieht keine «Schule» hinter sich her. – Existenzielle Pädagogik ist transparent und offen.– Ihr Wissen ist ihr Wissen, ihr Glaube ihr Glaube, ihr Scheitern ist ihr Scheitern in der Widerspiegelung wiederum ihres «Zöglings». Das Pragma des Pädagogen ist Widerspiegelung.
- Damit korrespondieren ihre Aporie (aporos, grch. <ratlos>; die Unmöglichkeit, letzte Fragen nach menschlichem Sein und Werden endgültig zu beantworten) und *Dialektik* (Zwiegespräch/Streitgespräch; sich in Rede und Gegenrede einer Wahrheit nähern):

Aporie dahingehend, dass ihre Antworten permanent fragwürdig bleiben und neue Fragen aufwerfen. Existenzielle Pädagogik kennt keine End(er)lösungen. *Dialektik* ihrerseits gewährleistet diese offene Bewegung. Konkret: Solange Kinder trotzen und widerständig sind, findet Pädagogik statt (von welcher essenziellen Qualität auch immer!). Wo Jugend «abgestellt», zum Schweigen und Kuschen gebracht wird, ist existenzielle Pädagogik weg vom sprichwörtlichen Fenster und im Extremfall bereits entsorgt –, währenddessen ihr essenzielles Janusgesicht im fehlerfreien Hersagenlassen von Glaubensbekenntnissen und Doktrinen, von Manifesten und Führerbefehlen, von patriotischen und moralischen Schönreden Triumphe feiern mag.

-   Existenzielle Pädagogik kennt kein Fixativ.– *Skepsis* und *Ironie* sind ihr Überlebenshilfe im Matsch der Fakten und Realitäten, der Tatsachen und Meinungen, des Wissens und der Gewissheiten.– *Skepsis* ist weder Misstrauen noch Zauderei. Sie bedeutet kritische Distanz gegenüber den Gloriolen sowohl wie gegenüber den Verdammnissen des Zeitgeistes.[15] Sie ist pessimistisch gegenüber in Aussicht gestellten Paradiesen, aber durchaus optimistisch hinsichtlich der angedrohten Höllen. «Die skeptischen Argumente wollen nicht überzeugen, sondern verunsichern ... Das Ethische soll als Amalgam, als hybrides, inkonsistentes Gebilde erwiesen werden» (*Ricken* 1994, S. 161). Widerpart einer «skeptischen Lebensform» (a.a.O., S. 105) sind Dogmatismus, Fanatismus, Fundamentalismus. Es gehörte daher immer wieder zum Schicksal der Skepsis, zwischen den Fronten vielfältiger Einfalt zerrieben zu werden oder doch zwischen Stuhl und Bank zu fallen: Auf den Boden, immerhin. Skepsis ist also in alter und konkreter Manier «peripatetisch», d.h. sie hält sich durch Hin- und Herlaufen auf dem Laufenden. Eine solche «Pädagogik unterwegs» läuft auch weniger Gefahr, an- und aufsässig zu werden.– Skepsis ist auch nicht Unglaube. Im Gegenteil: Skepsis glaubt alles, sogar das jeweilige Gegenteil – Sie ist weder gottlos noch moralisch indifferent. Im Gegenteil: sie ist polytheistisch, respektiert die Gottheiten auch der andern und interessiert sich sogar angelegentlich für diese: dies im Wissen darum, dass menschliche Daseinsgestaltung weit mehr durch Glauben als durch Wissen bestimmt wird. (Wissenschafter und Atheisten nicht ausgenommen).– *Ironie* ihrerseits ist nicht Hohn und Spott, sondern bewusst gesetzte oder aufgedeckte Mehrdeutigkeit. Ironie ist schillernd bewegte Farbe, die daran erinnert, dass wir in der Welt unserer *Erscheinungen* leben, der interindividuellen Ähnlichkeiten und nicht der statischen Kongruenz und Objektivität. Auch Ironie ist eine Haltung, die Toleranz nicht predigt, sondern *Toleranzen* zulässt und einberechnet, weil ihr Inter-Aktheit mehr bedeutet als Ex-Aktheit.

---

15 *Insbesondere «der Stil der Wissenschaft ist ... unbegrenzte Skepsis», wie Zimmer (1997, S. 116) feststellt.– Doch diesbezüglich rutschte auch Heilpädagogik unter dem moralistischen Gesinnungseifer des Integrationismus z.T. in bedenkliche Formen der «Programmforschung».*

16 *«Weltbilder ... verkleinern unsere Wirklichkeit», so stellt Feyerabend (1998) fest, was insbesondere auch auf sogenannte «Menschenbilder» zutrifft, um die sich gelegentlich ausgerechnet Heilpädagogen bemühen, denen kein «verbilderter», sondern ein weiter Horizont zu wünschen wäre.*

- Existenzielle Pädagogik hat schließlich sogar, falls sie nicht essenziell zugeschüttet und mit plakativen „Menschenbildern" verklebt wird, die Chance, Einsicht zu gewinnen in (naturhafte, kulturelle und politische) Beschränktheit und (persönliche, vielleicht auch schicksalshafte) Unzulänglichkeit.- «Reif» (im Sinne von *Moor* 1971) wird sie da, wo sie Bewerkstelligungs-, Herstellungs-, Verbesserungsdrängelei mäßigt, ihre Fehler- und Verfehlungsjagden, Säuberungsaktionen reduziert, sogar die «Wut des Verstehens»[17], wie *Friedrich Schleierlacher* (1768-1847) sagt, kühlt und auch Unverständliches und Imperfektes gelten lassen kann. «Fünfe grad' sein lassen» kann in der Tat, wie *Figal* ('1998) im Blicke auf *Sokrates* meint, ein Zeichen von Weisheit sein.

Moeller van den Bruck (1923; ³1930) beendet sein orgiastisches Opus magnum zur bevorstehenden Geburt des von ihm glühend erwarteten Dritten Reiches deutscher Nation mit einer Ermahnung an der europäischen «Schwelle der Werte», und er schließt mit den apokalyptischen Worten: «Das Tier im Menschen kriecht heran. Afrika dunkelt in Europa herauf» (1930, S. 245).

Und so freue ich mich denn als demnächst dem Heil der Pädagogik entronnener Kriechtierliebhaber auf Ferien bei meinen Schildkröten unter dem dunklen Licht der Zimbabwe'schen Sonne.

Poetisches Résumé

Ich komme zum Schluss und lasse zusammenfassen von zwei Stimmen, die gegensätzlicher nicht sein könnten und dennoch beide in höchster Verdichtung das auf den Punkt bringen, worüber ich in umständlicher Breite referierte:
Über die Anmut der Unvollkommenheit und die Liebe zum Halbschatten.

Robert Gernhardt (* 1937; deutscher Schriftsteller und Cartoonist):

Ich sprach
Ich sprach nachts: Es werde Licht!
Aber heller wurd' es nicht

---

17 *Klaus Eder (1999) macht in einem scharfsinnigen soziologischen Essay darauf aufmerksam, «dass interkulturelle Kommunikation nicht unbedingt Verstehen bedeutet» (S. 76), ja dass (zumal moralistisch aufgesetztes) Verstehenwollen nicht nur keine irenogene (= friedenserzeugende), sondern sogar eine polemogene (= kriegserzeugende) Wirkung hat: «Die Idee des Konsens ... befördert den Krieg und nicht den Frieden; sie hat eine polemogene und keine irenogene Funktion» ... Frieden kann man nur ohne Konsens haben (S. 77), Kommunikation kann nur gelingen, wenn sie auf Dissens hin ausgelegt ist» (S. 78) und dieser «Dissens [ist] politisch zu sichern» (S. 79). Das heißt: Man muss («endlos») streiten können/dürfen über unterschiedliche «Essenzialien» (Moralia, Anschauungen, Geschmacksrichtungen...), und es ist dieser Streit, der die Existenzialien am Leben erhält. Das Aufdrängen von Wahrheit, Moral, Werten, Sinngehalten, Kultur, Humanität, Freiheit (!), Wirklichkeit und jede Form der Nostrifikation (<Uns-Angleichung>) kann sich zur lebensbedrohlichen Gewalttätigkeit steigern ... wenngleich im Namen all des Vorgenannten.*

Ich sprach: Wasser werde Wein!
Doch das Wasser ließ es sein.

Ich sprach: Du Lahmer kannst geh'n!.
Doch er blieb auf Krücken steh'n.

Da ward auch dem Dümmsten klar,
Dass ich nicht der Heiland war.

Silja Walter [* 1919; Schweizer Benediktinerin im Kloster Fahr] (aus einem Gebet, in: *Gasper/Valeiciin* 1997, S. 238)

Wachen ist unser Dienst. Wachen.
Auch für die Welt
Sie ist oft so leichtsinnig,
läuft draußen herum,
und nachts ist sie auch nicht zu Hause
Denkt sie daran dass du kommst?

Dass du ihr Herr bist und sicher kommst?

Herr,
und jemand muss dich aushalten,
dich ertragen, ohne davonzulaufen.
Deine Abwesenheit aushalten,
ohne an deinem Kommen zu zweifeln.
Dein Schweigen aushalten
und trotzdem singen.
Dein Leiden, deinen Tod mit aushalten
und daraus leben.
Das muss immer jemand tun mit allen anderen
Und für sie...

Literatur

Bollnow, O.F.: Existenzphilosophie und Pädagogik. Stuttgart: Kohlhammer, 1959
Bopp, L.: Heilerziehung aus dem Glauben. Freiburg: Herder, 195
Brentjes.c, B.: Der Mythos vom Dritten Reich. Drei Jahrtausende Sehnsucht nach Erlösung. Hannover: Fackelträger, 1997
Burckardt, J.: Weltgeschichtliche Betrachtungen. Stuttgart: Kröner, 1868/7U, 1978
Carroll, L.: Alice in Wonderland. Hertfordshire: Wordsworth, 1865, 1992
Cuhn, N.: Das Ringen um das Tausendjährige Reich. Revolutionärer Messianismus im Mittelalter und sein Fortleben in den modernen totalitären Bewegungen. Bern: Francke, 1961

Eder, K.: Polemogene und irenogene Folgen interkultureller Kommunikation – Überlegungen zu einer Politik der Begegnung in Europa. In: Dibie, P.; Wulf CJr. (Hrsg.): Vom Verstehen des Nichtverstehens. Frankfurt: Campus, 1999

Feyerabend, P.: Thesen zum Anarchismus. K. Kramer: Berlin, 1996

Feyerabend, P.: Erkenntnis für freie Menschen. Frankfurt: Suhrkamp, 1980

Feyerabend, P.: Widerstreit und Harmonie. Wien: Passagen, 1996

Figal, G.: Sokrates. München: C.H. Beck, 1998

Finkielkraut, A.: Verlust der Menschlichkeit. Stuttgart: Klett Cotta, ²1999

Foucault, M.: Die Geburt der Klinik. Frankfurt: Fischer, 1963, 1988

Foucault, M.: Überwachen und Strafen. Frankfurt: Suhrkamp, 1975, 1994

Friedhinder, S.; Reemtsma, J.Ph.: Gebt der Erinnerung Namen. München: Beck, 1999

Gasper, H.; Valentiit, F.: Endzeitfieber. Freiburg: Herder, 1997

Gernhardt, R.: Reim und Zeit. Stuttgart: Reclam jun., 1999

Hoeg, P.: Der Plan von der Abschaffung des Dunkels. Hamburg: Rowohlt, 1993, 1995

Kaku, M.: Zukunftsvisionen. München: Lichtenberg, 1998

Kobi, E.E.: Die Erziehung zum Einzelnen. Eine Skizze zum Problem existenzieller Erziehung. Huber: Frauenfeld, 1966

Kobi, E.E.: Personorientierte Modelle in der Heilpädagogik. In: Bleidick, U. (Hrsg.): Theorie der Behindertenpädagogik. Handbuch der Behindertenpädagogik Bd. 1. Berlin: Marhold, 1985

Kobi, E.E.: Grundfragen der Heilpädagogik. Bern: Haupt, ⁵1993

Kobi, E.E.: Heilpädagogisch-theologisches Denken. In: Dohrenbusch, H.; Blickenstorfer, J. (Hrsg.): Allgemeine Heilpädagogik, Bd. I. Luzern Edition SZHISPC, 1999

Lessing, G.E.: Die Erziehung des Menschengeschlechts. München: dtv, 1780, 1997

Marquard, O.: Abschied vom Prinzipiellen. Stuttgart: Reclam jun., 1981

Moeller van den Bruck, A.: Das dritte Reich. Hamburg: Hanseatische, 31431

Moor, P.: Heilpädagogische Psychologie. Bern: Huber, '1960, 1958

Moor, P.: Selbsterziehung. Bern: Huber, 1971

Nigg, W.: Das ewige Reich. Zürich: Rentsch, 1944

Petersen, J.: Die Sehnsucht nach dem Dritten Reich in deutscher Sage und Dichtung. Stuttgart: Metzler, 1934

Pörksen, U.: Plastikwörter. Die Sprache einer internationalen Diktatur. Stuttgart: Klett Cotta, 1988

Ricken, F.: Antike Skeptiker. München: Beck, 1994

Riesrnan, D.: Die einsame Masse. Hamburg: Rowohlt, 1950, 1958ff

Some, iY1.P.: Vom Geist Afrikas. München: Diederichs, 1994; '1997

Stephan, Cora: Das Handwerk des Krieges. Hamburg: Rowohlt, 1998

Walser, M.: Friedenspreis des deutschen Buchhandels 1998. Ansprache aus Anlass der Verleihung. Frankfurt: Börsenverein, 1998

Zimmer, D.E.: Deutsch und anders. Hamburg: Rowohlt, 1997

6 Vom Grenznutzen des Utilitarismus und den Nutzungsgrenzen des Inutilen

aus: Mürner, Ch. [Hrsg.] (1991), Ethik – Genetik – Behinderung
(Luzern edition szh) S. 51-73

*Sind Sie mit dem erzielten Preis von zehn
Millionen Dollar zufrieden?
Ja.*

*Herr Rudolf Staechelin, Basel, nach dem Verkauf seines
Bildes von Gauguin „Entre les Lys", in einem Interview
der BAZ vom 17. November 1989*

Prolog: Die Zufriedenheit des Herrn St. aus B.

Der Materialwert des Gauguin-Bildes, das R. St. zufrieden stellend für 10 Millionen US $ verkaufte, ist kaum in Rappen anzugeben. Und wollte man Gauguin einen zeitgenössischen Arbeitslohn anrechnen, so wäre dieser keine Zeitungsmeldung wert. Utilitaristisch betrachtet tätigte St. ein praktisch nutzloses Tauschgeschäft: farbige Leinwand, hübsch anzusehen zwar, gegen eine Unmenge grüner Papierschnipsel, ihrerseits zu nichts zu gebrauchen. Lein- und Aufwand, Mitteilung und Augenweide können es also nicht sein, was zur ziemlichen Transaktion des R. St. anstand. Doch was hat St. denn verkauft? Weder Materie noch Leistung, sondern Geltung. Ein Stück farbige Leinwand, durch Rahmung zum Kunstwerk definiert, das nun seinerseits den Besitzer adelt in den Augen derer, die glauben, dass es das tut.
Utilitarismus erweist sich als außerstande, das Unnütze und Nutzlose zu bewältigen. Kunsthändel und -handel gedeihen dennoch prächtig. Mit dem Nutzlosen und Verzichtbaren lässt sich, wie Herr St. aus B. überzeugend darlegt, zufriedenstellend preisen.

Nekrolog: Peter Singers Unperson

Peter Singer, ein in Melbourne lehrender Philosoph und Vertreter eines modernistischen Utilitarismus, veröffentlichte 1979 eine Schrift, die 1984 unter dem Titel „Praktische Ethik" ins Deutsche übertragen wurde. Singer handelt in seinem Buch aktuelle Themen ab, so unter anderen jene der Abtreibung und der Euthanasie.

Es dauerte dann allerdings geraume Zeit, bis Heilpädagogen, die auf derartige Fragen hochsensibel zu reagieren pflegen, fündig wurden. Erst im Zusammenhang mit einer zum Platzen gebrachten Veranstaltung mit Singer im Schoße der Deutschen Lebenshilfe-Vereinigung wurde in weiteren Kreisen ruchbar, dass ein fern verwandter Antipode offenbar altdeutsche Wunden aus der Zeit des Dritten Reiches aufkratzte. Die „Sinscher-Debatte" war eröffnet.

Die von Singer vorgetragenen Thesen lauten in Bezug auf das heilpädagogische Reizthema „Lebensunwertes Leben", stark gerafft, wie folgt:
Rationalität, Autonomie und Selbstbewusstheit sind die entscheidenden Kennzeichen menschlicher Personhaftigkeit. Die biologische Zugehörigkeit zur Gattung Homo (sapiens) reicht hierzu nicht aus. Embryonen, Säuglinge und schwerstbehinderte Kinder lassen diese Auszeichnungen vermissen und sind daher (noch) keine Personen.
Unpersonen bzw. Noch-nicht-Personen sollen nicht denselben Rechtsschutz beanspruchen dürfen wie Personen. Sie sind diesbezüglich vergleichbar mit Hühnern. Schweinen und ähnlichem Getier, das zwar leidensfähig ist, sich aber nicht über sich selbst ins Bild zu setzen vermag. Derartige Wesen müssen zwar nicht, können jedoch getötet werden, ohne dass damit zwangsläufig Unrecht verbunden ist.
(Behinderte) Embryonen, auch Säuglinge, sollen mit Einwilligung bzw. auf Wunsch der Eltern getötet werden dürfen (p. 179ff.), zumal dann, wenn keine „äußeren Gründe" (wie Gefühle nahestehender Menschen) dagegen sprechen und sich niemand findet, der ein solches Kind zu adoptieren bereit ist: wenn sich also alle von ihm losgesagt haben und es damit bereits einem sozialen Tod zum Opfer fiel.
Schwere Behinderungen (genannt werden geistige Behinderung, Spina bifida und Hämophilie) sind mit Unglück und Leid verbunden: dies sowohl für die unmittelbar Betroffenen wie auch für ihre Angehörigen. Eltern soll es daher nicht verwehrt sein, eine behinderte Unperson zu ersetzen, d.h. durch deren Tötung quasi Platz zu schaffen für ein gesundes, glückliches und beglückendes Kind (p. 183ff.).
Ethisch geboten, zumindest verantwortbar sind in der Sichtweise Singers generell Handlungsweisen, die Personen Leid ersparen und/oder zu ihrem Wohlbefinden beitragen.

Persönlich beurteile ich die Darstellungen Singers über weite Strecken als oberflächlich-verplaudert, die herangezogenen Beispiele als ungeeignet, seine Vergleiche geschmacklos und sein Buch insgesamt nicht dem Stand der Diskussion entsprechend. Peinlich finde ich aber auch die verschreckten Reaktionen traditionalistischer

Heilpädagogen, die gegen einen vermeintlichen Adolf redivivus Sturm laufen. Als ob Geschichte je ihre eigene Kopie war, der Teufel nicht im akribischen Detail, sondern in der großen Phrase stecke und derselbige nicht die Angewohnheit hätte, im zeitgenössischen und futuristischen Gewande aufzutreten.

Nach meiner Lesart

- stiftet Singer nicht zum Kindermord an. Der Entscheid über die Akzeptanz ist ausschlaggebend. Wer immer ein Kind in pflegliche Obhut nehmen kann und will, soll das Sorgerecht dafür erhalten. Eine enorme Herausforderung für die Heilpädagogik und die Hüter menschlichen Lebens!

- ist Singer kein „Faschist". Seine Argumentation ist weder rassentheoretisch noch sozialdarwinistisch, weder materialistisch noch volkspolitisch-nationalistisch. Seine Begründungen zielen darauf ab, personales Leid zu vermindern, das durch das Leiden von Wesen bedingt ist, die außerhalb personaler Existenzwahrnehmung stehen.

- steht Singer mit seinem Personenbegriff in alter angelsächsisch/angloamerikanischer Tradition, die, zumal in der Psychologie, nur einen empirischen Personbegriff kennt, der eher unserem Begriff der Persönlichkeit nahe steht. Eine transzendentale, „un-bedingte", von vornherein zu würdigende und unverletzliche Person kennt dieser immanentistische Empirismus nicht (Kobi, 1985, p. 223 ff.).

- bietet Singer im Wesentlichen vertuschelte Alltagstheorie und -praxis, wie sie Heilpädagogen aus dem Umgang mit Eltern, Behörden, Politikern vertraut sind. Singer versucht eine Art ethische Rechtfertigung dessen, was usus ist. Seine Diktion ist denn auch eher die des Rechtsanwaltes eines Großkonzerns als die eines Philosophen oder auch nur eines rapportierenden Ethnologen.

Die pädagogische „Prüfungsfrage" gegenüber Vereinnahmungsversuchen durch Weltanschauungsideologien hat sich nun aber vorab auf totalitäre (alles), absolutistische (nur) und ewigkeitliche (immer) Anmaßungen zu richten. Erziehung lebt aus Vergleich, Relation, Spannung, Differenz. Sie ist gewissermaßen „räumlich" und löst sich durch Punktualität und Linearität auf.

Der Utilitarismus hat – in sehr verschiedenen Auszeugungsformen – eine lange Geschichte und wurde in dieser immer wieder als ephemere Rechtfertigungsideologie für geschäftüchtige Gebren herangezogen oder auch missbraucht als Philosophie des „Gschaftlhubers". Dass er in der Produktions-, Konsum- und Wegwerfkultur der postkapitalistischen Gesellschaft gedeihliche Verhältnisse vorfindet, dürfte nicht überraschen. Diesbezüglich ist Singer durchaus up- to- date.
Utilitarismus ist im Vergleich zu idealistischen, sich transzendental legitimierenden Ideologien und Religionen seinem Wesen nach allerdings harmloser, da er sich per-

manent selbst ins Wort fällt und in die Quere kommt. Ein fundamentalistischer und egozentrischer Utilitarist ist eine contradictio in adjecto, weil er ohne Geschäftspartner implodieren würde.

Es ist für den Utilitaristen unumgänglich, Unterschiedliches zu rechtfertigen, wann immer etwas irgend wofür beglückend ist und geschäftlichen Schaden abwendet. Dies führt zwangsläufig zu Widersprüchen und Ungereimtheiten, wie sie auch das real existierende Behindertenwesen charakterisieren, dessen zumeist religiös-konfessionelle, existenziell-philanthropische, ethisch-philosophische oder staatspolitisch-nationale Präambulatorik in der utilitären Praxis Brechungen jedweder Art erfährt.

Ich vermute daher, dass die Entrüstung, die Singers „Praktische Ethik" im Behindertenwesen auslöste, zu einem guten Stück darauf zurückzuführen ist, dass sie der „praktizierten Ethik" der Konsumgesellschaft kongruent ist, während die Heilpädagogik gleichzeitig traditionellerweise einer „idealistischen" Sittlichkeitslehre anhängt. Diese mag zwar der internen Appellation und Erbauung dienlich sein. Es zeigt sich jedoch, dass sie hinsichtlich der Alltagspraxis und Alltagstheorie nicht selten durchdreht und nicht mehr greift: Wenig begreift und umgreift, kaum mehr ergreift und eingreift, sondern weitum abgegriffen wirkt oder auf dem Niveau sentimental-berechnender Wohlfahrtsreklame und Spendegrafik einrastet.

So, wie die teleologische (wozu?) den immanentistischen Utilitarismus zum Transzendieren nötigt, zwingt die methodische Frage (wie?) den emanentistischen Idealismus zu Boden.

Schönberger (1990) spricht in diesem Zusammenhang von einer „utilitaristischen Privatphilosophie des gesunden Menschenverstandes", derer sich auch die Heilpädagogik bedient, wenn sie z.B. Behinderte „paradoxerweise als nützliches Korrektiv des Nützlichkeitsdenkens zur Integration" (empfehle).

Eine meines Erachtens anerkennenswerte Wirkung von Singers Thesen könnte mithin die Befreiung sein von katatonen double-bind-Situationen und borderline-artiger Identitätsspaltung aus gediegenem Terror und geziemender Gewalt, emsigem Nichtstun und raffinierter Grobheit im Verband mit humanistischer Inhumanität, wie sie aus der Unverträglichkeit merkantilistischer Praxis mit idealistischem Überbau resultieren.

Die „Ungehaltenheit" des Singer'schen Utilitarismus ist nicht moralischer, sondern existentieller Art. Als praktische Ethik, als die er angedient wird, muss er sich – wie eine Katze, der man eine Blechbüchse an den Schwanz band – immer rascher um sich selbst drehen, um die Nützlichkeit seiner Nützlichkeit (die Autonomie der Autonomie, die Rationalität der Rationalität) zu erhaschen. Als selbstreferentielles System droht ihm das Durchdrehen ..., zur Nutzlosigkeit, falls er nicht im Widerspruch der Unnützlichkeit sein Widerlager findet. Das heißt, er kommt nicht darum herum, die Nützlichkeit der für ihn existenznotwendigen Inutilität zu postulieren, um seine Haut zu retten. Es ist daher nicht verwunderlich, dass kaum eine andere Moral als die merkantile Spielart des Utilitarismus so bedrohlich viel Nutzloses und Unnützes hervorgebracht hat. Utilitarismus, Wegwerf- und Abfallkultur bedingen einander.

Nützlich ist, was möglichst rasch als unnütz weggeschmissen werden kann. Das Warenhaus ist unter dem Motto: „Dienst am Kunden!" zum Symbol der Interessenmaximierung geworden.

Desgleichen blüht das Geschäft mit Kunst und Spiritualität, die als solche außerhalb utilitaristischer Reichweite liegen, in einem Ausmaß, das rational nicht mehr zu fassen ist. Konsumismus, Utilitarismus und Rationalismus, über die ein weitgehender mondialer Konsens herrscht, haben eine Gegenkultur des Abfalls, des Nutz- und Sinnlosen und des Irrationalen erzeugt.

Ein kompaktes Exempel liefert Singers Übersetzer, J.-C. Wolf, der es statthaft findet, wenn Philosophen sich darüber den Kopf zerbrechen, „wie viele unschuldige Babys wir foltern dürfen, um das Leben wie vieler Millionen von Menschen zu retten" (p. 323). Das ist nicht nur schlechtes Deutsch, sondern auch ein ebensolches Beispiel, nur geschmackloser als jenes von den auf einer Nadelspitze unterzubringenden Engeln um das sich mittelalterliche Denker plagten.

Utilitaristisch betrachtet ist das Leben ein Wert unter anderen, der überdies, in Abhängigkeit von den jeweiligen Verhältnissen, schwankt wie eine Aktie. Empirisch kann der Wert eines Menschenlebens auf Null sinken (der Tod der Erbtante kann wertvoller sein als deren Weiterleben). Für die Alltagsethik des Utilitarismus bemisst sich der einzelne Mensch nach seinem jeweiligen Gebrauchs- und Tauschwert. Versicherungsgesellschaften z.B. richten sich nach dieser Maxime aus, wenn ein tödlicher Verunfallter 'kapitalisiert' werden muss.

Das angeführte Beispiel offenbart ferner eine mechanistisch-materiale Denkweise, welche die Qualität (hier: der erfolgten Rettung von Menschenleben) außer acht lässt. – Dasselbe gilt für Singers vorerwähnte Vorstellung der Ersetzbarkeit eines behinderten Kindes durch ein unversehrtes. „Personalität" ist kein Seins-, sondern ein Qualitäts- und Wertschätzungsbegriff, vergleichbar dem der Kunst. – Indem wir feststellen, dass ein Etwas etwas nicht habe oder sei, ist dieses nicht vernichtet! Nicht einmal das Töten kann einen Menschen vernichten. Die Unperson ist – so wie die Untiefe, der Unhold und das Ungeziefer - ein Positivum. Was Singer vornimmt an der zur Tötung freigegebenen Kreatur, ist eine Non-Confirmation und Invalidierung. Singer beschreibt nicht, er disqualifiziert.

In der Auseinandersetzung mit utilitaristischen Ansprüchen erweisen sich für mich zwei Wege als unpassabel:

Erstens: Die Verweigerung des Dialogs bzw. die prinzipielle Verhandlungsunwilligkeit. Auf derartige Haltungen stößt man z.T. im Zusammenhang mit der Singer-Debatte und zwar sowohl in einer personalen – „mit Singer sprechen wir nicht!"; Singer als persona non grata – wie auch in einer materialen – „Singers These zu diskutieren ist unerträglich!; Töten als Tabuthema – Version" (vgl. Rödler, 1990). Auch das Mundtot-Machen kann ein Einstieg zur Beseitigung dessen sein, was einen ängstigt, ärgert, stört und irritiert.

Zweitens: Die akribische Beweisführung, dass die utilitaristische Position weder rational noch ethisch, weder personal noch politisch zu halten sei. – Utilitarismus richtet sich nach Interessen, die man hat oder nicht hat. Idealismen sind auf (die)

Wahrheit gerichtet, in der man ist oder nicht ist. Interessen sind plural und werden daher auch dem anderen zugestanden; Handel und Händel drehen sich um deren Durchsetzung. Wahrheit ist singulär und wird dem anderen argumentativ abgesprochen; Missionare und Überzeugungsarbeiter treten mit Alleinanspruch auf. Utilitarismus ist eine quasi-rationale Rechtfertigungslehre die letztlich nicht auf logischer Stringenz, sondern auf Interessen beruht. Der Utilitarist argumentiert nicht, er verhandelt.

Es herrscht nun freilich in deutschen Landen eine fatale Tradition unter Intellektuellen, das „Primitive" (z.t. schon das Handfeste) mit Verachtung zu beschnöden und dem Glauben anzuhängen, dass das für sich reklamierte Wahre und Gute sich aufgrund der besseren Argumente von selbst durchsetzen werde. Durch Argumente lässt sich eine Haltung rechtfertigen oder in Frage stellen, nicht jedoch begründen oder ausmerzen. Logik ist ein zweckdienliches Mittel unter andern, erweist sich oft als wenig wirksam. Die Heilpädagogik und deren Anliegen sind zwar ein stückweit rational begründbar, nicht hingegen zu sichern. Ihr Zusammenbruch im Naziregime, auf den in der Singer-Debatte oft Bezug genommen wird, erfolgte nicht in Ermangelung positiver Argumente, sondern infolge ungenügender emotional gebundener Solidarität und sozialer Kohäsion. – Umgekehrt gab und gibt es menschliche Gesellschaften einfachster Denkungsart, für die es keine Frage ist und gibt, dass und ob schwache Mitglieder (Alte, Kranke, Behinderte etc.) durch- und mitgetragen werden: ohne jede reflektierte Ethik und ohne jeden rationalen Begründungszusammenhang.

Rationalität ist keine personale Eigenschaft, die insonderheit Wissenschafter in ihrem Gepäck zu haben glauben (!), sondern, wie ich meine (!), eine Funktion, eine Ebene der Konsensfindung und der gemeinsamen Wirklichkeitskonstruktion, wie dies noch im Wort 'Vernunft' (Vernehmen/Einvernehmen) zum Ausdruck kommt.

Monolog: Die Natur der Kultur

Wo immer der Mensch auf Natur blickt und sich in irgendeiner Weise qualifizierend dazu verhält, ist sie kultiviert. Auch die bewusst „unberührte" Natur des Schutzgebietes entspringt einer kulturellen Tat und Definition. – Was auch immer der Mensch andererseits als kulturelle Leistung bezeichnet, ist aus naturhaftem Material entstanden. – Kultur, verstanden als die Summe dessen, was Menschen erfunden und ihrem Sinnen und Trachten gemäß hergestellt haben, ist ein Spezialfall der Natur, nicht ihr Gegensatz. Menschhafte Eingriffe technischer, gestalterischer, spiritueller, philosophisch-interpretativer Art sind derart universell, dass es andererseits- kaum mehr einen rein naturhaften Bereich gibt. Natur und Kultur sind nicht voneinander abgehobene Territorien, die gegenseitig vom je andern aus betrachtet werden könnten. Die Prämissen, von denen Heilpädagogik existenziell, strukturell, institutionell und organisatorisch getragen, bestimmt und unterhalten wird, liegen auch ihren derzeitigen ideologischen Ärgernissen – der Gentechnologie, der Pränatalen Diagnostik und dem Utilitarismus zugrunde:

Sowohl die Gentechnologen wie die Pädagogen verstehen sich – wie praktisch alle Kulturschaffenden – als wertverpflichtete Meliorationsunternehmer. Der eine maßt sich an, durch Genmanipulation Artverbesserungen zu erreichen, der andere nimmt

Eingriffe vor in psychosoziale Systeme, um diese gesellschaftskonformen Erwartungen gemäß zu programmieren. In beiden Fällen wird der Mensch als Bewirtschaftungs- bzw. Kultivationsobjekt betrachtet und entsprechend behandelt.

Da wie dort ist derselbe funktionalisierte Mythos wirksam, der in unterschiedlichen Metaphern zum Ausdruck bringt, dass der Mensch Sonntagsarbeit zu leisten habe, um den nach biblischer Überlieferung sechstägigen Schöpfungsprozess zur Vollendung zu bringen:

- Das Leben ist gut, aber es könnte besser sein. Die Schöpfung, insonderheit der Mensch, ist nachrüstungsbedürftig. Das Leben präsentiert sich nicht als das schlechthin Gute, sondern als ein Gut, das nur soweit gut ist, als es sich als verbesserungsfähig erweist.
- Krankheit und Leiden, Behinderung und Einschränkung sind a priori sinnlos und von Übel. Sie sind per se wertmindernd in Bezug auf menschliches Leben.

Hieraus entsprießen auch für die Heilpädagogik jene kaum mehr diskutablen Selbstverständlichkeiten, die insgesamt ein nicht minder gespanntes Verhältnis zum Imperfekten schildern:

- Behinderungen sind zu vermeiden (bis hin zur lückenlosen Prophylaxe) unvermeidbare Behinderungen sind zu eliminieren (bis hin zur exzessiven Therapeutik)
- therapieresistente Behinderte sind kompensatorisch zu fördern (bis hin zur maximalen Ausbeutung verbliebener Ressourcen)
- nicht mehr weiter zu fördernde Behinderte sollen dem Gesellschaftskörpereinverleibt werden (bis hin zur bedingungslosen Integration)

Derartige Meliorationsunternehmen haben freilich nur so weit eine Chance, als ihre Ziele und Resultate eine allgemeine Akzeptanz finden, sich in die für das christliche Abendland prägenden gesellschaftlichen Wertsysteme einfügen und daselbst psychosoziale Spannungszustände aufzulösen versprechen. Kultiviert wird das als interessant und bedeutsam Empfundene.

Dass Gentechnologie ebenso große und unwägbare Gefahren enthält wie das Erziehungsgeschäft und Bildungswesen, ist nicht zu verkennen. Dennoch kann Genbastelei sowenig wie eine ungebührliche erzieherische Einflussnahme lediglich verboten, sondern müsste letztlich entwertet werden. Dies erfolgt im Rahmen utilitaristisch-kapitalistischer Systeme kurzfristig am wirksamsten durch den Entzug finanzieller Ressourcen, mittelfristig durch Stornierung fachspezifischer Aufträge und langfristig durch Auflösung diesbezüglichen Erkenntnisbedarfs.

Wissenschaftliche Aktivitäten versacken nur zu einem kleineren Teil durch befriedigende Beantwortung von Fragen, sondern mehrheitlich durch Interessenwandel. Sich an diesem zu beteiligen und darauf hinzuarbeiten, dass Behinderung sich künftig weder als moralische noch als existenzielle Katastrophe auswirken muss, scheint mir in der gegenwärtigen Situation der sozialpolitische Auftrag der Heilpädagogik zu sein. Das mag zwar auch eine Utopie und eine überrissene Zielsetzung sein, aber zumindest eine genuin pädagogische. Wir sind eben heute Zeugen von Wertwandlungen bezüglich Atomenergie und Staatsdoktrinen, von Umwertungen, die noch vor kurzer Zeit als Hirngespinste abgetan wurden. Weshalb sollten wir uns nicht der Hoffnung hingeben, dass den Higher-bigger-faster-Forschern in ihren Lege-Batterien und Think-Tanks nicht gelegentlich doch „die Mäuse" abhanden kommen könnten?

Hierüber sollte künftig freilich nicht mehr allein der wissenschaftliche Klerus nach eigenem Gusto entscheiden dürfen. Der Volkswille wird auch in demokratischen Staaten hinsichtlich des Wissenschaftsgebarens zu oft noch mit dem arroganten Hinweis auf die „Freiheit von Forschung und Lehre" in einem Ausmaß missachtet, wie dies in keinem anderen Kulturbereich (mehr) der Fall ist.

Tautolog: Ethik und Recht als Garanten für Ethik und Recht

In einem Polit-Inserat wünscht die Geschäftsführerin einer Schweizer Konzern-Partei treuherzigen Blicks „uns allen mehr Ethik in Politik, Forschung und Wissenschaft". Sie radelt damit im modernen Trend, Ethik als Zugabe, als Ingredienz dem, was ohnehin schon ist, beizufügen. Unter der Voraussetzung, dass Wirtschaft, Wissenschaft und Politik zuverlässig als WIWIPO-Kombinat miteinander verzahnt sind und Rundlaufen, kann eine Prise Ethik das Ganze zweifellos sämiger und süffiger machen. Abschmecken nennen das als Gourmets sich gerierende Gourmands. Ethik ist nutzbar als eine Art künstlichen Süß-Stoffes, als Duftnote für empirisch-statistische Pampe, für Vor- und Nachwörter, Herausgeber-Elegien sowie für Rezensionen von Autoren, die werktags ihren wissenschaftlichen Kaffee in reinster Objektivität brauen zu können glauben und auch noch diesen Glauben wissenschaftlich wegzuforschen glauben. Assugrin süßt die Message, ohne beim Rezipienten anzusetzen.

Der Herstellbarkeitswahn hat neuerdings denn auch „die" Ethik ergriffen. Dem Ruf nach Ethik folgen die Produktionszentren auf dem Fuß:

An der Universität Zürich wurde neulich ein sogenanntes „Ethik-Zentrum" eingeweiht. Der Zweck ist klar:

„Was ist menschlichem Leben von Nutzen, was von Schaden? Und darf zum Nutzen des Menschen Schaden an andersartigem Leben in Kauf genommen werden?"

Die Zielsetzung desgleichen:

„Die Erschließung neuer Tätigkeitsfelder in Wissenschaft und Technik verlangt nach neuen Handlungsmaßstäben, denn, so Prof. Holzhey, es fehlt bisher an 'selbstverständlichen Handlungsorientierungen'. Hier kann und will die angewandte Ethik ihre Hilfeleistungen anbieten."

Und auch die Strategie:

„Um einem Auseinanderdriften der Positionen entgegenzuwirken, sollen sich künftig Vertreter der verschiedenen Fachrichtungen zusammensetzen."

Der Stolz ist erheblich:

„Das Zürcher Zentrum für Ethik nimmt für sich in Anspruch, zumindest europaweit, das einzige seiner Art zu sein" (Werenfels, 1990).

Die Kirche der Wissenschaft baut im Recyclingverfahren mit Wirtschaft und Politik ihre Tempelbezirke aus, indem umweltverträgliche Waschmittel für Kopf-Herz-und-

Hand sowie Handlungsmaßstäbe jedweder Größenordnung und Handlungsorientierungen diverser Ausrichtung hergestellt werden.

Die Wissenschafter sind derzeit jedenfalls emsig damit befasst, sich selbst eine ethische Gewandung zu schneidern, die ihren Nutzen als nützlich erscheinen lassen soll. Ethik soll pässlich sein. Womit sich erneut ein Singer'scher Rechtfertigungs-Utilitarismus (in Varianten für Geschäftsleute, Wissenschafter, Politiker bis hin zu den Ethikern) installiert.

Wissenschaftliche und ethische Diskussionen drehen sich heute weniger um unterschiedliche Prämissen als vielmehr um differierende Konsequenzen und Schlussfolgerungen. Bezüglich Zielsetzungen herrscht eine geradezu beängstigende Übereinstimmung. Wenn allerdings universale Deckungsgleichheit herrscht bezüglich der Prämissen und Ziele, „die" Ethik „das" Gute fassen und „das" Recht es schützen soll, dann erscheinen zwangsläufig die Leer- und Bruchstellen im Vollzugs- und Durchführungsbereich, und der Streit über den richtigen Weg blockiert paradoxerweise jene Erfüllung, die alle anstreben. „Demokratie", „soziale Marktwirtschaft", „Wissenschaft" u.ä. sind zu einer Art Weltformeln geworden mit weit reichender Akzeptanz. Wissenschaft hat sich längst über das Kant'sche „System geordneten Wissens" hinausbewegt und wird von ihren Insassen als Perpetuum mobile präsentiert: als eine durch Wissen in Gang gehaltene Wissensproduktionsmaschinerie.

Wissenschaft hat jedoch so viel und so wenig mit Wissen zu tun wie Kunst mit Können. Und so wenig das Vorhandensein von Land ein hinreichender Grund ist, von Landschaft sprechen zu können, genügt Wissen zur Begründung von Wissenschaft. „Landschaft" bezeichnet einen als gestalthaft-zusammengehörig geltenden Topos, dem auch Wasser und Luftgebilde, Vegetation und Kunstbauten zugehören können. Desgleichen besteht Wissenschaft zwar auch aus Wissen, darüber hinaus aber auch aus ausgegrenztem Aberglauben, offiziellen Irrtümern, erklärten Absurditäten sowie anerkanntem Nichtwissen. Der smarte Wissenschaftler der Yuppie-Generation kokettiert heute vorzugsweise mit seiner Inkompetenzkompetenz sowie mit seinem Wissen darüber, was WIR noch nicht wissen. Es ist das Loch, was den Käse für die Foundations interessant macht. Entscheidende strukturelle Macht benötigt nicht (mehr) den Polyhistor oder dessen Volksausgabe des Doktor Allwissend (beide wurden computerisiert), sondern ingeniöse Nichtwisser und Problemfinder, die bestimmen, wo das Loch ist, das es zu erforschen gilt (Tucholsky; 1928). Die strukturelle Gewalt liegt nicht im Wissen, sondern in der Bestimmung des Wissenswerten.

Das hochintegrierte WIWIPO-Wankelgetriebe tritt desgleichen nicht mehr zigarrenpaffend, pfadfinderhaft und säbelrasselnd in Erscheinung, sondern in smarter, umweltmännischer Eleganz, die auch des Utensils der Ethik nicht ganz entraten will. Utilitarismus als Ideologie der Nützlichkeit erweist sich seinerseits als nützlich. Die Ethik der Zweckmäßigkeit erscheint in zweiter Potenz. Münchhausen zieht sich am eigenen Zopf aus dem Sumpf und pustet in die Segel seines Fortschritts.

Ein mit solch nachschüssiger Ethisierung verwandtes Phänomen ist das der Verhaltensverrechtlichung:

In einem Buch über sterbende Kinder (Kasteel, 1986) stieß ich neulich gar auf die Belehrung, wonach elterliche Trauerreaktionen auf den Tod eines Kindes „völlig legitim" (p. 106) seien. Da können die leidgeprägten Eltern ja nur erleichtert die Nase schnäuzen. Weh, wenn sie damit gegen eine Trauerrechtsregelung verstoßen hätten!

Menschliche Daseinsgestaltung wird zunehmend dichotomisiert auf das, was man muss und jenes, was man nicht darf.

Es findet sich ferner im Umfeld heilpädagogisch relevanter Konflikte auch keine „Recht auf..."-Formel, die nicht gepaart wäre mit ihrem Gegenteil: Recht auf Leben, desgleichen auf Sterben; Recht auf ein Kind, desgleichen auf kein Kind; Recht auf Arbeit, desgleichen auf Arbeitsbefreiung; Recht auf Unversehrtheit, desgleichen auf Behinderung etc. ...

Jeder soll das Recht haben, Recht oder Unrecht zu haben und damit im Recht zu sein, falls er das richtig findet...

Ethik besorgt nun aber weder das Gute noch das Richtige, weder das Glück noch die Gerechtigkeit. Thema der Ethik ist das Tragische. Dieses entsteht dort, wo Gutes Gutes ausschließt und darob Böses bewirkt. Nicht Glückseligkeit hier und jetzt oder dort und darin in Aussicht zu stellen, wie es religiösen und anderweitigen Heilsbotschaften entsprechen mag, sondern Schadenbegrenzung und Befindlichkeitsoptimierung in der Praxis menschlichen Zusammenlebens obliegt ethischer Gesamtverantwortung. Sein Heil zu finden, kann derweil dem einzelnen überlassen bleiben.

Ethik verstehe ich als dynamisches Regelungssystem, das auch darüber zu wachen hat, dass „die Moral nicht Amok läuft", wie K. Kraus einmal sagte, sowie Totalitarismen des Gutgemeinten und des Beglückungseifers gegenüberzutreten, wie sie Religionen und Weltanschauungsideologien manchmal der Offenbarung glauben entnehmen zu können. Ethik kann auch keine Absolution erteilen, sondern lediglich – aber immerhin – Relationen beurteilen und Güterabwägung betreiben. Ethik ist schließlich auch keine Instanz: Weder eine Kanzel noch ein Tribunal und schon gar kein „Zentrum", das auf Bestellung Hochglanz-Argumente dafür liefert, dass die Gnoms of Zurich goldrichtig und die Basler All-Chemisten nicht rheinquerbeet liegen. Ethik ist meiner Vorstellung gemäß eine Art integraler Türöffner und hat innerhalb eines autopoetischen Systems eine Relaisfunktion, welche die existenznotwendigen Austausch- und Ausgleichsprozesse sicherstellt. An sich gut ist allein, dass es das gibt; alles weitere ist Relation.

Dialog: Behinderte als Handels- und Handlungspartner

Der entscheidenste Wandel, der sich in der modernen Heilpädagogik vollzogen hat und das Attribut "modern" rechtfertigt, ist die Erkenntnis oder Einsicht, dass sie keine Gegenstands- sondern eine Beziehungswissenschaft ist. Heilpädagogik hat es nicht mit Objekten (Behinderungen), sondern mit Subjekten (Behinderten und Behindernden) zu tun, nicht mit Waren, sondern mit Handelspartnern.

Von dieser Position aus ist es denn auch durchaus billig, sich der Frage nach dem Verhältnis von Angebot und Bedarf zu stellen. Nehmen wir Singer beim Wort und unterstellen wir auch ihn seiner Perspektive, so zeigt sich allerdings, dass er in seiner praktischen Ethik zwei für die Praxis wichtige Fragen übergeht:

- Die Frage nach den Grenzen der Utilität: – So auch jener des Utilitarismus. Wo und wann wird Utilitarismus unnütz?
  Singer tut stattdessen so, als sei das als irrational, heteronom und einfältig Ausge-schiedene für humane Belange hinfort „entsorgt". Die abgetriebene Spina bifida geht via Mülleimer in nichts auf und gibt den Weg frei für eine verbesserte Auflage
- Die Frage nach der Nützlichkeit des Unnützen. – Hier bewegt sich Singers Argu-mentation im Gehege Brehm'scher Zoologie, zu deren Zeit es gang und gäbe war, Tiergattungen anthropozentrisch auf Nütz- und Schädlichkeit zu überprüfen und zu qualifizieren. – Singer nimmt ferner eine (ethische) Position ein, wie sie ebenfalls der europazentrierte Ethnologie des vorigen Jahrhunderts entsprach. Er unternimmt nicht einmal ansatzweise den Versuch, Behindertsein „von innen heraus (emisch) zu interpretieren bzw. seine Maßstäblichkeit zu relativieren.

Möglicherweise betrachtet Singer solche Überlegungen aber auch nicht als sein Geschäft, so dass es z.B. der Heilpädagogik obliegt, die soziale und ökologische Bedeutung und Sinnhaftigkeit, die Nützlichkeit und Zweckmäßigkeit von Behinderten (nicht von Behinderungen, die aber, wie vorerwähnt, auch nicht Gegenstand der Heilpädagogik sind) im Verein mit diesen auszuweisen.

Ich finde es für ein solches Unterfangen allerdings wenig hilfreich, dem immanen-tistischen Utilitarismus Singer'scher Konvenienz mit transzendentalphilosophischen Argumenten zu begegnen, wiewohl selbst der auf seinen Realismus pochende Utili-tarist zum Transzendieren genötigt wird vis-à-vis der Frage, weshalb und wozu das größtmögliche Glück für die größtmögliche Zahl (wessen?) erstrebenswert sein soll – und worin dieses bestehe? – Ich will stattdessen die utilitaristische Prämisse beibe-halten, wonach menschliches Leben und Überleben ein Geschäft ist, das dann als „gut" gelten kann, wenn es die beteiligten Handelspartner zufrieden stellt.

Ich möchte in diesem Sinne den Nachweis erbringen, dass Behinderte bezüglich des Sozialorganismus durchaus 'funktional' sind, d.h. eine Funktion erfüllen, deren Ausfall Dysfunktionalität, d.h. eine Störung der psychosozialen Homöostase zur Folge hätte. Behinderte sind a priori und prinzipiell - und nicht etwa nur von Fall zu Fall und mehr oder weniger – nützend. Ökologisch und funktional betrachtet unterscheidet sich ihre Nützlichkeit in keiner Weise von jener Nichtbehinderter: 'Nützlichkeit'/ 'Schädlichkeit' können stets nur von einem Interessenstandpunkt aus (d.h. relational und relativ) bestimmt werden. Sie sind als ontische Attribuierungen bestimmter Lebe-wesen unbrauchbar. Behinderte abzuschaffen unter der Vorstellung, damit dem All-gemeinnutzen zu dienen sowie dem Ziel, die Lebensqualität der Gesellschaft zu steigern, ist – ungeachtet ethischer Bedenken und durchführungspraktischer Erwägungen – eine in sich selbst zurücklaufende 'unnütze' Bewegung, vergleichbar dem Bestreben, ausschließlich „Mitte" repräsentieren zu wollen. Relativität und Relationalität, Kontext- und Perspektivenabhängigkeit bedingen gemäß einer immanenten Topologie Nach-rutscheffekte, vor denen kompromisslose Gegner jeder Art gesetzesmäßiger Euthanasie und Erbgesundheitspflege seit je warnten (vgl. bei Dubitscher, 1937).

Behinderte als Repräsentanten menschlicher Grenzsituationen

Behinderte wurden seit je in einer engen Affinität zu Zerfall, Auflösung, Tod gesehen. Es besteht eine „fatale Verwandtschaft von Tod und Behinderung" (Mürner, 1989, p. 39). – In einer Zeit und Gesellschaft, die kaum mehr besänftigende Rites de Passage kennt zwischen Leben und Tod, erhalten Behinderte vermehrt eine emotionale Brückenfunktion. Sie erinnern an eigene Hinfälligkeit und erdhafte Endlichkeit. In minimen Dosen kontaktiert, löchern sie da und dort den stickigen Immanentismus, geben durch dessen vorgespiegelte Unendlichkeit Durchblicke frei in die Ewigkeit. – Wer sich ihnen und ihrem Schicksal zu lange aussetzt, droht allerdings von Ängsten überfallen zu werden, die dann ihrerseits wieder Absatzbewegungen und Distanzphänomene auslösen, so, wie Integrationszwänge den sozietären Binnendruck erhöhen können.

Behinderte, dies falls vor allem Asoziale, sichern durch ihre Randständigkeit die Sozietät vor Autismus, Isolation und Einsamkeit. Sie markieren Lateralität, sind Leitplanken, jenseits derer sich beängstigende Abgründe des jederzeit auch Möglichen auftun. Sie markieren desgleichen die vertikale Position, die nach Mürner (1989, p. 55) in den Darstellungsweisen Behinderter durch die bildende Kunst als „formale Schiefe" zum Ausdruck gelangt. Im Verein mit Kindsein, Armut, Krankheit verweist Behinderung in untere Rangreihen, dorthin, wo sich „das Volk und die Leute", „die Masse" und selbstredend „der Mob" aufzuhalten haben.

Gegensymbole der Macht, des Reichtums, von Titeln, Ämtern, Herkunft können freilich von kompensierendem Einfluss sein, andere (Alter, Geschlechtszugehörigkeit) den Abwärtstrend aber auch noch befördern. Behinderung schwemmt die betroffene Person im gesellschaftlichen Fließ-System tendenziell an den linken (sinister!), untern (chtonisch!) Rand (peripher!), während sich die definitorische Macht in der Raumsymbolik in der rechten (richtig!), oberen (celestisch!) Mitte (zentral!) installiert. Je geringer die Streuung, umso gewichtiger die einzelnen Abweichungen. Mittelmäßigkeit und Temperenz benötigen Randständiges.

Als Abhängige und Verwiesene ermöglichen Behinderte Machtdemonstrationen aus dem Kollektiv der definitorischen Potenz. Sozial Schwache eignen sich dazu, mit wenig Aufwand so genannte Exempel zu statuieren und Imponiergehabe an den Tag zu legen, wodurch bedrohliche Gegnerschaft eingeschüchtert werden soll. Würde man die sprichwörtlich kleinen Diebe nicht henken, könnte man die großen nicht laufen lassen.

Behinderte, die keine Pressure-Groups zu bilden imstande sind (wie z.B. Geistigbehinderte), geraten denn auch am stärksten in die Abhängigkeit von Existenzzusprache (Kobi, 1980).

Behinderte befriedigen donatorische Bedürfnisse

Neben den in ihren zahlreichen Spielarten breit diskutierten captativen Bedürfnissen des Menschen, ist im Gegenzug dazu auch auf donatorische hinzuweisen, die von ebenso großer Bedeutung sind. Ein autopoetisches Fließgleichgewichtssystem, wie der individuelle Organismus und Psychismus und ebenso der Sozialkörper, ist auch abhängig von Ausscheidungs-, Enteignungs- und Hingabeprozessen. Einem Organismus (sei dieser biotischer, psychischer oder sozialer Art), der keine Output-Möglichkeiten hat, droht die Selbstzerstörung. Er geht an sich selbst, an dem, was er aufnahm und produzierte, zugrunde. Helfer und Beholfener stehen aus dieser ausgleichstheoretischen Sicht situativ in einem homöostasierenden Prozess wie Kuh und Melker - : zumindest bis zum Punkt, wo ein optimaler Grenznutzen erreicht ist.

Von daher erklären sich auch die quälenden Unschuldgefühle, die sich einstellen, wenn uns ohne unser Dazutun himmlische und irdische Segnungen heimsuchen und eine emotionale Schiefe erzeugen.

Schiller hat dieses Phänomen in seiner Ballade „Der Ring des Polykrates" treffend ins Bild gesetzt. Sie handelt von einem König, der in panischer Angst vor dem Neid der Götter seinen kostbaren Ring ins Meer wirft, um sie vorsorglich zu versöhnen. Der Ring wird jedoch von einem Fisch verschluckt, der zufälligerweise vom Hofkoch gefangen und Polykrates zum Mahle aufgetragen wird. Polykrates ist entsetzt über diese Verfolgung durch das Glück und die schicksalhafte Versagung seiner Opferbedürfnisse.

Behinderte dienen, zumal in einer Überfluss- und Überdrussgesellschaft, zur Befriedigung polykratischer Bedürfnisse und zur Linderung von Glücksängsten. Von Erfolg, Reichtum, Tantiemen und ähnlichen Segnungen betroffene Menschen sind auf Abnahmeagenturen angewiesen. – *Wohlstand* bedarf der *Wohlfahrt*, wenn optimales *Wohlergehen* gesichert werden soll. Großzügigkeit zahlt sich ihrerseits wieder aus, indem dadurch extreme Unterdrucksituationen und mithin ein Durchdrehen des ganzen Systems vermieden wird. „Man soll dem Ochsen, der da drischt, nicht das Maul verbinden!" lautet eine Bauernregel.

So ist es bemerkenswert und freudianisch interessant, dass z.B. auch weitabliegende Naturkatastrophen in unserm Mutter-Land mit vorhersehbarer Regelmäßigkeit einen Milchpulver- und Wolldeckenreflex auszulösen pflegen. – Soziale und politische Missstände hingegen geben hier wie anderswo Anlass zu Zeigeveranstaltungen (sog. Demonstrationen), bei denen Leute, leicht verbremsten Schritts, in schwarmiger Formation sich thromboseartig durch Verkehrsadern bewegen, auf Tüchern großhandschriftliche Sentenzen zeigen und ebendiese choralisch auch in Akustik umsetzen. Textiles spielt auch hier eine herausragende Rolle. Was die Wolldecken der einen zudecken, decken die Fahnen der anderen auf.

Anlässe, Inhalte und Zielsetzungen mögen wechseln, die Liturgie hingegen bleibt dieselbe und entlarvt sich als modern-säkularisierte Variation von Opferkult und Prozession, die der allseitigen Katharsis dienen und zum kosmisch-sozialen Ausgleich beitragen.

Behinderte werden des Öfteren auch als Zielgruppe von Jubiläen und Feierlichkeiten im Umfeld eigener Potenz auserkoren. Dabei ist freilich der Malefiz, der mit dem Benefiz bedacht werden soll, in aller Regel nicht als Gast geladen; er hat durch Abwesenheit glänzen zu lassen. Im Unterschied zu Preisverleihungen (Huldigungen), die eine persönliche Adresse haben, werden Spenden (Opfer) einem Funktionsträger zugeleitet.

Behinderte als emotionale Animateure

An Behinderten können emotionale Primärerfahrungen gemacht werden, wozu in einer sich progressiv ausweitenden Sekundärwelt von Natur- und Erlebniskonserven immer weniger Gelegenheit besteht. Behinderte sind zur Authenzität gezwungen. Sie sind demzufolge als Leidfossilien für sinnlich wahrnehmbare, vorzeigbare Not – Elend zum Anfassen – nutzbar, wodurch die weit verbreiteten diffusen Befindlichkeitsstörungen und das „wunschlose Unglück" (P. Handke) jener, die so viel haben, dass sie kaum mehr jemand sind, so etwas wie Kristallisationskerne finden. Im Elend anderer und in dem dadurch ausgelösten Mitleid fühle ich (mich) überhaupt wieder. Was ans Herz greift, beweist mir, dass ich eines habe. – Um Behinderte finden sich einheimische Notzustände, die ansonsten lediglich massenmedial begafft und touristisch bereist zu werden pflegen.

In den Massenmedien sind (visibel) Behinderte einsetzbar, um „Betroffenheit auszulösen"/„betroffen zu machen", Transzendent-Eschatologisches „Hineinzugeben" und einfach einmal „im Raum stehen zu lassen" ohne „es" freilich „ausdiskutieren" zu können. Im Verein mit Sterbenden, Tunten, Tiefseetauchern, Schmetterlingsfarmern, Terroristen und tibetanischen Mönchen sind sie nutzbar als Requisiten, auf die in gewissen Szenen nicht verzichtet werden möchte. – Merkwürdigerweise finden Behinderte hingegen im Umfeld künstlerischer Ambitionen von Theater und Film kaum Verwendung. Daselbst wird in aller Regel Behindertsein von Nichtbehinderten „gespielt". Behinderung ist hierbei offenbar als Metapher (Mürner, 1990) und nicht als Tatsache interessant.

Das Theater versucht im Spiel Realität zu spiegeln. – Das Fernsehen macht aus der Realität ein „Spiel" mit möglichst hohem Unterhaltungswert (Postman, 1988). Dies legt die Vermutung nahe, dass auch Behinderte sich, wie alles, worauf sich die Kamera richtet, dem Unterhaltungsziel dieses Mediums zu unterwerfen haben. Auch sie haben dann erst eine Chance, wenn sie vor allem durch Performance (und weniger durch Potenz und Kompetenz) in Erscheinung getreten werden.

Behinderte als Energiespender und Identitäts-Bestätiger

Der polnische Ministerpräsident Mazowiecki äußerte sich neulich in einem interview darüber, dass er sich zur psychischen Erholung in ein klösterliches Internat für Blinde zurückzuziehen pflege.

Behinderte sind Energiespender – unbeschadet der Tatsache, dass Behindertenarbeit sehr zermürbend und erschöpfend sein kann (wobei der unter der Bezeichnung Burnout-Syndrom beschriebene Distress freilich weniger aus der direkten Arbeit mit Behinderten als vielmehr aus Spannungsverhältnissen und Widersprüchen des Betreuungssystems herrührt). Behinderte bestätigen unsern Energieaustausch, der immer wieder Monotonisierungseffekten erliegt. Blinde, Taube, Sprachgestörte, Idioten, Krüppel.... wecken und fördern das Existenzbewusstsein vollsinniger, mobiler, sprachgewandter, intelligenter und sozial gediegen verpackter Persönlichkeiten.

Behinderte können erschreckend und beneidenswert zugleich sein durch ihre existenzielle Kraft. Erstaunt und irritiert nehmen wir wahr, dass eine derartige

Unperson lebt, leben will, nicht von Lebensangst umgetrieben und gleichzeitig durch Depressionen gelähmt wird, wie es ihrem Zustand entsprechen müsste. Dass da nicht etwa nur ein Stoffwechsel in Gang gehalten wird, sondern dass das Essen offenbar schmeckt, während uns gleichzeitig der Appetit vergeht, ja, dass sogar gelacht wird, führt vor die bange Frage: Wie viel Elend erträgt menschlicher Lebenswille? Hier ist denn auch der Punkt erreicht, wo die Mitleidsethik sich von Augenschein mit Introspektion zu Advokaturen verleiten lässt, die der Eigenbefindlichkeit des Betroffenen durchaus nicht entsprechen müssen. Der Mitleidige sieht Behinderte (stellt sie sich möglicherweise aber auch nur vor), hört und fühlt sie sich offenbar aber nicht an. – Damit soll das Leiden Behinderter weder in Frage gestellt noch verharmlost werden. Sie leiden, aber, wie wir Selbstdarstellungen entnehmen können, oft nicht in der Weise, zu der Zeit, in jenen Zusammenhängen und aufgrund jener Umstände, wie ihre Definitoren und Interpreten sich das vorstellen. – Es mag zwar als ein Beleg für die von Singer ins Feld geführte mangelhafte Rationalität, Autonomie und Selbstbewusstheit gelten und insgesamt als unlogisch erscheinen: Aber es gibt schwerstbehinderte Kinder, die über alle ihnen zur Verfügung stehenden Präsentationsformen zum Ausdruck bringen, dass sie glücklich und fröhlich sind, etwas lustvoll und spaßig finden und sich von keinem Philosophen ihr Leben verdrießen lassen möchten. – Desgleichen gibt es Situationen, in denen diese Kinder Menschen beschenken können mit ihrem Dasein und so auch ihre donatorischen Bedürfnisse zu befriedigen imstande sind jenseits jeder Art von Sozialromantik und Sentimentalität. Dies ist freilich erneut ein Punkt, der sich rational nicht beweisen, sondern nur erfahren lässt.

Es ist wie beim Schwimmen: Ich kann einem physikalisch mittelmäßig begabten Nichtschwimmer durchaus beweisen, dass ihn das Wasser unter bestimmten Bewegungsbedingungen trägt. Allein, diese Erkenntnis macht ihn noch nicht zum Schwimmer. - Andere erlernen das Schwimmen rein „empirisch"; ohne in der Lage zu sein, eine vernünftige Erklärung dafür abzugeben.

Dazu passt der zwischenzeitlich beinah vergessen gegangene Herr St., welcher für Gauguins Lilienbild einen Preis erzielte, für den der verarmte Maler seinerzeit halb Tahiti hätte kaufen können.

Das Wesen des Menschen taucht in dem von Singer aufgespannten Bermudadreieck von Rationalitäts-Autonomie-Selbstbewusstheit immer wieder unter, und Schwachsinn lässt sich darin nicht einfangen. Das Nutzlose und Irrationale ist offenbar die Keimzelle des Nützlichen und Vernünftigen.

Morionen, Schaukrüppel, Monster und Freaks zogen schon seit je Voyeurismen und Wonneangstgelüste auf sich. Deren unmittelbare Befriedigung im Foltern, Prangern, Schlachten, Hinrichten ist zwar in der Neuzeit durch massenmediale Porno- und Brutalokonkurrenz ersetzt und durch mittelbar-zweidimensionale, flächenhafte Bedienung abgelöst worden. Ob diese Preisgabe der Unmittelbarkeit und der Tiefendimension als Sublimationsereignis gelten kann, ist umstritten. Zu wissen, dass TV-Blut bloß Tomatensaft ist und der geschundenen Video-Clips-Frau in ihrer Wirklichkeit nichts geschieht, mag zwar tröstlich sein. Die Wirklichkeit des Voyeurs baut sich jedoch weiterhin aus demselben Bilderleben auf. Vielleicht ist der Fortschritt von der realen Hexenverbrennung zur Brutalo-Porno-Folter ein moralischer – vom Tun zum Tun-als-ob –, ein ästhetischer, d.h. gestalterisch-wesensmäßiger jedoch kaum.

Dieser auch durch Behinderte zu befriedigende Voyeurismus ist nun allerdings nicht auf Sensationslust reduzierbar, sondern hat untergründig mit dem Verhältnis von Intimität und Öffentlichkeit, Geheimnis und Preisgabe zu tun. Intim ist in unserer offen-veröffentlichten Gesellschaft das, was man über Gebühr *hat* und was einem ungebührlich *fehlt*. Behindert ist, wer außerstande ist, solches Zuviel und Zuwenig vor sich und andern hinter Angst- und Schamgrenzen zu verbergen. – Behinderte sind zur Veröffentlichung von Intimität und zu einem Prozess der Selbstbeschämung gezwungen. Sie verkörpern Hässlichkeit und Unvermögen, Beschränktheit und Ausgegrenzt sein, Verständnislosigkeit und Normwidrigkeit, Lächerlichkeit und Verwiesenheit: Wie sie prinzipiell freilich jedem Menschen drohen und wie sie in seiner Lebensgeschichte jeder schon erfuhr und damit zu fürchten gelernt hat.

So verkörpert denn der Behinderte für eine Welt des schönen Scheins „echte Menschlichkeit", die immer wieder dort vermutet wird, wo sie nackt und bloß, verletzlich und verfolgt vom Himmel ins Stroh fiel.

Die Frage: Wie lebt der ein Leben, das mir nicht mehr lebenswert erscheint? – diese neugierige Frage hat Singer versäumt zu stellen.

Nicht einmal die flugunfähigen Kiwis in seinem Lande (sind das behinderte Vögel?) haben ihn auf die Idee gebracht, dass es von Behinderten diesbezüglich etwas zur erfragen und zu lernen gäbe. (Behindertensoziologisch interessant ist immerhin, dass die Australier die Neuseeländer als 'Kiwis' zu verspotten pflegen ...)

Behinderte eignen sich daher auch als Seelenwaschanlagen, mit der unserer Reinigungskultur geläufigen Skala von Feinwäsche im Schongang bis hin zu strapaziöseren Abläufen.

Erklärte neulich ein Arzt: Bin ich verärgert, so schlendere ich durch die Paraplegiker-Abteilung, dann bin ich alsbald wieder zufrieden!

Peinlichkeiten lassen sich an der Pein anderer abstreifen. Sowie ich jemand finde, dem es dreckiger geht als mir, fühle ich mich bereits wieder sauberer.

Behinderung hat ferner oft Immobilität zur Folge (nicht nur motorisch, sondern auch perzeptiv und kognitiv, sprachlich und sozial). Behinderte ragen daher wie erratische Blöcke in eine Soziallandschaft hinein, deren Wesenselemente Bewegung, Tempo und Veränderung sind. Behinderte repräsentieren Statik, Gleichförmigkeit, Unverrückbarkeit, vielleicht auch Ruhe und Gelassenheit. – Sie eignen sich daher für Kurzbesuche, Verschnaufpausenzeichen zwischen den Sendeblocks, in denen der Drive wieder auf Drive zu bringen ist.

Behinderte ermöglichen selbstbestätigende Vergleichsakte, die, zumal in einer individualistischen Gesellschaft, zur Identitätsfindung unerlässlich sind. Ich bin das, was ich in andern nicht auch vorfinde, und mein Selbstwertgefühl quillt aus dem, was mich positiv vom anderen abhebt. Der gute Mensch (was immer man in concreto darunter verstehen will) ist keine statische Größe an sich, sondern resultiert aus permanenter Komparation. Werturteile und Bewertungen sind relational. Wo Schwäche uns umgibt, können wir uns stark fühlen.

Behinderte vermitteln individuelle und gattungsmäßige Identität. Dies erfolgt, filmtechnisch gesprochen, allerdings unter verschiedenen „Einstellungen":

In der Totalen wird die Feststellung getroffen, dass Behinderte *Menschen* sind, d.h. der Gattung Homo (wenngleich nicht in jedem Falle sapiens) angehören. Zwischen „Homo" und „sapiens" liegt, wie Singer uns bedeutet, bereits ein erstes Ärgernis.

Aus der Halbtotalen erfolgt die Beteuerung, dass Behinderte auch Menschen sind, arthaft-artig und nicht von vornherein Unmenschen (als unartige Gattungszugehörige). Singers Utilitarismus lässt, wie erinnerlich, diese Halbtotale freilich bereits nicht mehr zu.

In der Nahaufnahme werden Details sichtbar, die auf Gemeinsamkeiten hindeuten und die Differenzen mehr und mehr vom Sein in die Gestaltungsweisen des Daseins sich verschieben lassen.

Akzeptanz scheint somit eine Funktion der Nähe zu sein: Je näher ich Behindertensein an mich heranlasse, umso mehr werde ich zu einer Einflussgröße innerhalb eines „Behindertenzustandes", verstanden als psychodynamisches Feld verzerrter Kommunikation (Kobi' ⁴1983).

Ich vermute ferner, dass ein proportionales Verhältnis besteht zwischen Tabuisierungs-, Selbstverleugnungs- und Integritätszwängen, denen eine Person oder ein soziales System unterworfen sind, und der Abweisung von Begegnungen mit Personengruppen, welche sich diesen Nötigungen nicht zu unterziehen vermögen (wie z.B. Behinderte). Je mehr Styling sich eine Gesellschaft auferlegt, Uniformität und Konformität, umso mehr wird das Behindertenwesen auch zu einer Fluchtburg zur Rettung aus der „Normalität als anonymem Konglomerat" (Mürner, 1989, p. 9) und vor dem Inferno der Supernormalität. Abnormität kann lebensgeschichtlich als Alternative erscheinen zur exklusiven Mittelmäßigkeit und Normopathie.

Behinderte als Sinnvermittler, Handlungsveredler und Vorbilder

Behinderte eignen sich für Sinndefizitbewirtschaftungsmaßnamen, die strukturell als gesellschaftsnotwendig erachtet werden. Sinn ist das, was die Autopoiese als solche erfahren und erkennen lässt und im Selbstbewusstsein zusammenhält. – Behinderte werden dementsprechend didaktisch genutzt (Mürner, 1989, p. 42), depersonalisiert freilich als stilisierte Beispiele des „Dennoch!" und „Da siehst du's!". Behinderte dienen als vorbildhafte Lebensakrobaten, die man ob ihres Geschicks, mit behelfsmäßigen Mitteln und Gesten durchs Leben zu kommen, bewundert. Insbesondere Körperbehinderte bieten hiezu variantenreiche Beispiele an.

Erst in neuerer Zeit ist aus den Reihen Behinderter auch Protest erwacht gegen eine positiv und negativ verfälschende Instrumentalisierung behinderter Menschen als Verkörperung von Beugetugenden (der Demut und Bescheidenheit, der Ergebenheit und Dankbarkeit, der Unter- und Einordnung) und deren unverschämte Verzweckung durch Kanzelredner und Moralapostel.

Trotzdem erfreuen sich romanhafte Erlebens- und Erlebnisschilderungen Behinderter oder über Behinderte ungebrochener Beliebtheit. Im Unterschied zur älteren Leid- und Trost-Literatur handelt es sich heutzutage allerdings vermehrt um Selbstdarstellungen siegreicher Therapeuten, die mit sportlichem Elan das Nicht-mehr-für-möglich-Gehaltene schafften.

Behinderte können eine Ästhetik des Hässlichen repräsentieren, sofern sie nicht gesellschaftsüblichen Schönheitsidealen entsprechen, die entscheidend durch Gesundheit und Vitalität, leibliche Wohlproportioniertheit und Kraft, Anmut und Liebreiz bestimmt sind. – Behinderte, soweit sie als wahrnehmbar Misslungenes, Defektes, Amorphes, Dysplastisches in Erscheinung treten, bieten sich als Kontrastexistenzen zur harmonisch-wohlgefälligen Gestalt der oberen Mitte an (vgl. Mürner, 1989). Dem ethischen Positiv-Vorbild, für das Behinderte herhalten müssen, entspricht hier komplementär das ästhetische Negativ-Vorbild. Solcher Hässlichkeit werden, in einer Art negativen Harmonie, traditionellerweise entsprechende Rahmen verpasst: Außen- und (vor allem) Innenarchitektur von Anstalten und Irrenhäusern, desgleichen Kleidung, Kosmetik, Esskultur bieten bis in die Neuzeit ein Abbild der Vorstellungen, der Wertschätzung und des emotionalen Bezuges. Ästhetik hat sich, zumal kirchlich verwalteter Christsamkeit gemäß, der zur bloßen Moral geschlichteten Ethik unterzuordnen. Zur Wohlgefälligkeit gehört die Entsinnlichung der leiblichen Erscheinungsform.

Eine attraktive, gepflegte, elegant gekleidete, der Kosmetik nicht entsagende behinderte Frau verletzt auch heute noch gehütete Grenzen des guten Geschmacks, der keiner sein darf. Es ist diesbezüglich auch aufschlussreich, welche vorindustriellen Rituale und Utensilien der Körperpflege sich in heilpädagogischen Anleitungen dazu gehalten haben: Seife und kalte Waschungen (regelmäßig, rasch, effizient und lustlos), bequeme, bissig-dekorrturierende, reizlose Kleidungsstücke (ohne scheuernde oder stauende Nebeneffekte), einfacher Haarschnitt.

Behinderte sind Prestige-Vermittler. Wer immer sich, ehrenamtlich gar, mit ihnen befasst, kommt gesellschaftlich in den Genuss der Zuschreibung besonderer Charakterzüge. Man gilt als menschenfreundlich, gottgefällig, geduldig, bescheiden, engagiert, altruistisch etc. Der Gratismensch ist eine gern gesehene, wenngleich nicht gern gehörte Figur im Rabattgeschäft.

Behinderte sind aber auch situativ-themenzentriert zweckdienlich als Handlungsveredler. Bereits eine banale Handreichung wird zur Hilfe, zur therapeutischen Geste gar, die kleine Hinterlassenschaft zur Spende, zum guten Werk. Behinderungsbezogene Handlungsweisen qualifizieren sich allein schon durch den Adressaten.

Das Behindertenwesen als Dienstleistungsbetrieb

Behinderte sind wesentlich beteiligt an Umverteilungsprozessen, wie sie von Staates wegen sowie durch kirchliche und gemeinnützliche Organisationen in Gang gehalten werden. Das Behindertenwesen ist, volkswirtschaftlich betrachtet, ein ansehnlicher Dienstleistungsbetrieb, der via Steuern und Versicherungen sozialisierte Gelder reprivatisiert. Es bildet ein Teilsystem innerhalb sozietärer Austauschprozesse, die insgesamt den z.B. national begrenzten Gesellschaftskörper am Leben erhalten. Aus systemischer Sicht ist demnach jeder Behinderte geschäftsfähig, indem sein Verhalten in jedem Fall die mit seiner Person verbundenen Geschäftsvorgänge mitbestimmt.

Not schafft Brot! - Auch die Heilpädagogen leben von der Not anderer, was kein Vorwurf, sondern bloß eine Feststellung sein soll. Not ist, soziodynamisch betrachtet, kein Nichts, sondern ein Positivum. Entscheidend sind auch hier faire Marktverhältnisse und eine permanente Abstimmung zwischen den Handelspartnern. Die Gefahr gegenseitiger Instrumentalisierung ist im Auge zu behalten. Heilpädagogen sind nicht leibeigene Organisationsprothesen Behinderter, und die Nöte der letzteren sollen nicht zu Promotionsschrott akademischer Aufsteiger verkommen. Der gegenseitigen sozialen Verifikation heilpädagogischer Austauschprozesse müsste das Bewertungs-Primat eingeräumt werden.

Epilog
Was ich zum Ausdruck bringen wollte, ist dies:
- dass Behindertsein ein komparativer Relativitätsbegriff ist, der stets von Perspektive und Kontext abhängig ist. Behinderung ist kulturbedingter Natur.
- dass Behinderte im Sozialkörper verschiedene Funktionen haben, die strukturell umso bedeutsamer sind, je mehr mitte-oben-zentriert sich eine Gesellschaft organisiert. Die Wertung einer solchen Funktion kann ihrerseits wieder nur in systemischer Abhängigkeit, unter einer vorbestimmten Perspektive und bezogen auf eine konkrete Situation, vorgenommen werden
- dass Behindertsein als soziales Strukturelement weder durch Gentechnologie und Vernichtung von Misfits noch durch Normwandel und Totalintegration aufzuheben ist. Wo immer Existenzvergleiche angestellt werden (Kobi, [4]1983), kommt es zur Auszeugung von Abweichungen. Und solange autonome, rationale, selbstbewusste Menschen einander konjugieren und deklinieren, sind Definitionen Wesenselement sozialer Austauschprozesse
- dass Unsittlichkeit nicht aufgrund kontextverlorener Inhalte und Verhaltensweisen auszumachen ist, sondern als Maßlosigkeit zum Ausdruck kommt: als „Völlerei", wie sie das Mittelalter mit „Fressen, Saufen, Huren" ins Bild setzte und sie dem technischen Industriezeitalter im „Higher-bigger-faster" allmählich ins Bewusstsein tritt.
- dass Totalitarismus, Exklusivität und Unendlichkeit, Größenwahn und exzessiver „Meliorismus" (Jonas, 1984, p. 79) ethische Ins-Maß-Regelungs-Systeme zum „Durchdrehen" (Bateson, 1982) bringen, so dass wir zunehmend genötigt sind, Imperfekte Teile zu schützen, um das Ganze zu erhalten.

Das Leben entlässt uns nicht aus Widerspruch und Schuld. Wer Böses meidet, hat noch kein Gutes erfüllt. Wer Gutes tut, ist damit Bösem nicht entronnen. Auf Selbstzufriedenheit besteht im ethischen Konflikt keine Aussicht: weder für die Mutter, die sich des als behindert/behindernd diagnostizierten Embryos entledigt, noch für jene, die sich dazu entschließt, das Kind auszutragen. Und keineswegs für den Chorus der Rapporteure, Kommentatoren und Interpreten.

Töten als Anmaßung, Leben lassen als Zumutung! – Da gibt es nichts zu lösen, weil kein Problem vorliegt, sondern Schicksal.

Leben und Tod sind jenseits von Gut und Böse; sie lassen keine allgemeine und prinzipielle Qualifikation zu. Eine solche vorzunehmen wurde von Kosmologien und Religionen stets als Anmaßung verwarnt. Ehrfurcht, Scham und Scheu sind die Subjekthaften Grenzen zwischen den human verantwortbaren, Maß-Regelungssystemen der Ethik und der kosmischen Ordnung. Sie zu überschreiten ist Sünde: ein vermessenes Zuwiderhandeln gegen das Heilige. Sünde ist ein sakraler, kein ethischer Begriff. Sünde ist nicht gesellschaftsimmanente, profane Sittenwidrigkeit, sondern die Versuchung, wie Ikaros in die Sonne zu fliegen, über den Turmbau zu Babel in den Himmel zu gelangen, den Baum der Erkenntnis kahl zu fressen.

Noch scheint angesichts der allseits befeuerten und gefeierten Wachstums-Raten eine Ethik der Verantwortung sowie eine kosmologische „Heuristik der Furcht" (Jonas, 1984, p. 64), der Scham und der Machbarkeitsverzichte in weiter Ferne. Umso näher sind wir vielleicht dem Berg Moria, wo Abraham drauf und dran war, im Gehorsam zu Gott seinen Sohn zu opfern und zum Kindsmörder zu werden. „Die absolute Pflicht kann einen dahin bringen, das zu tun, was die Ethik untersagen würde", stellt Kierkegaard (1971, p. 91) unter Bezugnahme auf diese alttestamentliche Paradoxie und ihre neutestamentliche Variante bei Lukas 14/16 fest.

„Aber Angst ist ein gefährlich Ding für die Zärtlinge ..." (a.a.0. p. 35).

Literatur

Bateson, G.: Geist und Natur (Frankfurt, 1982)

Dubitscher, F.: Der Schwachsinn (Leipzig, 1937)

Eckert, H.: Ruedi Staechelin: „Ich bin sehr zufrieden", in: Basler Zeitung Nr. 270 vom 17.1 1.1989

Jonas, H.: Das Prinzip Verantwortung (Frankfurt, 1984) Kasteel, L.: Der 'verfrühte' Tod (Berlin, 1986)

Kierkegaard, S.: Furcht und Zittern (Düsseldorf, 1971)

Kobi, E.E.: Das schwer geistig behinderte Kind aus heilpädagogischer Sicht, in: Hagmann, Th. (Hrsg.), Beiträge zur Pädagogik Geistigbehinderter (Luzern, 1980)

Kobi, E.E.: Grundfragen der Heilpädagogik (Bern, 41983)

Kobi, E.E.: Personorientierte Modelle der 1-leilpädagogik, in: Bleidick, U. (Hrsg.) 1 Landbuch der Sonderpädagogik. Theorie der Behindertenpädagogik (Berlin, 1985, p. 273-294)

Kobi, E.E.: Heilpädagogik: Wodurch, wozu und wie?, in: Blickensdorfer, J. et al. Ethik in der Sonderpädagogik, (Berlin, 1988, p. 181-200)

Kobi, E.E.: Heilpädagogische Daseinsgestaltung (Luzern, 1988)

Kobi, E.E.: Defiziente und defizitäre Wissenschaftlichkeit. Zum Beispiel einer Behinderten Pädagogik, in: Offene Sonderpädagogik - Innovationen in Sonderpädagogischer Theorie und Praxis (Frankfurt, 1989, p. 413-427) Mürner, Ch.: Die Normalität der Kunst (Köln, 1989)

Mümer, Ch.: Behinderung als Metapher (Bern, 1990)

Postman, N.: Wir amüsieren uns zu Tode (Frankfurt, 1985)

Rödler, P.: Editorial (Vj.schrift für Behindertenpädagogik, Solms, Lahn 2, 1/1990, p. 3-6)

Schönberger, F.: Ethik der Kooperation - Stichwort: 'Euthanasie' (Vj.schrift für Behindertenpädagogik, Solms, Lahn 2, 1/1990, p. 65-84)

Singer, P.: Praktische Ethik (Stuttgart, 1984)

Tucholsky, K.: Wo kommen die Löcher im Käse her? (1923) in: Gesammelte Werke, Bd. 6 (Hamburg, 1989)

Werenfels, Chr.: Ethik, an der Uni konkret. Schweiz. Hochschul-Zeitung „die Synthese" Nr. 156 (Zürich, 1990)

7 Aussichten einer künftigen Heilpädagogik aufgrund gegenwärtiger Einsichten und Absichten

aus: Raemy, D. et al. [Hrsg.] (1990) Heilpädagogik im Wandel der Zeit
(Luzern edition szh) S. 233-251

„In der Ordnung des Lebens ist nichts gut, was maßlos ist" (Durkheim, 1973, p. 242). Pädagogen sollten sich nicht als Propheten versuchen! Die es trotzdem taten, wurden mit großer Regelmäßigkeit von der Vergangenheit eingeholt und verschlungen. Vor einem solchen Schicksal kann einen höchstens der Bezug zur Gegenwart bewahren. Was ich im folgenden darstellen kann, sind also lediglich Extrapolationen rezenter Tendenzen, durch die deutlich gemacht werden soll, dass jede extreme und forcierte Entwicklung, die ihres dialektischen Gegenpols verlustig geht, letztlich auch das angestrebte Gut in Misskredit bringt.

Ich will es mir daher auch versagen, so etwas wie eine heilpädagogische Utopie zu entwerfen. Dies aus zwei Gründen:

- Utopien sind ihrem Charakter nach totalitär: auch und gerade dann, wenn sie harmonische Glückseligkeit aller in Aussicht stellen. Es gehört m. E. zum Wesen des Menschen, dass er über sich und seine Situation hinausdenken und -träumen kann. In einem paradiesischen Zustand könnten dies nur noch Schreckensvisionen sein. Für den vom Glück verfolgten Menschen ist jede noch erdenkliche Entwicklung ein Alptraum.

- In einer utopischen Welt der Glückseligkeit fände eine Heilpädagogik, die sich mit leidvollen Erfahrungen und sozialer Bedrängnis beschäftigt, keinen Platz mehr. In einer Zukunft ohne Heilpädagogik hätte somit die Heilpädagogik auch keine Zukunft mehr. Wo wir allesamt im Heil sind, ist Pädagogik überfällig. Pädagogik strebt vom Guten zum Besseren und lebt aus der Spannung zwischen Sein und Sollen. Wo immer, wir unsern Sollwert erreicht haben, darf, ja muss! Heil-Pädagogik in Pension gehen, wenn sie ihrerseits nicht als UnheilPädagogik zur sauren Milch unfrommer Denkungsart werden will (s. Schema 2).

Ich möchte im folgenden an einige neuere Entwicklungstendenzen erinnern, die mir insgesamt die Physiognomie derzeitiger Heilpädagogik zu charakterisieren scheinen, und ich will dazu jeweils Überlegungen anstellen bezüglich einer *futuristischen* Fortschreibung des Status quo nach dem Motto: Mehr vom selben! (Watzlawick,1979) bis zu jenem Punkt, den Bateson (1982) als „Durchdrehen" eines Systems kennzeichnet. Ich möchte damit meine erwähnte These belegen, wonach (z.b. auch im Behindertenwesen) nichts so gut ist, dass es durch Verabsolutierung nicht zuschanden gemacht und in seiner Wirkungsrichtung umgedreht würde. Ich vertrete damit einen ökologischen Standpunkt, aufgrund dessen Heilpädagogik als homöopathisches Fließgleichgewichtssystem betrachtet wird, in welchem nicht das Maximum anzustreben, sondern ein Optimum zu erhalten versucht wird. Heilpädagogik heilt nicht: weder in einem medizinischen noch, wie in diesem Zusammenhang, im Sinne einer Heilslehre. Sie kann behindertes und behinderndes Leben erträglicher gestalten, nicht hingegen Leid beiseite schaffen.

Im Folgenden soll unter Bezugnahme auf ein derartiges homöostatisches Regelungssystem der Frage nachgegangen werden, in welchem Stadium der gesellschaftshistorischen Entwicklung die Heilpädagogik ihre Gestaltbildung erfuhr, welche phasenspezifischen Merkmale ihre Gegenwartssituation aufweist und welche Zukunftsperspektiven hieraus abgeleitet werden können.

Die Behinderungsfürsorge ist, wie jedes gesellschaftspolitische System, inhaltlich wie strukturell dem historischen Wandel unterworfen. Dieser erfolgt nicht völlig regellos, sondern zeigt, über längere Zeiträume betrachtet, wiederkehrende Phasen unterschiedlicher Konsistenz und Mobilität, die ich mit folgenden Etiketten versehen will: **Stabilität - Dispersion - Anomie - Konsolidierung** (s. Schema 1)

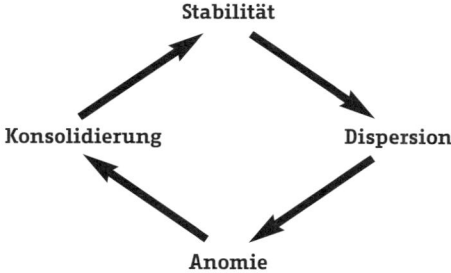

SCHEMA 1

Stabilität bezeichnet Zustände, Ordnungssysteme, Attitüden etc., die praktisch unverändert ganze Epochen überdauern können. Statische Phasen sind durch folgende Punkte gekennzeichnet:

- Was eine Behinderung ist bzw. als solche gilt, ist allgemein klar und nicht Gegenstand weitläufiger Reflexionen und Diskussionen
- Behinderungen werden, holzschnittartig, auch untereinander klar abgegrenzt und bezeichnet

- Weite Bereiche des Behindertenwesens bleiben freilich auch unthematisiert, treten nicht ins öffentliche Bewusstsein oder werden absichtlich tabuisiert und bleiben dadurch geschichtslos-uninteressant
- Behinderung erscheint als eine Seinsweise und wird als solche nicht oder nur vage abgehoben von der Person des Behinderten. Der Behinderte „ist" gewissermaßen seine Behinderung
- Behinderte haben einen bestimmten, in aller Regel peripheren Status und erhalten meist auch eine eindeutige Rolle zugewiesen
- Desgleichen sind die Lebensräume ausgegrenzt, in denen sich Behinderte aufzuhalten haben; das Separationsprinzip legt die Lebensordnung fest
- Das Behindertenwesen ist institutionalisiert in Gesetz und Common sense und wird ansichtig in architektonischen Verweisungen in die „Totale Institution" (Goffman, 1973) vom Typ Asyl, Anstalt, Gefängnis, Spital etc.
- Die Umgangsweisen mit Behinderten sind kanonisiert in Vorschriften (z.B. was das Almosengeben anbetrifft), die ihrerseits in einen Moralkodex eingebunden sind
- Behindertensein gilt als (göttliches) Schicksal, das im wesentlichen zu ertragen und nur in Grenzen zu mildern ist
- Zustandsveränderungen (magischer, therapeutischer, sozialer Art) erfolgen allenfalls individuell und punktuell, jedoch nicht in Form grundsätzlicher Rehabilitationsbemühungen.

Dispersion bezeichnet Phasen der Auflösung und Verflüssigung sowie der progressiven Mobilität eines Systems, das dadurch in eine allgemeine Aufbruchsstimmung gerät. Phasen der Verflüssigung sind charakterisiert
- durch den Verschleiß bzw. das Obsoletwerden tradierter Begriffe. Worte lösen sich ab vom ursprünglich bedeuteten Sachverhalt (sie werden beispielsweise zu Schimpfwörtern wie Krüppel, Psychopath, Idiot etc.)
- durch die Ausdifferenzierung globaler Störungsbilder (wie z.B. des „einfachen Erbschwachsinns") in zahlreiche Detailaspekte
- durch eine entsprechende Ausdifferenzierung des Wortschatzes zur Kennzeichnung abweichender Lebensformen und desgleichen des diagnostischen Instrumentariums. Praktisch jede der globalen Behinderungsformen, wie sie auch heute noch das Alltagsbewusstsein bestimmen mögen, pflegte sich im Zuge derartiger Entwicklungen in Dutzende von Unterformen aufzugliedern
- durch die Ausdifferenzierung umfassender Institutionen mit ursprünglicher Sammelbeckenfunktion in Unterabteilungen und Spezialeinrichtungen
- durch die Ausdifferenzierung von Methoden und Therapieformen und mithin durch eine Spezialisierung auch in professioneller Hinsicht
- durch die Ausbreitung und Bekanntmachung bislang abgeschlossenen, d.h. nur einem engen Kreis von Eingeweihten zugänglichen Wissens. Dazu gehört ferner die Entschleierung und Verwortung tabuisierter Tatbestände bis hin zu eigentlichen Propagandafeldzügen im Zusammenhang mit bestimmten Krankheitsformen (Epilepsie z.B.)

- Dispersionsprozesse werden zumeist begleitet und z. T. auch erst ermöglicht, durch größere materielle Ressourcen. D. h. Finanzmittel haben einen ausgesprochenen Verflüssigungseffekt sowohl auf materielle Güter (Bautätigkeit, Equipments) wie auch auf Dienstleistungen. So hat in unserm Zusammenhang die Installation der Eidgenössischen Invalidenversicherung zweifellos einen Verflüssigungsprozess ausgelöst und unterhalten. „Behindertenarbeit" hat sich zu einem auch volkswirtschaftlich unverzichtbaren Dienstleistungssektor ausgebreitet, der kaum mehr einen Vergleich zulässt zur früheren karitativen Nischentätigkeit.

Anomie bezeichnet nach **Durkheim** (1973) „den Zustand der gestörten Ordnung" (p. 289): dies weniger in einem moralischen, sondern vor allem in einem strukturellen Sinne. Es handelt sich um jenes Übergangsstadium, in welchem sich tradierte, möglicherweise aber überfällig gewordene Ordnungen aufgelöst haben, bevor sich andrerseits neue, angemessene Ordnungen konstituieren konnten. Anomie bezeichnet somit die Extremform bzw. den Endpunkt der Dispersion. Sie ist gekennzeichnet durch Regel- und Gesetzlosigkeit, allenfalls durch das vorerwähnte „Durchdrehen" und mithin den Verschleiß eines ganzen Systems. Phasen der Anomie sind gekennzeichnet

- durch Begriffsunsicherheit und die Scheu, Behinderungen überhaupt noch als solche zu benennen. Diese werden höchstens noch durch vage, nichtssagende Worte gekennzeichnet, die keinen direkten Bezug mehr zur Behinderung aufweisen (sollen): „Kinder mit Schwierigkeiten"; „Kinder mit erhöhtem Förderungsbedarf" u. ä.
- durch die Auflösung tradierter Institutionen und mithin eine Entgrenzung zwischen Institution und Funktion. Überall ist alles möglich; alles ist überall
- durch die Auflösung tradierter Berufsbilder und Tätigkeitsfelder (so z.B. des Arztes oder des Lehrers) in zahllose Splitterfertigkeiten und Funktionalismen. Verbunden damit ist ein allgemeiner Kompetenzwirrwar von Berechtigungen und Befähigungen
- durch ein Ineinanderfließen bislang abgesetzter Sequenzen, wie dies z.B. im Ausbildungssektor zu beobachten ist, wo Vorbildung, Ausbildung, Weiter- und Fortbildung kreisförmig ineinander überzugehen pflegen
- durch exzessive Demokratisierung bzw. den Abbau hierarchischer Verfügungsstrukturen, dahingehend, dass anonym-kollektivierte Grundwellen der Zustimmung bzw. der Ablehnung richtungsweisend werden, innerhalb derer fachbezogene Argumentationen bis zur Bedeutungslosigkeit absinken.

    Exemplarisch finde ich diesbezüglich die TED-Abstimmungen via anonymen Applaus in TV-Land, wodurch der Geräuschpegel also zum ausschlaggebenden Qualifikations-, und Entscheidungsmaßstab wird.
- durch die Vermarktung von Wissen und Können, Methoden und Instrumenten nach dem Prinzip „anything goes" (Feyerabend, 1977) verbunden mit einem Konsumismus im Selbstbedienungssystem. Alle sollen allzeit alles zur Verfügung haben und sich ihr Lebenselixier nach eigenem Gusto zusammenbrauen.

Zum Zustand der Anomie gehören ferner zahlreiche Paradoxien, die sich aus Versatzstücken der zerbrochenen, allerdings sehr unterschiedlichen und daher inkommensurablen Bezugssysteme und Prinzipien ergeben. Solche werden beispielsweise in folgenden Gegenüberstellungen ansichtig:

- „Soziale Privatisierung", verstanden als das Bestreben, privatistische Ansprüche mit sozialer Hilfe einzulösen
- „Individuelles Teamwork", verstanden als das Bestreben, gemeinsam individuelle Wege zu gehen
- „Ganzheitliche Spezialisierung", verstanden als das Bestreben, aus der Spezialisierung ein übergeordnetes Ganzes zu erreichen
- „Normaler Sonderstatus", verstanden als Bestreben, in der Besonderung normalen (gesellschaftsüblichen) Ansprüchen genügen zu können
- „Unproduktives Arbeiten", verstanden als das Bestreben, von der Sozietät nicht benötigte Tätigkeiten und Produkte als soziale Dienstleistungen und als Gebrauchsgüter auszugeben
- „Ökonomische Ökologie", verstanden als das Bestreben , in gewinnmaximierender Art ein ökologisches Gleichgewicht herzustellen und damit im Maximum das Optimum realisieren zu wollen
- „Integrative Auflösung", verstanden als das Bestreben, umfassende Behinderungszustände (einer Geistigen Behinderung z.B.) durch ein facettenreiches Therapie- und Förderungsmuster ganzheitlich anzugehen oder Normal(schul)institutionen unter Beibehaltung des Normalitätsrahmens zu Sonderangeboten zu nötigen
- Etc.

Solche Paradoxien folgen allesamt dem von Aiga Seywald (1977) als „Irrelevanzregel" bezeichneten Motto: „Wir tun, als ob nichts wäre!" D.h. der Behindertenstatus wird in einem ersten Schritt per definitionem und comparationem erzeugt, in einem gegenläufigen Schritt durch Relativierung (Alles ist normal! Wir alle sind ja behindert!) wieder aufgehoben, durch spezifische Hilfeleistungen, Veränderungsbestrebungen und Erleichterungsbemühungen (therapeutischer, erzieherisch-schulischer, sozialer, gesetzgeberischer und finanzieller Art) – dann aber doch wieder bestätigt. Als „behindert" erscheint in dieser mehrfach gebrochenen Sichtweise eine Person, deren Normalität einer speziellen Deklaration bedarf gemäß der geläufigen „Auch-Formel": Auch diese Person hat, darf, soll etc. – „Normal" hingegen ist eine Person, die man nicht als normal zu bezeichnen braucht.

Konsolidierung. Eine solche ist gekennzeichnet durch neue Gestaltbildungen, die je nach dem eher restaurativen oder aber renovativen Charakters sind und somit in spiralförmiger Weise zu einer neuen Stabilität führen. Phasen der Konsolidierung sind gekennzeichnet durch folgende Punkte:

- Zuordnungen verschiedener Auffälligkeiten zu übergeordneten Zustandsbildern („Syndromen") und mithin zu neuen Krankheits- und Behinderungskompositionen
- Dasselbe Phänomen zeigt sich hinsichtlich Verursachungstheorien. Zwar können diesbezüglich verschiedene Vorstellungen vorliegen, die sich jedoch je als

geschlossene „Gehäuse" voneinander abschotten. Dieselbe Auffälligkeit erfährt, je nach Präferenz, eine andere totalisierte Einschachtelung (z.B. neurologischer, lernpsychologischer, psychoanalytischer etc. Art)

- Entwicklung fixer Zuordnungsketten von Ursache-Symptom-Therapie gemäß einer linearen Wenn-Dann-Gesetzlichkeit, so dass, quasi in Entsprechung zu den Kausaltheorien, auch divergente „Schul"-Meinungen über die richtige Behandlungsweise bestehen, die ihrerseits eine expansive Tendenz - u. U. bis zur Verallgemeinerung des je Partikulären - aufweisen
- Das Behindertenwesen wird einer zunehmenden Regelung unterworfen, wobei der Verrechtlichung eine zentrale Bedeutung zufällt
- dazu treten berufsständische, „gewerkschaftliche" Bestrebungen, so etwas wie Zuständigkeitsterritorien zwischen den verschiedenen Professionen auszugrenzen
- integrative Bestrebungen, die auf Meta-Ebenen neue Einheiten bzw. Koalitionen entstehen lassen (z.B. in Form von Selbsthilfegruppen)
- ähnliches zeichnet sich auch in Form einer Nationalisierung und Internationalisierung ursprünglich u. U. bloß sippenmäßig oder regional registrierter Probleme ab. Die Bestrebungen internationaler Organisationen, wie die der WHO oder UNICEF, liegen denn auch in dieser Richtung
- Bildung von Pressure-Groups zur Durchsetzung scientifischer, finanzieller, politischer, ideeller, religiöser, staatlicher, wirtschaftlicher, prestigemäßiger etc. Interessen, für welche „Behinderung" lediglich noch den „Stoff" bieten, aus welchen die jeweiligen „Träume" gesponnen werden
- dadurch können sich endlich auch konsolidierende Umkehrverhältnisse ergeben, indem sich beispielsweise inflationäre Heilungs- und Heilbotschafter ihre Klientel propagandistisch aufbauen. So ist etwa an das epidemieartige Umsichgreifen weltweiter Befindlichkeitsstörungen im Umfeld der midlife-crisis und sog. Beziehungskisten um „Frauen, die zu sehr lieben" (Norwood) zu erinnern, die, den Auflageziffern nach zu schließen, tatsächlich Weltbedeutung erlangt haben.

Konsolidierungstendenzen können schließlich, wie vorerwähnt, wieder eine neue Statik zur Folge haben, die sich derzeit in folgender Richtung abzuzeichnen scheint:

- in Richtung auf eine Verrechtlichung der Behindertenarbeit und des Behindertenseins, die nunmehr wenig Spielraum lässt für ad hoc Entscheide
- in Richtung auf eine durchgehende Kontrolle und Organisation von Behinderungszuständen, angefangen bei der: Prävention, über Frühmaßnahmen bis hin zum Sterbecurriculum. Der Begriff der „Vernetzung", wie er derzeit in der Psychiatrie (Basler Psychiatriekonzept, 1987) favorisiert wird, zeigt m. E. ebenfalls derartige Totalisierungstendenzen an
- in Richtung auf einen Sekuritarismus und Totale Versicherung, die, von der Angst diktiert, jedes Wagnis entbehrlich machen sollen
- in Richtung totalitärer Vermeidungsstrategien, die sich in umfassenden Organisationsformen zur Prophylaxe, Therapie, Förderung und Eingliederung niederschlagen und die als solche kaum mehr in Frage gestellte Rahmenbedingungen abgeben:

- Behinderungen sollen soweit als möglich vermieden werden
- nicht vermeidbare Behinderungen sollten soweit als möglich wegtherapiert werden
- unheilbare Behinderungen sollen soweit als möglich kompensatorisch überbrückt, Restfähigkeiten soweit als möglich gefördert und ausgenutzt werden
- was als Restproblematik bleibt, soll soweit als möglich vom – Gesellschaftskörper integriert, normalisiert und damit gewissermaßen „verdaut" werden.

Statische Einigkeit herrscht somit (wieder) bezüglich der Auffassung, dass Behinderung als etwas schlechthin Nicht-Sein-Sollendes der Entsorgung zuzuführen sei. (Auf das Stoffwechselprodukt dieser auf porentiefe Reinheit ausgelegten Entproblematisierung darf man gespannt sein).

Diese Phasen sind nun freilich nicht scharf und eindeutig voneinander abzugrenzen. Das heißt, in einer konkreten geschichtlichen Situation finden sich stets noch oder bereits stabilisierende Strukturelemente, während in anderen Bereichen Dispersionsprozesse bis hin zu anomischen Verhältnissen und ebenso Konsolidierungserscheinungen zu beobachten sind. – Ferner ist die unterschiedliche Konsistenz bestimmter Strukturen und handlungsbestimmter Einstellungen zu beachten. So gibt es welche, die kulturübergreifender (universaler) Art sind und sich als praktisch intransigent erweisen, neben andern (zumeist kultur- und gruppenspezifischer Art), die einem häufigeren und rascheren Wechsel unterworfen sind. Phasenkennzeichnend kann also nur die jeweilige Hauptlinie sein.

Betrachten wir nun anhand dieses Modells die kurze, rund 120-jährige Geschichte unseres Fachgebietes der seit den sechziger Jahren des letzten Jahrhunderts sogenannten 'Heilpädagogik', so können wir feststellen, dass diese sich in einer Konsolidierungsphase als ein Konglomerat aus einer Vielzahl unterschiedlichster Bemühungen um behinderte Kinder herausgebildet hat.

Die heilpädagogische Systematik, wie sie in einer mittlerweile als klassisch geltenden Form bei Hanselmann (1930 ff) präsentiert wurde, ist ein getreues Abbild der zeitgenössischen heilerzieherischen Praxis, die, einem herkunftsmäßig medizinischen Denkmodell folgend, die äußerlich objektivierbar in Erscheinung tretende Behinderung zum Anlass nahm, sowohl eine Behinderten-Typologie, wie auch spezifische Methoden, Institutionen und Professionen zu entwickeln. Man könnte diesbezüglich von einer „Kanonisierung" der Behindertenproblematik sprechen, da die verschiedenen Behindertenpädagogiken je ihren Bezugspunkt und ihre Apologie ausdrücklich im behinderungsspezifischen Merkmal (der Blindheit, der Taubheit, der Verkrüppelung etc.) fanden.

Bei kreisförmigen Modellen (Schema 1) ist es nun allerdings unmöglich, so etwas wie einen 'Anfang' auszumachen. Und es ist in der Tat ja auch so, dass spezifische Besorgungen für Behinderte weitaus älter sind als die Heilpädagogik und sich letztlich im Dunkel der Prähistorik verlieren.

Geschichtliche Quellen, die in Fragmenten bis in vorchristliche Zeiten zurückreichen, sowie ethnologische Vergleichsstudien unter rezenten Naturvölkern lassen vermuten, dass Abweichungen von einer Kollektivnorm registriert wurden, seit der Mensch sich und sein Dasein zu reflektieren und transzendieren vermochte. Aus einer ursprünglich nur vagen Wahrnehmung bestimmter Abweichungen in der Präsentation und im Verhalten einzelner Individuen konstituierten sich „physiognomisch" eine Reihe archaischer Standards und Settings bzgl. des Umgangs mit dem Normabweichenden, deren Zahl allerdings beschränkt blieb.

In Anlehnung an Cloerkes/Neubert (1987) können die folgenden, in der gelebten Praxis allerdings meist miteinander verbundenen Formen benannt werden:

- Nichtbeachtung, laisser-faire. D.h. die Normabweichung wird zwar registriert, ohne dass hingegen in einer spezifischen Art darauf Bezug genommen wird
- Ausmerzung im Zuge sog. Extremreaktionen (der Tötung oder Aussetzung). Die Abweisung bezieht sich hier also nicht nur auf die Behinderung (als negativ bewertetes Merkmal), sondern auf dem Merkmalsträger, der in der Folge als Person verfolgt wird
- Negative Qualifikation nicht nur oder nicht in erster Linie der Behinderung sondern der Person des Behinderten, die als sündhaft erachtet wird und via Schuldzuweisung in ihrer Ehre herabgesetzt wird (ein lange Zeit tradiertes Exemplar bildet hierfür das „gefallene Mädchen")
- Gesellschaftlich/räumliche Peripherierung bis hin zur Isolation der durch eine Behinderung, stigmatisierten Person, dies zumeist als Folge oder verbunden mit einer negativen Qualifikation
- Eingeschränkte oder modifizierte Partizipation (bzgl. Ämtern, Heirat, Ritualen etc.). Man könnte hier, in einer Ergänzung zur horizontal-topologischen Ausgrenzung, von einer vertikal-hierarchischen Verweisung sprechen
- Privilegierung/Positiver Sonderstatus. Gemeint sind hier die kulturgeschichtlich allerdings seltenen bzw. spezifischen Fälle, wo die als solche negativ qualifizierte Behinderung als ein die Person positiv auszeichnendes Merkmal erachtet wird. Als jeweils allerdings rasch verblassendes Paradebeispiel kann der verstümmelte Kriegsveteran angeführt werden, der sich seine Behinderung auf dem Felde der Ehre zuzog und sich, ordensgeschmückt, einer Rente sowie Fahrgastprivilegien in öffentlichen Verkehrsmitteln erfreuen darf
- Hilfe und Beistand, die generell materieller (Naturalien, Geld), instrumenteller (Handreichungen) und ideeller (Trost, Fürbitte) Art zu sein pflegen, wobei die Hilfe zur Selbsthilfe bereits übergeleitet zu
- Behandlung („Therapie") und Belehrung. Die erstere richtet sich dabei primär gegen die Behinderung, die zweite wendet sich an die Person und deren entwicklungsmäßigen Ressourcen.

Es handelt sich hierbei um Grundmuster, von denen wir im Hinblick auf die Frage künftiger Entwicklungen annehmen müssen, dass sich kaum wesentliche Änderungen oder Ergänzungen einstellen dürften. D.h. in Phasen der Dispersion verändern sich praktisch nur die Ausgestaltungsweisen, so dass wir es letztlich stets mit Variationen dessen zu tun haben, was universell und zeitlos als negative Abweichung in der Erscheinungs-, Funktions- und Verhaltensweise eines Menschen gilt. Darüber können

m. E. auch die heutzutage umfänglich geführten, zum Teil an Wortmagie gemahnenden Integrations-Beschwörungen (Eberwein, H., 1988) nicht hinwegtäuschen.

Die „Perturbation" (Maturana/Valera, 1987), d.h. die Einflüsse, die zur „Störung" und mithin zu Strukturveränderungen innerhalb eines „autopoietischen Systems" (a.a.O.), d.h. eines sich immer wieder neu konstituierenden Systems, führen, sind sehr unterschiedlicher Art. Sie sind jedenfalls nicht nur an objektivierbaren, individuellen (Behinderungs-)Merkmalen abzulesen.

Ein Blick in die ältere heilpädagogische Literatur macht deutlich, dass sich bezüglich der Behinderungsformen sowohl quantitativ wie auch qualitativ wesentliche Verschiebungen vollzogen haben, die man generell als einen Prozess von naturhaft verursachten, hin zu kulturhaft erzeugten Behinderungszuständen charakterisieren kann (Kobi, 1988). - Bedingt sowohl durch einen verbesserten materiellen Lebensstandard wie auch durch medizinische Fortschritte präventiver und therapeutischer Art, ist der Anteil jener Kinder, deren Behinderung durch Krankheiten und Mangelzustände verursacht ist, erheblich zurückgegangen. Dies betrifft vor allem die Gruppe peripher motorisch bzw. perzeptiv Behinderter. Armut und Krankheit haben (zumindest im Kinderalter und in unsern gesellschaftspolitischen Verhältnissen) als Behinderungsursachen an Gewicht verloren.

Wenn wir, wie vorerwähnt, Behinderung nicht nur als objektives individuelles Merkmal, sondern als negativ qualifizierten psychosozialen Austauschprozess charakterisieren, der erst unter Bezugnahme auf einen bestimmten gesellschaftspolitischen und epochalen Kontext seine Bedeutung erlangt, so müssen wir anerkennen, dass Behinderungszustände stets auch – gemäß einem Figur-Grund-Effekt – durch eben diese kontextuellen (Auf-)Gegebenheiten beeinflusst werden.

Richten wir unser Augenmerk auf derartige Verschiebungen in den Daseinsgestaltungsformen unserer gesellschaftlichen Realität, so erscheinen vor allen Dingen die Mobilität und die Vielgestaltigkeit als epochaltypisch maßgebende Bedingungsfaktoren. Behinderung besteht wesensmäßig in einer topologischen und temporären Einschränkung der Lebensvollzüge. Diese Einschränkungen werden umso belastender und brisanter, je mehr Mobilität, Flexibilität, sowie rasche, simultane Zustandsbeurteilungen und -anpassungen gefordert sind. – In vergleichsweise statischen, traditionalistischen und überdies kleinräumig-überschaubaren Verhältnissen sind die Chancen, zu einem kontinuierlichen Lebensrhythmus und zu so etwas wie einer „ökologischen Nische" zu finden, wesentlich günstiger. Biotische sowohl wie psychosoziale Entwicklungsprozesse benötigen für ihren ungestörten Verlauf in erster Linie Zeit sowie angemessene strukturelle Rahmenbedingungen. Dies gilt vor allem für den homo educandus, der sich in seinen naturhaft und kulturhaft vorgegebenen Verhältnissen über wechselseitige Akkommodations- und Assimilationsprozesse zu habilitieren, d.h. „wohnlich einzurichten" hat. Chaotische Vielgeschäftigkeit – wie sie E. Bleuler (2, 1921) bereits zu Beginn unseres Jahrhunderts als „Polypragmasie" bezeichnet hatte - verursachen demgegenüber derart viele Form- und Stilbrüche in – der individuellen Biografie, dass missglückte Habilitationen zwangsläufig nach – u. U. wiederholter und damit erneut verunsichernder – Rehabilitation verlangen. Die strukturelle und dynamische Gemeinsamkeit dessen, was dem Heilpädagogen heutzutage als rehabilitationsbedürftig überantwortet wird, sehe ich generell in gestörten Adaptationsprozessen, die ihrerseits bedingt sind durch Lernstörungen und Erfahrungsdefizite. External treten diese als Mängel in der gemeinsamen und individuellen Lebensführung, internal als Identitäts- und Sinnkrisen in Erscheinung. Im Alltagsjargon geläufig gewordene Bezeichnungen wie „durchdrehen", „rotieren", „aushängen" und „aussteigen" setzen die damit angesprochene Problematik treffend ins Bild: Eine Person, die „durchdreht" und der es „aushängt", fällt in der Tat aus der Transmission des Lebenszusammenhanges und vereinzelt sich in einer kontextverlorenen, sinnentleerten Rotation um sich selbst. Die Funktionalität mag dabei zwar noch erhalten sein – d.h., das „Ding" bewegt, erregt und reagiert zwar noch – vermittelt als solches jedoch nichts mehr zwischen dem Einzelnen und einem übergeordneten Ganzen. Auf die Spitze der Paradoxie getrieben, könnte man von einem funktionslosen Funktionieren sprechen.

Weder der Krüppel, noch der Blinde, Taube, der Stumme oder der Idiot repräsentieren den epochaltypisch Behinderten, sondern der dyspraktische und wahrnehmungsgestörte, der lern- und kommunikationsgestörte sowie der emotional verwirrte und verstimmte Mensch. „Absurdität" im wörtlichen Sinne des „Misstönenden" scheint mir die Kennmarke derzeitiger Behinderungszustände zu sein, in denen ein Kind, trotz regelhafter motorischer, perzeptiver, verbaler, kognitiver und effektiver Ausstattung diese nicht zu einem integrativen Ganzen zu entwickeln und damit als eine „autopoietische Organsiation" (Maturana/Varela, 1987) in eine realitätserzeugende Verbindung zu treten vermag mit der Sach- und Personwelt. Auf einer transfunktionalen Meta-Ebene, wo es darum ginge, das zu können, zu wissen, zu wollen und zu fühlen, was man kann und weiß, will und fühlt, begegnen wir folgenden desintegrativen Störungsformen, die wir traditionsgemäß allerdings zumeist immer noch „funktionell" zu interpretieren und zu therapieren pflegen (z.B. nach dem sattsam bekannten „Hirnschadenkonzept", Voss, 1987):

1. Dyspraxie in elementaren Bewegungsvollzügen ist in ihren verschiedenen Facetten der Hypermotilität, der Ungeschicklichkeit und der Bewegungsgehemmtheit zu einem epochalen Problem geworden, welches das klassische Bild des morphologisch Körperbehinderten hinter sich gelassen hat. Die Mobilität unserer Welt hat den Einzelnen paradoxerweise in weiten Bereichen seiner Personalität demobilisiert. Wir lassen uns transportieren, lassen Apparate und Maschinen für uns – höchst zweckrational – handeln. Dadurch entfremden wir uns immer mehr von unsern naturgegebenen Bewegungsweisen und -erfahrungen. Viele unserer epochaltypisch behinderten Kinder können in der Tat als Tempo- und Entgrenzungsopfer bezeichnet werden. – Auch das Bedürfnis vieler Erwachsener nach elementarer Körpererfahrung, welches zahlreiche Körpertherapien zu befriedigen versprechen, zeigt in oft geradezu grotesker Weise die Entfernung des fremdmobilisierten Menschen von seinen leibhaftigen Beweg-Gründen.
2. Desgleichen haben sich Wahrnehmungsstörungen aus der Unmittelbarkeit der klassischen Sinnesschädigung abgelöst, machen sich vermehrt in Form von Integrations-

und Verarbeitungsstörungen bemerkbar und schlagen sich schließlich in Mängeln der Vorstellungstätigkeit nieder. Die Bilderwelt ist derart externalisiert (d.h. nach außen gewendet), dass der Bildbetrachter selbst oft wie „bilderleer" und im wortwörtlichen Sinne „ungebildet" erscheint: Verstanden als eine Person, die, umgeben von Fremdbildern, kaum mehr in der Lage ist, sich selbst ein Bild zu machen und sich ins Bild zu setzen. - Man mag zwar, zumal in Bezug auf städtische Verhältnisse, von einer Reizüberflutung sprechen. Da bei geht es allerdings nicht um die Menge, sondern um die Intensität der dargebotenen Reize. Unsere Umwelt ist enorm signalintensiv geworden. Sie springt uns gewissermaßen dauernd in die Augen und Ohren, was den Organismus veranlasst, sich durch Aufmerksamkeitsentzug zu schützen. Wir müssen demgegenüber selten mehr die für uns wichtigen Hinweis- und Orientierungsreize selber suchen, heraus „lesen" und auf minimale Unterschiede achten, Lücken erkennen etc. Das sog. wahrnehmungsgestörte Kind hat daher zwar gelernt, Reize abzuwehren, nicht jedoch sie qualitativ zu differenzieren oder gar zielstrebig zu suchen.

Ein Beispiel hierfür sind die optisch aufgemotzten „modernen" Lehrmittel, die weder Anlass noch Möglichkeit bieten, selbsttätig und individuell Markierungen anzubringen.

3. Unsere Welt ist ferner dermaßen durchrationalisiert, dass sie uns im Alltag nur noch wenig Anlass gibt, selber ein Lösungsmuster zu entwickeln. Das Anwendungswissen (sog. Know how) hat gegenüber dem Begründungswissen ebenso sehr überhand genommen, wie das via Sprache und Bild übernommene Wissen gegenüber dem selber erworbenen. Noch nie war die Diskrepanz zwischen Wissen und Können so groß wie in unserer Epoche der sog. Wissensexplosion, so dass **Kognitionsmängel** als Folge dürftiger explorativer Eigenerfahrungen ein weiteres epochaltypisches Problem darstellen, das sich nicht mit dem Bild des traditionellen „Schwachsinns" in eins setzen lässt. – Der Wunsch nach Selbsterfahrung ist daher durchaus in seiner doppelten Bedeutung aufzufassen: Sich selbst, als das die Erfahrung machende Subjekt, zu erfahren, und ebenso: selber, eigentätig Erfahrungen zu machen und diese nicht nur aus zweiter und dritter Hand zu konsumieren.

4. Zwar leben wir in einer extrem symbolisierten und versprachlichten Welt, so dass es zunächst den Anschein macht, als hätten wir wenigstens die Sprache (als zentrales Verständigungsmittel) im Griff. Beim näheren Zusehen stoßen wir jedoch auch hier auf das erwähnte Phänomen der Problemverschiebung von klassischen (d.h. funktionellen) Sprach- und Sprechstörungen, wie sie die traditionelle Logopädie aufzulisten und in inniger Liebe zum Detail in funktionelle Aspekte aufzudröseln pflegt, hin zu Verständigungsschwierigkeiten auf kommunikativen Meta-Ebenen. Kaum die Logopädie, als vielmehr neue Formen der Psychotherapie, (wie sie als Reframing, Neurolinguistisches Programmieren, Saltologie etc. Anwendung finden) sind es, die sich mit solchen Phänomenen der Sprach(zer)störung beschäftigen. Der epochaltypische Sprachbehinderte ist nicht mehr der Stammler und Stotterer, sondern der Mensch, der, im Vollbesitz der funktionellen Sprechmöglichkeiten, diese nicht optimal und

kommunikativ wirksam einzusetzen versteht, sondern sich permanent darin zu verstricken droht.

5. Während in traditionalistischen Gesellschaften eine , Education sentimentale" (Flaubert) und sog. „Affektkultur" sich vornehmlich im Kollektiv (hauptsächlich der Altersgenossengruppen) vollzog, haben es die vermehrten Erwachsenen-Kind-Kontakte, wie sie für die moderne Kleinfamilie typisch sind, mit sich gebracht, dass viele Kinder als ausgesprochen „affektlabil" erscheinen, mithin also so etwas wie eine verlässliche Grundstimmung verloren haben und als „emotionally disturbed children" in der Folge dann als verhaltensgestört in Erscheinung treten. Verhaltensstörungen erweisen sich zunehmend als „veröffentlichte" Befindlichkeit- und Erlebnisstörungen.

> Ich erinnere in diesem Zusammenhang aber auch an das kulturell und kommunikativ-sprachlich entwurzelte Gastarbeiterkind, das als behindert zu benennen wir uns zwar aus guten Gründen sträuben, das jedoch de facto in extremer Weise verhindert sein kann, eine identitätsbestätigende Daseinsgestaltung vorzunehmen.

Für die Heilpädagogik bedeuten die geschilderten Entwicklungen zweierlei:

1. Was die naturhaft-organisch verursachten Schädigungen anbetrifft, stößt sie zunehmend auf einen harten und als solchen wenig veränderbaren Kern schwerer, umfänglicher und komplexer Behinderungsformen. – Ein weiteres Phänomen das denselben Problemkreis berührt, ist die Verschiebung der Behindertenproblematik aus dem Kinder- und Jugendlichen-, in den Altenbereich hinein: Einmal durch die generell verlängerte Lebenserwartung, die oft ein Behindersein zum Preise hat, zum andern durch den Umstand, dass auch primär (schwer)Behinderte, die früher mit großer Wahrscheinlichkeit vor Erreichen des Erwachsenenstatus verstarben, diesen dank verbesserter Pflegeverhältnisse immer häufiger zu erreichen vermögen.
Diese Entwicklungen müssten zur Konsequenz haben, dass sich die Heilpädagogik in Zukunft vermehrt der Frage stellt, was Pädagogik – als implizites und explizites, Individuum bezogenes Meliorationsunternehmen – noch sein kann im Angesicht des Unveränderlich-Unveränderbaren? Ich meine, dass die traditionelle Heilpädagogik jenseits „pädagogisch-therapeutischer Maßnahmen" aus einer „Pädagogik des Bewerkstelligens" auch zu einer „Pädagogik gemeinsamer Daseinsgestaltung" finden müsste (Kobi, 1988), welche den Sinn ihrer Existenz und Präsenz in einer verbesserten Lebensqualität und nicht mehr ausschließlich in vorzeigbarer Verhaltensproduktion sieht. – Dies gilt auch für die erwähnte Altenproblematik, indem Andragogik nicht als fortgesetzte Pädagogik verstanden werden dürfte, da auch in diesem Zusammenhang ein Wesenselement der Erziehung – die Beschäftigung mit werdendem, sich entfaltendem Leben – weitgehend an Bedeutung verliert. Erziehen, Unterrichten, Fördern und was der dynamischen Elemente einer auf progressive Veränderung gerichteten Pädagogik mehr sein mögen, tendieren derzeit noch stark danach, durch Dispersion (in Form exzessiver Detail-Diagnostik und -therapie mit entsprechenden beruflichen Zersplitterungen im Gefolge) in der Fülle der Einzelmaßnahmen das Heil

zu suchen. Diese kolossale Diversifikation hat offenbar in der für unsere Konsum-gesellschaft ideal- und realtypischen Institution des Warenhauses ihr Vorbild erwischt, wo z.B. aus Grundnahrungsmitteln Dutzende von Derivaten entwickelt werden, die letztlich freilich nur noch verschiedene Geschmacksrichtungen zu befriedigen vermögen. Ich will diese Sachlage am Bild des Yoghurt-Effekts veran-schaulichen und es im Übrigen Ihnen überlassen, die Parallelen zum Behinderten-wesen zu ziehen (siehe Schema 2, nächste Seite).

An dieser Stelle vermeine ich die Gefahr eines „Durchdrehens des Systems" in Form eines Panpädagogismus deutlich machen zu müssen, verstanden als stete und totale Präsenz eines output-orientierten Erziehungsanspruchs. Die plakativen Thesen von der Notwendigkeit der Frühförderung (mit Rückgriff gar auf die Elternschaft), des lebenslangen Lernen müssens bis hin zur Tanatopädie, der Ausschöpfung von Bega-bungsresten und des Auswringens letzter Entwicklungsmöglichkeiten beim Kinde sind uns so geläufig geworden, dass uns die darin versteckte Ausbeutungsideologie oft kaum mehr ins Bewusstsein tritt. Wo immer noch etwas ist, soll daraus etwas (selbstredend Besseres) gemacht werden. Wir vermögen offenbar nur in Prozessen von da nach dort Sinn und Wert heilpädagogischer Präsenz zu erfahren. „Die Lehre vom Fortschritt und zwar vom schnellstmöglichen, (ist) zu einem Glaubensartikel geworden", wie Durkheim (1973) bereits zur Jahrhundertwende feststellte. – Für ein bloßes Arrangement im schlichten So- und Dasein sind uns Sinn und Wert hingegen abhanden gekommen. Allein schon der Gedanke daran, eine Lebensform auf sich beruhen zu lassen, sich mit ihr abzufinden und auszusöhnen, verletzt unsere berufliche Identität als Weltverbesserer so sehr, dass er lediglich als Ausdruck von Fatalismus, Defätismus und Resignation akzeptiert werden kann. Auch die Heilpä-dagogik wird also gelegentlich maßlos, was darum besonders gefährlich ist, weil ihr Aktivismus sich moralisch stets legitimieren lässt und weil überdies die ursprünglich transzendentale Ausrichtung des Behindertenwesens via Säkularisierung mehr und mehr innerweltlich wurde und so die Herstellungsbedürfnisse des Machens kaum mehr eine Selbstbescheidung finden in einem als schicksalhaft erachteten Rahmen des Menschenmöglichen. Die Moral, aus der heraus diese Hin- und Herkrieger-Heil-pädagogik lebt, wird dadurch nicht selten selbst zum Problem, indem sich ihre totalitäre Kampfansage gegen die Behinderung unversehens auch gegen die Existenz des (zumal unheilbaren) Behinderten richtet.

2. Was andrerseits die vorwiegend gesellschaftlich-kulturell erzeugten Behinderungs-zustände anbetrifft, führen auch die erwähnten Erfahrungsmängel und Befindlich-keitsstörungen strukturell zu denselben Auflösungserscheinungen: Es handelt sich hier, wie gesagt, um Behinderte, die nicht in der „klassischen" (d.h. in einer personell auszugrenzenden) Art behindert sind, sondern im Kontext unserer Lebensverhältnisse hinderlich wirken und/oder sich selbst durch eben diese behindert fühlen. – In einer Phase der Anomie, in welcher sich das heutige Behindertenwesen m. E. in weiten Teilen befindet, kann in der Tat jedermann jederzeit in einen Behinderungszustand

Der sog. Yoghurt-Effekt (oder: Die saure Milch unfrommer Denkungsart)
zu beobachten im therapeutischen wie auch im didaktisch-methodischen Bereich

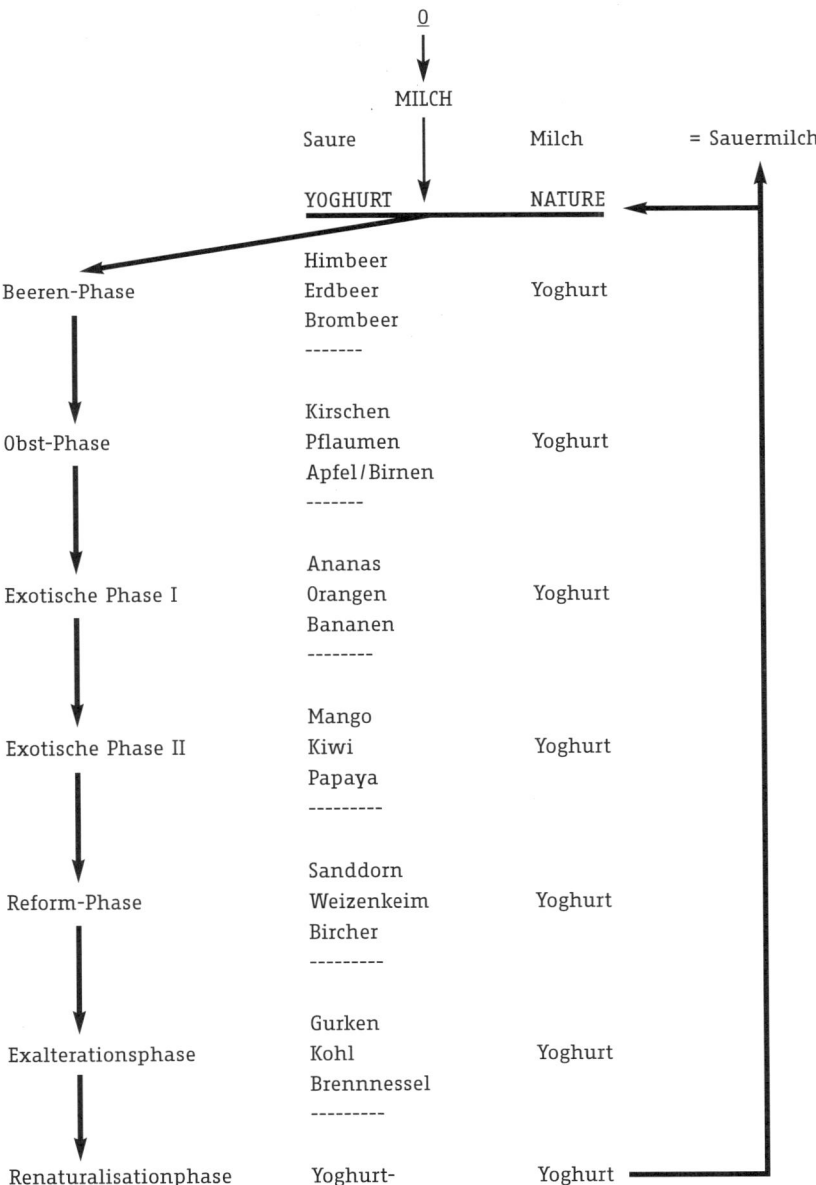

geraten und entsprechende Hilfen für sich reklamieren wollen. Während es bereits erhebliche semantische und phänomenologische Schwierigkeiten bereitet, sog. Verhaltensgestörte, deren Problematik erst im Konnex ihrer Beziehungsstrukturen erkennbar wird, einem objektivierenden Behinderungsbegriff einzuordnen, sprengen Lebenssituationen der Obdachlosigkeit oder der Arbeitslosigkeit endgültig den traditionellen Behinderungsbegriff. Obdachlose, Arbeitslose, Strafentlassene können zwar in einem metaphorischen Sinne noch als „behindert" bezeichnet werden bezüglich der Realisation gesellschaftsüblicher Daseinsformen; sie sind jedoch keinem Schädigungsbild mehr zuzuordnen.

Am Horizont anomischer Heilpädagogik zeichnen sich als Folge der erwähnten Antinomien und Verwirrungen somit zwei paradoxe Gestalten ab:
· der nichtbehinderte Behinderte
und
· der behinderte Nichtbehinderte.

Als der real- und gelegentlich sogar als der idealtypische „Heilzögling" erscheint der Behinderte, dessen Präsentations- und Verhaltensweisen den heilerzieherischen Intentionen nicht hindernd im Wege stehen und der also imstande ist, auf einer Meta-Ebene die ihm angebotenen Hilfen zu akzeptieren und zu nutzen, ohne dadurch freilich sein Behindertensein zu überwinden. Nur so vermag er nämlich im Gegenzug den idealtypischen Heilpädagogen in dessen behindertem Nichtbehindertsein und mithin in dessen beruflicher Identität zu bestätigen. Des Einen Not liefert des Anderen Bestätigung und Betätigung. – Emanzipatorische Bestrebungen, welche den Behinderten dazu veranlassen könnten, diese für ihn vorgesehenen Rahmenbedingungen zu übersteigen und desgleichen integrative Bestrebungen zur Normalisierung (im Sinne einer „Entsonderung") der Umgangsweisen gefährden hingegen die prästabilierte Harmonie und Interdependenz von Unbeholfenheit und Hilflosigkeit, welche sich systemisch-autopoietistisch ins Bild setzen lässt mit der Schlange, die sich in den eignen Schwanz beißt oder nach **Maturana/Varela** (1987) mit der Eidechse, die sich selber auffrisst (Schema 3).

Was uns zunehmend Schwierigkeiten bereitet, das sind demgemäß die progressiv-spiralförmigen Beziehungen und Entwicklungen zwischen dem, was in einem ersten Schritt als Problem erkannt bzw. definiert wird, in der Folge durch bestimmte Methoden (pharmazeutischer, unterrichtlicher, organisatorischer Art) Lösungen zugeführt wird, die sich – zumal bei exzessiver *Anwendung* – ihrerseits zu Problemen zweiten Grades auswachsen, welche nach weiteren Lösungen verlangen, die bereits aber den Kern neuer Probleme in sich tragen etc. Wer die Endlösung nach dem Motto: Es soll keine Behinderungen mehr geben! anstrebt, versetzt sich ins Chaos. Damit sind wir beim „Übel der fehlenden Grenze, das die Anomie mit sich bringt" (Durkheim, 1973, p. 311). Wir leben offenbar in einem Zeitalter der Weichspüler, deren Umweltverträglichkeit allerdings Zweifel erweckt. – Behinderte werden in einer

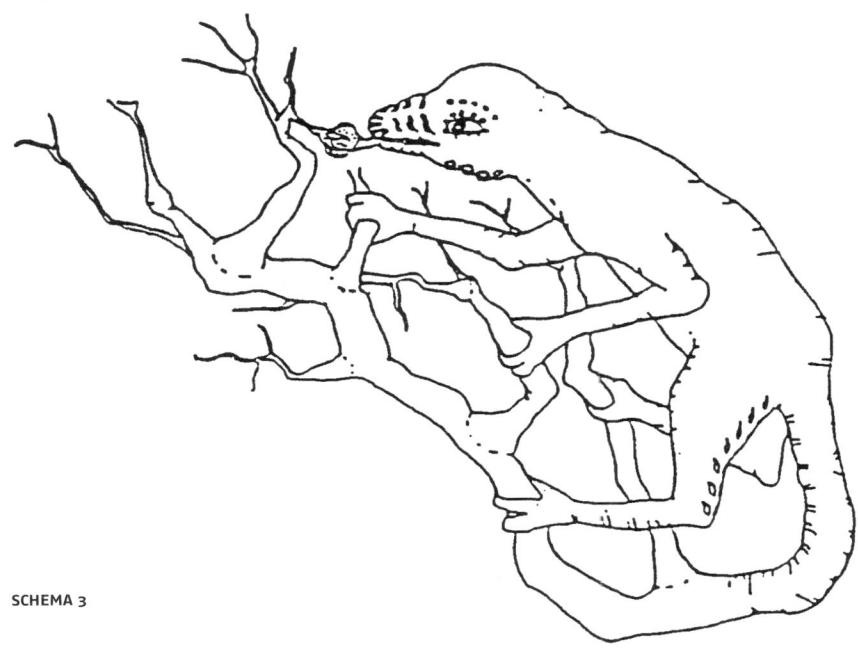

SCHEMA 3

direkten Perspektive durch Verweisungsakte (der Ablehnung, des Ausschlusses, der Herabsetzung, der Missachtung) „diskriminiert" (wörtlich soviel wie 'unterscheiden') und auf einer Meta-Ebene durch Zuwendungsakte (der Therapie, Sondererziehung, Sondergesetzgebung etc.) zugleich konturiert. Prophylaxe, Therapie, Förderung, Sozialhilfe zeigen „mittel"-bar an, was wir abweisen und daher anders haben möchten. Der „moderne" Behinderte ist in der Tat nicht mehr einfach eine „Naturtatsache", sondern eine „Kulturerscheinung". Seine Definition erfährt er durch die Hilfe, die wir ihm angedeihen lassen: Behindert ist, wer als speziell therapie- und förderungsbedürftig erkannt wird. Der Behinderte ist zu einem Integrations- und Normalisierungsobjekt geworden.

Entsprechend fokussiert sich denn auch die Problemdiskussion nicht mehr auf Fragen der direkten Perspektive von Behinderung/Unversehrtheit, Hilfebedürftiger/Helfer, sondern auf solche der supervisierten Meta-Ebene des normalisierten Behinderten und dessen Coping- und Fitting-Problematik, sowie des eben dadurch aus seinen Angeln gehobenen Helfers, der durch unterlassene Hilfe mithelfen soll, jede Konturierung eines Hilfeempfängers zu vermeiden. Die paradoxe Spannung zwischen geforderter Akzeptanz bis hin zur Ignoranz des Behindertseins (als Daseinsform) einerseits und forcierter Ablehnung bis hin zur Prävention der Behinderung (als unerwünschtes Attribut) andrerseits hat denn auch extreme Double-bind-Erfahrungen, Identitätsbrüche und borderline-artige Identitätszerstörungen zur Folge.

In jüngerer Zeit hatte ich mich verschiedentlich (im Auftrag der Oberen Behörden) mit „Fällen" zu befassen, die strukturell dieselben paradoxen. Entstehungsbedingungen aufwiesen: Im Anfang steht eine Diskrepanz zwischen offiziellen Anforderungen (z.B. schulischer Art) und ungenügenden individuellen Möglichkeiten (eines Kindes), diese zu erfüllen. – Diese Diskrepanz wurde zwar (z.B. von einem Schulpsychologen) registriert, zugleich jedoch (z.B. gegenüber den Eltern) abgewiesen. In der weitern Folge wurde eine paradoxe Lösung angestrebt für ein Problem, das keines sein durfte. Die Problematik erfährt eine Normalisierung, indem normale (z.B. regelschulische) Verhältnisse aufrechterhalten werden. Kind und Lehrer geraten dadurch zwangsläufig mehr und mehr unter einen Normalitätsdruck, der nun bereits Probleme zweiten Grades bewirkt. Das Problem besteht jetzt darin, das primäre Problem wegzudefinieren. Die Beteiligten bemerken zwar, dass das ganze Arrangement nicht stimmt, halten sich jedoch an die stillschweigende Abmachung, nichts davon verlauten zu lassen. – Hieraus folgt eine Phase diversifizierender pädagogisch-therapeutischer Agitation um ein „im Prinzip" normales Kind innerhalb „im Prinzip" normaler (schulischer) Verhältnisse. Auftretende Konflikte werden in personell und zeitlich immer umfangreicheren Team-Sitzungen „systemisch aufgefangen", bis zu einem Punkt, wo die Oberflächenspannung, meist schlagartig-aggressiv, reißt und das fein ziselierte Gebilde der Meta-Konferenzen mit seinen gespiegelten Spiegelungen in sich zusammenstürzen lässt. – Dieser Punkt war z.B. im konkreten Fall eines zwölfjährigen Knaben, der nach fünfjähriger stationärer Psychotherapie noch immer nicht lesen und schreiben konnte, in dem Moment erreicht, wo dessen Vater auf die zornerfüllte Frage, ob denn nun sein Sohn geistig behindert sei oder nicht die sibyllinische Antwort erhielt: „In praktischen Bereichen ist er durchaus normalintelligent, in theoretischen Bereichen jedoch durchaus geistig behindert!" Jetzt ging es ab in die Amtsstuben... Oft bringt einen erst der „Skandal" von den verstiegenen Lösungen wieder zum ursprünglichen Problem zurück.

Die Heilpädagogik beschäftigt sich in Phasen der Anomie in weiten Bereichen tatsächlich oft nur noch mit sich selbst: D.h. mit ihrem Innenleben, ihrer Begrifflichkeit, ihren Methoden und vor allem mit ihrem Personal. Auch ein Blick auf Fortbildungsveranstaltungen in unserem Fachgebiet macht diese internalisierte Problematik deutlich, so dass man pointiert definieren könnte: Heilpädagogik ist jener Zweig der Erziehungswissenschaft, der sich mit Behinderungen und Störungen befasst, welche Pädagogen erleiden, die dem integrativen Normalitätsanspruch gegenüber Behinderten ausgesetzt werden.

Um die Sache wieder auf die direkte Perspektive zurückzuführen, müsste man folglich den Behinderten definieren als eine Person, deren Existenz (vor allem auch durch sich selbst!) vorbehaltlos zu akzeptieren und zu bejahen ist, nachdem der gegen sie geführte Präventivschlag nicht den erhofften Erfolg ihrer Nichtexistenz brachte. Ob das damit geforderte dialektische Umschlagen von einer Haltung, die Behinderung generell und unnachsichtig verhindern will -, zu einer Haltung, welche Behinderung (nach missglückter Prävention, wenig erfolgreicher Therapie und nicht sehr aussichtsreichen Förderungsbemühungen) vollumfänglich und vorbehaltlos akzeptiert und einzubinden gewillt ist in eine gemeinsame Daseinsgestaltung -, ideell und vor allem emotional möglich ist, möchte ich angesichts der derzeit noch überwiegenden Doppelbödigkeiten bezweifeln.

Was wir aufgrund des Gesagten in der Zukunft benötigen

- ist eine Pädagogik, die keine ausschließliche und damit ausschließende Veränderungswissenschaft ist, sondern eine Kunstform gemeinsamer Daseinsgestaltung – auch und vor allem im unveränderlichen Sosein, das der kontextuellen Adaptation und eines Reframing (d.h. neuer Rahmenbedingungen und Sinngebungen) bedarf
- ist eine Pädagogik, die sich als positive, d.h. das Seinsgute aktiv bejahende Haltung und nicht ausschließlich als seinsverändernde Tätigkeit ausweist
- ist eine Rehabilitation im ursprünglichen Sinne des Eingewöhnens in ein gemeinsames Dasein und nicht nur des Einfügens in eine Funktionskette
- sind Daseinsgestaltungsformen in Richtung auf sinnerfüllende Seinsweisen in einem pathisch-empfangenden Leben
- ist eine Zurücknahme bzw. Schlichtung von Problemen auf Metaebenen, die sich aus Lösungen primärer Probleme ergeben haben auf unmittelbare Verhandlungsebenen
- ist eine Pädagogik der „direkten Perspektive", d.h. der Echtheit und Offenheit, wo man einander sagen kann, was man fühlt und denkt, ohne damit einen unbedingten Wahrheits- und Wirklichkeitsanspruch zu verbinden oder einen Beziehungsbruch zu riskieren
- ist eine Pädagogik, die vom Zauber der Wortmagie ablässt, die Sprache als Handlungsform wieder verfügbar macht und nicht in Euphemismen und Etikettenschwindel ihr Heil sucht. „Un chat est un chat!", wie die Franzosen sagen, und kein Schrumpftiger. Wo Vorstellungen, Bezeichnung und Handlungsweisen inkongruent werden, wird ansonsten auch die Heilpädagogik „surrealistisch" in der Art wie der belgische Maler Magritte sie verunsinnbildlicht hat!

Ceci n'est pas une pipe.

Literatur

Basler: Psychiatriekonzept. Basel, 1987

Bateson, G.: Geist und Natur. Eine notwendige Einheit. Frankfurt, 1982

Berman, M.: Wiederverzauberung der Welt. Hamburg, 1985

Bleuler, E.: Das autistisch-undisziplinierte Denken in der Medizin und seine Ueberwindung. Berlin, 1921, 2. Auflage

Cloerkes, G. / Neubert, D.: Behinderung und Behinderte in verschiedenen Kulturen. Heidelberg, 1987

Durkheim, E.: Le Suicide (1897). Der Selbstmord. Neuwied, 1973

Eberwein, H.: Behinderte und Nichtbehinderte lernen gemeinsam. Handbuch der Integrationspädagogik. Weinheim, 1988

Feyerabend, P.: Wider den Methodenzwang. Frankfurt, 1977

Goffman, E.: Asyle. Frankfurt, 1973

Hanselmann, H.: Einführung in die Heilpädagogik. Zürich, 1930ff.

Kobi, E.E.: Heilpädagogische Daseinsgestaltung. Luzern, 1988

Maturana, H.R. / Varela, F.J.: Der Baum der Erkenntnis. Bern, 1987

Norwood, R.: Frauen, die zu sehr lieben. Hamburg, 1987ff.

Seywald, A.: Körperliche Behinderung. Grundfragen einer Soziologie der Benachteiligten. Frankfurt, 1977

Voss, R.: Anpassung auf Rezept. Stuttgart, 1987

Watzlawick, P. etal: Lösungen. Bern, 1979, 2. Auflage

8 Zukunft der Heilpädagogik – Heilpädagogik der Zukunft

aus: Sturny, G. et al. [Hrsg.] (1999), Zukunft Heilpädagogik
(Luzern edition szh) S. 29-39

Alles was gestern war, wird man vergessen haben;
was heute ist, nicht sehen;
was morgen kommt, nicht fürchten
(Karl Kraus, 1916, p. 659)

Saturierte Vertreter unserer Zunft glauben an beides nicht mehr und erwarten nach ihnen, aufgrund auch ihrer Wässerungsbemühungen, eine Sintflut für die Heilpädagogik und hernach ein Sozial-Paradies ohne sie (*Eberwein, H.,* 1995; *Bonfranchi, R.,* 1997).
Die Jahrtausendwende legt verständlicherweise Transzendentes nahe, und Kreuzzüge an Grabesstätten bildeten seit je ein Integral integrationistischer Wendegeschicke.
Ich weiß nicht!-, weiß vor allem das Künftige nicht. Wär' dieses wissentlich wissbar, so wär's nicht ein solches. Mehr als Gegenwärtiges steht mir nicht zur Verfügung, und ich fürchte daher, für's falsche Thema auserkoren worden zu sein, so dass ich im Folgenden am Faden meines Schülerschicksals wieder einmal mehr den „Nagel abschießen und den Vogel auf den Kopf treffen" (*Kraus, K.,* 1916) könnte. Was erfahrungsgemäß Knatsch mit den Freunden der gefiederten Freunde verursacht.
Dennoch will ich mich auf die Spurensuche nach einstiger Heilpädagogik in einer zur Scheinrealität geronnenen Cyber-Space-World machen. Ich nutze hiezu allerdings Tendenzen und Tendenzchen, Trends und Trendlein aus schnöder Gegenwart, indem ich diese, extra polierend, bis kurz vor ihren Platz-Punkt bringe, wo sie am ansehnlichsten sind.

So sehe ich denn durch die Kristallkugel die einstige bloß Schweizerische „Zentralstelle für Heilpädagogik" symbolhaft auf der Kapellbrücke der Leuchtenstadt residieren. Nunmehr freilich, nach Schließung des letzten EU-Lochs als zentraleuropäisches „Bundes Überwachungs-, Regulations- und Legitimations-Institut". Nur der einstige Direktor blieb als Hausgeist an der alten Adresse „Im Himmelrych" zurück.

Geleitet wird das B. Ü. R. L. I. (Europe) durch ein Team von gegen hundertfünfzig Mitarbeitis – hier wie im Folgenden wird für Personen in strikter Neutralisation die sächliche Allmensch-Form verwendet – die es in Teilpensen à vier Stunden rund um die Uhr ganzjährig flexibel gestalten. Es gilt als ISO-mustergültig (zertifiziert) in seiner Zusammensetzung aus Vertretungen sämtlicher randständiger Minderheiten, wodurch diese in exemplarischer Dialektik eine zentrale Mehrheit bilden. Die gewaltfreie und nonsexistische Quotenregelung wird gewährleistet durch ein zufallsgeneratorgesteuertes Rotationsprinzip

Das permanent überarbeitete Leitbild umfasst folgende Leistungsaufträge:

- Restbestände altschweizerischer Institutionen in sog. „Heilbotische Kompetenz-Zentren" (HeiKoZe) zu verschmelzen.

- Das agonale Prinzip, wie es in der Bezeichnung Päd-„*Agogik*" und im gewaltbetonten Wort Er- „Ziehung" Ausdruck findet, wurde abgelöst durch das hermetische: Hermes / Merkur – ohnehin Flügelfigur des Freien Marktes – ist Bote, der kundtut, Angebote macht. Gleichsinnig drum (das) 'Heilbot'. Nur so ist der Gleitschritt vom Ergebnis (pädagogisch) zum Erlebnis (botisch) vollziehbar.

  Dasselbe gilt hinsichtlich der Vermeidung vertikaler Polarisierung von Lernen und Lehren. Gegenseitige Anverwandlung ergibt sich aus gemeinsam-integrativem Mitströmen vgl. auch: *Bondèr, M.*, 1995]; *Henscheid, E.*, 1993)

  Der Austausch von SAKs (s. Tabelle) ist in dieser vernetzten Vernetzung denn auch bereits in der Pilotphase: Portugiesische Straßenkinder erholen sich im Toggenburg; Schweizer Wohlstand-Kids befinden sich in Polen auf einem Hungertrekk

- Sprachregelungen im Sinne kompatibler Pedagogical Correctness Nachachtung zu verschaffen und auch selber sprachkreativ aktiv zu sein: D.h. Sprache nicht nur geschlechts-, alters-, schicht- und intelligenzneutral zu halten, sondern auch zügig zu positivieren, damit ad ultimo Erwünschtes positiv konnotiert werden kann

- Selbstlegitimationen zur generellen Betroffenheitsarbeit und Lebensstrombegleitung entgegenzunehmen sowie Übergangsderegulierungen zu veranlassen von antiquierter Profession zu postmoderner Obsession. Jedes Menschenwesen soll seine Therapie-Therapie entspannt aus seiner abdominalen Seins-Mitte heraus sich gestalten und in dialogischer Ich-Du-heiterkeit als Betroffenes Betreffenden zuströmen lassen können. Wir alle sind behindert! Behindertsein ist schön! Normal ist abnorm! Es ist normal, verschieden zu sein!, wie ja schon Heilpädis der Frühzeit erklärten

- Mit reaktionären Desintegrationserscheinungen und postpostmodernen Strukturbedürfnissen (vgl. z. B. *Beutler, K./Horster, D.*, 1996; *Martin, J.*, 1996; *Stephan, Cora*, 1994; *Henschel, G.*, 1994) die sanfte Berührung zu suchen und stille Entgrenzungsarbeit zu erbringen

- Vor allem jedoch Neuentwicklungen anzustoßen (Der Abschwung beginnt im Bauch!) oder ganz einfach zuzulassen in exzessiv-integrativer Bio-Limnatik. Wer schwimmt, sinkt nicht! Panda rein!

Kennzeichnend für das verflüssigte Selbstverständnis antiquierter Heilpädagogik sind in der Rückschau folgende Facts:

- Die Pädagogik hatte sich in jüngster Vergangenheit im Gleichschritt westlicher Gesellschaften zügig infantilisiert (*Bly, R.*, 1997; *Bruckner, P.*, ²1997). Säuglingskompetenzen, Kindliche Genialität (20 % hochbegabte Kinder! *Stedtnitz, Ulrike*, in: Neue Luzerner Zeitung, Nr. 14, 1998), „Kindbürger" (*Bruckner, P.*, ²1997) und Kinderparlamente sind angesagt bzw. -gelallt

- Desgleichen setzte sich die Androgynisierung zur Genderless-Human-Society fort. Ich kenne keine Frauen und Männer mehr–, nur noch Menschen!, wie einer einmal sagte. Oder so. Von der Sachlichkeit zur Sächlichkeit drum auch in der Sprache

- Das Akthafte dessen, was einst Erziehung sich zugute hielt, wandelte sich durch Hierarchieverflachung und Verantwortungsdiffusion zu Betroffenheits-Artikulation im begleiteten Versöhnungs-Tiefen-Interview

- Kognitionsterror und hirnbürokratische Ausbildungsordnungen wurden konsequent durch Gästebücher und Poesiealben ersetzt, worin jedes jedem Liebes wünscht. Pädofantastische Praktika in Disney-Land sind andrerseits für sämtliche der nachgenannten Obsessionen durch die interglobale Infant-Corporation vorgeschrieben. Spass-Partout! ist angebotspflichtig eingedenk der Inter-National-Hymne „New Kids on the Block": All I wanna do is have some fun / And I am not the only one!

- Zögling, Partner, Kunde – Erzieher, Maître camarade, Anbieter (vgl. *Hagmann, Th.*, Heilpädagogen sind „Lebensunternehmer/innen", … „die ihr Leben und ihre Arbeit als Unternehmen verstehen" (als Pädagogik-„Undertaker", gewissermaßen, EEK) in: Heilpädagogisches Seminar [1997], Fortbildung, Weiterbildung, Dienstleistung, Zürich): Diese Entwicklung zum globalen Pädofantien-Markt war, um der Standortvorurteile willen, zwingend. Er kennt mittlerweile auch Kinderbörsen und Börsen-Kids, Baby-Aktien und Euro-Bildungs-Bonbons

- Die Auflockerung erzieherischer Präsenz in ein ganzheitliches Therapie-Splitting kam globalen Flexibilisierungs- und multifunktionalen Job-Sharing-Needs ebenfalls entgegen

- Zwar mümmeln noch immer ein paar Outies, Have-teens und Over-exposeds antiker Vor-Internett-Heilpädagogik (vgl. *Hoyningen, Ursula* (1995) als Profis in ihren Papyrus-Sammlungen herum, wurden in der Szene jedoch weitgehend durch integral-globale Obsessies abgelöst. Diese docken und hocken, liften und driften, spüren und rühren biolimnal in intergalaktischen System- und Beziehungsstrukturen.

Altsprache	Neu-Sprech
negativ	positiv
diskriminierend	würdeverträglich
patriarchal	geschlechtsneutral

Normale; Nichtbehinderte; Gesunde u.ä.	Füglinge/Pässlinge (Fitters) Strömlinge; Paletti(-typen) (umgangssprachlich)
Behinderte (Invalide, Gebrechliche); Förderungsbedürftige	Challenged Persons; Fate Fighters; Social VIPs; Sozial-Arbeit-Geber
Erziehung/erziehen	Lebensstrombegleitung; mediieren; (ver-)mitteln; (mit-)fließen; boten
Lernen/Lehren unterrichten	(nicht mehr unterschieden) Künden / kunden; auch: kulturkunden
(Heil-)Pädagogik	Pädolimnologie (= die Lehre vom kindzugewandten Mitfließen); auch Heilbotik (heilbotisch) Lebenslandschafts-Pflege
Heil-/SonderpädagogIn SonderlehrerIn	(das) Heilbot; Lebensmedium (-ien); Heilkulturpflege-Strömling; „Strudli" (umgangssprachlich)
Körperbehinderte	Mobilitätsstabile
Blinde	Tastlinge; Taktil Begabte
Gehörlose	Gebärdlinge
Geistigbehinderte	Direktlinge; (Direktum / -a)
Schwerstgeistigbehinderte	Biovitale; Seinsgeerdete
Sprachbehinderte	Unikommunikatlinge
Lernbehinderte	Tatlernlinge/Tulinge; Greifbegreiflinge
Verhaltensgestörte	Beziehungs-Flexible; Sozialdynamische; Sozial Anspruchsvolle Kids (SAKs)
Psychisch Kranke	Psychiatrie-Erfahrene; Deregulatum/ -a
Straffällige; Kriminelle	Paragraphen-Opfer; Rechtsbedrängte/ -verfolgte

Es können im Folgenden nur wenige Beispiele neuartiger Obsessionen kurz und daher arg verzeichnet vorgestellt werden. Die Auswahl erfolgte immerhin in Berücksichtigung geschichtlicher VorläuferInnen in antiquierter Heilpädagogik.

Wo das *Problematy* hin-, auf- oder eintritt, entsteht ein Problem, und wo es sich anschickt, es zu lösen, ergeben sich zwei draus. Es gibt Problematies, die sich an eigenen und fremden Problemen überfressen bis sie schließlich restlos im burn-out verkohlen. Eine andere Sorte ist gefährlicher, da sie sich mit dem Spruch „No problem!" und dem verführerischen Lächeln der Inkompetenzkompetenz andient und alsogleich ein Chaos (neudeutsch: 'Reformstau') entfesselt. Problematies delegieren und exportieren allerdings die meisten ihrer entdeckten und erfundenen Probleme. Sie zählen somit zu den wichtigsten Produktivkräften der Heilbotik. Alles, was sich als normal bezeichnet und rund läuft, ist dem Problematy verdächtig. Normalität und angebliche Problemlosigkeit gelten als gravierendste Formen der Psychopathie. Sie sind überdies arbeitsplatzgefährdend (Was vor über zweihundert Jahren bereits *Ch. Lichtenberg* feststellte, da er erkannte, dass durch eine plötzlich ausbrechende Tugendhaftigkeit viele Menschen ihr Brot verlören).
Wer kein Problem hat, ist selbst ein solches!
Problematies sind manchmal ansteckend und nisten sich vorzugsweise in Systemtheorien und globalen Netzwerken ein. Aber auch in harmlosen Teamsitzungen tauchen sie gelegentlich auf, wo sie dauernd noch den Hinter fragen müssen, hinter dem dann wieder ein Hinter und Hinterhinter gefragt sein will ...Wo andernorts Gespräche versanden mögen, da versumpfen sie, wenn ein Problematy mit von der Partie ist. Plötzlich aufflammendes Desinteresse oder eine sich abzeichnende Lösung, lässt Problematies oft auch wieder spukhaft verschwinden. Sie lassen dann eine durch ein Nichts zu ersetzende Lücke zurück.
Das *Apokalypsy* ist zeitlos, da seine Uhr seit Menschengedenken bei fünf vor zwölf stillsteht. Zehn vor zwölf bliebe sein Angebot unbeachtet, und punkt zwölf flöge es aus dem Markt. „Wer zu spät kommt, den bestraft das Leben -, wer zu früh kommt, der Tod! Nutze die fünf Minuten, die dazwischen liegen", so lautet seine Devise.
Sein Gefahrenarsenal ist bunt: Es kennt die gelbe und die schwarze, die rote und die braune, die rot-grüne und graue Gefahr. Sie droht von Ost und West, Nord und Süd, von links und rechts, oben und unten, vom Mehr und vom Weniger. Was allesamt denn die schützende Mitte inmitten der Mittelmäßigkeit suchen lässt.
In der Heilbotik wirkende Apokalypsies stellen seit Jahrzehnten schon Zerfall in Aussicht: Der Werte und der Moral, der Sprache und der Kultur, der Familie und der Ehe, der Solidari- und der Solidität. Übrig bleibt zur schlechten Letzt allein das Apokalypsy, um endzeitlich sagen zu können, dass es es ja immer schon gesagt habe. Aber dann hört ihm ohnehin niemand mehr zu.
Das Apokalypsy schätzt die feste, pensionsberechtigte Anstellung bei Staat oder Kirche oder beidem. Es macht auch gerne mal Urlaub von seinen Albträumen. Am liebsten an einem heilen Ort, wo die Welt (noch!) in Ordnung ist (Engadin, Toskana).

Das *Katastrophy* ist ständig auf dem Quivive, wo wann eine Katastrophe ausbricht, um sich alsogleich mit Decke, Hund und Zelt besserwissend vor Ort zu begeben und lagernd, labend, lamentierend auf sein Tätigsein aufmerksam zu machen (Tu Gutes und sprich darüber!: *Buren, P.-C.*, 1995; *Schiewe, Kirstin*, ²1995). Abgesehen davon, dass Katastrophen sich selten dort, so und dann ereignen, wie vom Apokalypsy angesagt, hütet sich dieses auch, sich in Katastrophengebiete zu begeben, da es seine vorsorgliche Individual-Arche im Windschatten der Weltgeschichten zu parkieren pflegt.

Auch das Katastrophy hält sich aufgrund seines Interesses an Randgruppen nur am Rande des Geschehens auf, speziell dann, wenn es aus dessen Zentrum berichtet. Es ist stets *vor*, nicht *an* Ort. Ab- und zufälligerweise befindet sich dort, wo's draußen knallt und absäuft meist ein Luxushotel, von wo sich's sattsam nach Hungernden Ausschau halten und den heimatlichen Entrüsties und Betroffies Impulse durchfaxen lassen. Wiewohl Katastrophies einander im harten Konkurrenzkampf um Katastrophentourismus-Anteile (*Knaup, H.*, 1996) gelegentlich als „Kickies" verächtlich machen (die nur den „Kick" und nicht das solidarische Abenteuer suchten), sind diese mitnichten als blutrünstig zu disqualifizieren. Gerade die (heil-)botisch sensible Art wähnt sich im Gegenteil bereits im „Würgegriff" (aus dem Vocabulaire einer Leserbrief-Debatte in der Basler Zeitung vom 9.12.1997) beim Anblick eines überzähligen Schülers in ihrer Klasse oder beim Ausblick auf eine zusätzliche Pflichtstunde. Angekündigte Sparvorhaben der Eidgenössischen Invalidenversicherung lassen sie immer häufiger zum Apokalypsy avancieren.

Katastrophies arbeiten grundsätzlich knall- und fallzentriert und gern in Praxisgemeinschaft mit einem Simplizy. Sie fühlen sich ständig dermaßen herausgefordert (challenged!), dass sie oft kaum mehr nach Hause finden. Ihr Supervisionsbedarf ist daher enorm.

Das *Simplizy*, diese erschöpfliche Frohnatur, gab's zwar schon in der antiquierten Heilpädagogik. Als einst zukunftsträchtige Randerscheinung vereinfältigte es sich mittlerweile aber bis in biomediale Spaßpartout-Zentren, wo es einfache Begleit-Workshops über das einfache Leben für einfache Leute („Wie-Du-und-Ich") sich ereignen lässt. Es hält nichts von Wissenschaft, Philosophie, Studierten, Intellektuellen, Professoren und ähnlichen Hirnakrobaten. Auch sich selbst gegenüber ist das Simplizy intellektuell äußerst sparsam. Durch kognitive Askese fördert es seine innern Werte. Aufgrund seiner zwei Lebensregeln: 1. Einfach leben! 2. Lebe einfach! kann es sein Weltbild auf zwei Klarsichtfolien (weiß/schwarz; links/rechts; gut/bös; früher/heute) unterbringen. Sein *Pestalozzi* steht ihm dennoch jederzeit zu Gebote: Fünfunddreißig Bände kompromisslos komprimiert auf: Kopf-Herz-und-Hand! Und wem das zu kompliziert ist, merke sich ganz einfach: KO-HE-HA.

Ungebremst ist sein Hunger nach leichter Kost auch an Tagungen: Beim Traktandum Kaffee & Gipfeli ist es voll in seinem Kontext („Gipfelistürmer" nennt's drum der fade Skepsy-Witz). Da tankt das Simplizy so richtig auf. „Auftanken, statt abdanken!", lautet denn auch einer seiner fünfzehn Kernsätze aus der Praxis – für die Praxis. Denn trotz seiner Einfalt hat es vielfältige Ansichten, die es altverstaubt zu seinem Besten gibt: „Wissen ist Macht –, doch Nichtwissen macht auch nichts!" – „Was man nicht begreift, das verlernt man auch nicht!" Ein echter Knaller und Koryphäenkiller in jedem Fortbildungskurs!

P.S.: Dem Simplizy ist es übrigens zu danken, dass kurz nach der Jahrtausendwende der Aktion „Abschaffung von dem Genitiv!" einen vollen Erfolg beschieden war.

Das *Totality* entwickelte sich konsequent aus der Dreifaltigkeits-Fusion (NUR - ALLES - EWIG) der Nur-Ismatiker, All-Ergiker und Ewig-Eliker, die sich in pädagogischem Humus seit je zu gigantischen Kabisköpfen auswachsen konnten. Selber nennen sie sich, (seltener auch einander), Ganzheitler.

Totalities empfinden, betrachten und erfassen alles ganzheitlich und nutzen hiefür wesenhaft und ganzheitlich den Bauch. Auch sämtliche Stoffwechselvorgänge betreiben sie nämlich kloakig, in Lebensstrombegleitungsaktivitäten vor allem aber ihre speziellen Therapien. Das Totality fühlt interplanetarisch, handelt mondial, denkt provinzial. Es ist hinter dem Mond ebenso zuhause wie über der Erde. Manchmal versucht eins zwar auch ganzheitlich zu denken, womit es andern dann aber stracks in *deren* ganzheitliches Gelege gerät und drum der Arroganzheitlichkeit bezichtigt wird, was seiner ganzheitlichen Bescheidenheit eigentlich zuwider ist. Und doch: Wes' Bauch voll ist, dem geht er drunter und drüber. So reden die Totalities auch draus 'raus. Mit ihrer gebrauchtlyrischen Abdominalsprache törnen sie immer wieder, wenn nicht die ganze, so doch die ganzheitliche heilbotische Gemeinde an: Vom Simplizy, das endlich alles versteht, über das Victimisty, das sich verstanden fühlt, das Sensiby, das mitversteht, zum Problematy, das noch nicht ganz versteht, bis hin zum Skepty, das alles missversteht. In unio mystica webt und schwebt indes das Integral.

Aus dem Individual-Totality entstand zur Jahrtausendwende ferner das Global-Totality, das amöbenhaft seine Tentakel in sämtlichen interglobalisierten Think-Tanks der Welt hat und über sog. „Dach-Theorien", universelle „Diagnose-Raster", eine „Universal-Ethik" sich für die Realisierung der realen Realität (Brain-Klon; One World – One Mind!) verantwortlich macht.

Das *Integral* ist ein Relikt aus antiquierter Heilpädagogik, das noch immer mit der Sisyphusarbeit beschäftigt ist, die randlose Gesellschaft zu erschaffen. Seine randlose, rosa getönte Brille beschlägt sich mit dem Hauch keuchenden Atems und macht es fast blind für sein Heimholungswerk. Da baggert es seit Menschengedenken die Menschheit von deren Rand zur Mitte, wodurch aber immer wieder andere an den Rand gedrängt werden. Ein moralisches Perpetuum mobile der Erbsenart. Doch es ist's zufrieden, dass es immerhin eine wohltätige Beschäftigung hat und sich für das Wahre und Gute einsetzen darf.

Mühe und Unverständnis bereiten ihm nach wie vor all jene, die ihm eigensinnig die gutmenschelnde Gefolgschaft verweigern, von der Schippe springen und seine pastoralen Herdungsbemühungen, vom treibenden Barry verbellt, vereiteln. Das Forschungs-Projekt „Randflucht bei Mittenmittung" soll diese theoriewidrigen Separierungsphänomene demnächst klären.

Das *Entrüsty* gilt als extraversive Intensiv-Variante des Betroffy, das nach Auffassung von *Cora Stephan* (1993) mit dem Ende des psychdelischen Neolithikum (1968-1989) seine Seele aushauchte, aus der es bestand. Letzte parapapapastorale Exempel wässern noch in TV-Kanälen.

Geblieben freilich ist das *Sensiby* (Sensibelchen im Baby-Talk), das in schillerndem Nervenkostüm durch die Arglist der Zeit schwebt. Offen rings für alles und nirgends dicht. Ein soziales Durchzugswesen. Flexibel auch; seine Rückgratlosigkeit verhindert Schandbleibenvorfälle, was es moralisch so sympathisch macht. Es nährt sich von Spannungen, Terror, Ängsten (plurale tantum), Brutalität und Gewalt, Verunsicherung und Verletzung. Das lähmt, macht ohnmächtig, nur noch traurig.

Das Entrüsty steigert sich gelegentlich kurzfristig zum *Empöry*. Das fühlt sich dann, im Verein mit dem Katastrophy, permanent herausgefordert und ist jederzeit imstande, seinen Guten Willen zum Besten zu geben: eine Lichterkette zu bilden, einen Suppentag durchzuziehen, Mahn zu wachen und symbolstarke Gegenstände an ebensolchen Orten niederzulegen. Alles spontan. Soweit die Witterung es erlaubt, läuft es mit Gleichgestimmten gut betucht durch die Strassen, was es Demonstration nennt, begleitet von Wut & Trauer, Mikrofonen und Kameras. Diese sind Teile seines Lebensgefühls, intime Instrumente, denen es öffentlich Privatestes anvertraut: Dass es tief bewegt, hell entsetzt, zutiefst erschüttert, neuerdings auch schockiert bzw. geschockt ist. Dass es hierbei vom Victimisty im Interesse der Neuen Weinerlichkeit unterstützt wird, liegt auf dessen dargebotenen Hand.

Manchmal träumt das Entrüsty davon, ein richtiger Revolutionär zu sein. Doch fehlt ihm dazu schlicht die Zeit und auch der Bock drauf, da es eigentlich ja auch noch die Panflöte spielen möchte.

Das *Skepsy* gehört zu jener Sorte Mensch, der das echt Menschliche fehlt, das Tiefere, irgendwie. Skepsies stellen alles auf den Kopf, damit das Blut dorthin fließt, wo's zum Denken gebraucht wird. Sagen sie. Und dabei tun sie so geistvoll, dass sie überhaupt nichts mehr verkörpern. Es sind Kopffüßler, denen der Bauch fehlt und somit die gefühlsmäßige Resonanz. Sie nehmen nichts ernst, zuletzt nicht einmal mehr sich selbst (z.B. *Callahan, J.*, 1992). So demoralisieren sie die Harmlosigkeit und verharmlosen die Demoralisation. Besonders das Entrüsty ist ihnen spinnefeind und versucht auf dem Friedensmarsch an etwas Schöneres zu denken.

Dabei ist der Skepsy-Psychomechanismus sehr einfach: Wer andere auf den Arm nimmt, will umarmt werden!, so stellen, diesfalls kurzfristig deutungseinig, Vertreter der tiefen Psychologie fest. Damit ist alles entlarvt: „Armselige ArmSelige!"- Aber es gab sie schon immer, die Anarchisten, Nörgler (stellvertretend: *Feyerabend, P.*, 1996), Visionskleckerer. In den USA nennt man sie 'muckrackers', hier drum auch. Sie machen allen dynamischen Kräften viel unnötige Arbeit, sind Sand im Getriebe. Sie sind schlicht verzichtbar, denn nichts ist sinnloser als Eigensinn.

Nur das Integral sinnt auf Integration.

Das *Victimisty* hat's vor allem schwer. Es kann alles, nur nichts dafür. Dabei ist es als einziges dafür, wogegen alle gegen es sind. Es geht auf die Menschen zu, doch die ihm aus dem Weg, sind brutal oder beides. Immer. Alle. Überall. Total. Schon als Kind die Kinder! Nur Tieren ist noch zu trauen, weil sie auch so leiden müssen. Doch am verlässlichsten ist der Teddy-Bär.

Das Victimisty wird nicht fertig damit, dass es endlos fertiggemacht wird. Ein moderner Tantalus also. Aber der wusste wenigstens warum, hatte ein Schicksal, das Victimisty nur eine Rolle.

Victimisties werden verachtet, geschlagen, vergewaltigt, rausgeschmissen, verschupft, ausgegrenzt, stigmatisiert, diskriminiert, diffamiert, abgestempelt, bestohlen, betrogen, ausgenutzt, in Heime versorgt und Sonderschulen gesteckt und später gemobbt. Und als Gipfel der Gemeinheit wird ihnen noch 'Macht' unterschoben: „Opfer haben in der Gesellschaft des Betroffenheitskultes eine subtile Macht. Sie definieren, was ein Schaden und wer der Böse ist" (*Stephan, Cora*, 1998). Was blanker Zynismus ist.

Verweinten Auges radelt das Victimisty daher von einer Tröstung zur andern. Mit platten Reifen, nachdem man ihm wieder Mal den Lebensodem abschnitt, nur um es zu erniedrigen. Das Victimisty legt allerdings Wert darauf, nicht mit alten Heulsusen verwechselt zu werden. Opfersein ist seine Obsession. Schicksalsschläge erleidet jeder Mensch, und viele überwinden sie auch. Aber etwas daraus *machen!*, eine Rolle zu füllen! That's the point. Diese ständige Retraumatisierung und Recovered Memory Therapy, aufgrund derer man seinen frühkindlichen Missetätern ja erst auf die Schliche kommt, die Scriptumgestaltungen, kurz: diese ganze psychologische Garküche, die zwischen Erkalten und Anbrennen die mundwarme Mitte hält!- Das braucht jede Menge Kraft und Phantasie, worüber banal Notleidende doch gar nicht verfügen. Abgesehen davon muss man als Victimisty Psycho-Soziologisch in Wort und Schrift beherrschen und sich permanent psychopathologisch weiterbilden.

Schuld am Victimisty-Stigma ist alles, was Loch ist oder hat: Ozon-, Finanz-, Januar- und anderweitige Löcher der löchrigen Welt.

Schuld ist in klarer Dialektik dazu das All aller: Die Gesellschaft, der Staat, die Bankwale und Finanzhaie, die Machthaber und Waffenschieber, die Politiker, die Schule, die Kirche, der Verkehr und die Hausbesitzer.

Aber auch namentlich bekannte Mitmenschen: Erstens die Eltern, vorab der Vater und letztinstanzlich das Mami.

Schuld ist des weitern das Verfrühte und Verspätete: Zeugung, Geburt, Abstillen, Schuleintritt und -austritt, Partnerschaft, Ehe, Scheidung, Tod.

Das supervisionäre Begleit-Sensiby empfindelt das alles auch so. Das hat zwar seinen satten Preis, zumal auch sanfte Psychos unsanfte Rechnungen aufmachen können. Doch dafür hat man jetzt immerhin eine richtungskonstante Wut im Bauch, die notwendig ist, um sein Recht auf (.......................) endlich einzufordern.

Das qualifizierte Victimisty leidet also auf beachtlichem Niveau und pflegt eine fein ziselierte Leidens- und Victimisations-Kultur. Literarisch Interessierte lassen sich von der Regenbogen- und nicht minder von der Sturm & Hagel-Presse „Traurige Geschichten" (*Goffman, E.*, 1973) jeden Kalibers absaugen und saisongerecht weihnachtlich-karfreitäglich ausgestalten. Einige wagen gar selbst literarisch oder töpfernd auszubrechen, um endlich zu verselbstwirklichen, was sie nicht sind.

Victimisties tränen manchmal auch in die Heilbotik. Als Opfersachverständige vermögen sie daselbst zwar herzzerreißend schmerzstillend zu mitmenscheln. Bald aber wird ihnen der Alltag zu alltäglich und sie entwickeln sich drum meist irgendwie weiter und bilden sich schließlich ganz fort.

Entwicklungs-, Kinder-, Alten-, Flüchtlings-, Katastrophen- und Helferhilfe haben sich mittlerweile in sich selbst erfüllender Erfüllung potenziert und werden observiert durch *Auxilia* (Hilflinge).

Was dem Fortschrittling die Beine, sind dem Auxilium die Arme. Arme für Arme! So verfügt es denn über ein enormes Ein- und Durchgreifpotential. Es greift ein, wo's am grauslichsten und wo's am schönsten ist. Weder Unglück noch Glück sind vor seinem Beistand („Rat und Tat") sicher. Auxiliare Bedürfnisbefriedigung duldet keinen Aufschub. Heinzelmenschleins Wachtparade ist überall sofort zur Stelle. Da hülfe nur Erbsenstreuen, aber die gibt das Integral noch immer nicht aus seiner Schüssel.

Das Auxy weiß jederzeit sofort, wer was wo benötigt. Keine Frage, ich seh's an den Augen! Es hört nicht (auf), sieht dafür alles (mehrfach). Nur keine falschen Hemmungen! Ansonsten kann's auch mal deutlicher werden: Wart', Dir will ich helfen!, womit die Richtung dann klar ist.

Hilfling gehört zu den impermeablen Obsessionen: Stößt Kritik nicht nur ab, sondern macht sie gleichzeitig abstoßend. Weil nur Wüstlinge Helfershelfers Hilfe in Frage stellen können. Wo das Herz spricht, hat der Verstand strammzustehen. Wer es gut meint, hat Recht, was immer dabei 'rauskommt. Drum ist das Auxilium trotz seines Stress' rundum happy. Innerlich vor allem.

Das *Avanti* (schweizerdeutsch: „Fortschrittli" gerufen) ist der Jogger unter den Heilbotis, unter denen es freilich nicht allzu häufig anzutreffen ist. Da aber jede Epoche ihre Zeitgeistlichen hat und die Avantis zweifellos die unsern sind, gebührt ihnen Ehre schlechthin. Sogar die Avantis selbst opfern dem Fortschritt immer wieder den Kopf–, allerdings ohne Kragen, da sie diesen aus Imagegründen benötigen.

Das Avanti schreitet nicht, es schrittelt. Immerfort fort. Schnell ist gut, da schnell vorbei! Der Weg ist das Ziel! ruft es gnadenlos. Drum braucht es auch keins. Es hält sich ingang durch so genannt 'Wegimmanente Zielsetzung'.

Die Umstände sind für das Avanti permanent im Rückstand. Heiß geht's her im total-globalen Wettbewerb!- Zumal sich die Avantis wie ein Lauffeuer verbreiten und sich und einander beim gelegentlichen Überrunden den Hintern verbrennen. Es schrittelt blindlings durchs Heute ins Morgen auf der Flucht vor dem Gestern, stets das Übermorgen im Sinnen und Trachten. Vor und hinter ihm sind weitere Avantis. Eine bunte, international globalisierte Gesellschaft führender und geführter Wissenschafties. Einige haben sich verkehrt auf's falsche Ross gesetzt, so dass kaum auszumachen ist, wer wozu gehört. Tausende sind's an der Zahl, mit angesengten Augenbrauen und chromglänzend die meisten, so dass die paar Heilbot-Avantis in ihren Hirschmuster-Pullovern schon von weitem unverkennbar aus der Wolle duften. Mit der Hand auf dem Herzen hasten auch sie von der Nächsten- zur Übernächstenliebe.

So schrittelts rundherum herum in der zur Tradition gewordenen Rangfolge: Vorneweg die USA, in weitem Abstand („Quantensprünge") Germania und noch einmal abgesetzt, hors concours sozusagen, Switzerland. Weltspitze immerhin im Ski-Tennis. Freude herrscht.

IV Dialogische Verständigung

Personale Heilpädagogik, die sich mit Normen, Werten, Sinnstiftungen und kulturellen Referenzen zu befassen hat, ist *per se* auf geisteswissenschaftliche Perspektiven angewiesen.

Das Prädikat ‚geisteswissenschaftlich' impliziert zunächst, dass auch andere als Personale Heilpädagogiken existieren. Diese etikettieren sich allerdings kaum entsprechend, sondern unter den geläufigen Generalnennern (Behinderten-, Sonder-, Heil-, Rehabilitations- u. ä. Pädagogik) firmieren. Erst die favorisierten Inhalte, Zielsetzungen, Adressen sowie die Terminologie machen bei näherem Zusehen deutlich, dass – bezüglich Fundierung und Begründung, Perspektiven und Referenzen – von verschiedenen „Heilpädagogiken" (im Sinne von Positionen und Ausgangsbasen) gesprochen werden kann. So beispielsweise von:

- *biologisch-medizinischer* Heilpädagogik, wie sie von ärztlich-kinderpsychiatrischer und neuropädiatrischer Seite sowie aus Bereichen paramedizinisch-funktioneller Therapeutik vertreten wird (Beispiele: *Hans Asperger; Maria Montessori*)

- *religiös-theologischer* Heilpädagogik, wie sie sich in kirchlich-konfessioneller Tradition findet (Beispiel: *Linus Bopp; Eduard Montalta*)

- *spirituell-deduktiver* Heilpädagogik, deren Ausgangspunkt ebenfalls transzendentaler Art ist (Beispiel: die durch *Rudolf Steiner* begründete anthroposophische Heilpädagogik)

- *Soziologisch-sozialpolitischer* Heilpädagogik, die, teils in Verbindung mit Behindertensoziologie, mit Disablility Studies auch, die gesellschaftliche Relevanz des Behindertseins fokussieren (Beispiele: *Walter Thimm; Günther Cloerkes*)

- *Psychologisch-empiristischer* Heilpädagogik, welche, teils in Verbindung mit Rehabilitationsfachdisziplinen, vorzugsweise „pädagogische Tatsachenforschung" betreibt (Beispiele: *Helmut v. Bracken; Karl Klauer*)

- *Psychologisch-psychotherapeutischer* Heilpädagogik, die, hauptsächlich im Bereich der Verhaltensauffälligenpädagogik, Verknüpfungen pädagogischer und psychotherapeutischer Umgangsformen und Methoden anstrebt (Beispiele: *Hans Zulliger; Alois Leber; Wilfried Datler*)

- *Polit-ideologischer* Heilpädagogik, welche prioritär (behindernde) gesellschaftspolitische Verhältnisse ins Auge fasst und in deren Sanierung ihr Hauptanliegen sieht: so in sozialistisch-materialistisch-marxistischer Richtung (beispielsweise *Wolfgang Jantzen; Georg Feuser,* sowie die seinerzeit in der DDR federführenden Rehabilitationspädagogen um *Karl-Heinz Becker*)

• *Personalistisch-kulturanthropologische* Heilpädagogik, die ihren Augenpunkt in der Person und deren aktuellem kulturhistorischen Kontext hat (beispielsweise in der Schweizer Tradition von *Paul Moor, Urs Haeberlin; Emil E. Kobi*)

Man hat sich allerdings davor zu hüten, um einer Klassifikation willen die Differenzen zu überzeichnen. Letztere liegen nicht in prinzipiellen Unvereinbarkeiten, sondern in unterschiedlichen Gewichtungen und Bedeutungsakzentuierungen, die ihrerseits dann auch zu unterschiedlichen methodischen Präferenzen führen können. Die triviale Redensart, wonach letztlich alle mit Wasser kochen, ist hier durchaus zutreffend: spätestens beim Umgang mit schwerst mehrfach behinderten Menschen sowie in den gegenwärtig auch ideell „globalisierten" Verhältnissen.

Der Begriff „Geisteswissenschaften" kam im 19. Jh. auf in Abgrenzung zu den Naturwissenschaften. Geisteswissenschaften befassen sich mit Phänomenen, Fragestellungen, Themen und Bezügen, die mit den objektivierenden Methoden der Naturwissenschaften nicht angegangen werden können. Dies kommt auch in den teils synonym verwendeten Titeln Kultur-, Wert-, Historische Wissenschaften zum Ausdruck.

Richtungweisend wurde die von *Wilhelm Dilthey* (1833-1911) getroffene Unterscheidung von erklärenden Naturwissenschaften und verstehenden Geisteswissenschaften (1883; 1968). Zu den GW zählen nach *Dilthey* jene, die sich mit dem Menschen, der Gesellschaft und der Geschichte befassen. Sie distanzieren sich von normativer Apriorik und deren Deduktionen und orientieren sich anthropozentrisch, indem sie den/die *Menschen* zum Ausgangs- und Zielpunkt ihrer Forschungen machen unter Berücksichtigung ferner der jeweiligen historischen, kulturellen und epochalen Lebensumstände sowie der immanenten und transzendenten Bedürfnisse und Interessen. Mit letzteren eröffnet sich zwar auch eine metaphysische Perspektive, die jedoch im *Menschen*, als dem über sich hinaus strebenden Wesen, ihren Ursprung hat. Leben und Erleben des Menschen bilden die Ausgangsbasen für Kosmologien und Weltanschauungen (-hörungen, -empfindungen).

Dies machte auch eine entsprechende Psychologie erforderlich, zumal die seinerzeit physikalistisch-biologistische „Vermögenspsychologie" den Menschen als selbstreflexives Subjekt und handelnde Person (s. Kapitel I/1) nicht zu erreichen vermochte. Hier lagen für *Dilthey* und seine Nachfolge denn auch die Ansätze zu einer geisteswissenschaftlichen Pädagogik.

In Bezug auf die Gegenwart weist *Marquard, O.* (2001) auf die kompensatorische Unverzichtbarkeit der Geisteswissenschaften gegenüber den Naturwissenschaften hin. Die Geisteswissenschaften, die sich als „erzählende Wissenschaften" mit Geschichte und Geschichten befassen, geht es um personale Vernehmlassung: Bei den „Sensibilisierungsgeschichten" geht es – kompensatorisch zu gräulicher Einheits-Szientifik – um den „lebensweltlichen Farbigkeitsbedarf", in „Bewahrungsgeschichten" – kompensatorisch zu gesichts- und geschichtslos entfremdeter Materie – um den „lebens-

weltlichen Vertrautheitsbedarf" und in „Orientierungsgeschichten" – kompensatorisch zu gesellschaftlicher Orientierungslosigkeit und Intransparenz – um „lebensweltlichen Sinnbedarf". Die Geisteswissenschaften stehen somit für Gewaltentrennung
(auch innerhalb des Wissenschaftsbetriebes) und eine „Kultur der Vieldeutigkeit"
(a.a. O.). Dem in den Naturwissenschaften vorherrschenden Entweder-oder- und Rich-
tig-Falsch-Konzepten stehen hier ergänzende Sowohl-Als-Auch- und an aktueller
Stimmigkeit interessierte Entwürfe gegenüber.

Hier hat denn auch – was heilpädagogisch von existenzieller Bedeutung ist – Wertwidriges, Abartiges, Absurdes, Unverständliches ein Refugium zur Daseinsgestaltung
finden.

Um die Spezifika einer solcherweise geisteswissenschaftlichen Heilpädagogik deutlich
werden zu lassen, ist es unumgänglich, zunächst die Hauptanliegen einer Pädagogik
aus dem Geiste einer verstehenden Kulturanthropologie in Erinnerung zu rufen:

- Ihre theoretische Fundierung und Ausgestaltung verdankt Geisteswissenschaftliche
  Pädagogik hauptsächlich *Wilhelm Dilthey* und dessen Schülerschaft und somit
  vorab professoralen Kreisen akademischer Pädagogik
- Geisteswissenschaftliche Pädagogik ist keine in sich geschlossene Einheit, Schule
  oder Ideologie, sondern eine vielgestaltige Bewegung / Bewegtheit, welche ihre
  Dynamik in ihren Anfängen wesentlich aus der deutschen Jugendbewegung und
  der Reformpädagogik der Jahrhundertwende gewann
- Es ging dabei weniger um einen revolutionären Aus-, als um einen renovativen
  Aufbruch im Rückgriff auf idealistische und (natur-) romantische Epochen deutscher
  Kulturgeschichte. Geisteswissenschaftliche Pädagogik war und blieb denn auch
  stark auf den deutschen Kulturraum beschränkt
- Getragen wurde die Bewegung im Wesentlichen durch sozial-liberal gesinnte
  jugendliche Eliten aus dem Bildungsbürgertum. Trotz der darin zum Ausdruck
  gelangenden Generationenkonflikte, blieb die Geisteswissenschaftliche Pädagogik
  in Bezug auf den bürgerlichen Referenzrahmen affirmativen Charakters
- Die Geisteswissenschaftliche Pädagogik erreichte ihre Kulminationspunkte in der
  Zeit kurz vor der Jahrhundertwende bis zum Ersten Weltkrieg und erneu(er)t in der
  Zwischenkriegszeit. Ihre universitären Vertreter (*Herman Nohl, Eduard Spranger,
  Theodor Litt, Wilhelm Flitner* u.a.) profilierten sich als herausragende Handbuch-
  Autoritäten mit lexikonalem Gewicht. Umso schmerzlicher wurde später ihr
  „stillschweigendes Versagen" in innerer Emigration gegenüber dem Faschismus
  empfunden. Geisteswissenschaftliche Pädagogik fand nach dem Zweiten Weltkrieg
  in der jüngeren Generation zunächst kein großes Interesse mehr und wurde in
  der BRD von US-amerikanisch inspirierten empiristischen Trends und in der DDR
  von sowjetisch vorgezeichneten marxistisch-sozialistischen Polit-Perspektiven
  in den Hintergrund gedrängt und beidseitig oft auch als ,unwissenschaftlich'
  diskreditiert
- Eine gewisse Renaissance erfuhr die geisteswissenschaftliche Pädagogik teils
  über direkte Anknüpfungsversuche ihrer traditionellen Vertreter (*Nohl, Flitner,
  Spranger*), vor allem dann aber auch über den Miteinbezug bzw. die pädagogische

Fruchtbarmachung der Existenzphilosophie (*Otto F. Bollnow*) und das pädagogische Denken von *Martin Buber*. Dessen Dialogik fand nach einem halben Jahrhundert durchaus eine Entsprechung in der Aussage von *Dilthey* (1910; 1968): „Verstehen ist ein Wiederfinden im Du"

- Zentralbegriff auch der Geisteswissenschaftlicher Pädagogik ist das Verstehen: dies sowohl in einem kulturgeschichtlichen, epochalen als auch in einem individualen, biografischen (den Zögling betreffenden) Sinne. Dazu korrespondierend spielen hermeneutische Methoden eine herausragende Rolle
- Geisteswissenschaftliche Pädagogik ist dementsprechend beschreibend, betrachtend, deutend. Sie will erhellen, aufklären, den Einzelnen Sinn erschließend zu sich selber führen, ihn zum selbstverantwortlichen Handeln befähigen.
- Einen weiteren Orientierungspunkt bildet die Kulturanthropologie, zu Beginn noch in der spezifisch deutschen Unterscheidung von (geistbestimmter, hochwertig-tiefgründiger) Kultur und (oberflächlich-konventioneller, technischer, insgesamt minder gewerteter) Zivilisation (s. Kapitel IV/4)
- Der Erzieher ist Bildungsbeauftragter des Volkes und als solcher Vermittler abendländischer Kultur
- Geisteswissenschaftliche Pädagogik ist dem Grossen, Edlen, Hehren zugetan. Romantische und idealistische Elemente finden in einem gewissen Pathos ihren Ausdruck sowie in elaborierter Sprache und kultiviertem Sprachstil. In der Nachkriegszeit wird der Ton etwas bescheidener und nähert sich einer Sprache der Innerlichkeit
- Geisteswissenschaftliche Pädagogik distanziert sich von transzendental verabsolutierten, allgemeinverbindlich fixierten Menschenbildern. Ihr Anthopozentrismus und liberaler Individualismus findet im Appell: „Vom Kinde aus!" seinen prägnanten Ausdruck. Daher auch die Betonung des personalen, dialogischen Bezuges zwischen Erzieher und Zögling und die Achtung des kindlichen Eigenrechts, dem mit „pädagogischem Takt" zu begegnen ist
- Neben den sittlichen werden auch ausgeprägt ästhetische Perspektiven in Ausrichtung auf das Bildungsideal des Kalokagathos (des schön-guten Menschen) verfolgt. Der *Spranger'*sche Jüngling (1924; 1955 in 24. Auflage!) erscheint als dessen epochaltypischer Repräsentant: Gesund und rein, edel und schön, gepflegtem Bildungsbürgertum entstammend, von Idealen erfüllt, nach Höherem strebend, kulturbeflissen, geistvoll, mit tiefen Gefühlen, naturverbunden das Unverfälschte und Wahre suchend, phasenhaft selbstquälerisch und rebellisch zwar, doch nicht revolutionär, insgesamt hoffnungsfroher Nachwuchs der und für die völkische Elite
- Diese Pädagogik waltete denn auch bevorzugt in „scholastischen" Gefilden und Bildungstempeln und war daselbst im Kerngehäuse des (humanistisch *Humboldt'*-schen) Gymnasiums beheimatet, das über dem (humanitär *Pestalozzi*anischen) „Eigengeist der Volksschule" (*Spranger, E.,* 1955) schwebte
- „Gemeinschaft" gehört zwar mit zu den zentralen Anliegen, dies jedoch in einem akzentuiert privaten, auf Empathie, dem „pädagogischen Eros", beruhenden Sinne. (Gesellschafts-) politisch traten ihre gelehrten Vertreter weniger in Erscheinung.

Eine naive (?) Zuversicht in die Geisteskraft des Menschen, seine Vernunft, sein Ethos, übersah zu lange, was sich in den Niederungen des Ungeistes und der Geistlosigkeit an Geistfeindlichkeit zusammenballte und hatte diesem denn auch wenig Handfestes, Handlungswirksames, Pragmatisches entgegenzusetzen.

Der Einfluss dieser Pädagogik auf die Heilpädagogik ist nun allerdings erheblich geringer, als formaliter zu erwarten wäre, zumal die Heilpädagogik nicht auf Grund einer Spezialisierung aus einem umfassenden Ganzen (der Pädagogik) hervor ging, sondern um die Mitte des 19. Jh. aus unterschiedlich motivierten (karitativ, prohibitiv, purgatorisch, segregativ, sekuritär ...) motivierten und ausdifferenzierten Besorgungen um behinderte Menschen zu einem lockeren Konglomerat zusammen gefunden hatte (*Kobi, E.E.,* 1994; 2004).

Die Entwicklung der Heilpädagogik erfolgte daher auch nicht im Gleichschritt mit der Pädagogik und verlief zur Hoch-Zeit der Geisteswissenschaftlicher Pädagogik im Gegenteil oft dispers und ließ sie sogar verschiedentlich in Apartheid-Situationen und existenzielle Bedrängnis geraten. Dies insofern, als

- ihr Verhältnis zur Allgemeinen Pädagogik generell – bis hin zu den Integrationsbemühungen der Gegenwart – distanziert bzw. asymmetrisch blieb: Heilpädagogik versteht sich zwar dezidiert als Pädagogik, versucht sich permanent als solche auszuweisen und der „Regel-Pädagogik" anzudienen. Sie stößt daselbst jedoch selten auf ein genuines Interesse, das über freundliches Wohlwollen gegenüber ihrem „relief working" hinaus reicht
- auch die geisteswissenschaftliche Pädagogik sich nur ausnahmsweise und randlichabgrenzend für pädagogische Belange Behinderter interessierte oder sich hierfür als nicht zuständig erklärte
- die Heilpädagogik somit nicht viel Handreichung zu erwarten hatte aus dem idealistischem Überschwang und humanistischem Elitarismus und daher ihre Rückendeckung und handfeste Anleitungen vorzugsweise in speziellen Sparten der Medizin suchte
- Heilpädagogik auch noch vergleichsweise lange ihre ideelle Überwölbung durch das Kirchendach beibehielt (vor allem im kirchlich-karitativ gepflegten Anstaltswesen). Die Säkularisierung bzw. Verstaatlichung heilpädagogischer Domänen, verbunden mit einer Ausdünnung des geistlichen und diakonischen Personals, fand (in Deutschland weniger noch als in der Schweiz) teilbereichlich mit mehr als einem Jahrhundert Verspätung auf die Normal-/Regel-(schul) pädagogik statt
- heilpädagogische Bemühungen stets von volkspolitischen Nützlichkeitserwägungen und Ermessensfragen begleitet sind, was die Heilpädagogik, im Unterschied zu Pädagogik und zum allgemeinem Schul- und Erziehungswesen, verschiedentlich nicht nur in ideelle, sondern auch in existenzielle Bedrängnis brachte und bringt.

Während *Heinrich Hanselmann* (1885-1960) mit seinem Versuch zur Grundlegung einer Allgemeinen Heilpädagogik (1930) in der ideellen Ausrichtung noch dem christlichen Gedanken der Gotteskindschaft und Gottebenbildlichkeit sowie säkularisierter Caritas verbunden blieb und sich in praxeologischen Belangen auf den psycho-physiologischen Empirismus seiner Zeit abstützte, legte erst dessen Schüler *Paul Moor* (1899-1977) wesentliche Grundsteine zu dem, was späterhin mit dem Etikett geisteswissenschaftlichen Pädagogik versehen werden konnte.

Moor musste unter den (auch ideell) desolaten Verhältnissen der Nachkriegszeit so etwas wie eine Geisteswissenschaftliche Pädagogik erst neu erfinden. Seine Hauptschriften (1958; 1960) sind hinsichtlich ihres ausgeprägten Eklektizismus daher durchaus in Parallele zu setzen mit der so genannten „Trümmerliteratur" in der epochalen Belletristik s. Kapitel I/2). Ausgangspunkt war für ihn nicht eine Spiritualität, eine Idee, ein Ideal, eine Ideologie gar, sondern – diesbezüglich bereits in existenzphilosophischer Ausrichtung – die terra incognita des Soseins *dieses* (behinderten) *Kindes*, das von Seiten der Regelpädagogik oft wegen

• seiner Nicht-Verstehbarkeit
• seiner Unkultiviertheit / Verwahrlostheit
• seiner Sprachlosigkeit / Dialogunfähigkeit
• seiner stagnationsbedingten Geschichtslosigkeit
• seiner kaum fassbaren / brüchigen Identität
• seiner scholastischen Untauglichkeit / beschränkten Bildsamkeit
• seines – zumal geistig behinderten / behindernden – Behindertseins
• seiner mangelhaften Wertempfänglichkeit / Gemeinschaftswidrigkeit

und damit generell auf Grund unzureichend erfüllbarer Kernanliegen Geisteswissenschaftlicher Pädagogik der Heilpädagogik überantwortet wird.

Als zentrale Frage ergab sich für *Moor* damit die nach der Tauglichkeit: und zwar nicht des „Erziehungsmaterials" und dessen pädagogischer Verfügbarkeit, sondern jener zeitgenössischer Philosophien, Pädagogiken und Psychologien zur Bewältigung der Erziehungs- und Bildungsaufgaben *diesem* Kind gegenüber (s. Kapitel I/2)

In Aussagen wie: „Wir müssen das Kind verstehen, bevor wir es erziehen" ... „Wo immer ein Kind versagt, haben wir nicht nur zu fragen: Was tut man dagegen ? – Pädagogisch wichtiger ist die Frage: Was tut man dafür ... nämlich für das, was werden sollte, soweit es werden kann" ... „Wir haben nie nur das entwicklungsgehemmte Kind als solches zu erziehen, sondern immer auch seine Umgebung" (*Moor, P.*, 1969), sind zwar durchaus Anleihen an die Geisteswissenschaftliche Pädagogik zu erkennen, und *Moor* räumt denn auch insbesondere der „Verstehenden Psychologie" (z.B. von *Spranger, E.*) viel Platz ein.

Bereits in seinen frühen Schriften stößt *Moor* jedoch auch auf heilpädagogische Unzulänglichkeiten des grundlegenden Verstehens: Ein solches verführt – im Sinne des ‚Tout comprendre c'est tout excuser!' – leicht „zum liebenden Bejahen" (*Moor P.*, 1947), was sodann das Ausbleiben eines pädagogischen Impetus zu Folge haben kann. (Ein Vorwurf, der von pädagogischer Seite hie und da an psychologische

Adressen gerichtet wird, wenn dortselbst rekursives ‚Verständnis' folgenlos ruminiert wird). Ein Nicht-Verstehen kann demgegenüber Anreiz sein für ein fortgesetztes Engagement (a.a.O.). Verständnis / Verstehen erweist sich heilpädagogisch als ambivalente und kontingente Angelegenheit. Heilpädagogen haben sich jedenfalls angelegentlich vor einem Pseudoverständnis - z.B. auf Grund von Analogieschlüssen und ichmaßstäblichem introspektivem Nachvollzug, emotionaler Inflation und Anbiederung – zu hüten. Ähnliches gilt für jenen „pädagogischen Eros" als des tragenden Elements des „pädagogischen Bezuges". Liebe ist per se „konservativ": bewahrend im Verlangen, dass „es ewig so bleiben" möge, bangend, dass ein Wandel das Herausfallen aus der unio mystica des „liebenden Miteinanderseins" (*Binswanger, L.*, 1953) zur Folge haben könnte.

Die gegenwärtige Situation geisteswissenschaftlicher Pädagogik ist dadurch gekennzeichnet, dass sie kaum noch als solche zu kennzeichnen und hervorzuheben ist. Dies hat vor allem damit zu tun, dass

- sich ihr Gedankengut neuzeitlich vermischte mit anderen Denkweisen und gegenseitige Annäherungsprozesse stattfanden zwischen ursprünglich stärker konkurrierenden Grundauffassungen. Die Unterschiede verwischten sich teils bis zur Bedeutungslosigkeit
- heutzutage auch generell eine diffuse Gemengelage vorherrscht bzgl. einstmals deutlicher konturierter und auch explizit abgegrenzter „Schulen" und „Meisterzirkel", „Konfessionen" und „Ideologien". Die Zeit der großen Persönlichkeiten und Namen, der umfassenden Konzepte und Systematiken wich auch in der Heilpädagogik kleinräumig-kurzfristigen patchwork-Aktivitäten
- ein aufgeklärter Skeptizismus moderierend auf geistige Höhenflüge, Erlösungs- und Heilsversprechen (aktuell teils noch integrationistischer oder förderungsaktivistischer Art) einwirkt
- an die Stelle normativer bzw. ideologischer Ausgangspositionen mit verabsolutierend verpflichtenden Menschenbildern und Gesellschaftsvisionen vermehrt die Beachtung existenzieller Bedürfnisse und Handlungsmöglichkeiten im Hier und Jetzt tritt
- sich der Heilpädagogik verstärkt – neuzeitlich ausgelöst durch die sog. „Singer-Debatte" in den achtziger Jahren und fortgesetzt durch bio-ethische Diskussionen um Lebenswert und -recht Behinderter – ein apologetisches Mandat ins Bewusstsein drängt: Heilpädagogik ist nach wie vor, weder in ihrer Praxis noch in ihren theoretischen Konzepten, eine unbezweifelt-unangefochtene Selbstverständlichkeit
- in diesem Zusammenhang sowie in Anbetracht der Diskrepanzen zwischen forcierten (Konsum-) Ansprüchen und beschränkten Ressourcen Fragen der Ökonomie und der Handlungstransparenz vermehrt Beachtung zu finden haben und dadurch pragmatischer Optimalismus idealistischen Maximalismus verdrängt
- systemische und konstruktivistische Sichtweisen, Verortungen und Interpretationen Komplexitätsgrade aufzeigen, die es verunmöglichen, „Behinderung" kurzschlüssig als negative Eigenschaft an der Person des Behinderten festzumachen

- kompensatorisch hierzu – wesenhafte Elemente sich zu personalistischen Signaturen verdichten, über die zunehmend eine (Wieder-) Annäherung an personale Eigenkonzepte Behinderter und mithin auch an eine Personale Pädagogik mit ihren Konstituenten von Selbstverantwortung, -tätigkeit, -bestimmung etc. stattfindet
- unter dem Einfluss soziologischer und ethnologischer Erkenntnisse – schließlich auch das Thema Kultur / Kultivation für die Heilpädagogik neu entdeckt wird (*Greving, H. et al.*, 2004). Dies nachdem Teile der Sonderpädagogik sich während Jahrzehnten ruminierend-missionierend in Integrationsdebatten um sich selbst gedreht, vereinzelt sogar skrupulöse (Selbst-) Auflösungstendenzen entwickelt oder ihr Heil in ausufernder Therapeutik gesucht hatten und darob das Kerngeschäft der qualifizierten und spezialisierten Erziehung und Bildung behinderter Kinder zeitweise zu vernachlässigen drohten.

Dialogisch angelegte personale Heilpädagogik ist somit durchaus – zugleich zeitgeistig entschlackt und angereichert – existent: zwar nicht (mehr) als kompakte Lehre, sondern in einem patch-work-Gebilde, das ihre Identität weniger in den Inhalten als in der Struktur bewahrt hat.

1 Wahrnehmen – Verstehen – Handeln

aus: Bundschuh, K. [Hrsg.], Wahrnehmen – Verstehen – Handeln.
Perspektiven für die Sonder- und Heilpädagogik im 21. Jahrhundert
(Bad Heilbrunn J. Klinkhardt) S. 21-33

Gibt es Grenzen, wie weit Menschen
verbogen werden dürfen?
(Richard Sennet, 1998)

1 Wahrnehmen

Zu Fragen der menschlichen Wahrnehmungsfunktionen und -leistungen liegt ein immenses Schrifttum vor: philosophischer und aus neuerer Zeit vor allem psychologischer und neurologischer Provenienz. Durch diese verschiedenen Betrachtungsweisen rücken nicht nur unterschiedliche Phänomene ins Blickfeld; dieselben Phänomene werden oft auch innerhalb eines andern Bezugsrasters beschrieben, so dass die Frage, was nun „richtig" sei, gegenstandslos wird. Oft haben die Aussagen auch „Als-ob"-Charakter: d.h. Fakten gelangen im Schattenriss einer Theorie oder der unreflektierten Selbstverständlichkeit des Common sense zur Darstellung. All dies gilt es im Auge zu behalten, wenn rahmenabhängige Beschreibungen nicht unversehens fixen Absolutheitscharakter annehmen sollen.

Was die Verhältnisse im heilpädagogischen Bereich anbetrifft, herrscht hier derzeit eine Tendenz vor, Fakten, Konstrukte, Hypothesen, teils auch Begriffe, aus der Neurophysiologie zu übernehmen und/um im Endeffekt so etwas wie eine scheinbar „neurologisch fundierte" Pädagogik und Didaktik zu präsentieren. Dadurch werden jedoch das menschliche Subjekt sowie soziale und politische Modulationsfaktoren entweder vernachlässigt oder aber stillschweigend ebenfalls als bloße Derivate materieller Substrate deklariert. Das Kind erscheint in dieser Konsequenz als hochkomplexer Computer, als dessen Programmierer die Erzieherschaft zu walten hat. Der Glaube an die „im Prinzip" mögliche und als Ziel wünschbare durchgehende Berechenbarkeit und Steuerbarkeit des Subjekts eint diese Bemühungen über alle praxeologischen und methodischen Differenzen hinweg vor allem unter dem Groß-plakat „THERAPIE": Ein Begriff der jenen der Erziehung zunehmend obsolet werden ließ (*Krawitz, R.*, 1992).

Ich möchte daher an dieser Stelle festhalten, dass es nach meiner vor- und damit unwissenschaftlichen Auffassung über Sinn, Wert und Zweck von Erziehung nicht darum gehen kann, Menschen handhabbar zu machen und sie Fremdbestimmungen verfügbar zu halten. Erziehung ist nicht „Angewandte Psychologie" in der Art wehr- und reklamepsychologischer Brutpflege. Den Sinn (heil-)erzieherischer und (ortho-) didaktischer Bemühungen erkenne ich darin, dem menschlichen Subjekt (d.h. meinesgleichen) auf der Subjektebene zu begegnen, ihm das „Haben" von Welt zu ermöglichen – wozu lernpsychologische und neurologischer Erkenntnisse und Erfah-rungen zweifellos hilfreich sind – ihm jedoch im dialektischen Gegenzug jene Frei-räume offen zu halten, innerhalb derer es das „Sein" als *sein* „Dasein" organisieren kann und sich äußerer Berechenbarkeit auch zu entziehen vermag. Wäre das Wort nicht bereits vernutzt, könnte man an dieser Stelle von Erziehung als „Intimpflege" sprechen. (Heil-) pädagogik verstehe ich als optimale Hilfe zur optimalen Befreiung.

Nach diesem „pädagogischen Bekenntnis" nun aber zum engeren Thema pädagogisch bedeutsamer perzeptiver Wesenseigentümlichkeiten:

Wahrnehmung umfaßt zunächst einmal die physiologische und periphere Sinnes-tätigkeit sowie die zentrale (cerebrale) Verarbeitung von Sinneseindrücken.– Wahr-nehmung in einem anthropologisch bedeutsamen Sinne reduziert sich nun aber nicht auf derartige Akte des Aufnehmens, sondern bezieht auch solche der psychischen Verarbeitung (mit fließenden Übergängen bis hinein in kognitive Bereiche) mit ein: der Selektion und Hierarchisierung, der Einordnung und Speicherung, der Dekodierung, Deutung und situativen Wertung. Desgleichen sind out-put-Leistungen entscheidend wahrnehmungsabhängig. Ich verstehe darunter Akte der Versinnlichung (Perzeptio-nalisierung) von Gedanken, Ideen, Assoziationen, Vorstellungen. Wahrnehmen der „Außen"welt und Wahrnehmbarmachen der „Innen"Welt bilden die bipolare Einheit des Wahrnehmungsgeschehens.– Dazu treten im weiteren Transsensualisierung und Synästhesie, d.h. Akte des Umsetzens von einer Sinnesmodalität in eine andere sowie der perzeptiven Generalisierung von Empfindungen bereits auf der Reizebene und deutlich dann von Wahrnehmungen auf der personalen Bewusstseinsebene: zugleich („simultan") vorstellungsmässig „sehen", was auf der Empfindungsebene lediglich hörbar (d.h. dem akustischen Rezeptor zugänglich) ist; etwas über sämtliche Sinne sich vergegenwärtigen, von dem „de facto" lediglich „die Rede" ist usf.– Und endlich geht es nicht nur um die Wahrnehmung der Welt „dort draußen", sondern in jedem Moment auch um die begleitende Selbstwahrnemung (d.h. die Eigenwahrnehmung des Wahrnehmenden im Akt der Wahrnehmung): eigene Körperempfindungen, Erfahrung der Leibhaftigkeit in Raum und Zeit in der je aktuellen Situation und darin eingeschlossen die „Erfahrung der Gegenseite" (*Buber, M.* 1962), in der sich mein Handeln im Andern widerspiegelt.

Wahrnehmung ist somit ein hochintegriertes *Beziehungs*gefüge und gibt als solches die Basis ab für jede Art der Kooperation mit Anderem (aus der Sachwelt), Anderen (der Personwelt), mit mir selbst und dem, was ich jenseits der empfindungsgestützten Wahrnehmungswelt („transzendent") – vielleicht per analogiam? – zwar lediglich vermute, manchmal aber dennoch als „wahr nehme".

Die Daseinserfahrungs- und -gestaltungsmöglichkeiten, welche die Perzeption insgesamt ermöglicht, stehen in Abhängigkeit sowohl von der Beschaffenheit der jeweiligen Sinnesmodalität, wie auch von der entwicklungsmässig erreichten intermodalen, serialen und synästhetischen Organisations- und Integrationsstufe. Die anthropologisch und mithin pädagogisch zentrale Doppelfrage gabelt sich daher nach zwei Richtungen:

• Welche Reize (nach Quantität und Qualität) kann ein Kind objektiv, d.h. auf Grund seines individuellen Wahrnehmungssystems aufnehmen?

und

• Was kann es mit diesen perzeptiv vermittelten Reizkonfigurationen subjektiv, d.h. auf Grund seiner aktuellen personalen Verarbeitungsmöglichkeiten, bezüglich Umweltorientierung und Handlungsorganisation anfangen ?

Unter pädagogischem Aspekt ist es letztlich also weder das Sinnesorgan, welches sieht, hört, ertastet...., noch das Gehirn, sondern die *Person*, die den Wahrnehmumngsakt vollzieht, oft bewusst auch intendiert und sich gleichzeitig in eben diesen, von innern und äußern situativen Konstellationen mitbestimmten Akten realisiert.

Folgende Positionen sind des Weiteren von pädagogischer Bedeutung:

• Bereits auf einfachsten phylogenetischen und ontogenetischen Entwicklungsstufen fügen sich perzeptive und motorische Systeme zu übergeordneten Einheiten zusammen, die einen Organismus erst funktions- bzw. handlungsfähig werden lassen. Ein Signalsystem ohne (Re)- Aktionsmöglichkeiten ergibt so wenig eine integrale Ganzheit, wie ein Aktionssystem ohne Reizapparat. Motorik und Sensorik bilden eine autopoietische Sinneinheit: Sie betätigen und bestätigen sich gegenseitig in ihren Vollzügen. Daher wirken sich Ausfälle und Störungen im einen System mit großer Regelmäßigkeit auch auf das andere aus.

• Jedes Sinnesorgan bietet lediglich jenen Reizausschnitt, für den es gebaut und empfänglich ist; Sinnesorgane nehmen nur adäquate Reize wahr (Modalitätsspezifik). Die weitgehend identische (da artspezifische) Ausstattung unseres Sinnesapparates hat denn auch eine hohe Übereinstimmung unserer Wahrnehmungen zur Folge. Auf Grund der Kongruenzen in unseren Wahrnehmungen finden und erfinden wir einander, konstruieren wir unsere gemeinsame Weltanschauung, -anhörung, -anfühlung ..: in konfliktanfälligen Bereichen der Ähnlichkeit zwischen völliger Kongruenz und totaler Verschiedenheit.

• In den psycho-physischen Wahrnehmungsakten sind, je nach Aufgabenstellung, stets eine Vielzahl unterschiedlicher, normalerweise hochintegrierter, koordinierter Funktionen beteiligt. Abgesehen von extremen Laborsituationen findet sich kaum je ein reinen Sehen, Hören ... etc. In praxi sind bestimmte Sinnesmodalitäten lediglich mehr oder weniger dominant und führend. Perzeption ist somit eo ipso ein ganzheitlicher, verganzheitlichender Akt.

- Wahrnehmung ist kein bloßes Abbildnehmen, sondern eine aktive Tätigkeit; auch äußerlich „passiv" erscheinendes Aufnehmen ist aktives Geschehen. Leben ist, bis in den Schlafzustand hinein, Aktivität.
- Wahrnehmungsprozesse übersteigen allerdings umso weniger die Bewusstseinsstufe, je unproblematischer und routinierter sie ablaufen. Hierin gründet ein Teil jener Schwierigkeiten, sich mit einem Kind erlebnismässig zu identifizieren, das in uns meist nur unterschwellig bewusst werdenden Bereichen des Körpersinns (Wahrnehmung der Schwere, der Lage, der Richtung, des Gleichgewichts etc.) beeinträchtigt ist.

Die Beschreibung eines Wahrnehmungserlebnisses hat daher auf wenigstens zwei Ebenen zu erfolgen:

- Auf der *Objektebene* der materiellen Trägerprozesse, wo Art, Umfang, Intensität usw. der physiologischen (d.h. der cerebral-neurologischen, der hormonalen, der muskulären ...) Veränderungen zur Darstellung gelangen (Reaktionen, Kausalzusammenhänge, messbare substanzielle und energetische Zustandsgrößen usf.). Es wird festgestellt, *dass* etwas geschieht.
- Auf der *Subjektebene* der ideellen Bedeutungen: für mich/uns innerhalb eines bestimmten gesellschaftlich-historischen Kontext. Hier geht es um die verhaltensmäßigen Determinanten der Wahrnehmung. Deren Beschreibung bezieht sich auf Inhalte, die das Subjekt erfasst und die ihm und seiner Umgebung etwas bedeuten. Es wird festgestellt, was geschieht (Angst, Freude Trauer, Gefahr ...)

Diese Ebenen sind nicht zusammenhangslos. Ein auf der Objektebene materiell fassbares Faktum kann jedoch auf der Subjektebene Unterschiedliches beinhalten, erzeugen, bedeuten und seinerseits schließlich auch wieder bewirken. Die materiellen Trägerprozesse liefern zunächst lediglich beziehungslose Daten; erst auf der Ebene des Verhaltens wird das „Signifikanz-Niveau" (die Bedeutung) hergestellt.

Reize werden aufgenommen – Bedeutungen gestiftet! Aus Chaos (Beziehungs- und Gestaltlosigkeit) wird über die personale und soziale Aktivität Kosmos (Sinn, Gestalt, Ordnung) geschaffen. Die materiellen Trägerstrukturen ermöglichen, garantieren aber nicht jenen gemeinsamen Kosmos (unser Weltkonstrukt), über welchen interpersonelle Verständigung stattfinden kann. Erziehung könnte unter diesem Aspekt geradezu als „kosmetische Veranstaltung", d.h. Ordnungen schaffendes Bemühen, bezeichnet werden.

Daher die schiere Unmöglichkeit, aus quantitativen Messungen (Adrenalinausschüttung, Hirnstromkurven, Visusbestimmungen, Tonaudiogramme u.ä.) qualitative Schlüsse zu ziehen oder gar erzieherisch-unterrichtliche Maßnahmen abzuleiten.- Man denke desgleichen an die mitunter großen inter-individuellen Unterschiede in den Wahrnehmungsleistungen von Kindern mit objektiv denselben physischen Einschränkungen (z.B. Sehvermögen vs. Sehverhalten).- Welche Kompetenzen ein Mensch aus seinen Potenzen heraus entwickelt und unter welcher Performanz er sie „in Szene setzt" ist aus Messdaten nicht zu erschließen bzw. vorauszusehen.

Die modalitätsspezifischen Leistungen des Sehens, Hörens, Tastens ... im Sinne eines ‚pouvoir' (wahrnehmen können auf Grund regulärer instrumenteller Ausstattung) interessieren lediglich mittelbar. Zentrales pädagogisches Interesse erheischt hingegen das Wahrnehmen im Sinne eines ‚savoir' (subjektive Verfügbarkeit über das perzeptive Instrumentarium und dessen optimaler, situationsadäquater Einsatz).

Es gehört zu den Freiheitsgraden menschlicher Subjekte, sich auch reizwidrig und unvorhersehbar verhalten zu können. Die subjektseitige Freiheit präsentiert sich aktuell als Möglichkeit zur Aus-„Wertung" und Aus-Wahl des für mich und dich hic et nunc Bedeutungsvollen. Menschliches Handeln ist zwar nicht reizunabhängig, jedoch reizdistanziert; es steht in einem mittelbaren, willkürlichen Verhältnis zu Reizlandschaften.

Hieraus wird deutlich, wie sehr auf der Subjektebene Art und Effizienz der Wahrnehmungstätigkeit mitgeprägt sind durch erlernte Bedürfnisse, Attitüden, Motivationen, Interessen.... Dies macht erneut aufmerksam auf die pädagogisch bedeutsame Tatsache, dass sich die menschliche Wahrnehmungstätigkeit nicht in behavioristischer Manier auf Reiz-Reaktions-Schemata reduzieren lässt, ja dass es sogar ein (Un-)Ding der Unmöglichkeit ist, ‚Wahrnehmung' sauber abzukoppeln von kognitivem Verständnis / kognitiver Verständigung und Handlungsvollzug. Wer Augen hat zu sehen, der *sehe!* (als personaler Appell), nicht: der *sieht!* (als zwangsläufig kausal sich einstellende Wirkung). Im Hiatus zwischen Reiz und Reaktion baut sich das Subjekt einen *–seinen!–* Handlungsplan auf, welcher bestimmend ist für die Art seiner (Re-) Aktion.

Die handlungswillige Person muss somit stets nach drei Seiten hin auf die Stimmigkeit ihrer Wahrnehmungs- bzw. Erkenntnistätigkeit achten:

• Zwischen Wahrnehmung und Be-*Deutung* (*intra*personal: Was nehme ich wahr und was bedeutet das aktuell für mich? Zwischen Be-*Deutung* und Be-*Deutung* (*inter*personal: inwieweit stimmen wir in unsern bedeuteten Wahrnehmungen miteinander überein und können uns darüber verständigen?)

• Zwischen verschiedenen personal bedeuteten und gewerteten Wahrnehmungen und den aktuellen Kontextverhältnissen, welche so etwas wie einen Deutungs-Rahmen festlegen bezüglich dessen, was hier und jetzt wahrnehmungswirksam und -bedeutsam zu sein hat.

Es geht hier im buchstäblichen und ursprünglichen Sinne um Bemühungen, Konsens- und Dissensverhältnisse zu klären.

Von dieser Position aus wird deutlich, wie reduktiv sich die alte und gelegentlich noch immer tradierte 'Sinnesgeschädigtenpädagogik' als Afterwissenschaft der Medizin andiente, indem sie sich auf modalitätsspezifische Beeinträchtigungen (d.h. funktionelle Behinderungen im Bereich des peripheren Perzeptionsapparates) konzentrierte und daher bis in jüngere Zeit über weite Teile Instrumentarium und Methode blieb. Intra- und supramodale Störungsformen wurden in pädagogischer Tradition zumeist unter „Intelligenzstörung/Schwachsinn." rubriziert und aus dem spartenspezifischen Verantwortungsbezirk (z.B. der Hör- und Sehbehindertenpädagogik) ausgeschlossen. Wahrnehmungspsychologische Interpretationen (z.B. im Umfeld sog. Teilleistungsstörungen) lagen zwar schon zu Beginn des 20. Jahrhunderts vor, wurden jedoch erst Jahrzehnte später aus paramedizinischen Feldern der Ergo- und der Physiotherapie in die Heilpädagogik importiert.

2 Verstehen

Die Unmöglichkeit, eine klare Unterscheidung zu treffen zwischen „Wahrnehmen" und „Verstehen", wurde bereits erwähnt. Um sich über das Wesen der Wahrnehmung ein Bild zu machen und sich darüber zu äußern, muss Wahrnehmung nämlich vorgängig als solche ‚verstanden' worden sein. ‚Verstehen' ist ein kognitiver Akt der Distanznahme in Form einer Subjekt – Objekt – Kontext – Differenzierung, der Objektivierung also und der Diskriminierung. Wenn im Folgenden nun programmgemäß von ‚Verstehen' die Rede ist, so wechseln wir eigentlich nicht den ‚Gegenstand', sondern lediglich das Thema, die Position und Betrachtungsweise. Damit Etwas (ein Ding, eine Person, eine Situation, ein Zusammenhang ...) verstanden werden kann, muss dieses umgekehrt nämlich im Vis-à-vis des Subjekts buchstäblich als Gegen(über)stand in Erscheinung getreten (worden) sein.

Der Begriff (das ‚Positionslicht') des Verstehens liegt pädagogischen Interessen und Ansinnen immerhin näher als jener der Wahrnehmung: Aus Gründen der Empathie sowohl wie aus solchen der dialogischen Tradition. Er verbindet überdies die Pädagogik mit jenem Selbstverständnis von Psychologie, das sich noch bis in die zweite Hälfte des vorigen Jahrhunderts expressis verbis als ‚Verstehende Psychologie' auswies und besonders in Deutschland eine bedeutende und für die geistes-, gesellschafts- und kulturwissenschaftlich orientierte Pädagogik bedeutsame Stellung einnahm.

Tradierter Pädagogik war es ferner stets grundlegendes A priori, den ‚Zögling' zu ‚verstehen'. Ich erinnere an das Postulat von *Paul Moor* (1965): „Erst verstehen, dann erziehen!", das mittlerweile unter die Geflügelten Worte pädagogischer Weisheit eingegangen ist. Hermeneutik war in dieser Konsequenz denn auch die wissenschaftstheoretische Methode der Wahl dieser Verstehensbemühtheiten.

Die Crux für die Heilpädagogik liegt nun freilich darin, dass diese dann und darum mit Verhaltens- und Präsentationsweisen konfrontiert wird, wenn und *weil* diese als unverständlich, absurd, nicht nachvollziehbar, uneinfühlbar, irrational, unvernünftig, inadäquat, sinnlos ... geltend aus den Rahmenbedingungen des Common sense herausfallen.

Dies führt vor die existenzielle Frage: Ist Erziehung ohne Verständnis überhaupt möglich? – Ist ‚verständnislose Erziehung' nicht ein Widerspruch in sich selbst? – Allfällige Antworten stehen auch hier in unmittelbarer Abhängigkeit von den unterschiedlichen Inhalten des Begriffs ‚Verstehen':

• Der vordergründigste Begriffsinhalt von ‚Verstehen' weist noch einen Bezug auf zum auditiv-perzeptiven Bereich: sprachlich deutlich erkennbar im französischen ‚entendre', ‚Entente' (hören / akustisch wahrnehmen über ‚verstehen' bis hin zur ‚Einvernehmlichkeit').– Wie sehr traditionelles Erziehungs- und Bildungsverständnis auf „akustische Verlautbarung" rekurriert, wird andrerseits im Zentralbegriff deutschsprachiger Pädagogik – gehorchen, Gehorsam – deutlich. (Wobei freilich bereits der altägyptische PriesterPädagoge *Ptah Hotep* (um 2500 v. Chr.) die schwarzpädagogische Erkenntnis notierte: „Das Ohr des Schülers befindet sich auf dem Rücken!", der dann offenbar auch entsprechend malträtiert wurde)

- Verständnis kann allerdings auch betont empathisch gemeint sein im Sinne eines emotionalen Mitschwingens in Richtung ‚Mitgefühl'
- Kommunikativ problematisch kann solches Verstehen werden, wenn es überdies parteiliche Zustimmung enthält. Hierauf nimmt das französische Bonmot „Tout comprendre c'est tout excuser!" Bezug. Hier findet sich gelegentlich auch eine jener Grauzonen zwischen Psychologie und Pädagogik. ‚Verstehen' ist für die Pädagogik nicht End-, sondern Mittel zum Zweck. Nach dem Verstehen setzt sie, kommunikationsgrammatisch gesprochen, nicht einen Punkt, sondern ein Komma, gefolgt vom richtungweisenden Aber ...!
- Versachlichung und situative Distanzierung bringen ‚Verstehen' in die Nähe des ‚Begreifens', d.h. zu einem erkenntnismäßigen, zumeist betont intellektuellen Nachvollzug von Denkprozesses und (lautsprachlich, schriftlich oder anderweitig symbolhaft vermittelter) Denkfiguren. Zu verstehen (begreifen) sind vor allem Sachzusammenhänge, Naturgegebenheiten und -gesetze, Zeichensysteme (eine Sprache z.B.)
- Verstehen/Verständnis haben neigt gelegentlich auch dazu, sich moralisch zu kleiden und als (etwas) grundsätzlich ‚Gutes' einherzugehen, *Un*-Verständnis / Verständnislosigkeit gleichzeitig abwertend. Diesbezüglich ist Vor- und Umsicht am Platze! Verstehen im Sinne eines intellektuellen und / oder emotionalen Nachvollzugs, kann ich auch eine sittlich verwerfliche Tat (einen Bankraub beispielsweise). Unverständlich (emotional, kognitiv, sprachlich etc. nicht nachvollziehbar) können für mich andrerseits eine Präsentationsweise oder ein Verhalten sein (Homosexualität, eine künstlerische Ausdrucksform, ein Brauchtum u.a.m.), das deswegen jedoch nicht zu disqualifizieren ist. Ich kann etwas mir Unverständlichem durchaus meinen Respekt zollen, kann mich sogar metakommunikativ mit ihm verständigen. Verständigung setzt nicht zwingend Verständnis voraus!
- Verstehen kann auch, zumal definitionsschwachen Personen gegenüber, Züge intimitätsbemächtigender Total-Identifikation annehmen nach dem Grundsatz: *Ich besitze Definitionshoheit auch über dein Weltgehäuse, denn ich versteh' dich sogar weit besser als du dich selbst!* Mag sein, dass da noch ein unbewusster ‚Widerstand' zu überwinden, ein ‚falsches Bewusstsein' zu korrigieren bleibt, ein ‚Licht' aufzusetzen ist, um ‚Einsicht' in die reale Realität dämmern zu lassen: Doch das schaffen WIR, therapeutisch und aufklärend!
  *Un*verständnis kann andrerseits auch personalen Freiraum anerkennen und etwas von dem zum Ausdruck bringen, was vor Jahrzehnten noch „pädagogischer Takt" genannt werden durfte. Wer will sich denn schon von jedem Psycho-Freak, die heute zuhauf reale und virtuelle Welten bevölkern, ‚verstehen' lassen? Verständnis finden? Trau', schau' bei wem! Verstehen ist meines Erachtens ein moralisch indifferentes Instrument, vielfältig nützlich und nutzbar, doch erst im konkreten Vollzug zielführend und – vielleicht! – auch für den Verstandenen stimmig.

Was die verschiedenen Begriffsinhalte nun aber doch verbindet, ist der pädagogisch bedeutsame Umstand, dass im Akt des Verstehens eine Person sich situativ einbringt in das Weltkonstrukt eines Andern und / oder -und das ist hier die erkenntnistheoretische Fundamentalfrage- eine Situation ihrerseits dadurch bewältigt, dass sie sie ‚beweltigt', d.h. vorgegebene Strukturen nicht (nur) nachvollzieht, sondern Sinn, Wert und Zweck selber (‚autochthon') *kreiert*. ‚Verstehen' ist diesfalls eine kreative Leistung der Person, die sich einen subjektiv befriedigenden und befriedenden Kosmos und in weiterer Folge vielleicht auch eine pässliche Kosmologie *erfindet*.

Heilpädagogen dümpeln nun freilich, häufiger als es manchem Kontrahent erträglich und ihnen selbst zuträglich ist, in Gewässern des Unverständlichen und Inkommensurablen. Was heilpädagogische Praxis im gesellschaftlichen Kontext vielfach entbehren muss, ist *Selbst*-Verständlichkeit. Heilpädagogik steht, sicherlich weit mehr als andere Wissenschafts- und Praxisbereiche, unter permanentem Legitimations- und Begründungszwang und gerät gegenüber utilitaristischer Gschaftlhuberei rasch in Verlegenheit.

Man halte dagegen die Unbeschwertheit des Sports, die Tag für Tag jenen Rasen grünen lässt, auf dem zweiundzwanzig kräftige Jungmänner einem ledernen Etwas nachhetzen, um dieses alsbald wegzutreten, sowie sie ihm nahe sind. Grund ?- Der Ball ist rund! Was alsbald millionenfach Verständnis findet. Wer versteht da die Verstehenden?

Heilpädagogen müssen sich deshalb oft selbst einen ideellen Fixstern an ihren Ideenhimmel hängen: Auch in gewagten Luftnummern und ohne große Gefolgschaft. Darin liegt denn auch ein wesentliches Motiv für die permanenten Grundsatzdiskussionen um ein Sinn vermittelndes Menschenbild (*das* richtige gar!), das die Alltäglichkeit verständlicher und damit erträglicher machen sollte. (Menschen-) Bilder bergen allerdings für Individuen, die, z.B. behinderungsbedingt, nicht in der Lage sind, derartige Projektionen allenfalls auch zu negieren und zu unterlaufen, die Gefahr der ideellen Vergewaltigung in sich. Welcher Philosoph dachte in seinen großartigen Menschenbildentwürfen denn schon einmal über seine persönliche Exzellenz hinaus und hinab bis zu jenen „Monstren" (*Kobi, E..E.*, 2000), die in irgendeiner Abgeschiedenheit ihre nackte Existenz fristeten?- Enge, fixe, nachhaltig als normativ verpflichtend propagierte Menschenbilder können desgleichen pädagogische Pigmalions zu liebevoller Gewalttätigkeit reizen gegenüber Abweichungsvarianten.

Es macht also einen existenziellen Unterschied, ob ein Erzieher sich, situations- und zeitgebunden, von einem bestimmten Individuum ein Bild entwirft, das für ihn erkenntnis- und handlungsleitend ist oder ob sich Pädagogik in toto ein gattungsmäßiges Bild vom „Menschen schlechthin" als Verständnis- und Handlungsfolie unterlegt.

Erziehung findet zweifellos erst in der Differenz von Sein und Sollen, zwischen Da und Dort ihre Entstehungsbedingungen. Pädagogik, die nichts vor sich hat und vor hat mit dem Menschen, geht ihres Wesens – ihres „Kerngeschäfts", wie man zeitgeistvoll formulieren müsste – verlustig, implodierte zu bloßer Psychologie. Pädagogischer Auftrag kann andrerseits aber nicht die *Aufhebung* von Differenzen sein – dadurch mutierte Pädagogik zur Theologie einer Erlösungslehre – sondern deren *Gestaltung* und Wandlung in den Zeitläuften.

340

Zur kritischen Wesenseigentümlichkeit Skeptischer Heilpädagogik (*Kobi, E..E.*, 2000) gehört das, was der Basler Philosoph *Hans Saner* neulich als „Differenzverträglichkeit" bezeichnete: Weder „Toleranz" also im Sinne gutmenschelnder Gestik „von unten herab" (*Karl Valentin*) („Ich dulde Dich!") und in Ausrichtung auf die geläufige Auch-Formel (auch Behinderte sind Menschen, *auch* sie dürfen..., sollen..., können..., haben...usf.), noch eine zur Assimilationsveranstaltung verkommene „Integration", sondern Integration im ursprünglichen, leider arg verdufteten Wortsinn der „Erneue-rung", (einer ‚integratio amoris'), die sich auch jenseits der „Wut des Verstehens", wie sich der deutsche Pastoralpädagoge *Friedrich Schleiermacher* (1768–1834) einmal ausdrückte, in Verständigung konstituiert. „Verstehen" ist keine conditio sine qua non der Erziehung. Im Gegenteil: Erst dort, wo ich einen Menschen (noch) nicht (mehr) verstehe, kann er für mich der pädagogisch konstitutiv *Andere* (und nicht nur ein akkommodiertes Doppel-Ich) sein, mit dem ich teilbereichlich und fragmenta-risch immer wieder neu einen gemeinsamen Kosmos errichten kann. Nicht Differenz, sondern Kongruenz und paradiesische Eintracht machen Erziehung unnötig oder lassen sie obsolet werden (*Kobi, E. .E.*, 2000).

3 Handeln

Handeln gilt als spezifisch menschliche Fähigkeit und Möglichkeit zur bewussten und geplanten, zielgerichteten und zweckdienlichen Verhaltensorganisation. Handlungen setzen sich meist aus komplexen, koordinierten Verhaltenssequenzen zusammen. Sie haben eine optimierende Abwägung von Sinn-, Wert-, Zweck-, Ziel- und Mittel-relationen im Hiatus zwischen „Reiz & Reaktion" unter aktueller Kontextbeachtung zur Voraussetzung.

Handeln ist eine *inter*aktive Tätigkeit (was aus dem englischen ‚Action' nicht hin-reichend deutlich wird). Handlung ist bipolar und ist per se soziale Agitation (auch in der Auseinandersetzung mit sich selbst). Nicht jede ‚Aktion' ist daher schon eine Handlung. Entscheidend sind auch nicht die Komplexität eines Verhaltens, sondern die bewusste und kontrollierte Zielgerichtetheit und insbesondere auch die mentale Antizipation (vorstellungsmässige Vorwegnahme von Handlungsziel und -verlauf). Handlungen sind nach Sinn, Bedeutung, Wert, Zweck und Wirkung in Beziehungs-bereichen stets von wenigstens drei Instanzen beeinflusst, die ihrerseits unter dem Zeitfaktor eine schwankende Konsistenz aufweisen:

· Der *Intention* (Absicht) des Initianten
· Der *Interpretation* des ‚Behandelten' oder eines Beurteilers
· Den situativen und temporalen *Rahmenbedingungen* (‚Spielregeln')
· Den zuständigen und Dienst habenden *legislativen Instanzen*, welche generell über Funktionen, Rollen, Berechtigungen und Zuständigkeiten befinden sowie allfällige Regelverstöße sanktionieren

Konkrete und aktuelle Handlungs*fähigkeit* ist schließlich stets auch von der momen-tanen Disponiertheit der Person, den handlungsermöglichenden Freiheitsgraden bzw. von handlungsbegünstigenden Kontextverhältnissen abhängig.

Neuzeitliche Pädagogik ist auf Grund der genannten Relativität und Relationalität denn auch so weit abgekommen von mechanistischen, handwerklichen Vorstellungen des Erziehungsgeschäfts, dass gelegentlich der Eindruck entstehen mag, sie sei ihrerseits kaum mehr handlungsfähig und wirkungsmächtig. Dies trifft durchaus zu: *falls* pädagogische Effizienz exklusiv an programmatisch gegebenen, jederzeit zuverlässig am Bearbeitungsobjekt ablesbaren, konvergenten ‚Fortschritten' quantifiziert werden soll.

Existenzielle, personorientierte Pädagogik, wie sie freilich schon seit den Tagen des *Sokrates'* als Pfahl im Fleisch derartig essenzieller, d.h. ideologisch-inhaltlich vorbestimmter Zurüstungsbemühungen am ‚Materialobjekt Zöglings' wirkt, lebt in, aus und von grundsätzlicher Skepsis gegenüber Totalitarismen von Instanzen, die der Pädagogik lediglich eine Vollzugs- und ancilla-Funktion unter den Bedingungen *ihrer* Definitionen und Realitätskonstrukte zuweisen möchten: die standpunktabsolut *ordern,* wer, was, wo, wann, wie wahrzunehmen, zu verstehen und zu (be-)handeln hat. *Pädagogisches* Handeln erkenne ich demgegenüber als metakommunikatives *Aus*handeln dessen und *Ver*handeln darüber, was als und wie Wahrgenommenes wahrgenommen, Verstandenes verstanden und Gehandeltes behandelt wird.

Wahrnehmen, Verstehen und Handeln bilden eine organische und organisatorische Einheit der Lebenspraxis und Daseinsgestaltung. Sie sind daher empirisch kaum – und schon gar nicht im aktuellen Vollzug – sondern lediglich theoretisch, als perspektivisches Konstrukt, voneinander abzugrenzen (zu de'finieren').– Didaktisch und als methodische Orientierungshilfe ist es dennoch sinnvoll, wertentscheidend und zweckmäßig, Wahrnehmen, Verstehen und Handeln im situativen Wechsel des ‚Augenblicks' als historische Phänomene metakommunikativ ‚wahrzunehmen', zu ‚verstehen' und zu ‚behandeln'.– Wenigstens teilbereichlich und passager immer wieder *Konsens* anzustreben ist für die Heilpädagogik, (die sich mit Wahrnehmungsstörungen, Verständnisschwierigkeiten und Handlungsbeschränktheiten' befasst), existenzentscheidend.

Einander in seiner jeweiligen Befindlichkeit zu finden, ist permanenter Suchauftrag heilpädagogischen Wirkens.

2 Skeptische Diagnostik als Konsequenz einer „Heilpädagogik für alle"

aus: Kronenberg, Béatrice und Wyss Annemarie [Hrsg.] (2005),
Heilpädagogik für alle? (Luzern edition szh) S. 107-126

> *Eine der verbreitetsten Krankheiten ist die Diagnose*
> *(Karl Kraus)*

1   Der wuchtige Kongresstitel – „Heilpädagogik für alle?" – wird zwar ausgebremst durch ein Fragezeichen. Das mindert den Eindruck missionarischen Aufbruchs und löst Assoziationen zur wundersamen Verköstigung der Viertausend (*Matthäus* 15$^{32-39}$) aus. Gewiss ist die Titelei auch nicht Ausdruck jenes jovialen Schulterklopfens: „Wir alle sind behindert! und drum allesamt heilender Pädagogik bedürftig!" Wenn schon, dann zeitgeistgemäß widersprüchlich: „'Es ist normal, anders zu sein!' – 'Hauptsache: gesund!'" (*Strachota, Andrea*, 2004, 14).
Ein Rest von Skepsis jedoch bleibt: Kirchentag oder Kongress? – Mit der mentalen Umkehrung des Titels entschied ich mich für den Kongress. Alle für Heilpädagogik! Auch das ist zwar noch viel verlangt, bleibt aber bei sich selbst und ist als Desiderat von ständiger Aktualität. Heilpädagogik muss vor allem auch auf jene zählen können, die keines heilpädagogischen Beistandes bedürfen.
Im Folgenden möchte ich aufzeigen, dass die Devise auch in Bezug auf das mir aufgetragene, engere Thema ‚Diagnostik' programmatischen Charakters sein könnte. Wo Heilpädagogik für alle und alle für Heilpädagogik sein sollen, da muss konsequenterweise auch der Diagnostik eine sowohl Behinderte als auch Nichtbehinderte kontextuell umfassende Bedeutung zukommen.

2   Pädagogik – und Heilpädagogik vielleicht noch in ausgeprägterem Maße – hatte freilich seit je ein gebrochenes Verhältnis zu dem, was in der Medizin mit unangefochtener Selbstverständlichkeit „Diagnostik, Diagnose" genannt wird.
Einerseits waren Pädagogen immer schon – speziell im Zusammenhang mit dem seit dem 18. Jh. sich ausbreitenden Zensuren- und Zeugnis-, Selektions- und Promotionswesen – genötigt, über Verhalten und Leistungsfähigkeit ihrer Zöglinge zukunfts-

weisende Werturteile abzugeben, Diagnosen zu stellen und gar Prognosen zu wagen. Zensurieren und Selektionieren erweisen sich – über alle eskamotierenden Integrationismen hinweg – als unausweichliche schulische Wesenseigentümlichkeiten (*Schelsky, H.*, 1959; *Luhmann, N.*, 1988; *Sloterdijk, P.*, 1999).

Wenn heutzutage von „Lernberichten, „Lernstandserfassung", „Erweiterten Beurteilungsformen" u. ä. die Rede ist, so haben wir es lediglich mit neuen Etiketten für altbekannte Sachverhalte zu tun.

Andrerseits wurde die Lehrerschaft freilich ostinat der Subjektivität, ja der Willkür und Parteilichkeit bezüglich dieser ihr aufgenötigten Qualifizierungsaufgaben bezichtigt. Dies erzeugt im Einzelnen oft double-bind-artige Situationen: „Mach' etwas, das zwangsläufig schief geht, wofür Du aber verantwortlich bist!" Hieraus resultieren sodann „katatone Reaktionen" (eine Art Totstellreflex) in Form nichts sagender Allerweltsberichte, nach allen Seiten aus- und abgewogener Urteile, die sicherstellen sollen, für jede künftige Entwicklung einer Problemlage das Nichtige ins Richtige biegen zu können. Die Stilform der „Obscuritas", einst schon von den cleveren Jesuiten zur Kunstform entwickelt, ist heutzutage bis in die Niederungen der Tagespolitik anzutreffen.

Nicht minder prekär waren die Verhältnisse im Fürsorgebereich: *Elena Wilhelm* (2005, 17) ortet denn auch in ihrem historischen Rückblick die sog. „soziale Untersuchung", wodurch noch im vergangenen Jahrhundert Sozialfälle erfasst und qualifiziert wurden, „am Schnittpunkt von Zwang und Hilfe".

„Die soziale Untersuchung wurde von den Inspektionsgehülfinnen durchgeführt, von bürgerlichen Frauen die entweder eine Ausbildung als Lehrerin, Kindergärtnerin, Krankenschwester oder als soziale Hilfsarbeiterin hatten. Standen zu Beginn der Untersuchung die beiden Prinzipien ‚Überwachung und ‚Einschüchterung' im Vordergrund, legitimierte man den Eingriff später über die Prinzipien ‚Beratung' und ‚unaufdringliche Beeinflussung'" (17) ... „Die Inspektionsgehülfin registrierte nicht nur Reinlichkeit, Ordnung und Anordnung der Räume, sondern auch den Seelen- und Moralhaushalt der Eltern" (18)

Kaum besser stand es, wie die Autorin feststellt, um die jeweiligen ärztlichen und psychiatrischen „Gutachten, die oft strotzen von Diffamierungen und schierer Willkür." Wem diesbezüglich ums Gruseln zumute ist, der lese die satirischen Kommentare von *Karl Kraus* (1966) zur psychiatrischen Sachverständigenpraxis in der ehemaligen K&K Doppelmonarchie.

Seit der Wende vom 19. ins 20 Jh. und progressiv sodann von den fünfziger Jahren weg versuchten zunehmend Psychologen den geschundenen Pädagogen mit objektiv objektivierten Testverfahren unter die Arme zu greifen und Selektionsentscheide sich personneutral „ereignen" zu lassen.

Ich erinnere mich noch lebhaft der entspannt gewissheitssatten Freundlichkeit, mit der der Basler Primarlehrer uns Eltern seinerzeit ein schmales Papierstreifchen mit dem z-Wert präsentierte, den unsere Tochter im kollektiven Übertrittsverfahren nach dem 4. Schuljahr erzielt hatte und sie als ‚realschultauglich' auswies. Anfangs der siebziger Jahre zudem noch von einem imposanten Ungetüm von Computer, porentief subjektivitätsgereinigt, errechnet. Endlich hatte Ex-actheit über Inter-actheit triumphiert.

Besagte Tochter entschied sich dann aber trotzdem dazu, aus extremer Subjektivität, ihrer Freundin Ariane ins Gymnasium zu folgen, wo sie sich schließlich – step by step wissenschaftswidrig – bis ins Mittelfeld der Maturandinnen vorarbeitete.

Inzwischen waren freilich auch die Computer kleiner geworden.

3 Die „Entlastungsideologie" (*Marquard, O.*, 2001), welche eine um mathematisierte Präzision – und hiermit für sich selbst um ‚wissenschaftliche' Anerkennung bemühte – ‚Psychologie ohne Seele' anbot, hielt allerdings nicht lange vor. Die im *Beltz*-Gau und anderswo massenhaft produzierten quantifizierenden Messverfahren mussten bald einmal progressive Quotenverluste hinnehmen. Für weite Bereiche der Heilpädagogik hatten sie sich ohnehin als wenig aussagekräftig und für die Praxis kaum brauchbar erwiesen:

- Heilpädagoginnen haben mit Potenzen und Ressourcen – und wären diese noch so gering – zu wirtschaften, so dass für sie nicht Mängellisten und Defizitangaben, sondern Aussagen darüber, was ein Kind (bereits / noch / immerhin) kann von weiterführendem Interesse sind. Gibt es doch kein Kind, kein Lebewesen überhaupt, das nichts kann und völlig unmotiviert wäre; unbewegt-regungslos ist der Tod
- Nur für Außenvergleiche brauchbar sind ferner Messwerte, die sich auf Referenzrahmen beziehen, innerhalb derer eine heilpädagogische Klientel von vorneherein nicht vorgesehen ist und die sich darin nur in grotesker Verzerrung bis hin zur Nullität (eines IQ oder PR) abbilden kann
- Aber auch im Zusammenhang mit einer ZuweisungsDiagnose ermittelte Messwerte sind zu revitalisieren (vgl. Kapitel II / 9)

4 Das aus den erwähnten Punkten resultierende Missbehagen war ein wesentliches Motiv, von den siebziger Jahren weg alternativ bzw. komplementär zu tauglichkeitsorientierter Selektions- und Platzierungsdiagnostik eine ressourcenorientierte Bildbarkeits- und Förderdiagnostik zu entwickeln, die mittlerweile auch die Basis erreicht und sich institutionell weit verbreitet hat.

Dass auch diese nicht ohne Fehl und Tadel ist, Tücken und ideologische Verstiegenheiten birgt, wurde zwar schon früh erkannt (z. B. *Schlee, J.* in: *Kornmann, R.*, 1983 ff):

- So ist fraglich, wie weit sich über einer Bildbarkeits-Diagnose spiegelbildlich bereits ein passendes orthodidaktisches Konzept abzeichnet, indem die Inventarisierung von Ressourcen die Auguren per se schon den weiter führenden Weg als ‚meta hodos' (Methode) erkennen lässt. Missverständnisse bzw. Überinterpretationen, wonach Diagnostik über die Klärungs- und Entscheidungs*hilfe* hinaus gleich auch noch die (didaktisch-methodischen) Entscheidungen liefere und das Problem-Management vorzeichne, sind den mittlerweile gigantischen Angeboten von Rezepturen, Übungssammlungen, didaktisch aufbereiteten Materialien und Fördergeräten oft inhärent. (Der Nürnberger Trichter wechselte aus der Mechanik des 18. in die Elektronik des 21. Jahrhunderts).
- Im Schlepptau einer adaptiven Integrationsdoktrin wird ferner verschiedentlich der Teufel selektiven Abschiebens mit dem Beelzebub eines forciert adaptiven

Förderns ausgetrieben: Eine Diagnostik, die nach (normalschul-)integrationstauglichen Behinderten fahndet, bedient nämlich in einer gelegentlich peinlich eskamotierenden Weise erneut ein Kaskadenmodell, das Integration eigentlich zu überwinden vorgibt

- Der aus dem Bergbau stammende Begriff des „Förderns" bezeichnet in der Referenz zu und der Reverenz vor einer ausbeutungsorientierten Gesellschaftsdoktrin mittlerweile aber auch die ultimativen Form des Umgangs mit Kindern überhaupt. Kinder sind nicht mehr billige, gebilligte, da nutzbare Massenware, die alsogleich in den Wirtschaftsprozess eingespannt werden, sondern gelten von rechts bis links als Investitionen in die Zukunft, und Bildung ist das Düngemittel für dieses Humankapital. Kinder sind – zumal im Bildungsbürgertum – wie frisch kotierte, individuell sorgfältig gehedgete und gehätschelte Aktien, wenn möglich Blue Chips, die den Schweizer BildungsIndex (SBI) pushen sollen

- Schule kann nicht früh genug beginnen und nicht spät genug enden. Ressourcenausschöpfung ist pädagogisches Dogma. Unheilbares muss wenigstens ad ultimo gefördert werden. Kaum eine Epoche und Gesellschaft investierte, chancengleichheitsbeflissen, derart viel in ihre Nachkommen, wie die unsere und trug ihre Kinder dermaßen erntefroh zu Markte. Ausgerüstet wie kleine Sternenkrieger: behelmt und geharnischt, judo-gegürtet und geimpft, haargegelt und zahnverspangt, frühmobilisiert und frühvernetzt, frühfranzösiert und frühverenglischt. Die Drohkulissen einstiger „Schwarzer Pädagogik" (*Katharina Rutschki,* 1977) unseligen Angedenkens, wichen gleißenden Erwartungshorizonten, vor denen Abstürze und Abweisungen dann aber doch mehr und nachhaltiger schmerzen als die historischen Kopfnüsse und Tatzen

- Entsprechend sind auch vom Personal die in Stellungs-Inseraten vermeldeten „Herausforderungen anzunehmen", und „Herausförderung" hat man sich als „lebenslanges Lernen" gefallen zu lassen. Ein Schuft, wer nicht schuftet! Schreckappell für jeden, der lieber mal drin und bei sich selbst bleiben möchte. (Einen stummen Salut drum, an dieser Stelle, dem Unbekannten Kongress-Deserteur, der sich dieses Referat zum Geschenk machte, indem er sich's schenkte!)

Bedenklich und fragwürdig ist bei alledem ja nicht das Diagnostizieren, das Therapieren, das Fördern und schon gar nicht das Lernen: doch immer wieder das Maßlose, Exzessive und Totalitäre, die Kompromiss- und die Kompensationslosigkeit, mit der Wildwuchs urbar gemacht, Braches umgepflügt wird, Diagnostizieren zur bloßen Ressourcenfahndung, Therapie zum Reparaturdienst, Schöpferisches zur Erschöpfung verkommt und Reformen durch Reformreformationen im Kreis herum überholt werden.

5 Im epochalen Trend, Ordnungen und Grenzen nicht mehr *dia*logisch zu bedenken und sie auch noch im Überschreiten zu respektieren, sondern im dreisten *mono*logischen Zugriff einfach abzuschaffen, traten auch in der Heilpädagogik Stimmen und Stimmungen auf, die Lösung in der *Er*lösung zu suchen. Um in eine Art Unio mystica eingehen zu können, sollte auf Unterscheidungen (und damit auch auf Diagnosen) generell verzichtet werden. Rings offen und nirgends dicht! Dies mit der noblen

Begründung, Klassifikationen seien *per se* ein menschenunwürdiger Akt (*Felkendorff, K.*, 2004), sowie im Glauben, dass heilpädagogische Eskamotage auch Behinderungen zum Verschwinden bringe (zur Dekategorisierungsforderung, vgl. *Lindenmeier, Ch.*, 2002). Um die Selbstabschaffung der Heilpädagogik wurde es postmodern freilich wieder stiller, zumal deren Realisation im hybriden Gebilde einer sog. „Integrationspädagogik" stecken blieb, die den Kategorien von Normal- und Sonderschülern lediglich eine dritte der „Integrationsschüler" (auch „Gutachtenkinder", „I-Kinder" geheißen) beifügte.

Psychologie und Soziologie kennen zwar das Phänomen des Selbstverdrusses, dem im Extremfall suizidale Absichten entspringen können. Integrationistischen Selbstauflösungssehnsüchten in der Heilpädagogik dürfte jedoch eher eine Art Selbst*scham* zu Grunde liegen, nicht ihrer Blößen zwar, doch ihrer Bloßheit. Vielleicht geht es Integrationisten drum primär um *ihre eigene* und nur mittelbar um die Integration ihrer Klientel?

Es sind mittlerweile mehr als dreißig Jahre her, seit ich in meiner Basler Antrittsvorlesung (1972) unter dem Titel: „Heilpädagogik zwischen Missverstand und Anfechtung" (*Kobi, E.E.*, 1979) unsere heilpädagogischen Integrationsnöte einem (teils) erlauchten humanistischen Publikum vortrug. Ich könnte die Thesen heute, praktisch ohne Retouchen, erneut präsentieren und vermöchte damit in etwa die gleich langen Gesichter zu erzeugen. Im Unterschied zum Autor hat der Text nichts an Frische verloren. Nicht auszudenken hingegen, welchen Hohn ein Kollege aus dem Biozentrum auf sich zöge beim Wiederverlesen eines Referats aus den siebziger Jahren!

Das tönt für die heilpädagogische Praxis – auch für die selber getätigte – resignativ und für die Theorie als Beleg für die Fortschrittlosigkeit unserer doch *auch* progressive Wissenschaft sein wollenden Angestrengtheiten.

Was liegt da vor? – Könnten doch auch *Hanselmann* und *Moor*, ja sogar *Pestalozzi* und *Rousseau*, nach einigen Nachbesserungen Richtung Rechtschreibreform – wobei momentan sogar *darauf* verzichtet werden könnte! –, ihre Thesen problemlos als Remakes wieder auf den Markt bringen (und andere tun dies ja auch für sie).

Das hängt wahrscheinlich auch damit zusammen, dass
· Pädagogik keinen linearen Fortschritt, sondern lediglich zirkulären Wandel kennt
· Bildung nach wie vor Erziehung nicht entbehrlich macht
· Erziehungsnotstände daher nicht einfach durch vermehrte Bildungsanstrengungen (Noch 'n Kurs! für die vom Kurs Abgekommenen. Noch 'nen Beipackzettel! für Legastheniker. Noch 'ne Aufklärungskampagne! für Abgeklärte!) zu überwinden sind.

6 Heilpädagogik benötigt prioritär eine Diagnostik, die sich auf das „verbindende Muster" (*Bateson, G.*, 1982,19) bezieht, das sich zwischen einem gesellschaftshistorischen Kontext und einer darin unpässlichen Figur ausspannen soll.

Doch nur zögerlich bewegten sich in den vergangenen Jahrzehnten die globalisierten Erfassungsinstrumente von der Defekt-Inventarisierung (ICD-10) auf „Partizipation" (ICF) zu. Strukturell näherten sie sich damit paradoxerweise (wieder) lokalen Diagnose-Verfahren an, wie sie z.B. aus afrikanischer Tradition (*de Rosny, E.*, 1994) bekannt sind.

(Altes) Europa → modernes Amerika → postmodernes Afrika!?

Es geht hier um Moderation (Sänftigung, Handling, Entspannung, Kompromiss auch und Komplement) hinsichtlich der durch verquere Erscheinungs- und Verhaltensformen bedingten sozialen Strapazen (*Fuchs, P.,* 2002).

- *Segregation* (Peripherierung) schafft Sozialprobleme zwar außer Sichtweite des Normalbürgers, übersieht dadurch aber buchstäblich, dass Ausgeschlossenes auch weiterhin zum Ensemble einer Wertegemeinschaft gehört und aus seiner Randposition heraus erneut nach Kooperation verlangt
- *Therapie* und *Förderung* lösen oder mildern zwar ein Problem, übersehen hingegen, dass Lösungen gelegentlich auch nur die Kehrseite von Problemen sind, so dass man sich vorzusehen hat, gute Probleme (die umgekehrt ja auch stets Lösungen sind) nicht in schlechte Lösungen zu verwandeln
- *Integration* vermag zwar eine individuale Lernproblematik zu camouflieren, missachtet hingegen oft den Stress eines permanenten Normvergleichs Tarnung

Eine Muster bildende *Kultivation* (*Kobi, E.E.,* 2004) schafft demgegenüber ein Problem zwar nicht endgültig und folgenlos aus dem gemeinsamen Dasein, moderiert und verteilt es vielleicht bloß–, verliert es aber auch nicht aus den Augen und ist sich bewusst, dass eine Problematik in ihrer Eigendynamik auch problematisch *bleiben* kann. Kultivation ist somit die Klammer, welche Separation und Integration, Therapie und Förderung, Bildung und Unterricht im Daseinsganzen *hält.* Heilpädagoginnen stricken seit je am vorgenannten verbindenden und verbindlichen Muster, das die ICF-Spin-Doctors neuerdings unter dem Begriff der „Partizipation" anpeilen.

Ob und wie weit Leid über Individualwege der Kultivation nicht in einer behinderungsfokussierten Hilflosengruppe um sich selbst kreist, zum Ego-Trip und Gruppen-Kult verkommt, sondern transpersonaler Kulturfaktor wird, der sich, von der Einzelgestalt ablösend, gesamtgesellschaftlich auswirkt, ist sowohl von der personalen Performance als auch von deren epochal kollektiven Akzeptanz abhängig.

Eine zwiespältige Rolle spielen diesbezüglich sog. Advocacy Groups, die in Form parteiisch angelegter (Black-, Gender-, Cultural-, Disability- ...) Studies Programmforschung betreiben, was, trotz Gutgemeintheit, seriöser Wissenschaftlichkeit oft Abbruch tut. Es macht jedenfalls einen Unterschied, ob ich als Heilpädagoge oder als „Disability Advocate" spreche und handle. Advocacy-Groups, die als Scientific Communities auftreten und desgleichen Heilpädagogen, die sich als Mandatare gefallen, sind oft gleichermaßen durch sektiererischen Aktivismus, thought-Control bzgl. ihrer pedagogical correctness und die Unfähigkeit zu skeptischer Distanznahme gekennzeichnet (vgl. *Hollenweger, Judith,* 2003).

Beispiele dafür, dass und wie Behinderung und Leiden tatsächlich als Kulturfaktoren in Erscheinung treten, sind darum insgesamt schwieriger beizubringen, als die geläufigen und öffentlich gern applaudierten normalistischen Adaptionsbemühungen.

Hier wie anderswo findet in der Folge erfolgreicher Emanzipationsbemühungen oft eine intensive Identifikation mit dem Gegner statt: Erkämpfte und endlich zugestandene Freiräume werden zunächst nur wenig für kulturelle *Eigen*kreationen genutzt, sondern mit Imitationen dessen ausgefüllt, was einen bislang bedrängt(e): Der siegreiche Bürger imitiert den gestürzten Adel, der Proletarier den verhassten

Bourgeois, der Feminismus dringt forsch in Männerdomänen vor, die Black Power schmückt sich mit kolonialistischen Emblemen, Behinderte frönen dem Normalismus und rasen mit ihren Rennstühlen als Paras den Olympics hinterher, usf. Solche Mimesis (‚Anähnelung'), *Ortmann, G.*, 2003) ist ja durchaus menschlich und macht das ganze Gehabe drum normal: nicht *obschon*, sondern weil es „ver-rückt" ist.

7 Die z. B. im Umfeld von „Disability-Studies" – teils mit dem Brustton der Gesinnungs-gewalt, teils mit gutmenschelnder Koketterie – vorgetragene Ablehnung jedweder Klassifikation, Definition, Qualifikation und Bezeichnung nur mehr „so genannter" Behinderungen, ist insofern freilich ein Streit um des Kaisers Bart, als letztlich doch irgendwer, irgendwo, irgendwann, irgendwie, irgendwas verlauten lassen muss. Wobei dieses Irgendwas hinweisend und bedeutungshaltig zu sein hat, falls es noch kommunikationswertig sein soll. Es macht aber doch die in der Praxis lähmenden Patt-Situationen und Katatonien (Bewegungserstarrungen) einfühlbar. Nichts sagen lähmt zwar, doch der Erste, der was sagt, hat bereits verloren.
Verständlichen Befürchtungen vor unheilvollen Diskriminierungen kann nicht mit unverständlichen Tabuisierungen, einem verblendenden „Irrelevanz"-Gehabe (wir tun als ob nichts wäre! *Aiga Seywald*, 1978), euphemistischem Etikettenschwindel und Wortmagie begegnet werden. *Wertwidrigkeiten sind nicht zu verleugnen, sondern auszuhalten.*
Beispiel: Schlangen werden nach sachgemäß herpetologischen Gesichtspunkten beschrieben und verschiedenen Arten *klassifiziert.*
Die *Bezeichnungen* erfolgen (primär volkstümlich) nach sinnenfälligen Merkmalen (Klapperschlangen, Brillenschlangen …) und (sekundär wissenschaftlich) nach systematischen Kriterien (diesfalls unter Bezugnahme auf ein spezielles Wärme-wahrnehmungsorgan als Grubenottern/Crotalidae bzw. nach Zahncharakteristika als Giftnattern / Elapidae)
Bestimmte Arten sind (im Hinblick auf direkte Kontakte) als für den Menschen giftig und gefährlich zu *qualifizieren.*
Eine sachlich zwar falsche, jedoch oft anzutreffende *Attribuierung* und *Übergenera-lisierung* erklärt Schlangen zudem als aggressiv, heimtückisch und stuft sie, gelegentlich sogar samt allem reptilienhaften Getier, als gefährlich ein.
In der Logik der ausschließlichen Negativ-Qualifikation, der verstärkenden Attribuie-rungen und Generalisierungen bietet sich für den *Umgang* mit Schlangen deren Vermeidung und Vernichtung an.
Eine reflektierte Ethik der *ökologischen Konviktion* (des „hausgemeinschaftlichen Zusammenlebens") verbietet nun weder die Klassifikation, noch die (auch negative) Qualifikation. Sie hütet sich jedoch vor dekontextualisierten (aus dem Beziehungsnetz herausgelösten), ego-, ethno-, anthropozentrischen (eine Sichtweise totalisierende) Typisierungen und Verallgemeinerungen. Auch ohne jede sekundäre Positivierung („Schlangen sind schön und lieb!"; „Schlangen liefern dekorative Häute für Hand-taschen!") findet das weiterhin und weitum mit Attributen des Wertwidrigen belegte Getier dank des Einsatzes herpetologisch interessierter Mandatare seinen Platz und

sein Auskommen unter den auszumarchenden, beiderseits Schutz und Sicherheit bietenden Habitaten.

Kategorisierungen und Klassifikationen werden durch gutmenschelnde Globalität denn auch nicht aufgehoben; sie verschieben sich lediglich vom Kopf in den Bauch, ins viel beschworene Spürorgan des Gutmenschen. Klassifikationssysteme, wie sie (als laufend revidierte DSM- und ICD-Checklisten) seit einem halben Jahrhundert (d.h. zeitgleich mit der beginnenden Auflösung alter LehrbuchTypologien), Diagnostikern weltweit auf's Auge gedrückt werden, erleichtern mit ihren objektivierenden Komplexitätsreduktionen zunächst zwar die internationale Verständigung und können klassifikationsdienlich sein.

Aber auch ein auf Grund der nachträglichen Berücksichtigung von Kontext-Variablen als fortschrittlich und modern gerühmtes Erfassungsinstrument wie die „International Classification of Functioning" (ICF) nötigt weiterhin und weiter gehend zur regionalen, sozio-kulturellen Exegese des Einzelfalles, soll das Für-mich im „Konjugativen Beziehungsnetz" (*Kobi, E.E.*, 2004) nicht der Allmacht eines vorgegeben angeblichen An-sich zum Opfer fallen (*Lindenmeier, Ch.*, 2002)

8 Zudem zeichnet sich seit einigen Dezennien eine sozialpolitische Drift ab, welche die Spannung zwischen globalisierend-egalisierenden, objektiv-kategorisierenden Ansprüchen und personalisierend-individualisierenden, subjektiv-dekategorisierenden Bedürfnissen zunehmend verschärft und sich in der Praxis im Dilemma der Standpunktlogiken zwischen Betroffenen, Betreffenden und Betriefenden zeigt:

• *Wir, als die Betroffenen* (diagnostizierten und qualifizierten) *Behinderten*, sind Personen mit Sonderbedürfnissen. Wir fordern die Befriedigung *unserer* speziellen Bedürfnisse ohne diskriminierenden (=kategorial unterscheidenden und einweisenden) Bedarfsnachweis. Ihr Normalos erzeugt das uns belastende Behindertsein. Wir fordern eine solidarische Dienstleistung, derer wir uns selbst bedienen wollen. (Oder, wie ein Sozialarbeiter in einer „Arena"-TV-Sendung vor einiger Zeit einen seiner Sozialhilfe-Empfänger zitierte: „Ich brauch' keine Beratung, nur die Stütz!")

• *Wir, als die* (diagnostizierenden und qualifizierenden) *Betreffenden*, gestehen *Euch* zur Befriedigung (und Befriedung!) spezieller Bedürfnisse jene (kontingentierte!) Sonderleistung zu, die *wir* als solche per definitionem und gesetzeskonform anerkennen. *Wir* versorgen Euch in erster Linie nach Maßgabe Eurer *uns* belastenden Abweichungen. *Unsere* Behinderung die seid *Ihr!*

• *Wir, als die* kommentierend und tribunalisierend *Betriefenden*, ernähren uns und einander als Zwischenhändler von den genannten Spannungen und Konflikten als Obergutachter, Spin-doctors und Meinungsmacher oder als „eine Presse, die gewohnt ist, an den sozialen Übeln zu schmarotzen" (*Karl Kraus*, 1907)

Nicht nur die Heilpädagogik im Besonderen, sondern auch die Sozialpolitik im Allgemeinen ist heute mit individuellen und kollektiven Eigendefinitionen Behinderter – sowohl bezüglich ihrer aktuellen Differenz wie auch in Bezug auf ihre besonderen Bedürfnisse – konfrontiert, die sich einem uniformistischen '*integrisme*' (frz., 'starre, unduldsame Haltung') entgegen stellen.

9   „Skeptische Diagnostik" soll solchen, gelegentlich bis zur Hypersensibilität gesteigerten, Ambivalenzen Rechnung tragen.

Skeptische (Skepsis: urspr. svw. ‚vorsichtig prüfendes Umherspähen') Diagnostik (diagnostizieren: urspr. svw. ‚unterscheidendes Erkennen und Beurteilen') verbindet verschiedene Sichtweisen und Blickrichtungen zum Ensemble einer aufeinander abgestimmten „lebensweltlichen Anschauung" (*Husserl, E.*, 1936). Sie möchte sich durch Perspektivenüberblendung einem Status nähern, der mit der heilpädagogischen Lieblingsvokabel „Ganzheitlichkeit" bezeichnet zu werden pflegt. Dabei muss man sich freilich bewusst sein, dass „das Ganze" chaotisch, zumindest widersprüchlich, ist, da es, eben um seiner Ganzheit willen, stets auch das Andere und Gegenteilige enthält.

Säuberungsbemühungen – seien diese ideologisierender, egalisierender, moralisierender oder auch nur sprachpuristischer Art – führen zwangsläufig zu Entsorgungssorgen: Wohin mit dem Struwwel des entstruwwelten Struwwelpeter? Die optische Metaphorik, in welcher das Erziehungsgeschäft, insonderheit das heilerzieherische, aufscheint, nähert sich somit (wieder) stark dem ursprünglichen Begriffsinhalt von Skepsis (des 'Umherspähens') an. Diesen ikonischen, imaginativen diagnostischen Prozess – *„sich ein Bild machen"* – will ich darum auch mit Bedacht an alltagssprachlich geläufigen Bezeichnungen und den damit verbundenen Bedeutungen erläutern. Alltagssprache schafft lebensweltliche Nähe, wie sie für Pädagogik unverzichtbar ist, wird freilich mit Unschärfen erkauft.

Dass damit auch erhebliche Übersetzungsschwierigkeiten provoziert werden, ist für mich ein Beleg für die Kontext-Affinitäten jedweder Diagnostik zumal von Beziehungs- und Befindlichkeitskonflikten:

Während auf der Sprachoberfläche scheinbar (!) keine Schwierigkeiten bestehen, Wörter wie Absicht, Umsicht ... mit intention, circonspection ... zu übersetzen, weisen die damit angesprochenen Erfahrungs- und Erlebnisgehalte, Assoziationen, Vorstellungen und Affektlogiken oft erhebliche Differenzen auf, die sich spätestens im Moment situativer Konkretisierung bemerkbar machen. Kommt dazu dass jeder dieser Begriffe bereits *innerhalb* der jeweiligen Sprachgemeinschaft über ein weites Bedeutungsfeld streut.

Ein Ausweichen auf internationalisierte Fachtermini, wie dies seit Jahren – im Bemühen um ein globalisiertes Denken, Fühlen, Werten und Wollen – mittels diverser denotativer Klassifikations-Schemata angestrebt und praktiziert wird, mag die genannten Konnotationsdifferenzen zwar zunächst einmal erfolgreich zu überdecken, nicht aber aufzulösen. Die Konflikte pflegen drum auch hier oft erst im Anschluss an eine erfolgreich besiegelte Verständigung – im Vollzug der praktischen Umsetzung – erneut und umso heftiger auszubrechen.

Ich bin daher der Meinung, dass, zumal in einer nicht allein *sach*- sondern akzentuiert *person*bezogenen Diagnostik die ikonische Ebene und die dieser zugehörige Alltagssprache nicht zu früh und auch nie ganz verlassen werden sollten, da in diesen nicht nur *per se* Erfahrungen und Erlebnisse, sondern auch personale und soziale, politische und kulturelle Erfahrungs- und Erlebnis*verarbeitungsweisen* ihren Niederschlag gefunden haben, die reedukativ zu nutzen sind.

Alltags- und umgangssprachlich verfasstes ‚skeptisches Diagnostizieren' bündelt die Sichtweisen der

- *Absicht* (Warum und wozu sind wir hier?), wo es um die unterschiedlichen diagnostischen Zielsetzungen geht (*Kobi, E.E.*, 2003). Diagnostik hat Absichtserklärungen zu enthalten, aus denen hervorgeht, wonach wozu gesucht wird, welches die Beweggründe waren, einen diagnostischen Prozess einzuleiten.
So gehört es zu den diagnostischen Minimalia auch und *gerade* ein (behindertes) Kind zu fragen, warum und wozu es sich – seiner Kenntnis und Meinung nach – hic et nunc bei mir befindet (und es gegebenenfalls darüber aufzuklären)
- *Ansicht* (Was ist unsere Betrachtungsweise?), womit auch der eigene, persönliche Ausgangspunkt der diagnostischen Erfassung ausgeleuchtet wird. Wer als Diagnostiker sehen will, muss auch sich selbst sehen lassen, sich orten: professionell (als Heilpädagogin z. B.), ideell, ethisch, politisch ... um sog. Ich-Botschaften ‚glaubhaft' – was nicht gleichbedeutend mit ‚überzeugend' sein muss! – zu machen. Diagnosen sind stets standortabhängig, womit deren jeweilige Ergänzungsbedürftigkeit evident wird. Das Selbe ist nicht mehr dasselbe, wenn der Selbe / die Selbe dasselbe nicht von daselbst sondern von dortselbst aus betrachtet.
Judith Hollenweger (a.a.0.) spricht sich daher ausdrücklich für mehr Diskrimination (im Sinne differenzierender Unterscheidung) aus und favorisiert die in den vergangenen Jahren entwickelten, globalen Erfassungssysteme (ICD-10; ICF; DSM-III)
- *Hinsicht* (Worum geht es?), unter deren Titel Sorge zu tragen ist bzgl. der Übereinstimmung der Phänomene, die die verschiedenen Beteiligten fokussieren (*Kobi, E.E.*, 2003). Gemeinsam verwendete Worte zeugen noch keineswegs für kongruente Vorstellungen und identische Denotationen ziehen nicht automatisch vergleichbare Konnotationen nach sich. Exegese (Auslegung) und narrativer Austausch (bildhafter Geschichten) nehmen daher, zumal bei Beziehungskonflikten, diagnostisch einen breiten Raum ein
- *Rücksicht* (Woher kommen wir?) betrifft die biografisch-historische Dimension der Patho- und Salutogenese: gemäß der Devise, wonach Hinkunft Herkunft zur Voraussetzung hat (*Marquard, O.*, 2001). Dazu gehört ferner die Erfahrung, dass unsere Lebensgeschichte (Anamnese) eine jeweils aus der Gegenwart heraus vorgenommene Rekonstruktion darstellt, die somit einer permanenten Dynamik unterliegt
- *Aussicht* (Wohin möchten und können wir gelangen?) befasst sich als Pendant zur Rücksicht mit Perspektiven und Zielen sowie mit der Frage, wie wir es schaffen, dorthin zu gelangen. Erhoffen darf man alles–, erwarten hingegen nur das, was noch innerhalb des Erreichbarkeitshorizonts liegt
Auch hier gehört es zu den diagnostischen Minimalia, sich mit der Selbstverständlichkeit einer Serviceangestellten nach Wünschen und Erwartungen zu erkundigen, die auf die diagnostische Prozedur gerichtet werden, um nötigenfalls deutlich machen zu können, dass der Klient sich in einem unpassenden Kontext befindet

- *Einsicht* (Was steckt drin?) in die phänomenologischen Gestalt- und Strukturver-
hältnissen, die ‚in Erscheinung' treten. Bildlich gesprochen geht es hierbei nicht
allein um die unmittelbar ins Auge springende Farbe und Wollqualität, sondern vor
allem um das Strickmuster eines „Behinderungszustandes" (*Kobi, E.E.*, 2004), wo
von links-rechtsmaschiger Glätte bis hin zu komplizierten Verzopfungen – trotz
gleicher Materialeigenschaften! – heilpädagogisch entscheidend wichtige Unterschiede festzustellen sind. Eine Diagnose soll – um im Bild zu bleiben – *Ver*strick-
ungen als solche deutlich machen, um gegebenenfalls auch auf die Notwendigkeit
von (Auf-) Trennungen – Rückschritten! – aufmerksam zu machen. Visionen können
beflügeln–: allerdings nur den, der auch zu *Re*-Visionen fähig ist!
So auch bzgl. der Art und Weise seines Verwobenseins im sozialen Netz. Integration
wird nicht einfach durch Mainstreaming bestimmt; Personen sind dann integriert,
wenn ihre Position als zur Gesamtgeografie gehörig gilt. (Ohne das Hinterland hätte
das Vorderland ja keine Chance, sich nicht dazuzählen zu müssen!).
Skeptische Diagnostik hat eine Gestaltungsaufgabe, und ihre Effizienz zeigt sich
nicht in aufwändiger Faktenhuberei, sondern in ökonomischer Mustererfassung
- *Durchsicht* (Was ist dahinter?), in die personale Raumtiefe. Hier begegnen wir
zunächst der Performanz, der sozialen Hülle, mit der sich eine Person, kontextuell
abgestimmt, präsentiert. Kompetenz (in der doppelten Bedeutung von Fähigkeit /
Berechtigung) erweist sich sodann in der Art und Weise, wie eine Person auf
‚Provokationen' antwortet, auf Herausforderungen – Fragen, Testaufgaben, Arrangements, Assessments – reagiert, sich aber auch mit alltäglichen Situationen aus-
einandersetzt. Dabei sind weniger die Resultate, als vielmehr die eingeschlagenen
Wege von pädagogischem Interesse, da sich daraus am ehesten Ausblicke ergeben
auf die salutogenetischen Komponenten des zur Ausgestaltung von Bewältigungsstrategien entscheidenden Kohärenzgefühls („sense of coherence"; ‚Zusammen-
hänglichkeit'): „sense of comprehensibility (‚Verstehbarkeit'), manageability
(‚Handhabbarkeit') and meanignfulness (‚Bedeutsamkeit')" (*Antonovsky, A.*, zit.
nach *Lindenmeier Ch.*, 2002).
Skeptische Diagnostik beschränkt sich dabei bezüglich des Sich-ein-Bild-machens
auf momentan zwar plausible, in weiterer Perspektive aber doch flüchtige
Entwürfe. Sie ist sich der lebensweltlichen Unmöglichkeit bewusst, ein allgemein
gültiges Menschenbild durchzutragen, wie es Weltanschauungs-Ideologien verlangen
oder im andern Extrem den Geist völlig leer zu halten, wie es ein rigoroser Szientismus als „Voraussetzungslosigkeit" einzufordern pflegt. Auch der Voraussetzungslosigkeit geht stets Lebensweltliches voraus: zumindest die Forderung nach
Voraussetzungslosigkeit. Sich *kein* Bild zu machen, keine Vor(aus)urteile zu haben
sind unerfüllbare Forderungen, da sich Bilder, Vorstellungen, Reminiszenzen,
Assoziationen ... in jeder Begegnung ungerufen einzustellen pflegen und als solche
vielleicht auch eine gewisse Vorbereitungs-, Warn- und Schutzfunktion haben.
Objektivität und Neutralität sind erst nachrangig, über intersubjektiven Austausch,
zu erreichen. Entscheidend sind auch hier Flexibilität und Revidierbarkeit der
Anmutungen in antithetischen Abgleichungsprozessen

• Umsicht (Wo befinden wir uns?), auf Grund derer der skeptisch schweifende Blick Figur-Grund-Bezüge, d. h. das Verhältnis zwischen Bild und Rahmen fokussiert. „Eine der verbreitetsten Krankheiten ist die Diagnose, so stellte der Wiener Satiriker *Karl Kraus* bereits zu Beginn des vorigen Jahrhunderts fest (*Kraus, K.*, 1986, 274). Tatsächlich haben die Fortschritte der pathologischen Wissenschaften dazu geführt, dass es in unsern Verhältnissen inzwischen praktisch keinen Menschen mehr gibt, der von sich behaupten könnte, er sei – gemäß der WHO-Gesundheitsdefinition bis an die Horizontlinien des sozialpolitischen Kontextes – durchgehend gesund. (Es sei denn als saluto-neurotischer Normopath).

Normalität, und damit weder Therapie- noch Förderungsbedüftigkeit festzustellen, gehört unter diesen Umständen denn auch zu den heikelsten diagnostischen Aufgaben. Normalität spannt sich heutzutage als dünnes Seil über die Abgründe des zeitgeistigen pathologischen Jammertals.

Wir bräuchten (wieder) einen breiteren Normbegriff – so z.B. im Kontext der Normalschule, die sich bezeichnenderweise zur „Regel"schule verschmälerte – damit nicht weiterhin jedes pädagogische Ärgernis (Faulheit, Dummheit, Frechheit ..., wie man zu Zeiten der pedagogical incorrectness noch sagen durfte) alsogleich – allein schon um der Menschenwürde willen! – mit einem pathologischen Etikett versehen in die Krankenstube verlegt werden müsste

• *Vorsicht* (in gemeinsamer Sorge um uns) bzgl. Fixationen, Verhärtungen und verabsolutierenden Gewissheiten gehört zu den zentralen Anliegen der Skepsis. Wissen bleibt im Letzten ungewiss. Gewissheit vermag allein ein religiöser oder ideologischer Glaube zu vermittelt: Dies freilich um den Preis der Ausgrenzung all jener, die solche Gewissheit nicht aufzubringen und zu teilen vermögen und in der Folge dann auch nicht mehr akzeptabel und wählbar sind. Gläubige Gewissheit ist in der kommunikativen Praxis mit dem Andern (dem ‚Ungläubigen') desintegrativ-ausgrenzend und pflegt sich nur noch – gewissermaßen homogen-erotisch mit Verzicht auf Fruchtbarkeit – mit Ihresgleichen zu paaren. Fruchtbar ist das Ungleiche, das Heterogene

• *Aufsicht* (Stimmt's?) schließlich umfasst Kontroll- und Metakontrollvorkehrungen. Dies erneut nicht im Sinne einer Verifikation (um der Wahrheit), sondern um der Stimmigkeit willen. Desgleichen nicht im Sinne jener „Qualitätskontrollen", mit denen pädagogische Institutionen neuzeitlich von einer ökopsychotechnobürokratischen Nomenklatura überzogen werden. Sondern als innerpädagogische lifespan-Forschung, die aufzeigt, was die im Nachgang zu Diagnosen eingeleiteten Maßnahmen anstießen und wie sie sich im Rückspiegel der Zeit ausnehmen. Ob sie als Entwicklungsferment aufgenommen wurden oder aber alsbald aus Abschied und Traktanden fielen. Derartige Katamnesen werden leider nach wie vor arg vernachlässigt, aus Zeitgründen wie es meist heißt. Diagnostik ohne Anamnese und Katamnese bleibt jedoch, um mit *Lichtenberg* zu sprechen, „ein Messer ohne Klinge, dem der Griff fehlt". Vergangenheit und Zukunft bestimmen gleichermaßen die Gegenwart.

10 Es geht also insgesamt *nicht* darum, Behinderung, Minderung und Abweichung geflissentlich oder tränenblind zu übersehen, Unterschiede aufzuheben, skeptische Distanz zu verringern, Wertwidrigkeit zu egalisieren, Schuld zu negieren und Schuldgefühle nicht aufkommen zu lassen, Bezeichnungen zu verharmlosen oder zu versimpeln, kurz: ein perspektivisch und relational erfasstes So-Sein mit all seinen, auch negativen, Attributen im Speziellen und der Negation im Allgemeinen zu verleugnen, sondern dieses zu *bejahen*: Und zwar nicht erst, nachdem es enthässlicht und „entböst" (*Marquard, O.*, 2001, 22), zumindest schön geredet ist, sondern allein *weil es ist*. Heilpädagogik, wie ich sie in ihrem existenziellen Kern verstehe, wendet sich Nicht-Sein-Sollendem, Abweichendem, Schwachem … zu, nicht erst, *falls* und *insofern* es sich als positiv veränderbar (therapie-, förder-, bild-, erziehbar) erweist, sondern schlicht: *weil es da ist*: vielleicht – jetzt wird's wieder etwas kirchentäglich – auf Grund des viel bemühten „unerforschlichen Ratschlusses Gottes". Die Voraussetzungslosigkeit der Heilpädagogik besteht darin, dass sie nichts voraussetzt als die Existenz *dieses* Menschen.

Heilpädagogik heilt nicht und führt nicht zum Heil. Sie wälzt den erdhaften Stein des Sisyphos, indem sie sich mit der Gestaltung und Wandlung auch *unaufhebbarer* Differenzen, Dilemmata, Antinomien … menschlichen Daseins beschäftigt. Sie sucht, den Grund legend, nach einem *heilsamen* (verganzheitlichenden, moderierenden), nicht einem *heilenden* (reparierenden, wegschaffenden) Umgang und einem Mitsein auch mit immanent (innerweltlich) *bleibend* Imperfektem und Abtrünnigem. Weg*suche* (Viabilität), nicht weg*schaffen* (Therapie), Kon*viktion* (Zusammenleben), nicht Kon*fektion* (normalisierende Gleichmacherei) sind ihr zentrale Anliegen zwischen Da und Dort.

Was hat das noch mit Diagnostik zu tun?- Bin ich vom Thema abgeschweift? Ja und nein. Wir befinden uns hier auf einem Terrain, wo es noch kaum oder kaum mehr üblich ist, von Diagnostik zu sprechen, skeptische Diagnostik dennoch dringend notwendig ist. Liegt es doch im diagnostischen Auftrag

- auf Grund gesellschafts- und kulturspezifisch relativierendem Figur-Grund-Effekt definierte Behinderungen, Minderungen und Abweichungen zu existenzialisieren (Ja!, das gibt's!) und ins Bewusstsein zu heben
- Unterschiede deutlich zu machen, damit gleichzeitig jene Gemeinsamkeiten hervortreten können, die für den zwischenweltlichen Umgang den Aktionsspielraum abgeben
- skeptische Distanz zu wahren, um eine dynamische Balance zu halten zwischen Resignation und Illusion
- aktuelle Wertungen und Skalierungen vorzunehmen, um Orientierungsmarken für Befindlichkeiten zu verdeutlichen
- Schuld und Schuldigkeiten zu personalisieren, um menschliche Spezifika persönlicher Urheberschaft, Verantwortung und Handlungsfähigkeit im Diskurs zu halten
- Bezeichnungen auf ihre Tauglichkeit als Instrumente zur Sicherung von Verständigung und Verständnis zu überprüfen

Widerpart des Diagnostikers ist der Eskamoteur: Der trickreiche Verwandlungskünstler, Verschwinderlasser, Ablenker, Schnorrer, Intrigant, Illusionist, Taschenspieler (gern auch in die eigene), der auf dem Jahrmarkt der Eitel- und Bitterkeiten immer wieder seine Laufkundschaft findet und sich dabei ob den Geschwadern seiner Pilot-Projekte kaum mehr um die Passagiere kümmert.

Ich sehe jedoch auch generell ein zentrales Problem und eine große Belastung der, in der und für die gegenwärtige Heilpädagogik im Phänomen der *Escamotage:* ein Begriff, der sich nur umständlich ins Deutsche übersetzen lässt.

Eskamotieren: vor allem als Verb (im Sinne von ‚[auf elegante Art] weg- und verschwinden lassen') im 19. Jh. im Deutschen häufiger benutzt als heute. Im Deutschen Sprach-Brockhaus von 1940 noch als „frz. Gaunerwort" aufgeführt, im Rechtschreib-Duden von 1996 als „veraltet" bezeichnet.

Im Französischen aber noch durchaus lebendig, nicht zuletzt und vielleicht auch nicht zufällig, im Bildungssektor, wo z.B. www.autonomie.org/messages/020319 imp.htm, 19.3.2002) unter dem Titel „Escamotage et poudre aux yeux" der frz. Unterrichtsminister *Jack Lang* im Zusammenhang mit einer angekündigten vermehrten Förderung der französischen Sprache in den Grundschulen als „maître illusionniste" persifliert wird.

Eskamotage / eskamotieren (frz. *escamoter*), von *escamotar* (span.) = weg zaubern, stibitzen, verschwinden lassen, zu *escamar* svw. ‚zerfasern', evtl. auch zu lat. ‚*esca'* (Lock)- Speise, Köder): „Faire disparaître un objet sans que les spectateurs s'en aperçoivent. Dérober subtilement. Escamote: un objet qui sert aux prestidigiateurs pour opérer leurs tours" (*Petit Larousse illustré,* Paris 1912). Englisch: *Conjure away* = „explain facts away by sleight of hand" (Tatsachen durch Taschenspielertrick wegerklären [ver-klären]; [auf wundersam feierliche Weise] wegzaubern, bannen), *to spin-doctor* („durch einen Dreh wegdoktern"). Sinnverwandt mit *escape* = to get safely away from ... und *escapism* = „shirking unpleasant facts and realities by filling the mind with pleasing irrelevancies"; escapist = „a performer whose stage turn is escaping from locked hand-cuffs, chains, boxes etc." (*Cassell's English Dictionary,* 1995).

Die heilpädagogische Qualifikation einer Gesellschaft wird sich also nicht daran messen lassen, wie intensiv sie Schönrednerei, Blick nach vorn!-Stechschritt, Verleugnung, Euphemisterei und Eskamotage betreibt, sondern wie sie das *für sie* Wertwidrige, das *durch sie* Entwertete, *von ihr* Verabscheute oder zum bloßen Kostenfaktor De-Generierte tatsächlich *diagnostiziert,* dadurch zur *öffentlichen* Darstellung bringt und *benennt,* es gegebenenfalls auch *offiziell* ab- und ausgrenzt, auf skeptischer Distanz hält –: aber es dennoch *nicht entsorgt,* sondern *besorgt* als Integral zumindest menschhafter (hominider) Gattungszugehörigkeit und – wenn's etwas mehr sein darf! – menschlicher (humaner) Kultiviertheit.

Abdruck mit freundlicher Genehmigung des Haupt Verlages, Bern - Stuttgart - Wien aus dem Buch:
„Grenzgänge. Heilpädagogik als Politik, Wissenschaft und Kunst" von Emil E. Kobi, erschienen: 1. Auflage 2010

3 Kulturhindernde Existenzen und Leiden als kultureller Stimulus

aus: Greving, H. et al. [Hrsg.] (2004), Zeichen und Gesten – Heilpädagogik als Kulturthema (Gießen Psychosozial Verlag) S. 192-203

> *Ex perfecto nihil fit*
> *In der Tat fehlt dem Vollkommenen jener Reiz, den das*
> *Unvollkommene ausübt. Im Unvollkommenen wird uns*
> *ein Mangel bewusst, dem wir in Gedanken abzuhelfen*
> *versuchen, eine Beschäftigung, die den Geist aufmuntert,*
> *da sie mit dem Bewusstsein der Überlegenheit geübt wird.*
> *Lächerlich ist es aber, diesen Mangel als einen Vorzug des*
> *unvollkommenen Dinges auszulegen, da wir doch nur*
> *damit beschäftigt sind, diesen „Vorzug" zu beseitigen*
> *[F. G. Jünger, Über das Komische]*

1 Kultur und Zivilisation

Kultur (lat. colere, svw. hegen und pflegen, bebauen, ausbilden, tätig verehren) hat ihren Ursprung in der Bearbeitung und Pflege des Bodens (agricultura). Der Begriff erfuhr später eine bedeutungsmässige Ausweitung auf alles, was menschlichem Pflege-, Verbesserungs- und Veredelungsstreben unterstellt war. Seine Bedeutung wurde zugleich aber auch eingeschränkt und abgehoben, quasi „pneumatisiert" in Ausrichtung auf geistige Gehalte, Betätigungsweisen und Produkte: so exemplarisch auf die Gefilde dessen, was als 'Kunst' Geltung beanspruchte.

So wurde hauptsächlich in deutscher Tradition – im 19. und beginnenden 20. Jh. sogar sehr ausgeprägt – Wert darauf gelegt, unter 'Kulur' dezidiert das Gehaltvollere und Edlere, das Geistigere und Gültigere, das Höhere und Tiefere, ja das Ewigere zu subsumieren und von der Oberflächlichkeit bloßer Zivilisation abzugrenzen.

Diese idealistisch idealisierende Entwicklung fand denn auch in zeitgenössischen Lexika der Pädagogik ihren Niederschlag:

Für *v. Nostitz-Rieneck, S.J.* (Lexikon der Pädagogik, Freiburg Herder, 1914 ff) ist Kultur „das sichtbarste und deutlichste Wesensdifferential zwischen der Menschheit und der Tierwelt" in der Perspektive Gottes.

Für *Stettbacher, H.* (Lexikon der Pädagogik, Bd. II Bern Francke, 1951, 96) ist Kultur „die Gesamtheit der Werte und Sinngefüge, die der menschliche Geist in seiner Gesamtentwicklung zu schaffen vermochte...... In individuellem Sinne bedeutet Kultur Veredelung des Menschen durch Ausbildung seiner Seelen- und Geisteskräfte und die daraus sich ergebende geprägte Lebensform, während mit Zivilisation die bloße Aneignung äußerlicher Formen bezeichnet wird".

Zivilisation wurde zum Teil sogar, zumal in ihren als dekadent empfundenen Auswüchsen, als ausgesprochen kulturfeindlich disqualifiziert.

Im Englischen hingegen beziehen sich die Begriffe Zivilisation und Kultur gleicherweise auf die gesamte Lebensweise und -bereiche einer Ethnie. Sie unterscheiden sich nicht inhaltlich qualitativ, sondern dimensional quantitativ. Kultur umfaßt eher regional überschaubare Lebensgestaltungsformen, Zivilisation hingegen solche großen, übergreifenden Maßstabs (*Huntington, S. P.*, 1998).

Der Kulturbegriff erfuhr in der Neuzeit aber auch generell erhebliche Wandlungen, und zwar dahin gehend, dass er sich – nicht zuletzt auch auf Grund sozialanthropologischer und ethnologischer empirischer Forschung – insgesamt profanierte und relativierte. So nimmt denn auch der immer wieder verbindliche *Brockhaus* – der in den dreißiger Jahren noch einem kraftstrotzenden „Deutschtum" breite und kulturtiefe Grundsatzartikel gewidmet hatte – vierzig Jahre später eine definitorische Begriffsannäherung vor: Kultur ist die „Gesamtheit der überlieferten Denk- und Sprach- sowie Verhaltensmuster einer Gesellschaft" (a.a.O. 1976). Trotz derartiger Annäherungen und Bescheidungen löst das Wort 'Kultur' allerdings occasionell doch immer mal wieder geistige Hochfahrendheit aus und beschert Übersetzungsprobleme (vgl. *Huntington, S. P.*, a.a. 0.).

Die Werthaltigkeit trat gegenüber Originalität und Modernität stark in den Hintergrund, so dass sich Begriffsunterscheidungen neuzeitlich vermehrt nach jeweiligen „Szenen" richten. Dies bringt auch das geläufige Etikett „Kulturschaffende" zum Ausdruck. Die Eigendefinition grenzt ab sowohl von Nicht-Kulturschaffenden, wie auch von Nichtkultur-Schaffenden: Clique und Claque stehen in der Weise in einem gegenseitigen Bestätigungsverhältnis.

Der Begriff der *Zivilisation* (lat. civis, 'Bürger') ist jünger und hat seine Wurzeln in der bürgerlichen und merkantilen (französischen) Gesellschaft des 18. Jahrhunderts. Er bezieht sich generell auf einen verfeinerten, technisch erleichterten, mit einem gewissen Komfort ausgestatteten Lebensstil.

Dass es auch hier um einen Wertbegriff geht, betont *Elias, N.*, (1997, 89): „Die allgemeine Funktion des Begriffs 'Zivilisation'... bringt das Selbstbewusstsein des Abendlandes zum Ausdruck ... Er fasst alles zusammen, was die abendländische Gesellschaft ... vor 'primitiveren' zeitgenössischen Gesellschaften voraus zu haben glaubt. Durch ihn sucht die abendländische Gesellschaft zu charakterisieren, was ihre Eigenart ausmacht und worauf sie stolz ist": Technik, Manieren, Regierungsformen u.a.m.

Diese, von *Elias, N.* in den Dreißiger Jahren – d.h. in einer Epoche, in welcher Deutschland sich dezidiert durch „kulturelle Tiefe" von oberflächlicher (französischer) 'Civilisation' abzuheben trachtete – präsentierten Vorstellungen, haben sich in jüngerer Zeit freilich auch von der zivilisatorischen Position her angenähert.

Zivilisation (Zivilisiertheit) legt den Akzent auf formalisierte, teils bis ins Modische stilisierte und manierierte Verhaltensweisen. Dies betrifft hauptsächlich solche, die ursprünglich einer unmittelbar naturhaften Bedürfnisbefriedigung dien(t)en: Nahrungszubereitung und -aufnahme, Ausscheidung und Körperhygiene, Bekleidung, Unterkunft und Gefahrenschutz, Sozial-(speziell auch Paarungs-) verhalten. Dazu treten technisch perfektionierte materielle und soziale Umgangsweisen. Zivilisiertheit von der Art mittelbarer anstelle unmittelbarer Bedürfnisbefriedigung hat allerdings materielle, zeitliche und situative Abständigkeit von existenzieller Not, eine gewisse Saturiertheit, mitunter sogar eine „leisure culture", zur Voraussetzung. „Zivilisiertheit" kann sich im letztgenannten Fall dem kritisch naturhaften oder dem vorerwähnt kulturellen Blick in ihren Überblähungen denn auch als Zeichen (kultureller!) Degeneration und Dekadenz darstellen.

Auf Grund dieser schillernden Sachlage und in Bezug auf unser Thema ist ein distanzierender Rückgriff auf das Konzept des Basler Kulturhistorikers *Jacob Burckhardt* [1818-1897] weiter führend. *Burckhardt* nimmt in seinen „Weltgeschichtlichen Betrachtungen" (1868/70) eine Dreiteilung vor: *Religion - Staat - Kultur.* Er setzt Kultur zunächst einmal ab von Religion und Staat und zeigt erst im Nachhinein gegenseitige Beziehungen und Abhängigkeiten auf. Dieses Modell ist für die Heilpädagogik insofern interessant, als diese im Ensemble mit dem jeweiligen Behindertenwesen in der genannten Triangulation permanent ihre entsprechend spannungsreiche Position zu finden und zu bewahren hat.

Kultur ist nach *Burckhardt* das bewegende, wandelbare, dynamische Element zwischen den eher statischen Instanzen von Staat und Religion: „Kultur nennen wir die ganze Summe derjenigen Entwicklungen des Geistes, welche spontan geschehen und keine universale oder Zwangsgeltung in Anspruch nehmen. Sie wirkt unaufhörlich modifizierend und zersetzend auf die beiden stabilen Lebenseinrichtungen ein, – ausgenommen insofern dieselben sie völlig dienstbar gemacht und zu ihren Zwecken eingegrenzt haben. Sonst ist sie die Kritik der beiden, die Uhr, welche die Stunde verrät, da in jenen Form und Sache sich nicht mehr decken" (*Burckhardt, J.,* 1978, 57). Kultur-Charakteristika sind somit:

· Spontaneität. Kultur ist nicht beauftragt, steht nicht zu und in Diensten
· Abständigkeit. Kultur hält auf skeptisch-kritische Distanz gegenüber Instanzen
· Regionalität. Kultur gebärdet sich nicht universalistisch und totalisiert (sich) nicht
· Dynamik. Kultur ist bewegende Bewegtheit, ist weder Doktrin noch Instrumentarium

Kultur wird von *Burckhardt* also nicht auf Grund bestimmter Inhalte, Produkte und Zwecke definiert, sondern im Blick auf gestalterische und „enzymatische" Freiheitsgrade im Vis-à-vis religiöser und staatlicher Instanzen und Institutionen. Bei der, wie *Burckhardt* sagt, „zersetzenden" Wirkung der Kultur auf die Gebilde von Staat und Religion geht es freilich nicht um Zerstörung, sondern um Modifikationen sowie um die Schaffung und Bewahrung lokaler Freiräume durch Lockerung und Er-Schütterung monolithischer, auf omnipotente und omnipräsente Totalisierung (alles!), Universalisierung (überall!), und Verewigung (immer!) tendierender Machtballungen.

2 Behinderung und Leiden in soziokultureller Perspektive

Behinderung bezeichnet einen dynamischen Sachverhalt und bezieht sich auf eine Differenz, die fortzeugend erwartungswidrige Andersheit und Devianz bewirkt. Behinderung präsentiert sich, (unabhängig von konkreten und aktuellen Inhalten), als Zustand verzerrter Dynamik (*Kobi, E.E.*, 1993), innerhalb derer eine Widrigkeit den Verlauf einer zielstrebigen Bewegung hemmt, stört, beschränkt, ablenkt, zum Stillstand bringt oder verunmöglicht.

Bereits aus dieser vagen und formalen Umschreibung wird deutlich, dass an einem Behinderungsstatus verschiedene Bestimmungsgrößen zu berücksichtigen sind:
- ein *dynamische Geschehen,* ein Verlauf, etwas, das „im Gange" ist
- eine (immanente und /oder emanente) *Zielgerichtetheit*
- eine *Widrigkeit,* die diesen Verlauf hemmt und dessen Zielerreichung in Frage stellt
- eine oder mehrere *Instanzen,* welche eine derartige Konstellation als ihren Interessen, Wertausrichtungen und Intentionen entgegenstehend *registrieren*

Diese Situation erfährt reflexiv eine Verdoppelung: Die im sozio-kulturellen Kontext objektivierte *Behinderung* widerspiegelt sich in davon betroffenen Personen subjektiv als Leiden. *Objektive Behinderung* (desgl. Krankheit, Mangel) und *subjektives Leiden* stehen, ihrerseits subjektiv bedingt, in einem Entsprechungsverhältnis: Die Sozietät, (welcher auch die behinderte Person angehört), erzeugt per comparationem Art, Umfang und Qualität der Behinderung –, die behinderte Person qualifiziert ihrerseits, nach Maßgabe ihres aktuellen Selbstgefühls in der Ab- und Aufgehobenheit ihres Soseins im umfassenden sozietären Daseins, ihr Leiden. 'Entsprechung' bedeutet dabei allerdings weder Übereinstimmung (quantitative und qualitative Kongruenz), noch Proportionalität (je schwerer die Behinderung, umso größer das Leiden). Behinderung und Leiden sind nicht präzis auseinander ableitbar; ihr konkretes und aktuelles Verhältnis ist permanent zu justieren und auszutarieren und bleibt in seiner Ambivalenz daher diskursbedürftig.

Behinderung ist somit *relativ* und *relational:*
- *relativ* (im Gegensatz zu absolut), d.h. auf einem Abweichungskontinuum zu lokalisieren. Behinderte und Nichtbehinderte sind nicht durch eine Kluft des Entweder-oder voneinander getrennt, sondern bleiben über ein Verhältnis fließender Übergänge, Ähnlichkeiten und Vergleichbarkeiten miteinander verbunden
- *relational* (im Gegensatz zu beziehungslos) zu jeweils zeitlich und örtlich, normativ und methodisch kaleidoskopartig wechselnden Kontextverhältnissen. Diese unverwandte Verwandtschaft erzeugt ein dynamisches Spannungsfeld distanzierter Nähe und naher Distanziertheit.

Behinderung erscheint in dieser Perspektive als eine via Komparation erzeugte, durch personale Instanzen disqualifizierte psycho-dynamische Konfiguration vor dem

Bedeutungs- und Bemessungshintergrund eines werthaltigen sozio-kulturellen und epochalen Kontextes. Grundthema der Heilpädagogik sind soziale Differenzen. Diese umständliche Umschreibung macht die hochgradige Kontingenz einer Behinderung hinsichtlich der im Titel angeführten Thematik deutlich. Die Frage 'Behinderung/ Behinderte: Soziokulturelle Belastung oder kultureller Impetus?' ist auf der Basis kausallinearer, mechanistischer Ursache-Wirkungs-Logik bestenfalls nicht, schlimmeren Falls nur grob fahrlässig zu beantworten. Ausgreifende Prognosen sind nahezu unmöglich. Als für den Einzelfall entscheidend erweisen sich weniger die objektivierbaren Defekte als die jeweiligen konkreten Kontextverhältnisse.

3 Behinderung und Behinderte, Leid und Leidende: Belastung und Belästigung, Herausforderung und Stimulans

3.1 Behinderung und Leiden als Belastung und Belästigung

Behinderung – die Bezeichnung spricht für sich – ist primär eine Belastung: für die davon betroffene und dadurch stigmatisierte Person und desgleichen für unmittelbar involvierte Bezugsgruppen im Speziellen und die anonyme Öffentlichkeit im Allgemeinen. Die zahlreichen und vielgestaltigen Bemühungen, sich solcher Last zu entledigen oder sie doch – therapeutisch, kompensatorisch, kaschierend und substituierend – zu mildern, sind pragmatische Belege hierfür (vgl. Kulturen und Epochen übergreifende Umgangsformen mit dem Phänomen „Behinderung", *Kobi, E.E.*, 1994, 15f.). Behinderungen / Behinderte können von menschlichen Gemeinschaften in folgenden Varianten und Verbindungen hiervon als Belastung und Belästigung empfunden und entsprechend in Erscheinung getreten werden als

- ökonomische Belastung in der Figur des unproduktiven Essers und, in Ermangelung jeden Tausch- und Marktwertes, des bloßen sozietären Kostenfaktors
- verzögerndes, zeitaufwändiges, flexibilitäteinschränkendes Element in der Figur des in seinen Handlungsvollzügen und in seiner Gesamtentwicklung verlangsamten Invaliden
- kollektiv beschämendes, ehrenrühriges Element für die Familie, die Sippe, den Stamm, Clan, Verein etc. in den Figuren des Unflats, Unholds, Widerborsts, zu denen es bezeichnenderweise keine Positiva gibt
- kosmische oder göttliche Strafe in der Figur des Monsters (=des Unheil Anzeigenden), das als all der kollektiven Sünden Bock auszumerzen ist
- arbeitsökonomisches Hemmnis, das personale Kräfte bindet in der Figur des betreuungsintensiven, pflegeaufwändigen unheilbar Kranken und Mehrfachbehinderten
- Repräsentant von Sinn-, Wert- und Zwecklosigkeit (Absurdität) in der Figur des Therapieresistenten, Unbelehrbaren, nicht Integrierbaren, Unverbesserlichen, der daher als funktionslos ausgestoßen wird
- unmittelbare sozietäre Bedrohung in der Figur des gemeinschaftsbedrängenden Übeltäters
- psychosozialer Kontaminationsfaktor in der Figur der ästhetisch widerlichen, sittlich verworfenen oder der emotional belastenden (da unerträgliches Mitleid erregenden) Kreatur

- verhexter, infektiöser oder genetischer Kontaminationsfaktor und dementsprechend kollektives Bedrohungspotenzial in der Figur des Trägers eines Fluches, einer ansteckenden Krankheit oder unerwünschter Erbeigenschaften

Materielle und ökonomische Belastungen (durch Behinderte, Kranke, Alte, mangelhaft Lebenstüchtige) spielen in Gesellschaften eine zentrale Rolle, die ihrerseits einem existenziellen Notstand ausgesetzt sind oder sich durch einen solchen bedroht fühlen.

Psychosoziale Belastungen werden überdies in Gesellschaften problematisiert, die ihre Werte nach der hohen Qualität Weniger und nicht nach der großen Quantität Vieler ausrichten und die daher tendenziell viel in Wenige statt wenig in Viele investieren (z.B. wenige Kinder von bester Qualität).

Zur Disqualifikation, Verhinderung und Ausmerzung Behinderter existiert ein umfangreiches Schrifttum. Dies vor allem im Rückblick auf die nationalsozialistischen Vernichtungsprogramme, denen verschiedene der oben angeführten Argumente zu Grunde lagen. Der Auflistung der Gräueltaten pflegen hauptsächlich ethische und religiöse Apologien gegenübergestellt zu werden mit Hinweisen auf die Unantastbarkeit der Menschenwürde, auf nicht zu veräußerlichende Lebensrechte, auf den christlichen und sozialen Solidaritätsgedanken und die moderne Rechtsstaatlichkeit.

3.2 Behinderung und Leiden als kulturelle Stimulanzien

Behinderung und damit verbundenes Leiden können nun allerdings auch und gleichzeitig – mittelbar beholfen sowohl wie unmittelbar unbeholfen – ein Kulturfaktor (im oben genannten Sinne) sein.

Es macht diesbezüglich allerdings einen Unterschied, ob eine Behinderung

- in Ausrichtung auf Normalität *kompensiert* (überbrückt, leistungsmäßig ausgeglichen, normalisiert)

  oder

- in Ausrichtung auf ihre Spezifität *kultiviert* (als solche kreativ ausgestaltet) wird.

3.2.1 Kompensatorik: Für *Marquard, O.* (2000, 30ff) ist Kompensation von Grund legender und umfassender anthropologischer und daseinsgestalterischer Bedeutung: der Homo faber ist, qua „Mängelwesen", zugleich ein auf Ergänzung und Ausgleich bedachter Homo compensator.

Marquard, O. (a.a.O.) sieht deren Wurzeln für das christliche Abendland in der Theodizee, der (vielgestaltigen) Verteidigung der Gerechtigkeit Gottes.

Kompensation steht im Glauben an eine kosmisch harmonisierende, ausgleichende Gerechtigkeit. Aus dieser existenziellen Egalität – alle Menschen sind, haben, gelten ursprünglich und letztlich gleich viel oder wenig – leitet sich auch die politische Handlungsmaxime zu innerweltlich gleichsinnigen Umverteilungen ab. Deren Mechanismus hat einesteils also transzendentale Vorläufer in kosmologisch und religiös motivierten Opferkulten; ausgleichendes Tun bewirkt aber auch immanent individualpsychisch angenehm entspannende, wohltuend beruhigende Gefühlslagen. Wohltätigkeit ist daher stets auch ein multilaterales Kompensationsgeschäft (*Kobi, E.E.*, 1993).

Behinderte sind aus dieser Sicht Sonderfälle verschärfter Kompensationsbedürftigkeit, und Heilpädagogik ist demzufolge jene Sparte der Pädagogik, die, zusammen mit ihrer Klientel, quantitativ und qualitativ verstärkte kompensatorische Efforts zu erbringen hat. Umgekehrt greift Kompensatorik gern auf Kompensationslegenden zurück, für die Behinderte passende Metaphern liefern: wie jene vom Blinden, der, den Lahmen auf dem Rücken tragend, mit diesem zusammen eine normalisierte Ganzheit bildet (*Mürner, Ch.*, 2002). Tatsächlich nehmen denn auch Kompensationsbemühungen traditionellerweise eine prominente Stellung ein in der Heilpädagogik (*a.a. O.*, 2002, 113-128).

Kompensatorik tritt in verschiedenen Variationen in Erscheinung:

Die *egalitäre* Variante beruht auf dem Glauben an das vorerwähnte apriorische Ausgleichsprinzip naturhafter oder göttlicher Art, das den körperlich Schwachen durch herausragende Geistesgaben schadlos hält, den intellektuell dürftig Ausgestatteten mit körperlicher Kraft, handwerklichem Geschick oder musischen Talenten versieht, ihm emotionale Sensibilität zuerkennt, Ausgestoßene und Verachtete sich mit dem Glück verehelichen und aus der Hässlichkeit unversehens Schönheit erblühen lässt. Sollte der Ausgleich allenfalls auf Erden nicht stattfinden, so stehen Gottes Mühlen an, von denen man weiß, dass sie zwar langsam, doch unendlich fein mahlen. Derartige Ausgleichserzählungen finden sich in großer Zahl in religiöser Trostliteratur, in Märchen und Sagen, und sie tragen in der heilpädagogischen Praxis auch immer wieder Hoffnungen, Erwartungen und Illusionen von Angehörigen und Betreuern behinderter Kinder.

Der Spezialfall der *Entschädigung*, in älterer Zeit vorwiegend im Zusammenhang und in pathischer Ausrichtung mit und auf entsprechende(n) Eschatologien und Jenseitsvorstellungen („himmlischer Lohn") erwartet und erhofft, wurde in der Moderne profaniert zum juristisch belangbaren und zu erstreitenden Finanzausgleich (versicherungstechnisch) haftbar gemachter Verantwortlicher. Darin sind auch der alte Rache- und Sühne-Gedanke sowie das Talionsprinzip eingegangen, die eine – angemessen, aber auch maßvoll erscheinende – Befriedung durch Befriedigung sicher stellen sollen.

Die *funktionale* Variante verweist in der Heilpädagogik beispielsweise auf die Chancen eines sog. Sinnesvikariats, wodurch sich Blinden und Gehörlosen Möglichkeiten eröffnen, sich in einer durch Vollsinnige eingerichteten Welt zu bewegen *als ob* sie sähen und hörten. In der Neuzeit wurden verschiedene, hauptsächlich periphere (d.h. die Integrität der Person nicht unmittelbar beschädigende) Behinderungen auch vermehrt zu kompensatorischen Herausforderungen technischer Art. Der Fülle und Raffinesse optischer, akustischer und mobilitätsfördernder Hilfsmittel und Instrumente verdanken Behinderte zweifellos namhafte Emanzipationseffekte.

Die *voluntative* Variante betrachtet Behinderung und Zurücksetzung als „Pfahl im Fleisch", als Anreiz, durch einen bis zum Lebenstrotz gesteigerten „eisernen Willen", Normalität durch Normalisierung zu erreichen. Derartige Kraftanstrengungen werden in gegenwärtiger Leistungsgesellschaft – vor allem im Leistungssport, gelegentlich auch in kunstgewerblichen Gefilden – vom Publikum der Schadlosen dankbar applaudiert.

Die *sozialpolitische* Variante, die permanent als Auch-Formel (*auch* Behinderte sind, haben, sollen, müssen, dürfen....) und periodisch unter Parolen wie „Chancengleichheit" oder akkurat als „Kompensatorische Erziehung" in Erscheinung tritt. Sie vollzieht, teils auch in politischer Programmatik, eine Translokation naturhafter oder schicksalsmäßiger, als ungerecht empfundene Ungleichheit auf die gesellschaftliche Ebene, wo sodann per Gesetz soziale Gleichheit und Gerechtigkeit angestrebt wird. Demzufolge ist denn auch „Gerechtigkeit auf Erden" nicht mehr aus Gottes gnädiger Hand zu erbitten, sondern von der öffentlichen Hand zu fordern.

Die *machtpolitische* Variante schließlich gründet in der Hoffnung auf die Solidarität Gleichgesinnter und -gestimmter. Sie geht von der Vorstellung aus, dass es durch den Zusammenschluss der Schwachen, Benachteiligten und Entrechteten – wozu oft pauschal auch Behinderte gezählt werden – gelingen müsse, die Herrschaft der Ausbeuter zu stürzen, Gleichheit nachhaltig sicher zu stellen und so Kompensation fürderhin überflüssig zu machen. Womit sich der Kreis zur existenziellen Ur-Egalité schließt.

Die Kreativität der Kompensatorik liegt, für Behinderte sowohl wie für deren Therapeuten, Lehrer und Erzieher, Techniker etc. nicht in der alternativen Zielfindung – zumal die Prämissen durch egalitäre Normalitätsansprüche gesetzt sind – sondern in den Methoden und Instrumenten, die es gestatten sollen, Normalität durch Normalisierung zumindest zu imitieren (J'adore ce qui me brûle!). Grenzen der Kompensation liegen dementsprechend in manischer Überkompensation (einer sich psycho-physisch und sozial kontraproduktiv auswirkenden, da z.B. karikierenden, Übertreibung von Normalität in Richtung „Normopathie"), in (depressiver) Dekompensation (einem resignations- oder überanstrengungsbedingten Zusammenbruch der Ausgleichsbemühungen) sowie einer Kompensationskompensation (der Tendenz von Kompensationen, sich auch ihrerseits wieder auszugleichen und dadurch in Ungleichgewichte, wie z.B. in Form unverbundener Splitterfertigkeiten, zu zerfallen).

3.2.2 Kultivation: Kultivation geht es nicht um Überwindung, Therapie und Normanpassung, sondern um eine kreative Ausgestaltung, Weiterentwicklung und Neukalibrierung von Behinderung, gegebener Schicksalhaftigkeit und Eigen-Art.

Behinderung und Leiden können da zu einem Kulturfaktor werden, wo sie *als solche* kultiviert ('gepflegt', formatiert, ausgestaltet) und in die Daseinsgestaltung eingebaut werden. Hierzu bieten sich verschiedene Konzepte an:

Die *Intensivierung* in Form der Übersteigerung und Überhöhung des Leidigen zur Qual, des Bösen zum Diabolischen, des schwer Erträglichen zum Unerträglichen: Wenn schon Krüppel, dann auch „Krüppelschläge" (*Christoph, F.*, 1983). Und: Wenn schon keine Gnade vor Recht, dann Gnadenlosigkeit. Die psychodynamischen Hintergründe derartiger, paradox anmutender Maximierungen sind im Einzelnen sehr unterschiedlich und sollen hier nicht näher erörtert werden (vgl. dazu *Watzlawick, P.*, 1969; 1979). Gemeinsam ist ihnen, dass an die Stelle von Kompensationen Symmetrien und Totalisierungen treten.

Die *Perversion:* in welcher die quantitative durch eine qualitative (eigenschaftliche) Ausgestaltung ergänzt wird. In sittlicher Dialektik wird das Böse (Widerliche,

Ekelhafte) zum personalen Identifikationskern.

Marquis Donatien A. F. de Sade [1740-1814] ging bekanntlich auf Grund seiner Romane, die penetrant die 'klassische' Perversion des später nach ihm so benannten 'Sadismus' zum Thema und Ausgestaltungsstoff haben, in die Geschichte ein. So egotisch, allein persönlicher Triebbefriedigung sowie moralischer Pervertierungslust („Ich bin die Bahn des Lasters gegangen und habe auf ihr nur Rosen vorgefunden", 1990, 557) dienend die ausschweifend erörterten Praktiken auch sind, legt ihnen der Autor doch die Maxime zu Grunde: „Es gibt nichts Böses, aus dem nicht ein Gutes entstünde, und wenn wir daher Böses tun, so ist es nur ein anderer Weg zur Erzielung des Guten....."(1990, 9). Seine Romangestalt „Justine" (1797) wird zwar unsäglich erniedrigt und beleidigt, bleibt in ihrem Wesenskern für den Schmutz ihrer lasterhaften Umgebung jedoch unerreichbar. Womit sich der Autor sozusagen als ein die Perversion pervertierender Moralist präsentiert.

Es wird quasi, nach mittelalterlicher Lesart, mit dem Teufel paktiert. Hier nehmen denn auch zahlreiche, behinderte Menschen verdächtigende Gräuellegenden und das 'Hütet Euch vor den Gezeichneten!' ihren Ausgang: Die Angst vor einer diabolischen Kultivation und Kultur des Lasters, des Sündhaften, des Hässlichen und Bösen.

Die *Konversion* (Umwertung) einer Behinderung oder einer belastenden Widerfahrnis und des damit verbundene Leids. So beispielsweise über den Weg einer neutralisierenden Vereigenschaftlichung (Ontologisierung) und „Entbösung" (*Marquard, O.,* 2000): Ich *'habe'* nicht eine Behinderung, (die als störender Fremdkörper zur therapeutischen Wegschaffung ansteht), sondern: ich *'bin'* behindert. Die Behinderung gehört zu meiner unverwechselbaren Eigenart; sie ist mir eine Eigenschaft mit spezifischen Ausgestaltungs- und Entwicklungsmöglichkeiten. Ich bin nicht pathologisches Symptombündel, sondern ein Mensch mit personalen Eigenschaften.

Eine Konversion kann sich bis zur „Vergütung" steigern. Behinderung, Krankheit, Leid und Leiden werden als Geschenk des Himmels, als Auszeichnung (durch Gott, das Schicksal) erfahren und dankbar angenommen.

Halter, D. berichtet in der Ztschr. Der Spiegel, (Hamburg, 23/ 2002, 177), dass der gebrechliche, 82jährige *Papst Wojtyla* der Jungfrau Maria täglich für das ihm auferlegte „Geschenk des Leidens" danke.

Der (behinderte) Leidende kann endlich sogar zum bessern, ja zum 'eigentlichen' Menschen erhöht werden: „Wer nicht gelitten hat, ist kein Daseiender: allerhöchstens ein Individuum ... Jede Krankheit ist ein Titel" (*Cioran, E.,* 1991, 130/112). Ich leide, also bin ich!, was schließlich denn auch für eine umfassende Viktimisationskultur (s. unten) von zentraler und zentrierender Bedeutung wird.

Die Utilisation, d.h. eine dahin gehende Nutzbarmachung, dass in Leid, Schmerz, Verachtung reichere Erlebnis- und Erfahrungswerte vermutet und gesucht werden bis hin zur abgegriffenen Ego-Trip-Floskel: „Das war eine gute Erfahrung für mich!" (gerade *weil* sie realiter eine *schlechte* war).

In diesem Umfeld treten gelegentlich auch Bedenken auf gegenüber zu früher und rigider Krankeitsvermeidung und -unterdrückung (z.B. in Form von Impfprophylaxe btr. Kinderkrankheiten). Desgleichen gegenüber radikalem Therapismus im Allgemeinen und (psycho-) therapeutischen Eingriffen im Speziellen bei Menschen, die zwar an Lebenserschwernissen leiden, sich hingegen in kreativer Aktivität damit auseinander setzen. Was sodann zur Frage führt, ob eine psychiatrisch bewirkte und bestätigte Normalität bzw. Banalität den Preis des allfälligen Verlustes schöpferischer Kraft überhaupt wert wäre?

Ein prominentes Beispiel liefert *Lou Andrea-Salomé* [1861-1937], die als eine dem Wiener Kreis um S. Freud angehörende, intime Kennerin der Psychoanalyse ihrem Dichter-Freund *R. M. Rilke* [1875-1926] nachdrücklich davon abriet, sich einer Analyse zu unterziehen, da sie Bedenken hegte, dass eine solche seinem Genius abträglich sein könnte. („Dass mit den Teufeln zugleich die Engel vertrieben würden", vgl. *Jacobi, R. M. E.*, 2001, 75).

Die *Purgation*: Persönlich durchgestandenes Leiden hat eine läuternde, psychohygienische Wirkung, was Klarheit und Transparenz ins Leben bringt. Derartige Überzeugungen und Erfahrungen können zum Anlass werden, Leidenszustände nicht nur eigenständig zu durchleben, sondern sogar aktiv aufzusuchen und sich ihnen zu stellen: Auch diesbezüglich finden sich in praktisch sämtlichen Religionen entsprechende Praktiken: Fasten, Exerzitien, Flagellation, Selbstverstümmelung, Enthaltsamkeiten, Selbstversklavung..... Profaniert, rationalisiert, („wissenschaftlich abgesichert und klinisch geprüft"), dienen heutige Läuterungspraktiken und 'Entschlackungskuren' – Selbstschindung im Kraftraum, Abkochung in der 95°-Sauna, Stählung im Jogging-Gekeuche u.ä. – offiziell zwar der Gesundheit, darunter hinab aber doch auch der Überwindung des „inneren Schweinehundes" und herabziehender Trägheitsmomente. Möglicherweise spielen bei dieser programmatischen 'Bekämpfung von Behinderndem durch Leiden' auch noch exorzistische und magische Elemente (ein Sympathiezauber nach der Formel: Similia similibus curantur! Nur bittere Medizin hat Heilkraft!) eine Rolle. Endlich ist auch an spielerisch-lustvolle Peinigungs-Varianten im Sport – wo die Handicap-Phantasien grenzenlos zu sein scheinen – zu erinnern, welche, in den Kontext der Arbeitswelt versetzt, zweifellos als menschenverachtende Torturen strafrechtlich verfolgt würden. Damit erweist sich wieder einmal mehr der *Rahmen* als entscheidend für das, was als Ein-*Bildung* erscheint.

Der *Heilsweg*: In zahlreichen Religionen, philosophischen Systemen und Esoteriken wird das menschliche Leben als eine Stufenfolge und der einzelne Mensch als eine Art wandernder Scholar betrachtet, der sich auf einem lebenslänglichen Weg befindet: zu Gott, zur Erfüllung, zur Weisheit, zur Glückseligkeit. (Heutzutage zum Diktum vom „Lebenslangen Lernen-müssen" profaniert). Auch auf einem derartigen Heilsweg kann zugefallenes oder selbst aufgesuchtes Leid und Leiden eine wesentliche Hilfe sein. Das Leidmotiv wird zum Leitmotiv: Per aspera ad astra!

Wiewohl auch schon Naturreligionen, desgleichen vor- und außerchristliche Hochreligionen Techniken verwende(te)n, um durch (auch selbst zugefügte) Leiden, Schmerzen, Qualen und Martern übersinnliche Mächte für sich einzunehmen, hat namentlich das Christentum derartige Praktiken ausgestaltet, differenziert und sich zu einer „Klagereligion" (*Canetti, E.*, 1960, 158f /Bd. I) kultiviert, innerhalb derer die *Frohheit* seiner Botschaft immer wieder überschattet wird. Die Leidensgestalt Christi und der emblematische „Schmerzensmann" zeigen konkret das Leid, das Leiden und die Leidenden auf der und als via regia zur Erlösung und zum Heil. Sie wurden auch zum Paradigma (Grundmuster) und Exempel (Vorbild) für den Umgang mit Leidenden und in dieser Konsequenz auch für eine karitativ motivierte „Heilpädagogik aus dem Glauben".

Vgl. dazu den katholischen Theologen und Heilpädagogen *Linus Bopp* [1877-1971], der Heilpädagogik als *Heils*-Pädagogik auf Christuspfaden ausweist und in der 'felix culpa' (der glückseligen Schuld) ein besonderes Privileg erblickt, Gott nahe zu sein (Allgemeine Heilpädagogik in systematischer Grundlegung, Freiburg 1930; Heilerziehung aus dem Glauben, Freiburg, 1958). – Als protestantisches Pendant zeitgleich der Zürcher Heilpädagoge *Heinrich Hanselmann* [1885-1960]: „Leiden als Quelle höherer Geistigkeit, der Menschlichkeit, als Voraussetzung zur Erlösung" (in: Grundlinien zu einer Theorie der Sondererziehung, Zürich, 1941, 241).

Solcher Heilspfadfinderschaft war der Appell des Steirischen Volks- und Heimatdichters *Peter Rosegger* [1843-1918]: „Auf dem Wege zum Licht lasset keinen zurück!" denn auch viel zitierte Verpflichtung.

Viktimisation (Selbstveropferung) ist eine verweltlichte und sozial instrumentalisierte Form vorerwähnter transzendierender Bemühungen. Ihre Wurzeln sind allerdings nicht ausschließlich in religiösen Erlebnisbereichen zu suchen. Temporäre und situative Formen finden sich als (devote) Interaktionsrituale (*Goffman, E.*, 1999) und Unterwerfungsgesten (*Canetti, E.* 1960/II, 125f) häufig auch in sozialhierarchischen Gefilden.

„Körpersprachliche" Vorläufer könnten bereits in tierischem Unterwerfungsverhalten (Kehle zum Biss darbieten als Auslöser einer gegnerischen Beißhemmung bei rivalisierenden Wölfen) vermutet werden. Ähnliches gilt für tierisches Bettelverhalten.

Die Kapitalisierung des Ungemachs durch dessen Kultivation – anstelle des therapeutischen Prinzips: Was tun wir *dagegen?* in Ausrichtung auf die kreative Frage: Was machen wir *daraus?* – erfolgt über die entsprechende Performance des Einsatzes von Opferinsignien, Viktimisationsgesten und -accessoires:

· Zeichen der physischen Erschöpfung (Hunger, Durst, Müdigkeit)
· Existenzbedrohliche Armut (abgerissene, spärliche Bekleidung; Besitz- und Erwerbslosigkeit)
· Obdachlosigkeit; Schmutz; schutzlos naturhafter Unbill ausgesetzt
· Desolation (Resignation, Hoffnungslosigkeit; Perspektivlosigkeit, Lethargie)
· Soziale Zusatzbelastungen (zahlreiche Kinder, Alte, Kranke)
· Niedriger/erniedrigter Sozialstaus (tendenziell weiblich, kindhaft, alt, gebrechlich)
· Status des Vereinsamten, des Ausgestoßenen, Verachteten, Ausgebeuteten, der Willkür Ausgesetzten
· Status des Wehr- und Schuldlosen, vom Schicksal blind Geschlagenen, vom Bösen unrechtmäßig Verfolgten
· Klagen über Folterung, Vergewaltigung, Vertreibung
· Demutsgestik (liegend, kniend; Arme reckend; klagend, jammernd, bittend, bettelnd); Kindchenschema herausstellend

- Beugetugenden (Gehorsam, Demut, Bescheidenheit, Willfährigkeit, Dankbarkeit, Selbsterniedrigung) herausstellend

Viktimisatorische Gestaltbildungen können nach der Ablösung von konkreter Not – und damit der Last des Faktischen ledig – als leere, undefiniert-indefinite nominalistische (*Rorty, R.*, 1992, 128f.) Signaturen werbepsychologisch flexibel und effizient verwendet werden. Wie die zunehmend dreisteren Eingriffe aktueller political und pedagogical correctness zeigen, sind diese auch sprachdiktatorisch hoch wirksam. Name *ist* (und bezeichnet nicht nur) Sache (*Rorty, R.*, a.a.O.). Wer in empirischer Manier aktuelle Bedeutungen mit konkreten Inhalten in Verbindung zu bringen trachtet – gewissermaßen „Akteneinsicht" wünscht – hat als (Sprach-) Spielverderber „auszusetzen".

Betteln, Bitten, Jammern, Klagen will jedenfalls, sei's als Handwerk, sei's als Sprachspiel, erlernt, gekonnt, perfektioniert und immer wieder an wechselnde Kontextverhältnisse adaptiert sein: Von den Niederungen des alten, kleinen Gaunertums (*Avé - Lallemant, F.C.B.*, 1858) mit seinen Schnorrern bis zu modernen Kultivationsstufen des Foundraising, des Support-Managements, des Subventionslobbying, der Sozialvergünstigung, des Spendensammelns im Corporate Design (*Kobi, E. E.*, 1999). Ganze Berufsstände – Bauern, Ärzte, Verleger und andere – haben sich in dieser Mission den Ruf erworben, erfolgreich nach der antiheroischen Devise: Lerne zu klagen ohne zu leiden! auszurichten. Und so kultiviert denn auch der als Sozialschmarotzer im Fett des Wohlfahrtsstaates verachtete Profiteur nicht minder eine kontextuell fein abgestimmte Lebenstechnik, wie der in Schlupflöchern und Grauzonen des Gesetzes operierende Semi-Kriminelle (*Mandeville, B.*, 1705; 1980). Doch Kultur heißt unentwegt 'Pflege'–: sogar an deren Ursprungsort der 'Agricultura', wo außer Mais und Weizen auch Koka angebaut wird.

3.2.3 Eigenkultivation: Es gibt schließlich Bestrebungen, die zu einer Eigenkultur und „Ethnisierung" tendieren: Die Differenz wird zum Anlass, sich eigenwillig abzugrenzen. Ein zeitgenössisches Beispiel ist die Homosexualität. Diese pflegt(e) zwar nicht unter dem Etikett 'Behinderung' rubriziert, sondern – schlimmer noch! – bis in die Gegenwart hinein als strafrechtlich belangte Perversität betrachtet zu werden. Therapeutische Hilfen wurden Homosexuellen neuzeitlich zwar angeboten – was deren Krankheitsstatus freilich noch betonte – doch waren solche oft nicht erfolgreich oder sie wurden erst gar nicht im in Anspruch genommen. Gleichgeschlechtliche Liebe wollte nicht geheilt, sondern gelebt werden. Homosexuelle gaben durch bunte Publikumsauftritte, durch kritisch zur Diskussion gestellte Normalitätsvorstellungen und Rechtsansprüche vis-à-vis von Staat und Kirche in jüngerer Zeit zwar immer wieder zu Aufregungen Anlass, erwirkten dadurch in der westlichen Welt insgesamt aber doch eine breitere Akzeptanz (s. Kapitel die Daten von).

Ein für die Öffentlichkeit weniger spektakuläres Kultivations-Beispiel sind Gruppen von Gehörlosen, welche – vehementer in den USA als hierzulande – auf die Akzeptanz einer Gehörlosenkultur und die Anerkennung der Gebärdensprache drängen.

Wieder andere kulturelle Akzente vermitteln sozialpolitisch aktive Gruppen (hauptsächlich Körper-) Behinderter, die unter dem Signet „Independent living" ihr

Behindertsein dezidiert nach eigenen Vorstellungen – unbehelligt durch staatlich vorgegebene Versorgungsmodelle, karitatives Beispringer und heilpädagogische Expertokratie – gestalten möchten.

Schwieriger zu fassen sind, da auch in sich selbst sehr heterogene und wenig kohärente Gruppen sowie Einzelgänger mit oft diffusen Ungebundenheitsbedürfnissen, die in der Perspektive des installierten Bürgers als Vagabunden, Trebegänger, Clochards vor allem deswegen in einem schlechten Ruf stehen, weil sie sich nicht oder nur peripher und passager als Betreuungsobjekte bearbeiten lassen.

Damit verbindet sich zum Teil auch noch das historisch weit zurück reichende Bettelwesen, das in seiner ungemein reichhaltigen Vielgestaltigkeit die Stabilitäten von Staat und Kirche zeitweise arg bedrängte.

Bettelei, Prostitution, Drogenszenen, Gangs sind nicht – wie eine in Staat, Religion und Sitte verwurzelte Bürgerschaft es allenfalls noch verständnisvoll akzeptieren könnte – *per se* und grundsätzlich darauf aus, aus sich selbst auszusteigen, sich um eines besseren und würdevolleren Lebens willen abzuschaffen und in dieser Perspektive denn auch jede hierauf abzielende Außenhilfe und Therapie dankbar anzunehmen.

Andererseits ist auch die Haltung der Stabilitäten ambivalent: pflegen diese mit Subkulturen doch einen regen Kulturaustausch. Akzeptiert man die Existenz einer Medien-Kultur, so sind auch die genannten NegativSzenarien äußerst potente Kulturfaktoren, liefern diese doch die große Mehrheit der Ideen, der Stoffe und des Stoffs, aus dem die (zum Teil recht unschönen) Träume der Subkultur-Konsumenten sind. Defektivität und Leid sind ein unerschöpfliches Thema für Romanciers und Poeten, für Theatraliker, Cineasten, bildende Künstler und dies bis hin zum Boulevard. Sie alle leben davon, hieraus situativ und temporal, kontextuell und epochal permanent und routiniert neue, pässliche Mischungen von „Bell' & Tristik" zu produzieren. Desgleichen sind auch dem Torsohaften, dem Fragmentarischen und dem Unvollendetem (*Schöttker, D.*, 1999) – und keineswegs nur dem Vollendeten, normativ Erfüllten, dem Präzisen und Perfekten, dem Reinen und Vorbildlichen – kulturelle Impulse zu danken.

Überblicken wir die genannten Beispiele einer 'Kultivierung von Behinderung' (im weitesten Sinne), so zeichnen sich bei aller inhaltlichen Heterogenität formal doch einige personale Übereinstimmungen ab:

- Es sind Abtrünnige, die, (aus welchen Gründen auch immer), Angeboten zur Kompensation, Therapie, Betreuung kritisch bis ablehnend gegenüberstehen
- Es sind Personen mit einem – gesellschaftlich Innenstehende oft defizient anmutenden – Bedürfnis nach Ungebundenheit, persönlicher Willkür, Freiheit / Libertinage, auf Grund dessen sie sich nicht von Instanzen vereinnahmen lassen und stabilisierenden Gutgemeintheiten entgleiten. Sie nehmen Dienste von Sozialagenturen zwar gelegentlich und punktuell wahr, dies aber ohne Verbindlichkeit und Nachhaltigkeit. Pädagogischer Rehabilitations- und Integrationsprogrammatik weichen sie aus und halten auch vagen Strukturierungsbemühungen gegenüber auf Distanz (Kobi, E.E., 2002)

- Dazu gesellen sich perverse („verdrehte") Wahrnehmungen und Empfindungen: Gutmenschlichkeit leidet zwar ernsthaft das Leiden dieser Leidenden mit, und gesellschaftliche Diagnoseagenturen und Definitionsinstanzen billigen ihnen einen Behindertenstatus zu, der (sogar kostspielige!) Hilfen in Aussicht stellt – und stoßen paradoxerweise dennoch auf Gleichgültigkeit und Abweisung. Es sind Personen, die sich mit ihrer Exzentrik und Randposition identifiziert und / oder an eine solche gewöhnt haben, so dass sie sich nicht (mehr) – bezüglich Identität und Gewohnheitsprägung schadlos – davon trennen wollen oder – als in ihrer Freiheit Gefangene – können. So bleiben sie denn für Stabilitäten ein permanentes Ärgernis („Challenge") und gelten als Gefahrenpotenzial für den gesunden Volkskörper
- Es sind Personen, auf welche Kulturschaffende dennoch gern zurück- und ihnen Echtheit abgreifen und sie so gewissermaßen als humanes „Rohmaterial" benutzen für humanitäre und humanistische Kultivationsakte: Mit Blick aus dem Pfühl der Mittelmäßigen in den Pfuhl der Mittel-losen als den Un-Mittelbaren
- Es sind Personen, die damit insgesamt, formal und existenziell, wenngleich auf sehr unterschiedlichen essenziellen und qualitativen Niveaus, die *Burckhardt*'schen Kulturkriterien erfüllen

Jacob Burckhardt wäre allerdings kaum – und weniger noch seine humanistischen Basler Adepten – erbaut darüber, dass ich die *Form(alität)* seines Kulturbegriffs, als *Gefäß* gewissermaßen, dazu benutze, auch banale und vulgäre Sachverhalte dem Edlen und Erhabenen beizugesellen, womit *er* sie, geistvoll, füllte.

Wir können jedoch – wie ich meine – Kultur nicht erst mit ausgereifter Kunst, (dem zentralen Thema *Burckhardts*), beginnen lassen, sondern haben uns auch mit unserem „Knirpstum" (auch eine sehr brauchbare Wortschöpfung *Burckhardts*, 1978, 209) in den Niederungen unseres Daseins zu beschäftigen.

„Empirisch" ist es denn auch, wie eingangs erwähnt, außerordentlich schwierig, Kultur zu fassen und das quantitative und qualitative Bedeutungsausmaß eines Events zu bestimmen, dem „Kulturhaftigkeit" zukommen darf.

Pragmatisch (und erheblich interessengeleitet) liegt die Grauzone zwischen 'noch nicht Kultur' und 'bereits Kultur' gegenwärtig wahrscheinlich irgendwo zwischen Minigolf und Golf, Tischtennis und Tennis, wobei philosophischerseits immerhin auch schon dem Spielen als ganzem und dem Homo ludens als solchem Kultur und Kultiviertheit zugebilligt wurden

Auf Grund all dieser Unwägbarkeiten ist es mir ein Anliegen, zu betonen, dass ich mit meinen Hinweisen keinerlei grundsätzliche und vorauseilende Wertung verbinde. Die angeführten Beispiele sind lediglich illustrativer Art. Sie können im Einzelnen, standpunktlogisch und kontextgebunden, unterschiedlich qualifiziert werden.

4. Heilpädagogische Aussichten

Deutlich wird aus alledem, dass Kultur sich nicht beschränkt auf das von den Stabilitäten und deren Jurys als werthaltig Erachtete. Kultur (sensu *Burckhardt*) leistet wesentliche Beiträge zur „Sänftigung der Einfalt durch Vielfalt" (*Marquard, O.*, 2000, 114). Zur Kultur gehören neben der „Bellik" auch die „Tristik", neben der Harmonie die Disharmonie, neben der Gesetzlichkeit die Anomie, neben der Ordnung auch die Anarchie. Kultur verliert hingegen an fermentierender Kraft in der Gefälligkeit und im Pomp einer Staatskunst oder in der Glorie einer Kirche.

Behinderung, Krankheit, Leid, Ungerechtigkeit, Bosheit ... sind trotz ihrer Wertwidrigkeit kulturell bedeutungsvoll. Nicht „das Gute" allein treibt kulturelle Blüten; auch „das Böse" kultiviert seine „fleurs du mal". Man ist sogar versucht, zu vermuten, dass spannungsgeladenes, leidvolles Behindertsein intensiver und darum auch häufiger jenes „zersetzende" kulturelle Ferment abgibt, von dem *Burckhardt* spricht, während spannungslos befriedigte Behaglichkeit sich eher in institutionalisierter Stabilität nieder lässt.

Dass objektiv(iert)es Behindertsein und subjektiv(iert)es Leiden in dynamischer Durchmischung stets beides enthalten – Belastung und Belästigung *wie auch* Kompensations- und Innovationsmöglichkeiten – ist keine Frage. Von lebenspraktischer Relevanz bezgl. der Aussicht, ob konstruktives Leisten oder destruktives Lasten Oberhand gewinnt, sind Konstellationen und Kontextverhältnisse. Für die Heilpädagogik hat dies zur Konsequenz, dass sie ihre Bemühungen nicht – im quasitherapeutischen Gestus mit penetranter Exklusivität gar – personalisiert und personifiziert, sondern die Gedeihlichkeit personaler Geschicke vorab als kultivatorisches Mandat, in der Kultivation ('paedocultura') pädagogischer Landschaften, erkennt.

> Zwei sind der Pfade, auf welchen der Mensch zur Tugend emporstrebt.
> Schließt sich der eine dir zu, tut sich der andre dir auf.
> *Handelnd* erringt der Glückliche sie, der Leidende *duldend*.
> Wohl dem, den sein Geschick liebend auf beiden geführt.
> (*F. Schiller*)

4 Zur terminologischen Konstruktion und Destruktion Geistiger Behinderung

aus: Greving, H. / Gröschke, D. [Hrsg.] (2000), Geistige Behinderung –
Reflexionen zu einem Phantom (Bad Heilbrunn Klinkhardt)

Die Verhaltens- und Präsentationsweise, über die gegenwärtig meist noch unter dem
Titel „Geistige Behinderung" verhandelt wird, weist eine bewegte Nomenklatur-
geschichte auf.

Diese Benennungs- und Umbenennungs-Dynamik ist weniger eine Folge vertiefter
und differenzierterer Sachkenntnis, als die eines Wandels von Kontextverhältnissen
und Sichtweisen, von Einschätzungen und Bewertungen und somit insgesamt der
anthropologischen und kosmologischen Verortung.

Kosmologisch, gesellschaftlich und familial nicht einzuordnende Individuen gehörten,
wie Mythologie und Geschichte zeigen, von Anbeginn zur Menschheitsentwicklung.
So war und ist zweifellos auch der derzeit als Geistige Behinderung bezeichnete Sach-
und Personenverhalt seit altersher bekannt (vgl. Beispiele bei *Kirmsse, M.*, 1922;
Jussen, H., 1967; *Fandrey, W.*, 1990; u.v. a.). Dies vor allem in seinen massiven
und damit auch den Biostatus zeichnenden Ausprägungsformen. Allerdings wurden
in den sozialen Randzonen, in denen Behinderte meist ihr Leben zu fristen hatten,
bis in die Neuzeit hinein nur wenig qualifizierende Unterscheidungen getroffen. Die
unter den nachfolgenden Titeln zur Darstellung gebrachten Phänomene enthalten
daher zwar stets das Faktum 'Geistige Behinderung', im einzelnen freilich oft
verbunden mit Krüppelhaftigkeit, Sinnes- und Sprachbehinderungen, Krankheit und
Verelendung.

I Konstruktionen

I/1 *Morionen:* Es ist anzunehmen, dass sich unter den im Alten Rom auf dem Forum
morionum zum Kauf angebotenen Morionen (vgl. *Kirmsse, M.*, 1922) auch (aus
heutiger Sicht) Geistig Behinderte befanden. Morionen (von griech. μωρον svw.
'Dummheit'; μωρα svw. 'Stumpfsinnigkeit, Apathie'; μωρος svw. 'dumm, blöd';
μορο svw. 'Baby, Kleinkind') wurden offensichtlich nach ihrem psycho-sozialen
Erscheinungsbild benannt. Moron bezeichnet engl. bis heute 'any stupid person'.

Hierin widerspiegelt sich bereits auch ein zu Spott, Übervorteilung und (allenfalls auch wohlwollender) Verachtung tendierendes Komplementär- und Symmetrie-Verhalten (im Sinne eines „Adaptiven Schwachsinns", *Kobi, E.E.*, 1979). Dazu passen Possenreißer- und Dorftrottelrollen, die solchen Kreaturen in verschiedenen Kulturen – im Umfeld von Volkstheatern und Schaubuden noch bis ins 20. Jahrhundert – zugewiesen wurden. Es scheint, dass derber Spaß eine elementare Variante eines positiven (dh. existenzbestätigenden, wenngleich nicht pfleglichen) Umgangs mit Geistiger Behinderung darstellt: Eine Form unreflektierter „Primär-Integration", der man in einfach strukturierten Gesellschaften, sozialen Schichten und Familien auch heute noch begegnet.

I/2 *Monstren:* Monstrum leitet sich ab aus dem lat. monstrum ('Ungeheuer, Scheusal'), „eigentlich 'Mahnzeichen, Weisung der Götter durch ein widernatürliches Ereignis'. Der Ausdruck entstammt der römischen religiösen Terminologie und ist abgeleitet von lat. monere 'an etwas denken lassen, erinnern, mahnen, warnen' " (*Pfeifer, W.*, ²1993, 887).
Wahrscheinlich gaben Missgeburten und Mehrfachbehinderte u.a. auch Anlass zu den im Mittelalter verbreiteten und wissenschaftlich ernsthaft verfolgten Vorstellungen über monströse „Erdrandsiedler" (vgl. *Perrig, A.*, 1987). Phantastisch aufgebauschte Reiseberichte von Abenteurern und Weltenseglern sowie Zusatzphantasien der Zuhausgebliebenen trugen das ihre bei zu einer skurrilen Teratologie (Lehre vom Missgestalteten) samt zugehöriger Kartografie (zu Details vgl. *Perrig, A.* a.a. O.).
Auch die zeitgenössische Theologie nahm sich der Erdrandsiedler an. Deren Monstrosität ließ sich nicht mit dem Gedanken der Gottebenbildlichkeit des Menschen vereinbaren; Gott duldet diese Monstren offenbar nur, um das Schöne und Gute seiner Werke besser zur Geltung zu bringen (a.a.0.).– Ihre Existenz gründet in der Erbsünde, des nähern im Brudermord Kains, dem vorsintflutlichen Stammvater der Monstren, sowie in der Schandtat des nachsintflutlichen Cham, der seinen (nackt im Vollrausch daliegenden) Vater Noah beschämt hatte (Genesis 9,20-26; und auf den die spätere Kirchenlehre (per analogiam?) auch die (sünden-) schwarzen und un-verschämt nackt sich zeigenden Ureinwohner Afrikas zurückführte (a.a.0., 47).
Monstren und Erdrandsiedler missionierend und taufend der Verderbnis zu entreißen war dennoch und eben darum Christenpflicht, und die Erzählung vom Scheusal Abominabilis, das sich dank engelhaften Eingreifens zum später geheiligten Christophorus wandelte, zeigt beispielhaft den Erfolg solchen Bemühens.
In der „Heilerziehung aus dem Glauben" (1958) des Freiburger Theologen und Heilpädagogen *Linus Bopp* (1887-1971) bildet dieses spirituelle Ringen mit dem Missgestalteten und in Sünde Abgestürzten das grundlegende Motiv für heil(und heils!)pädagogisches Wirken in der Nachfolge Christi.
Im 16. Jahrhundert versucht sich der nachmalig berühmte Arzt *Paracelsus* (1493-1541) mit einer Herkunftserklärung der 'monstris', worunter er allerdings, bereits naturnaher, einheimische Missgeburten versteht. In weiblicher 'Imagination' und ungünstigen astralen Einflüssen liegen seiner Meinung nach die Ursachen derartiger

„Transmutationen" (1968, 59). „Darum so steht ein Kind in seiner Schöpfung im Mutterleib in der Mutter Hand und Willen... Deshalb begibt sich oft, dass sie aus männlichem Samen ein Tier oder ein ander schrecklich monstrum gebären, je nachdem die Imagination der Mutter stark auf das Kind geht" (a.a.O.).– Monstren kommen entweder schon tot zur Welt oder überleben kaum länger als drei Tage. Andernfalls soll man sie „an geheime, verborgene Oerter tragen", da „Gott an den monstris ein Greuel und ein Missfallen hat und keins selig werden kann, alldieweil sie nit das Bildnis Gottes tragen", sondern vom Teufel geformt sind, „dessen Feldzeichen sie tragen" (a.a.O., 61). „Darum sind alle Menschen zu fürchten, die ein Glied zu viel oder zu wenig oder sonst ein Glied doppelt haben, denn solches ist ein praesagium vom Teufel ..." (a.a.O., 62) „Darum hat man auch das Sprichwort: je krümmer, je dümmer; lahme Glieder, lahme Händel ..." (a.a.O., 104).

So, wie die altrömischen Morionen in Veranstaltungen zur Volksunterhaltung bis ins TV-Zeitalter weiterlebten, hat auch die erschaudernd erschütternde Faszination durch Monströses nichts an gesellschaftlichem Funktions- und Instrumentalisierungswert (*Kobi, E.E.*, 1991) eingebüsst. So etwa für wissenschaftliche Kuriositätenkabinette (vgl. z.B. *Saltarino, S.*, 1900), künstlerische Reflexionen (vgl. z.B. *Beurer, M.*, 1997), Propagandafeldzüge zur Vermeidung von Höllenqual, Degeneration, Strahlungsschäden, Genmanipulationsmissgeschicken u.v.a.m. (vgl. *Christoph, F.*, 1990).– Bis in die Gegenwart bedeutsam blieben desgleichen vorrangige Schuld- und Schuldigkeitszuweisungen an die Gebärerin bzgl. der Qualität keimenden Lebens.

I/3 *Wechselbälge:* Dies berührt denn auch bereits die Kehrseite heilsvermittelnden christlichen Denkens und Handelns: die krude Theorie und unselige Praxis um sog. Wechselbälge, bei denen es sich de facto meist auch um geistigbehinderte Kinder gehandelt haben dürfte. Nach *Ploss, H.*, (1911, I/102ff) verstand man darunter „ein dickes, geistig und leiblich verkümmertes, meist auch ungestaltes, hässliches Wesen, welches sich nie zu voller menschlicher Ausbildung entwickelt". Bekannt ist die von Ekel diktierte Schilderung, die *Martin Luther* (1541) über ein solches Wesen abgibt, verbunden mit der Empfehlung, dieses als geistlose massa carnis zu ersäufen.

Das Wort 'Wechselbalg', ahd. 'Weseling' (um 1000), aus mhd. wehselbalc (wehsel mhd. svw. 'Tausch'; balc mhd. svw. 'Tierhaut, aufgeblasener Sack') (*Pfeifer, W.*, ²1993).– Damit verband sich die Kausallegende, wonach der Teufel in einem Moment mütterlicher Unaufmerksamkeit ein ursprünglich gesundes Kind gegen einen Balg auswechselte. Das Motiv des unterschobenen Kindes (Wechselkind) findet sich zwar in verschiedenen Naturreligionen und Volkslegenden, war aber auch in kirchlich-theologischen Kreisen während Jahrhunderten lebendig und Bestandteil offiziellen Teufelsglaubens (vgl. dazu *Bachmann, W.*, 1985; zum neuzeitlichen Exorzismus in der katholischen Heilpädagogik (vgl. *Bopp, L.*, 1958))

I/4 *Idioten:* Der grch. Begriff ιδιωτης hat ein breites Bedeutungsspektrum: Privatmann, Eigner, Laie im Unterschied zum Fachmann, ... Sonderling; im Neugriechischen bedeutet ιδιωτις, ιδιωτικος noch immer svw. ''Privatmann, privat' *und* 'Idiot, idiotisch').

374

Als Lehnwort hingegen erfuhr der Begriff über verschiedene Phasen eine Einengung und Bedeutungsverschiebung: „Die Entlehnung Idiot (16. Jh.) steht zunächst im alten griech.-lat. Sinne für 'Laie, ungelehrter, ungebildeter Mensch' (bis ins 19. Jh.). Die Bedeutung 'Narr, Blöd-, Schwachsinniger' ist zuerst im Engl. (um 1300) nachweisbar; im Dt. setzt sie sich erst im 19. Jh. durch" (*Pfeifer, W.* ²1995).

Noch im 19. Jh., (in welchem zahlreiche Idiotenanstalten gegründet wurden) und darüber hinaus war der Begriff nicht derart negativ besetzt wie heute, was diverse Buch- und Zeitschriftentitel sowie Vereinsbezeichnungen („Idiotenfreunde") belegen. Zur Abwertung zum Schimpfwort kam es möglicherweise erst durch die bedeutungs-mässige Einengung des Begriffs auf die tiefste Schwachsinnsstufe (I/8).

I/5 *Kretinen:* Bereits der römische Dichter *Juvenal* (ca. 60-140) soll diese Bezeichnung auf missgebildete Idioten bezogen haben (*Kirmsse, M.,* 1922).– Erst in der Neuzeit wurde sie eingeschränkt auf ein bestimmtes Krankheitsbild, das gehäuft in Alpen-tälern (endemisch) in Erscheinung trat mit Minderwuchs, Kropfbildung, pergament-artiger Haut.... und Geistiger Behinderung.

Die Etymologie des Wortes ist unklar: Es wird z. T. abgeleitet von creta (= Kreide, wegen der kreidebleichen Hautfarbe der Betroffenen?) oder von cretira (= Kreatur, Geschöpf, elendes Wesen) oder/und von crétin, einer in französischen Alpentälern (Savoyens und des Wallis) originären Bezeichnung für die daselbst lebenden Geistigbehinderten der genannten Art. „Hierbei handelt es sich um eine mundartliche Variante von frz. 'chrétien', 'Christ', auch, (im Unterschied zum Tier) 'menschliches Wesen, Mensch, das lat. Christianus 'christlich' (substantiviert 'Christ') fortsetzt" (*Pfeifer, W.,* ²1993) (andern Orts auch hochstilisiert zum wahren, da aufgrund seiner Einfalt zur Sünde unfähigen Christen (II/5). „Die wohl ursprünglich aus Mitleid gewählte Benennung (vgl. vereinzeltes afrz. crestien 'Leidender, Kranker') verbindet sich mit negativer Wertung und wird seit dem 19. Jh. im Frz. und dann auch im Dt. gelegentlich herabsetzend für 'Dummkopf, beschränkte, unfähige Person' gebraucht" (a.a.O.) Der Endemische Kretinismus erregte im 18./19. Jh. ein starkes sowohl medizinisches als auch pädagogisches Interesse. Dieses bildete mit ein Motiv für die zahlreichen Anstaltsgründungen in dieser Epoche.

Als später die Ursache (Schilddrüseninsuffizienz) dieser Krankheit und auch deren Verhütung (durch Jodierung des Trinkwassers bzw. des Kochsalzes) bekannt waren, verlor der Begriff 'Kretin' seine ursprüngliche Bedeutung und reduzierte sich zum Schimpfwort.

I/6 *Blödsinnige:* Das Adjektiv 'blöd(e)' ist seit dem 16. Jh. im Sinne von 'dumm, schwachsinnig' gebräuchlich. Das ahd. blodi (= träge, furchtsam, körperlich schwach) (9. Jh.), mhd. bloede (= 'gebrechlich, zart, zaghaft') mnd. blöde (= 'schwach, furchtsam, verzagt') etc. werden mit griech. phlauros (φλαυρος = 'schlecht, geringfügig') auf eine indoeurop. Wurzelform bhlǝu- ('schwach, elend') zurückgeführt. Es besteht eine Ver-wandtschaft zu 'bloss', vielleicht auch zu 'bleuen' ('schlagen'). Die Bedeutung 'schwach, elend' wäre demnach aus 'geschlagen' hervorgegangen (nach *Pfeifer, W.,* ²1993, 150).

J.H. Pestalozzi (1746-1827) bedient sich dieser Bezeichnung z.B. in seinen „Neuhof-berichten" (1775/78). Aus diesen geht das angelegentliche pädagogische Interesses Pestalozzis für blöde Kinder hervor, da er von deren Bildbarkeit überzeugt war.

I/7 *Schwachsinnige:* Der Begriff 'Schwachsinn' hat sich – in der medizinisch-psychia-trischen Literatur bis in die Gegenwart hinein – am längsten gehalten als globale, sämtliche Grade und Arten Geistiger Behinderung (z. T. auch Lernbehinderung) abdeckendes Etikett.

Die wiederholt vorgebrachte Kritik, das Wort sei missverständlich, da bei der inkri-minierten Population nicht die Sinnestätigkeit, sondern die Denkfunktionen mangelhaft entwickelt seien, verfing nicht. Möglicherweise liegt der Wortschöpfung aber auch die Bedeutung von '(sich) besinnen, nachsinnen' zu Grunde, was dem gemeinten Sachverhalt näher käme.

I/8 *Oligophrene:* Oligophrenie ist der medizinisch gebräuchliche „wissenschaftliche" Oberbegriff für Geistige Behinderungen/Lernbehinderungen aller Arten und Grade, soweit diese von (früher) Kindheit an bestehen (Kognitive Abbauprozesse im Erwach-senenalter werden mit der Bezeichnung 'Demenz' belegt).

Oligophrenie leitet sich ab aus griech. ολιγος ('wenig') und φρενα ('Verstand', urspr. 'Zwerchfell', als dem vermuteten Sitz der Verstandestätigkeit).

In Verbindung mit den psychiatrischen Begriffen Schwachsinn/Oligophrenie wurden auch schon früh Graduierungen vorgenommen: Debilität (von lat. debilis, svw. 'schwächlich') bezeichnet den leichtesten Grad (in etwa Lernbehinderung entsprechend), Imbezillität (von lat. in/bacillus 'ohne Stäbchen', svw. 'haltlos, schwach') einen mittleren, Idiotie (I/4) den schwersten Grad.

I/9 *(Praktisch) Bildungsfähige:* Von heilpädagogischer Seite versuchte man später diese Begriffe prospektiv lern-/lehrpsychologisch und bzgl. Bildungsauftrag zu füllen und mit positiven Bezeichnungen zu versehen:

· Schulbildungsfähige, (denen funktional relevante Fragmente von Kulturtechniken vermittelt werden können)

· Praktisch Bildungsfähige, (denen über ein praktisch-anschauliches, handlungs-gebundenes Lehren und Lernen alltagsrelevante Gestaltungsformen und Lebens-techniken vermittelt werden können)

· Gewöhnungsfähige, (mit denen auf der Basis von Konditionierungen einzelne Handlungsketten aufgebaut werden können)

Leider sind derartige lern-/lehrpädagogische Erfassungsmodi in der Neuzeit durch destruktivistische Bestrebungen (Abschnitt II) in den Hintergrund gedrängt worden.

I/10 *Intelligenzdefekte:* Der Begriff 'Intelligenz' (svw. 'gute Auffassungsgabe, Klugheit, Verstand') kam seit dem Aufklärungszeitalter in alltagssprachlichen Gebrauch. Er leitet sich ab aus dem lat. 'intelligere' (svw. 'innewerden, verstehen, erkennen'; wörtlich svw. 'dazwischen' [inter] 'wählen' [legere], dh. 'eine überlegte Wahl treffen' und ist somit inhaltlich verwandt mit 'gescheit' (die Fähigkeit, zu unterscheiden).– Erst im 19. Jh. wurde das Wort 'Intellekt' (svw. 'Verstand, Denkvermögen') geprägt: im selben Zeitraum, wo die moderne experimentelle Psychologie sich definitorisch, deskriptiv und v.a. auch testologisch des Themas annahm. Intelligenzmängel sollten fortan, wenngleich nicht objektiv, so doch objektiviert zur Darstellung gebracht werden können.

„Dem *globalen* Begriff 'Schwachsinn' – mit dem man alle Personen zu kennzeichnen [pflegt], deren Intelligenzleistungen nicht genügen, um den Organismus gegenüber seiner Umwelt ausreichend zu bedienen" (120) – steht der *differenzierende* Begriff des 'Intelligenzdefektes' als eine Abstraktion gegenüber, der sich bei der Analyse der Leistungsmängel des schwachsinnigen Menschen ergibt. Unter einem Intelligenzdefekt verstehen wir das (relative oder völlige) Versagen einer Intelligenzfunktion oder eines Bündels von Intelligenzfunktionen, das als wesentliche Ursache des schwachsinnigen Verhaltens angesprochen wird" (*Busemann, A.*, 1959, 122).

Die zahlreichen Intelligenztestverfahren, die seit Beginn des 20. Jahrhunderts entwickelt wurden, machten aber bald deutlich, dass

* 'Intelligenz' nicht als substanzielle personale Eigenschaft, sondern lediglich als Konstrukt und Modell aufgefasst werden kann
* Intelligenztestleistungen stets auch vom verwendeten Prüf-Verfahren und dieses von der zugrunde gelegten Definition, was als Intelligenz gelten soll, abhängig sind
* Intelligenz keine fixe Größe ist, sondern sich in zahlreichen Interdependenzen von biogenetischer Ausstattung, kultureller Umgebung, Wertmassstäben, Lehr- und Lernsettings, Motivationen und Interessen, Aufgaben und Problemstellungen, Erwartungshaltungen etc. unter dem Faktor Zeit entfaltet und daher auch gleiche Messwerte nicht dasselbe zum Ausdruck bringen.

Solche und zahllose weitere differenzierende Hinweise richteten freilich wenig aus gegen die faszinierende Simplizität quantifizierender Testologie. Der IQ haftet wie ein Kainsmal auf der Stirn geistigbehinderter Menschen. Er fand z.B. in der Schweiz unter psychiatrisch-psychologischer Aegide als „IQ 75 >" sogar Eingang in den Gesetzestext der Eidgenössischen Invalidenversicherung (*Haffter/Probst*, 1962)

Desgleichen wurden die Graduierungen beibehalten, jetzt freilich mathematisch „verfeinert". In Psychiatrie und Klinischer Psychologie und bis hinein in die globalisierten Klassifikations-Schemata zur Erfassung psychischer Störungen erscheinen unentwegt quasi-exakte IQ-Skalen, die sog. „Schweregrade" geistiger Behinderung pegeln sollen:

leicht	70	-	55/50	(*Diagnostische Kriterien ...*, 1989, 69f)
mäßig	55/50	-	40/35	
schwer	40/35	-	25/20	
schwerst	unter		25/20	

Derartige Graduierungen gehen implizit davon aus, dass Geistiger Behinderung ein konsistentes, nach Intensität und Ausbreitung messbares „Als-ob-Fluidum" zugrunde liegt, das sich von höchster Konzentration im Zustand der Genialität bis hin zu jenem der Idiotie gegen Null hin verdünnt. Die Frage ist also, ob Imbezillität nur eine Intensivform von Debilität und diese eine solche (noch) normaler Dummheit sei: zwar nicht dasselbe, aber das Gleiche? *Thalhammer, M.* (1974, 39ff) hat vor Jahren schon diesem Aspekt nachgespürt und von „kognitivem Anderssein" gesprochen: Eine heilpädagogisch bedeutsame, da *qualitative* Fragestellung, die leider hinter dem Quantifizierungseifer immer wieder in Vergessenheit gerät.

Die Bezeichnung „Intelligenzgeschädigte" überdauerte rehabilitationspädagogisch in der DDR; heute ist sie unter der Chiffre „Intelligenzminderung" v.a. in internationalen Psychiatrischen Klassifikationsschemata geläufig, wo sie jene des Schwachsinns abgelöst hat.

Daselbst wird immerhin vermehrt deutlich zu machen versucht, dass Geistige Behinderung in intelligenzdiagnostischer Perspektive allein nicht fassbar ist. Sozialkompetenz, Identität, Lebensgeschichte, soziokultureller Kontext, Sinnhorizont und Menschenbild der Beurteilungs-Instanz sind von entscheidender und für die inkriminierte Person von existenzieller Bedeutung.

I/11 *Geistig / mental Retardierte:* Diese Bezeichnung entstammt dem englischen Begriffslexikon (Mental Retardation; Mentally retarded). Soweit sie Verwendung findet, ist auf ihren missverständlich reduktiven Gehalt hinzuweisen: Geistig Behinderte können nicht retardierten Kindern, die lediglich auf der entwicklungspsychologischen Zeitachse zurückliegen und nur im Sinne einer Dyschronie (*Kobi, E.E.,* 5/1993) behindert sind, gleichgestellt werden. Trotz aller individueller Entwicklungsmöglich-keiten kann sich mit dem Begriff der Geistigen Behinderung auch bei maximaler zeitlicher Erstreckung kein 'Aufholen' bzgl. kognitiver Leistungsfähigkeit verbinden. Ebenso irreführend sind Vergleiche des Psychostatus Geistigbehinderter mit jenem jüngerer, nichtbehinderter Kinder. Geistigbehinderte sind nicht „Große Kinder" und werden durch derartige Vorstellungen in problematischer Weise infantilisiert.

I/12 *Geistesschwache:* „Geist ist, in Verbindung mit irgendetwas, das Verbreitetste, das es gibt" .... Was fangen wir mit all dem Geist an?" (*Robert Musil*)
Zum Beispiel Menschen, die des Menschen Spezifikum, ihn speziesistisch vom Tier unterscheidenden und zur Krone der Schöpfung Adelnden – den *Geist!* – nur unzulänglich zu würdigen vermögen, *geistes*schwach nennen!
Die Vagheit des Begriffs lässt überdies das ganze Spektrum vorgenannter Bedeutungs-varianten zu: Menschen,
· die nicht teilhaben am göttlichen Geist und daher keine sind
· die auch nicht von einem Weltgeist be-„geistert" sind und daher als geistig tot gelten können
· die weder passiv noch aktiv Anteil haben, am objektivierten Geist der Kulturgüter und daher kulturhindernd sind
· die im zwischenmenschlichen Verkehr nicht mit ésprit, geistesgegenwärtig und geistreich in Erscheinung treten, da es ihnen auch im intellektualistischen Sinne des Wortes an Geist fehlt

Das Wort 'Geist' bedient somit ein breites Erfahrungs- und Vorstellungsfeld all der Definitoren, die sich ihrerseits im Geiste wähnen, und es bietet jedem die für sie und ihn praktikable Nische zur reservatio mentalis (dh. der insgeheimen, nicht publik zu machenden persönlichen Vorstellung).

Um darzutun, dass nicht nur teilbereichliche Untalentiertheit oder vereinzelte kognitive Entgleisungen normaler Dummheit (*Kobi, E.E.*, 1979) und auch nicht bloße Intelligenzmängel das Bild geistiger Behinderung kennzeichnen, sondern eine umfassende Dürftigkeit in sämtlichen Sphären, die menschliches Kulturbewusstsein als höher und differenzierter, wertvoller und raffinierter klassifiziert, kreierte *Hanselmann, H.* (1930; ⁹1976, 109) das Wortungetüm „Gesamtseelenschwachheit".

I/13 *Kulturhindernde Ballastexistenzen:* Diese Negativ-Terminologie, wie sie der Nationalsozialismus übernahm und innert weniger Jahre konsequent vom Wort in die Tat der Verhütung und Vernichtung lebensunwerten Lebens umsetzte, hat eine lange und in ihren diversen, unzusammenhängenden Anfängen verschiedentlich zwar verschroben-idealistische, dadurch aber zunächst noch harmlos anmutende Vorgeschichte.

Herman, A. (1998) macht deutlich, wie aus dem 19. Jahrhundert heraus Ideen und Stimmungen von „Propheten des Niedergangs" ganz unterschiedlichen Quellen entsprangen, die gegen die Jahrhundertwende hin da und dort zusammenflossen, sich verzopften, verabsolutierten und letztlich in den Gaskammern des Hitlerregimes zur tödlichen Wirkung kamen: Rassismus, biologische Anthropologie, Antisemitismus, Nationalismus, Eugenik, Sozialdarwinismus, massenverachtende und demokratiefeindliche Geistesaristokratie sowie eine durchgehende, sich mählich zur Panik steigernde Angst vor Degeneration, Dekadenz, atavistischen Durchbrüchen, Bastardierung, Kulturzerfall, Materialismus, vor dem bevorstehenden „Untergang des Abendlandes" und dem Verschwinden der weißen Rasse als der Hochform und Blüte der Menschheitsentwicklung.– Keine dieser Ideen richtete sich vorerst dezidiert gegen jene Gruppen (mit dem Ziel gar, sie zu vernichten), die Jahrzehnte später in Verdichtungszentren von Rassen- und Vererbsündenwahn zu deren Opfern werden sollten: Behinderte, Juden, Zigeuner, Asoziale, Geisteskranke....... Es handelte sich um „faschistisch" (von 'fascis', Bündel) zum Eisernen Besen gebündelte Ideen, die seit Jahrzehnten in der *gesamten* westlichen Welt öffentlich verbreitet waren. Der Säuberungsgedanke erfasste nicht nur Wirrköpfe, er war auch unter Intellektuellen, Wissenschaftern und würdigen Stützen der Gesellschaft virulent und durchaus salonfähig. Was die immer wieder zitierten *Binding, K. / Hoche, A.* (1920) über „Die Freigabe der Vernichtung lebensunwerten Lebens" – im Untertitel immerhin noch: „Ihr Maß und ihre Form"! – zur Diskussion stellten, war weder außergewöhnlich noch einzigartig, sondern auch zeitgeistig. Die damit aufgeworfenen Fragen nach dem „furchtbaren Gegenbild echter Menschen" (a.a.O., 1920, 32) sind der Heilpädagogik seit je als Begleitschatten zugehörig, und sie sind daher auch von jeder Generation immer wieder neu zu beantworten. „Nur als Parasit der Kulturgemeinschaft kann der Schwachsinnige existieren – oder als ihr Schützling": diese pragmatische

Einschätzung der Sachlage (*Busemann, A.* 1959, 565) hat auch im Zeitalter terminologischer Softness nichts an Realitätsgehalt eingebüßt.

I/14 *Geistigbehinderte:* Das Wort Geistige Behinderung wurde 1958 durch Elterninitiative in Umlauf ersetzt und sollte die als verletzend empfundene Bezeichnung „Schwachsinn" ablösen. Merkwürdig allerdings, dass man in diesen Kreisen (indirekt) betroffener Menschen auch nach dem Naziregime mit seinen Euthanasiepraktiken nicht vom 'defizienten Geist' lassen mochte. Immerhin sollte dieser fortan nicht mehr als „schwach", sondern (durch ein Etwas?) "behindert" erscheinen.

Die Umgangs-Praxis mit geistigbehinderten Menschen lässt heute, so weit ich sehe, vier "Geist-Metaphern" transparent werden:

- Geist ist im Geistig Behinderten inexistent; zumal der schwerst (z.B. anenzephale) Geistigbehinderte präsentiert sich als 'leere Hülse'. Eine Metapher, die in Variationen im Laufe der Geschichte immer wieder auftaucht: als „massa carnis" von *Luther*; als „geistig Tote" von *Kant* bis *Binding/Hoche*, als „Ohne Gehirn kein Geist!"- These in neurophysiologischen Schriften, als „apersonales Wesen" bei *Kuhse, H./Singer, P.* (1993) usf. Soweit in dieser Sicht Bildungsbemühungen überhaupt als sinnvoll und rentabel erachtet werden, zielen diese darauf ab, den als tabula rasa gedachten „leeren Geist" zu füllen. Dies geschieht nach traditionell sensualistischer Auffassung über die Sinne als Tor zur Seele – von *E. Seguin* (1812-1880) über *Maria Montessori* (1870-1952) bis hin zu *Frostig, Affolter* u.v.a.–, um diese Menschen mit Inneren Bildern (vgl. Pestalozzis Zentralbegriff der „Anschauung") auszustaffieren.

- Der Geist (verstanden vor allem als voluntative Fähigkeit) selbst ist schwach und muss daher geweckt und gestärkt (vgl. z.B. die seit Mitte des 19. Jahrhunderts im Umfeld der evangelischen „Erweckungsbewegung" wirkende Pastoralpädagogik oder den „triebgemäßen Unterricht" von *Gürtler, R.*, 1924), aufgerichtet, gehalten und mit auf den gemeinsamen Lebens- und Heilsweg genommen werden (vgl. z.B. *Bopp, L.* oder *Moor, P.*), er ist zu verganzheitlichen und zu heilen (vgl. *Saegert, C.W.,*: 1845: „Die Heilung des Blödsinns auf intellektuellem Wege", *Lesemann, G.,* „Geistorthopädische Übungen", 1925).

- Der Geist kann nicht schwach, behindert oder krank sein; er ist mit derartigen immanentistischen (innerweltlichen) Chiffren nicht zu fassen. Geist ist sich selbst kongruent in der ihm eigenen Vollendung. Er kann sich allenfalls aufgrund widriger naturhafter Umstände in einem bestimmten Individuum nicht entfalten. Er ist gewissermaßen in der leiblichen Hülle eingesperrt. Bildung und Erziehung haben somit einen Befreiungsauftrag. Sie haben Kommunikationskanäle zum 'Gefangenen' vorzutreiben und gleichzeitig in dessen skurril erscheinendem Verhalten bedeutungshaltige Signaturen ausfindig zu machen.

- Dem Geist misslang im Falle einer Geistigen Behinderung die Inkarnation (Fleischwerdung); er ist in der schicksalhaft zugewiesenen oder gewählten Leibeshülle fehlplatziert und vermag sich daher nur in einer als gestört und unverständlich wirkenden Art mitzuteilen.– Er ist und bleibt jedoch für psychosoziale Zuwendungsakte und Bildungsbemühungen empfänglich und über das Individualleben hinaus auf

„Seelenpflege" angewiesen, wenn er in künftigen Inkarnationen bessere Entfaltungschancen haben soll (vgl. dazu die Anthroposophische Heilpädagogik).

In der leeren Weite des Geist-Begriffs finden somit auch weiterhin die verschiedensten Vorstellungen, Bekenntnisse und Lehren ihren Platz mit entsprechend unterschiedlichen Konsequenzen auch für die Gestaltung des praktischen Umgangs.

I/15 *Mandatare Titel:* Solche verlegen den Akzent von der behinderten Person auf die mitmenschliche Aufgabe, die am Geistig Behinderten zu erfüllen ist. Demgemäß ist die Rede von „Menschen mit besonderen Bedürfnissen", „mit speziellem Förderbedarf". Im Vordergrund stehen des weitern Egalisierungsbestrebungen sowie Apologien und pflichtethische Appelle in Ausrichtung auf die „Auch-Formel": Auch-Menschen, Wie-Du-und-Ich, Haben-ein-Recht-auf, Sollen-auch-dürfen, Müssen-auch-werden u.ä. Strukturell leiten derartige De-Ontologisierungen ('Enteigenschaftlichungen') über zu neueren dekonstruktivistischen Entwicklungen.

II Destruktionen

Seit etwas mehr als zwei Dezennien greift im sozialpolitischen Umfeld der Geistigbehindertenpädagogik und in jüngerer Zeit auch zunehmend in dieser selbst eine Tendenz um sich, das Phänomen Geistige Behinderung sowohl wie den Personenverhalt Geistig Behinderte durch Wortentzug, Tabuisierung und Entgrenzung (De-Definition) aufzulösen („Geistige Behinderung als Phantom!'). Ausmaß, Stossrichtung und verbales Instrumentarium sind allerdings zu verschieden und überdies zu wenig bedacht, als dass dahinter eine konzertierte Aktion zu erkennen wäre. Wahrscheinlich handelt es sich mehr nur um eine um Positivierung bemühte Stimmungwelle im Mainstream gutmenschelnder Political und Pedagogical Correctness, um Vermischungen auch von Virtual- und Social- Reality und einen damit verbundenen Hang zu Wort- und Zeichenmagie.

II/1 *Apostrophierung:* Apostrophierung und Sogenanntismus entspringen dem Unbehagen, sich über eine als peinlich empfundene Situation mittels unpassenden oder missverständlichen Worten äußern zu müssen. Apostrophierung ist eine semantische Möglichkeit, diesbezüglich Distanz zu schaffen. Sie schützt den Schreibenden vor einem direkten Zugriff potentieller Kritiker.

Für eine sich penetrant auf Dialog anlegende Heilpädagogik ist Schweigen keine Lösungshilfe, Benennung andrerseits aber disqualifizierende Stigmatisierung, so dass sich als Fluchtweg jener auf die Metaebene der Uneigentlichkeit anbietet. So äussere ich mich denn über so genannt „Geistige" so genannte „Behinderung", die andere so genannt haben mögen und möchten, deren Eigentlichkeit sich mir hingegen terminologisch verweigert. „Geistige Behinderung" wird zur paradoxen Formel, die ich verwende wie ein Atheist das konventionelle „Grüß Gott!". Die Sprachsoziologie spricht in solchen Fällen von Tabu- und Deckwörtern, die im Umfeld des Heiligen und Mysteriösen und desgleichen der Sexualität, von Krankheit und Tod, die Paradoxie schaffen, mittels derer das Unaussprechliche letztlich doch wieder aussprechbar wird ('die Unaussprechlichen'; 'das Dings'; 'der Gott sei bei uns').

II/2 *Menschen mit:* Auch die „Menschen mit ... Behinderung"-Formel erfreut sich seit geraumer Zeit humaner Beliebtheit. Demgegenüber nennen sich Menschen mit ... Blindheit, Gehörlosigkeit ... nach wie vor Blinde, Gehörlose etc. Und Menschen mit Aktien und mit politischem Mandat heißen wortschlüpfig weiterhin Aktionäre und Politiker.

Die „Menschen mit ..."-Formel tituliert demnach vorzugsweise „ontologisch unsicheres" (Mit-) Menschsein (*Laing, R.*, 1976, 33ff.) Die so benannte Person soll in ihrem Menschsein durch die Mitgift der Behinderung keine Kontamination erfahren, damit nicht infiziert und identifiziert werden. Diese Verschiebung der Behinderung aus dem (Person-) Sein ins Haben (von etwas) könnte ein Akt der Entwirklichung durch Versächlichung und Peripherierung sein gemäß der bereits durch *Aiga Seywald* ([2]1978) formulierten „Irrelevanzregel": Wir tun, als ob nichts wäre! Zumal ja alles was „mit" ist, auch „ohne" sein könnte.

II/3 *Rückzug auf die Schädigungsebene:* In den vergangenen Dezennien wurden große medizinische Fortschritte erzielt in der ätiologischen Aufklärung von Schädigungen, die zum psychosozialen Zustandsbild Geistiger Behinderung führen können. So sind heute Dutzende von Chromosomenaberrationen und Gendefekten bekannt, die Syndrome bewirken, denen via Hirnfunktionsstörungen auch mehr oder minder ausgeprägte kognitive Leistungsmängel zugehören. Dazu kontrastieren allerdings nach wie vor die dürftigen therapeutischen Möglichkeiten.

Gerade aus dieser Sachlage heraus erscheint es mir wesentlich, dass sich die Heilpädagogik dezidiert auf der Ebene der psychosozialen und sozialpolitischen, der ethischen und ökologischen ('hausgemeinschaftlichen') Fragen etabliert und artikuliert. Zur „Flucht nach oben" auf die Metaebene des Als-ob, bietet sich hier freilich eine solche nach „unten" auf die Ebene der (vorzugsweise naturhaften) Schädigungen an. So versucht z.B. *Sarimski, K.* (1997) exemplarisch, (wenngleich wahrscheinlich nicht paradigmatisch), Schädigung (impairment) und Behinderungszustand (handicap) einander über eine biologische Folie näher zu bringen. Von (z. B.) 'Trisomal geschädigten Personen' zu sprechen ist zwar nicht falsch, bezeichnet hingegen sowenig einen pädagogischen Personverhalt, wie die ursprünglich rassenbiologisch / ethnozentrisch gemeinte, dann aber bereits von ihrem Erfinder, *J.L.H. Down* (1828-1896) als falsch erkannte (*Heller, M.*, 1995) und mittlerweile als diskriminierend empfundene Bezeichnung 'Mongoloidie'. Gerade an diesem Beispiel zeigt sich, dass (die) Schädigung nicht unbesehen mit Geistiger Behinderung in eins zu setzen ist und dass „Verhaltensphänotyp" und familiäre Belastung damit nicht auf *eine* Entsprechungsreihe zu bringen sind.

II/4 *Dispersion:* Darunter verstehe ich das Aufdröseln des Begriffs sowohl wie des Sach- und des Personenverhaltes Geistige Behinderung in eine unendlich große Zahl von Detailbefunden in Ausrichtung auf ein additives Konzept von Teilleistungsstörungen. Solchen Tendenzen kommt der Umstand entgegen, dass Geistige Behinderung tatsächlich eine kaum klassifizierbare Fülle von Störungen, Ausfällen und

Irregularitäten in praktisch allen Fähigkeits- und psycho-sozial relevanten Funktionsbereichen aufweist. *Busemann, A.* [1959ff] gelang es möglicherweise letztmalig, diese „Fülle der Gesichte" auf der Basis eines persönlichkeitspsychologischen Schichtmodells zu einem Gesamtbild zu vereinen, ohne dabei in eine Typologisierung zu geraten.

Im Gehäcksel hingegen, welches z. B. das ICIDH-2-Handbuch (*WHO*, 1998) präsentiert, verschwindet Geistige Behinderung vollends und man fragt sich, über welche additive Modulationen und Strichcodes letztlich überhaupt noch gemeinsame, gemeinschaftliche und – horribile dictu! – ganzheitliche Bilder, Vorstellungen, affektive Konvergenzen möglich sind und wie in sich konsistente und persönlich verantwortete Entscheidungen getroffen und Maßnahmen durchgeführt werden können? Aber vielleicht soll gerade dies vermieden werden aus der untrüglichen Ahnung heraus, dass letzthin nicht Worte, sondern Tun und Lassen von definierender Bedeutung und Wirkung sind.

II/5 *Verklärung:* Verklärungen un-heimlicher Sach- und Personenverhalte, wie hier der Geistigen Behinderung, können in jede Wertrichtung hinein vorgenommen werden: Zum Heiligen, Schönen, Wahren, Guten.

So wurden schwer geistig Behinderte von religiösen Gemeinschaften vereinzelt als Heilige verehrt und entsprechend besorgt, da sie als zu keiner Sünde fähig galten. Häufiger wurde sie allerdings als Vehikel zur Beförderung des *eigenen* Seelenheils betrachtet und benutzt. Der „*Heils*pädagoge", wie ihn *Bopp, L.* (1958) sieht, erkennt im Dienst für Geistigbehinderte eine Form der Christusnachfolge, für die er postum seinen himmlischen Lohn in Empfang nehmen darf.

Auch ohne eine Ästhetik des Hässlichen (*Rosenkranz, K.,* ²1996) bemühen zu müssen, können Geistig Behinderte als von faszinierender Anmut, Reinheit und Unverstelltheit erscheinen, was sich Menschen, die sich wesentlich und wesenhaft mit ihnen einlassen, immer wieder erschließt.

Alban Stolz (1848) schreibt von einem kretinenhaften Knaben von 5-6 Jahren: „Dieses Kind, so hässlich es aussah, kommt mir dennoch eigentümlich lieblich vor, und ich fühlte selbst Zuneigung zu ihm. Desgleichen kam mir auch sonst schon eine eigene Anmutung zu solchen leiblich missratenen Leuten, dass ich oft bei dem ersten Anblick schon ein Wohlgefallen und herzliches Wohlwollen gegen sie fühle. Sie sind mir halbpoetische Geschöpfe, auf welche ganz gewiss Gott besonders sieht. Es ist mir bisweilen, als läge in diesen Kretinen eine verborgene Schönheit und ein Adel, so dass ihre äußere Erscheinung nur die groteske Maske ist, unter welcher Gott ein kostbares Gebilde vor der Welt verhüllt und für eine andere Welt bewahrt. Und zwar ist in solchen Menschen oft eine wunderliebliche Demut vor Menschen und Ehrfurcht vor Gott. Ich meine, keinem Menschen treuer und lieber abwarten zu können als gerade solchen von der Welt und Natur zurückgesetzten Wesen. Ich sehe hier nun wohl, dass man sich freuen und dass man lieben kann, ohne durch Schönheit der Natur und Gestalt angeregt zu werden." (zit. nach *Bopp, I.* 1958, 113)

Gelegentlich werden auch verborgene alethische Werte in Geistig Behinderten vermutet. Dies speziell in Verbindungen mit Autismus, zu welchem u.U. gewisse Spezialbegabungen und -faszinationen, desgleichen sogen. éclairs (d. h. ein situatives Aufblitzen überraschender Einzelleistungen sprachlicher, künstlerischer Art) gehören können. Das Kind erscheint als fensterlose Monade, die große und tiefe Wahrheiten in sich birgt, über die es sich aber ausschweigt und zu denen wir keinen Zugang finden. Auch Inkarnationsvorstellungen (I/14) finden hier einen Platz.

Derartige Interpretationen mögen von rationalistisch-positivistischer Seite zwar als nicht minder spekulativ und „verrückt" abgetan werden, wie die vorgenannten (historisch leider viel häufigeren!) Dämonisierungen: Sie bieten für die Lebensqualität der Betroffenen jedoch unvergleichlich mehr Chancen und machen deutlich, dass eine per se prospektiv gerichtete Pädagogik ihre existenzielle Kraft entscheidend aus der Zukunft und nur nachrangig aus der Vergangenheit bezieht.

II/6 *Positivierung:* Hier geht es programmatisch darum, „Menschen mit geistiger Behinderung nicht (mehr) als Defizitwesen, sondern als vollwertige, kompetente Personen zu begreifen" (*Klauss, Th.* 1998, p. 159) … „Defizitär ist dagegen kulturlos" (a.a.O.).

Während Anthropologen wie *Arnold Gehlen* und *Adolf Portmann* Menschen einst noch generell (d. h. als Gattung) als „Mängelwesen" und „physiologische Frühgeburt" bezeichnen durften, ist derzeit ein moralischer Positivismus federführend, der das Seinsgute dem Wünschbaren schlechthin gleichsetzt. Solches nennt sich „Kompetenzorientierung" (a.a.O.), wobei Kompetenz mit 'Befugnis' übersetzt und als 'Erlaubnis' verstanden wird, so dass keinerlei Assoziation zu 'Fähigkeit' mehr aufscheint. Es handelt sich hier offenbar um den Versuch, durch didaktische und diktatische Sprachregelung eine Wahrnehmungsveränderung zu bewirken und neue Wirklichkeit zu konstruieren. Die Dialektik besteht allerdings darin, dass eine Behinderung dermaßen camoufliert werden kann, dass sie am Ende umso mehr aus ihrer Tarnung zu erschließen ist.

II/7 *Ethnisierung:* Darunter verstehe ich eine Tendenz, Behinderte in toto wie auch spezielle Gruppen (Blinde, Gehörlose, Geistigbehinderte etc.) wie einen Volksstamm (eine Ethnie) zu betrachten und zu behandeln. Zwar wird auf Andersheit erkannt, dies jedoch nicht abwertend, deklassierend oder auch nur bedauernd, sondern betont horizontal, egalitär, völkergemeinschaftlich. Zum Teil trifft sich dies mit ähnlichen Bestrebungen Behinderter (wie z.B. von Gruppen Gehörloser, die sich dezidiert für eine Gehörlosenkultur mit eigener Sprache engagieren und den kolonisatorischen Beschallungseifer der Lautsprachler auf Distanz zu halten trachten). Die anberaumte „Entwicklungshilfe" bewirkt dann alsbald aber doch wieder ein pejoratives Gefälle in den Handlungsbeziehungen (vgl. das „Auxiliare Paradoxon", *Kobi, E.E.* (51993, 427).

II/8 *Auflösung:* Der Kulminationspunkt der Entwirklichung wird in jüngster Zeit auf der Schiene des Radikaldekonstruktivismus unter dem Kriegsruf „Geistig Behinderte gibt es nicht!" angesteuert. Behinderung wird als partie honteuse zum Verschwinden gebracht wie Fingerhütchens Buckel durch Elfengesang (vgl. *Mürner, Ch.*, 1998). Bemerkenswerterweise gehen derartige Phantomisierungen meist von Heilpädagogen, kaum je von Betroffenen und schon gar nicht von der mit dem ostinaten Vorurteilsvorwurf bedachten 'Gesellschaft' aus. Es bedürfte daher einer gehörigen Portion Unverfrorenheit, Eltern eines schwerst geistig behinderten Kindes die Aussage ins Gesicht zu lächeln, sie würden sich lediglich um ein Phantom Sorgen machen (Don't worry, be happy!).

Als mittlerweile freilich bereits Historie gewordenes Exempel solcher Verleugnung ist an die einstige Legasthenie zu erinnern. In den achtziger Jahren zum Phantom und selbstversteckten Osterei erklärt, vermochte dies die real existierenden Kinder mit massiven Lese-Rechtschreib-Schwierigkeiten freilich nicht zum Verschwinden zu bringen; man war lediglich ein Wort los. Diese versammeln sich denn heutzutage auch wieder unter dem neuen Etikett der „Schriftspracherwerbsstörungen", finden vermehrt Beachtung von kinderpsychiatrischer Seite und daselbst vorzugsweise sogar wieder unter dem längst überwunden geglaubten medizinischen Krankheitsmodell und -begriff!

Es ist eine euphemistische Invalidierung und Ver-Nichtigung, die vom Consense zum Nonsense führt, innerhalb dessen wir uns gegenseitig auflösen. Derweil wäre meines Erachtens die Akzeptanz der Differenz geradezu die Voraussetzung der Koexistenz.

II/9 *Namenlos:* In letzter Konsequenz sind geistig Behinderte „namenlos" (*Niedecken, D.*, 1989) und als Projektionsflächen verfügbar für jedwede auswärtige Phantasie und Spekulation. Psychotherapeutische Deutungen kennen „zweifelsfrei als geistig behindert geltende Gymnasiasten" (a.a.O., 32), womit sich der Kreis über den „Idiot savant" und den „Salonblödsinn" der alten Irrenhauspsychiatrie schließt und zum existenziellen Ausgangspunkt zurückführt: Zum Umstand, dass Geistige Behinderung eine Situation kennzeichnet, in welcher ein 'Wesen' (dessen Menschsein mitunter sogar in Frage gestellt wird!) nicht usanzgemäß reversieren und *seinerseits* definitorisch Existenz zu- und absprechend („Gibt's! Gibt's nicht") durch die Gegend marschieren kann wie die Bremer Stadtmusikanten.

Geistig Behinderte müssen es sich von Geistreichen gesagt sein lassen und sind (einseitig!) auf deren Existenzzusprache angewiesen (*Saal, F.*, 1998). Werden Geistig Behinderte zum Phantom erklärt, so ist man sie im virtuellen Paradies zwar (wieder einmal) los: So lange allerdings nur, bis sie – in Umkehrung der viel zitierten Buber-Formel – dann plötzlich doch wieder 'am Ich zum Du' werden. Fragt sich nur als was!? Da capo als Monster ?!

5 Sprachmatt !?

aus: Gruntz, J. [Hrsg.] (2006), Verwahrlost, beziehungsgestört, verhaltensoroginell. Zum Sprachwandel in der Heil- und Sonderpädagogik (Bern Haupt) S. 123-153

> *„Nach außen ist nur soviel zu vermelden:*
> *Glaubt nicht, ihr klimabeherrschenden*
> *Korrektheitsdesigner, dass ihr uns durch*
> *und durch klimatisiert habt. Je mehr ihr das*
> *Sagbare ritualisiert, desto lebendiger wird*
> *innen die freie Rede"*
> *(Martin Walser, Der Spiegel, Hamburg, 45 / 1994)*

Machtwort und Wortmacht

Es begann vor etwas mehr als dreißig Jahren, als der behinderte *Gusti Steiner* (2003) und der (nicht behinderte) Journalist *Ernst Klee* – angeregt durch den Slogan der amerikanische Black Power Bewegung: Black is beautiful! – in Frankfurt Furore machten mit der These: „Behindertsein ist schön!" (*Klee, E.,* 1974). Der Glaube an das Heil geschönter Worte geriet alsbald im Behindertenwesen im Allgemeinen und der Heilpädagogik im Speziellen progressiv in Blüte.

Was die Behindertenpolitik anbetraf, traten, auch hier nach US-amerikanischem Vorbild, sog. advocacy-groups (hauptsächlich aus Kreisen Körperbehinderter) als Wortführer in Erscheinung. Dass Behinderte in vermehrtem Masse sich selbst für ihre Belange einsetzten, ihr Behindertsein und -werden selbst definierten und desgleichen bestimmten, was für sie Hilfe, Unterstützung, Erleichterung und Normalisierung war, entsprach zweifelsohne einem dringenden Erfordernis. Dies nicht nur *trotz* der hierdurch provozierten Konfrontation mit der etablierten Expertokratie, sondern *weil* sie dadurch verschiedentlich in eine fruchtbare Opposition zum (u.a. auch heilpädagogischen) Fachpersonal gerieten. Dieses hatte sich in der Nachkriegszeit progressiv vermehrt sowie durch Spezialausbildungen qualifiziert und dadurch nicht nur an Sozialprestige und gewerkschaftlicher Potenz zugelegt, sondern sich auch mit erheblicher struktureller und definitorischer, argumentativer und kommunikativer Macht ausstaffiert.

Der Umstand, dass sich auch erhebliche Teile der wissenschaftlichen Heilpädagogik mit diesen Bewegungen nicht nur, affektlogischerweise, solidarisierten, sondern auch deren sprachliche Attitüden glaubten übernehmen zu müssen, hat verschiedene Gründe:

- Als historisches Derivat (unter Anderem auch) karitativ-missionarischer Agitation und durch ihre philanthropische Herkunft hat die Heilpädagogik wesensmäßig eine Affinität zu „Überredungsbegriffen", zu einer „im kategorischen Imperativ säkularisierten Stimme Gottes", zur „manichäischen Trennung zwischen ‚guten' und ‚bösen' Wörtern" (*Reichenbach, R.*, 2004), zu von konkreten Inhalten, Zielen, Zwecken abgekoppelten, prinzipiell positiv / negativ deklarierten Begriffen (gut ist: aktiv, offen, kommunikativ sein, desgleichen ganzheitlich, Kreativität, Integration ... schlecht hingegen ist: passiv, verschlossen, selbstisch sein, desgleichen fragmentarisch, Nachahmung, Segregation ...).

  Das geht neuzeitlich teils so weit, dass Pädagogik sich sogar selbst ins Wort fällt, wenn sie ‚gute Erziehung' als keine „typische Erziehung", ‚gute Lehrer' als „keine Schulmeister", ‚gute Information' als „nicht belehrend", Unterricht als „Macht-Spaß-Veranstaltung" qualifiziert. Pädagogik im Orwell'schen „OldSpeak" (*Abschnitt 7. 3*) ist per se „Schwarze Pädagogik" (*Rutschky Katharina*, 1977)

- Der kaum erschütterliche Glaube an das Wort – und mehr drum noch an die Wörter – scheint für Pädagogen bestimmend zu sein, Kinder, Menschen überhaupt und endlich die ganze Menschheit steuern und formen zu können. Gute Worte schaffen den guten, schöne Wörter den schönen Menschen und gemeinsam den Kalokagathos.

- Während, (so hauptsächlich die Natur-) Wissenschaften, Verständigungsprobleme u. a. dadurch lösen, dass sie Gegenstände, Sachverhalte, Prozesse etc. mit speziellen Bezeichnungen belegen und so von der Vieldeutigkeit der Alltagssprache absetzen – was ihnen auch die Möglichkeit bietet, sich über Sprachgrenzen hinweg auszu-tauschen – befindet sich die Pädagogik in einer Zwickmühle: Es existiert praktisch kein pädagogischer Fachjargon, was denn auch schon früh (so z. B. von *Friedrich Herbart* im 19. Jh.) bedauert wurde. Sowie sich Pädagogik jedoch – dezidiert in den siebziger Jahren des letzten Jahrhunderts – als „Erziehungswissenschaft" zu etablieren und so auch begrifflich von einer lebensweltlich-unwissenschaftlichen („praktizistischen") Pädagogik abzusetzen trachtete, drohte sie den Zugang zu und den Zusammenhang mit ihrem „Gegenstand" – der als Beziehungsmuster kaum als solcher zu fassen ist – zu verlieren. Ganz abgesehen von rasch aufflammenden Protesten des Erziehungs- und Lehrpersonals gegen (angebliche oder vermeintliche) Fremdwörter und sprachliche Verstiegenheiten, die man nicht zu goutieren bereit ist. Die Evidenz des Alltagswissens und der (als „Vorurteile" wissenschaftlich geschmähten) „Alltagstheorien" erweist sich für einen szientifischen Objektivismus als uneinnehmbar (*Bleidick, U.*, 1991, 767f.). Auch Teile der Soziologie und Psychologie machten sich bekanntlich durch ihre Sprachkonstrukte zum Gespött („Soziologen-Chinesisch") der Volksseele. Diese „Volkszensur" mag als parteiisch und unverhältnismäßig empfunden werden, da sie, allein schon in den Gefilden des Sports bis hinab zur Boulevardpresse, weitaus mehr Fremdwörter und Jargon toleriert und selber transportiert, als etwa in schulischen Domänen. Doch Pädagogik ist gehalten, sich bei ihren Einlassungen in und Auslassungen über aktuelle Erziehungs- und Bildungsfragen um eine grundsätzlich ‚allgemeinverständliche' und allgemein verständliche Sprache zu bemühen. Was sie hinwiederum freilich um den Ruf bringt, eine „richtige" (d.h. diesfalls: dem Laien unzugängliche, da unverständliche) Wissenschaft zu sein. Tatsächlich ist Pädagogik denn auch in einem dynamischen Zwischenbereich von Wissenschaft, Kunst(-handwerk) und Politik zu orten (*Kobi, E.E.*, 2004).

Es macht daher einen Unterschied, ob ich als Wissenschafter oder als „Disability Advocate" spreche. Advocacy-Groups, die als Scientific Communities auftreten und desgleichen Wissenschafter, die parteiische Programm-Foschung betreiben, problematisieren sich oft gleichermaßen zu sektiererischem Aktivismus, asymmetrischer Themenfocussierung, (un-)ausgesprochener Interessengruppen-Politik, zu thought-Control in Richtung Pedagogical correctness mit entsprechenden Säuberungen in ihren eigenen Reihen und komplettieren so eine Unfähigkeit zu skeptischer Distanznahme sich selbst und ihren Anliegen gegenüber (kritisch dazu: *Hollenweger, Judith*, 2003).

Die heilerzieherische Praxis geriet durch derartige Entwicklungen gleich von mehreren Seiten her in eine Zwangslage:

• Einmal durch die erweiterten Anspruchs- und Erwartungshaltungen ihrer Zöglinge und deren Eltern, nachdem diese als partnerschaftliche Klienten bzw. Interessenvertreter in Erscheinung getreten worden waren

• Durch den Umstand, dass Praktiker fortan ihre „eigentlichen" berufliche Aufgaben (erziehen und belehren) „eigentlich" nicht mehr ausüben durften, da sie sich als „uneigentliche Erzieher und Lehrer" „eigentlich" nicht mehr als solche zu erkennen geben durften, sondern sich als „Berater", „Begleiter", „Gestalter", „Animatoren", bestenfalls Förderungs-Ambulatoren, anzudienen hatten

• Desgleichen konnten sich pädagogische Institutionen nicht mehr prioritär auf der Sach- und Inhaltsebene darstellen, sondern hatten sich in hypertroph-einseitiger Positivierung emotional aufgeladener und entsprechend geschwollener „Überredungsdefinitionen" (*Reichenbach, R.*, 2004) zu befleißigen, wie sie sich in dutzendfach originellem Abklatsch als Präambeln in „Leitbildern" und „Konzepten" von Schulen und Heimen finden, die auf diese Weise mit weitgehend austauschbaren Plastikwörtern (*Abschnitt 7.2*) (Individualisierung, Achtung der Menschenwürde, Kind im Zentrum, intensive Kontakte pflegen, integrative Ziele verfolgen ...) um die Paradoxie einer individuell-kollektiven Identität mühen

• Den Praktikern wurde durch die um sich greifende Pedagogical Correctness (*Abschnitt 8.1*) verschiedentlich auch die (Fach-) Sprache verschlagen. Exemplarisch die tautologische Beschwörung: „Behinderte sind behindert!" des im *Orwell*'schen „Altsprech" (*Abschnitt 7.3*) noch so genannten „Heilpädagogen" *Danelzik, M.* (2002), der, wie er befürchtet, buchstäblich „alt aussähe" und

„niedergebuht" würde, wenn er an seiner Studienstätte noch das Wort „Behinderte" gebräuchte.

Dazu auch *Fuchs, P.* (2002): „Die trockene, die klare Rede über Behinderung ist verpönt, wenn sie sich auf die Nachteile richtet, die im Kontext der Beziehung zwischen Behinderten, Nichtbehinderten und sozialen Systemen entstehen"

Hier handelt es sich also nicht etwa um im Einzelfall Betroffener verständliche Abwehrmechanismen („Verdrängungen"), sondern um bewusste, gezielte Agitation zensurierenden Gutmenschentums (*Abschnitt 5*).

Die heilpädagogischen Wandlungen bezüglich Sprachnutzung decken somit nicht einfach einen wissenschaftlich begründeten Eigenbedarf. sondern sind in einem umfassenden sozialpolitischen Kontext zu sehen, von dessen Referenzrahmen jeweils eine entscheidende (Re-)Definitionsmacht ausgeht. In diesem Trendsetting waren und sind vor allem folgende Einflussfaktoren wirksam: (1) Globalisierte Menschenrechte, (2) Egalitäre Demokratisierung (3) Antisexismus und Antirassismus, (4) Gutmenschhaftigkeit (5) Tabuisierung, Euphemistik und Neusprech (6) Political bzw. Pedagogical Correctnes und Spin-doctoring.

Alle diese Entwicklungen sind historisch kaum zu orten, sind aber auch nicht neu (im Sinne des noch nie Dagewesenen): Umfassende Menschenrechts (und –pflichts)ansprüche sind, wenngleich mit unterschiedlichen Akzentuierungen, in sämtlichen Hochreligionen von zentraler Bedeutung. Basale Demokratisierungsbestrebungen finden sich spätestens vom Aufklärungszeitalter weg. Tabuisierungen und Wortmagie spielen bereits bei Naturvölkern eine bedeutende Rolle. Euphemistik wurde vor allem in Ständegesellschaften stets gepflegt. Und mit einiger Berechtigung kann man bereits *Moses, Machiavelli, Rasputin* u.a. (*The secrets ...*, 2000) ein erfolgreiches Spin-doctoring attestieren.

Die Medientechnik hat derartigen Bestrebungen, die Welt per definitionem zu konstruieren und zu realisieren, sie mittels Begriffen begreiflich zu machen und zu steuern, jedoch neue Einsatz- und Durchsetzungsformen erschlossen.

Globalisierte Menschenrechte

In unserer Gegenwart beziehen sich Menschenrechte – Ethnien, Kulturen und Nationen übergreifend – auf die gesamte Menschheit. Ob dieser vordergründigen Selbstverständlichkeit wird freilich oft übersehen, dass der globalisierte und familiär verklärte Begriff „Menschheit" jungen Datums und auch in der Neuzeit nicht überall und durchwegs verankert ist.

Wie brüchig die Verhältnisse aber auch in Hochkulturen sind, zeigt die situativ hohe (affektive) Bereitschaft, Fremden, Feinden, Exoten, Gewalttätern ... Behinderten Menschhaftigkeit abzusprechen, sie als Un- und Untermenschen, Tiere und im Jargon der Boulevardpresse als Monstren, Bestien ... gattungsmäßig auszuschließen. Auch in vergleichsweise milden Verbalinjurien (blöde Kuh und dumme Sau) bleibt der herabsetzende Dehumanisierungsmechanismus transparent.

Während die Proklamation von Menschenrechten auf Delegationsebenen und mit Allgemeinbegriffen relativ flott vonstatten geht, stoßen Konkretisierungsversuche alsbald rasch auf überwunden geglaubte, kulturhistorisch gewachsene Strukturen, innerhalb derer damit eine mühsame Auslegungsarbeit ansteht. Wesentlich schwieriger als die Deklaration erweist sich ferner, über die Interpretation hinaus, die Durchsetzung von Menschenrechten, zumal sich derartige Bestrebungen durch das Gewaltsverzichtsprinzip selbst zu paralysieren haben und/oder aber sehr komplexe Escamotagen für Sanktionierungsstrategien entwickeln müssen. Bei näherem Zusehen wird ferner deutlich, dass sich die mondial angesetzten Forderungskataloge stark nach abendländischen Erfahrungen und Maximen orientieren, so dass der Vorwurf einer neokolonialistischen Globalethik jeweils rasch zur Hand ist. Der Nötigung, mit ungleichen Ellen zu messen, Relativierungen und Relationierungen zuzulassen, ist somit in praxi nicht zu entkommen. Unzulänglichkeit und Widersprüchlichkeit charakterisieren den Normalzustand.

Egalitäre Demokratisierung

Auch der heutige (abendländische) – vor allem Stimm – und Wahlrecht aller mündigen Staatsbürger, Gleichheit vor dem Gesetz, Gewaltentrennung und Rechtsstaatlichkeit umfassende – Demokratiebegriff ist bekanntlich wesentlich jünger, als das aus der griechischen Polis stammende Wort, das zwar mit „Volksherrschaft" korrekt übersetzt wird, seinerzeit in praxi jedoch bei weitem nicht bedeutete. Demokratie ist auch heute ein Allerweltswort, das vielerlei (bis hin zum Gegenteil) umfasst und sich daher auch in unserer Gegenwart als permanent konkretisierungs- und auslegungsbedürftig erweist. Dies nicht nur und erst auf staatlicher Ebene, sondern bereits in Vereins-, Schul- und Familienstrukturen.

Für das Behindertenwesen ist essenziell, dass Demokratie durch soziale Gesetzgebung eine Kompensation z. B. naturgegebener Ungleichheit anstrebt. Falls sich ein Mangel nicht beheben lässt, werden sowohl dehandicapierende Kompensationen auf Seiten des Behinderten – Prothetische Versorgung, Umweg-/Zusatzlern-Möglichkeiten, Zusatzleistungen (z.B. finanzieller Art), Entlastungen (von Pflichten), Ver- und Begünstigungen, Wettbewerbsvorteile, Geschützte Werkstätten u.a.m.– bereit gestellt. In Ergänzung hierzu erfolgen handicapierende Symmetrierungen auf Seiten Nichtbehinderter: So z.B. situativ-instrumenteller Art – wie etwa in sportiven Bereichen oder im Zusammenhang mit Bemühungen um Erfahrungsannäherung (*Kobi, E.E.,* 2004) – vor allem jedoch durch (finanzielle, bauliche, tätige etc.) Leistungsverpflichtungen. Demzufolge wurde denn auch unter dem Leitmotiv der „Chancengleichheit" das seit den siebziger Jahren im Bildungsbereich entwickelte Demokratieverständnis zunehmend durch ein Egalitätsprinzip in Richtung Deklassifikation und Entschichtung bestimmt, wozu Heilpädagogik durch invasiven Integrationismus (Vereinnahmung) und hermetische Inklusion (Einschluss) ihren Beitrag erbringen soll: Eine Entwicklung, die in pädagogischen Gefäßen (von Schulen z. B.) einen zum Teil extrem hohen Binnendruck erzeugt und Lösungen sich alsbald in Probleme zweiten und dritten Grades umschlagen lässt (*Fuchs, P.,* 2002). Diese sind sodann ihrerseits wieder mit einem enormen Aufwand an inkludierten Differenzierungen zu dissimulieren:

Ideell gepriesene Heterogenität ist durch reduzierte Schülerzahlen pro Klasse nicht nur (quantitativ) in Grenzen, sondern, in „dialektischem Umschlag", auch (qualitativ) durch extreme Homogenisierung in Form (ambulanter) Einzelförderung in Balance zu halten.

Diese affirmative „Institutionalisierung der Dissimulation" (*Fuchs, P.* 2002) erweist sich nicht nur als systemerhaltend (*a.a.O.*), sondern sogar – wie unentwegt wachsende integrationsbegleitende „Sonderbedürfnisse" therapeutischer und schulischer Art zeigen (*Sturny, G.*, 2004; *Niederberger, Daniela*, 2005 u.v.a.) – als systemfördernd.

Egalitarismus ist ferner mit ein Grund für eine zunehmende Unterscheidungs- und Benennungsscheu, die sich bis zur Tabuisierung (*Abschnitt 6*) steigern kann.

Exemplarisch ist die Pejoration des Begriffs „Diskriminierung / diskriminieren": Die ursprüngliche Bedeutung von ‚trennen, unterscheiden, absondern' ist zwar in mathematischen und naturwissenschaftlichen Bereichen nach wie vor geläufig, sozialpolitisch wurde daraus jedoch ein Kakophemismus im Sinne von ‚missachten, ausschließen, entwürdigen'.

Daher wirkt z.B. die von *Judith Hollenweger* (2003, 152) – im Zusammenhang mit den oben erwähnten Vermischungen von politischem Aktivismus und wissenschaftlichem Arbeiten – erhobene Forderung nach „mehr Diskrimination" (im Sinne differenzierterer Unterscheidungen) im Kontext des aktuellen, alltagssprachlichen Wortgebrauchs geradezu blasphemisch.

Bedenkenswert dazu die Semantik in einem Bundesgerichtsentscheid (*Kettiger, D.*, 2005), der festhält, dass eine „Benachteiligung" (= Diskriminierung II) Behinderter mit dem Diskriminierungsverbot „unvereinbar" sei, eine „unterschiedliche Behandlung" (= Diskriminierung I) jedoch „zulässig".

Antisexismus und Antirassismus

Es handelt sich hier um Sachverhalte, die inhaltlich zwar voneinander abliegen, bezüglich ihrer Zielsetzungen jedoch verwandt sind und im thematischen Zusammenhang des Sprachwandels korrespondieren.

- Als *sexistisch* werden Haltungen, Verhaltens- und Ausdrucksweisen, desgleichen Gesetze, Institutionen, Sitten und Gebräuche disqualifiziert, durch die hauptsächlich Frauen hauptsächlich durch Männer bzw. patriarchalistische Verhältnisse und Strukturen missachtet und entwürdigt, ausgebeutet und benachteiligt sowie in ihren Rechten beschnitten werden
- Im Nachgang zu den unter dem Rasse- und Eugenetik-Etikett erfolgten national-sozialistischen Säuberungs-Verbrechen bezieht sich die Disqualifikation *rassistisch* heute auf jede Art Minderwertung, Deklassierung, Ausschluss ... von Menschen auf Grund einer stigmatisierenden kollektiven Zugehörigkeit: Hautfarbe, soziale Schicht, Ethnie, Nationalität, Religion, Altersgruppe ... oder einer (statistischen) Abweichungsvariante wie z.B. einer Behinderung. Rassismus hat somit kaum mehr etwas mit Rasse zu tun.

Die nach dem Zweiten Weltkrieg deklarierten Menschenrechte entstanden zu einem Großteil aus dem Motiv, sexistische und rassistische Diskriminierungen im Interesse nationaler und internationaler Verständigung abzubauen. Diese Zielsetzung gehört denn auch weiterhin zu den zentralen Punkten zahlreicher Menschenrechtsdeklarationen.

Gemeinsam ist diesen Bestrebungen der im romantischen Idealismus wurzelnde Glaube an kausal-lineare Wirkungszusammenhänge zwischen Sprache > Vorstellungsbildung > Denken > Handeln.

So zitiert *Wirthgen, Andrea* (1999) die Auffassung von Feministinnen, wonach z.B. die deutsche Sprache fundamental asymmetrisch (sexistisch-androzentrisch) sei und so zur Ungleichbehandlung von Frauen führe. Im Umkehrschluss ist daher die Sprache im Interesse der Entdiskriminierung, der Statusverbesserung und der Gleichstellung des weiblichen Geschlechts durch konsequente Feminisierung in eine akzeptable Balance zu bringen.

Die in den vergangenen Dezennien forcierten Bemühungen in diese Richtung sind je nach Instanz, Kontext, Sprechanlass usf. allerdings unterschiedlich weit gediehen und werden nach wie vor kontrovers diskutiert. Sie haben deutlich werden lassen, dass zwar Bezüge zwischen Sprache, Denken und Handeln durchaus existieren, dass diese hingegen nur bedingt zweckrational und nachhaltig zu instrumentalisieren sind. Die gewaltfreie, rein argumentative ‚Macht des Wortes' wird angehörs der zeitgeistig medial tausendfach potenzierten Geschwätzigkeit jedenfalls unterschiedlich hoch veranschlagt.

Gutmenschhaftigkeit

„Für ‚konstruktiv und kontrovers' hält sich der Gutmensch, schlägt pausenlos allerlei ‚Brücken der Verständigung', und ‚aufeinander zugehen' kann er schon im Schlaf. Er ist Anhänger der ‚lebendigen Demokratie', ‚Vergangenheitsbewältigung' ist ihm ‚Auftrag und Pflicht', ‚Gewaltvideos' findet er ‚schlimm' und ‚geschmacklos' ... Von Tier- und Kinderquälern sieht er sich umstellt und hantiert im ‚Umgang' mit dem Bösen bevorzugt mit der höchst praktischen ‚Dunkelziffer' ...".

So charakterisieren *Droste, W. / Bittermann, K.* (1995) in ihrer satirischen Sprachanalyse den sich seit den achtziger Jahren auch durch deutsche Lande quälenden Gutmenschen. Es ist jedoch fraglich, ob der solchermaßen negativ (zumindest ironisch) konnotierte Begriff inhaltlich überhaupt zu fassen ist. Kritiker wehren sich denn auch verständlicherweise – allerdings meist auch wieder auf der Inhaltsebene – gegen die Verunglimpfung wohltätiger Menschen, die in verdienstvoller Weise Gutes tun, zumindest gut meinend sind. Gutmenschen sind daher nicht guten Menschen gleich zu setzen, und Gutmenschentum nicht karitativem Engagement. Es sind primär denn auch nicht die Inhalte, sondern Motive und Ansprüche, Performance und Methoden, die den Gutmenschen zur tragisch-komischen Figur verkommen und zum Gespött werden lassen. Etymologisch stammt das Wort möglicherweise zwar vom frz. ‚Bonhomme' ab, stimmt inhaltlich allerdings nicht mit freundlicher, unpolitisch-privater Gutmütigkeit und Jovialität überein.

Neuzeitlich analysierte wahrscheinlich *Friedrich Nietzsche* erstmals Erscheinungsbild und Genese des modernen Gutmenschen:

Nietzsche, F. (1952, 741-42), führt die „Erfindung des guten Menschen" auf eine, wie er sagt, „Hemiplegie der Tugend" zurück. Dessen geistige Halbseitenlähmung besteht darin, die dem Leben eigentümliche „Doppeltheit" von Gut und Böse zu negieren, Böses auszublenden und allein noch das Gute anzuerkennen: „den Menschen auf diese halbseitige Tüchtigkeit, auf den ,Guten' zu reduzieren".

„Diese Denkweise, mit der ein bestimmter Typus Mensch gezüchtet wird, geht von einer absurden Voraussetzung aus: sie nimmt das Gute und das Böse als Realitäten, die mit sich im Widerspruch sind (*nicht* als komplementäre Wertbegriffe, was die Wahrheit wäre), sie rät, die Partei des Guten zu nehmen, sie verlangt, dass der Gute dem Bösen bis in die letzte Wurzel entsagt und widerstrebt, – *sie verneint tatsächlich damit das Leben*, welches in allen seinen Instinkten sowohl das Ja wie das Nein hat.– Vielleicht gab es bisher keine gefährlichere Ideologie, keinen größeren Unfug in psychologicis, als diesen Willen zum Guten: man zog den widerlichsten Typus, den *unfreien* Menschen groß, den Mucker; man lehrte, eben nur als Mucker sei man auf dem rechten Wege zur Gottheit, nur ein Mucker-Wandel sei ein göttlicher Wandel"...
Henry Miller stellt in den zwanziger Jahren in einem völlig andern sozio-kulturellen Umfeld /Ähnliches fest: „Er ist ein Einmischling. Ein Super-Einmischling. Immer darauf bedacht, Schlimmes zu verschlimmern" (Sexus, 1929; 1991,149).
Eine Verbindung zur Sprache findet sich noch einmal später bei *Orwell, G.* (1949; 2000), wo der „Gutdenker" (2000, 195) (goodthinker) „strongly adheres to all the principles of Newspeak" (*NewspeakDictionary*, 2005) und sich gut denkend (goodthinkful) als unfähig erweist, überhaupt noch einen nicht vorschriftsgemäßen Gedanken aufkommen zu lassen (a.a.O., 122). Die höchste Potenz des Gutmenschentums verkörpert der „Große Bruder", der in diktatorischer Liebenswürdigkeit nur das Beste *für* sein – allerdings auch von seinem – Volk will.
Auch zur Gutmenschhaftigkeit hat die Heilpädagogik zwar – auf Grund ihrer karitativen und philanthropischen Herkunftslinien ebenso wie aus aktuellen Anlässen – eine starke Affinität. Die im Einzelfall – für den Beholfenen sowohl wie für den Helfer (*Kobi, E.E.*, 1993) – bis ins Pathologische gesteigerte, destruktive Problematik des „Helfens" wurde im Zuge neuzeitlicher Professionalisierung und ideologischer Entkoppelungen allerdings als „Helfersyndrom", „Burn-out" u.ä. erkannt und in der Folge auch präventiv angegangen. Desgleichen nötigen unmittelbare Praxiserfahrung und selbst zu verantwortendes professionelles Handeln Berufsanfänger jeweilen rasch zu relational-relativierender Reflexion und skeptischer Distanz. Gutmenschen sind daher weniger innerhalb der Heilpädagogik, als vielmehr in deren Begleittross anzutreffen: In Polit-Gremien, abständigen Kommissionen, an international resolutionierenden Konferenzen, auf Tribunalen von Menschen-Würden-Trägern, in Medienveranstaltungen sowie in vereinzelten Psycho-Sekten. Daselbst wird für Gutmenschen ,Behinderung' unter Umständen dann tatsächlich zum „Hammerthema", wie *Danelcik, M.* (2002) feststellt.
Im Zuge der in der Medienlandschaft Quoten und Auflagen steigernden Emotionalisierungen (vom Typ „Gefühlsfernehen") scheint Gutmenschentum neuerdings sogar weitgehend nur noch inszeniert zu werden:

So ist denn auch Behinderung als „Accidenté de la vie" (Korpès, J.-L., 1992) für „eine Presse, die gewohnt ist, an den sozialen Übeln zu schmarotzen" (Karl Kraus, 1907) als Beigabe zum Pressekuchen weitgehend fixiert in einem wenig variiertem Mix aus adelig / klerikaler Glanz&Gloria, Medizinaltrost, ephemerer Popularität, Tierschicksalen, babylastiger Pädophilisterei, Kaktus-(für einen Bösen) / Rose-(für einen Guten)-Tribunalismus, sowie einer aktuellen Aufgebrachtheit mit entlastendem Spendenkonto, der intellektuell im Kreuzworträtsel kulminiert.

„Das Aufgebot der Heuchelei ist imposant, der Generalstab der Dummheit plant Ungeheures. Alle Vorräte aus sämtlichen sozialen Feldapotheken werden herausgeschafft, und durch eine Blutgasse wälzt sich die Liga zur Bekämpfung des Mädchenhandels, zupft schon die Leinwand von Bordellbetten zu Charpie, um die Gefallenen aufzurichten und in eine bürgerliche Stellung zu bringen. Aber wo es Gefallene gibt, gibt es auch Hyänen. Und die Gefallenen des Lebens haben die bittere Wahl, von den Samaritanerinnen gerettet oder von den Bordellhyänen gefressen zu werden."

Der bald einmal hundertjährige Text des Wiener Literaturkritikers und Satirikers Karl Kraus (1874-1936) aus seiner Zeitschrift „Die Fackel" vom November 1907 hat nichts an Aktualität eingebüsst.

Nietzsche berührt mit seinem Bild einer „Hemiplegie der Tugend" – eine Metapher, die heulpädagogischer Sprachpurismus bereits wieder zu vaporisieren hätte (Abschnitt 8.1) – zweifellos ein über Moralkodizes hinaus reichendes existenzielles Problem, das mit der Frage aufbricht: Wie lässt es sich (noch) leben mit einer Ausschließlichkeit beanspruchenden, totalisierten Moral? Denn: „In moralischer Situation glauben wir noch immer an das Unmögliche, durch Wollen das Wollen zu überwinden, mit endlichen Schritten das Unendliche zu erreichen" (Moor, P. 1960, 166). Ein Gutmensch ist nicht gütig, sondern das alternativlos Gute, er benötigt kein Gewissen (wie „Andere"), sondern ist das Gewissen (Marquard, O., 2004, 35) seiner Zeit und Mitwelt, was ihn denn auch dazu legitimiert, Tribunale zur Aburteilung falsch Gesinnter und Gestimmter zu errichten. Überzeugt davon, dass sich „in den Köpfen (der Andern!) etwas ändern müsse", ist auch er von der Heilskraft seiner guten Worte, der positiven Signale, die er aussendet und der Verbindlichkeit seiner verbindenden Gesten und Rituale (Reigen, Kerzen anzünden, veröffentlichtes Schweigen, Fasten ...) angetan. Er spricht vorzugsweise einen Psycho-Slang, gelegentlich mit esoterischem Akzent, je nach Anzahl und Typ von Seminaren, Therapien und Selbsterfahrungs- und Bestätigungsgruppen, die er in seinem Netzwerk besucht hat. Nach zeitgemäßer anatomischer Metaphorik ist er ein „Bauchredner". Sein Bauch ist ihm, wie er selbst beteuert, handlungsleitendes Spürorgan. Auch diesbezüglich hatte das Orwellsche „Wahrheitsministerium" mit der Kreation der Bezeichnung „bellyful" (für „full emotional understanding", Newspeak-Dictionary, 2005) bereits begriffliche Vorarbeit geleistet.

Wir sollten die im Raum stehende Frage, die uns so betroffen macht und zum vertieften Nachdenken anregen möchte, nicht durchhängen lassen. Ich würde meinen, dass wir das, was jetzt in uns abläuft, in seiner Ganzheitlichkeit achtsam erfassen und ernstnehmen müssen. Ängste und Vorurteile können nur abgebaut werden, wenn wir sie im gemeinsamen Dialog angehen, sie akzeptieren und nicht verdrängen. Integration ist eine Herausforderung und verlangt den solidarischen Einstieg ins Thema mit Kopf, Herz und Hand.

Da wir bereits überzogen haben, können wir die Thematik in der kurzen Zeit zwar nur noch andiskutieren, uns immerhin ein wenig austauschen, einander aus der Praxis ein paar Tipps geben. Wer möchte sich einbringen –, einfach mal so aus dem Bauch heraus? Nun, ja? Dann machen wir vorher vielleicht doch noch eine kurze Kaffeepause, einfach so zum Durchatmen. Würde das so stimmen für Euch? Also ich könnte leben damit, oder?

Mag sein, dass ein derartiger Sound gelegentlich mit ein Grund ist für die zunächst paradox erscheinenden, verärgerten und damit kontraproduktiven Reaktionen Gutmenschen gegenüber, mit denen sich das Leben, zwar nicht unmittelbar für das Böse, wohl aber *tatsächlich* für sein „Ganz-Sein" und gegen die Totalisierung eine Teils (und wär's die Tugend!) zur Wehr setzt.

Tabuisierung

Das Wort ‚Tabu' ist polynesischen Ursprungs und bezeichnet das Phänomen, dass ein Wort oder ein Name in einer Gemeinschaft nicht, nur unter besonderen Bedingungen oder nur von bestimmten Personen benutzt werden darf. Das Wort setzt sich zusammen aus *Ta-* ‚markieren' und *pu*, einem Adverb der Intensität (insgesamt also: „genau markieren, kennzeichnen").

Das Wort gelangte über Captain *James Cook's* Beschreibungen seiner dritten Reise in die pazifische Inselwelt (1776-1779) in den europäischen Sprachraum. Bereits *Cook* gab die Wortbedeutung als „gekennzeichnet, heilig, unberührbar" wieder. In diesem ursprünglich religiösen, auf Numinoses bezogenen Sinn entsprach es am ehesten dem lateinischen ‚sacrosanct' und der ‚Heiligen Scheu'.

Im Gegensatz zum Tabu steht das als ‚Noa' bezeichnete Gewöhnliche, das allgemein Zugängliche und Harmlose.

Tabus hatten/haben eine Schutzfunktion gegenüber

- Bedeutsamen Personen (Häuptlinge, Regenten, Priester …) als qualifizierte gesellschaftliche Funktions- (und damit auch Würde-) träger
- Schwachen, Frauen, Alten, Kindern, Varietäten (zu denen auch Behinderte zählen können)
- Gefahren (bestimmte Zonen, Zustände, Pflanzen, Tiere, Individuen, Speisen …)
- Lebensakten (Geburt, Initiation, Heirat, Geschlechtsakt, Sterben)

Bezüglich der psycho-sozialen Begründung herrscht die Meinung vor, dass es sich um erste archaische, unreflektierte, noch kaum in Sprache gefasste Gesetzes-Codices und soziale Regelungsformen handelt.

Tabus spielen indes auch in Hochkulturen und modernen Zivilisationen eine weitaus größere Rolle, als dies eine ursprünglich stark missionarisch und imperialistisch motivierte, „aufgeklärte" „Völkerkunde" vorgab. Nachdem *Freud, S.* (1956) bereits in seinen Totem-und-Tabu-Studien (1912/13) auf Parallelen mit neurotischen Verhaltensweisen aufmerksam gemacht hatte, ließen aktuelle ethnologische Erkenntnisse die

Unterschiede zwischen Aberglauben und Glauben, zwischen archaischen und szienti-fischen Konstrukten, Irrationalität und Rationalität sich immer mehr verwischen. In der Medienwelt wurde Tabu neuzeitlich schliesslich geradezu zu einem Instru-mentalbegriff: sowohl in der liberalistischen Attitüde des Tabubrechens, als auch, gegenläufig, in der Erfindung neuer Deckwörter für störende Sachverhalte.

Schröder, H. (1999) nennt für die Gegenwart folgende Motive für Tabus:
- Furcht, hauptsächlich vor übersinnlichen bzw. nicht fassbaren Mächten
- Feinfühligkeit z.B. gegenüber Tod, Krankheit, Unvollkommenheiten
- Schicklichkeit auf Grund von Scham, Peinlichkeit, Scheu
- Sozialer Takt. So etwa aus Verpflichtung gegenüber einer humanitären Fortschritts-idee. Dieser Tabutyp steht in engem Zusammenhang mit der modernen Variante der Political Correctness (*Abschnitt 8.1*).

Instrumentell werden unterschieden
- Verbale Tabus, die bestimmen, über welche Themen nicht oder nur in etikettierter Form (*Abschnitt 7.3*) kommuniziert werden darf und welche sprachlichen Ausdrücke zu vermeiden sind

und
- Nonverbale Tabus, die festlegen, welche Handlungs- und Verhaltensweisen nicht oder nur unter bestimmten situativen und personalen Bedingungen gestattet sind.

Sprachtabus erfüllen zwar wichtige Funktionen im Verhältnis zu nonverbalen Tabus, indem sie
- von unerwünschten Handlungen abhalten können („So was macht man nicht!")
- solche sanktionieren („Das wird zwar gemacht, aber man spricht nicht drüber!") – oder verschleiern („So was macht man nicht! Wenn es dennoch passiert, dann gibt man es für etwas Anderes aus und spricht nur in versteckter Weise davon!").

Es bleibt aber festzuhalten, dass Tabus einen Sachverhalt nicht aufzuheben vermögen und somit keine Methode des ungeschehen Machens darstellen. Denn es ist nicht die Sache selbst, sondern das Zeichen, das unter Tabu steht. Auch innersprachlich bleibt die Denotation (die Sachbedeutung) erhalten; es ist die Konnotation (die Vorstellungen und Affekte, die sich mit einem Wort verbinden), die vermieden werden soll. Aus dieser Konstellation resultieren zwangsläufig Widersprüche und Spannungen: Der (peinliche/peinigende) Sachverhalt und die sich daraus ergebende Thematik sind existent, desgleichen das Bedürfnis / die Notwendigkeit, darüber zu kommunizieren, wozu aber das benötigte „Verbalbesteck" blockiert ist. Dies nötigt denn dazu, verschiedene paradoxe Umgehungsstrategien zu entwickeln.

Umgehungsstrategien
Sprachliche Ausweichstrategien bieten die Möglichkeit, über Tabuisiertes dennoch zu kommunizieren. Diese sind von großer Mannigfaltigkeit und betreffen in sozio-kultureller und epochaler Abhängigkeit sehr unterschiedliche Realitäten. Nachfolgende Übersicht (in Anlehnung an und Ergänzung von *Schröder, H.*, 1999) ist lediglich illustrativen Charakters.

Euphemismen sind beschönigende Bezeichnungen für hässliche, peinliche Sachverhalte, die zwar weder diese selbst noch Denotationen zu verändern vermögen, von denen man aber – erneut im Glauben an die magische Macht des Wortes – hofft, dass sie (1) die Konnotationen (Vorstellungsträger) modifizieren, (2) à la longue die Sichtweise auf die Unannehmlichkeit beeinflussen, (3) in der weitern Folge den Umgang damit positiv verändern und (4) schließlich dann doch auch die Sache selbst irgendwie verbessern.

„Euphemismen und andere Ersatzmittel stellen als Modifikatoren ein semiotisches Paradox dar" (*Schröder, H.*, 1999, 5), da sie erlauben (sollen), über etwas zu sprechen, worüber nicht gesprochen werden darf. Der Trick mag zwar hinsichtlich seiner affektiven Entlastungswirkung als Vorteil betrachtet werden. Die Nachteile sind jedoch nicht zu übersehen: Euphemistik bindet für ihrer Kreation, Introduktion und Insemination enorm viele Kräfte. (In *Orwells* Ozeanien ist denn auch ein ganzes Ministerium damit beschäftigt, einen Newspeak zu entwickeln und entsprechende Wörterbücher permanent à jour zu halten (*Abschnitt 7.3*). Euphemismen nutzen sich ferner rasch ab. Im Englischen ist daher die Rede von der „euphemism treadmill" (Euphemismus-Tretmühle), was besagt, dass ein Euphemismus über kurz oder lang wieder die Konnotationen seines Vorgängers annimmt. Sprachsoziologen schätzen daher den Entdiskriminierungseffekt von Euphemismen durchwegs als sehr gering, teils sogar als kontraproduktiv ein.

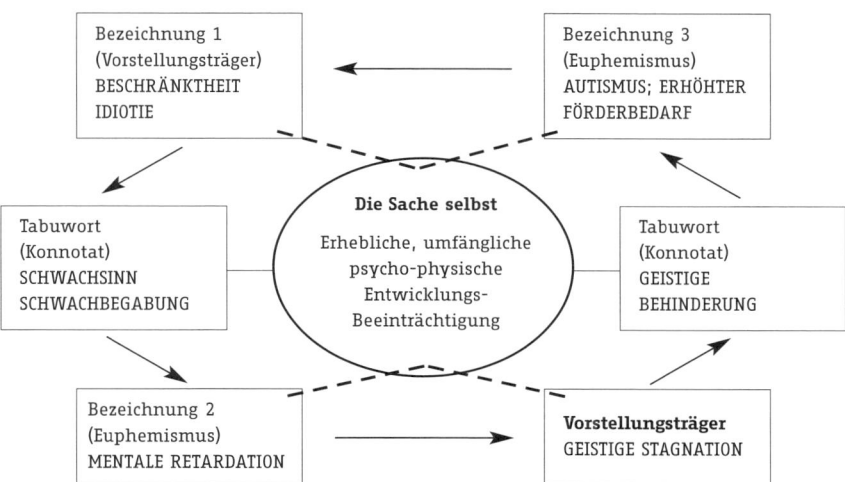

Tabu-Euphemismus-Zyklus (in Anlehnung an *Schröder, H.*, 1999)

Bemerkenswert ist an obigem Beispiel, dass der gegenwärtig geläufige Terminus „Autimus" schon vor bald einmal hundert Jahren vom Zürcher Psychiater *Eugen Bleuler* zur Kennzeichnung kommunikativer Koartation im Erscheinungsbild der Schizophrenie geprägt wurde. Es handelt sich also, im Jargon der Modebranche, um einen modernisierten Secondhand-Begriff, der sich inhaltlich wieder dem der Idiotie (idiotikos, grch. svw. ‚privat, selbstbezogen') genähert hat.

Heilpädagogik, ist permanent mit Euphemismen konfrontiert und produziert solche „in edler Absicht" (*Bleidick, U.*, 1992, 762) auch selbst. Außer dem *Euphemismus* im engern Sinne des geschönten Wortes – wie oben am Beispiel der Wandlungen von der Idiotie bis hin und zurück zu Autismus und Simplizität dargelegt – finden sich zahlreiche Varianten hiervon:

- Der *Null-Euphemismus* basiert in Form negativer Wortmagie auf der Überzeugung, dass Namenloses / Unbenanntes inexistent ist oder vernichtet, zumindest gebannt werden kann. Während beim *Ver*schweigen eines Sachverhaltes dessen Existenz nicht in Frage steht, ist Beschweigen eine Form magischer Entwirklichung.

  Dies kommt eindrücklich bei *Orwell, G.* (1949; 2000) zur Darstellung unter dem Begriff der Verdampfung („Vaporization"): Unworte werden ins Gedächtnisloch („memory hole") geworfen und so entsorgt, desgleichen Namen, Werke und Biografien von Personen, die in Ungnade fielen („completely erased from history")

- *Auslassung*. Die geläufigen Begriffe sind zwar bekannt, werden aber bewusst nicht verwendet.

  In Ausrichtung auf die egalisierende These, „Es ist normal verschieden zu sein!" wird auf diskriminierende (unterscheidende = herab setzende) Bezeichnungen (Behinderung, Sonderschule, Heilpädagogik) verzichtet

- Eine mildere Form sind *Ab- und Verkürzungen* oder *Proformen*

  POS ; ADS; Hyper ; CP u. v. a. (oft aus dem medizinischen Jargon übernommen); Ich muss zwei Mal in der Woche „dorthin" [in den Förderkurs]

- *Phonetische Entstellungen*

  Im Zuge einer mittels Alphabetisierung der verschiedenen Kleinklassentypen betriebenen Verhüllungsstrategie entstand seinerzeit eine Verwirrung, da diese kantonal unterschiedlich gehabt wurde. Basler Kleinklassen B (!Verhaltensgestörte!) trugen z. B. in Zürich das Kennzeichen D, womit in Basel solche für "Lernbehinderte" bezeichnet wurden. So dass ich mir mnemotechnisch insgeheim mit dem Gedankenverbrechen („crimethink" nach *Orwell, G.*) behalf, dass die Basler *D*ummen & *B*ösen in Zürich die *B*ummen & *D*ösen waren

- *Aposiopese* (Verstummen). Das Abbrechen eines Satzes, womit dem Zuhörer die passende Ergänzung überlassen wird, so dass die Information vom Empfänger gemacht wird.

  Wer sein behindertes Kind als Geschenk des Himmels betrachtet, mag ja ein frommer Mensch sein. Wer aber selbigenorts Stimmen vernimmt, die ihm Anweisungen geben für den Umgang damit ...

- *Deck- oder Tabu-Wörter*, wie sie vor allem in religiösen, sexuellen und den Tod betreffenden Bereichen eine lange und umfassende Tradition haben: Man weiß zwar wer und was gemeint ist, wenn vom Allmächtigen, vom Gott-sei-bei-uns, von den Unaussprechlichen, dem Unwohlsein ... die Rede ist, meidet jedoch das direkte Wort

  Er sitzt ... (hinter Schwedischen Gardinen); ... ist Psychiatrie erfahren; ... ist periodisch chemisch unpässlich; ... langsam lernend; ... pragmatisch begabt

- *Allusion* (Anspielung), auf Personen, Institutionen, Lebensformen, Wohnorte …
  Wohnt im Gündülü (= im von Türken bewohnten Basler Gundeldinger Quartier); ist
  in der „Friedmatt" (= Psychiatrische Klinik)
- *Oxymoron* (Kombination widersprechender Begriffe)
  Idiot savant ; gymnasialfähige Geistig Behinderte ; Blinder Seher
- Eine *Litotes* (‚Einfachheit/Abschwächung) zeigt sich z.B. in (1) Möglichkeitsformen,
  (2) abschwächenden Komparativen, (3) der Verneinung des Positivums, (4) einer
  nachdrücklichen Bejahung durch Verneinung und (5) in Mischformen von alledem
  Könnte, vielleicht, wohl, kaum …; ein „schwächerer Schüler" ist, entgegen der
  Sprachlogik, besser   als ein „schwacher Schüler"…; ungut/schlecht, unschön/
  hässlich …; nicht unbegabt …; ist im Grunde genommen eigentlich wohl kaum so
  schwach, wie er einem vielleicht zunächst erscheinen mag … etc. usf.
- *Metonymie* (Namensabtausch) bedeutet eine Umbenennung, die als solche (im
  Unterschied zu einer Metapher) noch im thematischen Zusammenhang bleibt.
  Sie kann z. B. in der Benutzung der wissenschaftlichen Bezeichnung an Stelle der
  volkstümlichen bestehen: Down-Syndrom (besser noch: Trisomie-21) statt Mongo-
  lismus.
  Metonymien werden im Bereich des Fundraising und Sponsoring auch reklame-
  technisch eingesetzt und sollen im Betrachter auf der Ziellinie eines Spin-doctoring
  (*Abschnitt 8.2*) liegende Konnotationen evozieren: Arzt im Weißen Kittel mit
  Stethoskop um den Hals trägt nacktes Down-Kleinkind auf dem Arm und blickt
  sinnend in die Weite. Es geht hierbei nicht um *Information* (über Trisomie-21),
  sondern um Trans-*Mission* (zu Themen wie Akzeptanz & Integration, Potenz & Kompetenz, Auf- & Abhilfe, Wissenschaft & Forschung …) und letztlich zur erwarteten
  Opfergabe für all das
- *Synekdoche* (Miterfassung) bezeichnet die Wahl eines engeren Begriffs an Stelle
  eines umfassenderen (pars pro toto) oder umgekehrt (totum pro parte).
  Es gehört beispielsweise zum ärztlichen Jargon, auch als Einzelperson im Plural zu
  sprechen: („Wir wissen heutzutage, dass …") und so, Omnipotenz markierend, die
  ganze Medizinalgemeinde virtuell hinter sich zu scharen
- Eine *Antiphrase* (Verkehrung ins Gegenteil) ist eine Extremform eines Euphemismus.
  Dies geschieht in Orwells Ozeanien in Form verpflichtender Merksprüche („Krieg
  ist Frieden", „Freiheit ist Sklaverei", „Unwissenheit ist Stärke"), welche im Zentrum
  der NewSpeak-Bemühungen stehen.
  Legasthenie ist ein „Talentsignal"; Behinderte sind „Anderweitig Begabte"; Geistige
  Behinderung „ist die Fähigkeit, Probleme einfach zu sehen"; Lernbehinderte leiden
  unter einem „Begabungsstau".
  Ein extremes Beispiel stellen die Indigo- oder (metaphorisch) Sternen-Kinder dar,
  die vor einigen Jahren von einem amerikanischen Farben-Psychologen in die Welt
  gesetzt, d.h. entdeckt / erfunden wurden und sich seither mondial verbreiten (vgl.
  den weltweiten Erfahrungsaustausch im www). Diese Kinder sollen eine besondere
  Affinität zur Indigo-Farbe haben (daher der Name) und als Künder eines neuen
  Zeitalters aus Sternenwelten zur Erde geschickt worden sein. Daselbst fallen sie

allerdings auf durch Unangepasstheit und Exzentrizität, Leistungsunwilligkeit und kreative Unruhe. Es versteht sich, dass Familien, die vom Schicksal für ein derartiges Geschenk ausersehen wurden, sich dessen in freudiger Akzeptanz als würdig hegend zu erweisen haben

- *Hyperbel* (Übertreibung), *Progression* (Steigerung) und *Emphase* (Nachdrücklichkeit) leiten bereits über zum Versuch, Wirklichkeit durch (quantitative) Überzeichnung zu rekonstruieren. Sie bezwecken nicht Beschönigung, sondern Dramatisierung z. B. einer Notsituation, um dadurch Hilfeleistungen zu steigern und zu beschleunigen oder eine Viktimisation (Veropferung) zu erreichen (*Kobi, E.E.*, 2004)
- Auch *Kakophemismus / Dysphemie* (Verhässlichung) greift eine Sachlage von der Gegenseite her an und trägt so zur egalisierenden Sozialbalance bei. Kakophemismen können als herabsetzende Bezeichnungen für positive Sachverhalte diffamierender Art sein, in Form von Selbstbezichtigungen einem vorlaufend beschwichtigenden Understatement dienen, (verbunden allenfalls mit der Absicht, wohlwollenden Protest auszulösen), oder es kann sich um eine beabsichtigte Provokation handeln: Intelligente, interessierte Schüler werden als Streber denunziert und auf diese Weise genötigt, sich dem träger dahin fließenden Mainstream anzupassen ...; Sorry, ich bin halt ein pingeliger Schulmeister ...; Körperbehinderte, die sich selbst als Krüppel bezeichnen.

7.2 Haltbarer als Euphemismen erweisen sich auf Grund ihrer indefiniten Allzweck-haftigkeit die von *Pörksen, U.* (1992) so genannten *„Plastikwörter"*. Solche sind gekennzeichnet durch

- „Kontextautonomie", d.h. sie tauchen in unterschiedlichen Kontexten mit scheinbar autonomer und autarker, konstanter und konsistenter Bedeutung auf. Sie sind eine Art „Joker", die überall passen
- Zumeist der Umgangssprache entnommen erscheinen sie allgemein (selbst)ver-ständlich und finden dadurch eine große Akzeptanz
- Es sind unspezifische Allerweltswörter, die sich (scheinbar) auch problemlos in andere Sprachen übersetzen lassen
- Darum und auf Grund ihres großen Umfanges eigenen sich für internationale Kongresse, Konferenzen, Resolutionen sowie für globalisierende Statements jedweder Art
- Ihre vieldeutige Allgemeinheit stiftet Konsens, macht sie mehrheitsfähig. Sie vermögen Verständigungslücken und Kontraste zu überbrücken, und sie werden in diese Richtung denn auch oft funktionalisiert
- Dies vermittelt ihnen zudem einen futuristischen, fortschrittlichen und imperativen Index. Sie drängen zum Aufbruch, zur Realisation dessen, was sie allgemein (un)verbindlich in Aussicht stellen
- Bei Konkretisierungs- und praktischen Umsetzungsversuchen erweisen sie sich allerdings als gegenstandsarm bis gegenstandlos, entfachen Interpretationskonflikte und lassen deutlich werden, wie viel unterschiedlich Verstandenes, ja sogar Gegensätzliches, sie einzubinden vermögen

- Es fehlt ihnen ein geschichtliche und kulturgeografische Dimension: Sie kommen irgendwann von irgendwo, breiten sich aus und weichen nach geraumer Zeit wieder Konkurrenten
- Sie dispensieren von oder polarisieren qualitative(n) Fragen (gut/schlecht, passend/ unpassend u.ä.), präsentieren sich allumfassend-indifferent oder per se unipolar
- Die Konnotation (die ausgelösten Assoziationen und Emotionen) dominiert mit ihren Haloeffekten, ihrer Aura die Denotation (konkrete Sachverhalte und Inhalte). Ist die Konnotation positiv, so formulieren sie ein Gut oder liefern den Schein einer Einsicht
- Und schließlich sind sie (fast) beliebig kombinierbar und transferierbar (wie ein Lego-Stein), wodurch sie sich auch zur raschen Herstellung immer wieder neuer Projekte und Konzepte eignen

In der Heilpädagogik erweisen sich (wie auch anderswo) z. B. Wörter wie ‚Entwicklung', ‚Fortschritt', ‚Integration', ‚Individualisierung', ‚Differenzierung', ‚Emanzipation', ‚Ganzheitlichkeit' ... seit Jahrzehnten als unverzichtbare Plastikwörter.

7.3 Über euphemistische Bemühungen hinaus gehen solche eines *„Neusprech"* (Newspeak).

Die Bezeichnung geht zurück auf den Fiction-Roman des Engländers *George Orwell* (1903-1950) „Neunzehnhundertvierundachtzig" (Nineteen Eighty-Four, 1949). Darin beschreibt der Autor eine zwar (noch) fiktive, sich aber bereits stark in Entwicklung begriffene Welt („Ozeanien") totalitärer Gesellschaftskontrolle, die auch die Sprache umfasst. Ozeaniens „Newspeak" zielt darauf ab, über die Erneuerung der Sprache auch die Vorstellungen und Gedanken, den nonverbalen Ausdruck und damit letztlich auch die Handlungsweisen im Sinne der parteilichen Gesellschaftsdoktrin zu konformieren. Es geht um den „politically correct speech taken to ist maximum extent" (*Newspeak Dictionary*, 2005). Charakteristika des „Newspeak" sind unter anderen:

- Ein durch Ausmerzung psycho-sozialer Begriffe und bedeutungsschattierender Adjektive stark reduzierter Wortschatz; dieser ist weitgehend auf konkrete, physische Vorgänge beschränkt
- Durch „altered words" (sinnverdrehte Wörter), wie ‚Krieg ist Frieden', ‚Zwang ist Freiheit' etc.
- Vermeidung negativer Bezeichnungen oder deren Ersetzung durch positive (wie z.B. *Joy-camp* für Zwangsarbeitslager). Gegenteiliges wird notfalls durch die Vorsilbe „un-" markiert. Ist der Neusprech einmal durchgehend positiviert, sind Gegenbegriffe überflüssig
- Dies wird erleichtert durch das geforderte *Zwiedenken* (Double-think: „a simultaneous belive in two contradictory ideas"), das im *doublespeak*, in welchem das Gegenteil jeweils bereits enthalten ist, seinen Ausdruck findet
- Desgleichen im inhaltsleeren *Entensprech* („*duckspeak*": „to speak without thinking")
- Signalhaft-verkürzte Neuworte (Neologismen): wie z.B. *Gutdenk* (für orthodoxe Haltung, Strengläubigkeit). Entsprechend: *gutdenk, gutdenkvoll, Gutdenker*. Ferner: *Undenk* (=Verstoß gegen die Parteidisziplin), *intusfühl* (begeisterte Hingabe), *Altdenk* (Schlechtigkeit, Entartung).

In diese Richtung weisende Beispiele sind gegenwärtig:

- *Etikettierung:* Über gewisse Themata darf nur nach einer vorgegebenen „Etikette" gesprochen werden: was eine Richtung und Position, eine Wertung und Qualität, eine Einordnung und Verortung ... betreffen kann. Die Einhaltung derartiger Etiketten schützt vor Ahndung und ist Beleg für „Gesinnungstüchtigkeit" (*Orwell, G.*, 2000, 12)

Behinderte sind förderungs- und unterstützungsbedürftig; Kinder sind unschuldige Opfer; Frauen werden ausgebeutet; Minderheiten sind schutzbedürftig; „Das Anliegen der Behindertenpädagogik verträgt keinen Relativismus" (*Bleidick, U.*, 1992, 770).

Das absolutistische Relativierungsverbot, welches in Ethik-Debatten immer wieder mal hoch kommt, unterbände somit jede kontextuelle Bezugnahme (örtlich, epochal, kulturell ...) und verunmöglichte konkrete Sachverhaltsanalysen .., falls es denn Ernst genommen und befolgt würde

- Markierung des Bezeichnenden (TabuWortes), wodurch auch – so die Hoffnung – auch das Bezeichnete (Ding) und vor allem der Redner / Schreiber entlastet und entlästigt werden soll.

Markierungen erfolgen beispielsweise durch Anführungsstriche (während der Rede in die Luft zu gebärden) oder durch Voranstellung von „so genannt": so genannt „behinderte" Menschen, so genannt „Normale".

Finkelstein, N.G. (2001) unterscheidet z.B. in seiner Kritik an der „Holocaust-Industrie" zwischen Holocaust („die Massenvernichtung der Juden durch die Nazis" als „den eigentlichen historischen Vorgang" und (in Majuskeln) „DER HOLOCAUST" (als „dessen von Ideologie geprägter Darstellung", a.a.O., 185)

- *De-Ontologisierung* („Entwirklichung") transferiert das So Genannte endgültig ins Uneigentliche.

Ein Vorgehen, das sich unter der Formel „Menschen mit ..."- (Behinderung) seit einiger Zeit grosser Beliebtheit erfreut.

Damit wird eine für die personale Beziehungsgestaltung sozialphänomenologisch immer wieder problematisierte objektivierend-versächlichende Verschiebung vom Sein ins Haben (*Fromm, E.*, 1998) vollzogen. Die Floskel transferiert groteskerweise das Anliegen der „People-First!"-Bewegung – in erster Linie die *Person* und nicht die Behinderung wahrzunehmen – in die Hominiden-Debatte. Nicht die Mensch-haftigkeit Behinderter (die Zugehörigkeit zur Gattung Homo) wurde jedoch von Eugenetikern je in Frage gestellt, sondern deren Personstatus. Gegenbegriff zu „Mensch" ist beispielsweise „Tier" (vgl. Tiertransporter; Viehwagen), zu „Person" (vgl. Personenwagen) hingegen „Unperson" (wie bereits von *Orwell, G.*, 2000 vermerkt). Zudem handelt es sich um eine jener Tarnungen, bei denen die Camouflage die partie honteuse noch zusätzlich konturiert ("Ein Hochbegabter" vs. „Ein Mensch mit geistiger Behinderung"; „Mit-ler" versus „Ohne-was"). Es verwundert denn auch nicht, dass der behinderte *Franz Christof* (1990) als Aktivist der Krüppel-bewegung gegen eine derartige „verdeckte Verachtung" (117) protestiert

- *Prinzipielle Positivierung* wird u.a. auch angestrebt durch die Vermeidung von Gegenbegriffen.

  Die betrifft vor allem den Behinderungsbegriff selbst, der nicht mehr (entgegen jeder Sprachlogik!) „defizitorientiert" sein soll, sondern die Möglichkeiten der Teilhabe an verschiedenen Lebensbereichen hervorheben soll.

  In dieser Konsequenz macht auch die Unterscheidung Integration / Separation letztlich keinen Sinn mehr. Ist alternativelos-alternativefreie Total-Integration dereinst zur Enderlösung gelangt, womit alle jederzeit überall auf ewig integriert und inkludiert (‚eingeschlossen') sind, bleibt für ein ‚Außen' nur noch das Nichts als Horror vacui

- *Semantische Verschiebungen* (altered words),

  wie am Beispiel der „Diskrimination" (*Abschnitt 3*) bereits erwähnt. Ähnlich: Autorität (Wissen/Können/Erfahrung >> Charisma/Akzeptanz), Prominenz (herausragende Leistungen >> Publizität), Kompetenz (Fähigkeit >> Rechtsanspruch) u.a.

- *„Zwiedenken* bedeutet die Gabe, gleichzeitig zwei einander widersprechende Ansichten zu hegen und beide gelten zulassen" (*Orwell, G.* 2000, 197). Uniformität und Egalität machen Zwiedenken, -sprechen und -handeln unumgänglich: Die „Eine Schule für alle!" z. B. implodiert in Teilschulen, die daher mit dem Begriff der „Allschule" permanent mitzudenken sind. „Inklusion" enthält, je ausgreifender sie angelegt und je enger sie sodann gezurrt wird, eine geballte Ladung von Gegensätzen und Konfliktstoffen. Übersättigte Integration führt zu Ausfällungen, überspannte Inklusion schlägt leck.

  Nach wie vor sind denn auch zahllose Sonderinstitutionen für Behind*ernde* (!) zwar weg zu *denken*, doch nicht weg zu *schaffen*: im Interesse der Integration (-stauglichkeit). Desgleichen rührt auch schärfster Integrationismus kaum an die Typologien des Höheren Schulwesens. Konfessionsschulen, Hochbegabtenklassen, Sportgymnasien, neuerdings sogar wieder Mädchenschulen, sind, wie selten zuvor, im Trend. Separation behauptet sich weiterhin als eine Wesenseigentümlichkeit von Schule!

- *Entensprech* (Duckspeak) besticht durch die Stilqualität der Obscuritas (dunkle Ausdrucksweise) und präsentiert sich als syntaktisch einwandfreie Aneinanderreihung von Worthülsen, die den Adressaten zur individuell je befriedigenden Füllung dargeboten werden. Entensprech ist nicht falsch, auch nicht *nichts*, aber *nicht* sagend (was hic et nunc konkret gemeint ist)

  Die ganzheitliche Integration von Menschen mit speziellen Bedürfnissen ist ein nicht zu relativierendes Gebot   unantastbarer Menschenwürde ... entspricht fortschrittlichen globalen Entwicklungen ... Menschenbild, das durch Selbstentfaltung in Würde und Freiheit ... Recht auf ... ohne Ansehen der Person ... durch innere Differenzierung und lösungsorientierte, angstfreie Beziehungsarbeit zu gewährleisten ...

8 Political bzw. pedagogical correctness und Spin-doctoring

8.1 *Political correctness* (PC) bezeichnete ursprünglich die Loyalität eines Parteimitgliedes mit den ideellen Inhalten und strategischen Zielen seiner Partei (Parteitreue und -disziplin).

In den achtziger Jahren quoll die Bedeutung über solche Parteigebundenheit hinaus und nahm Züge von Allgemeinverbindlichkeit an. Ausgehend von us-amerikanischen Universitäten sollte PC sprachliche (und generell kommunikative) Konventionen zu und mit gesellschaftlichen Minderheiten und / oder benachteiligten Gruppen – hauptsächlich Frauen, Farbige, Behinderte – verbindlich regeln. PC sollte als Instrument dienen, Menschenrechte (hier v.a. unter dem Aspekt von Würde, Selbstbestimmung und Ich-Identität) durchzusetzen und dem demokratischen Egalitätsprinzip Nachachtung zu verschaffen.

Der politischen folgte die pädagogische Korrektheit (pedagogical correctness) auf dem Fuße. Ihre Stoßrichtung ist dieselbe: Die Einhaltung pädagogischer Rahmenbedingungen (einer Schule beispielsweise) und „basic standards" (von Ordnung, Disziplin, Umgangsformen, Ausstattung u.ä.) sowie die egalitäre Bündelung oben genannter Ziele: „The strident PC rhetoric focuses on eliminating vestiges of racism and sexism ... It offers hope for *equity and inklusivness"* (*Lasley, Th. J.* 1993).

PC begnügt sich nun allerdings nicht mehr mit gutmenschelnder Überzeugungsarbeit, sondern verlangt – par ordre de Mufti – zwingend die Um- und Durchsetzung kompatibler Sprech- und Kommunikationsweisen.

Sprach-Polizei war allerdings schon früher, wenngleich mit unterschiedlichen Aufträgen, unterwegs. Erinnerlich ist mir noch die nationalsozialistische, die aus völkischen Motiven den Fremdwörtern den Kampf angesagt hatte und uns grenznahen Schweizer Bodenseebewohnern das schwarzhumorige Gruseln lehrte mit ihren Fernsprechern, Kraftfahrern, Süßschaumklemmen, Stockeiergrundtunken, Langholzgleitfüßlern und dem Sechstopftreibling ..., welch letzterer den „Wagen des Führers" zum Endsieg befördern sollte.

An die Stelle ethnischer treten mit PC nun allerdings ethische Purgationen und an die Stelle didaktischer diktatische Eingriffe.

Ausgehend von der „Überzeugung, dass Sprache und Denken eng verbunden sind" (771) prangert z. B. *Bleidick, U.* (1992) die „falsche Sprache der Behindertenpädagogik" (771) an, gegen die „Dämme [zu] errichten" sind und fordert ein „richtiges Reden" (771). Metaphern, die sich auf Behinderung beziehen („Ich fühle mich lahm; „bürokratischer Schwachsinn" u.ä.) sind zu vermeiden. Womit denn auch PC in der so genannten. „Behinderten"-„Pädagogik" Einzug gehalten hat

„Es ist eine herrliche Sache, dieses Ausmerzen von Worten" (49), so lässt *George Orwell* den auf dem „Wahrheitsministerium" (Minitruth) arbeitenden Kollegen *Syme* sagen, zumal es dazu führt, „die Reichweite der Gedanken zu verkürzen" (50).

Doch wo „die Moral Amok läuft" (*Karl Kraus*), erzeugt diese zuverlässig einen sich versteifenden Widerstand und provoziert Kippeffekte. Bemerkenswert ist ferner, dass PC sich auch in der Heilpädagogik ins eigene Garn läuft, sowie Bessermenschen gegen Gutmenschen mobil machen:

Polly Smith, 53, Vorsitzende des British Council of Disabled People, fürchtet eine Herabwürdigung tauber Menschen. Denn der angewandten politischen Korrektheit fielen im Spezialsender Vee-TV für taube Briten einige Gebärden zum Opfer, mit denen jahrelang ethnische und religiöse Gruppen benannt wurden.

Abgeschafft wurden das Zeichen für jüdisch, eine Hand formt eine hakenförmige Nase; für chinesisch, ein Finger zieht eine Auge zum Schlitz; für indisch, ein Finger tippt auf einen Punkt in der Mitte der Stirn; für schwul, eine Drehung aus dem schlaffen Handgelenk heraus. Die Programm-Macher „greifen hier störend ein in die Sprache, die Kultur und die Sozialanschauung tauber Menschen", sagt *Polly Smith*, das sei „eine Form der Diskriminierung".

Doch ein Zeichen erfreut sich bei tauben Briten auch weiterhin grosser Beliebtheit: Die ein Jahrhundert alte Gebärde für deutsch – eine vor die Stirn gehaltende Faust samt nach oben weisendem Zeigefinger, womit die Hand die Form einer preußischen Pickelhaube imitiert.

(Der Spiegel, Hamburg, 17 / 2004)

8.2 *Spin-doctoring* – aus: ,to spin' (engl. svw. drehen, rotieren) und ,to doctor' (engl. svw. [herum]doktern, verarzten, im weitern dann aber auch [zurecht]doktern, verfälschen, panschen, ,frisieren', schönen) – ist ein Begriff aus der Medienwelt. Er bezeichnet im (noch) neutralen Sinne die strategisch angelegte (professionelle) Öffentlichkeitsarbeit von Medienberatern (Spin-doctors), zunehmend jedoch (negativ konnotiert) eine gezielte Meinungsmacherei und Image-Pflege. Die Adressaten (Wähler z. B.) sollen so becirct werden, dass sie auf Grund einer eindrücklich emotionalisierten Inszenierung selbst zum erwünschten Urteil gelangen.

Auch diesbezüglich hatte *George Orwell* bereits ideelle Vorarbeit geleistet: Genügte es in Ozeanien doch nicht, sich dem „Big Brother" zu unterwerfen, keinen Widerstand mehr zu leisten und sich anzupassen. BB will aus persönlicher Überzeugung und Empathie *verehrt und geliebt* werden.

Im Unterschied zu Propaganda (*Buber, M.* 1962,288f.) fehlt dem Spin-doctoring meist das Laute, Einseitige, Polemische. Wie in der modernen Reklame, ist oft nicht einmal mehr das „Produkt" sichtbar. Eine Vertrauen erwecken sollende Melange aus gehärteten Fakten, sanftem Entgegenkommen und Transparenz, allenfalls auch eingestandenen Irrtümern und Mankos mit seriell nachgestellten Entschuldigungen, präsentiert durch (dem fraglich existenten *Orwell*'schen Genossen *Ogilvy* nachempfundene) pseudonyme Lichtgestalten („Forscher", „Promis") und Abstrakta („Amerikanische Studien zeigen, dass …") gehören zum modernen Design. Entscheidend ist, dass die Adressaten sich ihre Bilder auf Grund ausgewählter, vorgefertigter Informationsfragmente *selber* machen um so der Überzeugung sein zu können, sie urteilten aus eigener Erfahrung und persönlicher Kenntnis.

9 Die Unverzichtbarkeit des Sprechens über Behinderung und mit Behinderten: auch über Behinderung

Die von Sprachpuristen – teils im Brustton der Gesinnungsgewalt, teils mit gutmenschelnder Koketterie – vorgetragene Ablehnung jedweder Klassifikation, Definition, Qualifikation und Bezeichnung so genannter „so genannter Behinderungen", die es um der Eigentlichkeit der Menschenwürde und des Diskriminierungsverbotes nicht geben darf, erweist sich als fortgesetzte Luftnummer, da letztlich doch irgendwer, irgendwo, irgendwann, irgendwie, irgendwas verlauten lassen muss. Wobei dieses Irgendwas hinweisend und bedeutungshaltig zu sein hat, falls es noch kommunikationswertig sein soll. Kommunikation schließt stets Diskriminierungen mit ein. Sie finden auf unterschiedlichen Ebenen statt und zwar als:

- Klassifikation: nach sachdienlichen Merkmalen
- Bezeichnung: Sprachliche Symbolisation und begriffliche Fassung
- Qualifikation: in Ausrichtung auf eine (ökonomische, ästhetische ...) Wertskala
- Attribuierung / Generalisierung: Ausstaffierung mit ähnlichen Eigenschaften sowie verallgemeinernde Identifikation des Individuums, der Art, der Gattung mit diesen
- Umgang: in Übereinstimmung mit Primärqualifikation (Förderung, Mehrung – Schutz, Hege – Prohibition, Eindämmung – Vernichtung) oder aber, in Ausrichtung auf übergeordnete Werte, in Sinne einer kontextualisierten Konviktion

Zwischen diesen Ebenen bestehen keine zwangsläufigen, kausal-lineare Bezüge von der Art, dass allein schon eine Klassifikation notwendig zu einem verächtlichen Umgang führt und daher in ihrem Kern bereits ein menschenunwürdiger Akt ist. Ganz im Gegenteil! Eine spezifisch menschhafte Möglichkeit besteht gerade darin, zwischen jedem einzelnen Schritt einen Hiatus (im Sinne einer Denkpause) einzulegen und nicht wie ein Frosch auf den Merkmalsreiz „kleines Flugobjekt" (und wär's ein weggeworfener Zigarettenstummel) gleich zuschnappen zu müssen. In eben diesem wiederholten Innehalten liegen je kultivatorische und im weiter dann sogar kulturelle Chancen:

Klassifikation schafft Übersicht und Ordnung und stellt eine Voraussetzung zur zwischenmenschlichen Verständigung dar

Bezeichnungen schaffen Unabhängigkeit vom unmittelbaren Zuhandensein und ermöglichen dadurch eine ort- und zeitunabhängige Verständigung. Bezeichnungen sind dann zweckdienlich, wenn sie auf Grund ihrer Trefflichkeit im Gesprächspartner in etwa dieselben Vorstellungen evozieren

Wertung ist eine Orientierungshilfe für das Individuum und bietet dem Kollektiv Schutz und Entwicklungsmöglichkeiten

Attribuierungen und *Generalisierungen* dienen der Ökonomie, ermöglichen Entwürfe und per analogiam-Schlüsse. Es handelt sich dabei freilich erst um vage, oft noch fehlerhafte Vorausurteile, die der nachgehenden Überprüfung bedürfen, wenn sie sich nicht zu Vorurteilen verhärten sollen.

Es geht in dieser Perspektive also *nicht* darum, Behinderung, Minderung und Abweichung geflissentlich zu übersehen, Unterschiede aufzuheben, skeptische

Distanz zu verringern, Wertwidrigkeit zu egalisieren, Schuld zu entschulden, Bezeichnungen zu versimpeln, kurz: ein perspektivisch und relational erfasstes So-Sein mit seinen negativen Attributen im Speziellen und der Negation im Allgemeinen zu verleugnen, sondern zu *bejahen*: Nicht, indem es in Gutes umgedeutet wird oder erst nachdem es durch „Malitätsbonisierung" enthässlicht und „entböst" (*Marquard, O.* 2001, 22f) ist, sondern *allein weil es ist*. Heilpädagogik, wie ich sie in ihrem existenziellen Kern verstehe, geht auf Nicht-sein-Sollendes, Defektes, Böses, Abweichendes, Sündhaftes ... zu, nicht *falls und insofern* es sich als positiv veränderbar erweist, sondern *weil es da ist*: vielleicht auf Grund des viel bemühten „unerforschlichen Ratschlusses Gottes". Und wenn in dieser Konsequenz dann auf eine (freilich keineswegs die einzige) genuin *christliche* Wurzel der Heilpädagogik – in der theologischen Perspektive von *Linus Bopp* (1930) seinerzeit bis zur *Heils*-pädagogik gesteigert! – hingewiesen wird, dann erst in zweiter Linie mit Blick auf die in ihren Anfängen hauptsächlich religiös motivierte, kirchlich initiierte und installierte Behindertenfürsorge und -bildung, sondern primär – und hierzu den Grund legend – in der Nachfolge *Christi* betreffs der Hinwendung zur Geschöpflichkeit der nach weltlich-moralischen Maßstäben verderbten, verworfenen, wertwidrigen Existenz.

Heilpädagogik hat ihren gesellschaftspolitisch zugewiesenen Ausgangspunkt zunächst zwar in einer Teratologie, d.h. einer Lehre vom Missgestalten, Normabweichenden, Unerwünschten. Sie beschäftigt sich sodann aber *positiv* mit der Frage, wie eine konkrete Gesellschaft und Epoche das *aus deren Sicht* Erwartungs-, Norm- und Wertwidrige, das Unzweckmäßige, Gestörte und Unproduktive ... zu kultivieren, d.h., sich damit in ein integrales Verhältnis zu setzen vermag. Nicht: Was machen wird *dagegen?* - Sondern: Was machen wir *daraus?* Behinderung und Leiden werden da zu einem Kulturfaktor, wo sie *als solche* kultiviert ('gepflegt', formiert und formatiert) und zur Conditio humana gehörig Beachtung finden (*Kobi, E.E.*, 2004).

Diskrepanzen und Antinomien sind für die Pädagogik konstitutiv (*Gruntz, J.*, 1999); eine superlativische, paradiesische unio mystica machte eine wesensmäßig komparative Pädagogik entbehrlich. Heilpädagogik sucht nach einem heilsamen (moderierenden), nicht einem heilenden (reparierenden) Umgang und einem Mitsein auch mit immanent (innerweltlich) *bleibend* Imperfektem und Abtrünnigem. Weg*suche* (Viabilität), nicht weg*schaffen* (Therapie), Kon*viktion* (Zusammenleben), nicht Kon*fektion* (Gleichmacherei) sind ihr zentrale Anliegen. Demgemäß sind

- Behinderungen, Minderungen und Abweichungen unter Beachtung gesellschafts- und kulturspezifisch relativierender Figur-Grund-Effekte zu existenzialisieren und ins Bewusstsein zu heben
- Unterschiede deutlich zu machen, damit sodann auch jene Gemeinsamkeiten hervortreten können, die für den zwischenweltlichen Umgang den Aktionsspielraum abgeben
- Skeptische Distanzen zu wahren, um eine dynamische Mitte zwischen Resignation und Illusion zu halten
- Aktuelle Wertungen und Skalierungen vorzunehmen, um Orientierungsmarken für Befindlichkeiten zu verdeutlichen

- Schuld und Schuldigkeiten zu personalisieren, um menschliche Spezifika von persönlicher Urheberschaft, Verantwortung und Handlungsfähigkeit im Diskurs zu halten
- Bezeichnungen auf ihre Tauglichkeit als Instrumente zur Sicherung von Verständigung und Verständnis zu überprüfen

Die heilpädagogische Qualifikation einer Gesellschaft, eines Staates, einer Kultur oder Epoche, wird sich also nicht daran messen lassen, wie intensiv sie Schönrednerei, Verleugnung, Euphemistik und Escamotage betreibt, sondern wie sie das *für sie* Wertwidrige, Entwertete und Verabscheute zur Darstellung bringt und inkludierend-exkludierend permanent als Integral gattungsmäßig menschhafter und human menschlicher Art bedient, als gemeinsamen daseinsgestalterischen Auftrag wahrnimmt und annimmt.

V Gemeinsame Daseinsgestaltung

Unter Daseinsgestaltung verstehe ich die Art und Weise, wie ein Lebewesen vom Moment des innerweltlich Werdens bis zu seinem Erlöschen sich über assimilative (sich die Umwelt anpassende) und akkommodative (sich an die Umwelt anpassende) Austauschprozesse in die ihm vorgegebenen raum-zeitlichen Verhältnisse einfügt: eigendynamisch (seiner Entelechie folgend, instinktgesteuert, in Kreisprozessen lernend), allenfalls auch durch fortgeschrittenere Lebewesen (meist Artangehörige) unterstützt und angeleitet.

Daseinsgestaltung ist somit ein allgemeines Lebensprinzip: Neu entfachtes (individuelles) Leben muss sich behaupten, einrichten, verorten, sich Widerständen stellen, Verdrängungswettbewerbe bestehen etc. Zwar bestehen erhebliche Unterschiede hinsichtlich der materiellen und instrumentellen Voraussetzungen zur sowie der Komplexitätsgrade der jeweiligen Daseinsgestaltung. Dennoch ist das daseinsgestalterische Grundanliegen des Ameisenlöwen bis hin zum homo sapiens dasselbe: sich einen artgemäßen, überlebenssichernden ‚safe place' einzurichten.

Die *menschlichen* Spezifika liegen darin, dass Menschen

- die Fähigkeit und Aufgabe zufällt, reflektierte Eigenbestimmungen und -gestaltungen bezüglich ihres Daseins vorzunehmen
- unvergleichlich breit gefächerte und weit gehende Fähigkeiten besitzen, Umweltgegebenheiten so abzuändern, dass sie – zumindest für eine beschränkte Zeitdauer – lebbar werden (von der Tiefsee bis in den Weltraum)
- sich nicht allein in der naturhaften Umwelt, sondern auch in der sozio-kulturellen Mitwelt sowie als selbstreflektive Wesen bei sich selbst sowohl wie spirituell einzurichten haben.

Da der Daseinsbegriff in der modernen Philosophie eine bedeutende Rolle spielt und von dort – wenngleich über Umwege, Abwandlungen und mit entsprechender Verspätung – bis in heilpädagogische Bereiche hinein wirkte, ist an dieser Stelle ein spezieller Hinweis auf die Gedankenlinie erforderlich, die in der Neuzeit vom dänischen Philosophen und Theologen *Sören Kierkegaard* (1813-1855) ausging, bei *Martin Heidegger* (1889-1976), *Jean Paul Sartre* (1905-1980), *Albert Camus* (1913-1960), *Karl Jaspers* (1883-1963) u.a. Fortsetzungen fand und in verschiedenen Ausprägungsformen unter dem weit gefassten Titel „Existenzphilosophie" bekannt wurde. Der existenzphilosophische (ontologische) Daseins-„Begriff" bezieht sich primär allerdings nicht auf die obgenannten psycho-sozialen Faktizitäten. Innerhalb und unmittelbar durch die Existenzphilosophie(n) wurden (daher) auch kaum nennenswerte pädagogische Ideen, Konzepte gar, entwickelt. Andrerseits bekundete die (nach dem Zweiten Weltkrieg mehrheitlich restaurative) Pädagogik ihrerseits wenig Interesse an den egozentrisch-selbstisch und nihilistisch erscheinenden, über weite Strecken auch hoch abstrakte, abständige und sprachlich eigenwillige existenzialistische Intellektuellen-Disputen.

Pädagogen benötigten offensichtlich erst so etwas wie eine Übersetzung und Konkretisierung existenzphilosophischen Gedankengutes. Diesen Transfer erbrachten von den fünfziger Jahren weg vor allem *Otto Friedrich Bollnow* (1903-1993) und *Friedrich Glaeser*, von einem katholischen Hintergrund her ferner *Romano Guardini* (1885-1968), *Gabriel Marcel* (1889-1973), *Leopold Prohaska*, aus einem jüdischen *Martin Buber* (1878-1965). In der Schweiz war es der Psychiater *Ludwig Binswanger* (1881-1966), der, ausgehend von *Heidegger*, die sog. „Daseinsanalyse" entwickelte und dessen Gedankengut im heilpädagogischen Konzept des „Inneren Halt" bei *Paul Moor* (1899-1977) einen prominenten Platz einnimmt.

Binswanger vollzieht den Schritt von der existenzphilosophischen Ontologie *Heideggers* in eine Anthropologie. Er versucht zu zeigen, „dass die Selbstheit der Liebe nicht auf eine ichhafte Selbstheit hinausläuft, sondern auf eine wirhafte. ... Das Da des Daseins als Liebe ist nicht Erschlossenheit, durch die Dasein (als je meines) ‚für es selbst‘ da ist, sondern ‚Erschlossenheit‘, durch die Dasein (als Wirheit) für *Uns-selbst*, für ‚*Dich und mich‘*, für *Einander* da ist, und dies wiederum nicht ineins mit dem Da-Sein von Welt (der Sorge), sondern ineins mit dem Da-Sein der ‚Welt‘ des Einander" (1953,34). „Wie zum existierenden Dasein die Jemeinigkeit gehört, ... so gehört zum liebenden Dasein die ‚Unsrigkeit‘ " (a.a.O., 59). Dasein ist nicht nur *mein*, sondern *unser* Dasein in einer Wirheit.

Ohne dass dies seine Zielsetzung gewesen wäre, öffnete *Binswanger* mit diesem Einräumen des Andern auch jenen Raum, dessen Erziehung bedarf, um sich entfalten zu können und wo sodann *Moor* anknüpfte und gewissermaßen dem ‚Dasein‘ ein Dasein in der Heilpädagogik erschloss. Dasein im pädagogischen Sinne meint *gemeinsames* Dasein, umfasst nicht nur ein Wir, sondern ein ganzes „Konjugatives Beziehungsnetz" (*Kobi, E.E.*, 2004), das an der Daseinsgestaltung beteiligt ist.

Heilpädagogische Daseinsgestaltung präsentiert sich von hier aus unter folgenden Destinationen (*Kobi, E.E.*, 1988):

- Missgestalten sollen so umgeformt werden, dass sie sich in den als verbindlich („normal") geltenden gesellschaftlichen Gesamtrahmen einfügen. – Dieser Zielsetzung entsprechen therapeutische und anderweitig zurüstende, reformative Bemühungen
- Missgestalten sollen kaverniert, peripheriert werden, um gegenseitige Störungen zu minimieren. – Dieser Zielsetzung entsprechen vielgestaltig separierende Maßnahmen, wie sie im Gefängnis- und Internierungswesen, in Beschützenden Werkstätten, teils auch in der Heim- und Sonderschulpraxis ihren Niederschlag fanden

- Gesellschaftliche Gestaltelemente sollen so umformatiert werden, dass die Misslichkeit der Missgestalt so etwas wie eine „ökologische Nische" findet.– Dieser Zielsetzung entsprechen Bemühungen um die Adaptation gesellschaftlicher Rahmenbedingungen in Richtung auf eine Behinderungskultur (*Kobi, E.E.*, 2004).

In jedem Fall ist jedoch auch das (behinderte) Kind durch Mimesis (von unterbewusster Anähnelung bis willentlicher Nachahmung) namhaft beteiligt an der stets *gemeinsamen* Daseinsgestaltung. Über die jeweils verbleibende Differenz, deren Widerspiegelung und Rekursivität, nimmt es auch kreativen Anteil an neuen Regelorientierungen. Die Novizen (s. Kapitel III / 5) ändern somit, im Vollzug der Tradierung, das Tradierte. Sie sind das Licht, in welchem auch das Alte neu erscheint.

1 Was bedeutet Integration? – Analyse eines Begriffs

aus: Eberwein, H. [Hrsg.] (1988ff), Handbuch der Integrationspädagogik
(Weinheim Beltz) S. 54-62

Falsche Begriffe führen zum Krieg
(Chinesisches Sprichwort)

1 Wort und Begriffsfeld

Der Baseler Mathematiker *Jakob Bernoulli* (1654-1705) führte den Begriff „Integral"
im 17. Jahrhundert in die Mathematik ein. Das Verb „integrieren" findet vom 18.
Jahrhundert und zunehmend dann im 20. Jahrhundert Eingang in den Sprachschatz:
zunächst in der Philosophie, dann, in verschiedenen Bedeutungsschattierungen, in
zahlreichen anderen Wissenschaftsbereichen und schließlich, seit rund zwei
Dezennien, z. T. in inflationärer Weise, auch in die Alltagssprache.

Grundworte sind das lat. Verbum „integrare" (svw. „ergänzen") und das Adjektiv
„integer" (svw. „unberührt", „ganz"), die ihrerseits zurückgeführt werden können
auf die Stammwörter „tangere" (= berühren); „tactus" (=Berührung); „intactus"
(= unberührt, ganz).

2 Begriffsinhalte in außerpädagogischen Wissenschaftsbereichen

Seine gesellschaftspolitische Bedeutung erlangte der Integrationsbegriff über die Philosophie des 19. Jahrhunderts und vor allem dann durch Soziologie, Psychologie und
Bildungspolitik der Neuzeit. Er machte dabei zahlreiche Bedeutungswandlungen durch.

2.1 Philosophie

Im Werk des englischen Philosophen und Soziologen *Herbert Spencer* (1820-1903),
der als einer der Hauptrepräsentanten des philosophisch-erkenntnistheoretischen
Evolutionismus gilt, spielen die Begriffe Integration und Differenzierung eine zentrale
Rolle. – Spencers Lehre liegt der Gedanke eines alle Erscheinungen umfassenden
Entwicklungsgeschehens zugrunde. Die organisch-biologische wie auch die soziale
Welt unterliegen einem evolutiven Prozess differenzieren der Integration und

412

integrativer Differenzierung. Die durch Differenzierung bewirkten Spezifizierungen kommen durch zunehmende Verknüpfung zugleich in einen engeren Bezug. Diese Dialektik verhindert den Extremfall absoluter/einseitiger „Zerstreuung" bzw. „Anhäufung". – Gegenbegriff zu Integration ist somit nicht Differenzierung, sondern Desintegration, verstanden als Auflösung eines übergeordneten Ganzen in Teilsysteme und Elemente bei gleichzeitigem Verlust des gegenseitigen Bezuges. *Klaus, G./Buhr, Nl.* (1964)[1] definieren in diesem Sinne Integration wie folgt:

„Prozess der Bildung eines Systems höherer Ordnung aus relativ selbständigen Systemen niederer Ordnung (bzw. Elementen), wobei die das System konstituierenden Teilsysteme (Elemente) in wechselseitige Abhängigkeiten treten, so dass ihre Selbständigkeit und Unabhängigkeit herabgesetzt wird". ... „Integration ist immer mit Differenzierung verbunden, da durch die neuen Relationen bestimmte, zwischen den Teilsystemen bestehende Unterschiede aufgehoben werden. Integration bewirkt jedoch gleichzeitig, dass die sich neu herausbildende Struktur neue Differenzierungen setzt, so dass jede Art und Stufe der Integration die ihr gemäße Art und Stufe der Differenzierung aufweist".

... „Je nach Ausmaß und Intensität der wechselseitigen Abhängigkeit der Teilsysteme besitzen Systeme einen höheren oder geringeren Integrationsgrad".

„Im Prozess der Integration resultiert sowohl eine qualitativ neue Ganzheit als auch, in Abhängigkeit von den neuartigen Relationen, ein qualitativ neuartiges Verhalten der Elemente und Teilsysteme. Diese realisieren neuartige Funktionen, indem bestimmte ihrer latenten Möglichkeiten aktualisiert und andere, bereits aktualisierte, unterdrückt werden".

Im nachstehenden Schema, in welchem Integration in polare, extreme und exklusive Gegensatzpaare gestellt wird, sind denn auch formaliter die Spannungen und Konflikte bereits umrissen, die uns auf der Inhaltsebene sozialpolitischer und pädagogischer Integrationsbemühungen begegnen.

2.2 Staatsphilosophie

Im Zusammenhang mit der Entstehung demokratisch-nationalstaatlicher und völkischer Gebilde wird hier die integrative Bedeutung der Staatsidee hervorgehoben, wie sie in der Staatsverfassung, in der Staatsbürgerlichkeit und in vielfältig symbolisch-emblematischer Weise zum Ausdruck gelangt. Integration manifestiert sich in der Herausbildung eines einheitlichen Volkswillens und -bewusst-seins. – Seit dem Zweiten Weltkrieg trat, im Zusammenhang mit Demokratisierungsbestrebungen, allerdings mehr die pragmatische Komponente in den Vordergrund. Dies in Bemühungen um praktizierte Solidarität in verschiedenen Gesellschaftsbereichen. So sind denn die pädagogischen Integrationsdebatten auch vor dem Hintergrund bürgerrechtlicher Basisbewegungen (Erziehungsgewerkschaften; Vereinigungen der Eltern behinderter Kinder etc.) zu sehen.

---

1 *Klaus, G./Buhr, M.: Philosophisches Wörterbuch auf marxistisch-leninistischer Grundlage. Leipzig 1964, S. 529L*

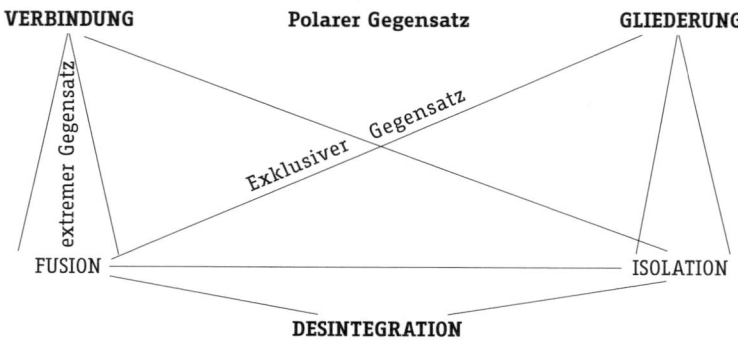

INTEGRATION

VERBINDUNG   Polarer Gegensatz   GLIEDERUNG

extremer Gegensatz

Exklusiver Gegensatz

FUSION   ISOLATION

DESINTEGRATION

2.3 Psychologie

In der Psychologie des 20. Jahrhunderts taucht der Integrationsbegriff in verschiedenen Zusammenhängen auf.

2.3.1 Persönlichkeitspsychologie: Hier wird die (transzendentale) Person als Integral der sich in ihren Um- und Mitweltsbezügen entfaltenden (empirischen) Persönlichkeit aufgefasst, welche diese objektiv als zusammengehörige Einheit (integrales System) erfahren und subjektiv als mit sich selbst kongruent und stimmig erleben lässt. Verdeutlicht wird dies im Vis-à-vis einer desintegrierten Persönlichkeit, die objektiv und/oder subjektiv nicht (mehr) als erlebnis-, verhaltens- und repräsentationsmäßige Sinneinheit aufgefasst und in ihren Lebensbereich eingeordnet werden kann und die in der Folge als „verrückt", „krank" bezeichnet zu werden pflegt.

2.3.2 Neuropsychologie/Neurophysiologie: Integration bezeichnet hier die Fähigkeit des Nervensystems, zeitlich und räumlich getrennte Reize zu informationstragenden Erregungsmustern zu vereinigen. Dementsprechend ist in der Neuropathologie von cerebral- bzw. neuralbedingten Integrationsstörungen die Rede: Ein Begriff, der im Zusammenhang mit sogenannten Teilleistungsstörungen hirngeschädigter Kinder auch in der Heilpädagogik sowie in der neurophysiologisch orientierten Occupational Therapy angloamerikanischer Konvenienz verwendet wird.

2.3.3 Entwicklungspsychologie: Integration bezeichnet hier ein Merkmal (ontologischer) Entwicklungsprozesse, wodurch sich vereinzelte Fähigkeiten zu einer organischen/ organisierten und mithin effizienteren Ganzheit zusammenschließen. Integration bildet dabei eine dialektische Einheit mit Differenzierungsprozessen.

2.4 Soziologie

In der Soziologie des ausgehenden 19. und 20. Jahrhunderts bezeichnet Integration den organisatorischen Zusammenschluss verschiedener Bereiche des kulturellen Lebens zu einem System innerer Verbundenheit der Wechselwirkungen. Es geht um

die Vergesellschaftung Einzelner, im weiteren dann aber auch von Gruppen und Teilsystemen (wie Familien und Sippen) zu übergeordneten gesellschaftlichen Gebilden.
Der Kooperation wird eine hohe integrative Bedeutung zugemessen. Als Integrations-
kerne gelten gemeinsame Geschichte, Sprache sowie Wert- und Zielvorstellungen
(religiöser, ideologischer, politischer ... Art).[2]
Auf die Begriffsinhalte in anderen Wissenschaftsdisziplinen, so der Mathematik und
Elektronik, der Biologie, der Ökonomie und der Linguistik, soll hier nicht eingegangen
werden, da sie zum pädagogischen Begriffsfeld kaum einen Bezug aufweisen.

3 Integration im Erziehungsbereich
3.1 Pädagogik

In der Pädagogik wurde die Bezeichnung Integration zunächst ausschließlich im
persönlichkeits- und entwicklungspsychologischen Sinne gebraucht. Erst von den
sechziger Jahren weg dringt sie, vor einem didaktischen Sinnhorizont, auch in
Curriculumsdiskussionen ein. Der Begriff findet ferner Verwendung im Zusammenhang mit kritischen Auseinandersetzungen um das Selektionswesen in vertikal
gegliederten Schulsystemen. Der Sache nach beschäftigten sich Pädagogen allerdings
schon wesentlich früher mit Fragen einer ganzheitlichen Erziehung und Bildung. Die
Differenzierungen im Schulwesen – konfessioneller, geschlechtlicher, altersmäßiger,
rassischer, leistungsmäßiger etc. Art – weckten immer wieder integrative Gegenkräfte
und lieferten damit ein Beispiel für das oben erwähnte dialektische Verhältnis von
Integration und Gliederung. Unter Bezeichnungen wie Ganzheitlicher, Erlebnis-,
Gemeinschafts-, Gesamt-Unterricht, Exemplarisches Lehren und Lernen etc. war
Integration nicht nur in ihrer sozialen, sondern auch in ihrer personalen (ich-
identitätsbegünstigenden) Bedeutung ein durchgehendes Anliegen pädagogischer
Reformbestrebungen. Insbesondere für den Volksschulgedanken und die Idee der
Elementarbildung, wie sie sich seit dem 17./18. Jahrhundert durchzusetzen begannen,
gab Integration, wenngleich unausgesprochen, den Gestaltungsrahmen ab. In
Verbindung mit staatsphilosophischen Integrationslehren des 19.-20. Jahrhunderts
wurde der Schule (und ebenso der Armee) auch die Funktion einer „Bildungsstätte
der Nation" zugesprochen.
In neuerer Zeit verlagerte sich das Gewicht mehr auf den innerschulischen, d. h. den
lern- und lehrpsychologischen Bereich. Bemühungen um ein „integrated curriculum"
(im Gegenzug zu Fächerung) und ein „integrated learning system" (verstanden
als Verbundsystem verschiedenartiger Lehr-/Lernformen in Ausrichtung auf ein
gemeinsames Ziel), und eine „comprehensiv school" erfuhren in der Nachkriegszeit
via USA und Skandinavien, zum Teil auch über das sozialistische Schulwesen (vgl.
z. B. den „Polytechnischen Unterricht") auch im deutschsprachigen Kulturraum eine
Wiederbelebung. Dies nachdem derartige Bestrebungen zur Zeit der Schulreformen

---

2 In exemplarischer Weise zeigte E. Durckheim (1858-1917) in: Le suicide. Paris 1897, dass und wie
  auch scheinbar extrem individualistisch-intrapersonal bedingte Akte wie der Freitod in das Gesell-
  schaftsganze eingebettet und daher auch von diesem her zu interpretieren sind.

zwischen 1890-1914/33 bereits einmal in Blüte gestanden hatten. Zu erinnern ist diesbezüglich an Vorbilder wie *P. Petersen* (Jenaplan), *G. Kerschensteiner* (eingebundener Handarbeitsunterricht), *R. Steiner* (Epochenunterricht) u. a.

3.2 Heilpädagogik

Der Begriff „Soziale Integration" bezog sich in der Pädagogik zuerst auf rassische/ ethnische Minderheiten (so hauptsächlich in den USA), später auf Gastarbeiter (-kinder) und erst in jüngerer Zeit akzentuiert auch auf Behinderte. Dass die Heil- und speziell die Sonderschul-Pädagogik diesbezüglich nicht Vorreiterdienste leistete, mag zunächst erstaunen, hängt nach meiner Interpretation der geschichtlichen Entwicklung jedoch damit zusammen, dass die Sonderpädagogik der Nachkriegszeit ihre Identität zunächst in der Restauration und im weiteren Ausbau des organisatorisch und in weiten Bereichen auch ideell darniederliegenden Systems besonderer/besondernder Zielsetzungen, Methoden und Institutionen suchte und dass in einer nachfolgenden Phase Sonderung zwar nicht mehr unbedingt als Ziel, wohl aber weiterhin als Methode zur (allfälligen) Rehabilitation Behinderter betrachtet wurde. – Diese geschichtlichen Entwicklungen sind mit einem Grund dafür, dass die Begriffe Rehabilitation und Integration in Theorie und Praxis bis dato noch stark ineinander übergehen.

Ich will im folgenden die wichtigsten Positionen, die wir derzeit im Umfeld der Diskussionen um die (schulische) Integration Behinderter antreffen, kurz erläutern, mich dabei jedoch auf den thematischen Rahmen der Begrifflichkeit beschränken.

3.2.1 Prozess vs. Zustand: In Erfahrungsberichten über Integrationsversuche – zumal solchen, die aus segregativen Verhältnissen heraus angestellt wurden – wird regelmäßig darauf hingewiesen, dass Integration als gegenseitiger psychosozialer Annäherungs- und Lernprozess zwischen Integratoren und Integranden aufzufassen sei. In diesem Prozess würden auch immer wieder neue Facetten bzw. Problemstrukturen hervortreten, so dass er nie als endgültig abgeschlossen erklärt werden könne. Integrationsprozesse sind zwar planbar und auch steuerungsbedürftig, enthalten jedoch stets verschiedene Unsicherheitskomponenten, so dass sie den „unstetigen Erziehungsvorgängen" im Umfeld der „Begegnung" (sensu Bollnow, 1959)[3] zuzuordnen sind. – Integration als Zustand von einiger Dauer und Beständigkeit betrifft demgegenüber mehr nur äußerliche, objektivierbare und relativ personunabhängige Tatbestände administrativer, terminologischer, ökologischer, organisatorischer Art. Integration kann demgemäß als homöostatisches, labiles Fließgleichgewicht bezeichnet werden, das in jedem Moment durch Interaktion neu hergestellt werden muss. Der jeweilige, dynamisch wechselnde Integrationsgrad wäre somit abzulesen am Umfang, an der Intensität sowie der Häufigkeit sozialer Austauschprozesse.

3.2.2 Methode vs. Ziel: In Bezug auf diese Gegenüberstellung vermittelt das Schrifttum zur praktizierten Integration Behinderter ein besonders zwiespältiges Bild:
Soweit Integration (Integriertheit) als mehr oder minder begründetes *Ziel* (heil-) pädagogischer und sozialpolitischer Bestrebungen herausgehoben wird, stellt sich

---

3 *Bollnow; 0. F: Existenzphilosophie und Pädagogik. Stuttgart 1959.*

die Frage nach den hierzu tauglichen Methoden. Die Antworten führen dabei fast zwangsläufig in tautologische – Integration (als Ziel) soll durch Integration (als Methode) erreicht werden – oder in paradoxe - Integration soll durch (vorlaufende) Separation erreicht werden – Sackgassen. Bezüglich eines teleologischen Integrationsbegriffs kann sinnvollerweise nur ideell, standpunktlogisch und in Ausrichtung auf ein bestimmendes Menschenbild oder eine Gesellschaftsdokᵗrin, debattiert werden. Soweit Integration als *Methode* verstanden wird, stellt sich die Frage nach deren Ziel. Ein solches wird zumeist in einer breiteren und höheren (u. a: auch sozialen) Kompetenz des Integranden, seltener in einer reichhaltigeren allgemeinen Lebensqualität auch der Integratoren gesehen. – In Konsequenz zu derartigen Vorstellungen pflegen entsprechend angelegte Projekte auf ihren „Erfolg" überprüft zu werden. Auch diesbezüglich entstehen nicht selten Widersprüche, indem zwar dem bestehenden Schulsystem ein rigides Leistungsdenken und ein entsprechender Selektionismus zum Vorwurf gemacht werden, (gesteigerte) Leistungsfähigkeit gleichzeitig jedoch zum Qualitätsmaßstab der (erfolgreichen) Integrationsversuche gemacht wird.[4]

3.2.3 Individuale vs. soziale Angelegenheit: Hierzu ist zu vermerken, dass eine Integration *einzelner* behinderter Kinder ins Regelsystem seit je stattfand, ohne dass ein besonderes Aufheben davon gemacht wurde und auch ohne dass der Integrationsbegriff dafür Verwendung fand (es sei diesbezüglich z. B. an Poliokinder früherer Jahrzehnte erinnert).

Unter den erwähnten Nachwirkungen der bis Anfang der siebziger Jahre die Auseinandersetzungen bestimmenden Rehabilitationsbemühungen stand dann vor allem die Integrabilität der jeweiligen Integranden zur Debatte. In deren Ausrichtung sollen behinderte Kinder durch ein vorangehendes Training, durch Therapien und durch den Erwerb bestimmter Techniken instand gesetzt werden, eine Regelschule zu besuchen. Auch gegenwärtig spielt eine Zurüstung Behinderter für die normalschulischen Anforderungen unter der Bezeichnung „Einzelintegration" eine wesentliche Rolle. Den Integrationsbemühungen wird unter dieser individualen Perspektive keine grundsätzlich (schul-) systemverändernde Kraft bzw. Aufgabe beigemessen. Das behinderte Kind (als Integrand) hat sich dem gegebenen (Schul-)System (als Integrator) ein- und unterzuordnen, was freilich ein gewisses Entgegenkommen nicht auszuschließen braucht.

Drei kritische Einwände gegen diesen noch stark dem Rehabilitationsgedanken verhafteten Integrationsbegriff verschaffen sich jedoch zunehmend Gehör:

- Integration ist als ein Prozess gegenseitiger Anverwandlung von Integranden und Integratoren aufzufassen. Der Integrationsfähigkeit der ersteren hat die Integrationswilligkeit der letzteren entgegenzukommen. Einseitige Anpassungsleistungen erfüllen das Postulat integrativer Zielsetzungen nicht
- Einzelintegration in Form normalisierender Zurüstung zeitigt lediglich Grenzverschiebungen und wirkt sich desintegrativ/isolierend auf den harten Kern der als

---

4 vgl. z. B. Kniel, A.: *Die Schule für Lernbehinderte und ihre Alternativen.* Rheinstetten 1979.

nicht integrierbar erachteten Behinderten aus. Integration Einzelner ist eine Alibiübung auf Kosten der erneut Ausgesonderten; selektive Integration ist ein Widerspruch in sich selbst

- Die Integrationschancen der primär und akzentuiert in ihren Aneignungsprozessen behinderten Kinder (Lern- und Geistigbehinderte) sind unter diesem individualistischen Ansatz gering, wie dies exemplarisch aus den minimalen Rückgliederungsquoten von Hilfsschülern in die Normalschule abzulesen ist.

Wird Integration hingegen primär als soziale und sozialpolitische Angelegenheit aufgefasst, dann bedeutet dies, dass die gesellschaftlichen Systeme und so auch die Bildungsinstitutionen sich zu öffnen und zu verändern hätten, damit behinderte Kinder auch in der Rolle als Schüler grundsätzlich und vorbehaltlos darin Aufnahme finden können.

3.2.4 Vorgabe vs. Aufgabe: Die heilpädagogischen und sozialpolitischen Integrationsdebatten der vergangenen zwei Dezennien lassen deutlich werden, dass heute zwischen zwei grundsätzlich verschiedenen, inkommensurablen Intebrationsbegriffen unterschieden werden muss. Ich nenne sie, vereinfacht, „Unbedingte Integration" und „Bedingte Integration". *Unbedingte Integration* stellt sich nicht nur in einen polaren, sondern in einen exklusiven Gegensatz zu Separation. Integration ist ein Programmpunkt innerhalb eines umfassend egalitären Bildungssystems, wie es erstmals (freilich unter einer religiösen Perspektive und aus einem im Vergleich zum heutigen wesentlich anderen gesellschaftspolitischem Kontext heraus) von J. A. *Comenius* (1592-1670) in Konsequenz seiner „Pansophia" (‚Allwissend) gefordert wurde: „Omnes omnia omnio docere" (Alle sollen allen alles lehren). – Integrative Erziehung und Bildung ist dem Menschen wesensgemäß; jeder Vorbehalt verletzt sein existentielles Grundrecht auf ein Mitsein. Integration ist Vorgabe, nicht nur Aufgabe; sie ist nicht bloß Möglichkeit, sondern Notwendigkeit. Das Wesen des Menschen ist unteilbar, nicht sonderbar. Integration ist Voraussetzung, nicht (mehr oder minder erreichbares) Ziel jeder als menschenwürdig zu bezeichnenden Erziehung.[5] Unbedingte Integration hebt sich in letzter Konsequenz selbst auf. Wo jede Separation aufgelöst bzw. verunmöglicht wird, da macht die Unterscheidung von Separation/Integration, behindert/nichtbehindert, pädagogisch/sonderpädagogisch keinen Sinn mehr: alle bilden von vornherein einen Ganzheitlichen Verein von Unterganzen; „Behinderung" ist eine Seinsform in der unendlichen Vielfalt des Auch-Möglichen. *Bedingte Integration* stellt sich dagegen in ein polares Verhältnis zu Separation. Integrative bzw. segregative Maßnahmen werden aufgrund einer die örtlichen, zeitlichen und personalen Verhältnisse berücksichtigenden Indikation, d. h. nach Maßgabe der Integrationsfähigkeit und der Integrationswilligkeit des betreffenden (behinderten) Menschen und des involvierten Kollektivs, getroffen.

---

5 vgl. z.B. Feuser, G.: *Integration.* In: Reichmann, E. (Hrsg.): *Handbuch der kritischen und materialistischen Behindertenpädagogik. Oberbiel 1984, S. 300.*

In dieser Perspektive können denn auch verschiedene Ebenen und Stufen der Integration unterschieden werden.

3.2.5 Parzellierbare vs. ganzheitliche Daseinsform: Aus der Sicht eines bedingungslosen Integrationismus erscheint es paradox, von „Teil-Integration", Möglichkeiten und Grenzen der Integration zu sprechen; Integration steht im Gegensatz zu jeder Teilhaftigkeit. Aus dieser Position leiten sich denn auch Forderungen nach einer „vielseitigen Schule für alle Kinder"[6] und mithin nach einer Aufhebung des Sonderschulwesens in einem umfassenderen, integrativ angelegten Schulrahmen ab. Angestrebt wird *eine* Schule verstanden als Ort gemeinsamen, systematisch-programmatischen Lehrens und Lernens, begrenzt allein durch ein bestimmtes Einzugsgebiet.[7]
Wo in der Weise *alle* Kinder, ohne Ansehen der Person, Aufnahme finden in *der* Schule, entfallen konsequenterweise „spezielle" Integrations-Maßnahmen; wo Integration herrscht, muss eine solche nicht erst angestrebt werden. Was als didaktisch-methodische Aufgabe freilich bleibt, sind verschiedenartige und unterschiedlich weit verlaufende Aneignungsweisen der einzelnen Schüler, denen durch das Prinzip einer individualisierenden Binnendifferenzierung des Unterrichts gerecht zu werden versucht wird. Durch diesen Miteinbezug von Differenzierungsprozessen kommt diese Auffassung in bemerkenswerter Weise (wieder) in Übereinstimmung mit dem Integrationsbegriff von *H. Spencer* (vgl. 2.1).

3.2.6 Struktur vs. Wert: Integration und Differenzierung sind primär wertfreie, rein deskriptive und formale Begriffe. Auch wenn sie auf Sach- und Personverhalte oder ideelle Konfigurationen bezogen werden und damit eine inhaltliche (z. B. heilpädagogische) Bedeutung und Konkretisierung erfahren, bleiben sie zunächst wertfrei. Eine Sinnstiftung erfolgt aufgrund eines personalen Aktes der Be-Sinnung innerhalb eines bestimmten Gestaltungsrahmens, von einem bestimmten Standpunkt aus und in Ausrichtung auf eine als „besser" erachtete Gestalt. Einem solchen Vorgang gilt es im Bereich einer komparativen Wissenschaft, wie der der Pädagogik, Beachtung zu schenken, weil daselbst ursprünglich deskriptive Begriffe oft unbesehen eine präskriptive Verwendung finden. - Ein Beispiel dazu liefert der Integrationsbegriff, dem, zumal unter dem Postulat einer Unbedingten Integration, ein nicht weiter rekurrierbares Credo zugrunde liegt. Integration repräsentiert hier das schlechthin Gute und Richtige.
In der strukturell-organisatorischen Begriffsfassung kommt Integration dagegen mehr nur eine vermittelnde („mediatorische") Bedeutung zu: Es handelt sich diesbezüglich nicht um einen Maximierungs-, sondern um einen Optimierungsprozess. Dies kommt vor allem in Bestrebungen zum Ausdruck, flexible Sowohl-als-auch-Organisationsformen zwischen separativer und integrativer Erziehung und Schulung behinderter/nichtbehinderter Kinder zu entwickeln.

6 *Preuss Lausitz, U: Fördern ohne Sonderschule. Weinheim 1981.*
7 *vgl. z.B. die Uckermark-Schule in Berlin. Preuss-Lausitz, UU et al. (Hrsg.): Integrative Förderung Behinderter in pädagogischen Feldern Berlins. Berlin 1985, S. 92.*

3.2.7 Intentionale vs. koexistentielle Lebens- und Daseinsgestaltung: Die vorgestellten begriffsinhaltlichen Gegensatzpaare lassen sich letztlich auf *eine* Gegenüberstellung verdichten:

- auf einen intentionalen Integrationsbegriff, der zum Ausdruck bringt, dass als integrativ bezeichnete Zielsetzungen und Maßnahmen etwas über sie Hinausweisendes und Erstrebenswertes bewirken oder doch ermöglichen sollen (Leistungssteigerung, intensivere Sozialkontakte, Selbstbestätigung u. a. m.). Integration liegt damit eine *seinsverändernde*, meliorative Intention zugrunde, andererseits
- auf einen koexistentiellen Integrationsbegriff, der zum Ausdruck bringt, dass Integration ihre Erfüllung in sich selbst findet, bar jedes medialen Zwecks. Integration bezeichnet demzufolge eine *seinsbestätigende* Koexistenzform. Integration bestätigt ein Behindertsein in all dessen Auswirkungen, schafft Behinderung nicht per definitionem beiseite, verschweigt und beschönigt sie auch nicht. Interessengegensätze zwischen Behinderten und Nichtbehinderten werden nicht aufgehoben, sondern durchsichtig gemacht, wodurch praktizierte Integration zweifellos auch schmerzvolle Erfahrungen in den zwischenmenschlichen Beziehungen enthält. Integration bedeutet eine Absage an die geläufige „Irrelevanzregel" (wir tun, als ob nichts wäre) und verzichtet in dieser Perspektive auch auf sekundär, indirekt Menschlichkeit zubilligende, „Auch-Formeln" (Neger, Zigeuner, ... Geistigbehinderte etc. sind *auch* Menschen, *auch* sie dürfen, sollen ...). Ein integrierter Neger bleibt ein Schwarzer, ist jedoch kein Nigger mehr. Ein integrierter Behinderter ist desgleichen kein disqualifizierter Sonderling mehr, sondern repräsentiert eine durchaus statthafte Existenzform, die eine Ausweitung und Variabilität des Gestaltungsrahmens zwischenmenschlicher Interaktionsformen erfordert. Integration verändert nicht das Sein, sondern das Dasein, nicht die Behinderung, sondern das psychosoziale Gefüge des Behinderungszustandes[8] und mithin den *Status* des Einzelnen.

Zusammenfassend erweist es sich daher als sachnotwendig, immer wieder auf den trivialen Tatbestand hinzuweisen, dass

- Integration keine Methode, kein Heilverfahren darstellt, das nach irgendwelchen Erfolgskriterien evaluiert (falsifiziert/verifiziert) werden könnte, sondern dass
- Integration eine Lebens- und Daseinsform (hier im speziellen Fall zwischen Behinderten und Nichtbehinderten) bezeichnet, für oder gegen die sich die Gesellschaft und deren Untersysteme (Arie schulische Institutionen z. B.) *entscheiden* können und die daher als solche situativ und temporal auch frei wählbar bleiben muss.

---

8 Kobi, E.E.: Grundfragen der Heilpädagogik. Bern [4]1983.

2 Kontinuität integrativer Erziehung im Bildungswesen

aus: Staatsinstitut für Frühpädagogik und Familienforschung [Hrsg.] (1990),
Handbuch der integrativen Erziehung behinderter und nichtbehinderter Kinder
(München Reinhardt) S. 52-68

1 Integration

1.1. Begriff

Dreher (1969) bezeichnet Integration als (1) „the process. (2) by which, (3) organic,
physiological, or social material, (4) is combined, (5) and organized, (6) into a complex
whole, (7) at a higher level".

(1) Integration ist kein einmaliger, abschließbarer Akt. sondern ein dauernder, offener
Prozess. Eine Behinderung zeichnet (konturiert) ein Individuum, zumal in einer uni-
formen (z. B. kontinuierlich leistungsorientierten und diesbezüglich einer eindimen-
sionalen Norm verpflichteten Gesellschaft) so, dass jene Momente, wo ein Behinderter
sich als gleichwertig und im Sinne der Egalite vorbehaltlos aufgehoben erleben kann,
Seltenheitswert haben. Eine Behinderung keilt sich immer wieder neu und mit voller
Wucht als trennendes Element zwischen die menschlichen Beziehungen, und zwar
sowohl im Selbsterleben wie in der partnerschaftlichen Kommunikation

(2) Integration findet statt aufgrund wechselseitiger Prozesse der Integrationswilligkeit und nicht nur aufgrund bestimmter Eigenschaften oder Machenschaften zur
Entwicklung einer Integrationsfähigkeit. Integriertheit bezeichnet ein Verhältnis,
genauer: ein Verhältnis unter Verhältnissen, d. h. eine Konstellation, welche einen
situativ wechselnden Gespanntheitsgrad aufweist

(3) Diese Konstellation ist auf verschiedenen Ebenen (organisch, psychisch. sozial,
politisch ...) zu erfassen. Sie wird deutlich im Behinderungszustand, welcher nicht
nur durch die objektiv feststellbaren Materialien (Fakten. Daten, Symptome, Merkmale)
bedingt ist, sondern

(4) durch deren Verbindung. „Gegenstand" der heilpädagogischen Bemühungen ist
daher nicht der die Behinderung (kausal) bedingende Defekt (z. B. eine Hirnschädigung
und die rückwärtige Kausalkette), nicht die Behinderung als solche (z. B. die Summe

der eine Lernbehinderung kennzeichnenden Merkmale), nicht die als behindert bezeichnete, sich von einer bestimmten Norm abhebende Person (z. B. des lernbehinderten Kindes), sondern ein Beziehungsfeld, welches sich ausspannt zwischen: Merkmalen (bezüglich Verhalten, Leistung, Produktivität. Präsentation etc.), die in ihrer Gesamtheit als Charakteristikum einer Behinderung gelten, dem subjektiven Erleben einer Person, die sich aufgrund bestimmter Einschränkungen und Versagungen als behindert erfährt, den Instanzen, welche nach Maßgabe ihrer Maßstäbe (Normen, Erwartungen, Anforderungsprofile etc.) bestimmte Entäußerungen einer Person als nicht normgemäß herausgreifen und als mangelhaft, störend, nicht-sein-sollend werten und allenfalls, noch einen Schritt weitergehend, aufgrund bestimmter Symptome (Hinweiszeichen) auch die Person, an welcher sie abgelesen werden, zu einer Figur werden lassen, die sich von einem Erwarterungshintergrund abhebt. Ein Merkmalsträger wird dadurch als Behinderter definiert, abgegrenzt und ausgegrenzt, den Aussichten und Erfolgen der Normalisierungsbemühungen unter bestimmten zeitlichen und situativen Gegebenheiten

- Ein Behinderungszustand wird also nicht nur kausal-linear verursacht, sondern in kreisförmigen Gestaltungsmustern erzeugt (ausgezeugt) bis in einen Bereich hinein, wo „Ursache" und „Wirkung" ineinander übergehen und eins werden. Wir haben hier dann eine (lebens-)geschichtliche Situation um uns herum, die sich selber trägt und fortentwickelt und oft kaum mehr mit irgendwelchen (oft ohnehin nur vermutbaren) Erstursachen in Verbindung zu bringen ist

(5) Pädagogisch betrachtet besteht die Hauptgefahr einer derartigen Entwicklung darin, dass sie eine Person aus dem gemeinsamen Lebens- und Erlebniszusammenhang, ihrem anthropologischen Hintergrund, von dem her sie ihr menschliches Existenzbewusstsein aufbaut, herausfallen lässt, wie das Teilstück eines Zusammensetzspiels, das verlorenging und auch dann, wenn irgendjemand es irgendwo findet, nicht mehr als solches (als Teil eines übergeordneten. Sinn gebenden Ganzen) erkannt wird und als bedeutungslos weggeworfen wird

(6) Unter dem „komplexen Ganzen" ist in unserem Falle das zu verstehen, was wir als Behinderungszustand umschrieben haben. Ich möchte hier ausdrücklich diese beiden Aspekte berücksichtigt wissen: Ohne den Hintergrund des Gesellschaftsganzen droht der Ausgesonderte seiner menschlichen Sinnhaftigkeit verlustig zu gehen. Bedeutungslos ist eine Existenz, die niemandem mehr etwas bedeutet, für niemanden mehr west und wesentlich ist. Ohne stete Rücknahme der Sonderung verliert jedoch auch die Summe der Aussonderer ihre Ganzheit. Die Erfahrung, dass einer menschlichen Gesellschaft etwas fehlt, wenn sie sich einzelner ihrer Mitglieder entledigt, ist ein tragendes Element der Integrationsbestrebungen

(7) Integration ist kein wertfreier Begriff. Was als „höheres Niveau" gilt, entzieht sich einer kontinuierlich-gleichbleibenden, allgemeingültige Bestimmung. Entscheidend ist jedoch in jedem Fall, dass die angestrebte neue Qualität aus dem permanenten Vergleich zwischen Ich-Identität (Selbstbild. Selbstwertgefühl. Eigenbestimmung) des Behinderten und sozialer Identität (Fremdbild, Fremdbestimmunzen, Normen und Ansprüche) vonseiten der Mitwelt heraus entwickelt wird. Dieser Prozess ist von allen

am Behinderungszustand beteiligten Personen und über alle Einflussgrößen zu organisieren und zu steuern.

1.2. Zur dialektischen Struktur teilpädagogischer Zielsetzungen

Integration ist eine in Bezug auf die Sonderung und Aussonderung gegenläufige, mit dieser spannungsvoll verbundene (dialektische) Bewegung. Separation und Integration stehen nicht in einem Verhältnis der Ausschließlichkeit zueinander, sondern bilden das spannungsgeladene und oft konfliktreiche Organisationsmuster der helfenden Bemühungen, wie dies nicht zuletzt auch in der terminologischen Unsicherheit um das Selbstverständnis der Sonderpädagogik zum Ausdruck kommt: Sonderpädagogik legt terminologisch den Akzent auf den unbestritten notwendigen und hilfreichen Sonderungsprozess, über welchen die besondere Seinsweise und die besonderen (speziellen, individuellen) Bedürfnisse einer als behindert und daher als hilfsbedürftig erkannten Person überhaupt erst einmal wahrnehmbar gemacht werden. Einen den Anforderungen seiner Umwelt aufgrund bestimmter Kompetenzeinschränkungen nicht gewachsenen Menschen einfach „ganz normal" zu behandeln (z. B. ein lernbehindertes Kind, welches qualifizierte Lehrbemühungen notwendig machte, lediglich „mitzunehmen" im Normalschulunterricht) und hieraus noch (für sich selbst) eine sentimentale Herzenssache zu machen, kann ebenso brutal sein wie eine Sonderung, die ihres integrativen Gegenpols verlustig geht und lediglich der persönlichen Entlastung dient. Heilpädagogik legt terminologisch daher den Akzent auf den ebenso notwendigen Prozess der Integration (Heilung im Sinne der Verganzheitlichung verstanden).

Integration, die aus dem Widerlager zur Segregation springt, führt in die Fusion, wo der einzelne nicht mehr auffindbar ist. Segregation, die aus dem Widerlager zur Integration springt, führt in die Isolation, wo das Ich in Ermangelung des Andern einen Existenzverlust erfährt. In beiden Fällen führt der Totalitätsanspruch ins Nichts.

2 Kontinuität

2.1. Begriff

Auch der Begriff 'Kontinuität' begegnet uns in verschiedenen inhaltlichen Bedeutungen. Umgangssprachlich wird er zumeist auf die zeitliche Dimension (des Gleichmäßig-Dahinfließenden) reduziert, während ursprünglich das strukturell-gestalthafte Moment (im Sinne des durchgehenden Zusammenhangs) im Vordergrund stand. In Bezug auf unser Thema können folgende Begriffsdimensionen unterschieden werden, die freilich ihrerseits kontinuierlich ineinander überzugehen pflegen:

2.2. Chronologisch-evolutionäre Kontinuität

Hier bezieht sich der Begriff auf zeitliche Abläufe, die quantitativ und qualitativ als regelmäßig-regelhaft und damit überschaubar und voraussehbar erscheinen. In Bezug auf unser im ersten Abschnitt dargestelltes Verständnis von bedingter Integration ist davon auszugehen, dass sich der Mensch, zumal in seiner Kindheits- und Jugendphase, wesensmäßig in einem Wandlungsprozess befindet und mithin Kontinuität und Diskontinuität zwangsläufig in einem Wechselverhältnis zu stehen haben, wenn im Behinderungszustand ein psychosoziales Fließgleichgewicht aufrechterhalten werden soll. Auch da, wo sich im medizinischen Sinne nichts ändert am objektiven Befund, macht eine Behinderung im Laufe der Zeit verschiedene Bedeutungswandlungen durch und zeigt im Selbst- und Fremdbild immer wieder neue Facetten. Entscheidend bleibt stets die Wahrung der Kontinuität bezüglich der Ich-Identität des Kindes, das sich auch in allenfalls diskontinuierlich verlaufenden Bildungsprozessen als Ich-Selbst wiedererkennen und in seinem So-Sein bestätigt finden sollte.

2.3. Topologisch-räumliche Kontinuität

Hier bezieht sich der Begriff auf eine Gleichmäßige Füllung und Verteilung von Räumen und bezeichnet „das Stetige, in dem es keine Leerstellen gibt" (Brockhaus. 1970). Ein Blick auf die Entstehungsgeschichte des Sonderschulwesens zeigt, dass sich dieses während Jahrzehnten ebenso wie die Systematik der Heilpädagogik in Ausrichtung auf medizinisch fassbare Zustandsbilder entwickelt hat; lern- und sozialpsychologische Gesichtspunkte blieben demgegenüber von untergeordneter Bedeutung. Traditionellerweise ist auch heute von Körperbehinderten-, Sehgeschädigten-, Gehörgeschädigten etc.-Pädagogik und entsprechenden Schul- und Klassentypen die Rede. Ich vermute, dass diese über weite Strecken äußeren 'Krankheits'-Bild orientierte Differenzierung wesentlich zum generellen gegenüber einer separierenden Schulung behinderter Kinder beigetragen hat. In dieser Auffassung wird man bestärkt durch die gleichzeitig erhobenen Forderungen nach individueller (d. h. auf die persönlichen Möglichkeiten und Bedürfnisse eingehenden) Lehr- und Lernfeldbestellung sowie nach einer variablen und flexiblen Institutionalisierung des Unterrichts.

Gegenwärtig befindet sich das Bildungssystem diesbezüglich in einer Umbruchphase. Erscheinungsbildlich-nosologische und lern-/sozialpsychologische Systeme bestehen nebeneinander und durchdringen sich zum Teil gegenseitig.

2.4. Phänomenologisch-strukturelle Kontinuität

Hier bezieht sich der Kontinuitätsbegriff auf durchgehende, regelhafte Zusammenhänge, zwar nicht unbedingt kausaler, so doch konstellativer und kovarianter Art. In der aristotelischen Metaphysik bezeichnet Kontinuität etwas, dessen Teile gemeinsame Grenzen haben. Dadurch kommt der Begriff dem der Gestalt und der Ganzheit nahe.

In Bezug auf das Bildungs- und Erziehungssystem ist festzustellen, dass dieses, zumal in unserer pluralistischen Gesellschaft, recht unterschiedliche Strukturen aufweist, sich nicht nach dem Pestalozzischen Bild der konzentrischen Kreise – Familie, Gemeinde, Staat – aufbaut und somit einen nur geringen Kontinuitätsgrad aufweist. Während in der Familie noch eine partnerschaftliche Beziehungsstruktur vorherrscht, hat sich im Bildungswesen das Wohnstuben-Prinzip offensichtlich nicht durchzusetzen vermocht. Einer individualisierend-fähigkeitsbereichsorientierten, der Pestalozzischen Elementarbildung nahestehenden sozialintegrativen Förderung begegnen wir zwar auf der Kindergarten- und ansatzweise auch noch auf der Elementarschulstufe. Spätestens im

Sekundarbereich setzt jedoch ein Strukturwandel ein, indem daselbst eine sach- und fachlogische, lehrstoffbezogene Orientierung zunehmend an Gewicht gewinnt, was sich organisatorisch im Fächerunterricht und Fachlehrersytem niederschlägt. In der Berufs- und Arbeitswelt steht schließlich zunehmend die Frage der kapazitären und temporalen Produktivität im Vordergrund: d. h., die Produktions- und letztlich daher die Rentabilitätsverhältnisse werden strukturbestimmend; die Beziehungs- und Lernformen haben sich diesen ein und unterzuordnen.

Die heutigen Staats- und Gesellschaftsformen sind durch einen vergleichsweise hohen Komplexitäts- und Mobilitätsgrad gekennzeichnet. Dies erfordert generell einen entsprechenden schulischen Standard; ein modernes Staatswesen ist heute ohne einen hohen Bildungs- und Kenntnisstand seiner Bürger nicht überlebensfähig, Bildungswesen und Staat stehen in einem gegenseitigen Bedingungsverhältnis. Das Erziehungsgeschäft hat, zumal in den öffentlicher Bildungsstätten, unter zwangsläufiger Anlehnung an und Ausrichtung auf die strukturbestimmende Industriegesellschaft, einen ausgesprochenen Produktions- und Fertigungscharakter angenommen. Diese Entwicklungen haben sich insgesamt integrationswidrig ausgewirkt. Von einem grundsätzlich auf Selektion und Segregation angelegten System Integration und Kontinuität zu fordern, erscheint demnach fast paradox und setzt die an solchen Versuchen beteiligten Personen spannungsgeladenen und konfliktreichen Widersprüchen aus. Der Integrationsgedanke widerspricht offensichtlich den Prinzipien der Ökonomie und der Rationalisierung.

Integration (1) ist ökologisch und Ganzheitlich angelegt und gerät damit in ein Spannungsverhältnis zu einem ökonomischen Bildungssystem, das auf effizienzsteigernde Segregation angelegt ist, (2) betont den Beziehungsaspekt in der menschlichen Daseinsgestaltung, ist dementsprechend personalintensiv und gerät dadurch in ein Spannungsverhältnis zu einem System, das den Produktionsaspekt betont und dementsprechend materialorientiert ist.

2.5. Teleologisch-normative Kontinuität

Hier bezieht sich der Kontinuitätsbegriff auf Regelmäßigkeit in der Ausrichtung und bringt mithin auch eine gewisse Verlässlichkeit und Stetigkeit zum Ausdruck. Kontinuität/Diskontinuität sind zwar zunächst wertfreie Begriffe, erfahren allerdings, zumal in gesellschaftspolitischen Zusammenhängen und so auch in der pädagogischen Thematik, oft eine Wertung. Dies wird aus nachstehendem Wertequadrat deutlich in welchem Kontinuität in polare, extreme und exklusive Gegensatzpaare gestellt wird (vgl. Schema).

Kontinuität schlechthin zur Maxime zu erheben hieße daher, das gesamte menschliche Leben, in unserm Fall speziell das Erziehungs- und Bildungswesen, unter eine einzige, verabsolutierte Perspektive zu setzen. Im real existierenden Bildungssystem werden freilich stufen und schultypspezifisch unterschiedliche Ziele verfolgt, was nicht nur zu den genannten Strukturdifferenzen führt, sondern die Integrationsbestrebungen auch unter wechselnde Aufgaben stellt. „Stilbrüche" (Diskontinuität) sind

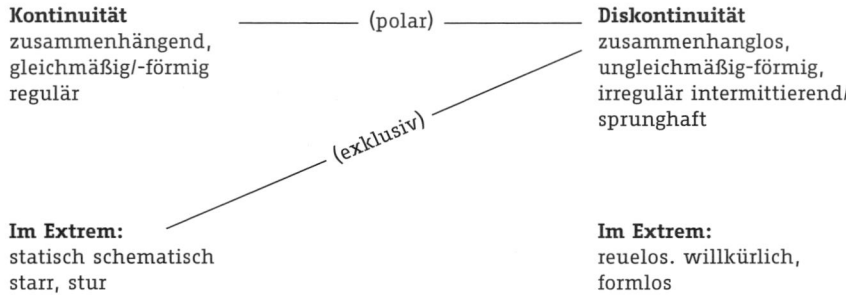

Kontinuität	———— (polar) ————	Diskontinuität
zusammenhängend, gleichmäßig/-förmig regulär	(exklusiv)	zusammenhanglos, ungleichmäßig-förmig, irregulär intermittierend/ sprunghaft
Im Extrem: statisch schematisch starr, stur		**Im Extrem:** reuelos. willkürlich, formlos

unter den verschiedenen Bedingungsgefügen (frames of reference) unvermeidbar und haben gelegentlich, trotz angestrengtem gutem Willen und maximalem personalem Entgegenkommen, zur Folge, dass auch geglückte Integrationsversuche wieder aufgegeben erden müssen. Es scheint mir in diesem Zusammenhang jedenfalls wichtig, festzustellen, dass z. B. eine erfolgreiche Integration auf der Kindergartenstufe noch keine Garantie, ja vielleicht nicht einmal eine Indikation, abgibt für eine solche in der Schule, und dass desgleichen eine schulische Integration keine Gewähr bietet für einen Integrationserfolg im Arbeits- bzw. Freizeitbereich.

2.6. Methodisch-organisatorische Kontinuität

Hier bezieht sich der Kontinuitätsbegriff auf Gleichförmigkeit in den Umgangsweisen, speziell den Unterrichtsmethoden. Es ist zweifellos richtig, wenn festgestellt wird, dass „Heilpädagogik Pädagogik und nichts anderes" (*Moor*, 1960) sei. Diese Aussage bezieht sich jedoch nach meinem Verständnis auf den generellen anthropologischen Erfüllungsrahmen. Desgleichen vermag der Hinweis darauf, dass viele der im Unterricht mit Behinderten verfolgten Unterrichtsprinzipien und angewendeten Methoden auch im Regelschulbereich bekannt sind, ein Kontinuitätsprinzip nicht durchzutragen. Ich erinnere diesbezüglich an jene Fälle, wo dem Regelschulunterricht fremde Methoden und Materialien (Blindenschrift, Absehunterricht, Low-vision-Training etc.) zum Einsatz gelangen müssen, was zwang zu Diskontinuitäten führt.

Die Erfahrung, dass ihnen im Rahmen von Therapien, Basisfunktionsschulung, korrektivem Unterricht und anderweitigen orthodidaktischen Bemühungen ein Zusatz- und Umweglernen zugemutet wird, kann behinderten Kindern nicht erspart werden, auch und gerade in einem Großräumigen integrativen Bildungssystem, das dem Prinzip der Binnendifferenzierung folgt und beispielsweise mit Ressource-Programmen arbeitet, durch welche das Kontinuum des „Normal"-Unterrichts unterbrochen wird. Didaktisch-methodisch lässt sich diesbezüglich folgende Gruppierung vornehmen: (1) Therapien unmittelbarer, funktionell-behinderungsspezifischer (z. T. sogar nur organspezifischer, wie z. B. in der Physiotherapie) Art und/oder mittelbarer Art (wie z. B. in der Ergotherapie), (2) Basisfunktionsschulung fähigkeitsbereichsbezogener Art (wie z. B. ein Wahrnehmungstraining), (3) Korrektiver Unterricht (im Sinne eines 'clinical teaching'), der sich im wesentlichen auf gestörte oder behinderte Informationsformen bezieht (wie z. B. in Fällen von Lese-Rechtschreibschwäche), (4) Fach- bzw. stoffbezogener konventioneller Unterricht (im Sinne der sog. 'academics'), innerhalb dessen unterschiedlich anspruchsvolle Lehr-/ Lernformen (vom relativ einfachen Modellernen bis hin zu einem bereits viel Selbständigkeit und intrinsische Motivation voraussetzenden Projekt-Unterricht) unterschieden werden können.

Auch hinsichtlich der methodischen Steuerung der Aneignungsprozesse kann Kontinuität also nicht prinzipielle und durchlaufende Gleichförmigkeit bedeuten, sollte hingegen sowohl auf der affektiven, wie auf der kognitiven Ebene gleitende Übergänge beinhalten. Erst nachdem diese dem didaktischen Gesamtkonzept inhärenten Diskontinuitäten unmissverständlich und klar herausgestellt worden sind, kann der Frage nachgegangen werden, wie nun, auf einer Meta-Ebene der personalen Identität des lernenden Subjekts, doch ein Kontinuitätserlebnis vermittelt werden kann. Soweit ich sehe, zeichnen sich diesbezüglich folgende, auf Kontinuität in den therapeutisch-unterrichtlichen Aktivitäten angelegte Konzepte ab:

(1) Das „additive Konzept" besteht darin, dass erzieherisch-unterrichtliche und therapeutisch funktionelle Aktivitäten „verstundenplant" werden: wie dies den Gepflogenheiten des Bildungssystems entspricht, oft freilich nicht den therapeutischen Bedürfnissen gemäß ist. Der Vorteil mag in der scheinbar objektiven Planung und in einer gerechten Zeitverteilung gesehen werden. Der Nachteil liegt für das Kind – und praktisch ausnahmslos für das geistig behinderte Kind – in eben diesem herkunftsmäßig akademischen Fächerunterricht mit (allenfalls!) informellen Kontakten zwar auf der Lehrer-/Therapeuten-Ebene, nicht aber im Erlebnis- und Verhaltensbereich des Patienten-Schülers und Schüler-Patienten

(2) das „epochale Konzept" ist dadurch charakterisiert, dass (längere) therapeutische bzw. unterrichtliche Epochen abwechseln (Beispiel: längerer Klinikaufenthalt eines Kindes). Der Vorteil liegt in der Möglichkeit, intensiviert störunszentriert zu arbeiten und allenfalls auch ein rehabilitativ notwendiges „handling" einer Behinderung aufzubauen. Der Nachteil, dass während einer „Behandlungs-Epoche" Inhalte der „Belehrungs-Epoche" (und umgekehrt) verlorengehen, kann durch je einen durchgehenden fil rouge in Grenzen gehalten werden. Ich erinnere diesbezüglich an erzieherisch-unterrichtliche Aktivitäten von Spitalpädagogen einerseits und an Beispiele einer in den Unterricht eingebauten physiotherapeutischen Grundaktivität (Umlagerungen, Haltungskontrollen u. ä.) andererseits

(3) Das „kooperative Konzept" besteht darin, dass Therapeuten (vor allem solche aus den Bereichen der unmittelbaren und funktionellen Therapien) und Erzieher (vor allem solche mit Unterrichtsfunktion) dem Kind gegenüber als Lehr-Team auftreten, d. h. auf der inhaltlichen (Lernstoff), der funktionellen (Trainingsprogramm) und der beziehungsmäßigen (Zugangs-, Begegnungs-, Umgangsweisen) Ebene konzertiert und damit kontinuitäts-, integrations-, identifikations- und transferförderlich zusammenarbeiten. Sie bilden in der Weise mit dem Kind zusammen eine lern-lehrpsychologische Struktureinheit, in welcher das therapeutische und das pädagogische Bewegungsmuster idealiter deckungsgleich werden. Die Nachteile dieses Konzepts

liegen in administrativen Rigiditäten, welche z. B. aus finanz- und arbeitsrechtlichen Gründen derartigen systemübergreifenden Funktionseinheiten entgegenstehen sowie in der hohen Personalabhängigkeit. Das kooperative Konzept ist ferner ziemlich konfliktanfällig und ist nicht in einem stabilen, sondern nur in einem labilen, immer wieder neu herzustellenden Gleichgewicht aufrechtzuerhalten

(4) Das „induktive Konzept" besteht darin, dass Therapeuten innerhalb einer dominant edukativen Institution und Pädagogien innerhalb einer dominant curativen Institution lediglich als Berater und Instruktoren mitwirken, d. h. sie kommen mit den Schülern/Patienten kaum oder mehr nur zu Demonstrationszwecken und consiliarisch in Kontakt. Eine Physiotherapeutin instruiert z. B. die Bezugspersonen eines cerebralparetischen Kindes bezüglich eines Grundmusters des motorischen Umgangs. Oder eine Logopädin berät eine Früherzieherin bezüglich der kommunikativ-sprachlichen Umgebungsgestaltung. In der Weise werden also therapeutische Elemente in den erzieherischen Alltag aufgenommen. Die Vorteile dieses Konzepts liegen in einer vorweggenommenen Integration von Therapie und Erziehung, in einer Reduktion der oft verwirrenden Vielheit von Personen, Methoden, Räumen, Inhalten, Materialien, Zielsetzungen, Erwartungen etc. Der Nachteil liegt in der nicht hoch fachspezifischen Belehrung zw. Therapie der Klientel.

2.7. Juristische Kontinuität

Diese bezieht sich auf Gleichförmigkeit und Kohärenz in der Rechtssprechung, wodurch Rechtssicherheit und -verständlichkeit „in Raum und Zeit" gewährleistet werden sollen. Eine quasiorganische „Entwicklung" der Rechtssprechung gilt dieser zwar als erklärtes Ziel, doch zeigt die Rechtsgeschichte Beispiele zuhauf, dass und wie Diskontinuitäten in der Rechts- (und Unrechtssprechung im Zuge z. B. revolutionärer Ereignisse auch das (staatliche) Bildungswesen erfassen können. Klarheit und Stringenz der Gesetzgebung sind ferner oft nur zum Preise von Kontinuitätsbrüchen zu erfüllen, was uns nicht zuletzt in der Heilpädagogik schmerzhaft bewusst wird: Einesteils ist festzustellen, dass zwischen Behinderten und Nichtbehinderten de facto keine eindeutig durchlaufende Bruchstelle auszumachen ist. Anderseits sieht sich die Rechtssprechung jedoch dazu genötigt, in diese de facto-Kontinuität eine de jure Diskontinuität zu setzen und eine arbiträr-exklusiv wirkende Abtrennung z. B. unterstützungs- und rentenberechtigter Personen vorzunehmen.

Wo immer gemessen (ermessen, beigemessen) wird, entstehen Sprünge (Diskontinuitäten). Während einesteils bezüglich der kognitiven Leistungsfähigkeit zwischen „Hochbegabten" und „Schwerst-Geistigbehinderten" ein Kontinuum besteht, folgt das Bildungssystem in diskontinuierlichen Sprüngen einem Entweder-Oder-Prinzip: Man ist *entweder* (noch) Regelschüler *oder* (bereits) Hilfsschüler, wiewohl „Verbindungen" de facto durchaus möglich und in vielen Fällen auch wünschbar wären. Möglichen de facto-Verbindungen stehen verunmöglichte de jure-Verbindungen entgegen.

Es liegt auf der Hand, dass Diskontinuitäten auch in einem auf Binnendifferenzierung ausgelegten System nicht vermieden werden können, was nach unserem Verständnis von Integration/Separation und Kontinuität/Diskontinuität freilich auch nicht erstrebenswert wäre.

Ich habe in diesem Beitrag deutlich zu machen versucht, dass Integration auf jeder Stufe und in jeder Phase als gesellschaftlicher, vom Common sense getragener, fragiler Prozess angesehen werden muss. Integration ist keine neue Methode, die unter Therapie, Förderung, Unterricht, Rehabilitation eingeordnet und im Nachgang hierzu verifiziert/falsifiziert werden könnte. Integration überwindet Behinderung nicht, sondern bestätigt sie im Gegenteil: samt den damit verbundenen personalen und sozialen Konsequenzen, die beglückender, freilich auch mühseliger Art sind.

3 Inklusion: ein pädagogischer Mythos?

aus: Dederich, M. et al. [Hrsg.] (2006) Inklusion statt Integration?
(Giessen edition psychosozial) S. 28-44

Alles Erziehen ist ein wenig Donquixoterie
(Willi Schohaus)

L'enfer ce sont les autres
(Jean- Paul Sartre)

1 Traum und Skepsis

Dann wohnt der Wolf beim Lamm, der Panther liegt beim Böcklein. Kalb und Löwe weiden zusammen, ein kleiner Knabe kann sie hüten. Kuh und Bärin freunden sich an, ihre Jungen liegen beieinander. Der Löwe frisst Stroh wie das Rind. Der Säugling spielt vor dem Schlupfloch der Natter, das Kind streckt seine Hand in die Höhle der Schlange. Man tut nichts Böses mehr und begeht kein Verbrechen auf meinem ganzen heiligen Berg.
Jesaja (8. Jh. vor Chr.), Prophet

Eine Gesellschaft Stachelschweine drängte sich, an einem kalten Wintertage, recht nahe zusammen, um durch die gegenseitige Wärme, sich vor dem Erfrieren zu schützen. Jedoch bald empfanden sie die gegenseitigen Stacheln; welches sie dann wieder einander entfernte. Wann nun das Bedürfnis der Erwärmung sie wieder näher zusammen brachte, wiederholte sich jenes zweite Übel; so dass sie zwischen beiden Leiden hin und her geworfen wurden, bis sie eine mässige Entfernung von einander herausgefunden hatten, in der sie es am besten aushalten konnten.
So treibt das Bedürfnis der Gesellschaft, aus der Leere und Monotonie des eigenen Innern entsprungen, die Menschen zu einander; aber ihre vielen widerwärtigen Eigenschaften und unerträglichen Fehler stoßen sie wieder von einander ab. Die mittlere Entfernung, die sie endlich herausfinden, und bei welcher ein Beisammensein bestehn kann, ist die Höflichkeit und feine Sitte. Dem, der sich nicht in dieser Entfernung hält, ruft man in England zu: *keep your distance!* – Vermöge derselben

wird zwar das Bedürfnis gegenseitiger Erwärmung nur unvollkommen befriedigt, dafür aber der Stich der Stacheln nicht empfunden. – Wer jedoch viel eigene, innere Wärme hat, bleibt lieber aus der Gesellschaft weg, um keine Beschwerden zu geben, noch zu empfangen.

Arthur Schopenhauer (1788-1860), Philosoph

2 Profanmythologie

Inklusion erscheint zunächst als eine der zahlreichen säkularisierten Varianten des Urmythos von der Transmission des Individuums aus kalter, feindseliger Alleinheit in die wärmende All-Einheit des Kreatürlichen (*Bargatzky*, 1997, 80ff). Inklusion ist noch einmal eine der „Großen Erzählungen" vom Zusammensein Aller in Allem, wie sie im 20. Jahrhundert in verschiedenen Farbvarianten vorgetragen wurden: Als Utopien beflügelnd –, in erzwungenen Realisationen zerstörerisch!

Profane Mythen sind in weiten Teilen strukturidentisch mit ihren religiösen Verwandten, auch wenn in ihnen überhöhte innerweltliche Instanzen an die Stelle transzendentaler Gottheiten treten:

- Als solche figurieren installierte Gremien (UNO, UNESCO, WHO u.a.), Politvereinigungen (z.B. Gewerkschaften), desgl. Akademien oder abstrahierte Lichtgestalten (Forscher, Wissenschafter) und deren je neueste Erlasse („Amerikanische Studien haben ergeben, dass ..."), allenfalls auch lediglich virtuelle Gebinde („Staatengemeinschaft")
- Auch weltliche Mythen sind somit nicht „von unten" gewachsen, sondern „von oben" inspiriert und konzipiert: durch Kongregationen internationalisierter Eliten, die ihrerseits je aus den Teppichetagen ihrer nationalen Herkünfte stammen
- Im Unterschied zu einem wissenschaftlichen Austausch werden allerdings kaum je die personelle Autorenschaft, geschweige denn die (relativierenden) Rahmenbedingungen (Fragestellung, sample, Methoden etc.) vermerkt. Die Botschaften werden vielmehr wie mosaische Gebotstafeln vom Hl. Berg zu Tale getragen
- Dem entsprechen sodann die Top-down-Verfügungen, die vor Ort oft zu Zwängeleien / Zwängereien ausarten, dann freilich auch an basalen Ablehnungen der nicht Bekehrungswilligen auflaufen oder im breiten Desinteresse versickern
- Virtualität und Realität kontrastieren somit nicht minder als der Verkündigungseifer religiöser Gemeinschaften zur Zahl ihrer aktiven Mitglieder und führt desgleichen zur bekannten Sektentragödie: Die Insider sind randvoll schlechthinniger Wahrheit und blicken von ihren Höhen bereits ins Gelobte Land. Doch sind sie umringt von einer erdrückenden Mehrheit „Verstockter", wie es in der Sprache Kanaans heißt
- Unversehens wandelt sich dann an dieser Schnittstelle das Inklusionsbemühen zur Exklusion der eben noch Umworbenen. Desgleichen kann aus dem pazifistischen Wortmantel plötzlich ein (un-) ausgesprochen militantes Verhalten hervorbrechen (wie z.B. in der seinerzeitigen Krüppelbewegung) und die gepredigte Allmenschlichkeit in Aggressivität kippen nach der Devise: Und willst Du nicht mein Bruder sein, schlag' ich Dir den Schädel ein!

- Daher kann die Moral der verkündeten Moral fragwürdig, gelegentlich sogar existenzbedrohlich sein. Spätestens dann, wenn sie „Amok läuft", wie der Wiener Satiriker *Karl Kraus* zu sagen pflegte, sich totalisiert, keine Relativität, Relationalität und Alternative mehr zulässt und sich an die Verfolgung von Dissidenten macht
- Integration / Inklusion sind aktuell allerdings auch im größeren Zusammenhang des allgemeinen Globalisierungstrends zu sehen, der weltweit praktisch alle Lebensbereiche erfasste. Es handelt sich um eine Art emergentes (Schwarm-) Verhalten, das sich, im Einzelnen und situativ nicht mehr begründbar / begründungsbedürftig, als das an sich Notwendige, zielführend Fortschrittliche, generell Erstrebenswerte ausbreitet. Kultur- und standortabhängig relationale Normen und Ideale werden uniformiert und kanonisiert zu global verbindlich erklärten sozialpolitischen Din-Formaten, Standards (*SZH*, 2004) und Indices (*Hinz*, 2004)
- Oft schaukelt sich eine derartige Bewegung innerhalb einer Generation auf zu einer Klimax, nach der sie, oft ebenso unerwartet-unverständlich, erlahmt und allenfalls in der Art der *Heraklit*'schen Enantiodromie durch eine andere, nicht selten auch konträre, abgelöst wird. Die Spezialisierungen im Sonderschulwesen, welche Ende der sechziger Jahre ihre Spitzen erreicht hatten, kontrastierten seinerzeit zur Integrationswelle, die in den Siebzigern einsetzte und die gegenwärtig ihrerseits wieder durch die Inklusionswelle überrollt wird
- Auch pädagogische Mythen begnügen / bescheiden sich nicht damit, an konkreter Stelle eine / ihre Idealwelt zu realisieren und damit mustergültig, d.h. als *Muster* gültig zu sein und allenfalls zur Nachahmung anzuregen. Missionarischer Eifer kann nicht an sich halten, drängt inkontinent über sich hinaus. Die Ansprüche sind von Anbeginn weg global, transkulturell, totalisierend bis totalitär (vgl. btr. Inklusion die Autorenlisten bei *Hinz*, 2003, 2004, 2005)
- Die Verlautbarungen sind mehrheitlich appellativ und finden heute zeitgemäß auch im Internet eine vieltausendfache Verbreitung. Im Stil von Besinnungsaufsätzen abgefasst, bestechen manche durch der Worte Schönheit und die Erhabenheit der Aussagen. Das macht sie scheinbar moralisch impermeabel, und Misanthropie ist das Mindeste, was kritischem Nachfragen unterstellt zu werden pflegt
- Dem missionarischen Bestreben nach Internationalisierung nachkommend, stützt sich Profanmythologie ferner vorzugsweise auf (scheinbar) problemlos zu übersetzende „Plastikwörter" (*Pörksen*, 1992) – wie z. B. Integration / Inklusion–, die für viele westliche Sprachen gleichlautend sind, spätestens im Moment praktischer Umsetzungsversuche dann aber doch mit großer Regelmässigkeit kulturelle Konnotationsdifferenzen offenbaren und regionale Exegesen erfordern (*Kobi*, 2006a)
- Als heikel erweist sich auch das Operieren mit unterschiedlichen Abstraktions- bzw. Konkretisierungsgraden sowie wechselnden Begriffsweiten: vgl. den Begriff „Schule", der z. B. in der für Heilpädagogik verbindend / verbindlich erklärten *Salamanca*-Resolution (1994) die ganze Spannweite von „Bildungswesen" bis hin zur einzelnen „Schulklasse" umfasst
- Da das Noch-nicht der Zukunft nur seherisch (visionär) erfassbar ist, sind die Deklarationen freilich auch, der Beweisnot gehorchend, „an-empirisch" (,unerfahren').

Die Argumentation bleibt vorwiegend idealistisch, allenfalls bereits kompakt ideologisch, ausgerichtet auf einen ethischen Rigorismus und radikalisierten Humanismus

- Diese buchstäbliche „Rücksichtslosigkeit" wird ferner ermöglicht durch Ahistorizismus. Die Erkenntnis, dass Hinkunft der Herkunft bedarf (*Marquard*, 2001) ist visionärer Weltenverbesserung fremd. Vergangenheit ist dem „Blick nach vorn!" lastend lästig, futurismuswidrig. Geschichte ist, da ohnehin vorbei, unerheblich, uninteressant oder lediglich, um des Kontrastes willen, Mangelhaftes und Inhumanes erinnernd: So, wenn ein offizieller Redner auf der Tagung des *RennerInstituts* (2003, 6) seine rhetorische Frage: „Warum passiert so wenig Integration?" simpel damit beantwortet, „dass noch vor 60 Jahren behinderte Menschen getötet wurden"
- Moderne Mythen präsentieren sich denn auch, zumal in der westlichen Hemisphäre, als fortschrittlich, neologistisch: Sie stellen sich appellativ an den Beginn eines angeblich Neuen Denkens eines Neuen Menschen. Zum chiliastischen Anspruch des Paradies' auf Erden gehört auch der des Unikats und der Alternativlosigkeit: es gibt nur dieses eine, erstmalige, solitär Gute und Richtige. Es fehlen Gegenthesen, relativierende Einwände, desgleichen (finanzielle, personale, zeitliche, räumliche, ideelle, motivationale ...) Aufwandberechnungen
- Ein ethischer Dynamismus, verstanden als Streben nach zunehmend dichterer Passung, gemahnt an gnostische Stufenlehren, wie sie von *Plotinos* (205-270) bis neuzeitlich zu *Hegel* und *Marx* über eine Rangordnung von Seinssphären zum Überguten und endlich zur (Wieder-)vereinigung mit Gott oder dem in der Geschichte waltenden, einenden Weltgeist geleiten. Die totalitär angelegten Inklusionen sozialistisch-kommunistischer oder faschistischer Konvenienz – vgl. z.B. die zum Nationalsozialismus führende Stufenleiter nach *Petersen*, 1934 (*Kobi*, 2000) – weisen Strukturkongruenzen auf bis hin zu „Heilserwartungsbewegungen", wie sie hundertfach auch in afrikanischen und polynesischen Kulturräumen lebendig sind (*Bargatzky*, 1997, 81ff)
- Profanmystiker achten freilich weniger auf eigene Vollkommenheit durch (Selbst-)Erkenntnis, als auf die Installation des Richtigen Bewusstseins beim Andern und zielen drum vorab auf Haltungs- und Einstellungsänderungen (*Knauer*, 2005) ab. Eine zentrale Rolle spielen dabei ein linguistischer Determinismus und Wortmagie. Durch *Orwell*'sche Sprachversäuberung (*Kobi*, 2006a) sind dementsprechend Vorstellungen, Wahrnehmungen, Denkformen und endlich auch Handlungsweisen neu zu formatieren. Zurückhaltender Skepsis begegnet man mit Wahrnehmungs- und Erfahrungsentwertung des Dialogpartners. Diesem werden ostinat „Vorurteile", ein „falsches Bewusstsein", eine antiquierte Denkweise unterschoben
- Dieser Moralismus trägt ausgeprägt manichäische Züge all da, wo er kontingente Verhältnisse (der Unentschiedenheit, Ambivalenz, Ambiguität, Polyvalenz) zu einem Entweder-Oder dichotomisiert und Paradoxien und Antinomien sich unbesehen einverleibt, (die ihm dann allerdings schwer auf dem Magen liegen, *Abschnitt 4*)
- Eine zentrale Rolle spielen in diesem Zusammenhang auch Tabuisierungen, und zwar sowohl in Richtung des Tabu Brechens als auch der Errichtung neuer Tabus.

Sie betreffen Prämissen ebenso wie Ableitungen und in erheblichem Masse (in Form einer political correctness) auch die Sprache (*Kobi*, 2006a). Wer sich dagegen oder auch nur Fragen stellt, ist nicht lediglich anderer Meinung, sondern ein irregeleiteter Mensch, bei Hartnäckigkeit ein Dissident der Humanität

• Das Gewissen haben wandelt sich so zum Gewissen sein (*Marquard*, 2004), das hinfort als Tribunal fungiert, vor welchem die Rück- und Unanständigkeiten der Andern periodisch geprangert werden können (vgl. z. B. die pauschalen Disqualifizierungen des angeblich fußlahmen Sonderschulwesens).

Ein thematisches Exempel und formelles Glaubensbekenntnis liefert die Erklärung von Salamanca (1994), welche die *generelle* Zielsetzung einer „Bildung für Alle" unter eine unilaterale integrationistische Ideologie stellt und von Politikern verlangt, diese „sollten regelmässig ihre Verpflichtung zur Integration bekunden". Ähnlich bei *Tervooren* (2003): niemand kommt an einem „Bekenntnis" zur Integration vorbei.

Eine weitere Salamanca-Taktik besteht darin, schulleistungs- bzw. -anforderungsrelevante Parameter (Lernmotivation, -fähigkeit, -willigkeit, -stand, Bildbarkeit in der Gruppe, kognitive Ressourcen, Interessen und Ziele) zu vermischen bzw. *gleichzusetzen* mit schulisch-unterrichtlich irrelevanten Kriterien (wie Geschlecht, ethnische Zugehörigkeit, Hautfarbe, soziokultureller Hintergrund, materielle Ressourcen, religiöses/ weltanschauliches Bekenntnis). Wer daher nicht willens ist, gleich die gesamte Inclusio herunterzubeten, darf denn auch nicht einmal A sagen. Und steht damit unter dringendem Rassismusverdacht.

3 Inklusion im Diskurs
3.1 Wort und Begriff

Bereits das Wort kann klaustrophobe Gefühle auslösen: Inclusio (lat. Einschließung; includo einschliessen, einsperren, einengen, zurückhalten; ‚inclusa', Nonne); Inclusion (frz. Einschließung, Einschluss; engl. Einbeziehung, Einschluss, Zugehörigkeit). Doch das Wort ist international zeitwindschlüpfig, tönt weltenläufig egal-global-pauschal-legal (im Sinne von: „alles inbegriffen").

Gegenwärtig wird der pädagogische Inklusionsbegriff mit schwankender Präferenz folgenden Bedeutungsschattierungen nach verwendet:

• Als Synonym zu Integration bzw. als deren Reanimation und Redesign
• Als Weiterentwicklung, Intensivierung und Totalisierung von Integration
• Als ein, im Unterschied zum nachrangig integrativen, vorrangiges Konzept. Alle sind von vorneherein und bleibend mit dabei und werden nicht erst, nach vorangegangener Separation und Tauglichkeitsprüfung, nachträglich integriert
• Inklusion taucht ferner auf mit dem Zielort einer „Internationalisierung der Bildung" bzw. als Kampfbegriff gegen Privatisierungstendenzen im Bildungswesen (so in Verlautbarungen der „Bildungsinternationale", BI und der „Gewerkschaft Erziehung", GEW) und hat im sozialistischen Umfeld einen renoviert-miniaturisiert-(schul-) klassenkämpferischen Unterton
• Als eine Utopie, die in letzter Konsequenz sämtliche Lebensbereiche der ganzen Menschheit umfassen soll (*Stichweh*, 2005), wodurch Inklusionismus als „kollektiver

Lösungsversuch" zu einer Heilserwartung wird (*Bargatztky*, 1997, 82). So findet Inklusion im Zuge einer gewissen Re-Theologisierung (in) der Heilpädagogik denn auch in religiösen Kreisen ein Echo (*Nipkow*, 2005), da sie christliche Gedanken der Gottebenbildlichkeit und Gotteskindschaft neu zu beleben scheint

- Einhellig wird Inklusion ferner, wie vorgängig bereits Integration ("... ist Menschenpflicht!"), aus einem Struktur- in einen Wertbegriff verwandelt und als Positivum tantum den Negativa von Exklusion, Homogenität, Differenzierung, entgegengestellt

Dieser schillernde Begriffsinhalt (*Liesen / Felder*, 2004) hat allerdings auch Auseinandersetzungen zwischen mittlerweile in die (Wechsel-) Jahre gekommenen Integrationisten der sechziger/siebziger Szene und jüngeren, seit den neunziger Jahren aktiv gewordenen Inklusionären zur Folge. Die Erstgenannten möchten sich verständlicherweise nicht durch „Glasperlenspiele", wie *Preuss-Lausitz* (2005,76) sagt, um die Erfolge ihrer Pionierarbeit bringen lassen, während die Nachgenannten die bloß nachschüssige Integration als widersprüchlich, als verflacht und versandet (*Biewer*, 2005) qualifizieren und mit Blick auf die „Zwei-Gruppen-Theorie" (Integranden vs. Integratoren), das ihr zu Grunde liegende „Tüchtigkeits(readiness)-Modell" und die damit verbundenen normalisierungsorientierten Förderungsbemühungen überdies als zu wenig radikal einstufen und durch Inklusion zu toppen trachten: Wo von vorneherein alle inkludiert sind und bleiben, wird Integration schließlich hinfällig.

3.2 Rück- und Ausblicke

Umfassend thematisiert wurde das Inklusions-Konzept in der deutschsprachigen Sonderpädagogik bereits im letzten Jahrhundert durch Jülich (1996): seinerzeit noch vor dem zeitgeschichtlichen Hintergrund seiner us-amerikanischen Herkunftskultur, speziell der Bürgerrechtsbewegung, in welcher der American dream vom „Melting pot" den emotionalen Grund bildet(e).

Unterdessen erreichte die Flaschenpost auch den alten kontingenten Kontinent, doch Jülichs seinerzeitige Warnung, die Botschaft nicht unbesehen zu übernehmen und nicht denselben Fehlern zu verfallen, wurde in den Wind geschlagen und Jülichs Schrift findet in der aktuellen Literatur kaum Beachtung.

Jülich benennt in ihrer Analyse der schulpraktischen Auswirkungen des intergrations-/inklusionsorientierten *Public Law* 94-142: „Education for All Handicapped Children Act" von 1975 praktisch alle entscheidenden Umsetzungsprobleme, die sich gegenwärtig auch hierzulande abzeichnen oder noch zu befürchten sind:

- Generelle Probleme der Umsetzung eines Bundersgesetzes auf der lokalen Ebene. „It takes more than legislation to create a social revolution in the school" (243; 311)
- In föderalistischen Staaten stoßen (zu) zentralistische Regelungen auf Widerstand (244; 314). Die „full inclusion" war denn auch in den USA von Anfang an als „one-size-fits-all-approach" sowohl bei Lehrerverbänden als auch unter Eltern heftig umstritten (303 f)
- Regelschullehrkräfte sind zwar durchaus reformwillig (267), doch verlangen sie, von Beginn weg in die jeweiligen Entwicklungsarbeiten miteinbezogen, auf die

neuen Aufgaben vorbereitet und mit den notwendigen Mitteln ausgestattet werden. Wo dies vernachlässigt wird (268), regt sich Widerstand, insonderheit da, wo Reformen zeitgleich noch von finanziellen Restriktionen begleitet werden (269)

- Es waren/sind gesellschaftliche Minderheiten (247), die mehrheitlich von aussen das prioritär der Tradition verpflichtete Schulsystem grundlegend und zügig in Richtung Inklusion / mainstreaming verändern woll(t)en
- Solange jedoch lediglich (teils fanatisierte) Visionäre einer neuen Schule und Gesellschaft erfüllt sind von ihren Fortschrittsideen, die Basis („das Volk") sowie die unmittelbar betroffenen bzw. ausführenden Organe sich aber nur zögerlich dafür begeistern (lassen), droht die Bewegung zu versanden oder lediglich wieder von einer neuen „wave of reform" (251) abgelöst zu werden. Eine allen gerecht werdende Regelung kann es vermutlich gar nicht geben (323)
- Qualifizierte Integration / Inklusion sind nicht ohne erhebliche Zusatzkosten zu realisieren, da z.B. Doppelbesetzungen von Lehrstellen unabdingbar sind (306) und eignet sich jedenfalls nicht als Sparkonzept (320) Diese Finanzierung erfolgte oft jedoch nicht oder nur unzureichend; auch die von President *Bush* (sen.) 1990 verabschiedeten „National Education Goals" (262) strotzten zwar vor nationalistischem Bildungsstolz; finanzielle Unterstützung wurde jedoch nicht in Aussicht gestellt (263), und Behinderte waren darin ohne hin nicht mitgemeint
- Zentralistische Top-down-Erlasse haben einen enormen Regelungs-, Vollzugs- und Kontrollbedarf (319), was die Übersicht erschwert. Gesetzesimmanente Widersprüche (244) und mangelhafte Eindeutigkeit (245), desgleichen (zu) starre Regelungen, die regional keine flexible Lösungen mehr zulassen, ziehen unterschiedliche Auslegungen nach sich, die sich bis in Rechtshändel hinein steigern können. So beispielsweise von Eltern, die sich für behinderte Kinder Regelschulzulassungen erstreiten (302)
- Umwandlungsphasen sind mit einem bedeutenden logistischen / bürokratischen Aufwand verbunden (247) und bedürfen einer umfänglichen personalen Begleitung mit zusätzlichen Zeitgefässen (z.B. für Fort- und Weiterbildungen)
- Soziale Organismen können sich nur langsam wandeln; Forschheit bewirkt Brüche, Verwerfungen, Widerstände. (Staats-)Schulreformen sind demgemäss langwierige Prozesse (248). So sind Reformbereitschaft und -fähigkeit des Regelschulwesens durch eine Vielzahl von Faktoren – Organisationsformen und Strukturen, Ausstattung (räumlich, zeitlich, materiell, personell, finanziell ...), Zielvorgaben (Lehr-/Lernpläne), durch Tradition und Identitätsviskosität beschränkt (246)
- Verschiedentlich erfolgten die Inklusions-Bestrebungen in einem Zeitpunkt, zu welchem das Regelschulsystem bereits durch die allgemeinen gesellschaftliche Wandlungen (Traditionsbrüche, Migration, neue Unterrichtstechnologien, gewandelte Lehrplananforderungen und Unterrichtsinhalte, diverse sozialpädagogische Zusatzaufgaben etc.) arg strapaziert wurde (248/49)
- Die im Zuge der P.I. 94-142 forcierten Integrationsbestrebungen hatten „eine explosionsartig gestiegene Zahl der Kinder mit „specific learning disability", ein „mushrooming of special education services" (260) zur Folge (316). Förderangebote

hatten offensichtlich die Bandbreite der Normalität in den Normal-Klassen verschmälert (261, 317)

- Der inklusionistische Vorschlag, die für berhinderte Schüler ad personam erbrachten Sonderleistungen künftig im Interesse einer verbesserten Förderung aller Schüler dem ganzen Schulsystem zukommen zu lassen, weckte Befürchtungen des Inhalts, behinderte Kinder könnten mit dem Behindertenstatus zugleich der persönlich adressierten Kostengutsprache für eine spezifizierte Förderung verlustig gehen

- Dazu kamen seit der *Reagan*-Ära sowohl von Regierungsseite als auch aus Kreisen der Elternschaft, Forderungen, das Leistungsniveau der Regelschulen anzuheben und regelmässig überprüfen zu lassen, wodurch selektive Tendenzen verstärkt wurden. Die Konzentration auf „equity" hatte nämlich den Verdacht genährt, diese sei mit eine Ursache der sinkenden Leistungsfähigkeit der Schulen und Schüler (257f; 281)

- Intergrierte Schüler waren fortan auch von derartigen Regelschulreformen tangiert (320), und die sog. „excellence"-Bewegung hatte den (schul)systemischen Nebeneffekt, dass mehr Schulleistungsschwache als „Behinderte" identifiziert wurden und / oder Leistungsstarke in leistungsorientierte Privatschulen abwanderten (305), wodurch sich die Gräben zwischen Regel- und Sonderpädagogik verbreiterten

- Die auf den Grundlagen von P. L. 94-142 erreichten Reformresulate sind nach *Jülichs* Einschätzung insgesamt enttäuschend (307). Es gelang auch nicht, die Barrieren zwischen Regel- und Sonderpädagogik abzuschaffen (288). Am ehesten findet eine pragmatische Handhabung des „least restrictive environment"- Konzepts (so wenig Sonderung wie möglich, 312) in Verbindung mit „tailor-made" (massgeschneidert flexiblen) Integrationsmassnahmen Anerkennung

Integration und Inklusion lassen sich *nicht* oder *nur* erzwingen!

4 Skeptische Näherung

4.1 Pädagogische Perspektiven

Dass auch eine aufgeklärt, gar wissenschaftlich!, sein wollende Pädagogik immer wieder und von Neuem Mythen (der „Gemeinschaft" in den zwanziger, des „Völkischen" in den dreißiger, der „Gesellschaft" in den siebziger, der „Solidarität" in den achtziger Jahren), seifenblasengleich, aufpustet, könnte mit ihrer theologischen Herkunft zu tun haben, auf Grund derer man sich nicht zufrieden geben mag mit „Erde auf Erden" (*Marquard*, 1995,27) in banaler Alltäglichkeit, sondern mit entsprechendem Zungenschlag Enderlösungen in Richtung „Himmel auf Erden!" visioniert.

Speziell die deutsche, hauptsächlich in Idealismus und Romantik wurzelnde Pädagogik, lässt Pädagogen mit epochaler Regelmässigkeit auf Heilspfaden fürbass gehen: Sei's mit der Klampfe in der Hand oder dem geschulterten Spaten über blondem Schopf und braun gebrannter Männerbrust, sei's lang geschweift und kachektischdröge im Hippielook. Und immer wieder gerät auch die Heilpädagogik: sei's leicht scharlatanhaft à la *J. J. Guggenbühl* (1816-1863), dem vorgeblichen Heiler der Kretinen auf *Heilungs*-, sei's ekklesial mit dem Freiburger Priester-Heilpädagogen *Linus Bopp* (1887-1971) auf *Heil*spfade (*Kobi*, 1999b).

Chiliasmus mit gestufter Enderlösung in der Perspektive war desgleichen – bei allen inhaltlichen Divergenzen! – eine kräftige Triebfeder sowohl des faschistischen als auch des kommunistischen Menschheitsbeglückungseifers, und die „Treue zum Mythos" (*Friedländer*) hat im Herzen Europas ihr lebendigstes Ressort (*Kobi*, 2000). Pädagogik muss zweifellos über sich hinaus fühlen, denken und handeln, hat sie doch etwas vor mit ihrem Zögling. Pädagogik benötigt Zielvorstellungen und Ideale und so auch immer wieder eine zeitgemäße Geschichte vom guten Menschen, der lebenslang lehrend und lernend um eine bessere Welt ringt. Auch eine konservative oder gar restaurative Pädagogik lebt aus Zukunftsbezügen, indem sie danach strebt, Zukunft als fortgesetzte Gegenwart bzw. als Wiederbelebung einer „Guten alten Zeit" zu gestalten. Wer der Pädagogik die Zukunft nimmt, zerstört sie in ihrem Wesenskern. Weder einzelne Mythen noch eine „mythische Ontologie" (*Bargatzky*, 1997, 36f., *passim*) sind daher in toto als irrational abzulehnen oder als erfahrungslos zu disqualifizieren. Sie sind jedoch als solche zu orten und zu identifizieren sowie von einem dualistischen Wissenschaftskonzept zu unterscheiden. Dies spätestens dann und da, wo die (cartesianische) Trennung von Begriff und Gegenstand in Wortmagie, Teil und Ganzes in Totalität, Innen und Außen in eine unio mystica verschwimmen und allein noch Visionen realitätsbestimmend werden.

4.2 Versäuberte Welt

Gefährlich, mitunter existenzbedrohlich wird die Lage, wenn Pädagogik sich mit der Rute in der Hand auf die Suche nach der Blauen Blume macht, *Don Quixote* den *Sancho Pansa* verlässt und die Missachtung von Vergangenheit und Gegenwart sich im transzendentalen Wahn zur aktiven Zerstörung des geschichtlich Gewachsenen und Hiesigen steigert.

Auch Euthanasie und Eugenik unseligen Angedenkens waren in ihren Anfängen im 19. Jahrhundert zunächst Produkte der Euphorie ob der schönen, neuen Welt, die zu erschaffen man sich, züchtig züchtend, anheischig machen wollte. Ihnen zu Gevatter standen durchaus nicht Hass und Mordlust, sondern Dekadenzängste (*Herman*, 1998), Höherentwicklungsstreben, Säuberungswille und unablässig der perfektionierte Mensch (*Kobi*, 2002).

Vor der Enderlösung steht denn auch regelmässig die Vernichtung der miesen-fiesen Gegenwart an: der Feinde und Widersacher, der Lästerer und Skeptiker, der Kulturhindernder und Volksschädlinge. Erst ist das Böse zu benennen, begrifflich zu bannen und auszurotten, bevor man sich durch die Inklusion der Willigen auf Noahs Arche vor dem Untergang zu retten anschickt oder an die Installation des Paradise now! machen kann. So bereits bei *Jesaja* und seinen zahllosen spätern Visionsverwandten. An der Paradiesespforte ist sodann die neue Carte d'identité vorzuweisen: *Jesajas* Stroh fressender Löwe firmiert nun als Mähnenrind, und die Natter ist zur Blindschleiche entgiftet.

Hier finden denn auch die vorerwähnten Stufenlehren Platz und Bedeutung, wie sie auch innerhalb der InklusionsIdeologie – ohne epochalen, kontextuellen Bezug und unter Missachtung der jeweils hoch kontingenten, kulturabhängigen Verhältnisse –

simplifiziert herumgereicht werden: Exklusion → Selektion → Integration → Inklusion bis ins Elysium einer → „Allgemeinen Pädagogik" (vgl. *Hinz*, 2003; *Sander*, 2004), wiewohl eine solche dortselbst eigentlich verzichtbar sein müsste.

4.3 Egalitäre Verschiedenheit

Inklusionismus geht von der trivialen Feststellung aus, dass Menschen – und so auch Kinder in ihrer Rolle als Schüler – verschieden sind. Es ist normal, verschieden zu sein! Ja. Allerdings hat Verschiedenheit unterschiedliche Qualitäten: Die Verschiedenheiten von „existenzbedrängend arm" und „luxuriert reich", von „Lebensqualität beschränkend behindert" und „beschwerdenfrei nicht behindert" auf die Stufe artüblicher Verschiedenheit von Blau- und Braunäugigkeit z.B. zu stellen, entbehrt daher nicht eines naiven Zynismus. Kommt dazu, dass die distanzierende Verschiedenheit von einem Behinderten hin zu einem Nichtbehinderten wesentlich andere Ausmaße und Gewichte haben kann als in umgekehrter Richtung.

Pädagogischer Egalitarismus vermag sich denn auch nur nach der paradoxen Maxime jenes „Wunderlandes" von *Lewis Carroll* (1865) auszurichten, in das sich *Alice* verirrte: *„Everybody* has won, and all must have prizes", wodurch diese von vorneherein zunichte gemacht werden.

4.4 Kategoriale Dekategorisierung

Da alle Menschen, qua Menschen, je den gleichen Wert verkörpern, verbietet die Inklusionsdoktrin, Verschiedenheit zum Anlass zu nehmen, Menschen z. B. nach Behinderungsart zu kategorisieren und dies schon gar nicht mit Blick auf eingeschränkte Leistungs- und Lernfähigkeit. Kategorisierungen, wie sie die traditionelle (differenzielle!) Heilpädagogik – wie sämtliche Wissenschaften! – vornimmt und wie sie dieser für spezialisierte Bildungsbemühungen um Blinde, Taube, Idioten, Krüppelhafte, Sprachgestörte … seit je auch zugeschoben wurden (*Kobi*, 2004), sind zu „überwinden". In *Jesse*'scher Manier wird in weiterer Perspektive die randlose Gesellschaft restlos stigmafreier Unbenachteiligter angestrebt. „Behindertsein ist schön!", „Geistig Behinderte gibt es nicht!", „Celebrate diversity!", „Wir alle sind behindert!" so die Interjektionen der Verzückung im Ausblick auf das belobigte Land. Derweil freilich, nach Abschaffung traditioneller Behinderungskategorien, im dialektischen Gegenschlag, Diagnostikern zeitgleich globale Verortungssysteme von DSM- über ICD- bis hin zu ICF-Checklisten aufs Auge gedrückt werden (*Kobi*, 2006b).

4.5 Homogenisierte Heterogenität

Das inklusive Egalitätsprinzip verbietet desgleichen Differenzierungen nach (homogenisierten) Leistungsgruppen, wie sie die (säkularisierte) Staatsschule im Zuge der allgemeinen Schulpflicht aus dem 19. Jh. heraus vornahm und damit frühere Gliederungen (nach Ethnie, Stand, Geschlecht, Konfession, Beruf …) in den Hintergrund drängte.

Inklusivität lehnt nicht nur behinderungsspezifische Sonderinstitutionen und nach individuellem Förderbedarf kategorisierende Integrationsbemühungen ab, sondern auch das sich am Alter der jeweiligen Schülerschaft orientierende dreigliedrige

(Eingangsstufe – Sekundarstufe – Abschlussstufe) Regelschul-System. Angestrebt wird „Eine Schule für alle!". Inklusionismus gibt vor, diese als „bereichernd" (wen?) gelobte Heterogenität allein binnenorganisatorisch und didaktisch-methodisch dadurch bewältigen zu können, dass die Lehrkräfte sich auf die Funktion „limnaler Assistenz", d.h. im mainstream mitfließender Begleitpersonen beschränken: zumal ja auch die Hierarchie zwischen Lehren und Lernen zu minimieren ist (*Abschnitt 4.6*). Die dazu in Vorschlag gebrachten vagen Konzepte und „alternativen" Lehrformen sind allerdings altbekannte Usanz.

„Peer collaboration" und „Peertutoring" (*Biewer*, 2005, 104) z. B. tönt zwar betörend modern, wurde de facto jedoch schon von *Pestalozzi* unter seinen Waisenkindern in Stans praktiziert (*Stanserbrief*, 1799) und ist jedem Lehrer, der einmal an einer Dorfschule unterrichtete, bekannt.

Vielleicht kommt hier *in concreto* aber auch jene „Inkompetenzkompensationskompetenz" zum Zuge, „die unterwegs ist vom Fachidioten zum integrierten Gesamtidioten", wie *Marquard* (1991, 23ff; 34), unter Missachtung geziemender pedagogiocal correctness, unschön sagt.

Homogenität und Heterogenität sind keine Werte „an sich", sondern Strukturen und Verteilungen. Völlige Homogenität bzgl. schulisch relevanter Ressourcen und Potenzen ist weder psychologisch erreichbar noch pädagogisch erstrebenswert. Extreme Heterogenität andrerseits verunmöglicht oder zerstört kommunikatives Lehren und Lernen. Kohärentes Lernen erfordert sowohl einen Rahmen, als auch ein interpersonelles Gefälle. Das Verhältnis von Homogenität und Heterogenität ist demzufolge situationsgemäss zu optmieren und permanent zu justieren.

Ideell gepriesene Heterogenität wird de facto denn auch quantitativ via reduzierte Schülerzahlen pro Klasse in Grenzen und qualitativ durch extreme Homogenisierung in Form ambulanter Einzelförderung in Balance gehalten. Diese affirmative „Institutionalisierung der Dissimulation" (*Fuchs* 2002) erweist sich nicht nur als systemerhaltend (a.a.O.), sondern sogar – wie unentwegt wachsende integrationsbegleitende „Sonderbedürfnisse" therapeutischer und schulischer Art zeigen (*Sturny*, 2004; u.v.a.) – als ausgesprochen systemfördernd.– Wo die Dissimulation nicht gelingt, können auch Schulausschlüsse die Folge sein (*Biewer*, 2005), womit sich der Staat aber offensichtlich aus seiner Schul(ungs)pflicht stiehlt und gepredigte Integrations-/ Inklusionskonzepte ad absurdum führt.

Überstrapazierte Heterogenität kann überdies eine integrierte lern- und sozialpsychologische Vereinsamung einzelner Schüler zur Folge haben (*Biewer*, 2005), womit dann tatsächlich eine ‚Privatisierung' des Lernens stattfindet, die (politischer) Inklusionismus programmatisch zu überwinden trachtet. Liegt doch die viel beschworene Gemeinsamkeit eines „gemeinsamen Lernens" nur randlich im Umstand, dass wir demselben Kollektiv angehören und nur indirekt darin, dass wir uns, (wie *Feuser* immer wieder betont, z.B. 2005) mit dem gleichen (was ja nicht gleichbedeutend ist mit demselben!) Gegenstand beschäftigen, sondern darin, dass wir uns „dialogisch" in etwa demselben Lern-Setting und -prozess auf einem vergleichbaren Interessen-, Motivations- und Lernniveau auszutauschen vermögen.

4.6 Autokratische Demokratie

Politisch argumentiert Inklusionismus gerne mit dem Begriff der Demokratie und übersieht dabei, dass eine Einheits-Schule kein demokratisches Gebilde mehr wäre, das sich wesensmäßig aus Vielheiten, auch gegensätzlicher Art, zusammensetzt. Dasselbe gilt bezüglich der über dieser Einen Schule schwebenden „Allgemeinen Pädagogik" (sensu *Feuser*, 2005), die sämtliche Partial-Pädagogiken in sich aufsog und als Mandatäain in eigenem (?) Auftrag waltet. Es gehört allerdings zur Crux einer Demokratie, dass sie die Freiheit und die Eigenwilligkeit *auch der Andern*, (die auch die Andern bleiben wollen), ins Bedenken zu nehmen und zu schützen hat. „Celebrate diversity!" Ja, aber bitte auch die Meinige! Freiheitlich angelegte demokratische Strukturen vertragen sich nicht mit ekklesialen Alleinseligmachungsansprüchen. Inklusivismus verheddert sich andererseits im eigenen Seemannsgarn, wo er, um der Demokratie willen, auch komplementäre Exklusivität anerkennt oder, in Demokratur umschlagend, Ungläubige diffamiert, diskreditiert (vgl. z.B. *Ziemen*, 2004) und – horribile dictu! – exkludiert.

Missbrauch wird desgleichen mit der Bezeichnung „legitim" getrieben: Differenzierungen, Kategorisierungen, Leistungsvergleiche, Sonderklassen, Diversivikation von Schultypen ..., so die flapsige Behauptung, seien „nicht legitim", zu deutsch: „unrechtmässig" (so z. B. bei *Hinz*, 2003a). Legitim ist in einer Demokratie jedoch allein ein durch den Souverän (diesfalls das Volk) zum Gesetz erhobenes (legalisiertes) Tun und Lassen. So im konkreten Fall ein mehrheitlich gutgeheißenes (gegliedertes) Schulsystem. Die in der Literatur genannten Integrations-Quoten von 5-10% nehmen sich nach mehr als dreißig Jahren lautstarken Integrationismus' denn auch recht bescheiden aus.

Schulen sind Orte gemeinsamen (strukturierten, programmatischen) Lehrens und Lernens –, und nicht bloss Ansammlungen von Personen, die egozentrisch je nach Gusto, Tempo, Programm, Interesse, Thema, Anspruchsniveau, aktueller Disponiertheit und in Ausrichtung auf individuelle Bedürfnisbefriedigung nebeneinander her lernen. Sie sind kennzeichnet durch gesellschaftlich und kulturell verbindliche Lehr- und Lernziele –, und keine exklusive (!) Privatangelegenheit. Eine exklusive Pädozentrik, wie sie auch *Salamanca* (1994) vertritt, ignoriert, dass Erziehung und Bildung – sei's in einem afrikanischen Kral oder in Eton, im antiken Gymnasion oder in einer sowjetischen Produktionsschule – stets einer gesellschaftlichen und ideellen Trägerschaft bedarf und dass Pädagogen in geschichtlicher Tradition daher praktisch durchweg als Kulturbeauftragte eines um seine Fortexistenz bemühten Gesellschaftssystems amteten: eines Stammes, eines Clans, einer Kirche, eines Staates ... (*Kobi*, 2002), die denn auch auftragsgemäße Transfer-Leistungen erwarten. In einer modernen Demokratie mit kulturell unterschiedlichen, teils sogar konträren Erwartungen sind daher entsprechend viele Varianten von Schule zuzulassen: inklusive und exklusive, integrative und separative sowie partielle und passagere Mischformenn hiervon. Schulen sollen „Attraktoren" (Anziehungspunkte) sein, Biotope, die um ihrer artgemäßen (diesfalls zweifellos human kindgemäßen, aber auch ideell und kulturell stimmigen) Lebensqualität wegen aufgesucht werden. Der Frosch im Einweckglas ist eingebracht, inkludiert, jener im Biotop zugewandert, attachiert. Ein Inklusions-Konzept, das nicht in den Ruch einer „Totalen Institution" geraten will oder aber, auftragsgemäß, ein Gefängnis betrifft, hat stets auch die Möglichkeit zur Selbst-Exklusion offen halten. Eine umfassende Realisation von Inklusion ist dann allerdings nicht mehr allein vom ungehinderten Zugang Aller zur Einheitsschule, sondern auch vom Verbleib Aller in der „Schule für alle" abhängig. Schule bedarf, gerade für Behinderte, der Wahl- und Wechselmöglichkeiten.

4.7 Ungedeckte moralische Checks (Berührungen) und Checks (Wechsel)

In prioritär ökonomisch orientierten kapitalistischen Gesellschaftssystemen etablierte sich im und gegenüber dem Sozialbereich die „Capping"-Methode, wie sie bereits im Zuge der us-amerikanischen Reaganomics praktiziert wurde (*Kuhse / Singer*, 1985; 1993, 54 + 235; *Jülich*, 1996). Diese besteht in der gleichzeitigen oder nachträglichen Deckelung der zur Realisation offiziell propagierter ethischer Standards erforderlichen Mittel. Capping hat unter dem Einfluss ökonomischer Doktrinen auch in unsern Schulen Schule gemacht:

Die Verordnung zum neuen Volksschulgesetz des Kanton Zürich, das 2006/2007 in Kraft treten soll, sieht eine „Plafonierung" für sonderpädagogische Therapien vor. „Auf der Vorschulstufe sollen danach höchstens 15% der Kinder eine Therapie erhalten, auf der Primaraschulstufe sind es 12 und auf der Sekundarstufe 2 Prozent" (ZS Tagesanzeiger, Zürich vom 27. 07. 2005). Ähnlich Basel-Stadt (*Lerch*, 2005) und andere.

Da Forderung und Kappung meist an voneinander abliegenden Stellen und Stufen des politischen Systems, zu verschiedenen Zeiten und Anlässen (Wahlpropaganda vs. Etatberatung) und überdies durch verschiedene Politrepräsentanten erfolgen, ist das Manöver aus dem Blickwinkel einer konkreten Praxis auf Anhieb oft nicht zu durchschauen: Als modern, fortschrittlich, menschenwürdig, als Standortvorteil unverzichtbar ... geltende Schul- und Sozialreformen werden resolutioniert, offiziell propagiert, von Vollzugsorganen auch gefordert und kontrolliert –, die damit verbundenen Kosten jedoch nicht budgetiert oder an anderer Stelle eingespart, in Aussicht gestellte Spenden nicht frei gegeben, Personalbestände nicht aufgestockt, zusätzliche Raumbedürfnisse und Zeitgefäße nicht anerkannt, erfolgreiche Pilotprojekte nicht in Usanz überführt ..., was insgesamt dann den so genannten „Reformstau" zur Folge hat. Das zwar handlungsverantwortliche, aber nicht handlungsfähige „Bodenpersonal" gerät durch die Paradoxie – „Wir fordern die Einhaltung höchster Ansprüche, versagen jedoch die dazu notwendigen Mittel!" – in eine enervierende Zwickmühle, die ihrerseits zu lähmender Katatonie und innerer Kündigung führen kann (dazu auch *Ortmann*, 2003). Wird's deswegen politisch mal eng, kann ja ein weiteres „ergotherpeutisches" Pilotprojekt in Auftrag gegeben werden ...

Die Ausgangsfrage hat unter dem zeitgeistigen Ökonomismus ehrlicherweise denn auch nicht mehr idealistisch-ethischer, sondern ökonomischer Art zu sein:

Wieviel möchten Sie denn auslegen für eine anspruchsvollere Ethik? – Was darf die umzusetzende Moral kosten? Und: Auf wessen Kosten darf sie kosten? – Und schließlich politsystemisch konkret: Soll der artgerechte (diesfalls humane) Ausbau des

Altenheims in X zurück gefahren werden zugunsten des Qualitäts-Rasens im Fussball-Stadion selbigen Orts?

Ohne Wechsel keinen Wechsel!

Inklusion inkludiert somit zwangsläufig auch „stachelschweinische Widersprüche": So ist leistungs- und normorientiertem, fachspezifischem Lernen eine permanente Progression durch Selektion inhärent.

Sprachschulen z.B. pflegen ihr Klientel seit je via Eingangstests in den für den Einzelnen optimalen Niveau-Kurs einzuweisen. Dasselbe gilt für den sich nach Effektivität und Effizienz ausrichtenden Weiterbildungsbereich.

Nicht zu reden vom Sportgeschehen, wo (Dis-)Qualifizierungen, Ausscheidungen, Ligen-Bildungen, Wettkämpfe, Ranglisten, Siegerehrungen mit Treppchensteigen und der belobigenden Vergabe imposanter Trink- und Essgeschirre an der rings applaudierten Tagesordnung sind–, die menschenfreundliche Integration eines Drittligisten in die Nationalliga hingegen einen Proteststurm auslösen würde.

Dies hat, wie bereits bei Integrationisten so neuerdings auch bei Inklusionisten, eine ambivalente Haltung einer pleonastisch so genannten „Lernschule" gegenüber zur Folge: Einesteils gilt ihnen fortgesetzter Wettbewerb und Konkurrenzverhalten als unsittlich, readiness-orientierte Forderung/Förderung als ausbeuterisch–, auf der andern Seite wird dennoch mit dem Argument gefochten, inklusive Schul- und Unterrichtsmodelle würden zur Steigerung der Leistungsfähigkeit beitragen (*Biewer*, 2005; *Sander*, 2001; u.a.)

Unklar bleiben schließlich Umfang und Nachhhaltigkeit der Inclusio. Meist ist nur vage von einer „Allgemeinen Schule" die Rede, von „möglichst langer gemeinsamer Beschulung" (*Biewer*, 2005, 101), von deren mainstream sich dann aber doch eines Tages die sidestreams der Höheren Schulen selektiv verabschieden. Die Einbehaltung der Schwachen findet ihr Komplement offenbar in der Auslese der Starken. Nicht einmal die utopische Total-Inklusion reicht jedenfalls bis in die universitären Gefilde ihrer dort ansässigen Fürsprecher, (die eifersüchtig über die nachhaltige Einhaltung der Diskrimination von C3- und C4-Professuren wachen!). Desgleichen liegt nicht allein die Vision einer „Schule für Alle!", sondern auch jene von Sport-Gymnasien und Elite-Universitäten im roten Bereich des ideologischen Bildungsspektrums. Was in concreto erneut bedeutet: Nicht: Eine Schule für Alle! Sondern: Alle Schulen für Einen!

4 Erziehung und Therapie: Begriffe – Perspektiven – Praxis

aus: Büchner, Ch. [Hrsg.] (2005), Lebensspuren (Luzern edition szh) S. 11-20

Dass wir heutzutage begriffliche und organisatorische Schwierigkeiten haben mit und zwischen „Therapie" und „Erziehung": Daran sind – wieder einmal mehr und zum Glück für uns – die Alten Griechen Schuld.

Deren Begriff „Therapie" hatte die weit reichende Bedeutung von „heilen" bis hin zu „(Gott) dienen". Auch noch im Neugriechischen ist „Therapie" eine umfassende Angelegenheit: „Θεραπ'εια" heißt Kur, Behandlung, Heilung, Pflege; das Verb „θεραπ'ενο" deckt das ganze Bedeutungsspektrum von „behandeln/heilen" bis hin zu „Bedürfnisse befriedigen" ab. Der „θερ'απον" (Therapeut) ist der „Diener" sowohl wie der „behandelnde Arzt".

Der altgriechische „παιδ'αγωγος" nimmt sich daneben recht schäbig aus: Im ursprünglichen Sinne war dies der „Knabenführer", zumeist ein Sklave, der den Sprössling seines Herrn ins „Γυμν'ασιον" und zu anderweitigen Vergnügungen zu geleiten hatte: Ausgestattet mit einer Öllampe zur Erleuchtung zunächst noch nicht des Geistes sondern des nachtdunklen Weges.

Im Verlauf der abendländischen Kulturgeschichte änderten sich die Verhältnisse im Medizinal- und Bildungsbereich und mit der fortschreitenden Professionalisierung und Spezialisierung auch die Begriffsinhalte: Der Therapiebegriff erfährt mit dem Heraufkommen der naturwissenschaftlich fundierten Medizin eine Einengung auf den Sachverhalt einer nach naturwissenschaftlich objektiven/objektivierten Kriterien ausgerichteten (Kausal-) Behandlung einer zumeist als organisch/funktionell aufgefassten Krankheit. Damit eine Therapie innerhalb dieses Setting ihren Namen verdient und als ernsthaft, seriös, anwendungs- und, last but not least auch als (z.B. via Krankenkasse) finanzierungswürdig gelten kann, hat sie folgende Kriterien zu erfüllen:

- Das Mittel (die Methode, das Medikament ...) muss im Wesentlichen als solches, unabhängig von der Person, der es vorschriftsgemäß appliziert wird, wirksam sein (keine Placebo-Effekte)

- Es soll in einem klar definierten, erklärbaren und kontrollierten Verhältnis stehen zur Störung, die es beheben soll (Indikation)
- Es muss überzufällig häufig (idealerweise 100%ig) die vorgesehene Wirkung entfalten
- Allfällige, z.b. patientenseitige, Wirksamkeitsvariablen (des Alters, des Geschlechts, des Biostatus, des sozialen Umfeldes ...) sollen berechenbar, zumindest bekannt sein, um sog. Risikofaktoren auszuschließen („Beipackzettel-Philosophie").

Der naturwissenschaftlichen Ausrichtung verdankt die moderne Medizin nicht nur bedeutenden Erfolge (hauptsächlich in der Bekämpfung von Infektionskrankheiten sowie im Bereich chirurgischer Reparation), sondern der Ärztestand auch seinen beispiellosen sozialen und pekuniären Aufstieg aus den Niederungen der Bader und Feldscherer. Das Medizinalsystem ist heute als so genannte „Schulmedizin", in Verbindung mit Pharmaindustrie und Medizinaltechnologie, ein weltumspannendes Denk-, Ordnungs-, Kontroll- und Machtsystem (*Lenzen, D.*, 1993), das den Therapie-begriff – reduziert allerdings auf die Bedeutung des „Heilens" als ein gesund Machen und Reparieren – exklusiv für sich beansprucht.

Ich will später darauf zurück kommen, wie sehr dieser Therapiebegriff, der für den Medizinalbereich verpflichtende Orientierung ist, kontrastiert zu dem, was sich heutzutage tatsächlich in den „Leiden des Alltags" alles als „Therapie" andient und auch als solche konsumiert wird.

Vorgängig jedoch noch ein Blick auf die Entwicklungen der pädagogischen Historie: Der Pädagogik-Begriff erfuhr, namentlich mit der Ausbreitung und Differenzierung des Schulwesens und zunächst im Gegensatz zu dem der Therapie, eine Ausweitung und Verschiebung auf die Ebene der geistigen Führung und des erzieherischen Geleits. Pädagogik bezeichnet vom 18. Jahrhundert weg die Erziehungskunst, die zuerst der private Hauslehrer, später auch der behördlich angestellte und kirchlich oder staatlich besoldete Lehrer ausübte. In der Verbindung „erziehender Unterricht" war diese belehrend-geleitende Aufgabe der Pädagogik vom 19. Jahrhundert weg zunehmend ein Anliegen (vgl. *Friedrich Herbart*, 1776-1841).

Solange Pädagogik eine nach kirchlichen Vorgaben Glaubensinhalte und Stoff vermittelnde, lehrplanbezogene Funktion wahrnahm, die Ärzteschaft sich im Wesent-lichen auf das organische Funktionieren des Menschen konzentrierte und die Geistlichkeit sich um dessen Seelenheil kümmerte, blieben Territorialkämpfe und ideelle Auseinandersetzungen randlicher Natur und pflegten, soweit sie doch in störendem Ausmaß auftraten, meist autoritär beigelegt zu werden. Die Inhaber der pädagogisch-schulischen, der medizinisch-therapeutischen und der theologisch-kirchlichen Gewalt waren sich sicher, was außerhalb ihrer Tempelbezirke von Schule, Klinik und Kirche als Irrlehre, als Scharlatanerie und als Ketzerei ausgegrenzt, verfolgt, bestraft, nötigenfalls auch vernichtet werden musste.

In der Rückschau betrachtet setzten die Umbrüche, Überschneidungen und Perspek-tivenüberblendungen von Erziehung, Therapie und Seelsorge allerdings bereits zur selben Zeit ein, als die Parzellierung, Klassifizierung und Katalogisierung „der Welt" noch in voller Blüte stand (*Foucault, M.*, 1975/1994). Dies allerdings zunächst nur in den Köpfen einiger Querläufer, deren Gedankengut erst Generationen später die „Basis" erreichen sollte. Für die Pädagogik markiert *Jean Jacques Rousseau* (1712-1778) die entscheidende Wende, da er in seinem Erziehungswerk „Emile" (1762) mit Verve einen pädozentrischen Standpunkt vertrat, d.h. das Kind und nicht irgendwelche staatliche oder kirchliche Instanzen ins Zentrum pädagogischer Interessen stellte. Er wurde damit zum (Wieder-)Entdecker des Kindes und zum Begründer einer dezidierten Jugendkultur.

Es mag uns heute bei der Lektüre *Rousseaus* unerfindlich sein, weshalb dessen Gedanken seinerzeit so sehr die geistlichen Talare und fürstlichen Rockzipfel zum Flattern brachten und warum und wozu sein Werk öffentlich verbrannt und der Autor durch halb Europa gejagt wurde. Aber da drohte offenbar eine alte Welt zusammen zu stürzen, und da brach etwas auf und aus: das seiner selbst mächtige, aber auch verantwortliche, das demokratisierte aber auch egalisierte, das befreite, aber auch entsicherte Individuum, das fürderhin zur Wahrnehmung und Erfüllung seiner Lebensaufgaben umfassender Bildungs- und nötigenfalls auch (psycho-) therapeutischer Bemühungen bedürftig sein sollte.

Im deutschen Kulturbereich spielten in der Rousseau-Nachfolge (so z.B. bei den Philanthropen) sodann idealistische und romantische Menschheitsentwürfe eine maßgebende Rolle für die Entwicklung der (zumal akademischen) Pädagogik. Idealismus – sei's im Sinne einer apriorischen Ideenlehre, sei's in Form hochfliegender Menschenbilder, auf die der Zögling gezogen oder als überquellender pädagogischer Eros, mit welchem er bedacht werden sollte, sei's als pädagogisch adelnde Gesinnung, welche die Erzieherschaft auszuzeichnen hatte – galt als conditio sine qua non für ein aus der Transzendenz zur Immanenz herunter beschworenes Heil. Dessen Verkünder und Vermittler empfanden sich zugleich als dessen wahre Wahrer.

Ihre Kulmination erlebte diese hochgemute Pädagogik zu Beginn des 20. Jahrhunderts im umfassenden Neugestaltungswillen (von Jugend- und Volkserziehungsbewegung, zahlreichen Schulreformen und Privatschulgründungen), der dann allerdings bereits mit dem Ersten, und – nach einem zwischenzeitlichen Aufflackern–, mit dem Zweiten Weltkrieg empfindliche Zusammenbrüche erfuhr und eine tief verunsicherte, zumindest „Skeptische Generation" (*Schelsky, H.,* 1957) zurückließ. Nach längerer Nachkriegsrestaurationsphase verfolgte die 68er-Bewegung schließlich eine radikale Abkehr vom Erziehungsanspruch überhaupt. Pädagogik wurde in eins gesetzt mit „Schwarzer Pädagogik" (*Rutschky, Katharina,* 1980). Die Bezeichnungen Erziehung, erziehen, belehren, Pädagogik/pädagogisch wurden von „Antipädagogen" und deren Nachläuferschaft so lange zu Unwörtern zerschlissen und als Etiketten für organisierte Kinderschändung vernutzt, bis sie lediglich noch in der Kynologie und der Sado-maso-Szene als passend empfunden wurden.

Vielleicht ist denn auch in diesem Zusammenhang die Deutung des Gießener Philosophen *Odo Marquard* (2000, p. 94ff) zutreffend, wonach man sich (zu) lange Zeit in bedingungslosem Gehorsam geübt hatte, so dass man sich nach dessen Folgen veranlasst sah, den versäumten Ungehorsam nachzuholen (?)

Dazu passt z. B., dass ich in der Laudatio auf eine didaktisch hervorragend gestaltete Insektenausstellung im Naturmuseum, Luzern neulich noch auf die aberwitzige Aussage stieß, die Präsentation sei „erfreulich unbelehrend". Fehlte nur noch der positive Hinweis auf den ungeheuren „Spaßfaktor".

Parallel zu diesem obsolet Werden von Erziehung und Pädagogik erfolgte denn auch, vermutlich in so etwas wie einer „dialektischen Kausalität" dazu, eine progrediente Ausweitung und Diversifikation der Therapeutik, die in unserer Gegenwart jedem begrifflichen Fassung- und Definitionsversuch widersteht, indem sie ihn alsogleich überflutet. In der (psycho-)pathologischen Perspektive des 20. Jahrhunderts schien der Mensch nicht mehr als erziehungsbedürftiges „Mängelwesen" (*Gehlen, A.*, 1940), sondern als bereits durch den Geburtsakt traumatisierter Patient ins Leben zu starten. Was sich neuzeitlich geändert hat, sind somit kaum *Sachverhalte*, sondern *Sichtweisen* und Ausrichtungen, Normen und Wertungen, im Nachgang hierzu dann auch Zielsetzungen und Methoden, Instrumentarien und Institutionen. Die Drift verläuft, so weit ich sehe, in drei Richtungen:

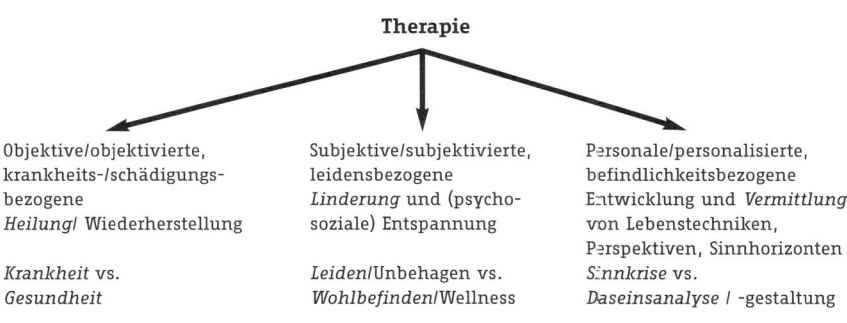

Therapie

Objektive/objektivierte, krankheits-/schädigungs-bezogene *Heilung/* Wiederherstellung	Subjektive/subjektivierte, leidensbezogene *Linderung* und (psycho-soziale) Entspannung	Personale/personalisierte, befindlichkeitsbezogene Entwicklung und *Vermittlung* von Lebenstechniken, Perspektiven, Sinnhorizonten
Krankheit vs. *Gesundheit*	*Leiden*/Unbehagen vs. *Wohlbefinden*/Wellness	*Sinnkrise* vs. *Daseinsanalyse* / -gestaltung

(Wobei auch diesbezüglich wieder Verschmierungen „verganzheitlichender Integration von Allem mit Allem" bestehen bzw. angestrebt werden).

Das Spektrum von Angebot und Nachfrage reicht in praxi denn auch von Seelsorge über Unterricht, Spiel und Förderung bis hin zu Prostitution, die allesamt, wie aktuelle Beispiele zeigen, unter dem Titel „Therapie" zu firmieren pflegen.

Therapeutik hat also zweifellos den Markt erobert und verzeichnete in den vergangenen Dezennien einen ungeheuren Wachstumsschub sowohl von der Abnehmer-, wie von der Angebotsseite her:

· Zum einen hält sich Therapie nicht mehr an ein objektivierbares/naturhaftes Kranksein als (indikative) Voraussetzung. Dies hat seinen Grund freilich auch darin, dass sich der Krankheitsbegriff seinerseits ausweitete bis hinein in die unendlichen Gefilde des Missbehagens und der Unpässlichkeit, der Unzufriedenheit mit sich und der Welt in den Widerwärtigkeiten des banalen Alltags. „Unbehaglichkeit" gewann Krankheitswert. In Ergänzung dazu definiert sich Gesundheit (auf Vorschlag und mit dem Segen der WHO) nicht mehr allein über objektivierbare Funktionstüchtigkeit, sonders auch – und zunehmend – über psychosoziales Wohlbehagen

- Auf der Angerbotsseite fährt ein Heer – zwar nicht durchwegs beruflicher, jedenfalls jedoch berufener – TherapeutInnen, marktkonform und klientenorientiert, mit
allem auf, was „Kopferzundand" begehren. Therapie bezeichnet in praxi eine
generelle, frei flottierende Service-Leistung im Bereich individual- und sozial-
systemischer Spannungsverhältnisse und Unpässlichkeiten. Es handelt sich um ein
letztlich allein noch via Honorarnote objektiviertes „Anything goes".

Therapeutik stellt denn auch nicht mehr prioritär reparaturdienstlich Heilung in
Aussicht, sondern, zumal im Psycho-Rayon, vor allem: Orientierung und neue
Sichtweisen, Anteilnahme und Akzeptanz, Anhörung und Verständnis, temporäres
Wohlbefinden und immer wieder „Entspannung", Stressbefreiung und Mittefindung,
rekonstruierende Vergangenheitsaufbereitung und Ausgestaltung lebbarer Lebens-
legenden, Parteinahme und Präsenz, Trost und Trauerarbeit, Beziehungskisten-
Entrümpelung und Betroffenheitsaustausch unter Gleichgestimmten, Ankoppelung
Randständiger und Einbezug Ausgegrenzter undsoweiterundsofort ...

„Therapie" wurde auf Grund dieses inflationären Gebrauchs, im Verein mit Wörtern
wie „wissenschaftlich", „Fortschritt", „ganzheitlich", „Integration" und anderen mehr,
zu einem „Plastik-Wort" (*Pörksen*, 1992), das wie ein Lego-Stein praktisch überall
und mit allem – vor allem mit andern Plastikwörtern – versetzt werden kann. Es gibt
mittlerweile kaum mehr eine Handreichung, der nicht das Adjektiv „therapeutisch"
beigefügt werden kann.

Auf eine plakativ zusammenfassende Kurzformel gebracht: Educazione finito –,
Terapia infinito.

Dennoch kursiert das Wort Therapie als wohlfeile Scheidemünze in der Soziallandschaft.
Dies hauptsächlich in folgenden Währungen:

- Institutionsbezogen: und damit nach alter Tradition iatrozentrisch im medizinalen,
klinischen Umfeld. Was immer daselbst vollstreckt und unterlassen, gedacht und
in Rechnung gestellt wird, nennt sich „Therapie".

Das Medizinalsystem bemüht sich teils kaum mehr, sich dezidiert im Therapie-
Dschungel abzugrenzen und giert darin im Gegenteil nach der Tarzan-Rolle. Das
Bestreben, nonkonforme Therapien abzuweisen, wurde durch eine Einverleibuns-
strategie abgelöst. Das moderne Medizinalsystem umschlingt so heutzutage oft
auch seine Alternativen.

Das führt in praxi zu grotesken Situationen: Ein Kind, das viele Rechtschreibfehler
macht

- gilt im Bildungssystem als schlechter *Schüler*, dem etwas Fehlendes (die Ortho-
grafie) intensiviert beigebracht werden soll. Bezahlt wird der Förderunterricht
aus dem Pestalozzi-Topf
- gilt im Medizinalsystem als leidender *Patient*, dem etwas Störendes (die
Dysorthografie) weggeschafft werden soll. Bezahlt wird die *Therapie* aus der
Äskulapkasse
- Zünftlerisch: Therapie bezeichnet tautologisch alles, was Therapeuten, die sich und
einander als Therapeuten anerkennen und bezeichnen, als solche anerkennen und
bezeichnen.

Mehrfach-Therapeut ist daher, wer in seinem Logo möglichst viele Zunftzuge-
hörigkeiten anführt: dipl. psych. UHT, PTT, ABC, DDT, usf., was immer der Hilfe
suchende Laie sich darunter vorstellen mag

- Versicherungstechnisch: Eine gewissermaßen "qualifizierte Therapie" ist, was ein
  Kostenträger als Drittinstanz – insonderheit eine Versicherung – als solche bezahlt.
  und damit so etwas wie eine pekuniäre Segnung vornimmt. "Kassenzulässig" ist
  ein Orden an der Therapeutenbrust
- Klienten- bzw. erwartungsorientiert: Als Therapie findet Anerkennung, was
  Klienten als dienlich und befriedigend, nützlich und wohltuend erleben. Dies in
  Ausrichtung auf die von wissenschaftlich-objektivierender Überprüfung Abstand
  nehmende Devise: „Wer heilt hat Recht!" – Was soll der wissenschaftliche
  Effizienznachweis, wenn er nichts zum meinem Wohlbefinden beiträgt? (Tonnen-
  weise wandern denn bekanntlich auch klinisch geprüfte Medikamente auf Grund
  patientenseitiger Non-compliance in den Abfall). Und was schert mich sein Fehlen,
  wenn ich über die verschlungenen Wege der Unwissenschaftlichkeit glaube, zu
  einer Heilung gefunden zu haben? – Der Esoterik-Markt blüht denn auch nicht
  minder wie der pharmazeutisch-medizinaltechnische. Dem bekannten Spruch:
  „Operation gelungen –, Patient gestorben", entspricht die komplementäre Feststellung:
  „Operation wirr und unerfindlich, Patient wohlauf!". Gefährlicher noch als die
  Misserfolge, sind darum die Erfolge der Scharlatanerie!

Was in dieser Drift von Erziehung hin zu Therapie – von einem pädagogischen Standpunkt aus betrachtet bedauerlicherweise – verloren geht, ist die Täterschaft der
Person. Der (aktiv lernende, „selbstreferenzielle") Schüler wird zu zum (passiv
er-leidenden, konsumierenden) Patienten. Prioritär geht es hierbei also nicht einmal
um die Handlungsmacht des Erziehers, sondern um die Auctoritas (Urheberschaft),
das Bestimmungsrecht und die Mitverantwortlichkeit des (kindlichen) Handlungssubjekts, das auch innerhalb von Krankheit, defizienter Lebensform, deviantem
Verhaltensmuster, sozialer Belastung und biophysischer Beschränkung seine Identität nicht zuletzt dadurch bestätigt findet, dass an dieses appelliert, darauf Bezug
genommen, daran geglaubt wird.

Sache der Pädagogik ist, was *nicht* Sache ist.

Sowohl der Pädagogik als auch der Medizin liegt meines Erachtens, (zumindest seit
dem 17. Jahrhundert), eine Utopie, und dieser vielleicht ein noch älterer, ständig
revidierter Mythos zu Grunde:

- der Pädagogik jener der Allwissenheit mit all den zugehörigen Ritualen um
  lebenslanges Belehren und Lernen–/
- der Medizin jener des ewigen Wohlergehens mit den vielfältigen Ritualen um
  Hygiene, Prävention und Therapie

Diese Machbarkeits-Mythen erhielten neuzeitlich zusätzlichen Schub hin zur Glaub-
würdigkeit durch das sowohl das Bildungswesen als auch das Gesundheitswesen
umfassende sozialstaatliche Wohlfahrtswesen. Diese, mittlerweile bis an den Rand
der Verwesung forcierte „Verwesentlichung" von Bildung und Erziehung, von Gesundheit und Krankheit samt den damit verbundenen Staatsgarantien und Sicherheit

versichernden Versicherungen prägen denn auch das Bild moderner (westlicher) Sozialgeschichte und haben es weitum gar zu einem als „un-bedingt" empfundenen (Natur-) „Recht" auf ..." (Erziehung und Bildung, Gesundheit und Wohlergehen) gerinnen lassen.

Allein: Behinderung und Krankheit sind nicht ausschließlich zu behebende Störfälle, Begabungen nicht nur ausbeutbare Förderstätten. Faktum ist stets auch Fatum. Das Schicksal – zweifellos ein therapie- und förderungswidriger Begriff! – sowie die damit gegebene und aufgegebene *Begrenzung* menschlichen Seins lassen sich weder unterlaufen noch übersteigen.

Dies wird uns spätestens dann bewusst, wenn alles Therapierbare therapiert, alles Förderbare gefördert, alles Menschen mögliche ermöglicht wurde. „Was machen, wenn nichts mehr zu machen ist?" lautet dann die paradoxe Frage, an der die reparativen Dienstleistungen auflaufen. Die nach dem Motto „Mehr vom selben!" (*Watzlawick, P.*, 1979) sich ausrichtende „Polypragmasie" („Vielgeschäftigkeit", *Bleuler, E.*, 1921) bringt kumulative therapeutische und pädagogische Systeme zum Durchdrehen: Therapie wird sich selbst zum Krankheitsfaktor, Förderung verendet in Ressourcen-Erschöpfung. Da ist denn, wenn wir schon nicht vom Doktorspiel ablassen können, eine „Udeno-Therapie" (*Bleuler, E.*, a.a.O.) [grch. oudenos, ‚kein'] indiziert. Wir können diesfalls nicht umhin, eine gemeinsame Daseinsgestaltung zu suchen mit dem bleibend Unpässlichen und Erwartungswidrigen. Das Leben ist nicht ausschließlich ein Problem, das gelöst werden kann und muss, sondern stets auch Schicksal, das zu tragen, zu *ertragen* ist und dem gegenüber Therapie und Erziehung einer erweiterten Sinn- und Gestaltgebung bedürfen, die verschiedentlich auf die eingangs erwähnten altgriechischen Bedeutungsinhalte (des Dienens) zurück führen:

- Pädagogik: verstanden als Generationen übergreifende, gemeinsame Daseins-gestaltung unter den begrenzenden Bedingungen des naturhaften, soziokulturellen und individualen Seins
- Therapie: als situative, problemspezifische Heilpraxis, oft aber auch, bescheidener, als Erleichterungsbemühung (reliefworking) auf beschwerlichen Lebenspfaden

Erziehung und Therapie werden einander so bis zur Ununterscheidbarkeit verwandt in und auf Grund ihrer Begrenztheit: exemplarisch im Angesicht des schwerst und mehrfach behinderten Menschen.

- Pädagogik als Kunst, das gemeinsame Dasein zu gestalten und dessen leidvolle Begrenzungen zu ertragen
- Therapie, als Kunst die leidvolle Begrenztheit des Daseins zu ertragen und dieses zu gestalten

sind hier in konkreter Praxis oft nur noch in Akzenten zu unterscheiden. Kongruenzen andrerseits resultieren aus ihren je beschränkten Entfaltungsmöglichkeiten. Behinderung/Behindertsein ist in dieser Sicht eine zwischenmenschliche Annäherung, die schließlich im Tod ihre Totalisierung und Erlösung findet.

Denn nach wie vor gilt: Vita nostra brevis est! Und die Mortalität des Menschen beträgt hundert Prozent!

5 Kooperation von vornherein und im Nachhinein zu Integration

aus: Arbeitskreis Kooperative Pädagogik [AKoP e.V.] [Hrsg.] (2002),
Vom Wert der Kooperation (Frankfurt Lang) S. 19-22

Stell dir vor, du hast den Kopf in der Schlinge und alle ziehen am selben Strick!
Das in den siebziger Jahren in die Heilpädagogik gelangte Wort „Integration" erwies
sich als außerordentlich virulent. Es wurde im Verlauf der vergangenen Dezennien
freilich verschiedentlich auch zur feilen Scheidemünze und ließ die darauf aufgebauten
sozialpädagogischen Argumentationsfiguren weitum zur Phraseologie verkommen.
Als intensiv moralisierte All-Formel überwucherte „Integration" leider den weitaus
verpflichtenderen und pragmatischen Begriff der Kooperation, wie er zur selben Zeit
von Karlheinz Jetter und Franz Schönberger im Umfeld des von ihnen mitbegründeten
„Arbeitskreises Kooperative Pädagogik" (AKoP e.V.) umsichtig und behutsam, differenziert und differenzierend kultiviert wurde (*Schönberger* 1982): ein Exempel dafür,
wie mit dem Verlust von Wörtern auch Gedanken und Handlungsweisen verloren
gehen können – et vice versa. Ich bin der Überzeugung, dass der Kooperationsbegriff
– um des damit bezeichneten, praxisnah überprüfbaren Sachverhaltes willen – eines
Reanimationsversuches wert ist. Dies auch in Ergänzung seiner US-umständlichen
Neufindung durch die geschichtsarme X-Generation (*Lütje & Willenbring* 1999).
Kooperation findet in unterschiedlichen Größenordnungen statt:

- intrapersonal mit mir selbst als Auseinandersetzung und Dialog zwischen unterschiedlichen Persönlichkeitsanteilen, situativ unterschiedlichen Empfindungen,
  Wahrnehmungen und Wertungen, gelegentlich auch, auseinander – laufend, im
  Sinne der sprichwörtlichen „Zwei Seelen, ach! In meiner Brust!". Nicht immer
  gelingt Integration und identifikatorische Verschmelzung, und es bleibt das Wenn
  und Aber im fortgesetzten Selbstgespräch
- interpersonell im Austausch über und in der Verfolgung unterschiedliche/r Standpunkte, Perspektiven, Richtigkeitsvorstellungen und Ziele zwischen Partnern.

Während Integration bereits auf dieser Stufe nicht selten als Fusion missverstanden wird, allenfalls sogar zu Einverleibung ausufert, bestätigt Kooperation in ihrem Vollzug permanent Autonomie und Eigen-Sinn der Kooperateure in deren Zwei-Einheit (Diade):

- interkollektiv in der Abgleichung unterschiedlicher Ansprüche zwischen Gruppen, die ebenfalls als Kooperative ihre Gruppenidentität bewahren
- intersystemisch im Austausch zwischen unterschiedlich gearteten Systemen und Wirklichkeitskonstrukten, die freilich auch in ihren kooperativ unabdingbaren Überschneidungsbereichen ihre Integrität bewahren

Lütje und *Willenbring* (1999) stufen ferner nach coactivity/cooperation/coordination/collaboration, wodurch gewaltlose Integration noch deutlicher entrückt.

Was bleibt, ist der Austausch über Unterschiede, Differenzen und Grenzen hinweg und nicht deren Auflösung, Abschaffung oder Nichtanerkennung. Kooperation ist nach meinem Verständnis im Gegenteil nur möglich, solange Differenz, Autonomie, Selbstbestimmung und Eigen-Sinn gewahrt bleiben. Kooperation ist ferner nicht zu reduzieren oder daraufhin zu definieren (begrenzen), sich gemeinsam, im Gleichschritt gar, für dasselbe einzusetzen. Ich bin der Meinung, dass gerade da, wo die beliebte Kooperationsmetapher vom gleichen Strick, an dem alle zu ziehen hätten, bemüht wird, die Chose leicht ins Kippen gerät, indem sich die Frage nach dem Kopf aufdrängt, der möglicherweise in der Schlinge hängt, so dass dessen Kooperationsmöglichkeiten buchstäblich erstickt werden. Kooperation heißt darum auch Grenzen ziehen, damit sie überschritten und zum Beispiel Veränderungen der Grenzsituation Behinderter (*Schönberger* 1982, 91) möglich werden können. Grenzüberschreitung hat nicht Grenzenlosigkeit zum Ziel. Wir benötigen sie, wie ich meine, jene vielgeschmähten „Mauern und Scheren im Kopf", die „Zensur und Zäsur", schon um des gelegentlichen Nichtstun willen und der Verschonung des Andern vor unersättlicher Kultivationslust. Grenzenlosigkeit erspart sich demgegenüber die Mühsal der Grenzüberschreitung, des zensurierenden Abwägens und geriert sich dann vielleicht auch bloß als Logorrhoe, als Entleerung und affektive Entspannung. Kooperation respektiert Grenzen, fremde vor allem, aber auch eigene. Sie erkennt und anerkennt Beschränktheit und widersteht der Versuchung zur Omnipotenz ebenso wie dem „Amoklauf der Moral" (*Karl Kraus*).

Kooperation ist somit nicht abhängig von aktionistischer Gleichschaltung; Übereinstimmung in den Handlungsvollzogen ist keine kooperationale conditio sine qua non, sondern bereits oder lediglich ein (meist ohnehin nur passager) kooperativer Spezialfall. Der von *Schönberger* (1982) eingeforderte „Grundkonsens" bezieht sich nach meinem Verständnis daher nicht zwingend auf Inhalte, sondern auf den Willen, die Kooperation zu gewährleisten und über personale Verträglichkeit/Unverträglichkeit hinaus die Verträglichkeit aufrechtzuerhalten (ebd., 94), die letztlich bilateral bleibt.

Was Kooperation somit unabdingbar zur Voraussetzung hat, ist gegenseitige Existenzwahrnehmung, Existenzanerkennung und Existenzbestätigung, wobei Kooperation eine solche gleichzeitig in kreisförmigen Prozessen (er)schafft. All dies ist erneut nicht mit Billigung und inhaltlicher Übereinstimmung gleichzusetzen. Auseinandersetzung ist gleichermaßen Ausdruck von Kooperation wie parallelisiertes Liebesmühen.

Der zweite Schlüsselbegriff, um den sich Schönbergers Anliegen dreht, ist „Handlung". Kooperation ist handlungsbezogen, Ziel der Behindertenpädagogik „verantwortliches Handeln" (ebd., 90), „Erziehung zur Geschäftsfähigkeit" (93). Integration hingegen verdarb von einem ursprünglichen Strukturbegriff zusehends zu einem vollmundigen Wertbegriff und erstarrt gelegentlich zu einem Status: ansichtig zum Beispiel im regelklassifizierten Behinderten, um dessen Kooperationsmöglichkeiten und Kooperationsbedürfnisse, dessen Kooperationsquantitäten und Kooperationsqualitäten es auch arm bestellt sein kann, ohne dass sein administrierter Integrationsstatus davon berührt wird.

Kooperation benötigt des Weiteren einen gemeinsamen Kontext, so etwas wie einen Austragungsort. Ich meine damit einen, wenngleich vielleicht nur minimalen Überschneidungsbereich der Weltkonstrukte der jeweiligen Kooperateure. Dass ein solcher entsteht, hat seinerseits freilich bereits wieder Kooperation zum Anlass. Kooperation berührt somit permanent die Frage der Selbstimplikation: Wie bringe ich mich ins Spiel, wie werde ich mit einbezogen? Integration hin oder her. Und zumeist: hin und her. Lebenskonkret geht es hierbei um den metaphorischen ersten Schritt: hinein ins Weltall bzw. in die All-Weit eines als Andern Wahrgenommenen. Denn wo ich in der Welt des Andern meinen Fuß hinsetze, entsteht ein Ort für uns beide. Er begründet und ist gleichzeitig bereits Ausdruck von Inter-Esse, einem buchstäblichen „Dazwischen-Sein". Im Unterschied zum physikalischen Raum herrscht in Beziehungsräumen nicht das „Ote-toi que je m'y mette!", wie *Binswanger* (1953, 23f.) feststellt, sondern das „Wo du bist und weil du da bist, entsteht ein Ort für mich!" – auch zur Kooperation. Homans (1950), einer der Begründer der „Gruppenpsychologie", wies bereits vor einem halben Jahrhundert anhand einfacher Experimente – mit kleinen Arbeitsgruppen nach, dass durch gemeinsames („handgreifliches") Tun Interessen grundgelegt werden und dass derartiges Inter-Esse Ausgangspunkt für differenziertere gegenseitige Personenwahrnehmung und für eine „Erfahrung der Gegenseite" im Sinne Bubers sein kann. Afrikanische Heiler pflegen seit je bei gewissen, in ihrer Diagnose vermutlich auf Hexerei beruhenden Krankheiten („psychosozialen Konflikten") den gesamten am Geschehen beteiligten Personenkreis zum rituellen („kooperativen") Reinigungszeremoniell („Systemische Familientherapie") zu versammeln (*de Rosny* 1994). Ähnlich stand dem Dorfschulmeister gegen Streithähne („Schülergewalt") einstmals noch kein Psycho-Park, sondern nur (horribile dictu!) Straf! Arbeit! Zur Verfügung. Zum Beispiel: Spaltholz in große Körbe füllen und auf den Schulhaus – Estrichboden tragen. Da war Kooperation unumgänglich, allein schaffte das keiner. Sympathie, Wertschätzung und Würdeverträglichkeit hingegen waren vorerst nicht vonnöten. Nicht einmal Frieden; Waffenstillstand genügte fürs Erste. „Man kann 'kooperieren', ohne sich zu lieben." (*Binswanger* 1953, 25) Immerhin bestanden auf längere Sicht gewisse Chancen, dass sich Vergeistigteres entwickeln konnte: aus Kooperation.

Ein Schweizer Journalist, seines Zeichens Historiker, stellte neulich, im Nachgang zur Wahl zweier neuer Bundesräte (in etwa deutschen Ministern entsprechend), lakonisch fest: „Ein Bundesrat muss fähig sein, die Post aufzumachen und sie weiterzuleiten" (*Jost* 1999, 3). That's it! Was auf den ersten Blick als despektierliche Äußerung gegenüber höchsten Magistraten erscheinen mag, ist beim Wort genommen freilich nicht modische „challenge", sondern Reverenz gegenüber Regierungskunst: Die Post! Nachrichten von „draußen", vom „Volk" – nicht einfach ignorieren, ablegen, wegschmeißen gar, sondern aufmachen! – eigenhändig, selbsttätig, bei voller persönlicher psychophysischer Präsenz. Eine mitunter diffizile, belastende, manchmal nicht ganz ungefährliche Angelegenheit! Die Post sodann nicht zurückbehalten, zensurieren, liegen oder gar verschwinden lassen, sondern sichten und an die Sachbearbeitungsadressen weiterleiten. – Mir fällt dazu *Kierkegaard* ein, der existentiell „autokooperative" Philosoph und Theologe, welcher zur Frage, wie Jesus Christus Gottes Sohn, statt wie einst als Eselsreiter in Jerusalem, wohl im Kopenhagen des 19. Jahrhunderts auftreten würde, nicht ganz zufällig dasselbe Bild assoziiert: als Postbote. Als mickriger Beamter zwar, dem es aber obliegt und auch gelingt, seiner Klientel mit der Aushändigung seiner Botschaften jedes Mal Wonneangst über die Psyche huschen zu lassen: Apokalypse? Frohe Botschaft? Reklame bloß? Wohl dem Staatswesen und Heil der Glaubensgemeinschaft, die über kooperationstüchtige Postler verfügen in ihren Führungsgremien!

Kooperation erweist sich somit in verschiedener Hinsicht als „ermöglichend" und nicht unmittelbar „fertigend": Kooperation ermöglicht Produktivitäts(steigerung), Solidarität, Integration. Sie ermöglicht manchmal auch die viel bemühte „Vernunft", in welcher ich keine (naturhafte) Gabe, sondern eine (kulturelle) Aufgabe erkenne. Vernunft wird zu Unrecht „Verstand" gleichgesetzt oder gar bloß mit „Rationalität" und einer apriorischen Einheitslogik (kritisch dazu: *Feyerabend* 1997; 1980; 1996; 1998). Kooperation nostrifiziert jedoch nicht, sondern ist im ursprünglichen Sinne von Vernunft „vernehmend". Vernünftig bin ich da, wo ich den andern vernehme und mich ihm gegenüber vernehmlich mache. Vernünftig sein kann ich nur im Verein mit anderen: in Kooperation.

Integration hingegen kenne keine Alternative, so rief jüngst ein Kollege erregt, in den heilpädagogischen Blätterwald: „Es gibt keine Alternative zur Integration des Fremden. Das ist nicht resignativ gemeint (...)" (*Sturny* 1999), setzt er tröstlich dazu. Möglicherweise aber drohend, wenn im Weiteren dann vom „tätigen Vorwärts" die Rede ist. Mir als dem „Fremden" sträuben sich jedenfalls vorsorglicherweise die Haare, wenn ich derart zupackender Softness begegne. Denn: Was wissen wir noch von jenem vermeintlichen „Indianer", der als Erster Kolumbus entdeckte? – Aus integrationistischer Sicht eine überflüssige Frage. Nicht so in kooperativer Perspektive, aus welcher stets (auch) konterkariert wird.

Kooperation lebt aus der Alternative. Womit sollte ich noch kooperieren, nachdem ich alles „integriert" habe? Alternative – bis an die Grenze zum anything goes! (*Feyerabend* 1977) – ist kooperatives Integral. Auf sie verweist denn auch *Schönberger* (1982, 107) zu wiederholten Malen: „Denken in Alternativen (ist) die Grundvoraussetzung für das Handeln als Mitglied einer pluralistischen Gesellschaft". Es ist offenbar die „Furcht vor der Unbotmäßigkeit des in Alternativen denkenden Menschen" (ebd., 112), welche den federführenden Integrationismus im Namen der zu einer universalen Einheitsmoral verbackenen „Menschenrechte" so aufgeregt mit Zurechtweisungen und Arretierungen reagieren lässt.

Kooperation verendet hingegen in Desinteresse, Agnosie und Omnipotenz: Wenn wir nicht teilnehmen an der Welt des Andern, wir ihn nicht erkennen und als den Andern wahrnehmen, sondern „zum Fressen gern" haben, entsprechend mit ihm verfahren oder in inflationärem Größenwahn uns selbst genug sind.

Literatur

Binswanger, L.: Grundformen und Erkenntnis menschlichen Daseins. Zürich ²1953.

Feyerabend, P.: Wider den Methodenzwang. Frankfurt/M. 1977: Erkenntnis für freie Menschen. Frankfurt/M. 1980: Thesen zum Anarchismus. Berlin 1996: Widerstreit und Harmonie. Wien 1998.

Homans, G.C.: The Human Group. New York 1950.

Jost, A.: Ein Bundesrat muss fähig sein, die Post aufzumachen ... Neue Luzerner Zeitung, Luzern 1999.

Kobi, E.E.: Postmoderne integrationistische Spannungen und Dilemmata. In: Kobi, E.E.: Heilpädagogik als, mit, im System. Luzern 1999a, 235-236: Zukunft der Heilpädagogik - Heilpädagogik der Zukunft. In: Sturny, G. (Hrsg.): Zukunft Heilpädagogik. Luzern 1999b.

Lütje, B. & Willenbring, M.: „Kooperation fällt nicht vom Himmel". Möglichkeiten der Unterstützung kooperativer Prozesse in Teams von Regelschullehrerin und Sonderpädagogin aus systemischer Sicht. In: Behindertenpädagogik 38 (1999) 2-31.

Rosny, E. de: Heilkunst in Afrika. Wuppertal 1994.

Schönberger, F.: Kooperative Didaktik. Hannover 1982.

Sturny, G.: Keine Alternative! In: Schweizerische Zeitschrift für Heilpädagogik 5 (1999) 1-2.

6 Was macht heilpädagogisches Handeln aus?

aus: Berufsverband der Heilpädagogen, BHP (2005), Von der Frühförderung bis zur Geragogik. Heilpädagogische Handlungsfelder zwischen Tradition und Innovation (Berlin BHP-Verlag) S. 91-103

> *„... doch diese rannten, als sie die Christen sahen, sogleich fort und waren nicht einzuholen..."*
> *[Christoph Kolumbus in einem Tagebucheintrag vom 30.11.1492 auf seiner ersten Entdeckungsreise zum vermeintlichen Indien über das Verhalten der Eingeborenen bei der Begegnung mit seiner Mannschaft]*

1 Historische Reminiszenzen

Im Zusammenhang mit dieser heilpädagogischen Perpetuum-mobile-Frage pflegte mein akademischer Lehrer, *Paul Moor* (1899-1977), folgende Anekdote zu erzählen: Als Praktikant in einem Jugendheim wurde er anlässlich eines Inspektionsbesuches von einem Aufsichtsratsmitglied gefragt, was denn nun „das Heilpädagogische" sei in der (von außen besehen offenbar unspektakulären) Gruppensituation? – In bescheidener Selbstbewusstheit meinte darauf der Angesprochene: „Dass ich da bin!"

Die Heilpädagogik entwickelte sich nicht, wie viele andere Wissenschaftszweige, als eine Spezialität aus einem übergeordneten Ganzen heraus: dem der Pädagogik, wie man annehmen könnte. Sie entstand vielmehr in der zweiten Hälfte des 19. Jahrhunderts als ein Konglomerat aus inhaltlich und methodisch, ideell und institutionell unterschiedlich weit gediehenen, zum Teil seit schon Jahrhunderte tradierten Behindertenbetreuungsformen: so hauptsächlich um Blinde, Taubstumme, Krüppel, Idioten ..., die ihrerseits oft mit dem Bettel- und Vagabundenwesen vermischt in Erscheinung traten.

Desgleichen liegen die motivationale heilpädagogischen Wurzeln in ideell und kulturell recht unterschiedlichen Bereichen. So in

• ab- und ausgesonderten Schulorganisationsformen, die aufgrund der sich mehr und mehr durchsetzenden allgemeinen Schulpflicht im 19. und progressiv sodann im 20. Jahrhundert die Bildungslandschaft prägten. Die *Sonderschulen* bildeten zum traditionsreichen dreigliedrigen Schulsystem – (elementare) Volksschule, (gehobenere bürgerliche) Realschule, (elitäre) Gymnasialstufe) – gewissermaßen den „Vierten Stand"

- der in kirchlicher Tradition liegenden *Caritas*, die neben der offenen Fürsorge auch wesentlich an der Fundierung des Anstalts- und Asylwesen beteiligt war
- zahlreichen philanthropisch-weltlichen *Laienaktivitäten*, wie sie seit dem Aufklärungszeitalter zunehmend auch auf privater Basis zu verzeichnen waren
- *sozialmedizinisch-psychiatrischen* Bereichen
- *sozialpolitischen Bewegungen,* wie sie im Industriezeitalter vorab in urbanen Zentren in Erscheinung traten.

Diesen Entwicklungen sind – bei allen inhaltlichen und ideellen Unterschieden – insgesamt drei Merkmale eigen, die bis in unsere Gegenwart transparent blieben:

- Die Akteure (Pfarrer, Ärzte, Lehrer, Philosophen, sozial engagierte Menschenfreunde) waren in aller Regel Einzelkämpfer, Idealisten, Außenseiter ihrer Zünfte, gelegentlich auch Spinner, die meist wenig ideellen und finanziellen Rückhalt fanden bei den offiziellen Stützen der Gesellschaft. Daher mangelte es diesen Bemühungen vor allem an dem, was heutiger Jargon „Nachhaltigkeit" zu nennen pflegt: Die Institutionen für Behinderte und Verelendete litten an brüchiger Trägerschaft und gingen darum mit dem Tod ihrer Begründer oft wieder ein
- In den meisten der genannten Bereiche waren, zumal in den ausführenden Chargen, mehrheitlich Frauen aktiv. Deren sozial-karitativer Einsatz wurde zwar, auch in Oberschichten, als geschlechtsrollenadäquat geziemend gelobt. Wohltätigkeit und Bazardienstbarkeiten blieben dennoch insgesamt ein wenig be- und geachtetes „Weibergeschäft"
- Wer sich zu sehr aufopfernd der misslichen Klientel hingab, musste damit rechnen, auch seinerseits am Rande der Gesellschaft aufzulaufen mit der sekuritären Funktion, die Randbezirke der Gesellschaft zu besorgen, Grenzwächter und Grenzgänger im Vis-à-vis zum Verschmähten zu sein und dementsprechend außen vor zu bleiben. Gehört es doch zum Wächteramt, nicht in der Guten Stube, sondern „Draußen vor der Tür" (*Wolfgang Borchert*) seinen Auftrag zu erfüllen.

Statusverbesserungen – in Ausrichtung auf heutige, sich auch nach Sozialprestige und materieller Gratifikation ausrichtenden Maßstäben – fanden erst im 20. Jahrhundert, teils sogar erst nach dem Zweiten Weltkrieg, statt. Folgende Faktoren waren und sind daran beteiligt:

- *Profanierung* (generelle Verweltlichung der Sozialhilfe; Rückzug des geistlichen Personals infolge Rekrutierungsschwierigkeiten) und entsprechend weltliche Ausrichtung wie z.B. nach beruflicher Rehabilitation und sozialer Integration. Ablösung aus Gottes Hand in die Öffentlichen Hände
- *Sozialisierung* (ein innerweltlicher Solidaritätsgedanke tritt an die Stelle religiöser Praxis)
- *Verstaatlichung* (materielle Fundierung auch des Behindertenwesens durch den Sozial- / Wohlfahrtsstaat. Dies auch betreffend gesellschaftsübliche Entlohnung, Arbeitsplatzsicherung etc.). Dazu trat ein umfassendes, auch staatlich alimentiertes *Versicherungswesen*

- Progressiv um sich greifende *Verrechtlichung*. Verschiebungen vom Gottesgnadentum zum Menschenrecht, von der Bitte zur Forderung
- Epochal bedingte *politische Nötigungen* des Nationalstaates, durch Strukturbrüche und soziale Belastungen (Verstädterung / Entwurzelung; Industrialisierung; sektorielle Verelendung; ferner Kriege und politische Umwälzungen mit sozialen Folgeschäden)
- *Professionalisierung* (Schulung, Ausbildung, Spezialisierung des Personals; definierte Anforderungsprofile; zahlreiche neue Berufe)
- Eine gewisse *Maskulinisierung* im Bereich dieser Professionalität (hauptsächlich in Kaderfunktionen)
- *Vergewerkschaftlichung* (Sozial Berufstätige setzen sich auch ihrerseits für ihre Belange ein)

2 Anmerkungen zur Gegenwartssituation

Diese „Modern Times" enthalten freilich auch Gegenströmungen. So zum Beispiel
- die Verbreitung technischer Denk- und Handlungsmuster (mit entsprechenden Reparaturerwartungen). Da sich solche nur sehr bedingt auf soziale und personale Entwicklungsprozesse übertragen lassen, sind Sofort-Bestens-Produktions- und Konsumwünschen enge Grenzen gesetzt. Dies wertet erzieherisches Tätigsein im Blick auf Instant-Lösungen mittels Eingriffen mit Messer, Strahl und Chemie erheblich ab
- Personale Lern- und Adaptationsprozesse können desgleichen kaum vereinfacht, rationalisiert und beschleunigt werden. Erziehung ist eine zeitraubende, zähflüssige Angelegenheit. Sie erweist sich als sehr personal- und damit (aus ökonomischer Sicht) enorm kostenintensiv
- Erziehungsprozesse sind vergleichsweise wenig plan- und berechenbar, pädagogische Diagnosen vielschichtig, Prognosen unsicher, erzieherisches Tätigsein unspezifisch und in seinen Wirkungen schwer fassbar. Während ich von 13:30 bis 15:00 Uhr Kinder therapieren oder unterrichten kann, wirkt es stoßend, zu sagen, ich hätte während eineinhalb Stunden meine Kinder erzogen. Der Umstand, dass „erziehen" ein Tätigkeitswort ist, genügt offenbar nicht, Erziehen als ein spezifizierbares Tun auszuweisen und klar von andern Tätigkeiten abzugrenzen. Erziehung ist vielmehr eine Haltung, eine Attitüde, die in jedwedem Tätigsein – ja sogar im Nicht-Tun, im Schweigen und in der Stille – zum Ausdruck gelangen kann
- Heilpädagogik hat es überdies und im Besonderen oft mit Menschen und Situationen zu tun, die nicht reparabel, vielleicht kaum veränderbar sind. Weite Gefilde der Heilpädagogik liegen außerhalb der Machenschaften: dort wo „nichts mehr zu machen" ist, umso mehr aber zu tun bleibt
- Ein weiterer, das heilpädagogische Handeln prestigemässig schmälernder Umstand besteht darin, dass Heilpädagogen der Part der „Assistenten" zufällt, die dem Kind (im fußballtechnischen Sinne) die „Assists" (Vorlagen) liefern, damit dieses seine (Lebens-)Torchancen wahrnehmen kann. Prioritär ist also nicht die Handlungsmacht des Erziehers, sondern die Auctoritas (Urheberschaft, Bestimmungsrecht, Mitverantwortlichkeit) des kindlichen Tat- und Handlungssubjekts, das auch innerhalb von Krankheit, defizienter Lebensform, deviantem Verhaltensmuster, sozialer

Belastung und biophysischer Beschränkung seine Identität nicht zuletzt dadurch bestätigt findet, dass an dieses appelliert, darauf Bezug genommen, daran geglaubt wird.

Sache der Pädagogik ist, was *nicht* Sache ist.

3 Pädagogische Strukturverluste und polit-ökonomische Restruktionen

Im deutschen Kulturbereich spielten vorab idealistische und romantische Menschheits-entwürfe eine maßgebende Rolle für die Entwicklung der Pädagogik. Menschwerdung erschien geradezu als Resultante von Erziehung und Bildung. Idealismus – sei's im Sinne einer apriorischen Ideenlehre, sei's in Form hochfliegender Menschenbilder, auf die der Zögling gezogen oder als überquellender pädagogischer Eros, mit welchem er bedacht werden sollte, sei's als pädagogisch adelnde Gesinnung, welche die Erzieherschaft auszuzeichnen hatte – galt als conditio sine qua non für ein aus der Transzendenz zur Immanenz herunter zu beschwörendes Heil.

Im angelsächsischen und französischen Kulturbereich präsentieren sich Erziehung und Bildung und desgleichen Special Education / Education specialisée traditionellerweise nüchterner und erdnaher. Pädagogischer Empirismus und Realismus setzen da vor allem auf Praktikabilität, Nützlichkeit auch, auf Machenschaft und Handwerk. Sie drohten dadurch weniger in philosophische und gutmenschelnde Urtiefen zu versinken –, ohne deswegen zwangsläufig oberflächlicher zu sein.

Ein Contre coup kam dann, nach längerer Nachkriegsrestaurationsphase, umso massiver aus der 68er Bewegung mit ihrer Antipädagogik. In lauter Mission für das (wieder einmal mehr idealistisch geprägte) „Richtige Bewusstsein", wurden die Bezeichnungen Erziehung erziehen, Pädagogik / pädagogisch so lange zu Unwörtern zerschlissen und als Etiketten für organisierte Kinderschändung vernutzt, bis sie höchstens noch für die Kynologie und die Sado-maso-Szene als passend empfunden werden.

Man scheute dabei auch nicht davor zurück, fremdsprachige Buchtitel in deutsche Fäkalsprache zu übersetzen: So geschehen beispielsweise mit der durchaus kritischen, jedoch kultivierten Schrift von *Maud Mannoni,* Education impossible (Paris, 1973), die der deutschen Leserschaft im entsprechenden Jargon unter dem Titel 'Scheißerziehung' (Frankfurt, 1976) präsentiert wurde.

Gerade die französische Sprache bringt jedoch die Facetten dessen, was die deutsche gesamthaft mit „Erziehung & Unterricht" abdeckt, sehr differenziert zum Ausdruck:

Éduquer, éducation		schulen, ausbilden, ertüchtigen
Élever, élevation		erhöhen, erheben, kultivieren
Former, formation	erziehen im Sinne von	formen, (aus)bilden, gestalten
Enseigner, enseignement		(be)lehren, unterrichten
Instruire, instruction		unterrichten, schulen, anweisen

Alle diese Begriffe sind positiv konnotiert. Entsprechend ist auch die Bezeichnung „mal / bien élevé" umgangssprachlich durchaus lebendig.

Wer wollte es hingegen in deutschen Landen noch wagen, von 'ungezogenen Gören' (schweizerdeutsch 'Gofen'), „erziehungsuntauglichen Eltern" zu reden? Sogar die Qualifikation „gut erzogen" ist ja diskriminierend, da sie sich offenbar auf ein Dressat bezieht und somit Hochbegabtheit und Kreativität in Frage stellt.

Dieser pädagogische Strukturverlust wird gegenwärtig in pädagogisch oft unbefriedigender Weise wettzumachen versucht durch sozialrechtliche und sozio-ökonomische Restrukturierungsmaßnahmen, die den Päd-*Agogen* („Kinder-Führern") von anno dazumal zunehmend in Bewusstsein geschoben werden.

Heilpädagogen finden sich heute eingebunden im spannenden Dreieck von Leistungsnutzern – Leistungserbringern – Kostenträgern:

Individuell abgestimmte Bedarfsbefriedigung
Selbst- / Mitbestimmung
Konsumorientierte Wahlmöglichkeiten
Kontextorientierte Normalisierung
Flexibilität (örtlich, zeitlich, instrumentell)

Leistungsnutzer

empathisch	gerecht
noble Geste	definiertes Rechtsgut
Empfehlung	Verpflichtung
Almosen	Anrecht
Caritas (christl.)	Zedaka (jüd.); Zaka't (mohamm.)
bitten / betteln	fordern / einklagen
Gebot	Vertrag

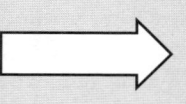

Kostenträger

Kostenrahmen
Kostenminimierung
Effizienzsteigerung
Politische Verträglichkeit
Kontrollen

Leistungserbringer

Bedarfsermittlung
Bedarfsgerechtheit
Professionalität
Kontextanpassung
Care Management

Vertraglichkeit

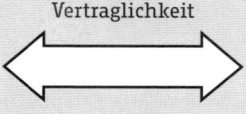

Gegenwärtige Entwicklungstrends und Reformtendenzen

→ → →	→ → →
Ätiologische Kategorien und medizinale Krankheitsbilder als Referenzrahmen	Psychosoziale Bedarfsstrukturen als Referenzrahmen
Gruppen- und Kategorienbildungen mit entsprechenden Pauschalierungen	Individualisierte, kontextorientierte Bedürfnisanalysen
Exklusive Fremddefinitionen durch Fachexperten	Abgleichungen objektiver und subjektiver Perspektiven (Konsensualismus)
Institutionalisierte, kategorisierte Angebote (Angebotsorientiertheit)	Flexible Auswahlangebote (Nachfrageorientiertheit)
Enggeführte Wahlmöglichkeiten, allenfalls sogar Nutzungszwang	Abstimmungen zwischen subjektiven Bedürfnissen / Wünschen und kontextuellen Möglichkeiten
Zuordnungsreihen (z. B. Trisomie 21 → Geistige Behinderung → lebenspraktisch bildbar → Heimunterbringung → Geschützte Werkstätte	Individuelle, kontextorientierte Beurteilung in konkreter momentaner Lebenssituation
Globale Etiketten („Schwachsinn")	Differenzierende Beschreibung
Passive Hilfeempfänger vs. Helfende Aktivisten	Selbstkritische, mitverantwortende Klienten
Gönnerhafte Karitas; donatorische „Demütigung" in vertikaler Beziehung	Rechtsanspuch in horizontierter Beziehung und vertraglicher / verträglicher Vereinbarung
Parentalismus: besorgen und versorgen nach donatorischem Gutdünken	Selbst- / Mitbestimmung und -definition bzgl. der helfenden Maßnahme
Diffuse, wenig verbindliche moralisch Appelle	Sozialpolitisch verträgliche und verlässliche Rahmenbedingungen (wobei hohe, z. B. moralische, Standards entsprechend zu Buche schlagen!)
Vielzahl verstreuter Einzelsysteme	Administrative Verbundsysteme

4 Heilpädagogische Ökonomik und Management („Haushalterei")

Der Psychiater und Psychotherapeut *Fritz B. Simon* (1992) trifft die paradoxe, da zeitgemäß-trendwidrige Unterscheidung zwischen „Hausfrauenarbeit" und „Künstlerarbeit". Dies gemäß folgender Gegenüberstellung:

Hausfrauenarbeit	Künstlerarbeit
Bewahren Ermöglichen von Veränderung	Veränderung auf der Grundlage des Bewahrten
Aufrechterhaltung einer bestehenden Ordnung, Sicherheit stiftend	Störung einer bestehenden Ordnung, Unsicherheit stiftend
Herstellung und Aufrechterhaltung von Strukturen	Auflösung von Strukturen
Zuverlässig, normativ, konservativ	überraschend, nicht normativ, innovativ
Normalität, Starrheit	Verrücktheit, Flexibilität
Bestätigung von Erwartungen	Enttäuschung von Erwartungen
Berechenbarkeit	Unberechenbarkeit
Ruhe, Ordnung	Unruhe, Chaos

Da derartige Gegenüberstellungen in unseren Gefilden und Gezeiten weitum als politisch unkorrekt, reaktionär und berufsständisch schädlich gelten, bin ich dankbar für diese Zitiermöglichkeit. Dies umso mehr, als ich der Meinung bin, dass zwar nicht jeder einzelne Heilpädagoge und ausschließlich „Hausfrauenarbeit" tätige, wohl aber das heilpädagogische Handlungsfeld zur Hauptsache und vielleicht sogar wesensmäßig aus Hausfrauenarbeit besteht. Der Heilpädagoge ist *in der Tat* aufgrund der erwähnten vordergründigen Taten*losigkeit* des Erziehungsgeschäftes ein ökonomisch-ökologisches Integral: so, wie eben die Hausfrau im zivilen und der Feldweibel im militärischen Bereich, der, aufgrund sozialer Artenschutzgesetze, auch als Oberfeldwebel so wenig an den milchbärtigen Leutnant heran reicht, wie die Oberschwester an den Unterassistenten in der Klinik. Unabhängig von den Inhalten und Kontexten handelt es sich bei all den genannten Chargen stets um solche der „tragenden Strukturen", deren Bedeutung oft erst beim deren Ausfall ins Bewusstsein tritt. Ohne Bodenpersonal sind keine (Höhen-)Flüge möglich, während umgekehrt das Bodenpersonal bei einem „Grounding" der Überflieger erst recht gefordert ist. Der „Künstler" lenkt Aufmerksamkeit auf sich, wenn er präsent ist, die „Hausfrau", wenn sie fehlt.

Dies macht auch die derzeit beliebten „Qualitätskontrollen" so schwierig: Welche Beurteilungskriterien sollen hierfür gelten: Der Ausstoß an Bastelarbeiten? Die Vielgestaltigkeit der eingesetzten Methoden und Therapien? Der Umfang von Berichterstattungen? Ich denke, dass man die aktuelle Bedeutung heilpädagogisch tätiger Personen höchstens unter Bezugnahme auf den institutionellen Kontext ermessen kann. Es ist wie bei einem Text: Welche Buchstaben kann man in einem solchen weglassen, ohne dass die Verständlichkeit Schaden nimmt? Bemerkenswerterweise nicht die Konsonanten (die „Zusammenlauter"), sondern die Vokale (die „Selbstlauter") Hinsichtlich heilpädagogischer Kontexturen hieße das: Welche Person würde durch ihr Ausscheiden die Soziodynamik unserer Abteilung oder Institution am empfindlichsten treffen? – Das muss ja nicht zwingend der Chef sein ... „Köpfe" sind – entgegen medizinisch-transplantationstechnischen Erfahrungen – sozialpädagogisch oft komplikationsloser auszutauschen als rührige Hände und Daumen, die sich bei praktikablen Peilungen bewährten

Die Besorgungen um Behinderte lassen hauptsächlich drei Destinationen erkennen:

• *Therapie* im landläufig reparaturdienstlichen Sinne des Wegschaffens eines störenden Hemmnisses, das physischer, funktioneller, psychischer oder sozialer Art sein kann. Therapie zielt grundsätzlich auf Heilung, Besserung, Perfektionierung

• *Unterricht* im umfassenden Sinne der Kompetenzvermittlung (Kenntnisse und Fertigkeiten zur optimalen Daseinsgestaltung) liegt ein kompensatorisches Streben zugrunde. Soweit Behinderungen nicht geheilt werden können, sollen diese mittels Ausweich- und Überbrückungsstrategien bezüglich ihrer beschränkenden Auswirkungen ausgeglichen oder doch gemildert werden

• *Kultivation* schließlich zielt darauf ab, Devianzen und Erwartungswidrigkeiten im Sosein eines Menschen als systemisches Integral dem Persönlichkeitsganzen des betroffenen Individuums und dieses seinerseits der Sozietät einzugliedern.

Ohne die therapeutischen und orthodidaktischen Bemühungen in unserm Handlungsfeld gering zu achten, bin ich der Meinung, dass die *Basis* der Heilpädagogik in der letztgenannten Perspektive der personalen Identitätsfestigung und sozialen Integration liegt. Heilpädagogik ist nicht in erster Linie im reparativ-normalisierenden, sondern im kultivatorisch-integrativen Sinne 'heilend' (sinnstiftend, aussöhnend, verganzheitlichend). Heilpädagoginnen schaffen Behinderungen und Behinderte nicht ab, sondern stehen im Dienst einer Behinderungskultur.

5 Kultivation

Heilpädagogik hat ihren gesellschaftspolitisch zugewiesenen Ausgangspunkt zunächst in einer Teratologie, d.h. eine Lehre vom Missgestalten, Normabweichenden, Unerwünschten. Sie beschäftigt sich sodann aber positiv mit der Frage, wie eine konkrete Gesellschaft und Epoche das aus deren Sicht Erwartungs-, Norm- und Wertwidrige, das Unzweckmäßige, Gestörte und Unproduktive ... zu kultivieren, d.h., sich damit in ein integrales Verhältnis zu setzen vermag. Nicht: Was machen wird *dagegen*? Sondern: Was machen wir *daraus*? (s. Kapitel IV / 4)

Während „Künstler" (sensu *Simon, F.*) sich vorzugsweise in der Stratosphäre der Perfektibilität bewegen mögen, aus der sie dann und wann kometenhaft auf- (gelegentlich auch ver-) glühend in die Atmosphäre eintauchen, haben heilpädagogische „Hausfrauen" und -männer daselbst ihren gemeinen Aufenthaltsort. „Atmosphäre" (im geophysikalischen Sinn) ist bekanntlich jene Zone, wo es Luft hat, wo man atmen kann und so in permanentem Austausch steht mit der Welt. Die „Atmosphäre" ist im übertragenen Sinne für Heilpädagoginnen desgleichen jenes Fluidum, innerhalb und über das sie Wesenhaftes einzubringen vermögen. Ist es doch ganz entscheidend die *Atmosphäre* z. B. einer Behausung, die aus dieser erst eine Wohnung, eine Heimat (neudeutsch: „safe place") entstehen lässt: einen Ort der Entspannung, der Sicherheit, vielleicht sogar der Wohlbefindens. Jedermann weiß zwar um die hohe existenzielle Bedeutung der Atmosphäre, die sich in Gestimmtheit und Stimmungen niederschlägt. Sich darüber zu äußern, bringt einen freilich rasch an den Rand des Schwulstes, der Rührselig- und der Dussligkeit. Atmosphäre gar dingfest machen zu wollen, übersteigt die Möglichkeiten des wissenschaftlich verbindlichen „ésprit géométrique" und verlangt nach jenem „ésprit de la finesse" (*Blaise Pascal,* 1623-1663), der ästhetische und musische Domänen bestimmt. Atmosphäre wird demgemäß spürbar weniger an Inhalten als an Gestaltungsformen: der Raumausstattung und deren Details, an lebensgemeinschaftlichen Umgangsweisen und Stilformen, in jenem Ton, der sprichwörtlich die Musik macht, mehr in der Suppe, als in frommen Wandsprüchen, wie *Heinrich Hanselmann* einmal feststellt (1953, 302). Sie bewirkt, nach einer Sentenz des Daseinsanalytikers *Ludwig Binswanger* (1953), dass gerade dort, wo Du bist – der Platz gemäß physikalischem Gesetz also *besetzt* ist – ein Ort für mich *entsteht, weil* du da bist. Wir können uns daher, oft unbegründbar, je nach dem eingeschlossen, getragen, aufgehoben, bedrängt, abgestoßen ... fühlen durch eine situative Atmosphäre. Ja, es scheint bisweilen, dass auch noch die Ortsgeschichte die Atmosphäre mitbestimme.

Erziehungsheime beispielsweise verströmen nach meinem Empfinden je nach dem mehr oder weniger streng ein atmosphärisches Parfüm von Kloster und Gefängnis, von Kaserne und Magazin, von Schule und Fabrik, von Sanatorium und Spital, neuzeitlich auch von Kläranlage, Servicestation und Shopping-Center.

Parapsychologie? Feng-Shui? – Das heilpädagogische Hauspersonal müsste sich jedenfalls auskennen in solchen Fragen!

Des Weiteren erachte ich heilpädagogische Haushalter (neudeutsch: 'Manager') als zuständig für die Moderation (Sänftigung und Verdeutlichung) gestörter/störender, beeinträchtigter/beeinträchtigender Verhaltensformen, Beziehungsverhältnisse und Befindlichkeiten: Lernschwierigkeiten und Verhaltensstörungen machen Kinder leiden, Eltern Sorgen, Lehrern Probleme. Und Psycho-, Sozio-, Polito-, Pharmako- und weitere „-Logen"-Künstler stellen all dies fest und machen sich alsbald an Therapie und Prävention. Bis es jeweilen aber so weit ist, dass eine Heilung (wenn überhaupt) erreicht und ein Heil (wenn überhaupt) bewahrt werden kann, hat jemand die kommunikativen Zerrungen und Risse in der Banalität des Alltags Halt gebend (h)auszuhalten unter ständiger Sicherung der Rahmenbedingungen.

Heilpädagogik hat so die dynamische Balance halten zwischen einer Profanierung des Transzendenten und einer Transzendierung der Profanen: Idealitäten und normative Entwürfe sind immer wieder dem Härtetest des Alltags im Hier und Jetzt sowie sozietären und personalen Strukturen auszusetzen –, Banalitäten andrerseits auch in ihrem spirituellen Gehalt, sowie in deren kulturellen und persönlichen Bedeutung zu erfassen und zu würdigen. Es gibt denn auch kaum einen Pädagogen, egal welchen Kulturkreises und aus welcher Epoche, der nicht auf die hohe erzieherische Bedeutung des Einfachen, des Elementaren, des Unverfälschten und Naheliegenden verwiesen hätte.

Erziehung, die zu diesem Alltagsgeschäft gehört und in diesem ihren Ort hat, kann nicht, wie eine spezifizierbare Therapie oder ein so genannter „Eingriff", ausgesetzt, vertagt, auf eine Warteliste gestellt werden. Erziehung kennt im landläufigen Sinne ja nicht einmal eine „Indikation"; Menschen sind wesensmäßig, als Kulturangehörige, enkulturations- und erziehungsbedürftig. Wird Erziehung vernachlässigt, greifen Verwahrlosung und Desintegration um sich.

Eingeschlossen in diese erzieherische Verpflichtung gehören daher auch das organisatorische Regime sowie das Entscheidungsrecht bezüglich des gezielten Einsatzes von „Künstlern" und deren spezifischer Angebote. „Künstler" mögen die (Dreh-) Bücher schreiben; Heilpädagogen haben derweil die Regie zu verantworten unter und zwischen zahllosen Gegebenheiten: des Stücks und der Bühne, der Schauspielertruppe und der Technik, des Publikums und der Kritik und last but not least unter einem Gewimmel von Intendanten aus Staat und Kirche, Parteigremien und Wirtschaft, Elternschaften und Sozialagenturen. Solcherart „Szenisches Verstehen und Handeln" bedeutet denn auch: mithelfen ein Stück Leben auf und über die Bühne zu bringen. Heilpädagogen sind dieser Vorstellung gemäß Lebenslandschaftspfleger und Daseinsgestalter. Es handelt sich dabei um ein weitgehend zirkulares Tätigsein, das durch Wiederholung geprägt ist: Noch einmal sagen und wieder tun, Aufräumen und Abräumen, Rhythmisieren und Strukturieren, Ordnen und Portionieren, Entwirren und Fäden ziehen, Abwasch und Aufwisch: *Alltagskram.* In welchem jedoch „das Erzieherische" wert und zum Wesen werden soll.

Solches Arrangieren und Problemmanagement hat daher höchstens in Seitenbereichen und indirekt etwas mit „Therapie" (es sei denn im ursprünglichen, antiken, doch längst verblassten Sinne des „Dienens") zu tun, an deren Begriff, – an deren Etikett ja oft nur! – sich Heilpädagogen gerne klammern: in klammer Hoffnung auf Prestigegewinn, Profilierung und Sichtbarmachung auch ihrer „Kunst" des Unsichtbaren. Vielleicht aber auch im Verwandlungswunsch vom gewöhnlichen zum ungewöhnlichen Heilpädagogen –, was ja auch durchaus legitim sein kann.

Therapie! Ewiger Reiz des Doktorspiels! Identitätssuche mittels methodischer Spezialitäten, mit aufgesetzten Köpfen gar: Ich führe nach *Affolter*, schaukle nach *Jean Ayres*, töne nach *Tomatis*, bilde die liegende Acht nach *Delacato*, male nach *Stern*, konduktiere nach *Petö*, fazilitiere nach *Bobath*, recke nach *Feldenkrais*, strecke nach *Alexander* … oder habe gar eine therapeutische Eigenkreation entwickelt, für die ich nun ein passendes Klientel suche.

Allein: Methoden machen – unabhängig von ihrer spezifischen Nützlichkeit – noch keinen Beruf und mutieren schlimmstenfalls zur beängstigenden Manie, wenn sie zur Berufung werden. Methoden und Instrumente können hilfreich sein in Ausrichtung auf eine bestimmte Indikation; und damit in eben dieser indikativen Beschränktheit. Skepsis ist angezeigt, wo eine Methode Allzweckcharakter annimmt, zur heilpädagogisch vielgeliebten „Ganzheitlichkeit" drängt, Identifiaktionssignum oder Attraktor einer Sektenbildung wird.

HeilpädagogeInnen sind nach meiner Wahrnehmung in dieser Richtung recht an- und auffällig geworden. Dies möglicherweise infolge eines Verlustes an tragender anthropologischer Verwurzelung, die einst, wie vorerwähnt, kirchlich-religiöse Gemeinschaften bieten mochten.

Ärzte suchen demgegenüber rasch nach identitätsbewahrender *biologischer* Bodenhaftung, wenn sie in anthropologische Begründungsnöte geraten. Ein Arzt mag persönlich noch so sehr von einer bestimmten Methode fasziniert sein: die Furcht, aus seiner „community of natural scientists" herauszufallen, hält ihn in aller Regel davon ab, sich in ein Sektierertum zu verabschieden. Denn: von der großartigen Breitbandwirkung von „Aspirin" überzeugt zu sein ist akzeptabel; sich über das Pulver – zumal man es nicht einmal selber erfunden hat! – zu definieren, sich „Aspirant" zu nennen oder zu verkünden, man arbeite nach „BAYER", wäre eine weit ab liegende Skurrilität.

Präsenz (da sein im Design) und Appräsentation (Vergegenwärtigung von Herkunft und Hinkunft im Hier und Jetzt), wie sie mir für heilpädagogische Gemeinheit vorschwebt, wird treffend gefasst mit dem alten *Fröbel*'schen Ausdruck „Lebenseinigung". *F. W. A. Fröbel* (1782-1852), der genuin „systemisch" denkende und handelnde Kosmolog, der Landvermesser und Kristallkundler, idealistisch-national gesinnte Jüngling im *Lützow*'schen Freicorps, Frauenliebhaber, revolutionärer Umtriebe verdächtige Kindergartenerfinder und Spielzeugproduzent. Fröbel, der unter dem Gelächter der Frauen von Keilhau auf den grünen Hügeln Thüringens Sing- und Tanzspielchen machte mit Dorfkinderlein und nach heutigen Maßstäben erneut die Gendarmerie im Nacken hätte und diesmal unter Pädophilieverdacht aus dem Verkehr gezogen würde.

„Lebenseinigung" ist für *Fröbel* exemplarisch und prägend existent im Singsang zwischen Mutter und Schoßkind, im weiteren dann im sich In-Beziehung-Setzen mit dem So-sein, und damit auch in der Aussöhnung mit dem hier und jetzt Unpässlichen: mit dem was *bleibt* jenseits aller Machenschaften um Unterricht und Therapie, Beratung und Animation und all der Kunstbeflissenheit bis hin zu jenem „Verkünstelungsstreben", wie es *Fröbels* Lehrmeister *Pestalozzi* schon gegeißelt hatte im Hinblick auf die von ihm als elementar erachtete „Hausfrauenarbeit". Die ihm selbst freilich tragischerweise ein Leben lang misslang:

Weil sie offenbar so anspruchsvoll ist?!

Heilpädagogisches Handeln ist, so meine triviale Zusammenfassung, qualifiziertes, d.h. durch pädagogische Absicht und Haltung geprägtes Alltagshandeln. Dies umso mehr, als die Bewältigung des Alltags, der übliche Umgang mit dem Üblichen, der banale Umgang mit dem Banalen die bittersten Anforderungen stellt und behinderungsbedingte Differenzen am schmerzhaftesten fühlen lässt. Dem heilpädagogischen Handeln, wie ich es darzulegen versuchte, kommt daher der englische Begriff des „ReliefWorkers" am nächsten: Wörtlich so viel wie ein „Entlastungsarbeiter", der die oben genannten „Assists" arrangiert, auf dass Behinderte – nach einer Sentenz des Gießener Philosophen *Odo Marquard* (1995, 27) – zwischen Hölle auf Erden und Himmel auf Erden möglichst die Alltäglichkeit von „Erde auf Erden" zu erleben, zu erfahren und zu bewältigen vermögen.

Abdruck mit freundlicher Genehmigung des Haupt Verlages, Bern - Stuttgart - Wien aus dem Buch:
„Grenzgänge. Heilpädagogik als Politik, Wissenschaft und Kunst" von Emil E. Kobi, erschienen: 1. Auflage 2010

7 Pluralismus und Methodenvielfalt in der Ausbildung

aus: Fischer, A. [Hrsg.] (2006), Ausbildung und Kunst (Bern Haupt) S. 19-29

Der mir vom Herausgeber zugewiesene Titel versetzt mich wieder einmal in die heikle Rolle des Besinnungsaufsatzschreibers, die mir als Schüler einst des Öfteren die Bemerkung: „Vom Thema abgewichen!" eingetragen hatte. Verfehltes Mainstreaming hieße das heute, und statt Seitenzahlen sind nun „18000-25000 Zeichen (inkl. Leerschläge") vorgegeben.

1 Ballistik und Selbstregulation

Was bereits eine Abdrift provoziert: „Leerschläge", sind wohl verwandt mit dem, was *Spranger* (1962) einst als „ungewollte pädagogische Nebenwirkungen" (im Neusprech: Kollateralschäden) bezeichnete. Methodik hat in der Tat einiges gemein mit Ballistik (der „Trefferlehre", bzgl. Flugbahnen geworfener oder abgeschossener Körper). Auch sie will geballten Lehrstoff punktgenau einschlagen lassen in den Lernorganen angepeilter Schülerschaftes.

So ist die Sprache der Bildung denn ausgesprochen kriegerisch: Man kämpft an vorderster Forschungsfront, startet mit zündenden Slogans Bildungsoffensiven, schlägt pionierhaft Brücken zu bildungsfernen Schichten, bricht Konserviertes auf, wirft Altes über Bord, räumt Vorurteile aus, säubert das sprachliche Hinterland, bis es politisch korrekt glänzt, prangert Dissidentes, tribunalisiert Ausserordentliches und inkludiert beides, lässt Reformwellen übers Land rollen und verhilft sich so zum Durchbruch. Oder gelangt aber zur alten Erkenntnis des Strategen Carl. V. Clausewitz (1780-1831): „Der krieg ist das gebiet der Ungewissheit ... des Zufalls."

Die Durchsicht eines Dutzends Schriften zu Didaktik und Methodik führte mich jedenfalls zum Ergebnis, dass auch da, wo diese sich neuzeitlich nicht mehr nur als Stoffsraffinerie sondern als Theorie des Lehrens und Lernens verstehen, oft noch kaum einen Paradigmenwechsel zu einer systemisch-zirkulären Perspektive vollzogen. Nach wie vor zielen die Bestrebungen hauptsächlich auf eine noch präzisere (Fern-) Steuerung und Steuerbarkeit der Lernmaschine „Schüler" und stofforientierte Fachdidaktiken erfreuen sich sogar zunehmender Beliebtheit.

Während ein Erfolg versprechender Umgang mit Objekten sich auf die akribische Berücksichtigung von Materialeigenschaften und Kontextvariablen konzentrieren kann, sind die Interdependenzen zwischen lehrenden und lernenden Personen allerdings durch derart viel subjektive Eigendynamik gekennzeichnet, dass sie mittels kausal-linearen Wirkungsmodellen (wenn > dann!) nicht adäquat zu fassen sind. Effektivität und Effizienz pädagogischer Bemühungen resultieren entscheidend aus Quantität und Qualität dessen, was das lernende Subjekt aus dem Lehrangebot in sein System aufnahm und wie dieses die Perturbationen (die lehrseitigen „An- und Einschläge") verarbeitet: sie akzeptiert, wertet, platziert, konnotiert, versteht, kombiniert, modelliert … und sie schließlich aus seinem kaleidoskopartig wechselnden Erleben heraus verhaltensmäßig beantwortet: Vielleicht in der Perspektive seiner heilsbemühten Pädagogen angemessener, vielleicht aber auch – entgegen aller ‚Gutgemeintheit' und methodischer Raffinesse – erneut daneben oder andersrum verquer. Im Unterschied zu ballistischen werden in selbstregulativen Konzepten Perturbationen in ihren Wirkungen im „Fremdkörper" weiter begleitet und nötigenfalls, auch unter Abweichung vom vorgesehenen Weg (methodenwidrig), permanent justiert.

Schülergelenktes Lehren praktizierte freilich bereits der Urahn der Pädagogik, Sokrates (469-399), was ihm von seinem Schüler Menon den treffenden Vergleich mit einem elektrische Schläge austeilenden Zitterrochen einbrachte: In einer diesmal durch „Lehrschläge" bewirkten Systemirritation liegt offenbar die Chance zur Erweiterung, Restrukturierung und Neukalibrierung bisheriger Wissens- und Erfahrungsorganisation.

2 Kontamination und Rekonstruktion

Redewendungen wie „Stoff vermitteln, beibringen- sich aneignen und verdauen" lassen die Beziehung zwischen Lehren und Lernen ferner als solides, substanzielles Transfergeschäft erscheinen, bei welchem ein quasi-stoffliches Etwas aus einem Lehrin einen Lernkörper gekippt wird. Solcher Kontaminations-Zauber nach der Maxime: Der Mensch ist, was er isst, und lernt, was ihn gelehrt wird! –, ist pädagogischer Methodenlehre nach wie vor eigen.

Doch Lehren und Lernen funktionieren nicht wie Injektion und Infusion. Erziehung/ Unterricht bedeutet qualifiziert „anstößiges Verhalten", das ein personales System zu Rekonstruktionen in unserem gemeinsam zu gestaltenden Dasein anregt (*Rotthaus* 1998).

Lernen (etwas gelernt/erlernt haben) kann für Lehrende und Lernende denn auch Unterschiedliches bedeuten:

· Kongruent reproduzieren und Wiedergabetreue: seine „High Fidelity" unter Beweis stellen können

· Kausal-linear Zusammenhänge und Abhängigkeiten begreifen, entsprechend handhaben und damit eine ausgeweitete Funktionalität belegen können

- Grundgestalten sinngemäß, bedeutungserschließend erfasst haben, zu einem vertieften Wesensverständnis gelangt sein und Schlüsselqualitäten auf andere Gestalten übertragen (transferieren) können
- Sich etwas zueigen gemacht (interiorisiert), in sein Selbstkonzept aufgenommen, integrativ („erneuernd") zur Wirkung gebracht und dadurch einen Persönlichkeitswandel vollzogen haben.

Subjektorientierte, qualitativ angelegte Lernforschung (*Groeben, Holzkamp* u.a.) betrachtet in dieser Konsequenz Lernen prioritär aus der Sicht (dem Erleben und Erfahren) der lernenden Person. Hierbei wird unterschieden zwischen einem «Surface approach» (Bestreben, primär den Lernanforderungen zu entsprechen und Lernen/ Gelernthaben als Reproduktionsfähigkeit zu charakterisieren) und „Deep approach", womit ein inhalts- und bedeutungsorientierter, allenfalls auch persönlichkeitsverändernder Zugang gemeint ist.

3 Exekution und Reflexion

Pädagogen waren in geschichtlicher Tradition durchweg Funktionäre im Dienste eines um seine Fortexistenz bemühten Gesellschaftssystems. In stabilen, traditionsgebundenen Verhältnissen sind die Prämissen und Ziele gegeben,– der Pädagogik bleibt der Part der effizienten Ausführung und Durchsetzung. Daher deren Liebe zur und Not mit der Methodik.

Einen weiteren Grund der Methodengläubigkeit sehe ich in einem der Belehrungssucht eigenen profaneschatologischen Motiv, Menschen nicht nur aktuell Daseingestaltungshilfe zu sein, sondern die Gattung Homo generell und nachhaltig zu perfektionieren und endzeitlich ein Paradies auf Erden zu installieren (siehe Kapitel III/6).

Zeitgenössische Trends, die von aktueller pädagogischer Methodik zu berücksichtigen sind, sehe ich in folgenden Richtungen:

- Verschiebungen von mit dem metaphorischen „Schulsack fürs Leben" abschließenden Ausbildungen zum „lebenslangen Lernenmüssen". Grundausbildungen können sich heute – im Blick auf flexibel handhabbare, anschlussfähige Diversifikationsprogramme in vertiefender und spezialisierender Weiter- und Fortbildung – vermehrt auf die Vermittlung allgemeiner, basaler Kompetenzen konzentrieren.
- Ausgeweitete Selbstinstruktionsmöglichkeiten bewirken Verschiebungen vom dialogischen zum monologischen Lehren/Lernen, sodass sich Belehrer und Erzähler vermehrt in der Rolle von Mentoren (Begleitern) und Kosmetikerinnen (die in verstörten kindlichen Erlebniswelten Chaos zu Kosmos strukturieren), wiederfinden.
- Verstärkter Einfluss der Lehr- und Lernvehikel gegenüber Lehr- und Lernmethoden: ähnlich dem Straßenverkehr, wo sich das Gefährt immer weniger der Wegsamkeit, als die Verkehrswege den in Gang gesetzten Vehikeln anzupassen haben. Zunehmende Bedeutung des Learning by Doing, oft auch ohne spezielles didaktisches Arrangement (in situation/on the job), gegenüber einem Lernen für später („auf Vorrat", „für den kommenden Ernst des Lebens"). Zunehmende Bedeutung von Orts- und Methodenkenntnis (wo und wie finde ich aktuelle Informationen?)

gegenüber persönlich abrufbarem Faktenwissen. Je mehr das Gattungswesen «Mensch» sein Wissen irgendwo außerhalb gespeichert hat, umso weniger Vorratshaltung glaubt der Einzelne sich leisten zu können.

- Bedürfnis nach Komplexitätsreduktion in der Konfrontation mit Pluralität: Durch objektseitige (vorab durch Massenmedien gefertigte) Simplifikationen sowie durch eigene, subjektive Werthierarchisierung und Besinnung: Was ist (für) mich/ mir hier und jetzt wichtig und sinnvoll? – Entsprechend wird die persönliche Kausalattribuierung eines Leistungsversagens vermehrt in motivationaler (Das interessiert mich eben nicht!) als in kompetenter (Das weiß/kann ich nicht!) Richtung vorgenommen

- Eine subjektiv-intuitive Unterscheidung des „Surface approach" von einem „Deep approach". Surface kann sowohl auswechselbares, wiederholt (z.B. aufgrund in rascher Folge auf den Markt geworfener neuer Apparate) revidierungsbedürftiges Anwendungswissen (Know-how) als auch im z. B. migrationsbedingt erforderlichen Austausch unterschiedlich gewertete kulturspezifische Verhaltensweisen beinhalten. Soziokulturelle Diskettenwechsel und das Ausblenden zwischenzeitlicher Nicht-Aktualität gehören heutzutage zum sozial überlebenswichtigen Social engineering.

Mit der Rückkehr der Tochterfamilie von Zimbabwe in die Schweiz wurde meiner Enkelin eine einschneidende gymnasiale „Umwertung der Werte" (von König Lobingula zu Kaiser Napoleon und vom Präsidenten Mugabe zu Präsident Couchepin) abgefordert. Diese fiel ihr allerdings leicht, wie sie sagte, da sie „History" ohnehin nicht interessiere. Dezidiertes Desinteresse kann als persönliche Rationalisierungsmaßnahme auch Herzblut sparen.

Die Zusammenhänge zwischen persönlichen Lern- und Lehrformen machen es erforderlich, angehende Lehrkräfte zu einer Lernauffassung zu führen, die sich von einem reaktiven Lernbegriff – wie er die objektivistische Lernpsychologie dominiert – distanziert und sich nach einem konstruktivistischen orientiert. Lernen/Lehren sind zirkuläre, akzentuiert kumulative (funktionserweiternde), umstrukturierende (revolutionäre), evolutive (neue Perspektiven eröffnende) Prozesse. Begabungs- und Tauglichkeitskonzepte, wie sie namentlich im Höheren Schulwesen verbreitet und für den Lehrkörper identitätsstiftend sind, legen prioritär selektive Disqualifikationen und weniger Methodenrevisionen nahe. Die vom Lehrkörper paradigmatisch verinnerlichten Lehr- und Lerntheorien sind bzgl. ihrer Bedeutung als handlungsleitende Muster – die sich in der Folge weit gehend auch in den Selbstwertbeurteilungen der Schülerschaft niederschlagen – kaum zu überschätzen. Ausbildungsmethodisch ist daher der Prozessbegleitung ein größeres Gewicht beizumessen als der Produktorientierung, wobei ein derartiges „Teach-in" freilich mit intensivierter Präsenz der Ausbildner verbunden ist.

6 Linearer Fortschrift und zirkulärer Wandel

Pädagogik kennt wohl gesellschaftspolitischen Wandel, kaum aber einen linearen Fortschritt im technischen Sinne. Das hängt mit der hohen Gleichförmigkeit und der Viskosität des menschlichen Wesens zusammen, das über Jahrtausende einander sehr ähnlich gebliebene Vermittlungsweisen bedingte. Dennoch haben Methodisten oft die penetrante Angewohnheit, mit ihren Kreationen als „neu" in Erscheinung zu treten. (vgl. Kapitel II/2)

Zwar mag Großväter ein, wie *Pestalozzi* sagen würde, „erheiterndes" Gefühl überkommen, wenn ihre Kinder lustvoll alte Zöpfe abschneiden und so den Enkeln die Möglichkeit eröffnen, sie alsbald wieder wachsen zu lassen, während hinter diesen winzige Zopffetischistlein bereits wieder mit der Schere klappern ... Ein-gedenk des Herbart'schen Appells, Lehrer müssten «den Knaben wagen», gilt es daher sich geziemend zurückzuhalten mit selbsterfahrener Historie und diese nicht in seniler Belehrungs-Inkontinenz als Ablöscher einzusetzen gegen eigensinnige jugendliche Appräsentationen von Vergangenheit und Zukunft.

7 Pluralismus und Vielfalt

Unter dem als Titel vorgegebenen Pluralismus wird vermutlich all das verstanden, was mit postmoderner Flatterhaftigkeit als Postmoderne gedünkt wird, zu deren charakteristischer Charakterlosigkeit das Nix is' fix und der pizzahaft verschmorte integrale Mix von allein mit allem samt endzeitlicher Suche der Lösung in der Auflösung gehören Celebrate diversity! Das Hetero-Gen machts möglich und wird didaktisch egalisiert.

So ist die Versuchung nahe liegend, dem kontextuellen Pluralismus symmetrisch mit einem methodischen zu begegnen: einem Vielerlei verschiedenster, auch widersprüchlicher, inkommensurabler und oft sehr spezieller und exotischer Verfahrensweisen. Verschiedentlich hat denn nicht nur das ADS-Syndrom die Lehrerschaft erreicht und sich in didaktischer Unruhe niedergeschlagen, auch das Schulsystem als ganzes scheint nicht mehr zur Ruhe (bedeutete immerhin einmal so viel wie: „Muse"!) kommen zu wollen.

Ich beziehe das Suffix „-vielfalt" in Methoden*vielfalt* daher dezidiert auf reichhaltige und breite, flexible und variable Verwendungsmöglichkeiten jeweils *einer* Methode (Vielfalt der Singularität). Benchmark für die Schule ist nicht das Warenhaus. Pädagogik ist dann fortschrittlich, wenn sie *zurück* geht, ad fontes, *gegen* den Strom schwimmt – je plural, desto Singular, je stereo, desto mono, je Gourmand, desto Gourmet – nach dem Elementaren strebt und ihre Bedeutung und Bedeutsamkeit am dadurch erzeugten Widerstand wachsen lässt. In ideologisch, kulturell oder politisch geschlossenen Gesellschaften und Epochen ist Pädagogik ein *Hin-Aus-Weg*, in der offenen Gesellschaft hingegen vermehrt ein *Hineinweg*. Um „draus zu kommen", muss man über Wege zur Wesenserschließung erst zu sich und in eine Aufgabe *hinein* kommen:

So z.B. schon in banale „Geschichtchenrechungen", wie Basler Schüler Angewandte Rechenaufgaben treffend nennen. Narrative Sinnerfassung und Bedeutungshierarchisierung geben den Blick frei auf Lösungsmethoden. Erst wer mit der Geschichte vertraut und „im Bilde" ist, kann Methoden effizient handhaben.
„Eingekleidete Aufgaben", wie sie das Leben stellt, sind nicht mit nackten Zahlen zu lösen.

Pädagogik erweist sich nur in Fragmenten als objektivierende Wissenschaft. Erziehung ist wesenhaft Kunst, Pädagogik Kunstlehre, beide je mit engen Verbindungen zu gesellschaftsordnender Politik.

Erzieher haben von allem darstellerisches Talent zu entwickeln, wie dies z.B. der sowjetische Pädagoge Makarenko (1888-1939) betont: Nicht zu Unterhaltungszwecken, sondern um die Welt als Mikrokosmos vielfarben, vielgestaltig und kleidsam verdichtet widerzuspiegeln.

Die Bedeutung der Kunst in der Ausbildung ist daher nicht hoch genug einzuschätzen. Denn Kunst, als Freiheit Dinge zu ver-rücken, erlaubt auch wissenschaftlich unstatthafte Assoziationen: von Pizza mit ADS, von Friedens-Tauben mit Jugendgewalt, von Frühenglisch mit Spätdeutsch....

8 Methode haben und sein

Methoden sind hilfreich in Ausrichtung auf eine bestimmte Indikation, und damit in eben dieser indikativen Beschränktheit. Sie machen jedoch - trotz unbestritten *spezifischer* Nützlichkeit - noch keinen Beruf und mutieren schlimmstenfalls zur beängstigenden Manie, wenn sie zur Berufung werden, Allzweckcharakter annehmen, zur heilpädagogisch viel geliebten «Ganzheitlichkeit» drängen oder Attraktor für eine Sektenbildung werden.

Sogar die gegenwärtige Spaßkultur hat sich denn der (Psycho-) Methodenüberflutung angenommen. Auf die Frage: Wo geht's hier zum Bahnhof? (... von wo aus ja alle „die neuen Herausforderungen annehmen" und „weiterkommen" möchten), lässt sie zeitgenössische Methodisten ihnen entsprechende Antworten geben:
Psychoanalytiker: „Sie meinen diese dunkle Öffnung, wo immer was Langes rein- und rausfährt?"
Verhaltenstherapeut: „Heben Sie den rechten Fuß. Schieben sie ihn nach vorn. Setzen Sie ihn auf. Sehr gut. Hier haben Sie einen Keks!"
Bioenergetiker: „Machen Sie mal sch... sch... sch...!"
NLP-Therapeut: „Stell dir vor, du bist am Ziel. Welche Schritte hast du zuvor getan, um dorthin zu gelangen?"
Provokativ-Therapeut: „Ich wette, Sie kommen nie darauf, wo der Bahnhof ist!"

„Man übersieht, dass die Lehrmethode etwas so Persönliches ist wie die Handschrift oder der Schreibstil. Jeder muss doch *seine* Methode entdecken, die Methode, die der natürliche Ausfluss *seines* pädagogischen Wollens, *seiner* Einstellung zum Kinde und *seiner* besonderen Mitteilungsgabe ist", so mein einstiger Pädagogiklehrer *Willi Schohaus* (1897-1980, 1954), dem ich noch heute dankbar bin für seine Skepsis gegenüber Apostolaten.

Es gibt nur eine Methode: Meine. Mich. Die These ist freilich missverständlich in Richtung Überheblichkeit oder erinnert an *Johannes* 14/6. Doch in pädagogisch irdischen Gefilden bin ich nicht die Wahrheit, sondern lediglich eine Möglichkeit, bin auch nicht wahr, allenfalls plausibel, bin nicht *der* Weg, sondern *ein* Weg und befinde mich auf einem solchen. *Mein* Weg ist nicht *dein* Weg. I do it my way. Don't follow me! Ich bin in einer Schule und schleife nicht eine solche hinter mir her. Wichtig sind *deine* persönlichen Stilübungen: nach*ahnen*, nicht nach*machen*. Ich bin nicht Vorbild, sondern Spiegelbild für dich. Ich bin nur beispielhaft attraktiv: bis hin allenfalls zu deinem aversiven: So *nicht!* Was ich methodisch präsentiere und erläutere sind Wege, die andere auch schon gegangen sind; neu bin nur ich. Es reicht somit, wenn ich mich dabei erkennbar erkenntlich zeige.

Literatur

Groeben, N. et al. (Hrsg.) (1988): Das Forschungsprogramm Subjektive Theorien. Eine Einführung in die Psychologie des reflektiven Subjekts. Tübingen: Francke.

Holzkamp, K. (1993): Lernen. Subjektwissenschaftliche Grundlagen. Frankfurt: Campus

Rotthaus, W. (1998): Wozu erziehen? Heidelberg.

Schohaus, W. (1954): Seele und Beruf des Lehrers. Frauenfeld: Huber.

Spranger, E. (1962): Das Gesetz der ungewollten Nebenwirkungen. Heidelberg: Quelle & Meyer

Vita

Foto: A. Hahl

Emil Erich Kobi

dipl. Heilpädagoge
Dr. phil. habil. emerit. Universitätsdozent /
Institutsleiter Universität Basel
Oberseeburghöhe 10   CH-6006 L u z e r n
+41 (0) 41- 360 07 84   e.e.kobi@sunrise.ch

1935 geboren und aufgewachsen in Kreuzlingen (CH) am Bodensee. Besuch des dortigen Lehrerseminars. Mehrjährige Tätigkeit als Primarlehrer.

Ausbildung zum Sonderklassenlehrer. Studium der Pädagogik, Philosophie, Heilpädagogik, Verhaltensbiologie und Religionsgeschichte in Zürich, Wien, Tübingen. Promotion 1962.

Klinischer Heilpädagoge an der Kinderpsychiatrischen Poliklinik, Basel. Später Schulpsychologe am Schularztamt, Pädagogik- / Psychologie-Dozent am Lehrerseminar.

Habilitation 1972. 1972–1999 Leitender Dozent für Heilpädagogik am interfakultären Institut für Spezielle Pädagogik und Psychologie der Universität, Basel. Ausbildung von
· Sonderklassenlehrkräften / Schulischen HeilpädagogInnen
· ErziehungsberaterInnen
· LogopädInnen
· PsychomotoriktherapeutInnen
· VorschulheilpädagogInnen / FrüherzieherInnen

Emeritierung 1999 und seit 2000 wohnhaft in Luzern. Fortgesetzte Tätigkeit als Referent, Autor, Experte und Berater.